审图号：韶S(2017) 5号

武江年鉴

2018（总第11卷）

武江年鉴编纂委员会　编

方志出版社
Publishing House of Loca Records

图书在版编目（CIP）数据

武江年鉴．2018／武江年鉴编纂委员会编．—北京：方志出版社，2019.1
ISBN 978-7-5144-3568-9

Ⅰ．①武… Ⅱ．①武… Ⅲ．①武江区—2018—年鉴 Ⅳ．①Z526.54

中国版本图书馆CIP数据核字（2019）第030998号

武江年鉴（2018）

编　　者：武江年鉴编纂委员会
责任编辑：刘方圆

出 版 人：冀祥德
出 版 者：方志出版社
　　地址　北京市朝阳区潘家园东里9号（国家方志馆4层）
　　邮编　100021
　　网址　http：//www.fzph.org
发　　行：方志出版社图书经销中心
　　电话（010）67110500
经　　销：各地新华书店
印　　刷：韶关市新华宏达印务有限公司

开　　本：889×1194　　1/16
印　　张：22.5
字　　数：631千字
版　　次：2019年1月第1版　　2019年1月第1次印刷
印　　数：001~500册

ISBN 978-7-5144-3568-9　　定价：220.00元

编辑说明

一、《武江年鉴》以马克思列宁主义、毛泽东思想、邓小平理论、“三个代表”重要思想、科学发展观、习近平新时代中国特色社会主义思想为指导，坚持辩证唯物主义和历史唯物主义的立场、观点和方法，全面、系统、准确地反映武江区自然、政治、经济、文化、社会等方面的基本情况，为读者了解和研究武江区提供基本资料。

二、《武江年鉴（2018）》采用分类编辑法。主体内容设类目、分目、条目三个结构层次，以条目为表现内容的基本形式。全书条目的标题统一用黑体加【 】表示，少数包含多方面资料的条目则在文内用楷体标题标明各段资料的主题。

三、《武江年鉴（2018）》着重反映2017年武江区各项事业发展的基本情况。全书分正文和彩页两大部分。正文内容由特载、2017年武江区大事记、概况、中共韶关市武江区委员会、武江区人大常委会、韶关市武江区人民政府、政协韶关市武江区委员会、纪检·监察、民主党派、社会团体、军事、法治、经济管理、工业·科技、农业（水利）·林业、商业·贸易、财政·税务、城乡建设·公路、教育、文化、卫生·体育、社会生活、镇（街道）、先进单位·个人、统计资料、文件辑录、附录等组成，共27个类目126个分目1010个条目；彩页主要反映年内全区政务活动。

四、本年鉴编目设计在上一年的基础上，对部分栏目编排进行适当调整，使篇目更加科学和完整。

五、本年鉴的统计数据采用法定计量单位（少量计量单位仍用“亩”“公里”“吨”），统计数据以武江区统计局提供的数据为准，统计局无此数据的则使用单位统计数据。

六、本年鉴撰稿人姓名在文末标出，部分特殊内容的作者在标题下方标出。

《武江年鉴》编纂委员会

《武江年鉴》编辑部

《武江年鉴》审稿组

组　长： 王敏雯

副组长： 欧阳征禄　邱　江

成　员： 李新健　刘学农　陈发中　陈　靖　林玉辉　刘　琼

《武江年鉴》撰稿人员

（按姓氏笔画为序）

于俊颖　王龙树　王民生　王晓姣　韦凤孝　邓　力　邓东睦　邓翠珍　甘　楠

白玉婷　冯　洁　成志军　朱　唯　朱　琴　华建浩　华晓明　刘　媚　刘军辉

刘丽华　刘学农　刘建庭　刘建强　刘甜妹　孙　隽　严志全　李　琪　李卫东

李文杰　李振雄　肖　婧　吴志伟　何应荣　余丹丹　邹惠芳　张　远　张文清

陈　晶　陈　靖　陈于兵　陈文利　陈兴运　陈勇胜　陈敏琳　林基乐　林雪丽

周富尧　郑曼玲　官庆添　胡敬东　胡媛瑾　钟卫娜　钟喜梅　钟志敏　侯芊彤

郭志东　唐俊鹏　黄　欣　黄文勇　黄韶辉　董素梅　蒋　艳　曾伟虾　温超颖

谢珍环　谢悦彬　雷　检　蔡俊辉　裴凌昆　廖　亮　谭月林　谭冬连　戴　进

武江数字2017

土地面积682平方千米

年末户籍人口276636人

年末常住人口31.63万人

人口自然增长率9.04‰

地区生产总值2302093万元

第一产业增加值57403万元

第二产业增加值951626万元

全部工业增加值807607万元

第三产业增加值1293064万元

第一、第二、第三产业构成2.5:41.3:56.2

人均地区生产总值73257元

规模以上工业增加值759355万元

社会固定资产投资总额1154367万元

社会消费品零售总额1202081万元

外贸进口总额2469.9万美元

外贸出口总额6263.5万美元

实际利用外商直接投资215万美元

地方公共财政预算收入39551万元

地方公共财政预算支出120120万元

国家税收收入108682万元

地方税收收入145325万元

城镇单位在岗职工年末人数79777人

城镇单位在岗职工年人均工资68503元

城镇常住居民人均可支配收入33929元

农村常住居民人均可支配收入16979元

农林牧渔业总产值96784万元

耕地面积0.70万公顷

粮食播种面积0.38万公顷

粮食产量2.31万吨

林林地面积5.28万公顷

森林覆盖率 72.24%

活立木蓄积量 441.72 万立方米

领导关怀

2017年5月31日，韶关市市委书记、市人大常委会主任莫高义（右一）到西联小学进行"六一"慰问

2017年7月19日，广东省教育厅厅长景李虎（右三）到武江区东岗太阳城小学调研（区教育局 供图）

2017年7月3日，韶关市委副书记、市长殷焕明（右二）到武江区调研城市提升

2017年6月15日，广东省委宣传部副部长、省文明办主任顾作义（左一）督导调研武江创文工作

1 2017年10月16日，韶关市委副书记、市长殷焕明（前排左三）视察韶州公园

2 2017年4月20日，韶关市委常委曾风保（右二）到武江区调研村级换届选举工作

3 2017年5月25日，韶关市委常委、宣传部部长柳琛子（右一）调研创文工作

4 2017年8月22日，韶关市政协副主席王德雄（右二）到武江区调研精准扶贫工作

1 2017年11月8日，韶关市委常委、市纪委书记郭健生（右二）到武江区调研扶贫领域监督执纪问责、社会主义新农村建设和纪检监察等工作情况

2 2018年6月14日，韶关市副市长高冬瑞（右二）到武江调研教育工作

3 2017年4月20日，韶关市副市长李欣（左二）督导调研创文和城管事权下放

会议学习

2017年1月5日，中国共产党韶关市武江区第九届委员会第二次全体会议召开

2017年12月7日，中国共产党韶关市武江区第九届委员会第三次全体会议召开

2017年2月22，韶关市武江区第九届人民代表大会第二次会议召开

2017年3月6日，武江区政府九届二次全体（扩大）会议召开

2017年2月21，中国人民政治协商会议韶关市武江区第九届委员会第二次会议召开

2017年10月11日，武江区政府九届三次全体（扩大）会议召开

2017年11月1日，武江区学习宣传贯彻中共十九大精神大会

2017年11月21日至22日，武江区举办“不忘初心，牢记使命”学习贯彻中共十九大精神专题研讨班

1 2017年7月17日，武江区召开村"两委"干部培训班

2 2017年8月21日，武江区举办"三纪"培训班

3 2017年4月7日，武江区召开村（社区）"两委"换届工作会议，启动村"两委"换届工作

1 2017年8月21日，武江区召开省定贫困村创建社会主义新农村建设动员大会

2 2017年3月3日，在武江区召开的韶关市加快芙蓉新区建设工作推进会

3 2017年6月30日，武江区教育创先总结复评会

4 2017年6月9日，武江区召开深化创文工作推进会

5 2017年9月7日，武江区开展扶贫领域暨新农村示范村建设警示教育活动

政务活动

2017年2月15日，区委书记王德雄（中）到奥园文化旅游城调研

2017年9月26日，区委书记颜亮（右二）一行在宏大技术中心了解企业技术创新情况

1 2017年8月31日，区委副书记、区长黄建华（前右二）率武江区党员、领导干部参加廉政教育活动
2 2017年8月15日，区委书记颜亮听取关于龙归镇方田村乌石湾村小组新村规划建设的情况介绍
3 2017年9月20日，区委书记颜亮先后调研税局、国土、住建
4 2017年8月3日，区委书记颜亮调研新城开发建设进展情况
5 2017年7月18日，区委副书记、区长黄建华率队到北江航道扩容升级项目督导征拆交地工作

2017年11月13日，区委常委班子成员及区人大、政协主要负责同志在省委旧址举行宣誓活动

2017年11月13日，区四套班子成员参观中共广东省委粤北省委历史陈列馆

1 2017年9月1日，颜亮任职人武部第一书记

2 2017年9月7日，区委书记颜亮到学校慰问一线教师

3 2017年7月6日，武江区人大常委会主任孙理鸣（右一）慰问环卫工人

4 2017年2月23日，正邦集团与武江区签订10亿元项目意向

1 2017年6月28日，武江区申报省推进教育现代化先进区督导暨教育强区复评见面会召开

2 2017年8月16日，区委书记颜亮到镇街调研，图为区委书记颜亮到各镇街调研镇城经济发展情况

3 2017年7月11日，省调研组到龙归镇方田村调研基层党建工作

4 2017年3月29—30日，武江区多部门先后赴中山、东莞学习校外托管机构管理经验

5 2017年4月11日，武江区纪委启动“三个一”活动

1 2017年11月2日，区委书记颜亮到龙归镇调研新农村建设
2 2017年7月26日，区委副书记、区长黄建华调研北江航道扩容升级项目清表交地
3 2017年6月20日，区委副书记周小明（右二），区委常委、宣传部部长卢建成（右三）督导创文
4 2017年6月23日，武江区人大干部代表视察城市提升工作
5 2017年5月16日，武江区政协主席陈坤明（右二）率港澳台专委调研重点项目

1 2017年11月30日，武江区在甘棠工业园区举行产业项目集中动工仪式

2 2018年5月15日，武江区国税局举行全国文明单位揭牌仪式（区国税局 供图）

3 2017年4月13日，武江区人大代表视察交通节点整治工作

4 2017年4月20日，副区长王敏雯（左二）带队检查校内外托管

5 2017年1月4日，韶关市武江区人民法院行政案件集中管辖审判庭正式揭牌（区法院 供图）

1 2017年8月3日，区委书记颜亮一行在西联镇车头新村查看新城安置新村建设情况
2 2017年4月25日，区委副书记、区长黄建华调研重点项目
3 2017年8月15日，区委书记颜亮了解江湾镇石斛种植基地建设及发展情况
4 2017年1月4日，武江区开展食品安全专项检查
5 2017年8月3日，区委书记颜亮现场了解北江航道扩能升级孟洲坝枢纽项目推进情况

经济发展

发展中的芙蓉新城

甘棠工业园（曾碧繁 摄）

1 北江航道“五改三”（五级航道改成三级航道）项目

2 芙蓉新城掀起建设热潮

3 建设中的江湾大桥

4 摩尔城

1 芙蓉新城立交（徐宇虹 摄）

2 完成建设的向阳小区“五小“公园新貌

3 2017年4月7日，武江区开展渣土扬尘整治行动，图为部分新城建设照片

4 2017年7月14日，武江区芙蓉新城保利地块进行清表工作

5 2017年10月26日，武江区西联安置新村第三批抽签分房

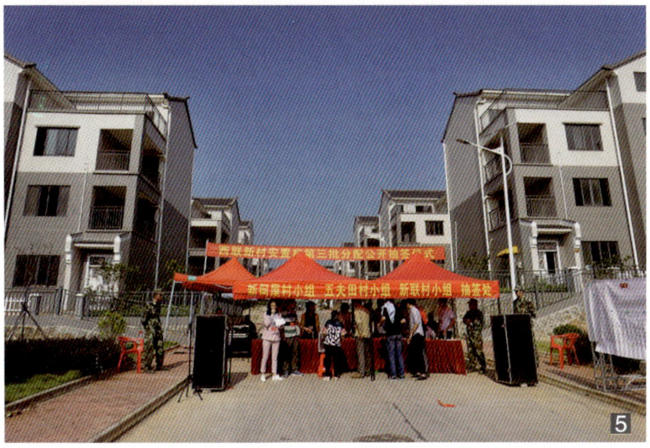

西联镇芙蓉新村（曾碧繁 摄）

西联镇赤水村
（曾碧繁 摄）

西联镇西联新村
（曾碧繁 摄）

2017年5月18日，重阳水口龙舟队

江湾镇湖洋大榕树（曾碧繁 摄）

重阳镇侯屋村古村落

西河镇黄塱上坝村（区史志办 供图）

重阳镇侯屋村全貌（区史志办 供图）

重阳镇南岸村（曾碧繁 摄）

重阳镇万侯油菜花

龙归镇山前村韭菜种植基地

龙归镇金桑园茶花基地

龙归镇寺前村奶牛厂

江湾镇农户脱贫番薯干产业

1 龙归镇龙安新黄屋淮山（区史志办 供图）
2 龙归镇坳头村慈菇田园风光（区史志办 供图）
3 龙归镇方田谢家庄村荷塘美景（区史志办 供图）
4 龙归镇方田黄泥河村红瓜子（区史志办 供图）
5 龙归镇龙归村何屋村稻田（区史志办 供图）

社会民生

1

2

3

4

5

1 2017年9月20日，武江区开展公民道德宣传日活动

2 2017年12月9日，武江区妇联举办“宣传十九大，构筑强军梦”军事亲子活动

3 2017年12月11日，武江区龙归镇举办拔河比赛

4 2017年1月20日，送戏下乡活动

5 2017年7月20日，韶关市青少年运动会乒乓球赛在武江区举办

2017年5月31日，武江区新华街参战老兵志愿服务队启动（新华街 供图）

2017年3月24日，武江区甘棠工业园工会法律顾问服务站揭牌

2017年5月20日，“善美之城，健康万人行”大型健康义诊志愿服务武江区分会场

1 2017年9月1日，田家炳沙湖绿洲小学开学典礼
2 2017年1月5日，武江区青少年活动中心挂牌
3 2017年3月21日，武江区开展科普进校园活动
4 2017年6月13日，武江区东岗小学开展核心价值观现场书画大赛
5 2017年6月25日，武江区举办“6·26”禁毒宣传活动

1 2017年6月23日，武江区志愿服务进社区启动仪式

2 2017年4月26日，武江区财政局、税务局等部门开展创文捐书志愿活动（区税务局 供图）

3 2017年5月19日，韶关市武江区工商业联合会揭牌

4 2017年11月20日，韶关市武江区学期教育研究中心成立

5 2017年3月3日，新华街爱心超市捐赠现场

1 2017年6月26日，武江区委常委、宣传部部长卢建成慰问创文一线工作人员及督查创文整改情况
2 2017年7月13日，留守儿童暑假外出科普
3 2017年7月5日，企业免费提供猪苗、饲料及技术服务，帮助重阳镇万侯村贫困户增收
4 2017年7月1日，武江区开展党员志愿服务活动
5 2017年1月16日，升级改造完成的荣华市场

1 武江区沙洲尾风度书房（区文新局 供图）
2 风度书房工业东路分馆（区文新局 供图）
3 风度书房新华北路分馆（区文新局 供图）
4 风度书房沙洲尾分馆（区文新局 供图）
5 风度书房工业东路分馆（区文新局 供图）

目　录

中共韶关市武江区委员会

武江区人大常委会

韶关市武江区人民政府

政协韶关市武江区委员会

纪检·监察

民主党派

社会团体

军　事

法　治

经济管理

工业·科技

农业（水利）·林业

商业·贸易

财政·税务

城乡建设·公路

教　育

文　化

卫生 · 体育

社会生活

镇（街道）

先进单位·个人

统计资料

文件辑录

附 录

索 引

特　载

武江区开展十九大精神大学习大培训

概况：2017年，武江区共有基层党（工）委10个，党总支31个，支部330个，党员10142名。全区已举办各类十九大专题培训班4期，覆盖机关事业单位、农村社区、“两新”组织等各领域党组织，直接受训党员干部达1300余人次；发放十九大培训学习资料5000余本（册）；区委书记带头讲党课3场，区委常委班子成员分别到1个基层党委、1个基层党支部进行十九大精神宣讲，区四套班子和各单位领导干部深入到各挂点单位讲专题党课 110余场，全区现场聆听十九大专题党课的党员干部累计 4000余人次；充分借助党员干部现代远程教育网络平台优势，全区86个远程教育站点共组织集中学习收看100多场次，参学党员干部群众达万余人次，做到学习十九大精神全覆盖。

发挥领导带头作用，坚持以上率下

区委书记颜亮多次主持召开区委常委会会议，传达学习十九大精神和省委十二届二次全会、市委十二届五次全会等会议精神，研究制定实施全区学习宣传贯彻十九大精神的总体方案及宣传、宣讲、学习培训、调研督导等专项工作方案。率领区委常委班子集体瞻仰中共粤北省委旧址和始兴红围，重温入党誓词，并召开区委常委会传达学习习近平总书记重要指示精神及省市有关精神。区四套班子主动深入各挂点单位开展宣讲活动，为广大基层党员干部上党课，讲报告精神。同时，按照“大学习、深调研、真落实”活动要求，分别牵头围绕武江振兴发展九个需要着力研究解决的问题和短板开展深调研活动。

抓实学习培训，确保入脑入心

根据省、市学习培训工作部署，武江区结合实际及时制定《关于在全区党员干部中深入开展中共十九大精神大学习大培训的实施方案》，建立领导责任制和目标责任制，对全区各级党员领导干部、各类党组织党员、群众进行第一轮学习培训全覆盖。

坚持区领导带头学、带头讲、带头干。十九大结束后，区四套班子领导分别带头到所在支部讲1次党课、过1次组织生活，联系督导1个镇（街）或区直有关单位，带头到联系的镇（街）或区直有关单位作1次中共十九大精神专题辅导，带头开展1次专题调研和1次督学指导。

举办全区中共十九大精神专题研讨班。2017年11月21日—22日，武江区以区委理论学习中心组扩大会议的形式举办“不忘初心，牢记使命”学习贯彻中共十九大精神专题研讨班，覆盖全区正科实职以上党员领导干部，培训人数达100余人。区委主要领导作开班动员，对十九大精神、新党章等内容进行专题带学。研讨班还专门邀请中共十九大代表冯金英作理论宣讲，并分享其参会感悟，培训结束后，每位党员干部都围绕贯彻落实中共十九大精神，结合自身岗位工作要求，撰写心得体会文章。

把中共十九大精神作为各级党组织“两学一做”学习教育常态化制度化的核心内容。区委组织部结合“两学一做”学习教育常态化制度化工作要求，在市委党校举办为期两天的基层党组织书记十九大精神专题培训班，对全区160余名村（社区）党组织书记、“两新”组织党组织书记进行全员培训。联合区人社局开展公务员全员培训，组织安排全区1000余名科级及以下干部参加轮训，以中共十九大精神为主线，科学合理设置课程。同时，积极配合市委举办的韶关市领导干部学习贯彻中共十九大精神专题培训班安排，选派28名处级干部、14名乡镇（街道）党政正职参加培训。

严格落实“三会一课”等组织生活制度，规范支部基础学习。区委组织部印发《关于进一步严格中共组织生活制度的通知》，严格落实包括“三会一课”在内的各项组织生活制度，规定每月至少组织1次专题学习讨论，并按要求做好计划报备和纪实工作。结合民主生活会的统一安排，组织全区330个党支部开展学习贯彻中共十九大精神专题组织生活会，将学习贯彻中共十九大精神真正落实到支部。

开展十九大精神征文活动。及时组织全区党员了解掌握中央和省委、市委、区委有关领导同志关于学习贯彻中共十九大精神的重要论述，关注中央和省、市主流媒体的权威解读，结合岗位要求积极撰写心得体会，努力做到学思践悟、知行合一。共征集到各类文稿45篇。

开展党员“学报告、学党章”考学活动。组织全区1万多名党员，在广东党员教育网上参加“学报告、学党章”考学活动，考学成绩作为干部考核、民主评议党员的重要依据。考学截止时，全区参考率达100%，平均分99.5分，满分率91.5%，位居全市前列。

开展接地气活动，做到家喻户晓

推动驻点驻村干部面向广大群众开展宣讲。组织全区乡镇（街道）驻点普遍直接联系群众团队成员和省定贫困村帮扶单位的党员领导干部、驻村第一书记和工作队员，广泛开展面向广大群众的宣传教育，把中共十九大精神讲清楚、讲明白，让老百姓听得懂、能领会、可落实。

邀请党校教授采取“家门口的党课”的形式，把党课开到老党员家门口，组织各行业代表开展“十九大与我的幸福生活”大讨论，以百姓点滴变化反映十八大以来取得的丰硕成果，使学习贯彻中共十九大精神更加人性化、接地气、贴实际。

充分利用全区各级各类网站、微信公众号对开展大学习、大培训情况进行广泛宣传，在重要版面、重要时段、首页首屏开辟专题专栏。及时总结交流学习成果，编发专门简报，注重宣传各单位学习贯彻的典型案例，注重反映基层干部群众学习贯彻的先进事迹和良好风貌，真正做到让中共十九大精神家喻户晓、人人皆知、深入人心。

（区年鉴编辑部根据区委组织部材料整理）

武江区“六个强化”深入推进纪检监察工作

2017年，武江区纪检监察机关坚持以习近平新时代中国特色社会主义思想为指导，以中共十九大精神为统领，落实从严治党要求，聚集中心工作，加强统筹谋划，强化监督问责，严格执纪执法，推动全区纪检监察工作深入开展，为武江区在全市率先全面建成小康社会提供坚强的政治和纪律保证。

强化队伍建设，切实提升纪检监察干部素质

2017年，武江区深入推进纪检监察体制改革。加快纪委派驻机枪建设。撤销镇（街）派驻纪检监察机构，整合区直机关派驻纪检监察机构，根据工作需要和业务关联性，区纪委在区直机关设立3个综合派驻纪检组，实行统一名称、统一管理，实现区直机关派驻纪检组全覆盖。建立区委巡察机构。区纪委牵头，会同区编办、区委组织部、区人社局、区财政局等部门研究起草建立武江区巡察机制的实施意见，区委在6月底批准并实施。区委成立巡察工作领导小组，下设办公室；设立2个巡察组。

2017年，区纪委围绕创建学习型机关，建立健全纪委监察局班子成员学习制度、“三会一课”等，组织委局干部集中学习中共十九大、中央和省市纪委全会及省十二次党代会等有关重要会议精神。中共十九大召开后，区纪委正、副书记分别参加省、市、区党委和市纪委组织的十九大精神学习，还召开委局全体干部会议进行专题学习。印发《关于建立区纪委监察局班子成员党风廉政建设和反腐败联系点制度的通知》，实行每个班子成员分工联系督促指导基层党风廉政建设，提升班子成员抓党风廉政建设能力。强化学习培训力度，进一步提升纪检监察干部业务能力。组织开展一期全区纪检监察干部业务培训班；选派机关干部7人次参加省纪委组织的业务培训，选派8名新任镇街纪委书记、副书记参加省纪委组织的轮训。加强以案代训，分期抽调3名镇街纪委干部到区纪委跟班办案；落实区纪委监察局领导班子包案制度，具体指导基层办案。

强化教育预防，筑牢领导干部拒腐防变防线

2017年，武江区纪委认真围绕省纪委十一届六次全会提出要强化“用身边事教育身边人”的要求，开展一系列主题宣传教育活动。针对2017年全区村（社区）“两委”换届选举，区纪委提前介入，做到教育在先、警示在先、预防在先。4月份启动“身边事教育身边人”主题警示教育系列活动。重点开展三项活动，用近年来发生在武江区辖区内的农村基层典型案例，制作一批图片板、拍摄制作一部警示教育片、组织一堂换届纪律预防教育课。活动在各镇、街道巡回开展，全区各村（社区）“两委”干部400多人参加，收到良好效果。为贯彻落实市纪委在翁源案例剖析会精神，强化对领导干部的宣传教育，8月21日举办一期领导干部党纪政纪法纪教育培训班，通过剖析原西河镇镇长孙青文的违纪违法案例开展专题辅导，孙青文案是武江区所查处的一个影响较大、大家非常关注的一个案子，会后反响很大，取得较好的教育效果。还针对重点部门开展廉政教育课进单位活动，选取几个单位较大、廉政风险点较多、问题多发易发的重点部门，由区纪委书记或副书记结合该单位的实际，剖析单位或系统内的一些违纪违法案例，通过以案释纪方式进行辅导授课。扎实开展纪律教育月活动，举办廉政书画作品征集活动，选送参评作品14件；开展廉政小品的征集、排演活动，选送小品《发财梦》上报市纪委参评；组织全区正科实职以上领导干部到市廉政教育基地接受警示教育。发挥“武江廉政聚焦”党风廉政建设微信公众号作用，不断加大宣传力度。

强化监督检查，切实维护人民群众的合法权益

2017年，武江区纪检监察部门深化农村基层党员、干部违纪违法线索排查，重点加强扶贫领域问题监督执纪问责工作，坚决查处群众身边的“微腐败”问题。4月中旬，区纪委派出工作组进驻龙归镇山前村，对开展扶贫政策落实情况和党员干部违纪违法线索排查结果进行入户核查工作；8月中旬，对入户核查工作进行延伸，在每个镇选取一个扶贫村或贫困户较多的村开展入户核查工作，全面深入查找和解决突出问题，确保各项精准扶贫政策措施落到实处。区纪委监察局还成立3个扶贫督查组对全区7个省级贫困村的扶贫资金等10个重点方面进行督促检查。2017年，全区排查扶贫领域问题线索35条，立案查处10件12人，批评教育3件4人。

2017年，区纪检监察机关认真履行监督责任，围绕村（社区）“两委”换届选举重点项目建设、创建文明城市等区委区政府中心工作开展监督检查。加强对村（社区）“两委”换届纪律的监督检查，成立换届风气巡查组，严肃查处拉票贿选、说情打招呼、干扰换届等违纪违法问题，确保村（社区）“两委”换届风清气正。3月27日—6月16日，排查换届纪律问题线索9条。6月底区委巡察机构完成组建后，8月中旬开展第一轮巡察工作，选取区经信局、地方公路站作为首轮巡察单位；9月底，启动对重阳镇、江湾镇扶贫领域专项巡察工作。发挥巡察机构的探头作用。

强化审查调查，进一步巩固不敢腐的高压氛围

2017年，武江区纪检监察机关共受理群众信访举报115件（含重复件31件），处理问题线索78件，其中初核72件，信访函询6件。立案查处违纪违法案件72件。涉及科级干部7人，一般干部5人，农村基层党员60人。重点查处原西河镇镇长孙青文违纪违法案件。运用监督执纪“四种形态”处理72人次，其中第一种形态38人，占52.7%；第二种形态13人，占18%；第三种形态17人，占23.46%；第四种形态4人，占5.5%。区纪委监察局自办案件12件，占全区立案总数的16%。镇、街纪委办案率100%，共查办案件60件，占全区立案总数的84%。加大对基层执纪审查力度，消除区管干部执纪审查的空白点。依法依规文明安全办案，全年没有出现办案安全事故。加强执纪审查工作规则培训学习，进一步规范执纪审查工作程序。

强化正风肃纪，“四管齐下”推进机关作风持续好转

2017年，武江区纪检监察机关坚持暗访、查处、追责、曝光“四管齐下”，架设作风建设“高压线”。加强对贯彻执行严禁公款购赠年货、严禁公款旅游、严禁公款吃喝和铺张浪费等规定情况的监督检查，进一步严格公车使用管理，着力整治收送“红包”礼金问题，深化“会所腐败”整治工作成效，深入整治“为官不为”，加强领导干部“八小时以外”活动的监督管理。对查实的违纪问题严肃处理，绝不姑息，保持惩治腐败的高压态势，持续深入推进作风建设。2017年，开展暗访3次，严肃查处个别违反工作纪律的问题。严肃查处违反中央八项规定精神问

题，共查处3宗，给予党纪政纪处分3人；点名道姓通报违反中央八项规定精神及基层党员干部违纪违法问题典型案例2宗2人，用身边典型案例警示和教育身边人，形成强大震慑。

强化抓早抓小，进一步增强党员干部纪律规矩意识

2017年，武江区继续开展述责述廉述德活动，组织新华街、区司法局、区文新局、区食药监局、区发改局、区人社局等6个单位主要负责人向区纪委述责述廉述德。年初，组织区审计局、区财政局和各镇街召开规范财政纪律座谈会，进一步严肃财经纪律，抓早抓小，规范管理。10月中旬，组织召开规范资金使用座谈会，各镇街和区财政局及涉及专项资金的有关部门参加会议，促进资金的合规、有效使用。进一步落实谈话提醒工作要求，制定《关于切实加强谈话提醒工作的意见》，针对党员干部存在的苗头性、倾向性问题，以及其他需要引起注意的问题早谈话、中提醒、早纠正，推进谈话提醒工作常态化。2017年，处级领导干部开展谈话提醒208人次。加强受处分干部日常教育管理，在全市率先制定《关于加强对受处分干部教育管理监督的实施意见（试行）》，建立反思教育、教育帮带、书记谈话、回访教育等四项制度，推动党组织做好受处分党员干部的教育、管理和监督工作，促使受处分党员干部放下思想包袱，轻装前进，大胆干事创业。

（区年鉴编辑部根据区纪委材料整理）

武江区强力推动“创文”工作取得新成效

2017年，武江区强化工作落实，加强沟通协调和部门联动，以落实责任、检查督导、绩效考核为手段，掀起全区上下协调、齐抓共管、全民参与的创建热潮，推动“创文”工作取得新的成效。

提升“创文”工作组织领导规格

2017年，武江区对区文明委架构进行调整完善，由区委书记亲任文明委主任，并成立六个专责小组推进创建工作。充实“创文”专门工作人员，加强创文办（文明办）的力量。构建区、镇（街）、村（居）三级创建网络，各战线各行业相应成立“创文”小组。将全区“创文”工作任务细化分解，并制订下发任务分解表，落实到具体责任单位和部门。对全区各项“创文”工作任务进行认真分析研判，疏理制订区“创文”工作短板项目，明确责任单位和完成时限；对重点工作进行专项部署和安排。

区委、区政府将“创文”工作列为“一把手”工程，作为党委、政府的重中之重的工作，列入议事日程和绩效考核。2017年，召开全区性创建工作会议4次，常委会讨论5次，重点责任单位专项工作会议15次。

区委、区政府以加强督导检查推动全区“创文”工作，成立各类督导组，压实相关领导责任。有全区督导组、区域督导组、专项督导组，对创文主要工作责任单位、区分管领导、挂点包干镇、街区领导压实责任。

重视各级对武江区“创文”工作的明察暗访

顺利迎接省暗访。2017年4月底，按省文明办部署和安排，对各创建城市进行暗访和督办，通过反馈情况来看，武江区的创建工作虽然存在不少问题，但也体现创建氛围较浓、创建态度明确、创建行动持续深入、创建水平稳定、创建成效初显、群众大多支持等多方面的有利因素。

积极迎接市督查。从2017年2月份开始，市领导、市创文办、市直各单位、各类媒体、新媒体等对创文工作立体式检查和督导，武江区共接各类督办通知80余份，涉及问题1000余项，全区上下积极应对，快速整改，敢于面对和解决历史问题和城市顽疾，探索长效，尽可能地提升辖区创建水平。

高标迎接“创文”国检。2017年9月中旬，省“创文”测评检查组受中央文明办委托开展测评工作。武江区在入户测评中，共测评48户（随机采访商铺1户、随机抽查3户）。测评总体情况良好。在实地测评中，共对辖区内的二十余个测评点进行测

评，各点都能按照前期工作部署做好各项工作，展现较高的创建水平。

社会主义核心价值观融入城乡

2017年，武江区将培育和践行社会主义核心价值观作为全区精神文明建设的重点，以主题教育实践活动为抓手，不断丰富活动形式，着力推动核心价值观在基层单位落地生根。在系列活动中加强引导，利用重大纪念日、民族传统节日和各类现代节日开展主题活动（如家庭教育、三关爱、文明宣传、诚信教育、环保行动、志愿服务等）150余场。在日常生活中加强融入，开展“春联写价值观”“家训说价值观”等文化文艺活动，并广泛开展各类公益广告宣传。在西桥公园继续开展核心价值观主题公园（广场）建设提升工作，完成区级主题广场（向阳小区文化广场）维护提升工作，同时着力推进各镇街建立镇街、村居级主题场所，推动核心价值观融入城乡环境景观。

社会主义公民道德建设深入开展

2017年，武江区不断探索“道德讲堂”新模式，总堂全年累计举办活动20场，逐步成为区精神文明建设特色品牌。强化道德模范选树宣传，坚持每季推荐上报“韶关好人”和广泛动员干部群众参与“道德模范”推荐评选，全年共有2人入选“第六届感动十佳道德模范”，1人获评“第六届感动十佳道德模范”，1人获提名奖。广泛开展各类道德实践主题活动，精心策划举办第15个全国公民道德宣传日系列活动，邀请全区10名道德模范进行现场经验交流活动，同时在辖区机关、学校、企业开展“道德模范巡讲巡演活动”二十余场，参与观众近千人，开展第二轮巡讲活动也在铺开，预计10场，将掀起新一轮热潮。

志愿服务活动进一步深化拓展

2017年，武江区着力推进志愿服务制度化建设，推动各单位按创文要求推进完成网上登记注册、志愿服务记录等工作。截至2017年年底，全区共有14871人注册，平均服务时长26.78小时，达到人均25小时的标准。同时广泛开展各类志愿服务活动，围绕关爱他人、关爱社会、关爱自然主题，在“3·5”学雷锋日等节点广泛开展各类便民为民志愿服务活动。涌现出老兵志愿服务队、文化志愿服务队、物业志愿服务队、社工+志愿服务队、党员志愿服务队等多个活跃的服务队伍。广泛开展公共文明引导活动，组织团区委安排志愿者在辖区32个主要交通路口，人行横道定时定点开展文明交通引导，同时组织区直各单位到挂点社区（城中村）开展文明引导、卫生督导活动，通过各种方式引导全社会形成积极向上的精神追求和健康文明的生活方式。

未成年人思想道德建设扎实开展

2017年，武江区结合不同时间节点开展核心价值观教育宣传及“做一个有道德的人”“网上祭英烈”等道德实践活动；实施区级未成年人心理辅导室提升工作，结合创文测评标准和市工作建议，对完善台账资料和开展日常工作进行规范。召开未成年人思想道德建设工作会议，组织文化、公安、工商、城管、食药监等部门加强学校及周边治安秩序综合整治，净化校园周边环境。结合市未成年人思想道德建设工作测评检查情况，强化督导通报，督促各责任单位落实整改，未成年人成长环境实现新的优化。2017年武江区共有4所学校被命名为市级文明校园，19所学校被命名为区级文明校园。

对标测评体系突破重点难点工作

2017年，武江区以落实《全国文明城市测评体系》为导向，围绕市容市貌、基础设施建设、公共秩序等创文重点项目和短版问题，协调推进各项重点难点工作。梳理全区创文工作短板，组织开展“武江区创文攻坚行动”，同时继续深入推进专项整治提升行动，全力做好创文网上申报材料报送、实地考察对标整改。

在提升城市功能方面，分别在公园提升（2个）、绿地建设（39个）、人行道围栏（5000米）、休闲设施建设（石凳座椅一批）、治安管理设备（投入300多万元）、智慧城市系统、市场升级（4个）、文化场所建设（2所）、中转站改造（4座）、道路提升（主次干道4条，小街巷10条）等方面推进城市功能完善。

在推进行业和系统管理方面，分别实施二十一项专项整治行动，如占道经营、渣土扬尘、交通乱象、废品站乱象等行动，全年不间断开展整治工作，有效控制城市乱象的扩展和蔓延。推行门前“三包”制度，建立文明工地示范点，开展和谐小区创建，文明校园创建，推进餐饮规范、文明旅游规范等。取得较好成效。

在推进农村创建工作方面，根据农村实际，各单位以整治镇容村貌、规范垃圾清运、打击非法广告、打击不良风气为抓手，广泛设置公益广告，开展主题实践活动，弘扬优良民风乡风，形成创建工作城乡联动的良好局面。

在推进基层文明创建工作方面，完成2016—2017年国家级、省级和市级精神文明先进集体创建工作，武江区国税局获评全国文明单位，西河镇红星村通过全国文明村复审，雪印集团公司获评省文明单位，工业中社区、惠民西社区、新华南社区通过省文明单位复审，还有6个单位获市文明单位，1个村获市文明村，6个社区获市文明社区，3个窗口获市文明示范窗口等市级荣誉。年底启动2016-2017年区级精神文明先进集体评选表彰工作。重新修订《武江区精神文明创建活动实施方案》，健全区精神文明创建活动管理机制。

武江区还深入推进主题公益广告宣传，以培育践行核心价值观、中国梦、“讲文明·树新风”、中华传统文化等为内容，做好辖区区属108块宣传栏维护工作，对宣传画面定期更新。广泛制作派发宣传品，集中制作印刷创文、中国梦、核心价值观等主题宣传小册子30多万份，通过村居委、职能部门执法、主题活动、志愿服务活动等方式派发，将宣传品送进基层群众中。发动各单位积极开展社会宣传，要求各单位结合实际，在各类文体场所、窗口单位、商场超市、建筑工地、餐馆饭店等公共场所开展主题公益广告宣传。区文明办牵头组织开展创文入户宣传工作，组织两镇两街干部职工，开展创文入户宣传，到各个社区上门入户派宣传资料，面对面向群众征求意见。

（区年鉴编辑部根据区创文办材料整理）

武江区创建广东省推进教育现代化先进区

前言：2017年，武江区现有中小学28所，中小学生3万余人，在职教职员工1700余人；幼儿园66所，在园幼儿1.2万人。公办和普惠性民办幼儿园覆盖率达82.8%，学前三年毛入学率达112%，义务教育标准化学校覆盖率达100%，九年义务教育巩固率达99.98%，进城务工人员随迁子女100%就近入读公办学校，“三残”儿童入学率达100%。2012年3月，武江区成功创建为“广东省教育强区”，成为韶关市第一个省教育强区，并于同年9月成为韶关市首个省教育强镇（街）100%覆盖的省教育强区。2015年11月，武江区顺利通过“全国义务教育发展基本均衡区”国家督导验收。2017年7月，武江区率先在全市创建为“广东省推进教育现代化先进区”，并通过“广东省教育强区”复评。

党政重教，夯实教育现代化发展基础

近年来，武江区始终坚持教育优先发展战略，把教育纳入社会经济发展总体规划，以“优先发展、育人为本、改革创新、促进公平、提高质量”的教育工作方针为导向，以“提高学前教育水平，实现义务教育均衡发展，促进各类教育协调发展，构建终身教育体系，实现教育现代化”为主要目标，坚持教育发展优先规划、教育投入优先安排、教育用地优先保障、教育人才优先引进、教师待遇优先落实、教育问题优先解决等“六个优先”，建立定期听取教育工作汇报、专题调研教育、解决教育实际问题、把教育纳入党政班子绩效考核等“四个”制度，建立和完善教育经费投入保障制度、确保教育经费“三个增长”。

区党政主要领导和分管教育领导经常深入教育一线调查研究，解决教育发展难题；区人大、政协通过视察和专题调研积极献计献策，推动教育发展；教育、财政、国土、编办、人社、发改、公安、交通、食药监等各职能部门相互联动、紧密配合，切实履行教育工作职责，形成推动教育发展的强大工作合力。

多措并举，提升教育现代化发展水平

*扩容提质，增加学位供给。*一是义务教育：以城乡教育一体化为重点，优化学校布局，改善办学条件。近年来，整合城区学校5所，新建学校2所，扩建学校15所，新增城区学校学位6000余个。其中，在宏大齿轮厂“三旧”改造项目中配套新建的田家炳沙湖绿洲小学于2017年9月投入使用，新增优质学位1620个。同时，新建御龙湾小学项目已经通过规划审批，预计2018年可开工建设；新建沙洲小学（暂名）已完成初步规划条

件和规划用地审批，预计2019年可开工建设。另一方面，大力推动学校改扩建。新建华泰小学教学综合楼正在进行第四层施工；新建镇泰小学教学综合楼基本完工；新建金福园小学教学综合楼已进入建筑设计阶段；市九中扩建工程已完成初步规划条件，正在进行报建；阳山小学教学综合楼已完成改建。二是学前教育：新建龙归中心幼儿园项目正在进行附属工程建设；新建江湾中心幼儿园项目正在进行申报立项；改建重阳中心幼儿园项目已完成一期改造工程；新建教育路惠民幼儿园项目正在进行规划报建。2017年，全区省级规范化幼儿园比例达90.6%，公办和普惠性民办幼儿园覆盖率为82.8%，学前三年毛入学率达112.6%。

均衡发展，促进教育公平。一是名校与新办校共享发展。通过统筹优化教育资源，借助“名校+新办校”共享发展模式，发挥名校的引领带动作用，名校在保持自身高质发展的基础上，在学校管理、教育教学、教研科研、教师培训、人力资源、学校特色等方面对新办学校进行输出，有效提升成员学校的综合办学实力，提高新办校的教育质量与社会影响力。东岗太阳城小学、田家炳沙湖绿洲小学采取这种发展模式，快速增加城区小学优质学位供给能力。二是优质学校帮扶弱校提升。为推动城乡学校一体化发展，全区中小学组建8个联盟体，通过“优质学校+一般学校”的模式，充分发挥优质学校优势帮扶薄弱学校提升，不断缩小校际、城乡、区域差距，完善城乡教育一体化发展格局，促进义务教育优质均衡发展。

人才强教，增强发展动力。一是大力推进“强师工程”，努力打造一支师德高尚、业务精湛、结构合理、充满活力的高素质专业化教师队伍，促进教育均衡优质发展。2015—2017年，通过开辟绿色通道，引进各类教育人才200余人，教师结构不断优化。其中，2017年公开招考教师88名（其中小学教师69名、初中教师1名、幼儿园教师18名）。二是通过实施名校长、名教师、名班主任、学历提升、素质能力提升等工程，全区教师队伍素质明显提高。至2017年年底，全区有省骨干教师11名、市级学科带头人24名，区级学科带头人157名，每年校长及教师交流轮岗比例达10%以上。三是扎实推进师德师风建设，整体提升教师队伍师德水平。金福园小学、东岗小学被列为“中国好老师”公益行动计划基地校。

内涵发展，提升育人质量。全区各学校以提高育人质量为主题，以内涵发展为重点，抓特色、出亮点、树品牌，全面深入实施素质教育，培养学生德智体美等全面发展。一是各学校形成自己的办学理念与“一训三风”，不断完善办学理念体系，打造学校特色文化。德育工作基本形成“一校一品”，红星小学的红星文化、金福园小学的幸福文化、至和小学的善文化等已成为特色亮点。全区学校现有市级德育示范学校8所、未成年思想道德建设先进活动基地2个、毒品预防教育示范校7所。二是积极探索创新推进“大教研”改革，全区教学科研水平位列全市前茅。近三年，全区师生在市级以上竞赛中获奖 576人次，各级各类课题累计立项129项，省区两级小课题达220多项，市级优秀科研成果9项。三是大力推进体育艺术“2+1”，举办丰富多彩的体育艺术活动，积极参加省市组织的竞赛活动并屡创佳绩。近三年，全区学生在各级各类竞赛中成绩显著，获国家级奖13人次、省级奖95人次、市级奖507人次。全区有全国校园足球特色学校2所、省级体育传统学校1所、省体育特色学校4所、区级体育特色学校12所、区级艺术教育特色学校7所。足球、乒乓球、毽球、击剑、篮球、武术、健美操等体育项目和书法、古筝、巴乌、二胡、葫芦丝等艺术项目在学校普遍开展。

与时俱进，力推教育信息化。近五年来，全区教育信息化投入达4000多万元，各中小学均装备有现代化的功能场室和设备设施，实现“宽带网络校校通、教学平台班班通、学习空间人人通”，智慧课堂、云平台应用逐渐普及，促进教学方式的变革和教学质量的提高。全区教师在“一师一优课、一课一名师”评比活动中，荣获国家教育部奖12人，省级奖29人。

拓宽思路，提升教育现代化发展能力

推动教育发展多样化。武江区坚持“积极鼓励、大力支持、正确引导、依法管理”的方针推进民办教育发展，设立民办教育发展专项资金资助民办学校发展。通过建立健全开放性终身教育学习网络，初步建成“区、街道（镇）、居（村）三级社区”教育网络，通过积极整合各种教育资源，实行开放式教育，为社区居民构建起终身教育平台。同时在市博物馆等场馆设立社会实践活动基地11个，提高学生社会实践能力。

推动教育交流和合作。武江区积极组织师生到港澳台和国外学习交流，邀请国外、港澳台学校或教师到武江区交流，不断加大教育交流力度。近年来，组织师生参加韶澳青年交流会，组织西联小学鼓乐团“香港步操乐团公开赛”并获银奖，邀请英国教师作英语教学培训等。通过交流和合作，学校及师生不断增长见识，拓宽发展视野，增进对港澳台和国外教育及文化的了解。

推动教育治理能力现代化。武江区各中小学（含教学点）、幼儿园均实行督学挂牌，划分为10

个督学责任区，44名责任督学和教育督导员每月深入辖区各学校进行督导。义务教育学校实现“校校有章程，一校一章程”。近三年，全区学校（幼儿园）没有发生重大安全责任事故，中小学生违法犯罪率为零。全区有“省级安全文明校园”4个、“市级安全文明校园”14个、“区级平安校园”28个。

（区年鉴编辑部根据区教育局材料整理）

武江区扎实推进精准扶贫工作

消除贫困、改善民生、逐步实现共同富裕，到2020年全面建成小康社会是党中央的重要战略布局，实施精准扶贫、精准脱贫是落实这一战略的重大举措。武江区始终认真贯彻落实中央和省市党委关于脱贫攻坚的各项决策部署，特别是认真贯彻落实习近平总书记精准扶贫、精准脱贫战略思想，不断深入推进脱贫攻坚工作。通过近一年的不懈努力，贫困人口减少1924人，脱贫人口人均纯收入均高于省定标准，“两不愁三保障”问题得到有效解决，生活水平明显提升。

高位推进，压实各级责任

武江区成立由区委书记任组长，区长任执行组长，区政协主席、区委副书记、区人大常委会副主任、分管副区长、区委农办主任和东莞高埗镇分管副镇长任副组长的全区精准脱贫攻坚工作领导小组，制定《武江区2016—2018年开展精准脱贫攻坚工作实施方案》，全面指导规范全区新时期精准扶贫工作。认真实行脱贫攻坚“一把手”负责制，形成区、镇、村三级书记抓脱贫的工作格局，区委、区政府与5个乡镇签订《脱贫攻坚责任书》，立下军令状，明确脱贫攻坚时间表、路线图，层层召开动员部署会，并将脱贫任务逐级分解、分年推进、责任到人，落实到村到户到人。加大对脱贫攻坚工作的统筹领导，区委专门安排区委专职副书记直接分管，区政府也安排一名副区长具体抓，形成党政齐抓共管的工作模式。区委主要领导亲自组织召开书记专题会议2次专门研究脱贫攻坚工作，分管领导多次召开工作协调会议推进脱贫攻坚工作，切实做到主要领导亲自抓、亲自管，为脱贫攻坚提供坚强的领导力量。

摸清底数，狠抓顶层设计

武江区紧紧围绕“扶持谁”“谁来扶”“怎么扶”“如何退”四个主要问题来设计脱贫攻坚路线图，明晰脱贫攻坚主攻方向。

*精准建档立卡，解决“扶持谁”的问题。*坚持把精准识别作为做好脱贫攻坚工作的基础，依据2016年精准识别建档立卡工作底数，按照省市总体部署，围绕扶贫系统信息，组织区镇村组四级干部进村入户，按照市委农办精准识别，严守“两不愁三保障”等政策要求，逐村逐户开展核实工作，最终核定全区建档立卡扶贫对象总数805户1957人（其中，已脱贫797户1924人，未脱贫8户33人），为全区如期打赢脱贫攻坚战奠定良好基础。

*规范工作体系，解决“谁来扶”的问题。*纵向建立四级组织体系，即区脱贫攻坚指挥部、镇工作队、村工作队，层层签订目标责任书，逐级落实责任，做到人人肩上有担子。区每月召开一次汇报会，每季度召开一次推进会，推动任务落到实处。区委、区政府主要领导挂帅、班子成员分工均承担专项脱贫任务，区领导分片包村督导，7个相对贫困村由东莞镇高埗镇负责帮扶，区四套班子成员全部都安排相对贫困村的帮扶任务。非贫困村共计522户相对贫困户由区直机关负责帮扶。7个驻村工作队坚持“三真一创”（真住、真帮、真心、争创脱贫攻坚模范）工作法，实现对贫困村、贫困户帮扶全覆盖，解决帮扶主体精准问题。

*完善政策体系，解决“怎么扶”的问题。*根据贫困户致贫原因、贫困类型，定好路径、分类施策，重点实施扶持生产发展等，逐户逐人分析致贫原因，因人因户精准施策。精心编制实施方案，统筹推进各项脱贫举措，形成具体化、精细化、可操作性强的脱贫攻坚政策措施体系，强力推进脱贫攻坚，确保脱贫攻坚目标明确、措施精准、推进有力，解决帮扶路径问题。

*严格退出机制，解决“如何退”的问题。*根据中省“两不愁三保障”标准，对照标准和要求，逐个验收贫困户如期脱贫。注重脱贫质量，坚决防止虚假脱贫，脱贫结果真实可信，确保扶贫对象退出反映客观实际、经得起历史检验。

精准措施，加大要素投入

加大财政投入。以强化资金投入为重点，坚决落实财政投入只增不减的要求，在区财政不太宽裕的情况下，以每个贫困村每年30万元的预算额度，每年为7个相对贫困村拨出扶贫专项资金210万元，建设扶贫项目。设立扶贫开发资金项目整合管理平台，积极整合中央、省级涉农资金，捆绑使用，集中投向贫困村、贫困户。

创新金融扶贫模式。区制定并印发《武江区扶贫小额信贷工作实施方案（试行）》，积极为贫困户申请小额扶贫贷款，争取创业发展或基础设施建设资金，切实破解资金不足难题。

加大社会投入。坚持自我发力与向外借力并举，形成专项扶贫、行业扶贫、社会扶贫有机结合、互为支撑的大扶贫格局，鼓励社会各界支持脱贫攻坚工作，引导群众自筹资金，共筹集社会资金173.23万元，为脱贫项目提供较好的资金保障。

突出整治，狠抓“四个100%”

武江区认真落实省、市关于新农村建设工作部署，围绕“抓三清、拆三旧、促三建、保三通”的目标要求，开展高标准启动美丽镇村试点示范建设和重阳市级农村人居环境综合整治连片示范创建，拟定打造武广高铁沿线景观走廊和西河龙归环城生态走廊精品线路，突出以点带面、连片示范，辐射带动全区各村开展整治工作。截至2017年年底，全区7个省定贫困村40个20户以上的自然村已全面完成“四个100%”工作任务，清理村巷道1494条、18.78万平方米，清理房前屋后杂物、积存垃圾、沟渠池塘溪河淤泥、漂浮物等5118处、13751吨，“三拆除”3024处，126441平方米。

查漏补缺，不断推进扶贫

针对脱贫攻坚过程中存在的贫困对象识别不准、包扶责任落实不到位、扶贫对策不精确、群众脱贫没信心等问题，区委副书记专门组织召开动员部署会，要求全体帮扶部门和干部认真对照反思，查漏补缺，务必以求真务实的态度，一步一个脚印担起脱贫攻坚重任。同时，要求镇村两级认真落实脱贫攻坚工作专项自查自纠，由区领导带队到各镇检查督促各项工作落实，全面做好迎检工作。

形成合力，营造攻坚氛围

武江区切实加强部门协调联动，形成脱贫攻坚合力，积极创新宣传形式，丰富宣传内容，拓宽宣传阵地，多方位全覆盖营造脱贫攻坚深厚氛围，为全区脱贫攻坚工作注入强劲动力。一是大发动。全区脱贫攻坚动员大会后，各级通过召开动员会、入户动员、开展“扶贫日”活动等方式，发动各界参与脱贫攻坚，引导贫困户主动脱贫。特别是2017年“扶贫日”活动期间，组织脱贫攻坚主题宣传暨捐款活动，引起强烈反响。二是大走访。区级领导带头，进村入户走访群众，按照好中差三个层次，定点联系包抓88户贫困户，深入贫困户“解剖麻雀”，查找问题，以点带面，指导全区。600多名帮扶干部俯下身子，逐村逐户走访全区所有农户，全面开展思想发动引导，弄清贫困户家庭基本信息，明确翔实帮扶举措，为精准扶贫、精准脱贫打好基础。三是大宣传。大力开展扶贫宣传活动，准确解读扶贫政策，深入报道该区脱贫攻坚工作取得的成效、经验和先进典型。印发政策读本等宣传资料千余份，全方位宣传合作医疗、养老保险、移民搬迁、危房改造等关乎群众切身利益的惠民政策，促使贫困户对贫困标准、脱贫举措、收入情况、退出标准等“一口清”，帮扶干部对包抓贫困户基本情况、脱贫产业、收入情况、退出时间等“一口清”，村干部对全村脱贫攻坚情况“一口清”，一般群众知晓脱贫攻坚等相关政策。据统计，武江区在市级主流媒体共报道脱贫攻坚工作30多篇（条）次。

创新实干，凸显扶贫工作成效

创新推行“菜单”式扶贫模式。在摸清底数的基础上，把贫困户对改善生活条件的需求形成清单，对症下药，“精准”地补缺补差，探索实行“贫困户（贫困村）点菜、政府配菜、镇和部门上菜、绩效考核评菜”的“菜单”式扶贫新模式，依托各类龙头企业、合作社等市场主体，大力开展产业扶贫，使贫困人群由“输血型”向“造血型”转变，着力提升扶贫精准化、群众组织化、产业集约化。

创新扶贫+两新组织党建结对模式。武江区积极推动非公企业与省定贫困村“结对联姻”帮扶，通过碧桂园公司改造重阳镇九联村便民服务中心、修缮万侯村荷花池；通过丽珠集团利民制药厂捐资6.8万元，资助贫困学生100余人，慰问困难党员、贫困户20余户；通过华源水电建设有限公司捐资45

万元，完成芹村1.3千米村道硬底化，有效地把中共组织优势转化为扶贫优势、发展优势。

*创新开展“扶智励志”教育，激发贫困群众内生动力。*对于因病、因残或年迈等致贫的贫困户，主要通过政府兜底的方式进行扶贫，再给予必要的照顾和补贴，对于大多数贫困户，则通过“扶智”“励志”等精神层面的途径来加以解决。积极通过集中座谈、入户宣传、远程教育、观看影片等方式，主动向贫困户灌输自强理念，努力培养和造就他们敢于直面困难、勇于迎难而上的信念和意志，着力让扶贫对象从思想上拔穷根，力求精神物质双脱贫。

*产业扶贫成效凸显。*各镇充分利用区位优势，积极培育主导产业，通过“合作社+基地+农户”的模式带动贫困户和贫困村协同发展，激发贫困户脱贫内生动力，取得良好的效果。江湾镇湖洋村新建番薯干深加工厂，树立特色品牌，通过网络和微信销售优质番薯干，与40多户贫困户建立帮扶关系，通过种植番薯实现户均增收3000多元，同时带动全镇农民种植番薯13.33公顷，产量达25万公斤，有效带动江湾番薯产业发展。重阳镇投资近30万元在重阳、黄岸、万候3个村委打造200公顷油菜花观光旅游示范点，以休闲观光旅游带动农产品销售及周边农家乐发展，让贫困户和村民共享旅游资源开发和旅游产业发展带来的红利。

*住房保障推进有力。*出台区级农村危房改造实施方案，制订进度和计划，及时拆除危旧房屋，保障人身安全，切实改善农村贫困群众居住条件，并委托韶关市建筑设计院跟踪改造建设的质量监督，审计、住建、扶贫等部门定期检查督导。2017年12月，国家任务20户顺利通过验收，70户省级任务进展顺利，也即将进入到竣工验收阶段。

*基础设施全面夯实。*大力实施贫困村亮灯工程、村庄村道改造工程和休闲活动场所等基础设施建设，完成7个省定贫困村路灯建设，完成8公里村道改造工程，完成梁屋村公厕改造工程，完成2个村级休闲活动场所建设，完成区镇村三级的扶贫大数据平台建设任务，九联村完成农田水渠清淤整治项目及村公共服务站装修项目，投入110万元建设光伏发电项目。

*转移就业扎实推进。*组织开展农业技能和职业技能培训，开展农业技能培训7期161人，职业技能培训3期79人，其中1人获得职业技能培训资格证书。举办精准扶贫专场会5场，对225人开展就业帮扶，贫困户就业人数184人。

*教育扶贫全面覆盖。*一是申请40万元教育资金改善九联小学办学条件，完成校园排水及地面硬化，添置校园图书2000册，开通校园电脑上网功能，重新启动班班通教学工作。二是复办重阳万侯小学，解决万侯村的小学生需长途跋涉到镇上上学的问题，同时也解放一部分的劳动力，让以前需要接送小孩上学的父母有机会外出打工。同时出资100万元装修课室、操场地面硬化、新建值班室等，改善办学条件。三是投入350万元在原黄土坛小学建设重阳镇中心幼儿园，可解决200多名幼儿的入园问题，计划2017年9月开始招生。

*健康扶贫深入推进。*大力开展疾病筛查和分类救治工作，了解贫困户因病致贫情况，掌握贫困人口疾病动态。面向贫困人口专项开展疾病筛查，登记贫困人口重大疾病信息49人、眼科疾病信息21人，提出分类救治指引，开展跟踪随访。通过基本公共卫生下乡体检，与80多户贫困人口完成家庭医生签约服务，为他们提供专门的健康指导和疾病诊断，逐步把健康服务延伸到每户贫困户。

*兜底保障逐步完善。*武江区2017年12月建档立卡贫困户符合低保条件有551户1105人，全部纳入最低生活保障，对丧失劳动能力的467户767人实行社会保障兜底。对建档立卡贫困户的门诊住院个人自付部分按80%的比例给予救助，全年共救助66人，发放医疗救助金38万元。

*人居环境整治扎实有效。*一是强化规划先行，100%完成村庄规划编制。7个省定贫困村的规划方案在市的规划验收中取得标准分评比第三名，质量分评比第一名的好成绩。二是“三清三拆”100%完成，“清拆”程度彻底，“清拆”后的日常保洁工作做得比较好。截至2017年11月10日，40个自然村全部完成 “三清三拆”任务。三是100%成立村民理事会。同时加强对理事会成员的业务能力培训，把理事会成员培养成新农村建设宣讲员和村“两委”的得力助手。四是垃圾清运处理和保洁体系建设100%完成。7个省定贫困村共配备村内保洁员61名和垃圾收集点127个，覆盖到全部20户以上的自然村。

（区年鉴编辑部根据区委农办资料整理）

2017年武江区大事记

1月

4日　韶关市基层法院行政案件一审集中管辖启动仪式在武江法院龙归人民法庭举行，广东省高级人民法院副院长洪适权出席启动仪式，并与省法院行政庭负责人王建平及韶关市委常委、政法委书记黄劲东，武江区委书记王德雄共同为韶关市基层法院行政案件集中管辖审判庭揭牌。

5日　上午9时，在区政府七楼会议室，召开区委九届二次全体（扩大）会议。会议主题：为深入学习贯彻落实省委经济工作会议和市第十二次党代会精神，研究部署今后主要工作。参加会议人员：九届区委委员56名、实到区委委员51名，因事因病请假5名；候补区委委员10人，实到9名，因事因病请假1人。列席人员：不是区委委员、候补委员的区人大、区政府、区政协领导成员；副处以上领导干部；区纪委常委；各镇街党政一把手、党（工）委副书记；区直各部门正副职领导干部；驻区有关单位主要负责人。

5日　区国税局被正式命名为“广东省国税系统省级法治税务示范基地”，成为全市国税系统首个获此称号的基层单位。

13日　区人大常委会领导班子召开以学习贯彻中共十八届六中全会精神为主题的专题民主生活会。市政协副主席、区委书记王德雄参加并作重要讲话，区政协副主席、区委组织部副部长林健，区纪委副书记朱旭东列席会议。

17日　在区政府大楼7楼会议厅召开武江区2016年度纪检监察工作总结会。各镇街纪委书记、专职副书记，区纪委监察局机关、派驻组全体干部参加会议。纪委副书记、监察局局长张耀雄回顾总结2016年度纪检监察工作，提出2017年工作思路。区委常委、纪委书记肖建红传达习近平总书记在十八届中央纪委七次全会上的重要讲话精神和省纪委十一届六次全会精神，并以《厘清工作任务 认清使命职责》为主题，围绕纪检监察机关的职责定位、查办违法违纪案件的依据和程序、如何进一步发挥党内监督专责机关作用等方面给与会人员作专题辅导。

19日　根据《武江区2017年春节慰问及安全生产、消防、食品药品及娱乐场所安全检查活动安排方案》安排，由区委副书记、区长黄建华，区委常委、常务副区长郑伟平分别带队开展全区春节前安全生产、消防、食品药品及娱乐场所安全检查活动。

28日　大年初一，武江区副区长、公安分局局长黄向阳，政委刘志康，纪委书记吴永定，副局长唐际家，政工办主任阙文育，指挥中心主任刁丽春等领导深入辖区派出所、交警大队检查春节安保工作，看望慰问执勤民警。

1月　武江区2017年为民办实事——“五小”项目建设前期工作正式启动，2017年共完成吉祥路小广场绿地改造、向阳小区东片公园等36个建设项目，面积约39359平方米。

2月

2日　中共武江区委宣传部、区文明办在西河全民健身广场举办“歌舞迎新春，共圆中国梦”，武江区2018年贺新春群众文化演出活动，丰富群众日常文化生活，营造良好节日氛围。

15日　武江区丽珠集团利民制药厂与暨南大学等单位合作完成的“中药和天然药物的三萜及其皂苷成分研究与应用”项目获得2016年广东省科学技术进步奖一等奖。

16日　韶关市委常委、副市长万卓培到武江区调研甘棠工业园区工作，区委副书记、区长黄建华，区人大常委会副主任王韶林，副区长欧伟强陪同调研。

16日　区委常委、宣传部部长卢建成，区委宣传部副部长、文明办主任刘枫，区委宣传部副部长李新健到区国税局指导文明创建工作。

17日　韶关市副市长陈磊率调研组一行到西河镇调研农贸市场升级改造工作。

21—23日　武江区政协在七楼会议厅召开九届二次全体会议。会议主要听取和审议政协常委会工作报告和提案工作报告；同时在金福园小学鸿洲体育馆列席区人大会议听取和审议区政府工作报告。

23日　正邦集团与武江区政府签订增加投资意向书，区委副书记、区长黄建华，区人大常委会副主任王韶林，副区长欧伟强参加签约仪式。

22—24日　武江区九届人民代表大会第二次会议召开，会议听取、审议并表决通过关于区人民政府、人大常委会、人民法院、人民检察院等工作报告的决议，补选林卫国为区九届人大常委会委员。

25日　西河镇在镇政府门口开展“信访举报宣传日”及“扶贫领域违纪问题信访举报宣传日”活动，区纪委副书记朱旭东、镇党委书记何远韶等领导参加此次宣传活动。

3月

1日　在区政府大楼七楼会议厅召开2017年党风廉政建设和反腐败工作会议。区四套班子成员，法检两长，区纪委委员，各镇（街道）党政主要领导、纪（工）委书记，区直各部门正副职领导干部，驻区有关单位负责人、纪检组长；区纪委监察局全体干部等参加会议。区委副书记周小明同志主持会议。肖建红代表区纪委总结2016年全区党风廉政建设和反腐败工作，并对2017年工作任务进行部署。区委副书记、区长黄建华参会并作重要讲话。

1日　在区政府大楼7楼会议厅，召开2017年度述责述廉述德活动。区纪委监察局班子成员、区纪委委员参加会议。新华街、发改局、司法局、人社局、文新局、食药监局等6个单位党组织负责人逐一作“三述”报告，并现场答复区纪委委员的质询，接受书面评议。

8日　副区长王敏雯带领区工商局相关人员深入惠民街道办，对负责包管的矛盾纠纷案件开展调研。惠民街道办负责人对相关案件情况及当前对稳控人员采取的工作措施进行详细的汇报，并与参与协处和稳控工作的区工商局人员进行工作对接。

9日　武江区政协在区政府七楼会议室召开政协韶关市武江区中共党员“两学一做”（学党章党规、学系列讲话，做合格党员）学习教育专题会，使全体机关干部及政协全体党员进一步加深对中共十八届五中全会精神特别是创新、协调、开放、共享、和谐“五大发展理念”和“十三五”规划的认识和理解，准确把握精神实质，以更好适应政协工作的新形势、新任务和新要求。会议由政协主席陈坤明主持，出席会议的有区委常委、组织部长周小明，副区长王敏雯，政协全体领导班子及政协全体党员。

10日　武江区组织开展义务植树活动，区委书记王德雄等相关领导参加义务植树活动，共栽植珍贵乡土阔叶树种1000多株。

14日　清远市、县（区）一行24人在清远市人大常委会副主任伍文超、清远市人大常委会副秘书长范海岩的带领下，到武江区龙归镇、新华街花城社区人大代表联络室调研乡镇人大工作，韶关市人大常委会副主任林岚、韶关市人大常委会副秘书长陈忠旭、武江区人大常委会主任孙理鸣、人大常委会副主任潘歧亮等陪同调研。

22日　韶关市城区农贸市场升级改造工作领导小组会议同意将红星市场、芙蓉市场、前进市场、向阳市场、阳山市场等5个以武江区政府为责任主体的社会办市场纳入第二批城区农贸市场升级改造范围。

23日　区人大常委会组织部分市、区代表赴重阳镇进行实地考察活动。视察组在区人大常委会主任孙理鸣带领下，先后视察省重点项目重阳温泉养老生态旅游项目（筹备中）和由正邦集团投资建设的重阳生态养猪场。代表们还沿路视察重阳镇街至万侯X322县道改建、重阳桥重建、中小河流整治等民生工程。

4月

1日　中共武江区委宣传部、区文明办、重阳镇联合举行“弘扬爱国主义精神，培育和践行社会主义核心价值观”主题教育文艺活动。

5日　武江区工商局办理首单“直通乳源”业务，公司住所设在乳源瑶族自治县的乳源瑶族自治县建安达电子有限公司在武江区工商局办理和领取企业营业执照。

6日　韶关市市长骆蔚峰一行到西河镇敬老院检查安全工作，并看望慰问敬老院老人，中共武江区委副书记、区长黄建华，区委常委、政法委书记张广晖和西河镇党委书记何远韶陪同检查看望。

7日　武江区召开全区村（社区）“两委”换届选举工作会议，区委副书记、区长黄建华作重要讲话。

10日　武江区人民政府、东莞（韶关）产业转移工业园管理委员会与正邦集团有限公司签订“项目增资协议书”。

11日　武江区举行村（社区）“两委”换届“身边事教育身边人”警示教育系列活动启动仪式。启动仪式由中共武江区委常委、组织部部长沈中伟主持，中共武江区委常委、纪委书记肖建红致辞，中共武江区委副书记、区长黄建华宣布活动开始，区村（社区）“两委”换届领导小组成员，各镇（街）分管纪检、组织的领导及西河镇、西联镇各村居“两委”干部共150余人参加活动。

11日　在区政府七楼会议室召开2017全区年档案史志工作会议暨年鉴撰写培训会议，副区长王敏雯对全区档案史志工作提出要求，档案局局长、史志办主任欧阳征禄对近3年的档案与史志工作取得的成绩进行总结，并对存在的问题提出下一步的计划，史志办同志对全区年鉴撰稿人进行业务培训。

12日　启动村（居）委换届选举启动以来，重阳镇党委、政府严格按照省、市、区村（居）委换届选举工作部署，认真组织、严肃纪律、严格程序、严格把握时间节点，使村（居）委换届选举工作平稳有序高效完成，顺利选出一支程序合法、结构合理的基层干部队伍。

12日　龙归镇召开2017年村（社区）“两委”换届选举工作动员大会，镇党政领导班子成员、镇全体干部、村（居）“两委”干部和镇属各单位负责人等共200多人参加会议。

12日　新华街召开2017年社区“两委”换届选举工作动员大会暨纪律警示教育活动，启动和全面部署本次社区“两委”换届选举工作。街道党政领导班子成员、中层干部、社区居委会成员及换届办工作人员参加会议。区“两委”换届指导督导小组组长洪维陶出席会议。

13日　由欧阳征禄、董素梅、曾万利三人撰写的《武江区农村经济股份合作制改革探索》一文入选《广东改革开放实录》（第三辑）。

14日　武江区召开“三镇一街”省教育强镇（街）复评督导验收总结会。督导专家组，区领导王敏雯、谭木初等，区教育局领导和各股室负责人，西河镇、西联镇、重阳镇、惠民街道党委政府的领导和辖区内的中小学及幼儿园校（园）长、分管领导等50余人出席。全区“五镇两街”已经100%完成省教育强镇（街）复评，率先在全市实现全覆盖。

15日　西河镇召开大学生村官考核测评会议，对选聘的5位大学生村干部进行期满考核，经考核5名大学生村干部全部合格。

19日　韶关市委宣传部、市文明办、市公安局联合举办的“韶关好警察”事迹巡演第六站在武江区全民健身广场隆重开幕，从全市公安机关中评选出的10名优秀民警向武江区广大市民分享他们感人的事迹。武江区四套班子领导、市公安局有关领导、各单位代表、和广大市民逾千人观看巡演。武江区委副书记、区长黄建华在巡演前致辞，号召大家向“好警察”们学习，为建设平安韶关做出新的更大的贡献。

21日　武江区政府印发《关于推进全区事业单位和国有企业公务用车制度改革工作的通知》。

25日　市委常委、副市长万卓培率市换届选举工作监督组，在区委常委、政法委书记张广晖，区委常委、组织部部长沈中伟等陪同下，到西河镇调研指导村“两委”换届选举工作。

25日　区人大常委会主任孙理鸣带领基层挂点联系单位区工商局局长黄海涛等人员，在重阳镇党委书记谭木初、镇长龚映韶的陪同下，深入挂点的九联村、妙联村开展调研指导，并就两个村委即将开展的换届工作作出重要指示。

26日　韶关市武江区第九届人民代表大会常务委员会第五次会议通过决定，任命张伟俊为韶关市武江区人民政府副区长。

26日　区国地税以开展税法宣传月活动为契机，联合区委宣传部、区创文办以及区妇联共同走进甘棠小学联合开展送税法进校园活动。

27日　为丰富武江区企业职工的业余文化生活，展示职工风采，武江区总工会举办“劳动光荣 创造伟大”为主题的庆“五一”职工文艺会演。

28日　上午，区委老干部局在区政府五楼会议室召开“畅谈十八大以来变化、展望十九大胜利召开”专题座谈会，共30名老干部参加此次座谈会。

5月

2日　下午，副市长、市公安局局长李安平一行到武江区检查督导创文工作，市公安局及武江分局有关领导陪同检查。督导组一行到武江区东岗岭小学低年级部及芙蓉市场进行实地考察，并详细听取整治情况汇报。李安平一行对武江区创文工作表示满意，希望武江区进一步提高创建标准，加强宣传，提高居民对创文工作的知晓率、参与率，同时要对检查中发现的问题，及时整改，确保创建文明城市各项任务落到实处。

4日　武江区政协参加在区政府七楼会议厅召开的市委中心组学习（扩大）会议暨第二期韶关学习论坛电视电话会议，学习贯彻习近平总书记关于广东工作的重要批示精神。

5日　区委召开宣传思想文化工作会议，各镇（街）党（工）委书记及区直各单位主要负责人等参加。区委常委、宣传部部长卢建成总结2016年宣传思想文化工作及部署2017年工作，区委副书记、区长黄建华同志作重要指示。

5日　市国税局、武江国税局、仁化国税局在莞韶工业园区联合开展“创文明城市 做文明青年”

青年团员主题活动，充分调动大家参与创文工作的积极性。

8日 市红十字会常务副会长赵远芳一行4人在区红十字会专职副会长侯芊彤的陪同下到区龙归镇敬老院开展博爱送温暖慰问活动。

9日 新华街道圆满完成第六届居民委员会换届选举工作。全街16个社区共选出居民委员会成员96人，其中主任16人，副主任16人，委员64人。

10日 江湾镇村（居）“两委”换届选举日，区委常委、区委办主任彭波，区委常委、组织部部长沈中伟，组织部副部长黄维民到该镇视察。

10日 武江区惠民街下辖13个社区分别召开第六届社区“两委”换届选举工作大会，采取无记名投票、差额选举的方式产生出新一届社区“两委”干部，其中支委委员39名（其中书记13名），居委委员78名（其中主任13名、副主任13名），书记、主任“一肩挑”和支委委员、居委委员交叉任职比例均达到100%。

12日 区红十字会在惠民街道惠民北社区儿童公园广场举办红十字日宣传活动，此次宣传活动，区红十字会共发放新修订《中华人民共和国红十字会法》知识竞赛题、急救知识、水上安全急救知识、造血干细胞捐献等各类宣传手册400余份。

12日 武江区政协主席陈坤明带领港澳台专门委员会委员一行25人对孟洲坝北江航道扩能工程、江湾大桥建设、沙湖绿洲房地产项目、医疗及教育现状进行视察调研。

13日 市民政局局长邢丽、副局长张瑞兰一行到武江区西联镇车头村、西联村和芙蓉村调研村委会换届选举工作。区民政局副局长陈发中等相关负责人陪同调研。

17日 韶关市城区农贸市场升级改造工作领导小组会议通报武江区第一批已完成升级改造并投入运营的三个市场——嘉晖市场、荣华市场及工业西市场高分获评为AA级农贸市场。

17日 西河镇历时5天的村委换届投票选举工作依法依规、平稳有序圆满完成，该次14个村登记选民共13089人，参与投票率98.85%。

20日 韶关市文明委、市卫计局、粤北医院联合举办韶关市2017年首届“善美之城，健康万人行”大型健康义诊志愿服务活动启动仪式，在武江区重阳镇卫生院设立分会场。粤北人民医院医联体专家团共8人到现场为农民群众进行免费义诊，前来就诊的农民群众将近300人，发放各类健康科普资料1500多份。重阳卫生院举行“粤北人民医院医联体成员单位”挂牌仪式。

22日 区委副书记周小明到江湾镇调研综治维稳、换届选举工作情况。

26日 武江区召开推进“两学一做”学习教育常态化制度化工作会议，会议传达省、市会议精神，并对全区工作进行部署。

27日 上午，武江区政府召开全区禁毒工作会议，总结2016年“雷霆扫毒”工作，研究部署2017年全民禁毒工程。副区长、公安分局局长黄向阳作总结、部署讲话。针对2017年的禁毒工作，会议强调提升全民禁毒意识、帮扶吸毒人员回归社会、挤压毒品犯罪空间等六个方面的工作部署。

27日 武江区西河镇向阳村新一届党支部班子选举产生，标志着该镇14个村的党支部换届选举工作全面顺利完成。

31日 市委书记莫高义率队到武江区开展“六一”慰问活动，并代表市委、市人大、市政府、市政协向全市少年儿童致以节日问候，祝小朋友们学习进步、健康成长。

6月

1日 区委印发《中共韶关市武江区委关于成立区委巡察工作领导小组的通知》（韶武委〔2017〕7号），区委常委、区纪委书记肖建红任组长，区委常委、组织部长沈中伟任副组长，朱旭东、黄维民、林基乐为成员，办公室设在区纪委。

1日 省妇联党组书记冯玲一行在市政府副厅级干部王伟阳，市妇联主席汪波，副主席彭跃勤，区委常委、组织部部长沈中伟及妇联主席龚耿岚等市、区领导的陪同下，到惠民街新华北社区居委会“妇女之家”实地考察。

5日 武江区住建局在惠民街道新华北社区组织开展“6·5”世界环境日宣传月活动，围绕2017年环境日主题“绿水青山就是金山银山”，开展丰富多彩的宣传月活动，传播“绿水青山就是金山银山”的理念，营造全社会共同参与生态文明建设的良好氛围。

7日 为确保高考期间广大考生的安全赴考和出行，武江交警大队根据工作部署，当天清晨7：00整，执勤民警准时赶到辖区三个考点执勤，指挥疏导交通，进行交通管制，同时加强道路巡逻，为考生的安全顺畅出行提供有力保障。当天上午，在工业中路接到一位考生的求助，交警迅速利用警摩跨区域护送，顺利将该考生送达浈江区市二中考点。

9日 武江区档案局在西河全民健身广场举办“印象韶关—我们共同的记忆”为主题的系列宣传活动。

14日　武江区果丰家庭农场被广东省农业厅认定为广东省无公害水果产地。

14日　副市长高冬瑞率调研组到武江区开展以“改善教育供给结构，推进教育绿色发展，实现教育整体水平优质均衡”为主题的调研活动。市政府副秘书长梁丽芳、市教育局副局长黄叶亭、武江区副区长刘拥军等领导陪同。

14日　省刑事技术中心副主任蔡波、省警犬基地教导员杨武友、省警犬基地医生林远清，在市局刑警支队副支队长刘功元等领导陪同下，到武江公安分局警犬基地视察警犬基地的建设和警犬训练工作。

16日　市委统战部副部长廖雨婷带队，到武江区开展基层统战工作专题调研，先后到区工商联新办公场所、西河镇商会、龙归镇商会现场调研，并召开座谈会，听取武江区统战工作情况汇报。区委常委、统战部部长曹锢陪同调研。

20日　武江区人大常委会组织部分人大代表对区创建“广东省推进教育现代化先进区”工作情况进行视察。通过视察，代表们全面了解武江区对教育投入、依法治校、教育公平、学生素质教育成果和教育特色等情况，代表希望要增强迎评工作的责任感和紧迫感，抓住重点工作和关键环节，确保顺利通过验收。

22日　区人大常委会组织全体市人大代表和部分区人大代表视察芙蓉新区民生公共基础设施项目进展情况。视察组一行前往芙蓉安置新村、芙蓉隧道、市妇幼保健院计划生育服务中心、高铁站客运枢纽项目、城投商务中心等等实地察看，在随后召开的座谈会上，视察组听取芙蓉新城管委会的工作情况汇报。

27日　武江区政协主席陈坤明带领政协常委先后来到区至和汤小学、区第九中学视察区未成年人未成年人思想道德教育工作，实地察看学校“善”文化主题活动情况，认真听取有关未成年思想教育工作情况汇报。常委们建议要加强学生实际活动，不仅在口头上宣传教育，更要让他们多参与相关的活动，让未成年人思想道德教育更实在。

28—30日　省人民政府教育督导室派督导验收组一行11人到武江，对武江区申报“广东省推进教育现代化先进区”暨教育强区复评进行督导验收。武江区是韶关市首个迎接省推进教育现代化先进区督导验收的县（市、区）。

29日　韶关市人民检察院首个驻派出所检察官办公室在西联派出所正式挂牌成立。市检察院党委副书记、副检察长赵峰，市公安局党委副书记、副局长刘国强，区委常委、政法委书记张广辉，副区长、公安分局局长黄向阳，区检察院检察长邵林出席参加揭牌仪式。

29日　韶关市委常委、副市长万卓培到武江区龙归镇方田村慰问困难老党员，区、镇有关领导陪同。

芙蓉新城　（区委宣传部　供图）

29日　省国税局伍关兴总经济师、李海当副巡视员深入区国税局调研指导工作，征询基层工作意见建议。

30日　区委组织部举办“牢记重托、走在前列”庆祝建党96周年音乐诗歌朗诵比赛。各基层党（工）委、区直机关党总支共计13支队伍参加比赛，最终教育工委和党群党总支凭借出色的表演荣获一等奖。

30日　区委宣传部在西河全民健身广场举行“善美韶关 庆祝建党96周年 庆祝香港回归20周年群众文艺会演”活动。

30日　下午15时，在区政府七楼会议厅，召开区委工作会议。传达学习市委十二届四次全会精神，研究贯彻落实意见。区委副书记、区长黄建华，区人大常委会主任孙理鸣，区政协主席陈坤明等区四套班子领导及相关负责人参加会议。

7月

2日　武江区法院诉讼服务中心正式揭牌成立，立案庭、执行局移至新址办公。

2日　重阳镇政府组成妙联观音山紧急疏散转移队伍，于当日晚上9：30赶往重阳镇妙联村委会观音山地质灾害点对观音山村民进行紧急撤离，观音山村民共45户185人，其中34户160人自动提前撤离，11户23人比较困难的村民由镇政府安排车辆直接送到乳源、韶关市区及重阳的亲戚家暂时借住，村里安排老村长和村代表2人留守观测地质情况。

2—3日　韶关市持续强降雨，导致辖区内道路多处积水，道路堵塞，部分居民住宅被淹。武江公安分局启动汛期恶劣天气应急预案，全体民警、辅警放弃周末休息，赶到各个道路执勤点，转移群众、排除道路安全隐患，全力投入到抢险救灾工作中。暴雨引发的次生灾害没有造成人员伤亡维护道路交通秩序。

3日　凌晨时分，工业西排涝泵站经历建站以来最强降雨的考验。3台710千瓦的泵组同时满负荷运行11小时进行雨水强排，工业西片区内涝再现。当日三台泵组共运行2545分钟，排水量约519180立方米。

3日　重阳镇乌江河和重阳河水位暴涨，水口村委和重阳村委存在较大洪灾隐患，妙联村委观音山村有局部地区塌方存在重大泥石流隐患。重阳派出所全体民警辅警会同重阳镇政府工作人员紧急疏散当地45户185名村民到安全地带，救助撤离村民11户25人。

3日　龙归镇在镇政府二楼会议室举行山前村、方田村精准扶贫入股韶关市龙韶实业有限公司签订仪式，山前村、方田村两个贫困村各筹集资金50万元入股龙韶公司，龙归镇政府、山前村、方田村、龙韶公司、东莞帮扶工作组等单位领导共约20人参加仪式。

3日　区委常委、组织部部长沈中伟，区委组织部副部长黄维民，区编办主任林小夏一行先后到西河镇红星村、向阳村了解汛后情况和督查指导创文工作。

4日　西河镇办公大楼三楼文化阅览室完成改建升级。

5日　武江区人大常委会副主任、工会主席陈雪，武江区总工会常务副主席梁嘉金，广东爱心大药房工会副主席赵军一同开展“夏日送清凉”慰问活动，为冒高温奋战在一线工作的130名交警、73名城管执法队员及273名市政管理中心职工送去防暑物资。

6日　根据《广东省人民政府关于全省2016年度计划生育目标管理责任制考评情况的通报》（粤府函〔2017〕161号），武江区被评为全省2016年度计划生育目标管理责任制考评优秀等次。

11日　省委组织部部务会成员、副厅级组织员王叶敏到龙归镇方田村调研基层组织建设工作。

14日　广东省教育厅发布《关于授予韶关市武江区“广东省推进教育现代化先进区”称号的决定》，武江区是韶关市首个被省教育厅授予“广东省推进教育现代化先进区”的县（市、区）。

15日　新华街道新华南社区被认定为全国科普示范社区，获奖补资金10万元；韶关市瑞鑫生态农业有限公司被评为广东省农村科普示范基地获15万元奖补资金。

17日　在市委党校举办为期三天的武江区新一届村（社区）“两委”干部培训班，区委副书记、区长黄建华作开班动员，市委党校、区纪委、民政局、司法局、财政局、住建局、卫计局、国土分局等单位作专题辅导。

17日　武江区龙归镇中心卫生院与粤北人民医院签订《粤北人民医院医疗联体成立协议》，并举行揭牌仪式。粤北人民医院医联体通过整合市、区医疗卫生服务资源，促进优质卫生医疗资源下沉和市、区两级联动发展，整体提高全市医疗资源的配置和使用效率，形成连续医疗服务体系，提高区域医疗服务能力。

18日　武江公安分局黄向阳局长、刘志康政委、在武江交警大队相关负责人的陪同下，到韶关高铁站实地查看高铁站交通环境和现有科技装备建设情况，探讨全面覆盖监控摄像头，规范营运车辆载客及机动车辆停放，净化韶关高铁站的通行环境。

25日　武江区工商局为集群注册企业——韶关

市微众网络传媒有限公司发放辖区第一份电子营业执照。电子营业执照顺利推行，是进一步深化商事制度改革、推进登记注册制度便利化的重要举措。

26日　在区人武部召开年度征兵工作会议，区委副书记、区长黄建华出席会议并作讲话。

27日　下午，省委常委、政法委书记何忠友到武江区新华街道办花城社区调研基层治理创新及平安建设工作。市领导李安平、刘祥锋、吴文丽，区领导黄建华、彭波、张广晖陪同。

31日　接中共韶关市委组织部韶组干〔2017〕177号文通知，省委批准：颜亮任中共韶关市武江区委书记，免去王德雄的中共韶关市武江区委书记职务；市委同意：颜亮任中共韶关市武江区委委员、常委；免去王德雄的中共韶关市武江区委常委、委员职务。

8月

2日　韶关航道局武江航道所通过省特级档案管理升级达标的验收。

3日　武江区委书记颜亮、武江区委常委彭波等区委主要领导到甘棠工业园调研。

11日　凌晨，武江区消防中队成功处置武江区四一九前进新村C区26栋一楼火灾，解救出7名被困人员，并疏散出20余名群众，无人伤亡。

11日　武江区与广东省省地质局第三地质大队举行签约仪式，决定在卫生院“空白镇”西联镇以合作共建的方式成立西联镇卫生院，对广东省省地质局第三地质大队职工医院按照乡镇卫生院标准进行改建，并委托给其进行日常管理。

12日　区委常委、常务副区长郑伟平带队开展辖区危险化学品企业安全生产检查。

13日　市委常委、市政法委书记、副市长、市公安局局长李安平率领公安、消防等相关人员到西河镇前进新村出租屋检查消防安全工作，副区长、区公安分局局长黄向阳和西河镇党委书记何远韶陪同检查。

14日　下午，武江区委第一轮巡察工作动员会在区政府610会议室召开。区委常委、纪委书记、区委巡察工作领导小组组长肖建红，区委常委、组织部长、区委巡察工作领导小组副组长沈中伟出席会议并为武江区委巡察工作领导小组办公室揭牌。此次巡察区委派出2个巡察组，对区经信局、区公路站等2家单位开展巡察。

14日　下午5时30分许，重阳派出所所长陈旭依法传唤涉嫌殴打他人的韩桥养，遭到韩桥养和母亲拿刀追砍，鸣枪警告无效后，陈旭向韩桥养开枪，击中其右小腿。韩桥养父母及不明真相的群众仍拿砖头等物追打民警，致陈旭多处擦伤脚部受伤。事情发生后，区委副书记周小明、副区长黄向阳、政委刘志康等领导立即赶赴现场处置，区委、区政府，区检察院、区公安分局已对该事件开展调查。

14—17日　武江区政协主席陈坤明率队一行12人到东莞市凤岗、长安等镇调研当地与该区对口精准扶贫、产业共建工作等情况。调研组对新一轮对口帮扶和精准扶贫工作取得的成绩给予充分肯定，并对下一步对口帮扶和产业共建工作提出意见建议。

15日　区委书记颜亮到江湾镇调研。

15日　区委书记颜亮率队到龙归镇调研并主持班子座谈会，要求镇班子树立新气象，带领党员干部开创龙归新局面，并提出建设美丽经济的提议。

16日　区委书记颜亮、区委常委彭波等在西河镇党委书记何远韶、镇人大主席刘尚周等陪同下，到西河镇查看马屋村“南岭国际诗歌小镇”项目部和塘湾新村二期工地，并在西河镇政府会议室与镇党政班子领导成员开展座谈。

17日　重阳镇第一届工会杯篮球赛在重阳镇政府文化健身广场落下帷幕，政府机关队以5分的优势夺冠，重阳村委队和水口村委队分别获得亚军和季军。此次篮球赛历时7天、激战31场，政府机关、重阳学校、村（居）委会共有11个球队约120余名球员参与比赛，累计近万人次群众到场观看。

18日　武江区总工会举办“百万帮扶暖千家”暨“金秋助学”活动，向47名受助的困难职工子女发放近10.55万元助学金，助困难职工子女完成学业。

22日　区纪委牵头组织在7楼会议厅召开“武江区领导干部党纪政纪法纪教育培训班”，会议由区委副书记周小明主持，区委常委、纪委书记肖建红作专题辅导，区委书记颜亮参加会议并讲话。区四套班子成员，镇（街）党、政一把手、人大主席，驻区有关单位负责人，区直各部门主要负责人，镇街纪委书记、区纪委监察局全体成员约100人参加会议。

23日　市委宣传部副部长、市文明办主任、市创文办主任王明志率市创文办第一检查组深入区国税局实地考评全国文明单位创建情况。时任市国税局局长陈佳发、副局长张锦标，区委常委、宣传部部长卢建成、副部长刘枫陪同考评。检查组全面查看办税服务厅、文化展厅、楼道文化和职工书屋建设情况，重点检查《全国文明单位测评体系》（2017年版）落实情况，并对区国税局创建工作给予高度评价。

24日　接中共韶关市委组织部韶组干〔2017〕

232号文通知，免去周小明同志的中共韶关市武江区委副书记、常委、委员职务。

24日　区委书记颜亮到武江区城管局开展调研工作。

24日　区委书记颜亮在区委常委、政法委书记张广晖，副区长、公安分局局长黄向阳等人陪同下，到武江公安分局调研指导全区公安工作。

25日　区住建局联合韶关碧桂园有限公司在碧桂园太阳城项目举行武江区建设工程应急救援演练活动，区委常委、常务副区长郑伟平和副区长刘拥军，区安监局、区应急办、区城管局、区消防大队、区公路站、区三旧办，西河镇、西联镇政府及各街道办事处分管安全生产领导参加此次活动。参与此次活动的施工人员、应急救援人员共计216人。

30日　武江区召开全区村（社区）“两委”换届选举工作总结会。全区于6月10日全面完成51个行政村、33个社区的村级换届工作，“两委”交叉任职比例83.1%，书记、主任“一肩挑”比例85.7%，基层民主参选率98%。新一届“两委”班子456人中，35岁左右的年轻干部117 人，女干部225人，大专及以上学历干部162人，在时间和质量上都达到上级要求，实现 “换强班子、换好风气、换清思路”的总体目标。

9月

1日　田家炳沙湖绿洲小学正式投入使用并举行开学典礼。

1日　武江区总工会在旭日玩具厂内举行韶关市武江区工会法律顾问进企业揭牌仪式。

1日　武江区工商局与全省同步实施“多证合一、一照一码”登记制度改革，由工商和市场监管部门核发加载法人和其他组织统一社会信用代码的营业执照，比国务院规定的时间提前1个月。当日即为韶关市春林装饰工程有限公司核发辖区第一份“多证合一”营业执照。

7日　上午，区纪委在重阳镇组织召开“全区扶贫领域暨新农村示范村建设警示教育现场会”。区委副书记、区长黄建华主持会议并讲话，区委常委、纪委书记肖建红作专题辅导报告。区委、区政府相关领导；各镇纪委书记、分管扶贫工作领导，龙归、重阳、江湾镇镇长；7个省定贫困村“两委”干部、区驻村干部、东莞帮扶干部；区农办主任、副主任，区农业、财政、教育、民政、住建等部门分管扶贫项目资金的领导，共计70多人。

11日　省委党史研究室副主任李森翔到重阳镇九联村开展“红色村”建设专题调研。

15日　武江区工商局与全市同步实施工商登记“马上办”提速措施，对申请登记资料齐全、符合法定形式的，马上办理，当场办结，全面提升开办企业便利度。

15日　武江区财政局组织召开2018年部门预算编制工作会议，推进武江区部门零基预算编制改革工作。

22日　武江区禁毒大队联合西联派出所在西联镇科艺创意工业有限公司开展一次禁毒宣传教育活动，1500余名工人纷纷走向宣传教育活动中心，主动前来接受禁毒教育学习内容，认真了解毒品相关知识。

24—29日　为提升区政协委员的履职能力，武江区政协组织政协机关、政协常委、部分委员共50人赴浙江大学 “全国干部教育培训基地”培训学习。培训课程内容丰富，涵盖经济发展、社会管理、公共关系、参政议政等方面。

25日　区林业局举办《广东省森林防火条例》宣讲暨全区森林防火培训班。参加培训的人员有：武江区森林防火指挥部成员单位负责人，各镇分管领导、防火办主任、村委会书记，森林派出所所长，林业站站长，林场场长，区三合一大队全体消防队员，芙蓉山森林消防应急中队全体队员，以及全区所有护林队员和重点涉林企业负责人、护林员等。总参训人数达250余人。

26日　武江区法院提起公诉的64人涉嫌组织、领导传销活动罪、抢劫罪、非法拘禁罪一案在韶关市中级人民法院法庭开庭审理。该案是韶关市检察机关有史以来涉案人数最多、辩护人人数最多的一起案件。

26日　武江区人民政府、碧桂园集团和韶关市卫计局签订三方协议，芙蓉新区社区卫生服务中心项目由碧桂园太阳城无偿提供医疗用地进行改造，明确碧桂园太阳城芙蓉新区社区卫生服务中心物业使用权无偿使用移交事宜。

26日　区政府副区长、区红十字会会长王敏雯，区红十字会专职副会长侯芊彤一行带着爱心企业捐赠的一批防暑降温的清凉药品来到区环卫所，亲切慰问奋战在高温一线的环卫工人代表。此次区红十字会在区环卫所开展“情暖中秋 心系环卫”关爱环卫工人活动，转赠爱心企业捐赠物资价值约7.73万元，全部用于慰问区工作在一线的700多名环卫工人，使其发挥最大的社会效益。

27日　武江区“扫黄打非”领导小组办公室组织文化、公安、工商、城管、西河镇政府等部门，对西河镇坝厂市场周边的背街小巷进行专项整治行动。

27日 省公安厅党委委员、副厅长彭会一行到武江公安分局西联派出所开展节前慰问，同时对十九大安保工作进行督导检查。市公安局党委委员、副局长张伙养，武江区副区长、公安分局局长黄向阳等陪同检查。

29日 召开区委中心组集中学习研讨（扩大）会，进一步学习贯彻习近平总书记“7·26”重要讲话及对广东工作的重要批示精神，深入研讨如何当好韶关发展表率，争当韶关县市区发展排头兵。

10月

12日 市人大常委会副主任、党组副书记杨小明，市人大常委会副主任张平、邓小杰、林岚、梁韶灵、陈曦一行赴甘棠工业园、武江科技园实地视察，并听取情况汇报，详细了解园区建设的基本情况、基础设施和配套服务情况、招商引资及项目建设情况，以及园区建设存在的困难和问题。同时，现场解决企业招工问题。市经信局及有关部门负责人等陪同视察。

17日 上午，省政法委督导组有关领导在韶关市政法委有关领导，韶关市公安局党委委员、副局长黄海林以及副区长、武江公安分局局长黄向阳的陪同下到西联派出所检查督导精神病患者管控工作。

17日 武江区总工会组织全区市级以上劳模参观武江区省劳动模范赖得雄创新工作室。

23日 武江区副区长黄燕斌、区政协副主席何岚、区委农办主任秦留柱率调研组到西河镇开展“如何加快推进美丽镇街建设，推动城乡统筹发展”的专题调研活动。

25日 区委常委、区政法委书记张广晖在芙蓉禅寺主持召开芙蓉禅寺2017年重阳节安全防范部署专项工作会议，组织区民族宗教工作领导小组各相关成员部门到芙蓉禅寺现场进行实地查看并提出整改意见，对芙蓉禅寺重阳节期间安全防范工作作全面部署。

26日 区人大常委会组织人大常委会组成人员及部分区人大代表对区政府项目攻坚工作情况进行视察，视察组一行在人大常委会主任孙理鸣带领下先后到孟洲坝航道、西联新村、摩尔城等项目进行视察。

11月

2日 武江区政协党组召开党组（扩大）会议专题传达学习贯彻中共十九大精神，区政协主席陈坤明主持会议，并宣讲中共十九大精神。

2日 区委书记颜亮在区委常委、区委办主任彭波陪同下，到区纪检监察机关调研，与纪检干部展开交流，并提出三点希望。区纪委监察局全体干部，派驻组、巡察组干部参加调研活动。

4日 上午9时，在区政府七楼会议厅召开武江区学习宣传贯彻中共十九大精神中央宣讲团会议。参加人员：四套班子领导；各镇（街）党政主要负责人、人大主席（主任）及副书记、组织、宣传委员；全区副科以上单位主要负责人；区委组织、宣传部全体人员。

5日 武江区纪委通过省特级档案管理升级达标验收。

6日 韶关市中级人民法院院长叶向荣、研究（办公）室副主任胡俊辉到武江区法院调研指导工作。

8日 市纪委书记郭健生率调研组到武江调研扶贫领域监督执纪问责、社会主义新农村建设纪检监察等工作情况。调研组一行首先到重阳镇，并深入黄岸村实地调研精准扶贫和社会主义新农村建设情况。区委书记颜亮，区纪委书记肖建红陪同调研。随后在区政府610会议室召开纪检监察工作座谈会，区纪委监察局领导班子参加座谈。

10日 韶关市首个建成启用的城市社区居家养老服务中心——武江区惠民街社区居家养老服务中心举行揭牌牌仪式。韶关市民政局局长邢丽，韶关市民政局副局长胡建文，武江区委常委、政法委书记张广晖出席该次活动。

13日 省委常委、省纪委书记施克辉到武江区惠民街道沙湖社区居委会调研学习贯彻中共十九大精神和基层党建工作，对沙湖社区结合实际扎实学习和社区干部为民服务的奉献精神给予充分肯定。

13日 根据《韶关市人民政府关于2016年度全市计划生育目标管理责任制考评情况的通报》（韶府〔2017〕41号），武江区被评为2016年度全市计划生育目标管理责任制考评优秀等次。

14日 副区长王敏雯带队督导检查龙归镇中心幼儿园建设。了解和检查龙归镇中心幼儿园施工进度、规划设计、选材用料等相关情况以及面临的困难和存在的问题。

15日 区委常委、组织部部长沈中伟和区委老干部局结合老干部工作实际，开展十九大精神“上门送学”活动，走访看望部分未能参加“十九大精神学习会”的离退休干部。

15日 韶关市武江区人民政府与正邦集团有限公司签订正邦集团华南区域总部项目意向合作协议书。

15日 区委常委、常务副区长郑伟平带队参加“湾区创新 韶关加速”高峰会。

20日　武江区学前教育研究中心揭牌仪式在新华幼儿园举行。

23日　武江区财政局组织举办广东省电子化采购执行平台操作培训班，进一步提高武江区政府采购信息化水平，优化政府采购流程，提高政府采购效率。

25日　举行区委中心组学习贯彻中共十九大精神专题研讨（扩大）活动，通过瞻仰红色基地、重温入党誓词、研讨交流调研成果，以十九大精神为统领，真抓实干，推动武江争当韶关振兴发展排头兵。

28日　西河镇在镇政府八楼会议室召开中共武江区西河镇第九次代表大会第二次会议，90名正式党代表出席会议出席，会议分别听取和审议党委工作报告和纪委工作报告，提出2018年西河镇工作的指导思想、奋斗目标和发展举措。

29日　西河镇召开第十六届人民代表大会第三次会议，全镇各界的45名人大代表和50名列席代表参加此次会议，会议听取和审议镇政府工作报告和人大工作报告，全体人大代表严格按照选举程序，通过无记名投票的方式，全票通过选举产生余聪同志为西河镇镇长。

29日　广东省检察院巡察组到武江区人民检察院巡视　巡察。

29日　成立武江区深化监察体制改革试点工作小组，颜亮任组长，孙理鸣、肖建红、沈中伟、张广晖、邵林任副组长，成员为朱旭东、张耀雄、黄维民、李新健、林小夏。

30日　市监察局副局长雷能福、市档案局副局长申爱平率市档案局评审组，对区纪检监察机关档案综合管理晋升省特级进行现场评审认定。区委常委、纪委书记肖建红，副区长王敏雯迎接评审。评审组通过实地检查，同意通过武江区纪检监察机关档案综合管理省特级级评审，现场颁发“省特级档案综合管理单位”牌匾。

30日　武江区财政局组织召开政风行风整改工作座谈会，区人大、政协、教育局、民政局等19个单位参与此次座谈会。区财政局党组书记陈雪延及参会人员对会议提出的意见逐一进行回应并表示会逐条落实整改。

30日　接中共韶关市委组织部韶组干〔2017〕331号文通知，郑伟平任中共韶关市武江区委副书记；免去黄建华的中共韶关市武江区委副书记、常委、委员职务；免去张广晖的中共韶关市武江区委常委、委员职务。

30日　武江区在甘棠园区举行产业项目集中动工仪式，韶关市胜盈塑料制品、广东岭南先创制药、韶关正邦农牧科技、韶关市美诺森化工、广东科德环保科技5家企业参加该动工仪式。武江区主要领导和企业主要领导参加，武江区副区长、莞韶管委会武江片区主任欧伟强主持开幕式。

12月

4日　武江区互联网小镇重阳镇运营中心开工建设，总投资194万元。

6日　武江区丽珠集团利民制药厂与暨南大学等单位合作完成的“中药和天然药物的三萜及其皂苷成分研究与应用”项目获得2016年国家科学技术进步奖二等奖。

7日　在区政府大楼七楼会议厅，召开区委九届三次全体会议，会期半天。会议主题：深入学习宣传贯彻中共十九大精神、省委十二届二次全会和市委十二届五次全会精神，以习近平新时代中国特色社会主义思想为指引，研究分析武江在新时代面临的形势和任务，进一步谋划武江未来发展，动员全区党员干部群众更加紧密地团结在以习近平同志为核心的党中央周围，不忘初心，牢记使命，确保率先全面建成小康社会，争当韶关振兴发展排头兵，开启全面建设社会主义现代化国家新征程。

15日　国土资源部办公厅下发《国土资源部办公厅关于公布2017年地质灾害防治高标准“十有县”名单的通知》（国土资厅发〔2017〕42号）文件，韶关市武江区被评为2017年全国地质灾害防治高标准“十有县”。

17日　为进一步活跃干部职工文体生活，增强体质、增进友谊，营造和谐文明的机关文化氛围，武江区财政局工会联合区国税局工会、区地税局工会开展一场以“相约财税，欢乐无限”为主题的、别开生面的趣味运动工会活动。

18日　根据区编办《关于区农业局增设河湖管理股的批复》（韶武机编〔2017〕55号）规定，增设河湖管理股（区河长制办公室），为区农业局正股级内设机构。

21日　武江区召开“两新”（新经济组织、新社会组织）组织与城乡基层党组织互联共建活动座谈会，区委书记、芙蓉新区党组书记颜亮主持会议并作部署。

23日　省委河长制工作督导组对西河镇河长制工作进行督导，通过实地查看、听取汇报、查阅资料等方式，全面考评西河镇全面推行河长制工作的开展情况。区委常委彭波、区农业局局长朱冬生、西河镇党委书记何远韶和区相关部门负责同志陪同督导。

25日　经中共武江区委常委会研究，同意：郑伟平任中共韶关市武江区人民政府党组书记；免去：黄建华的中共韶关市武江区人民政府党组书记职务，郑伟平的中共韶关市武江区人民政府党组副书记职务，谢刚、成振铭的中共韶关市武江区人民政府党组成员职务。

27日　韶关市武江区铭源家庭农场有限公司和武江区山水湾家庭农场被韶关市农业局认定为市级示范家庭农场。

27日　最高人民法院审判委员会专职委员杜万华、广东省法院民一庭庭长王建平到武江法院龙归法庭调研指导工作。

29日　武江区体育局、教育局联合主办的武江区首届中小学生围棋、中国象棋比赛在金福园小学举行，来自全区10所中小学近160名小棋手参加比赛。

29日　区委书记颜亮、区长郑伟平在武江区财政局会议室主持召开武江区2017年年终决算工作会议。区人大常委会主任、区政协主席和区财政局、国税局、地税局的领导班子成员参加会议。

2017年12月7日，中国共产党韶关市武江区第九届委员会第三次全体会议召开　（区委宣传部　供图）

概况

建置沿革

【简述】 武江区因珠江水系北江上游武江流经境内而得名，另因地域处于武江（河）以西，故又俗称“西河”。

【南朝以前建置】 春秋时期武江境内为百越地。战国时期为楚国属地。秦始皇三十三年（前214年），统一岭南，设南海郡，郡治在番禺，辖区属南海郡管辖。赵佗立南越国后，又为南越国属地。

汉武帝元鼎六年（前111年）平定南越，本境设置曲江县，属桂阳郡，郡治在郴州，隶于荆州。元封五年（前106年），武帝置十三刺史部（亦称州、时为监察区），桂阳郡曲江县受荆州刺史部监察。西汉末年王莽新朝时，桂阳郡改称南平郡。东汉初复称桂阳郡。东汉后期，在桂阳郡南部地区设始兴都尉，以加强对曲江县的管辖。三国吴甘露元年（265年），在桂阳郡南部分设始兴郡，郡治设在曲江县城（今浈江区莲花山），隶属荆州。

西晋太康元年（280年）三月，武帝平吴，始兴郡移属广州。曲江县治从莲花山迁往安聂邑（今武江境内西河），西河成为曲江县政治、经济、文化中心。东晋末（419年），曲江县治迁往官滩（今浈江境内南郊）。

南北朝梁承圣（552—555年）中，于始兴郡置东衡州，州治在曲江，州县治所迁西河。

【隋、唐、五代十国时期建置】 隋开皇九年（589年），改东衡州为韶州，州县治所回迁莲花山。开皇十一年，撤销韶州，曲江并入广州。唐武德元年（618年），曲江县治再迁西河。武德四年，把广州属的曲江设置为番州，不久更名东衡州。

唐贞观（627—633年）中，改东衡州为韶州。五代时期，后梁乾化元年（911年），刘岩发兵破韶州，州县治所迁往中洲（今浈江境内小岛），本境仍一直是韶州、曲江县的城区部分。

五代十国时期，先属后梁，后属南汉，以韶州辖曲江县，辖区属曲江县。

【宋、元、明、清时期建置】 宋初仍以岭南东道韶州辖曲江县。未久撤道改称州，曲江县隶属韶州。至道三年（997年），又于州上置路（半行政半监察性质），曲江县隶属广南东路韶州管辖。

元朝以行省为地方最高行政区，下设道（省派出机构）、路、县三级。至元十五年（1278年）岭南平定后，曲江县隶属海北广东道韶州路（此间又在韶州路置录事司，以管理城乡居民；一说至元二十三年置，又称新民官司）。至顺元年（1330），属江西行省广东道韶州路管辖。

明洪武元年（1368年），改韶州路为韶州府（同年罢新民官司）。洪武二年升广东道为广东行中书省；洪武八年又改称广东承宣布政使司（简称广东布政司，习惯上称广东省），曲江县均隶属韶州府。

清初仍称广东布政司，未久定称广东省，省下设道（省的派出机构）、府、县，曲江县隶属广东省南韶连道韶州府管辖。

【民国时期建置】 民国元年（1912年），撤销道、府，曲江县隶属广东省。1914年复设道，曲江县隶广东省南韶连道（未久改称岭南道）。1920年，又撤销道，未久设北区善后督办，性质与道同。此后屡设屡废，1925年设北江行政区，1926年撤销北江行政区。1928年设北江善后委员会。1932年改为北江绥靖区。1936年改设第二行政督察区，性质与善后委员会、行政区、绥靖区同，均为省派出机构，曲江县仍属之。1940年改称北江行政区。1941年复称第二行政督察区，曲江县仍属之。1943年11月，在曲江县城置韶关市，升格为省直辖市。1945年1月，韶关被日军占领，市的建制自行解体。1947年再次调整全省行政区，曲江县隶属第三专署行政督察区。武江境内隶属韶关市和曲江县管辖。

【中华人民共和国时期建置】 1949年10月7日，韶关市区武江境内解放。是日，成立韶关市人民政府。10月10日，宣告成立曲江县人民政府。武江境内隶属曲江县管辖。1951年6月1日，恢复韶关市建制；武江境内属韶关市管辖。韶关市设立郊区办事处，境内设西厢乡。1952年11月9日，撤销北江专署，改设粤北行政公署，辖曲江等19个县1个市。是年，撤销西厢乡，改称西河街道办事处，属韶关市管辖。1956年3月1日，改置韶关专员公署，辖曲江等17个县1个市。是年，西河街道办事处并入韶关市和平街道办事处。武江境内西河、西联隶属韶关市管辖。1959年1月，韶关市郊区办事处、曲江县、仁化县和乳源县合并（时称三县一市合并），武江境内西河、西联农村归蔬菜公社（后改称环市公社）管辖。1961年1月17日，撤销韶关市大郊区，恢复韶关市建制。武江境内西河、西联仍归韶关市管辖。1965年8月，环市公社分出西联公社，归属韶关地区示范农场管理。1969年，西联公社并入环市公社，归属韶关市管辖。1971年，韶关市区划分东河、南郊、中区、南区、北区、西河等6个区，武江境内城区设西河区街道革命委员会。1972年，环市公社从南郊迁入武江境内五祖路。1975年3月，恢复韶关市郊区建制。7月，新韶公社分出芙蓉公社。11月，韶关市城区6个区合并为西河等3个区。西河区街道革命委员会，改称武江区革命委员会，为韶关市的派出机构。1977年1月，韶关市升格为省直辖市。武江境内西河、西联属韶关市。1978年7月，撤销韶关市革命委员会，改置韶关市人民政府。武江境内西河、西联隶属韶关市。1983年6月，韶关地区与韶关市合并为地级市，统称韶关市。武江境内西河、西联仍属韶关市。

1984年9月，经广东省人民政府批准，撤销原武江区和韶关市郊区（原市政府派出机构），成立武江区，为韶关市辖县级行政区，辖西河、芙蓉、新华3个街道办事处，16个（新华北、武江北、新村、新村二、工业中、东岗、黄田坝、群立街、工业西、工业东、芙蓉北、光明巷、狗头山、沙湖、武江南、新华南）居委会，13个（西河、黄田坝、马停脚、白芒、下坑、黄塱、田心、车头、阳山、沐溪、西联、甘棠、芙蓉）村级乡和塘湾、山蕉2个场。区人民政府驻所在西河五祖路（原市郊区办公楼）。1994年9月28日，迁往韶关市惠民南路128号。2004年8月，韶关市部分行政区域调整，原曲江县龙归、重阳、江湾3个镇划入武江区。

（区年鉴编辑部）

自然地理

【位置　范围　面积】　武江区位于广东省北部，韶关市境内的武江、北江河以西。坐标北纬24°42′00″—24°48′00″，东经113°06′00″—113°34′00″。东与浈江区隔河相望，南与曲江区白土镇接壤，西与乳源瑶族自治县大布、东坪、乳城、一六镇毗邻，北与乳源桂头镇相连。辖区总面积682平方千米。

【地质　地貌】　武江区域内的地质地层属于沉积岩地层为主。受粤北“山”字形地质构造的影响，区内褶皱和断裂极其发育，褶皱主要由古生代地层形成紧密式之背斜核部，以北北东向构造为主，次级构造亦较为发育。褶皱构造有北部的大岗头向斜，中部的天子岭背斜和南部的芙蓉山向斜。均为断褶带内曲江复向斜的次褶皱带。地貌以丘陵地带和冲积小平原及高山奇峰为主。区境地势北高南低，西高东低，海拔多在55—200米，坡度约30度左右。江湾镇境内的大东山主峰海拔1390米，是武江区最高山峰；依次有江湾镇枫岭头海拔1100米，龙归镇凤田黄茂堂海拔941米，西河镇境内的圆子背肩山海拔1125.5米、大岗山海拔406米、天子岭海拔357米、芙蓉山海拔282米。最低武江河河床处海拔55米。

【地形面积】　武江区地处南岭山脉南麓的盆地之中，其地形犹如一只卧狮，东西长、南北窄成不规则多边形。区境东起市区武江河中心，西至江湾镇武洞、白石村，长56.75千米，南至曲江交界的圆子背肩山，北至重阳镇大夫前村，宽17.8千米。

【河流】　武江区主要河流有武江、北江、南水河、重阳河、锅溪河、韶西水、沐溪水、芙蓉水、沙山水。其中武江历史上曾称虎溪、武溪，发源于湖南省临武县三峰岭，途经坪石、乐昌、桂头，由浈江区犁市镇上朗流入该区重阳镇水口村，至北江桥下与浈江河汇合成北江河。武江河全长260千米，河床坡降0.906‰，在该区河段约16千米，河面宽150—200米，为Ⅶ级航道，境内河段通航能力为300吨级船舶。含武江在内的韶关市区最高洪水位57.21米，最大洪流量9460立方米/秒，发生于1994年6月18日。最低水位0.7—1米，枯水流量12.3立方米/秒，发生于1966年9月24日。北江河古称“溱水”“肄水”“始兴大江”，发源于江西省信丰县石碣大茅山和湖南省临武县三峰岭，上游分别称“浈江”“武江”。北江流至佛山市三水区思贤滘与西江汇合，全长468千米，河床坡降0.398‰，多年平均流量1080立方米/秒。北江流经武江区西河、西联境内约12千米。河面宽150—350米，可通航为Ⅶ级航道，通航能力为300吨级船舶。西联镇下胡村、赤水村有煤运码头常年水运，可直抵珠江三角洲及连接西江水道。

【气候与灾害】 武江区地处北回归线以北，属亚热带气候为主的湿润性季风气候，日照充足，雨量充沛，冬季多干冷的偏北风，夏季多偏南的暖湿气候。年平均气温20.3℃（其中年平均最高气温25.4℃、最低气温16.8℃），年平均湿度为52%，年平均日照时数1858小时，年太阳总辐射111.5千卡/平方厘米，年平均雨量为1537.4毫米。入汛期为每年4月中旬至7月下旬。春季冷暖季风交替频繁，多为低温阴雨天气，日照最少；夏季火热酷暑，雨量多且集中；秋季秋高气爽，昼夜温差较大，降水量少；冬季雨量减少，天气寒冷，年无霜冻期305天。2005年秋旱严重；2006年7月15日，遭百年一遇的洪灾；2008年1月，遭遇80年一遇的雨雪冰灾；2013年5月16日、8月15日，武江大部地区遭遇重大洪涝灾害。

资源物产

【土地资源】 至2017年末，武江区耕地面积6884公顷（水田3999公顷，旱地2386公顷，水浇地499公顷），园地644公顷，林地48763公顷，草地1612公顷，城镇村及工矿用地5036公顷，交通运输用地955公顷，水域及水利设施用地2942公顷，其他土地941公顷。

【矿产资源】 武江辖区内已知矿产有煤矿、铁矿、铅锌矿、锡矿、钨矿、金矿、银矿、石灰石、高岭土、萤石矿等20多种，矿床点58处。其中金属矿产8种，矿床点20处：铁矿点2处，锑矿点3处，铅锌矿点2处，锡矿、钨矿点2处，金矿点8处，银矿点3处。非金属矿产14种，主要有煤矿7处，石灰石10处，高岭土2处，萤石矿2处，河沙3处共计38处。

【动植物资源】 武江区内野生动物种类繁多，主要分布于山区和丘陵地带，体型较大的野兽多栖息在西北山区，一般兽类出没于平川、丘陵。主要野生动物有：哺乳类、鸟类、鱼类、甲壳类、两栖、爬行类、昆虫类等。主要野生植物有：维管束植物2349种，分隶207科877属。水果类38种、野生药用植物135种。内陆水域中常见的浮游生物共14门120多属。

【旅游资源】 武江区是粤北古邑，韶关博物馆珍藏有武江境内出土的汉代、三国、西晋、东晋文物。人文景观主要有唐朝宰相张九龄家族墓、宋朝尚书余靖墓和蓉山古刹。有南昌起义军朱德部队旧址、八路军驻韶关办事处旧址、抗战时期中共广东省委遗址、青水塘和李子园炮楼等24处革命遗址。自然景观有广东韶关芙蓉山国家矿山公园、芙蓉山公园、芙蓉仙洞、沐溪水库、石背窝水库和江湾温泉等。辖区内有不可移动文物167处。有市属韶州宾馆和流花宾馆、湖心宾馆、倚山宾馆等一批民营涉外旅游宾馆。沐溪水库湖水碧绿，蔚为壮观，泛舟遨游，闲来垂钓，别有一番诗情画意，是市民郊游的好去处。此处集会所、饮食、住宿、观光、游乐于一体的多项旅游设施，成为郊游的新亮点。

（区年鉴编辑部）

环境质量

【大气环境】 2017年，全区空气质量保持良好，空气质量达标天数为326天，达标率为89.3%；超标天数为39天，占10.7%，其中轻度污染36天，中度污染3天。首要污染物为臭氧，其次为细颗粒物（PM2.5）。

空气中二氧化硫、二氧化氮、可吸入颗粒物年均浓度分别为0.017毫克/立方米、0.029毫克/立方米、0.052毫克/立方米，细颗粒物年平均浓度值为0.038毫克/立方米，一氧化碳日均值第95百分位数平均值为1.4毫克/立方米，臭氧日最大8小时均值第90百分位数平均值为0.152毫克/立方米，均优于国家二级标准。市区降尘年均浓度为1.56吨/平方千米·月，低于广东省参考评价值（8.00吨/平方千米·月）。全年降水pH年平均值为5.26，酸雨频率为40%，比上年（36.8%）上升3.2个百分点，降水质量整体比2016年有所下降。

【水环境】 2017年，武江、南水、北江河水质状况保持良好，水环境质量与上年相比无显著变化。饮用水源地水质达标率为100%，十里亭饮用水源地按国家环保部要求进行水质全分析，109项分析监测项目全部达标。

【声环境】 2016年，武江区道路交通噪声等效声级年平均值为66.4分贝，达到国家道路交通噪声一级标准（68.0分贝）；市区区域环境噪声等效声级年平均值为56.7分贝，达到国家声环境质量2类限值（60分贝）；各功能区域噪声基本符合标准要求。

人口·语言

【人口】 2017年全区年末户籍总人口276636人，其中：城镇人口209465人，乡村人口67171人；男性139784人，女性136852人。全区常住人口31.63万人，其中：城镇人口26.18万人，城镇化率82.77%，农村人口5.45万人。全区常住出生人口4145人，出生率14.63‰；死亡人口1584人，死亡率5.59‰；自然增长人口2561人，人口自然增长率9.04‰。

【语言】 武江区方言复杂，有粤语、客家话、虱婆声、连滩话、船民话、瑶族勉语等方言。还有潮汕、清远、河源、梅州、湖南、四川、河南等地方言。粤语区域面积、人口均占全区的绝大部分，城乡流行。客家方言主要分布在龙归等5个镇的大部分地区。虱婆声主要分布在重阳、西联镇大部分农村、龙归镇后坪村和西河镇向阳、村头、大村等。连滩话主要分布在西河镇什石园下坝村、黄塱中坝村。江湾镇瑶族村村民讲瑶族勉语。

（区年鉴编辑部）

民族·宗教

【民族】 2017年，武江区居民以汉族为主，少数民族25个，超过100人的少数民族有4个，主要有瑶族、壮族、土家族、苗族，其中，瑶族人口最多，主要集中在江湾镇瑶族村，该村2017年有瑶族人口120户、649人。

2017年度武江区行政区划简表

表1

街、镇名称	村（居）委会
新华街道	乳韶、工业西、工业中、芙蓉北、沙洲、金洲、芙蓉东、惠民东、惠民西、五祖路、工业东、武江南、新华南、红尾坑、花城、利民、御龙湾
惠民街道	沙湖、冷水坑、群康、新华北、群立、武江北、黄田坝、侨新、惠民北、东岗岭、新村、沐阳东、幸福、长城
西河镇	红星、向阳、前进、朝阳、塘湾、大村、什石园、糖寮、马屋、下坑、黄塱、田心、村头、山蕉
西联镇	西联、芙蓉、下胡、甘棠、赤水、车头、阳山、沐溪、碧桂园·太阳城、恒大
龙归镇	凤田、续源、社主、龙归、奇石、冲下、山前、方田、坳头、马渡、寺前、盘村、留村、龙安、后坪、龙归街
重阳镇	大夫前、九联、青暖、重阳、水口、黄岸、万侯、妙联、重阳街
江湾镇	梁屋、瑶族、锅溪、湖洋、胡屋、围坪、江湾街

【宗教】 2017年，武江区宗教主要有佛教、基督教，依法正式登记宗教活动场所3个，分别为：韶关市芙蓉山寺、韶关市居士林、韶关市武江区基督教龙归聚会点，在建宗教场所1个，为：九归禅寺。全区信仰宗教教徒约1280人，约占全区户籍人口0.4%，其中：佛教教徒约750人、基督教教徒约200人、其他约330人。全区有宗教•教职人员19人，其中：佛教僧尼19人。

（区民宗局供稿）

交通设施

武江区位于韶关市西部，交通便利，区位优势明显。京广高速铁路、京港澳高速公路、乐广高速公路、韶关北环高速、国道G323线、省道S253线、省道S246线穿境而过。位于武江区的武广高铁站，距离中心城区约16千米，使城区进入广州一小时经济圈。京港澳高速公路西联镇互通立交贯通四方。武江区境内有县道X313线、X314线、X318线、X322线，形成完善的城乡交通网络，交通路线四通八达。2017年，全区公路总里程557千米，其中：高速公路34千米，国道26千米，省道15千米，县道70千米，乡道332千米，村道路80千米。

（区年鉴编辑部）

行政区域

2017年，武江区辖新华、惠民2个街道和西河、西联、龙归、重阳、江湾5个镇。新华街道辖17个社区。惠民街道辖14个社区。西河镇辖14个行政村。西联镇辖2个社区、8个行政村。龙归镇辖1个社区、15个行政村。重阳镇辖1个社区、8个行政村。江湾镇辖1个社区、6个行政村。

（区民政局）

经济建设

【全区经济总体稳中有进】 2017年，武江区地区生产总值（GDP）实现230.21亿元，同比（下同）增长6.1%。一、二、三产业比重调整为2.5∶41.3∶56.2，第三产业占比提高1.2个百分点。实现地方一般公共预算收入3.96亿元，增长9.8%。完成固定资产投资115.44亿元，增长3.7%。

【工业经济持续好转】 2017年，武江区全年实现工业增加值80.76亿元，增长3.7%；规上工业增加值比去年增速高出1.8个百分点，全区新增“四上”入库工业企业4家，工业下滑势头得到有效遏制。烟草、玩具、制药、电力、机械等五大传统支柱产业发展平稳，完成工业增加值71.5亿元，增长0.8%。积极打造园区工业经济，工业园（科技园、甘棠园）实现增加值1.1亿元。甘棠园区已签约企业43家，其中建成12家、在建15家、投产6家；正邦科技、合众化工、都市丽人等企业增资扩产，累计增资7亿元。莞韶城土地征收加快推进，一期征地历史遗留问题得到妥善解决。

【第三产业稳中向好】 2017年，武江区第三产业增加值完成129.31亿元，增长8.1%。大力支持商贸、商务及旅游行业发展，全区新增及下转上限上商贸企业22家。实现社会消费品零售总额120.21亿元，增长7.9%；汇展酒店、碧桂园太阳城酒店发展良好，集旅游、商业、居住于一体的奥园文化旅游综合体初具雏形，摩尔城商贸综合体项目建设顺利。全年完成房地产销售面积125.59万平方米，增长25.4%，房地产去库存成效显著，以碧桂园、保利、恒大为品牌的房地产精品产业继续保持良好发展势头。

【农业经济稳步发展】 2017年，武江区实现农业增加值5.74亿元，增长3.3%。大力发展现代农业，全区专业合作社达63家，培育家庭农场36家。培育新型农业产业化龙头企业10家，其中国家级1家、省级1家、市级6家。促成重阳镇互联网农业小镇运营中心项目落地。2017年，武江区加大农田水利设施建设力度。建成重阳、龙归高标准农田233.33公顷，有效提高土地综合生产能力。启动5宗小水电增效扩容技改工程，完成新街水、龙归水（凤田段）中小河流治理工程。加快推进农村土地改革。农村土地确权登记颁证工作进展顺利，颁证率达95%以上，流转耕地面积达1000公顷，为农业实现规模化经营奠定基础。大力发展农村特色经济。西河5个村蔬菜、龙安淮山达到种植产值规模，成功报市列为2017年“一镇一品”项目。龙安淮山绿色生产基地、重阳果丰农场皇帝柑绿色基地全面建成，农业规模化品牌化绿色种植进一步推进。稳步推进新农村建设。全面完成7个省定贫困村示范村“4个100%”目标任务，重点完成7个省定贫困村、1个市级连片示范创建村的规划方案以及40个自然村“三清三拆”工作，加快镇村生活垃圾和污水处理基础设施项目建设；完成村村通自来水一期工程；完成县乡公路安全隐患治理一期工程45.1千米；率先在全市完成通200人以上自然村公路路面硬化。积极筹划龙归、江湾、重阳基础设施建设，着力改善乡镇发展基础。

【财政政策积极有效】 2017年，武江区本级税收收入同比增长15.7%；11类民生支出占一般公共预算支出比重76.9%，全区纳入GDP核算财政八项支出9.7亿元、增长16.5%、拉动GDP增幅1.6个百分点。争取新增政府债券5000万元，并进一步加强政府债务管理，有效保障区各项公益事业的健康发展；深入推进政府预决算公开，盘活沉淀资金1942万元，有效提高资金使用效率。

【项目用地保障提速】 2017年，武江区进一步理顺征收工作机制，成立区提升办、区征收办、“双十”百日攻坚指挥部等统筹协调机构，有力有序推动项目征收，有效保障项目用地需求。在保障芙蓉新城建设方面：全年累计完成清表交地328.33公顷，签订房屋拆迁协议774户，拆除房屋面积10.02万平方米。全面完成芙蓉新城客运枢纽项目、沐溪八路改扩建工程等9个重点项目的清表交地工作；重点保障北江航道孟洲坝扩能升级、芙蓉大道南、城投房开（天玺湾）、保利、恒大等10多个项目的用地需求。在保障老城区提质方面：全年累计完成交付集体土地101.81公顷，征收房屋430户，拆除房屋4.66万平方米，完成11个项目征收前期工作，重点保障江湾大桥、芙蓉隧道北出口、党校一期、韶关大道交通节点、西河二水厂扩建、御龙湾、奥园等项目用地需求。

【项目建设步伐加快】 2017年，武江区进一步加强市政基础设施建设。芙蓉隧道南北出口贯通；南华路、滨江路、移山路全线贯通；芙蓉北路全面完成改扩建；江湾大桥、芙蓉新区路网建设进展顺利，路网框架基本形成；城区新增道路隔离带6.5千米；修缮公厕24座；更换各类垃圾桶2000个;采购各种环卫用车9辆，环卫管理服务水平得到有效提升。着力完善城镇公共配置。向阳综合、嘉晖、红星等9个社会办农贸市场升级改造工程顺利完成，居民生活购物环境充分提升；田家炳沙湖绿洲小学建成投入使用，镇泰、东岗、华泰小学改扩建主体工程基本完工；村（社区）基层综合性文化服务中心建设全面推进，建成“风度书房”3个；龙归镇中心卫生院、新华街道社区卫生服务中心完成主体工程；新建停车场7个，提供公共停车位800个。全面改善市容市貌。韶关大道南、百旺路景观绿化升级改造工程基本完工；城区工业路、沿江路、工业中路转盘至芙蓉北路连接线等混凝土路面实施沥青改造18.5千米；新增街头绿地广场32个，面积3.7万平方米；以向阳小区为试点，积极开展城市微改造；深入开展市容市貌整治，拆除违法图斑15宗、清理拆除违章建筑3.3万平方米、整治户外违法广告4.1万平方米，城区景观和街道秩序得到有效改善。

（区年鉴编辑部整理）

政治建设

【依法执政能力建设】　2017年，武江区深入学习贯彻习近平总书记系列重要讲话精神和治国理政新理念新思想新战略，认真贯彻落实省、市党代会的决策部署，不断把依法执政的要求贯彻落实到法治武江建设的全过程和各方面，全面提高依法执政能力和水平，为推进全区各项事业发展提供有力保障。强化党政主要负责人履行法治建设第一责任人职责。制定党政主要负责人履行法治建设第一责任人职责实施细则，推动党政主要负责人在推进法治建设中各项职责的落实。健全各级党委定期听取法治建设工作汇报，研究法治建设重大事项制度，将法治建设纳入单位发展总体规划和制度工作计划，与经济社会同部署、同推进、同督促、同考核、同奖惩。

【法治政府建设】　2017年，武江加快政府职能转变，努力建设人民满意政府。自觉接受人大法律监督和工作监督，主动接受政协民主监督、人民群众监督和新闻舆论监督，认真听取工商联、各民主党派、无党派人士和各人民团体的意见，全年办理区人大建议41件，办理区政协提案74件，答复率和满意率均为100%。“七五”普法活动扎实有效，依法行政水平不断提升。主动做好市下放各项职能承接工作，全年共承接公安、国土、住建、城管等部门27项下放职能，各项工作履职顺畅。深化商事登记制度改革，完善市场监管体系。区、镇（街）、村（居）三级公共服务平台初步建成，建立统一规范的公共服务体系。进一步梳理行政权责事项，完善权责清单。全面加强机关效能建设，行政监察、审计监察、廉政建设等工作得到进一步加强。制定《行政机关负责人出庭告知书》，对其出庭应诉的必要性、人员要求及庭前准备等相关问题进行书面告知，随应诉材料一并送达被诉行政机关，提高行政机关负责人出庭应诉率。

【司法公信力建设】　落实确保依法独立公正行使审判权和检察权的制度。落实领导干部干预司法活动、插手具体案件处理的记录、通报和责任追究制度。加强司法人员履职保障，支持法官、检察官公正司法，依法惩治伤害法官、检察官的违法犯罪行为。完善执行联动机制，强化对失信被执行人跨部门协商监管和联合惩戒，加大执行力度，推动尽快基本解决执行难问题。

【法治惠民实践】　2017年，武江区建立集查询咨询、登记立案、材料收转、判后答疑等功能为一体的一站式诉讼服务中心，并同步建设诉讼服务网及12368诉讼服务热线，为群众提供线上线下诉讼服务。构建跨地域立案新格局，在韶关市域内开展为异地法院收案、立案新模式，减轻群众诉累。加快“智慧法院”建设，灵活运用数字法庭、移动办公平台、执行查控、庭审直播等信息系统，不断提高业务办理、司法公开信息化水平，以信息化助推审判执行工作质效提升。加大司法救助力度，依法为经济确有困难的当事人缓、减、免交诉讼费28.23万元，对特别困难申请执行人发放救助金9万元，彰显司法人文关怀。推出巡回审判、随案发卡、完善衔接三项便民举措，即：到原、被告所在地法院或不动产诉讼标的所在地法院开庭审理案件，方便群众诉讼；随案发放便民联络卡，为群众进行交通路线指引、解答法律咨询；加强与非集中管辖法院的工作衔接，做好诉讼材料收转等工作。

【基层社会治理】　2017年，武江区以平安武江建设为抓手，全面推进基层社会治理工作。一是加强“平安细胞”建设。以“立体式规划、项目化推进”的工作思路，区领导挂点、牵头单位“包工程、包项目、包责任”的模式推进平安创建重点项目。充分发挥社会协同和行业推动作用，不断提高平安家庭、平安企业、平安文化市场、平安学校、平安村（居）等平安细胞的创建工作质量。二是加强社会治安防控体系建设。增强社会治安巡逻防控力。加强重点单位重点部位安全防范。完善人口管理信息体系。加强交通安全管理工作。推进社会治安防控体系示范村建设。是加强消防监督检查。三是推进“中心+网格化+信息化”工作。制定《武江区落实镇街综治信访维稳中心目标管理和社会治安综合治理网格化管理服务试点工作方案》，进一步明确开展“中心+网格化+信息化”的总体目标、工作步骤、工作措施、工作保障等四个大方面内容，积极探索，使试点新华街及惠民街工作开展有条不紊。还开设“平安武江”微信公众号，“平安武江”微信公众号2017年发布信息

300余条，关注人数3000余人，阅读及转发量达5万余次。

【文件规范工作】 2017年，武江区法制局严格按照规定审查符合法律、法规和适应全区经济社会发展的规范性文件，凡是规范性文件均进行合法性审查，未经审查或者审查未通过的，一律不发布实施。区政府共制定23件规范性文件，并按有关规定上报市政府备案，同时定期对规范性文件实施情况进行分析、评估，对不适应客观发展需要的定期进行清理，及时消除制度之间的矛盾与冲突，提高规范性文件的质量。

【化解行政诉讼案件】 2017年，武江区法院受理行政诉讼案件468件，审结412件；审查非诉行政案件12件。充分发挥全市基层法院一审行政诉讼案件集中管辖法院主体作用，受理行政公益诉讼案件25件，督促在生态环境和资源保护、食品药品安全、国有财产保护、国有土地使用权出让等领域负有监督管理职责的行政机关依法履职。到始兴县巡回审判18名公司员工社保稽核案，取得良好的社会效果；向行政机关发出司法建议9件，促进行政机关工作人员提高法治意识和依法行政水平。

【法律顾问工作】 2017年，武江区进一步加强政府法律顾问室建设，充分发挥法律顾问对区政府重大决策、重大合同、重大投资项目的法律审查和顾问作用。建立健全一村（社区）一法律顾问制度，社区律师参与法治宣传活动，营造辖区居民懂法知法守法的良好氛围。

【规范政府信息公开工作】 2017年，武江区进一步完善政府信息公开平台和重点领域信息公开平台的栏目设置，及时更新栏目数据信息，并做好政府信息公开录入和操作人员业务培训，统筹区相关部门完成政府信息公开年度报告的撰写和发布，协助各单位完成三公经费和财政预决算公开工作。

（区年鉴编辑部整理）

精神文明建设

【简述】 2017年，武江区坚持以习近平新时代中国特色社会主义思想特别是习近平总书记关于精神文明建设的重要论述为指导，以培育和践行社会主义核心价值观为主线，以创建全国文明城市工作为重点，扎实开展精神文明创建活动，积极培育良好社会风尚，高扬主旋律、汇聚正能量、树立新风尚，为加快武江振兴发展营造良好的社会环境和提供强大的道德支撑。

【强化核心价值观引领】 2017年，武江区把培育和践行社会主义核心价值观作为精神文明建设的灵魂工程和根本任务。通过宣传普及、文化熏陶、实践养成和制度保障，推动社会主义核心价值观落细落小落实。加强活动引导，利用重大纪念日、民族传统节日和各类现代节日开展宣传教育活动上百场。加强景观融入，做好西桥公园核心价值观主题公园建设提升，向阳小区文祥广场核心价值观主题广场维护提升，推进各镇街建立镇街、村居级主题场所，推动核心价值观融入城乡环境景观。加强公益宣传，因地制宜增设、更新一批主题鲜明、美观大方的公益宣传长廊；更新更换108块区属宣传栏；派发宣传小册子30多万份；在公园广场、社区、学校等公共场所广泛设置符合行业特点的公益广告。

【着力培育文明风尚】 2017年，武江区不断探索“道德讲堂”新模式，区级总堂全年累计举办活动22场，成为区精神文明建设特色品牌。强化道德模范选树宣传，坚持每季推荐上报“韶关好人”和广泛动员干部群众参与“道德模范”推荐评选，全年共有2人获“感动十佳道德模范”及提名奖，1人获“韶关好人”季度好人。广泛开展各类道德实践主题活动，策划举办第15个全国公民道德宣传日系列活动，在机关、学校、企业等基层单位开展“道德模范巡讲巡演”20场。突出抓好未成年人思想道德建设，成功创建6所市级文明校园，办好一批家长学校、完善未成年人活动场所，开展“我的中国梦”等主题教育实践活动。推进志愿服务制度化建设，广泛开展各类志愿服务活动，涌现出老兵志愿服务队、文化志愿服务队、社工+志愿者服务队、党员志愿服务队等多个活跃的队伍。

【推进基层文明创建】 2017年，武江区坚持“以城带乡、三级联创”的思路，提高创建覆盖面，扎实推进文明村镇、文明单位、文明校园、文明家庭等创建工作。完成2016—2017年国家级、省级和市级精神文明先进集体创建工作，武江区国税局获评全国文明单位，西河镇红星村通过全国文明村复审，雪印集团公司获评省文明单位，工业中社区、惠民西社区、新华南社区通过省文明单位复审，还有6个单位获市文明单位，1个村获市文明村，6个社区获市文明社区，3个窗口获市文明示范窗口等市级荣誉。启动2016—2017年区级精神文明先进集体评选表彰工作。重新修订《武江区精神文明创建活动实施方案》，健全区精神文明创建活动管理机制。

【全力攻坚推动创文工作】 2017年，武江区结合辖区重点难点，开展交通秩序、农贸市场、老旧小区等21项专项整治，着力提升城市环境面貌。全力做好创文网上申报测评材料，按时完成全区材料收集、汇总、整理、报送工作。抓好实地考察对标整改，针对五镇两街的47个大板块各考察点任务进行细化分解，对照查找薄弱环节并逐条落实整改以迎接测评。在基层群众中广泛派发创文、核心价值观、文明镇街等主题宣传小册子30多万份，着力营造浓厚宣传氛围。通过努力，为韶关被中央文明委正式确认为2018—2020年创建周期全国文明城市提名城市贡献全区应有的力量。

（区委宣传部供稿）

社会建设

【完善立体化社会治安防控体系建设】 武江区综合运用多种手段措施，强化基础设施建设，稳步推进治安防控网的建设。一是增强社会治安巡逻防控力。按照“快速反应、高效处置”原则，在韶关站和武江城区实施“屯警街面、武装巡逻、动中备勤”的治安防控，全面加强车站、广场、学校等人员密集场所的巡逻防控等工作。二是加强重点单位重点部位安全防范。重新确认区重点单位，并对该区治安保卫重点单位、重点要害部位及单位内部安全保卫力量进行重新梳理，确定59间治安保卫重点单位。三是完善人口管理信息体系。全面推广应用实有房屋门禁视频系统，切实提升实有人口实有房屋“双实”管控效能。该区采取群众自筹、政府部分出资的方式，在小区、重点人员聚居等治安复杂的出租屋安装禁视频系统，实行监管场所入所流动人口登记倒查机制。四是加强交通安全管理工作。公安交警部门以“猎豹”专项整治行动为抓手，全面开展道路交通安全事故预防专项行动、集中整治城市交通违法行为统一行动。创新交通管理方式，在全市范围内率先推动“礼让斑马线”试点工作，在芙蓉北路施划“礼让斑马线”，并配套安装监控抓拍设备，有效提升路段交通安全系数。五是推进社会治安防控体系示范村建设。六是加强消防监督检查。多次组织派出所警力深入辖区公众聚集场所、人员密集场所进行消防安全检查。对检查发现的隐患，检查人员当场指导场所负责人员立即进行整改，及时消除隐患。

【社会民生保障】 着力加强城乡低保规范化管理，严格落实分类施保政策和动态管理制度，建立与经济增长和物价水平相适应的补助标准正常增长机制，完善制度建设，出台《关于调整城乡低保最低月标准及农村五保供养最低年标准的通知》，城乡最低生活保障标准于2017年1月重新调整，执行标准是：城镇每人每月586元，农村每人每月400元，人均补差水平城镇每人每月不低于457元，农村每人每月不低于206元，达到省、市要求的标准和补差水平。全区共有低保对象1028户1895人，其中城镇低保370户592人，农村低保658户1303人。2017年1—10月共发放低保资金584.43万元，其中城镇低保资金299.48万元，农村低保资金284.95万元，城乡低保群众的基本生活得到有效保障。构筑社会救助管理服务新模式，武江区完成社会救助综合服务窗口设置，改变为由村委、社区受理申请，镇街一级审核，民政局二级审批的流程。为困难群众提供统一的社会救助申请平台，让申请最低生活保障、特困人员供养、受灾人员救助、医疗救助、教育救助、住房救助、就业救助、临时救助等救助工作得到及时办理。孤儿生活得到有效保障。截止11月底，全区散居孤儿数为18人，发放生活费标准从去年每人820元/月增加到2017年每人880元/月，1—11月发放161040元，事实无人抚养儿童39人，发放标准为500元/月·人，1—11月发放192000元。

【社会各项事业发展】 2017年，武江区各项社会事业进一步协调发展。科技工作有序推进，2017年获得国家级孵化器培育单位、省级科技进步一等奖各一项，获批复申请专利619件，筹建市级工程研发中心6家。教育综合实力明显增强，2017年获得“国家义务教育质量监测县级优秀组织单位”称号，率先在全市创建为“广东省推进教育现代化先进区”、省教育强镇（街）复评100%通过，中小学“平安校园”覆盖率达100%。文化工作扎实推进，大力开展文化“三下乡”活动。2个区级文物成功申报市级文物保护单位。广泛开展全民健身运动，2017年武江区获得国家级群众体育先进单位称号。继续深化医药体制改革，基本药物实施零差率销售；全面落实两孩政策，区计生工作被省评为优秀等次。大力开展文明创建综合整治提升“七大行动”，进一步提高文明城市创建整体水平，区国税局获全国文明单位称号。积极支持工会、共青团、妇联、儿童、老龄、红十字会工作，民族宗教、“双拥”、优抚安置、武装、人事、物价、档案、对台等工作均有新的进步。2017年政府承诺的6件民生实事扎实推进。

【社会组织管理】 2017年，武江区登记社会组织12家，其中，社会团体1家，民办非企业单位11家；另外，民办非企业单位变更5家，注销1家，对79家社会组织进行年检，占应年检数的92%。按照省、市文件精神，县（区）级民政部门是基层群众性自治组织特别法人统一社会信用代码赋码工作的具体实施部门，承担赋码工作主体责任这一要求，认真抓好贯彻落实，于11月20日前完成辖区内数据比对工作，力争12月底完成基层群众性自治组织特别法人统一社会信用代码赋码工作。

2017年，团区委加大志愿者注册、时长录入等业务的指导力度，用好用活“i志愿”服务平台，规范志愿者招募及志愿团体注册，健全完善志愿服务时长录入、考核激励等机制。据统计，在i志愿平台，武江区共有在册志愿者14736人，参加过活动的志愿者为15396人，累计服务时间为923129小时，人均累计服务时间为62.64小时，2017年的人均服务时间超过27小时。团区委为进一步完善社会志愿服务体系，健全志愿服务激励保障机制，推动志愿服务活动常态化，与有关单位协调，联合评选辖区内一至三星志愿者，李君等2人获得武江区三星志愿者；郭妍蕾等8人获得武江区二星志愿者；林东韶等17人获得武江区一星志愿者。陈丹等四人获得韶关市四星志愿者。

【社会管理】 2017年，武江区完成市级第一批下放职权承接工作。做好市公安局武江分局、市国土资源局武江分局、区城管局等部门职权划转工作；配合完成韶关市第五中学收回市直属管理，韶关市机关第三幼儿园下放该区的相关交接工作；配合开展市区医疗卫生资源整合工作；制定区食盐监管体制改革实施方案。贯彻落实《广东省商事登记条例》，深化推进商事制度改革，从2017年9月1日起全面实施“多证合一、一照一码”登记制度改革。进一步完善工门式一网式办事大厅和区、镇（街）、村（居）三级公共服务平台规范化建设。

（区年鉴编辑部整理）

生态文明建设

【节能降耗】 2017年，武江区广泛组织开展“能源紧缺体验日”、节能宣传周活动，加大节能宣传力度，增强社会公众节能意识，同时大力推进全区公共机构节能工作，狠抓节能降耗；与城区供电局沟通协调，开展企业能耗产出匹配性调查，并召开节能降耗专题座谈会，促进企业节能降耗的开展，加强对辖区内重点能耗企业的监管和节能目标考核。开展电机能效提升工作，对企业电机情况进行摸底调查，督促企业淘汰落后电机，更换高效电机，提高能源利用水平，帮助旭日玩具厂申请电机能效提升补贴290万元，提交2017年韶关市节能减排财政政策综合示范城市申报项目9个。

【全民义务植树活动】 2017年，武江区完成森林碳汇重点生态工程造林527.33公顷，美化绿化2个自然村，义务植树45万余株，为打造生态武江不断务实基础。3月10日上午，武江区四套班子领导、区直各单位主要领导及社会志愿者共100余人冒雨来到武江区甘棠工业园区，参加植树活动，为生态武江增添新绿。“十三五”时期，武江区将着力推进碳汇造林、生态景观林带、森林进城围城、乡村绿化美化四大生态重点工程，进一步做好封山育林，大力实施植树造林工作。重点做好交通主干线森林景观改造项目建设，完成森林湿地公园的建设任务。力争“十三五”时期，全区森林覆盖率达到74.8%，森林蓄积量达到455万立方米，为实现“新一轮绿化广东大行动，建设全国绿色生态区”的总体目标打下坚实基础。

【林业生态建设】 2017年，区林业局紧紧围绕“绿水青山就是金山银山”的生态发展理念，全面贯彻落实中共十九大精神，积极组织春季造林，狠抓森林资源培育和管理，稳步扩大森林面积，提升森林质量，增强森林生态功能。2017年全区共完成植树造林527.33公顷，森林蓄积量450万立方米，森林火灾受害率控制在0.5‰以下。全面完成植树造林任务：（1）造林更新。2017年完成碳汇造林200公顷，其中森林碳汇工程林分修复26.66公顷，森林碳汇工程更新改造173.33公顷，任务完成率100%；完成人工造林107.33公顷，其中石漠化综合治理46.66公顷，社会投资造林60.66公顷，任务完成率100%；2017年新封山育林220公顷，任务完成率100%。（2）乡村绿化美化。完成乡村绿化美化省级示范点2个，任务完成率100%。（3）森林抚育。完成森林抚育3286.93公顷，其中省级森林碳汇抚育面积546.93公顷，中央财政森林抚育面积1333.33公顷，社会投资森林抚育1406.66公顷，任务完成率100%。（4）全民义务植树。2017年全区全民义务植树达45万余株，义务植树尽责率达到95%。

（区年鉴编辑部整理）

中共韶关市武江区委员会

综　述

2017年，中共韶关市武江区委以习近平新时代中国特色社会主义思想为指引，深入学习贯彻落实中共十九大精神，坚持稳中求进工作总基调，坚定不移贯彻新发展理念，狠抓“产业共建、城市提升、县域发展”三大主题工作，突出“医疗卫生、文化教育、精准扶贫”三项重点民生事业，着力推动城乡融合发展，全区实现经济社会各项事业取得新进展。

中共韶关市武江区委员会设区委办公室、组织部、宣传部、统战部、政法委机关、编办6个工作部门。区委下属10个基层党（工）委：西河镇党委、西联镇党委、龙归镇党委、江湾镇党委、重阳镇党委、惠民街党工委、新华街党工委、区直属机关党工委、公安分局党委、区教育党工委。

【学习贯彻中共十九大精神】 2017年，中共十九大胜利召开后，区委迅速把学习宣传贯彻好中共十九大精神作为首要政治任务，及时制定《学习宣传贯彻中共十九大精神的工作方案》，多次召开区委常委会会议、宣讲报告会、中心组学习会，带头学习报告原文领会报告精神；集体瞻仰中共粤北省委旧址，重温入党誓词，接受中共革命传统教育。召开区委九届三次全会专题贯彻省委十二届二次全会和市委十二届五次全会精神，审议通过《坚持以习近平新时代中国特色社会主义思想为指引奋力推动武江在新时代干出新气象实现新作为的决定》，按照省委“大学习、深调研、真落实”活动要求，由区委常委分别牵头，围绕武江振兴发展九个需要着力研究解决的问题和短板开展深调研活动，在实践中推动习近平新时代中国特色社会主义思想在武江落地生根、开花结果。区委常委带头深入基层一线开展学习宣讲活动，带动各基层党组织创新学习宣传方式，开展“贯彻十九大·家教进村（社区）”知识讲座、“家门口的党课”和“十九大与我的幸福生活”大学习大讨论等活动，全区372个党组织、一万多名党员通过各种途径参加学习活动，实现学习中共十九大精神全覆盖。

【经济实现平衡健康发展】 2017年，武江区委坚持以供给侧结构性改革为抓手，深入推进各项领域改革，深化武江凤岗产业共建，激发经济发展活力，促进经济稳步增长和质量有效提升。全年实现生产总值230.21亿元，同比增长6.1%。积极应对经济下行压力，及时采取经济增长的政策举措，出台《2017年武江区稳增长及促进工商贸企业加快发展的激励办法》和《武江区促进限额以上住宿和餐饮业发展方案》，助推全区规上工业增加值增长1.9%，韶关烟厂实现3个百分点增长，利民制药等优势企业实现高增长。加强商贸企业培育和促进新业态发展，预计新增限上商贸企业22家，广东马可波罗等优质企业入驻黄沙坪创新园。农业创新发展取得新进展，累计培育农业产业化龙头企业国家级1家、省级1家、市级6家，促成重阳镇互联网农业小镇运营中心项目落地。三次产业比例为2.5∶41.3∶56.2，经济结构进一步优化。加强财税征管，完成区级一般公共预算收入3.96亿元，同比增长9.8%，税收增长高出财政增长4.8个百分点，财政质量进一步提升。

【城乡建设迈出新步伐】 2017年，武江区委围绕实现城市与乡村相得益彰的发展方向，加大工作力度和创新机制举措，整体推进芙蓉新城、老城区提质和社会主义新农村建设。加大芙蓉新城建设力度，通过实施“双十”项目百日攻坚行动，建立五个组团攻坚工作机制和村民安置保障机制，村民安置工作和土地房屋征收明显加快，保障北江航道孟洲坝扩能升级、保利商业综合体、芙蓉大道南等十个重点项目开工建设，加快太阳城、恒大城、保利大都会三大居住片区和新城路网、地下综合管廊整体建设进展，2017年芙蓉新城投资增长35.9%。结合文明创建工作，着力抓好道路基础设施、“五小”项目和社区“微改造”等城市更新项目建设，完成向阳小区等小街小巷整治以及向阳、芙蓉、红星和前进等农贸市场改造，老城区提质成效初显。大力推进镇村一体化以及村庄规划编制工作，重点完成省定贫困村及市级连片示范创建村的规划方案和“四个百分百”目标任务。率先在全市完成通200人以上自然村农村公路路面硬化，全年植树造林527.33公顷，建设乡村绿化美化省级示范点2个。农村土地确权登记颁证工作有序推进，颁证率达95%以上。全面落实“河长制”和节能减排任务，完成全区畜禽养殖禁养区、限养区、适养区划定工作和畜禽养殖禁养区清理关闭工作，农村生态宜居环境进一步改善。

【社会事业不断发展进步】 2017年，武江区委坚持把人民对美好生活的向往作为奋斗目标，不断加大财政投入力度，加快社会民生事业发展。加强社会保障体系建设，社会群体实现应保尽保，城镇登记失业率控制在3%以内。在全市率先成功创建“广东省推进教育现代化先进区”，田家炳沙湖绿洲小学建成开学。西联镇卫生院建设扎实推进，计划生育优质服务水平和群众性体育工作继续保持在省、市先进行列。科技工作进一步推进，获得国家级孵化器培育单位、省级科技进步一等奖各一项。群众性精神文明创建活动扎实开展，村（社区）基层综合文化服务中心建设全面推进，建成“风度书房”3个。大力开展文明创建综合整治提升“七大行动”，推行城市精细化管理，城市文明创建迈出新步伐。创新扶贫思路，充分发挥“党建+”平台作用，引导“两新”组织与村级党组织开展互联共建，合力推动扶贫工作。2017年81户305相对贫困人口实现精准脱贫。着力办好6件民生实事，人民群众幸福感日益增强。

【社会大局保持和谐稳定】 2017年，武江区委加强对依法治区工作的领导，加快法治政府和基层法治建设，建立区委、区政府法律顾问工作机构，深入落实“一村（社区）一法律顾问”制度，扎实开展“七五”普法工作，夯实基层法治基础。全面推进司法体制改革，人员分类管理改革顺利完成，公正阳光司法责任机制进一步构建。社会治理体系不断健全，探索推进村（社区）网格化管理服务工作，健全社会矛盾纠纷化解机制，有效化解社会矛盾。深入开展“平安武江”系列专项行动，加强社会治安综合治理和应急管理，重拳打击传销活动，社会大局平稳向好，实现中共十九大等重点时段“四个不发生”目标。反邪教工作成绩突出，西河镇、新华街惠民西社区、惠民街沙湖社区和西河镇向阳村获得全国创建无邪教示范单位称号。食品药品安全工作走在全市前列，安全生产、消防安全工作不断加强，社会公共安全进一步保障。

【管党治党责任全面加强】 2017年，武江区委切实担负起管党治党责任，把政治建设摆在首位，着力在加强中共长期执政能力建设、先进性和纯洁性建设上下功夫。一是严抓思想政治建设。落实党委（党组）意识形态工作责任制，扎实推进“两学一做”学习教育常态化制度化，全区党员干部“四个意识”进一步增强。认真抓好区委理论中心组学习，坚持用习近平治国理政新理念新思想新战略和重要指示批示精神武装头脑。从严落实《中国共产党地方委员会工作条例》和《中国共产党党组工作条例（试行）》，不断推进党内组织生活制度化规范化。注重抓好党员干部教育培训，不断增强中共干部队伍政治理论修养。二是抓实基层组织建设。认真开展领导干部驻点普遍直接联系群众工作，解决实际问题978个。全面完成村（社区）“两委”换届，认真组织实施基层党建“书记项目”10个，全面完成5个软弱涣散村党组织整顿工作。深入开展“两服务三推动”活动，“两新”组织党建覆盖率显著提高。切实提高基层经费保障水平，村干部补贴标准和村级办公经费进一步提高。三是抓紧党风廉政建设。推动正风肃纪常态化、长效化，坚持不懈纠正“四风”问题。深入贯彻中央八项规定精神，扎实开展“身边事教育身边人”主题警示教育系列活动，不断提高全区各级党员领导干部的政治意识、纪律意识。认真落实国家监察体制改革，成立区委巡察机构，组织开展2轮常规巡察和1次扶贫领域专项巡察，推动全面从严治党向基层延伸。重点查处“三类人”、重点领域和基层“微腐败”，全年纪检监察机关立案审查违纪案件72件，保持惩治腐败的高压态势。

【区委各次常委会会议】 2017年1月18日上午召开区委九届第9次常委会会议，传达学习市委工作会议精神、粤东北文明创建工作座谈会精神，研究部署区委班子民主生活会工作、区2017年国民经济和社会发展计划主要指标安排问题，听取区村村通自来水工程实施情况汇报，审议通过《武江区2015年度经济社会科学发展考核奖励方案》《2016年武江区镇（街）工作绩效考评实施方案》《2016年武江区机关绩效考评实施方案》。通报韶关市推荐提名广东省出席中共十九大代表候选人推进人选名单情况；同意区人大常委会党组提请的增选2名武江区第九届人大代表事宜。

2017年2月9日下午召开区委九届第10次常委会会议，传达学习省委政法工作会议精神，听取区2017年“两会”筹备情况报告、2017年区政府承诺为民办实事项目情况报告，研究武江区2017年重点项目责任分工事宜、审议并原则同意武江区2017年部门预算草案、《关于在全区公民中开展法治宣传教育的第七个五年规划（2016—2020年）》。审查并原则通过区反腐倡廉专题教育片《以案为鉴 警钟长鸣》。

2017年2月27日上午召开区委九届第11次常委会会议，听取区2016年度公务员职务与职级并行晋升工作报告、区创建广东省推进教育现代化先进区工作进展报告、教育西路项目进展情况报告、芙蓉隧道北出口项目进展情况报告，审议并原则通过《芙蓉新城2017年重点项目征拆交地工作责任分工表》，研究部署党风廉政建设和反腐败工作。

2017年3月17日下午召开区委九届第12次常委会议，传达学习全国、全省宣传部长会议及全市宣传思想文化工作会议精神，听取区政府2017年承诺为民办的实事进展情况报告，原则通过《关于进一步加强和改进全区各级干部出国（境）管理工作的意见》。研究区农村人居环境整治和精准扶贫工作、2017年区公开招录教师事宜、区安全生产工作。

2017年3月31日下午召开区委九届第14次常委会议，传达学习全市农村工作暨扶贫开发工作会议精神、广东省卫生与健康大会会议精神，听取市与市辖区管理体制改革工作进展情况汇报、城市提升工作进展情况汇报、2017年“三述”活动情况汇报，开展“五好”工商联创建工作情况报告、区人大常委会2017年关于重点监督和视察工作的安排，审议通过《中国共产党韶关市武江区委员会工作制度》《2016年度区委常委班子民主生活会整改落实方案》。

2017年4月17日下午召开区委九届第15次常委会会议，学习习近平总书记关于广东工作的重要批示精神，听取“三防”工作、创文工作、村级“两委”换届工作进展情况报告，研究区2015年度绩效考核奖励相关问题，审议通过2016年度武江区信访工作专项考核结果。

2017年4月28日下午召开区委九届第16次常委会会议，传达学习全市2017年保密工作会议精神、全市宣传部长座谈会及全市意识形态工作联席会议精神，听取武江区2017年第一季度经济运行情况报告、武江区2017年重点项目进展情况报告、武江区农村土地确权工作进展情况报告、芙蓉新城征拆工作进展情况报告、武江区2016年度党风廉政考核情况报告，原则通过《武江区建立健全乡镇机关事业单位工作人员乡镇工作补贴制度实施办法》，研究2017年武江区事业单位公开选聘、招考工作人员事宜。

2017年5月19日上午召开区委九届第17次常委会会议，传达学习全市干部教育培训会议有关学分考核管理工作的精神、全市推进“两学一做”学习教育常态化制度化工作会议精神，听取村（居）“两委”换届工作进展情况报告、武江区加强省党代会期间信访维稳工作的报告、区政协党组关于组织区政协委员参加浙江大学培训学习班的情况报告；会议审议并原则同意《关于加强武江区纪委派驻机构建设和建立武江区委巡察机制的实施意见》《关于学习宣传贯彻习近平总书记重要批示精神的实施方案》《区委党内法规工作联席会议制度》。

2017年6月2日上午召开区委九届第18次常委（扩大）会议，传达学习省第十二次党代会和市委十二届第28次常委会会议精神，研究部署全区贯彻落实意见。

2017年6月14日上午召开区委九届第19次常委会会议，传达市主要领导对当前全市经济工作的批示精神，听取全区创文工作进展情况汇报，原则通过《武江区宣传思想工作要点》《武江区意识形态工作日常检查考核制度》，听取全区上半年安全生产工作情况报告、全区上半年人口和计划生育工作报告。

2017年7月14日上午召开区委九届第20次常委会会议，传达学习省委维护稳定工作会议精神、全市村（社区）“两委”换届选举工作座谈会精神、《关于认真学习贯彻习近平总书记批示精神扎实做好新形势下反邪教工作的通知》要求，原则通过《2017年武江区信访工作责任实施考核方案》《中共韶关市武江区委关于深入推进全面从严治中共实施方案》《中共韶关市武江区委关于全面开展巡察工作的实施意见》《韶关市武江区委巡察工作五年规划（2017—2021年）》，听取2016年度创建平安武江暨综治工作考评情况报告。

2017年8月4日上午召开区委九届第21次常委会会议，传达学习市委书记莫高义对武江工作重要指示精神、广东省贫困村创建社会主义新农村示范村会议精神、习近平总书记“7·26”重要讲话精神，听取武江区2017年中小学领导班子换届聘任情况报告，审议并原则同意《武江区全面推行河长制工作方案（送审稿）》。

2017年8月18日上午召开区委九届第22次常委会会议，学习《广东省党委（党组）理论学习中心组学习办法》《关于市县党委建立巡察制度的意见》，听取武江区1—7月经济运行情况报告，审议并原则同意《九届武江区委第一轮巡察工作方案（送审稿）》《武江区2017年纪律教育月活动实施方案（送审稿）》《武江区创文迎检督导工作方案》《创文专项整治提升行动工作方案》《武江区创文经费管理办法》《武江区7个省定贫困村创建社会主义新农村示范村实施方案》。

2017年9月7日下午召开区委九届第23次常委会会议，传达学习珠江西岸先进装备制造产业带建设暨全省工业技术改造会议精神、全省金融工作会议精神，研究十九大期间信访维稳工作，听取武江区畜禽养殖禁养区、限养区、适养区划定事项的报告，研究稳增长经济工作方案。

2017年9月22日下午召开区委九届第24次常委会会议，学习《关于领导干部个人有关事项报告抽查核实情况的内部通报》、省委主要领导到韶关调研重要指示精神；审议《武江区落实市委十二届四次全会重点工作责任清单工作方案》，听取全区安全生产工作情况汇报并对国庆假期和十九大期间的安全生产工作进行部署，听取九届武江区委第一轮巡察工作情况汇报。

2017年9月27日下午召开区委九届第25次常委会会议，审议并原则通过《深入学习贯彻落实习近平总书记重要批示精神专题调研工作方案（送审稿）》《深入学习贯彻落实习近平总书记重要批示精神专题调研工作方案》《武江区选派干部挂职锻炼的实施方案（送审稿）》《武江区关于集中借调干部参与征地拆迁和重点项目建设等中心工作、重难点工作的管理暂行办法（送审稿）》，听取关于做好市交办重大风险隐患和存量矛盾纠纷相关工作的情况汇报、土地确权颁证工作进展情况汇报，研究部署创文工作。

2017年10月18日下午召开区委九届第26次常委会会议，传达学习市委书记专题会议纪要（〔2017〕9号）精神及《关于实施市管干部预警监督“三示三书”制度的意见》《韶关市市管干部监督信息档案管理意见（试行）》，研究韶州公园建设工作有关事宜。

2017年10月27日上午召开区委九届第27次常委会会议，学习中共十九大会议精神、新修改的《广东省委巡视工作实施办法》；听取人大代表建议、意见和政协委员提案办理情况汇报；审议并原则通过2016年度镇（街）及区机关绩效考核结果、2016年度绩效考核奖励方案、《2017年武江区镇（街）工作绩效考评实施方案》《2017年武江区机关绩效考评实施方案》，研究落实《关于大力推进县乡人大工作和建设的若干意见》（粤常办〔2017〕47号）。

2017年10月31日下午召开区委九届第28次常委会会议，审议并原则通过《武江区学习宣传贯彻中共十九大精神总体工作方案（送审稿）》《区委常委专题宣讲中共十九大精神安排表》，传达学习市政府第三季度经济形势分析会议精神。

2017年11月13日上午在中共广东省委机关五里亭旧址，召开区委九届第29次常委会议，区委书记颜亮带领区委常委班子集体瞻仰中共粤北省委机关五里亭旧址，参观中共广东省委粤北省委历史陈列馆，回顾中共光辉革命历程，重温入党誓词，接受中共革命传统教育，学习革命先辈的崇高精神。会议传达学习习近平总书记在瞻仰上海中共一大会址和浙江嘉兴南湖红船时的重要讲话精神，李希在省委常委班子集体瞻仰中共三大会址时召开的省委常委会会议上的讲话精神，以及莫高义在市委常委班子集体瞻仰粤北省委机关五里亭旧址时召开的市委常委会会议上的讲话精神。

2017年11月20日下午召开区委九届第30次常委会会议，传达学习省委书记李希在省委常委会（扩大）会议学习贯彻中共十九大精神时的讲话精神和在全省市厅级主要领导干部学习贯彻中共十九大精神专题研讨班上的讲话精神、省委办公厅《关于全省贯彻落实〈中国共产党地方委员会工作条例〉〈中国共产党党组工作条例（试行）〉情况的督查调研报告》；审议并原则通过《关于在全区党员干部深入开展中共十九大精神大学习大培训的实施方案（送审稿）》《区领导同志到基层调研督导学习贯彻中共十九大精神工作方案（送审稿）》《武江区委中心组学习贯彻十九大精神专题研讨活动方案》《全区经济冲刺“五个十”重点项目行动责任方案》及贫困村创建社会主义新农村示范村建设有关资金分配方案。

2017年12月5日下午召开区委九届第31次常委会会议，传达学习省委十二届二次全会和市委十二届五次全会精神，审议区委九届三次全会有关文稿，原则同意《区委书记颜亮在区委九届三次全会第一次全体会议上的讲话（送审稿）》和《中共韶关市武江区委关于坚持以习近平新时代中国特色社会主义思想为指引奋力推动武江在新时代干出新气象实现新作为的决定（送审稿）》，审议并原则同意2016年镇街、区直机关、事业单位干部年度考核结果十九大信访维稳先进单位和个人和《2017年武江区市管干部政绩档案报送名单》《2017年武江区市管干部政绩档案报送名单》《2017年韶关市武江区落实党风廉政建设责任制考核方案》《武江区直党政机关和事业单位差旅费管理办法》《韶关市武江区深化国家监察体制改革试点工作实施方案》，听取关于增加亿兆公司注册资本金事宜的情况报告。

2017年12月11日下午召开区委九届第32次常委（扩大）会议，市领导调研督导武江区学习宣传贯彻中共十九大精神情况，传达学习省、市安全生产会议精神，研究岁末年初安全生产工作，传达学习习近平总书记关于进一步纠正“四风”，加强作风建设重要批示精神。

2017年12月15日下午召开区委九届第33次常委会会议，听取区人大党组和区政协党组关于区人大代表、政协委员增补情况汇报、2017年武江区食品药品安全监管工作情况汇报、区委常委会会议决定事项落实情况汇报，学习《习近平谈治国理政》第二卷主要精神，研究2016—2017年区级精神文明建设评选工作，审议并原则通过《关于加强区直机关党建工作保障的实施方案》《武江区妇联组织改革实施方案》。

2017年12月25日上午召开区委九届第34次常委会会议，审议并原则通过《中共韶关市武江区委关于深入推进全面从严治中共实施意见》《中共韶关市武江区委关于加强党内法规制度建设的实施意见》《区领导同志开展“深调研”工作方案》，听取区人大常委会党组工作情况汇报、区政协党组工作情况汇报、区法院党组工作情况汇报，讨论区委九届四次全会筹备事宜和《区委九届四次全会报告》，讨论干部人事问题。

重要会议

【区委九届二次全体会议】 2017年1月5日上午，武江区召开区委九届二次全体会议，深入贯彻落实省委经济工作会议和市第十二次党代会精神。九届区委委员、候补委员；不是区委委员、候补委员的区人大、区政府、区政协领导班子成员；副处以上领导干部；区纪委常委；镇街党政一把手，人大主席（主任），党（工）委副书记；区直各部门正副职领导干部；驻区有关单位主要负责人等参加会议。

【基层党（工）委书记述职评议会议】 2017年1月23日上午，武江区召开基层党（工）委书记抓基层党建工作述职评议会，市政协副主席、区委书记王德雄主持会议并作讲话，会议要求基层党（工）委书记切实树立党委抓党建主业意识，进一步压实责任，提升基层党建水平。区委常委、区政协主要领导，区委中共建设工作领导小组和基层治理领导小组成员，部分“两代表一委员”、基层党员干部、群众代表以及市委组织部有关负责人等参加会议。

【全区宣传思想文化暨创文工作会议】 2017年5月5日上午，武江区召开宣传思想文化暨创文工作会议，传达上级相关会议精神，部署下一阶段全区宣传思想文化和创文工作。区委副书记、区长黄建华，区人大常委会主任孙理鸣，区政协主席陈坤明等区委中心组成员，各镇（街）党政、人大“一把手”、分管党群的副书记、宣传委员，区直各单位正科实职以上干部、班子成员，驻区各单位主要负责人等参加会议。

【区委中心组学习扩大会议】 2017年5月5日上午，武江区召开区委中心组学习扩大会，学习贯彻习近平总书记对广东工作重要批示精神。区委副书记、区长黄建华，区人大常委会主任孙理鸣，区政协主席陈坤明等区委中心组成员，各镇街党政、人大“一把手”、分管党群的副书记、宣传委员，区直各单位正科实职以上干部、班子成员，驻区各单位主要负责人等参加会议。

【区委常委（扩大）会议学习省第十二次党代会精神】 2017年6月2日上午，武江区召开区委常委（扩大）会议，传达学习省第十二次党代会精神。市政协副主席、区委书记王德雄，区委副书记、区长黄建华等区四套班子成员参加会议。

【区委工作会议传达学习市委十二届四次全会精神】 2017年7月2日，武江区召开区委工作会议，传达学习市委十二届四次全会精神，研究贯彻落实意见。区委副书记、区长黄建华，区人大常委会主任孙理鸣，区政协主席陈坤明等区四套班子领导及相关负责人参加会议。

【区省定贫困村创建社会主义新农村建设动员大会】 2017年8月21日，武江区召开省定贫困村创建社会主义新农村建设动员大会，部署推进辖区7个省定贫困村创建社会主义新农村示范村工作。区委书记、芙蓉新区管委会党组书记颜亮及相关负责人等参加会议。会上，该区与有贫困村创建示范村任务的镇签订工作责任书；并由江湾镇负责人作创建工作经验介绍。

【区委全面深化改革领导小组会议】 2017年9月6日上午，武江区委书记颜亮组织召开区委全面深化改革领导小组第八次会议，传达上级相关改革会议精神，研究推进近期改革重点工作。区委全面深化改革各专项领导小组组长及相关负责人等参加会议。

【区精神文明建设暨查违打违、市容市貌专项整治工作会议】 2017年9月19日，武江区召开全区精神文明建设暨查违打违、市容市貌专项整治工作会议，全面部署区精神文明建设和创文迎检工作，强调要进一步加强精神文明工作，全力以赴打赢迎检攻坚战。区四套班子，各镇街党政一把手、区直机关“一把手”以及其他相关负责人等参加会议。

【区委中心组集中学习研讨（扩大）会】 2017年9月29日，武江区召开区委中心组集中学习研讨（扩大）会，进一步学习贯彻习近平总书记重要讲话及对广东工作的重要批示精神，深入研讨如何当好韶关发展表率，争当韶关改革发展排头兵。区委书记、芙蓉新区管委会党组书记颜亮，区委副书记、区长黄建华等区委中心组成员及其他相关人员参加学习会。

【区委中心组学习研讨中共十九大精神专题会议】 2017年11月25日，武江区召开区委中心组（扩大）会议，组织开展中共十九大精神专题学习研讨，会议围绕“以十九大精神为统领，真抓实干，推动武江争当韶关振兴发展排头兵”的主题开展专题学习研讨。区委书记、芙蓉新区党组书记颜亮等区委中心组成员及其他相关负责同志等参加学习活动。

【区委九届三次全体会议】 2017年12月7日上午，中共韶关市武江区第九届委员会第三次全体会议召开。全会深入学习宣传贯彻中共十九大精神和省委十二届二次全会、市委十二届五次全会精神，要求以习近平新时代中国特色社会主义思想为指引，奋力推动武江在新时代干出新气象实现新作为。

【区委常委（扩大）会议学习贯彻中共十九大精神】 2017年12月11日下午，武江区召开区委常委会（扩大）会议，按照市委的统一部署，市委常委、政法委书记李安平出席会议，调研督导武江区学习贯彻中共十九大精神工作，强调要学深悟透，融会贯通，全面学懂弄通做实中共十九大精神，把中共十九大部署全面落到实处，加快推动武江振兴发展。区四套班子领导成员，区“法检”两长，副处级干部，纪委副书记，各镇（街）党政主要负责同志，区直各单位和驻区单位主要负责人等参加会议。

【“两新”组织与城乡基层党组织互联共建活动座谈会】 2017年12月21日，武江区召开“两新”组织与城乡基层党组织互联共建活动座谈会，总结工作成效，听取工作建议，围绕贯彻落实中共十九大关于实施乡村振兴战略的要求，研究部署下一阶段工作。区委书记颜亮，区领导彭波、沈中伟和参与互联共建活动的“两新”组织代表以及相关负责人等参加会议。

重要活动

【黄建华开展春节慰问活动】 2017年1月17日，在春节即将来临之际，中共武江区委副书记、区长黄建华和区委常委、统战部部长曹锢在惠民街道书记古寿英、区总工会常务副主席梁嘉金陪同下，对惠民街辖区困难党员、困难职工、低保户代表开展春节前慰问活动。

【市领导郭健生、王德雄到武江区开展春节慰问活动】 2017年1月19日，市委常委、市纪委书记郭健生和市政协副主席、区委书记王德雄率慰问组到武江区龙归镇开展春节慰问活动，看望慰问困难群众和敬老院老人，给他们送上党和政府的关怀和温暖。

【江西赣州章贡区党政代表团到武江区学习考察】 2017年2月14日上午，江西赣州市委常委、章贡区委书记刘文华率章贡区党政代表团到武江区学习考察经济社会发展情况，加强两区合作交流。区委副书记、区长黄建华及区委常委彭波等参加活动。

【武江区开展义务植树活动】 2017年3月10日上午，武江区四套班子成员和区直机关干部职工冒雨到西联镇甘棠村参加义务植树活动，带动辖区干部群众义务植树活动全面展开，干群同心打造绿色生态武江。

【市领导曾风保到武江区调研指导村级换届工作】 2017年4月20日上午，市委常委、芙蓉新区管委会主任、党组书记曾风保深入武江区镇、村调研指导村级换届工作，强调要提高认识，采取有力措施，依法依规推进换届选举工作，确保全面完成换届选举工作任务。

【黄建华督导重点项目建设】 2017年4月25日上午，中共武江区委副书记、区长黄建华率队到辖区内省重点项目现场办公了解重点项目推进情况，协调解决存在问题和困难，督促重点项目建设提速见效。彭波、聂平南、刘拥军等区领导及相关负责人等参加活动。

【颜亮调研芙蓉新城和工业园区工作】 2017年8月上旬，区委书记颜亮率队先后到芙蓉新城、甘棠工业园区进行调研，为芙蓉新城征拆交地、园区开发建设工作加温鼓劲，研究加快推进项目实施。彭波、张伟俊、王韶林、聂平南、欧伟强等区领导参加调研活动。

【武江区与东莞凤岗镇深化结对帮扶】 2017年8月上旬，东莞凤岗镇镇委书记朱国和率队到武江区开展产业共建对口帮扶工作，通过走访园区企业、召开联席会议，共同研讨如何深化合作共建，实现共赢。区委书记、芙蓉新区管委会党组书记颜亮等参加活动。

【颜亮到镇街开展调研活动】 2017年8月上旬，区委书记颜亮先后到辖区各镇街走访调研，要求各镇街要争当韶关振兴发展排头兵，全力推动镇域经济的发展，抓好美丽镇村建设，加快推进城市提升。彭波、谭木初、欧伟强等区领导及相关人员参与调研。

【颜亮开展城市管理和创文工作调研】 2017年8月下旬，区委书记颜亮率队调研辖区城市管理和文明创建工作，强调要大力提升城市管理水平，对文明创建工作要常抓不懈，切实提高居民满意度和幸福感。张广晖、卢建成、郑伟平、黄向阳、钟爱明等区领导及相关人员参与调研。

【区四套班子领导开展教师节慰问活动】 2017年9月8日上午，在全国第33个教师节来临之际，武江区委书记、芙蓉新区管委会党组书记颜亮，区委副书记、区长黄建华等区四套班子领导分别到基层学校走访慰问，向辛勤耕耘、无私奉献的广大教师和教育工作者致以崇高的敬意和节日的祝福。

【颜亮调研税收工作和市与市辖区事权下放改革工作】 2017年9月22日，中共武江区委书记、芙蓉新区管委会党组书记颜亮率队调研税收工作和市与市辖区事权下放改革工作，要求要坚决落实上级改革任务，不断完善营商环境，深入挖掘发展空间，精准发力，助力武江争当全市发展排头兵。彭波、郑伟平等区领导参加调研活动。

【颜亮到辖区重点企业调研】 2017年9月25日，区委书记颜亮到辖区重点企业走访调研，要求进一步完善服务机制，用好用活政策，不断为企业优化经营环境，以企业的良好发展带动武江更好发展。区委常委、区委办主任彭波及统计、经信等单位相关负责人参加调研活动。

【区委常委班子到省委旧址开展重温入党誓词活动】 2017年11月13日上午，武江区委书记颜亮率领区委常委班子集体瞻仰中共粤北省委旧址，重温入党誓词，缅怀革命先辈的丰功伟绩，学习革命先辈的崇高精神。随后，在中共粤北省委旧址主持召开区委常委会会议，传达学习习近平总书记在瞻仰上海中共一大会址和浙江嘉兴南湖红船时的重要指示要求，省委书记李希在集体瞻仰中共三大会址时的讲话精神和市委书记莫高义在集体瞻仰中共粤北省委旧址时的讲话精神，强调要不忘初心，牢记使命，坚定不移地推动中共十九大精神在武江落地生根、开花结果，奋力推动武江加快振兴发展，在决胜全面建成小康社会走在韶关县（市、区）前列，争当韶关县（市、区）改革发展排头兵。

【甘棠园区产业项目集中动工仪式】 2017年11月30日上午，武江区在甘棠园区举行产业项目集中动工仪式，用实际行动贯彻中共十九大精神，进一步深化供给侧结构性改革，落实市委、市政府关于园区建设要求，大力推进产业共建，推动武江发展。郑伟平、孙理鸣、彭波、叶富明、张伟俊、王韶林、欧伟强、谭浩托等区领导及相关负责人参加动工仪式。

【颜亮深入辖区开展安全生产检查】 2017年12月12日下午，区委书记颜亮率队深入辖区开展安全生产检查，强调要提高思想认识，履行一岗双责，全面开展安全生产排查并落实整改，突出强化宣传教育，形成齐抓共管的强大合力，为建设“平安武江”提供有力保障。区领导肖建红、黄向阳、聂平南以及相关职能部门负责人等参与检查。

【颜亮检查全区河长制落实情况】 2017年12月17日上午，区委书记颜亮率队检查“河长制”落实情况，要求要全面推进“河长制”，耕好责任田，扎实推进生态文明建设，守护好绿水青山。区领导彭波、黄燕斌及相关部门负责人参加巡河。

【颜亮督导西联镇学习贯彻中共十九大精神情况】 2017年12月28日上午，区委书记颜亮到西联镇调研督导学习贯彻中共十九大精神工作，强调要读原著、学原文、悟原理，通过“五个领悟、三个起来”学懂弄通做实中共十九大精神，共同争当韶关改革发展排头兵。区人大常委会副主任、西联镇党委书记聂平南，西联镇机关中层以上干部及各村（居）支部书记、主任等参加会议。

中共韶关市武江区委员会

书　记：王德雄（—2017.7）
　　　　颜　亮（2017.7—）
副书记：黄建华（—2017.11）
　　　　郑伟平（2017.11—）
　　　　周小明（—2017.8）
常　委：曹　镅（女）
　　　　张广晖（—2017.11）
　　　　彭　波　卢建成
　　　　郑伟平（—2017.11）
　　　　李　刚　肖建红
　　　　沈中伟
　　　　陈　雪（女，2017.12—）

叶富明
张伟俊（2017.1—）

（陈　靖）

区委办工作

【概况】 2017年，区委办坚持以习近平新时代中国特色社会主义思想为指导，深入学习贯彻落实中共十九大精神，全面提升“三服务”水平，较好地完成办文、办会、信息、督查、值班、调研等各项任务，为保障区委把方向、谋大局、定政策、促改革发挥积极作用。

现有行政编制10名，设主任1名（由区委常委兼任），副主任3名，挂区保密委员会办公室（区国家保密局）、区信访局、中共韶关市武江区委全面深化改革领导小组办公室牌子，内设区委督查室、文秘股、综合信息股和区委法律顾问室，管理韶关市武江区委机要局（密码管理局）。

【文稿起草精益求精】 2017年，区委办把高质量起草区委、区委领导的各类文稿作为实现以文辅政的重要载体。制定文稿起草工作计划，提前对重要会议、重大活动文稿的起草做好科学安排。坚持实事求是的文风，确保文稿遵循中共路线方针政策，体现区委决策部署、反映领导同志意图。坚持与时俱进，积极推进文稿创新，注重从实践中、群众中总结提炼生动经验、鲜活语言。健全重要文稿起草和审核机制，实行分级审核把关，力求观点正确、数据精准、说理透彻、措施得当。优质高效地完成区委九届二次全会、九届三次全会、创文工作大会、党风廉政会议等重要会议材料和重要文稿的撰写、审核工作，同时认真起草领导讲话及大型综合材料和工作汇报材料等重要文稿材料。

【调研安排科学高效】 2017年，区委办着眼于落实中央、省、市重大决策部署和区委工作安排，人民群众和社会各界反映强烈的敏感问题、基层工作的创新做法、可能对全局工作产生影响的苗头性倾向性问题，科学制定调研方案，选准调研点和路线。严格落实中央八项规定，严格按照规定要求安排陪同人员、随行车辆。同时重点围绕产业共建、城市提升、县域发展三大主题工作和城乡融合发展，组织文秘人员多次到基层一线面对面与群众和企业交流，了解全区民生和经济发展最新情况，坚持围绕全区重点工作开展调研，找准工作推进中存在的突出问题和薄弱环节，并且提出相对应的解决措施，为区委科学决策提供依据。

【会议活动组织有序】 2017年，区委办科学制定年度会议计划，清理、减少、规范各类会议和活动。做好区委全会、常委会会议、书记专题会议等重大会议活动的服务保障，注重会前统筹谋划、科学编排会议活动方案、严格审核议题材料、提高议程运转效率、优化会场服务质量、严肃会风会纪。有效组织和保障2次全会、26次常委会会议，8次书记专题会议高效有序召开。

【公文办理严谨规范】 2017年，区委办在文稿的校核、签发上，按照程序规范核发、登记、印刷、分发环节，开展控制各类文件简报和内部刊物专项行动，充分发挥办公OA系统平台的作用，减少纸质版文件的印发，严把行文关、格式关、语言文字关、收发关，以科学、严谨的态度制发每一份文件。要求全区各部门参考文件格式标准印制文件，进一步提高发文质量。2017年区委、区委办公室通过OA明电发文102件，印发红头文件36件，没有出现歧义和差错，确保区委各项工作及时、准确地安排部署。

【督促检查及时有力】 2017年，区委办在督查工作上，围绕市委交办的事项、区委主要领导指示和全区中心工作和群众反映热点、难点问题，保质保量地完成督查任务。一是整合资源和力量。为形成全区统一高效的督查体系，将区委与区政府督查督查室二而为一，将区作风提改办与区委督查室合二为一，集中负责全区督查督办事项。同时强化人员配置，由区人大常委会副主任担任区分管领导，抽调两名正科级干部全职负责督查督办工作。二是形成定期督查和通报制度。围绕区委全会布置的重点工作、区委主要领导部署安排、上级督查督办事项等重大工作，定期对工作推进情况进行检查、督查、回头看，形成督查简报、专报、通报等书面报告。同时将有关工作情况形成《创先争优工作通报》和《重点工作推进情况》，在区政府大楼一楼LED展示屏公开滚动播放，达到良好的促进优良、鞭笞落后效果。三是纳入区绩效考评体系。将督查督办工作列入《2018年武江区镇（街）和部门绩效评价实施方案》中，对督查通报表扬或批评分别设立加减分权重项，进一步加强督查督办工作影响力，确保督查成果长期有效。

【信息报送及时有效】 2017年，区委办在信息工作上，坚持“求快、求真、求全、求精”，明确全区区直部门和乡镇、街道的信息报送人员，以完善的信息网络及时收集基层信息、第一手信息，全年结合学习贯彻中共十九大精神、城乡融合发展、“不忘初心、牢记使命”主题教育活动、芙蓉新城建设、城市提升、老旧小区改造等重点工作，组织常规工作的阶段性情况、重点工作的开展情况、新的工作思路和政策建议等信息做好上报工作，共上报市委信息科信息185篇。在紧急信息报送工作方面通过完善报送工作责任制、跟踪落实制度，对重大突发性事件、紧急灾情疫情、重大交通事故、重要社会动态等重大紧急信息，力求做到反应敏捷、采编迅速、报送及时，上报紧急信息143篇，确保紧急事件的处理高效有序，信息报送准确无误。

【保障工作安全可靠】 2017年，区委办全面加强机要、保密工作，认真履行机要和保密工作职责，选送专人参加市委举办的机要培训班，认真组织全部保密员参加市里举办的保密知识培训班，通过培训切实提高机要和涉密人员的安全意识和综合素质。建立健全机要、保密工作的各项规章制度，确保各级来文来电的接收、传递、转达、办理“零差错”，严格履行查阅、登记、签收制度，做到无一差错，为确保核心政令及时畅通发挥积极作用，实现全区机要、保密工作“优质、高效、保密、无事故”的目的。进一步畅通群众信访渠道，要求办公室每一名同志，在日常工作中都要正确对待信访工作，不推不躲，主动引导，及时就地解决信访问题，协助抓好敏感时段和重点节假日期间信访维稳工作，为群众解决困难和问题。

【建设对党绝对忠诚的政治机关】 2017年，区委办带头贯彻落实全面从严治党要求，增强“四个意识”、坚定“四个自信”，把维护以习近平总书记为核心的党中央权威和集中统一领导作为最重要的政治纪律和政治规矩，把核心意识内化于心、外化于行，融入感情信念，体现在“三服务”工作的方方面面，全面贯彻落实到各项工作中，切实在全区党政机关中发挥模范表率作用。

发展和改革办工作

【概况】 2017年武江区认真贯彻落实中央、省、市改革决策部署，主动作为，积极创新，狠抓落实，持续有力地推动一批重点改革工作落地生效，与此同时，围绕提质增效、争先创优，积极谋划推进自身体制机制改革，较好地完成各项改革任务。

【加强对改革工作的统筹领导】 2017年，区委进一步加强对改革工作的统领。一是对区委全面深化改革领导小组和各专项小组成员进行调整优化；二是召开两次全面深化改革领导小组会议传达学习中央、省、市改革会议精神，研究区重点改革任务；三是各专项小组定期召开会议及时研究领域内改革重点工作任务，推动改革措施落地生效。

【系统推进各项改革】 2017年，武江区系统推进的改革事项有：推进市与市辖区权责改革，健全城市提升工作机制，创新县域发展体制机制，深化供给侧结构性改革，深化商事制度改革，深化财政体制改革，推进新型城镇化改革，深化投融资体制改革，推进创新驱动发展改革创新，加快社会信用体系建设，推进国有企事业单位公务用车制度改革，推进盐业体制改革，深化行政审批制度改革，推进政务服务改革，深化生态文明体制改革，深化民主法治领域改革，深化社会体制改革，深化中共建设制度改革，深化纪律检查体制改革。

区委办领导名录

主　任：彭　波

副主任：叶文辉

　　　　张　华

（陈　靖）

保密工作

【概况】 2017年，武江区保密工作在区委、区政府的领导和市保密局的具体指导下，认真贯彻落实上级有关保密规定和保密工作精神，围绕区中心工作做好保密工作。全年全区无发生一起泄密事件，有效维护全区稳定、团结和安全，为全区各项重要工作的顺利开展保驾护航。

【加强组织领导】 2017年，武江区把保密工作摆上重要议事日程，认真贯彻落实上级有关保密工作的方针、政策、指示，严格按照区委有关文件精神，认真落实领导干部保密工作责任制，做到有领导管、有专人抓。年初成调整区委保密委员会领导小组，明确由区委副书记专门分管武江区保密工作，配备精干人员专门承办日常保密工作。全年召开3次的专题会议研究保密工作，并将任务分解细化，为保密工作提供强有力的组织保证。

【保密宣传教育】 2017年，武江区以领导干部为重点，认真开展“传达中央领导讲话、通报泄密案件、组织观看保密教育片”为主要内容的保密“三项教育”。5月12日，在310会议室召开常委会，区保密局局长叶文辉传达中央、省、市保密工作会议精神，区保密局及时将中央、省委、市委有关保密工作的文件和批示向区委领导汇报，根据区长黄建华的批示，在全区范围内认真组织学习传达会议精神。11月30日，区保密局根据《全省保密系统认真学习宣传贯彻中共十九大精神的通知》，组织全体保密委员会成员和全区保密员，学习讨论中共十九大精神的主要内容，结合各自岗位实际，进一步明确目标和方向，增强前进信心和工作动力。会议还要求，各级领导干部要以强烈的责任感使命感，增强干事创业的自觉性和积极性，尽心尽力履职尽责，以实际行动作为落实中共十九大的报告精神的体现。另外，把保密教育列入普法教育的内容，采取会议动员、学习文件、举办培训、开辟宣传栏、组织中心学习小组观看专题片等，深入开展保密宣传教育，收到实实在在的效果。通常学习保密法和有关管理制度，签订《保密工作责任告知书》引导领导干部从维护国家安全、社会稳定，服务经济发展的大局出发，深刻认识保密工作的重要性和必要性，不断提高广大干部的保密意识和保密法制观念，为保密工作顺利开展打下坚实的思想基础。加强对机要人员等高涉密人员的教育和管理，引导他们从思想上构筑起坚固防线，不断提高业务技能，保持高度警惕性。

【电子政务信息保密管理】 2017年，武江区保密部门按照“涉密信息不上网、上网信息不涉密”的保密规定，抓好区政府信息公开网站和区委网站的保密审查，严格监控区域电子政务信息资料的发布情况。根据《中华人民共和国保守国家秘密法》和《中华人民共和国政府信息公开条例》的规定，结合武江区实际，规范《武江区政府信息公开保密审查制度》和《武江区政府信息公开保密审查表》。严格监控区电子政务信息资料的发布情况，严防涉密信息通过电子政务公文交换系统进行传输，确保通过公文交换系统传输的信息不涉密、不泄密。

【涉密文件管理】 2017年，区保密部门按照“掌握接收份数、弄清清退份数”的要求，认真搞好各类文件和资料的清退销毁工作。继续抓好涉密文件、资料的保密管理，重点抓好《涉密文件、资料定期上报制度》和《定点销毁规定》的工作落实。截至2017年12月31日，区保密局收到的所有涉密文件、资料收发文相符，未发现遗失事件。对涉密文件、资料的销毁，都能按照相关规定，到市保密局指定的造纸厂销毁。

【保密监督检查】 2017年，区保密局结合近年来省、市级各失泄密的典型反面案例，认真从中汲取教训，切实加强保密工作的监督检查力度，通过逐一排查、堵塞漏洞、健全机制，严防和杜绝失泄密事件发生。按照上级要求，及时组织相关人员对计算机、移动存储介质、办公网络等进行不定时检查。组织有关人员集中学习保密法规及文件，使保密人员提高对保密工作的自觉性和警惕性，确保保密工作不留隐患、不出问题。另外，保密局配合相关部门工作，完成武江区2017年的各项公开招聘工作。根据相关规定，公开招聘公职人员考试的笔试和面试试卷的领取、运送、保管，保密局的工作人员全程参与监督和检查，2017年的公开招聘工作并未出现试题泄露的情况。

【完善保密设备】 2017年，区保密局购买手机干扰器2台，手机屏蔽柜3个，在开会讨论相关涉密内容时，对手机信号进行技术性干扰，使涉密信息不外传，涉密信息与非涉密信息的有效隔离堵塞泄密漏洞，杜绝泄密事件发生。购买“六合一”碎纸机1台，购买“三合一”U盘3个，方便日常的涉密载体的销毁和涉密资料的传输提供有力的安全保障。在要害部位计算机安装4台隔离卡，增强防范能力，切实提高保密要害部门、部位，涉密网络、涉密单机的技防能力。

【完善工作制度】 2017年，区保密局进一步制定完善《涉密人员管理制度》《涉密事件报告和查处制度》以及秘密文件、内部资料的传递、回收、注销规定等相关制度。

区保密局领导名录

局　长：叶文辉

（陈　靖）

组织工作

【概况】 区委组织部（含归口管理及挂靠单位：区委老干部局、直属机关工委）。核定行政编制12名，设部长1名，副部长3名；老干部局长1名，副局长1名；直属机关工委书记1名，副书记1名；区非公有制经济组织和社会组织工作委员会书记1名，专职副书记1名。内设机构3个：办公室、干部股、组织股。

截至2017年年底，全区有10个基层党（工）委，362个党（总）支部，10134名党员，其中女党员3577名，占35.3%；35岁及以下党员2186名，占21.6%；36—50岁党员2420名，占23.9%；51—65岁党员2903名，占28.6%；65岁以上党员2625名，占25.9%；高中及以上文化党员7026名，占69.3%。

【开展学习贯彻中共十九大精神活动】 2017年，武江区委将学习贯彻习近平新时代中国特色社会主义思想和十九大精神作为首要政治任务和最重要的“纲”，按照学懂弄通做实的要求，带头学、带头讲、带头干，以上率下，迅速在全区掀起学习宣传贯彻热潮。各级领导干部切实履行主体责任，率先垂范，以上率下，形成整体联动的总体效应。区委书记颜亮多次主持召开区委常委会会议，传达学习十九大精神，制定实施全区学习宣传贯彻十九大精神的总体方案及宣传、宣讲、学习培训、调研督导等专项工作方案。区委常委班子集体瞻仰中共粤北省委旧址和始兴红围，重温入党誓词。区四套班子主动深入各挂点单位开展宣讲活动，为广大基层党员干部上党课，讲报告精神。同时，按照“大学习、深调研、真落实”活动要求，分别牵头围绕武江振兴发展九个需要着力研究解决的问题和短板开展深调研活动。举办各类十九大专题培训班4期，覆盖机关事业单位、农村社区、“两新”组织等各领域党组织，直接受训党员干部达1300余人次；发放十九大培训学习资料5000余本（册）；充分借助党员干部现代远程教育网络平台优势，全区86个远程教育站点共组织集中学习收看100多场次，开展十九大精神征文活动，及时组织全区党员了解掌握中央和省委、市委、区委有关领导关于学习贯彻中共十九大精神的重要论述，关注中央和省、市主流媒体的权威解读，结合岗位要求积极撰写心得体会，努力做到学思践悟、知行合一。组织全区1万多名党员，在广东党员教育网上参加“学报告、学党章”考学活动，考学成绩作为干部考核、民主评议党员的重要依据。考学截止时，全区参考率达100%，平均分99.5分，满分率91.5%，位居全市前列。参学党员干部群众达万余人次，做到学习十九大精神第一轮全覆盖。

【基层组织建设】 组织完成2017年村级换届工作任务，全区51个村、33个社区的村（社区）书记、主任“一肩挑”和“两委”成员交叉任职比例分别达到85.7%和83.1%，通过换届选举工作选优配强村级基层干部队伍。分类指导，积极推进“两学一做”学习教育常态化制度化，催生机关、学校、农村、社区、“两新”各领域的特色和亮点。围绕抓党建促脱贫攻坚，开展“两新”组织与城乡基层党组织互联共建活动，推进20余家非公企业和7个省定贫困村“结对联姻”。切实做好领导干部驻点普遍直接联系群众工作，帮助解决实际问题1056个。实施基层党建“书记项目”10个，全面完成5个软弱涣散村党组织整顿工作，持续抓好基层治理。建立健全新兴领域党组织，非公企业和社会组织的党组织覆盖率分别为95%和93.1%，工作覆盖率达100%。加大区直机关党建工作保障力度，持续推进机关在职党员到社区报到为群众服务活动，深化创文宣讲、公共文明引导、关爱弱势群体、卫生保洁、助力精准扶贫等五大主题党员志愿服务。

【党员队伍建设】 2017年，武江区认真执行《中国共产党发展党员工作细则》，按照“控制总量、优化结构、提高质量、发挥作用”的总要求，及早部署发展党员工作，制定年度发展党员计划。举办1期发展对象培训班，全年共发展党员99名。做好党员电化教育工作，依托远程教育平台，打造现代教育形式，提高党员队伍整体素质。积极推进党员教育学习载体建设，远程教育终端站点每月开机率均为100%。加强党内统计工作，全面掌握党组织和党员队伍状况，为党员队伍建设、发展、管理提供依据。

【干部选拔任用工作】 2017年，全区共开展选拔任用工作4批次，涉及各级干部60人次，其中提拔区管干部14人，调整21人，交流9人，改非2人，干部挂职8人，退休6人。提拔14人中，提拔正科干部10人，副科干部4人；提拔女干部4人；党外干部2人；没有破格提拔的情况。以无领导小组讨论面试的方式，公开选派6名年轻干部到芙蓉新区建设主战场西联镇经受锻炼和考验。积极配合市委组织部开展区级领导班子调整。坚持教育在先、警示在先，严肃组织人事纪律，对新提拔和交流调整的干部进行任前谈话，正职领导干部由区委主要领导亲自谈话，其他领导干部由区委有关领导或纪委、组织部门进行谈话。坚持对新提拔的领导干部进行任前廉洁从政考试，提拔的14名科级干部，纪委、组织部门均专门组织人员进行党风廉政知识考试，考试合格才进行任命。落实干部选拔任用工作全程纪实制度，加强对选人用人的全过程监督。实行干部档案“凡提必审”、个人有关事项报告“凡提必核”、纪检监察机关意见“凡提必听”、线索具体的信访举报“凡提必查”，全面征集拟提拔人选的监督信息，防止“带病提拔”。

【出入境管理工作】 2017年，中共武江区委组织部根据有关要求完善干部因私出国（境）登记备案人员信息，制订并在全区印发《关于进一步加强和改进全区各级干部出国（境）管理工作的意见》，推进集中保管因私出国（境）证件，进一步规范干部出入境管理工作。

【干部信访监督工作】 2017年，中共武江区委组织部按照中央及省、市要求，落实“12380”举报信息管理系统建设，大力畅通干部监督信访举报渠道。健全完善信访、电话、网络“三位一体”举报体系，及时受理违规用人问题举报。2017年，共受理信访举报件7件，其中收到市委组织部转办件3件，全部办结。

【人才工作】 2017年，武江区做好竞争性扶持市县重点人才工程项目工作，推进落实武江区机械装备制造专业人才孵化工程，按照要求申报2018年竞争性扶持市县重点人才工程项目工作，形成武江区机械装备制造专业人才孵化工程2.0的方案申报立项。配合市科协做好广东青年科学家来韶的对接服务，共接待青年科学家24人次。

【干部人事档案管理工作】 2017年，中共武江区委组织部严格按照《干部人事档案专项审核工作手册》，继续做好干部档案专项审核工作，妥善做好遗留问题核实处理，及时更新干部档案信息，巩固专审工作成果。同时，认真履行干部人事档案管理部门职责，进一步完善档案查（借）阅、转递、保管等制度建设，坚持按制度办事，使档案管理工作有章可循、有据可依，确保干部人事档案管理的制度化、规范化。

区委组织部领导名录

部　长：沈中伟

副部长：林　健（女）

　　　　黄维民

　　　　陈志坚（2017.12—）

部务会成员：覃　婷（女，壮族）

（温超颖）

直属机关工委工作

【概况】 根据《关于印发〈中共韶关市武江区委组织部职能配置、内设机构和人员编制规定〉的通知》（韶武机编〔2005〕9号）文件精神，设立中共韶关市武江区直属机关工作委员会，为正科级单位，为中共韶关市武江区委组织部归口管理及挂靠机构。区直属机关工委设书记1名，副书记1名，另设兼职委员5名。2017年7月，区直属机关工委管理直属党组织65个，其中总支12个、支部53个，党员917名。

2017年，区直属机关工委在区委的领导下和市直属工委的指导下，以加强和规范党内政治生活为重点，以推进“两学一做”常态化制度化为抓手，认真学习贯彻落实中共十九大精神和习近平总书记系列讲话精神，紧扣区委中心工作，充分发挥基层党组织的战斗堡垒作用和党员先锋模范作用，全面推进全区机关党的建设，为加快发展提供坚强保障。

【机关党支部建设】 2017年，区直属机关工委按照制度化、规范化、科学化的要求，加强机关党支部建设。全年党支部合并更名2个，新设立1个，26个党（总）支部进行换届选举、补选或改选委员，为下辖56个未刻印公章的党（总）支部，统一刻印公章，并按程序交付各党（总）支部启用。

【政风行风建设】 2017年，区直属机关工委制定并印发《2017年民主评议政风行风工作方案》，要求各评议单位要切实按照政风行风评议工作的要求有序地开展工作，以查找问题、落实整改问题为重点，结合自身工作实际，做好自查自纠工作，切实加强政风行风建设。对区安监局等10个单位进行重点评议。将民生热线办理情况列入年度民主评议政风行风重点评议项目，要求全区各单位、各部门进一步重视民生热线工作，实实在在地解决群众反映的问题，进一步改进工作作风。全年共收到民生热线48宗，成功办结48宗，办结率100%

区直属机关工委领导名录

书　记：林　健（女）（兼）

副书记：陈志坚（—2017.12）

（唐俊鹏）

“两新”组织党建工作

【概况】 根据《关于成立区委非公有制经济组织和社会组织党工委的批复》（韶武委〔2012〕8号）精神，设立中共韶关市武江区非公有制经济组织和社会组织工作委员会（以下简称“两新”组织党工委），设书记1名（由区委组织部分管副部长兼任正科级）、专职副书记1名（副科级）。

2017年，全区共有“两新”组织党组织74个，党员808名，全区“两新”组织建党率94.4%。

【加强“两新”党组织建设】 2017年，区“两新”组织党工委深入贯彻全国、省、市组织部长会议和省、市社会组织党建工作座谈会议精神，切实加强全区“两新”组织党组织建设，全面提升“两新”组织党的组织和工作双覆盖水平，充分发挥“两新”组织在发展中的政治引领和党组织的政治核心作用，努力形成“两新”组织领域党建工作新特色、新亮点，不断提高“两新”组织党建工作水平。丽珠集团利民制药厂党委被评为全市“两新”党建工作示范点。

【开展“两服务三推动”活动】 2017年，区“两新”组织党工委通过“优秀员工”、“岗位之星”、合理化建议等载体，倡导党员作为中坚力量参与企业治理、协调劳资关系，党组织和党员的作用发挥更加突出。

【举办“两新”党组织书记培训班】 2017年，区“两新”组织党工委举办“两新”组织党组织书记专题培训班，邀请市委党校教授、优秀党务工作者全面讲授中共十九精神和党章党规知识，并组织全体学员赴南雄市“两新”组织党建示范点、党群服务中心进行参观学习。

区“两新”组织党工委领导名录

书　记：黄维民（兼）

副书记：朱小燕（女，—2017.12）

（刘军辉）

老干部工作

【概况】 武江区委老干部局系中共韶关市武江区委组织部归口管理及挂靠机构，设局长1名，副局长1名，办公室主任1名，人员编制在区委组织部编制内统筹调配。区委老干部局下设区老干部活动中心，为正股级公益一类事业单位，编制2名，设主任1名。

截至2017年年底，武江区离退休干部共计1246人，其中机关434人，事业812人。由老干局直管的离休干部共有7人，年龄最大的已93岁高龄，按享受的待遇划分，正处级2人，副处级5人；按参加革命时期划分，抗日战争时期2人，解放战争时期5人；按所在单位性质划分，行政机关6人，事业单位1人。退休干部共有45人，其中正处级（含享受正处）23人，副处级22人。

【落实老干部政治待遇】 2017年，区委、区政府向老干部通报工作情况2场次；区老干局召开老干部学习会、座谈会、支部活动等10场次；上门走访慰问老干部200余人次；接待老干部来电、来访100余人次；探望生病住院、卧病在床老干部20余人次；发放各类学习资料300册；组织离退休干部参观工农业生产30余人次。

【落实老干部生活待遇】 2017年，武江区严格按照文件精神，确保离休干部的离休费和专项经费得到按时足额发放。全年共计支出87.6万元为全区离休干部发放离休金，按时足额发放率继续保持100%，兑现医药费共计8.8万元，兑现率达到100%；将6名解放战争时期参加革命工作的离休干部（含1名武江公安分局管理的离休干部）护理费从250元/月提高到600元/月，将2名抗战时期参加革命工作离休干部护理费从400元/月提高到1200元/月。

【深入开展为党和人民的事业增添正能量活动】 根据省委老干局的统一部署，在离退休干部中开展“畅谈十八大以来变化、展望十九大胜利召开”为主题的正能量活动，坚持为党和人民的事业增添正能量价值取向，精心搭建畅谈心声、舆论引导、献智助力、风采展示、学习交流五大平台，通过开展“我看十八大以来新变化”系列座谈，“谈变化、话改革、促发展”专题访谈，“建言十九大”，“我关注、我参与、我点赞”网络发声，“家风好故事”主题征文等活动，组织引导全区老干部全方位畅谈十八大以来全党全国、全省全市全区的新成就新气象新变化，积极为党的十九大建言献策，为十九大胜利召开增添正能量、营造好氛围。

【老干部工作部门自身建设】 2017年，区委老干部局干部职工认真学习习近平总书记系列讲话精神、中共十八大和中共十九大重要思想等文件精神，充分认识老干部工作的重要性，切实做好新形势下的老干部工作。认真倾听老干部的心声，切实帮助他们解决实际困难，全心全意地为离退休老干部办实事、做好事，尽责尽力地做好老干部管理服务工作。

区委老干部局领导名录

局　长：覃　婷（女）

副局长：刘　丽（女）

（冯　洁）

党校工作

【概况】 根据《关于印发中共韶关市武江区委党校机构编制方案的通知》（韶武机编〔2014〕8号）文件精神，设立中共韶关市武江区委党校，为区委直属正科级公益一类事业单位。区委党校设1个内设机构：综合股。核定事业编制1名，设校长1名（由区委副书记兼任），常务副校长1名（由区委组织部副部长兼任），股长1名。

2017年，区委党校紧密围绕全面从严治党这个中心，以中共十九大精神为指导，切实抓好干部教育各项培训工作。

【习近平新时代中国特色社会主义思想教育培训】 2017年，区委党校坚持以学懂弄通做实为重点，深入开展习近平新时代中国特色社会主义思想和中共十九大精神的教育培训工作。通过开展大学习、大培训，引导广大党员干部牢固树立“四个意识”，坚定“四个自信”，在政治立场、政治方向、政治原则、政治道路上同以习近平同志为核心的党中央保持高度一致，自觉维护以习近平同志为核心的党中央权威和集中统一领导，真正把思想统一到中共十九大精神上来，把力量凝聚到落实中共十九大确定的各项任务上来，使中共十九大精神成为推动武江各项事业发展的强大思想武器，让习近平新时代中国特色社会主义思想在武江区落地生根、开花结果。

【发挥党校干部培训主阵地作用】 2017年，区委党校积极发挥在培训干部的主阵地作用，推动对全区干部培训教育的全覆盖。一方面，以省委党校和市委党校为主阵地，组织各级领导干部参加党校主体班次23期，累计培训各级领导干部74人。其中培训处级干部22人，科级干部32人，村（社区）党组织书记及后备干部20人。另一方面，根据工作和实际需要，围绕党员干部政治素质、能力素质和业务素质建设，先后组织干部职工参加各类培训和讲座58场，培训总人数3986人次，其中各类调训1356人次，大规模培训干部班次17次，自主选学9980多课时。培训内容包括党性教育、专题研讨、业务培训、政策法规知识等。

【加强干部网络培训工作】 2017年，区委党校组织全区干部职工参加网络培训，并切实做好学员们的咨询服务工作，2017年全区网络培训完成率达到98.43%。抓好党员干部现代远程教育工作，依托远程教育平台，积极开展党员教育，全年累计上传工作简报92期，信息285篇，其他资料22份。

区委党校领导名录

校　长：周小明（—2017.10）

副校长：黄维民

（刘军辉）

宣传工作

【概况】 根据《韶关市武江区区级党政机构改革方案实施意见》（韶武机编〔2002〕1号），设置区委宣传部，加挂区社会主义精神文明建设委员会办公室牌子，为区委主管全区意识形态方面工作综合职能部门。内设机构4个（宣传股、理论股、网络舆情监控股、办公室）；下属事业单位1个（区委宣传部讲师团）。宣传部行政编制9名，其中部长1名，副部长2名，股长3名，室主任1名。讲师团核定事业编制3名，其中团长1名，副团长1名。

2017年，围绕中心、服务大局，扎实推进意识形态、理论学习、舆论宣传、精神文明创建和创文申名等各项工作，为推动武江振兴发展、率先全面建成小康社会提供强有力的思想保证、舆论支持和文化条件。

【理论学习工作】 2017年，武江区的理论学习工作，围绕学习贯彻习近平总书记治国理政新思想新理论新战略，既整体把握、全面系统，又突出重点、抓住关键。落实党委（党组）中心组学习带头作用，全年开展14期集中研讨学习，合计参学近两千人次，推动各级党组织和广大党员干部结合工作实际深入学习。完善学习秘书管理制度，丰富学习形式，力促中心组学习能够学出成效。加强对各党（工）委（党组）中心组的督导巡学，完善《武江区党委（党组）中心组理论学习检查考核制度》，确保各层级学习落到实处。精心开展“四个一”活动，对习近平总书记对广东的重要批示精神、省党代会精神等进行专题学习。中共十九大学习期间，拟定总体工作方案及六个子方案，并形成由区委领导以上率下，向基层延伸层层传导的学习网络。通过瞻仰红色基地、重温入党誓词、研讨交流调研成果的中心组学习，催化领导干部从埋头干到抬头看的升华。通过组织开展“1+1”宣讲活动、编印辅导资料3期、开设微课堂、结合宣讲在基层巡回文艺演出十几场等创新形式，推动中共十九大精神进农村、进社区、进校园、进企业。

【意识形态工作】 2017年，武江区宣传部门用5个纳入落实主体责任，逐步建立健全横向职能部门、纵向镇（街），并向村（居）延伸的全覆盖管理网络，力促规范化、制度化、常态化。以联席会议为抓手，调动全区之力，夯实舆论传播、理论思想、基层文化、校园教育等“四个阵地”建设基础。每季度召开联席会议，通报近期相关情况、交流意识形态信息、研判发展动向。形成一般情况季度常规报送、特殊情况随时报送制度，重要时期采取每天零报告制度严格把控。认真开展各项专项排查，逐步实现与日常工作同部署、同开展、同检查、同落实。

【“创文”“巩卫”工作】 2017年，武江区结合区域重点难点，开展交通秩序、农贸市场、老旧小区等21项专项整治，着力提升城市环境面貌。全力做好创文网上申报测评材料，按时完成全区材料收集、汇总、整理、报送工作。抓好实地考察对标整改，针对五镇两街的47大板块各考察点任务进行细化分解，对照查找薄弱环节并逐条落实整改以迎接测评。在基层群众中广泛派发创文、核心价值观、精神文明建设等主题宣传小册子30多万份，着力营造浓厚宣传氛围。通过努力，为韶关被中央文明委正式确认为2018—2020年创建周期全国文明城市提名城市贡献全区应有的力量。

【宣传报道工作】 2017年，武江区宣传部门高举新时代下“24字”新闻舆论工作的职责和使命，把更多的镜头对准基层，聚焦脱贫攻坚、人居环境整治、新农村建设等作为报道主线，在市级三家媒体共刊发各类新闻稿件近800篇（电视台426条、报纸202条、电台133条），在《南方日报》推出《武江区：加快产城融合，如期全面建成小康社会》专版，深入挖掘干群一心，共建共享美好家园的动人画面，讲好武江故事。

区委宣传部领导名录

部　长：卢建成

副部长：刘　枫

　　　　李新健

区精神文明建设委员会办公室

主　任：刘　枫

区委宣传部讲师团

团　长：（空缺）

（张　远）

统战工作

【概况】 区委统战部是区委主管统一战线的工作部门，挂区委台湾工作办公室牌子，区民族宗教事务局、区工商联与区委统战部合署办公，内设区委统战部办公室。2017年，区委统战部深入学习贯彻中共十九大精神，以习近平新时代中国特色社会主义思想为指导，紧紧围绕武江区委、区政府中心工作，充分发挥统一战线的独特优势和法宝作用，不断巩固和发展统一战线团结、稳定、开拓、活跃的新局面，扎实推进武江多党合作、民族宗教、港澳台海外、非公经济等领域统战工作取得新突破。

【党外代表人士工作】 2017年，武江区辖区内有民革、民盟、民建、民进、农工党、九三学社等6个民主党派的基层组织，其中：民革设1个基层委员会、6个支部、党员131人；民盟设7个支部、盟员121人；民建设1个基层委员会、5个支部、会员116人；民进设1个基层委员会、4个支部、会员93人；农工党设1个基层委员会、10个支部，党员177人；九三学社设2个基层委员会、11个支社、社员117人。2017年，区委统战部积极加强民主党派组织建设，向区财政申请追加下拨支持民主党派组织建设经费12万元，装修并启用民主党派办公室、会议室、阅览室。认真开展各民主党派基层组织换届工作，成立民盟武江区基层委员会并选举产生第一届支部班子。认真开展民主党派和党外干部基本情况统计工作。

【港澳台联谊交友工作】 2017年，区委统战部筹备成立香港武江各界联谊会，9月23日举行成立大会暨第一届理事会就职庆典。积极邀请港澳青年、乡贤到武江寻根问祖、体验交流，增进港澳青年人士的国家认同、民族认同和文化认同。加强对台交流、宣传和服务工作，认真做好台企、台胞、台属统计工作，积极开展困难台属慰问工作。

【政协委员增补考察工作】 2017年，区委统战部认真做好推荐为武江政协九届届中增补非公经济委员人选考察评价工作，严格按照评价程序，对拟推荐的非公经济代表人士在思想政治表现、企业经营状况、个人守法方面进行考察，经区委统战部、区委组织部、区法院、区检察院、市公安局武江分局、区国税局、区地税局、区工商局等15家单位综合评价通过，把合格的6名非公经济人士推荐为武江政协九届届中增补非公经济委员人选。

【统战部门建设】 2017年，武江区建全统战工作网络，7个镇（街）统战工作全部调整为由同级党委委员分管，其中4个镇（街）由党群副书记分管。加强机关党建工作，6月29日，区委统战部与市委统战部联合开展“永远跟党走”主题党日活动，引导党员进一步坚定理想信念，增强党员意识和党性修养。加强统战干部队伍建设，积极选派机关干部参加中央、省、市各级统战系统组织的培训学习活动，开阔干部视野，转变干部观念，提高干部能力。

【民族工作】 2017年，武江区辖区内少数民族同胞主要有瑶族、维吾尔族、回族同胞等，有少数民族村1个（江湾镇瑶族行政村）。区民族宗教事务局不断深化少数民族管理服务工作。3月24日，组织江湾镇及江湾镇瑶族村有关人员赴乳源县、始兴县调研特色瑶族村寨建设。指导、督促江湾镇完成瑶族村练屋村小组整治项目施工。认真做好2017年少数民族中考生加分审核工作，共审核确认16名中考生资格。为瑶族村新增2名少数民族大学生办理申报省少数民族聚集区大学生助学金。协助解决到韶关工作的外来少数民族同胞5名子女上学问题。协助解决1宗在辖区经商的青海籍少数民族子女离家出走问题。扎实开展辖区少数民族同胞节假日慰问，先后在市民宗局长文清年，区委常委、统战部部长曹锢等市、区相关领导的带领下，在古尔邦节、春节、中秋节等节假日期间慰问辖区内少数民族同胞，累计慰问散居瑶族同胞困难家庭20户，慰问城市外来少数民族同胞3次60多人次。认真开展2017年宗教政策法规学习月活动。

【宗教工作】 2017年，武江区辖区内有正式备案宗教场所3个，分别为韶关市芙蓉禅寺、韶关市居士林、韶关市武江区基督教龙归聚会点，在建宗教场所1个，为九归禅寺。2017年，区民族宗教事务局以开展平安宗教活动场所创建为契机，加强对辖区内宗教场所的监管。严格落实韶关市芙蓉禅寺节假日应急值班制度，于大年初一、重阳节当日，由区分管领导带队，组织相关部门到芙蓉山寺现场蹲点值班，确保芙蓉山寺2017年春节期间、重阳节期间安全稳定。联合消防、属地镇（街）等部门，定期到辖区各宗教场所进行安全检查，全面排查和督促整改安全隐患。加大对基督教私设聚会点和非法宗教活动的排查整治，及时阻止1宗利用微信实行非法宗教众筹活动，制止1宗非法修建地藏菩萨圣像的行为，依法打击取缔1处非法传教活动点，排查整治3处基督教私设聚会点。积极引导宗教界人士投身社会公益事业，组织引导宗教界开展扶贫济困活动20余次。按照上级统一部署要求，全面完成辖区宗教组织统一社会信用代码附码及宗教活动场所登记证换发工作和辖区内教职人员信息采集工作。

区委统战部领导名录

部　长：曹　锢（女）
副部长：邱洲才　姜蕴芝（女）

区民族宗教事务局领导名录

局　长：邱洲才
副部长：麦燕玲（女）

（王民生）

机构编制

【概况】 韶关市武江区机构编制委员会办公室是区机构编制委员会常设办事机构，主要负责全区行政管理体制改革、事业单位管理体制改革、行政审批制度改革和机构编制日常管理等工作。根据《关于印发〈武江区人民政府机构改革方案〉的通知》（韶武联〔2010〕5号）文件精神，2010年9月，韶关市武江区机构编制委员会办公室（以下简称编办）单独设置，正科级，既是区委的工作部门，又是区政府的工作部门，列区委机构序列。2017年，区机构编制委员会办公室设4个内设机构：综合股、行政机构编制股、事业机构编制股、行政审批制度改革办公室。直属行政单位1个：区事业单位登记管理局，副科级。区编办核定行政编制5名、行政执法专项编制3名，其中：主任1名、副主任2名，股长（主任）4名。区事业单位登记管理局核定行政编制1名、行政执法专项编制1名，其中：局长1名、副局长1名。

2017年，编办以推进放管服改革、落实区控编减编工作方案、加强机构编制和事业单位登记管理等工作任务为重点，配合区委、区政府落实市与市辖区权责关系改革，强化部门自身建设，积极适应改革新常态，开创机构编制工作新局面。

【行政许可事项标准化】 2017年，完成行政许可事项标准化工作。制定出较完善的办事指南和业务手册，并将各要素录入“广东省行政许可事项标准化模块”，对行政许可事项办事流程进行规范与优化，及时更新完善，动态管理。全区有关单位共压减承诺办理时限895个工作日，简化优化办理环节89个，规范或减少申请材料209件，明确自由裁量标准294项，规范编制审批流程图570个，细化量化模糊条款166条，细化量化兜底条款84条。先后印发《武江区人民政府第一批清理规范15项区政府部门行政审批中介服务事项的决定》《韶关市武江区人民政府关于第二批清理规范24项区政府部门行政审批中介服务事项的决定》《关于印发韶关市武江区保留的区政府部门行政审批中介服务事项清单的通知》。更新《武江区区级行政许可调整事项目录（2017年版）》《武江区区级行政许可事项目录（2017年版）》。

【机构编制监督和管理】 2017年，武江区执行《韶关市武江区控编减编工作方案》，制定《韶关市武江区机关事业单位年度编制使用计划核准规定》，进一步规范编制使用操作流程，提高编制使用效益。配合市编办开展控编减编工作专项督查，到区住建局、东岗小学、龙归中心卫生院等5个单位进行实地检查。

【落实市与市辖区权责关系改革】 2017年，区编办协助区直有关部门完成市级第一批下放职权承接工作。一是做好市公安局武江分局、市国土资源局武江分局、区城管局等部门人员编制和职权划转工作。二是配合完成市区基础教育办学体制改革工作。3月完成韶关市第五中学收回市直属管理，韶关市机关第三幼儿园下放该区的相关交接工作，印发市机关第三幼儿园的三定方案。三是配合开展市区医疗卫生资源整合工作。调整区卫计局下属部分基层医疗机构事业编制，用于新增设西河镇卫生院、西联镇卫生院、沙洲尾社区卫生服务中心和芙蓉新区社区卫生服务中心，并印发4个新设立事业单位的“三定”方案。四是牵头完成区食盐监管体制改革实施方案制定工作。

【规范和加强事业单位管理】 2017年，武江区以事业单位登记管理、网上名称管理、统一社会信用代码证书核发工作为载体，规范和加强对事业单位的监管。2017年武江区应报送事业单位法人年度报告的事业单位共有86个，全部于3月31日前在网上公开报送完毕，按时报送率达100%；新办理事业单位法人设立登记业务5宗，办理变更登记业务29宗，办理注销登记业务1宗。该区注册有效中文域名189个，注册率达99%。43个机关群团申领统一社会信用代码证书。

区机构编制委员会领导名录

主　任：黄建华（—2017.12）
副主任：周小明（—2017.9）
　　　　彭　波
　　　　郑伟平
　　　　沈中伟
　　　　刘拥军
委　员：朱旭东
　　　　林小夏（女）
　　　　成振铭
　　　　陈雪延（女）
　　　　李力克

区机构编制委员会办公室领导名录

主　任：林小夏（女）
副主任：莫远媚（女）
　　　　陈秉丞

（邓东睦）

信访工作

【健全工作机制】 2017年，武江区完善区信访联席会议制度；建立健全矛盾纠纷排查调处制度；建立健全信访工作例会制度；建立健全信访事项三级终结制度；建立健全领导包案调处重大信访问题制度；建立健全领导干部信访工作接待日制度；建立健全初信初访和首问责任制度；建立健全信访维稳督导工作制度；落实信访工作责任追究制度。

【群众来信来访】 2017年，区信访部门共接待各类来信来访及上级转办来信来访案件215批（件）836人次，其中：进京访3批3人次，到省访16批27人次，市访39批488人次，区访88批165人次。归纳起来主要涉及征地补偿、物业纠纷、山林（土地）权属纠纷、欠薪劳资纠纷、外嫁女问题及城建领域等。

【化解信访积案】 2017年，武江区化解2宗市交办信访积案。通过领导包案，责任单位西联镇政府、重阳镇政府工作人员做好案件调处和政策解释工作，经市信访局审核同意作结案处理。

【信访业务规范化建设】 2017年，区信访部门组织各镇（街）和区直单位的业务人员进行业务培训，举办全区信访信息系统操作员培训会，会上严格规范信访事项办理程序，细致登记、及时受理、依规办理、按期答复、清晰告知，着力提高信访事项的办理效率和服务质量，重点规范全区信访基础业务工作。

【推进信访信息化建设】 2017年，武江区继续打造“阳光信访”，全力推进信访信息化建设工作，现已建立武江信访网站和视频信访系统，并初步建立两个平台，即微信信访和手机APP信访管理系统，群众通过网站可以了解各类信访法规政策、全区的主要信访工作动态及区领导接访安排等，通过信访视频系统实现信访人异地反映诉求，方便区信访干部参加省、市各类视频会议及培训活动等，推进信访工作信息化建设。

区信访局领导名录

局　长：韩伟强
副局长：杨伟波

（蒋　艳）

武江区人大常委会

综　述

【概况】 根据《关于印发〈韶关市武江区人民代表大会常务委员会职能配置内设机构和人员编制规定〉的通知》（韶武机编〔2005〕57号），韶关市武江区人大常委会是本级人民代表大会的常设机关，正处级。区人大常委会领导班子成员7人，主任1人，副主任6人；区人大常委会机关内设机构为“一室四委”，行政编制8名，领导职数5正2副。其中人大办公室主任1人，副主任2人；各工委设主任1人。

根据韶关市武江区机构编制委员会（韶武机编〔2017〕56号），韶关市武江区人大常委会增设城乡建设环境与资源保护工作委员会，设主任1名；区人大常委会经济工作委员会更名为财政经济工作委员会，内务司法工作委员会更名为法制工作委员会；增加区人大常委会机关行政编制6名，其中1名用于城乡建设环境与资源保护工作委员会；从新华、惠民街道办事处现有编制中各指定一名用于新华、惠民街道人大工委，由区人大常委会管理。

2017年，坚决贯彻落实省人大粤常办〔2017〕47号文件《关于大力推进县乡人大工作和建设的若干意见》，一是增设区人大常委会城乡建设环境与资源保护工作委员会，设主任1名，增设后人大常委会形成“1+5”（一个办公室，五个工作委员会）工作格局；二是加强人大机关工作力量，增加行政编制，达到县级人大常委会机关人员一般不少于16人的要求；三是逐步提高人大常委会组成人员专职比例，专职组成人员的比例逐步达到60%；四是新华和惠民街道人大工委作为区人大常委会派出机构分别在两个街道单独设置；五是强化基层人大组织建设，单独设置人大办公室；六是落实乡镇人大主席和街道人大工委主任享受镇街正职补贴，区、镇人大工作经费及代表培训学习、调研视察活动经费列入本级财政预算予以保证。

重要会议及决议

1月25日，区九届人大常委会第二次会议，审议并表决通过《关于增选2名武江区第九届人民代表大会代表的决定（草案）》。

2月17日，区九届人大常委会第三次会议，听取和审议通过武江区第九届人民代表大会第二次会议的有关事宜及区人大常委会工作报告，审议通过曾碧繁辞去武江区九届人民代表大会代表及九届人大常委会委员职务请求的决定，通过区九届人大常委会2017年议事和监督检查工作安排。

2月22日至24日，区九届人民代表大会第二次会议在区政府七楼会议厅举行，会议听取和审议区人民政府、区人大常委会、区人民法院、区人民检察院等报告，会议形成决议并决定批准上述报告；会议补选林卫国为区九届人大常委会委员。

4月21日，区九届人大常委会第四次会议，审议并表决通过《关于接受孙青文辞去武江区第九届人民代表大会代表职务请求的决定（草案）》。

4月26日，区九届人大常委会第五次会议，听取区政府交通节点整治情况报告和科技创新工作情况报告，并对区公安分局和区经信局进行民主评议；审议通过区政府《武江区村镇生活垃圾和污水处理基础设施整区打包PPP项目实施方案》的议案和《武江区人大常委会关于开展“一府两院”评议工作的办法（草案）》；决定任命张伟俊为武江区人民政府副区长，蔡伟雄、刘列青、黄芬芳等3人为韶关市武江区人民检察院检察委员会委员，陈创鑫为韶关市武江区人民检察院检察员，免去孙艳文的韶关市武江区人民检察院检察员职务。

6月29日，区九届人大常委会第六次会议，听取武江区抓城市提升工作情况报告，审议并表决通过武江区2016年本级财政决算（草案）报告和区政府2016年区本级预算执行和其他财政收支的审计工作报告。

8月30日，区九届人大常委会第七次会议，听取和审议区政府“关于区2017年上半年国民经济和社会发展计划执行情况的报告”“关于区2017年上半年财政预算执行情况报告”；听取和审议“武江区人民法院上半年工作情况报告”“武江区人民检察院上半年工作情况报告”。

是日，区九届人大常委会第七次会议，决定任命：李琼宇为韶关市武江区人民法院副院长、审判委员会委员、审判员；汤恍为韶关市武江区人民法院副院长。免去：汤恍的韶关市武江区人民法院民事审判第一庭庭长职务；李俊俊的韶关市武江区人民法院民事审判第二庭副庭长、审判员职务；邱东华的韶关市武江区人民法院人民陪审员职务。

是日，区九届人大常委会第七次会议，决定免去：简兆平的韶关市武江区人民检察院副检察长、检察委员会委员、检察员职务。

10月31日，区九届人大常委会第八次会议，听取区政府“法治政府建设”及项目攻坚工作情况报告，审议并表决通过区政府关于2016年武江区行政事业单位在职人员绩效考核奖励金列入区级财政预算安排的报告和关于2016年武江区行政事业单位离退休人员慰问金列入区级财政预算安排的报告。

12月18日，区九届人大常委会第九次会议，决定接受黄建华辞去武江区人民政府区长职务的请求；郑伟平为武江区人民政府代理区长；任命：王洪明为武江区民政局局长职务、汤应辉为武江区人力资源和社会保障局局长、刘敏为武江区卫生与计划生育局局长；免去：刘敏的武江区人大常委会办公室主任职务、李力克的武江区人力资源和社会保障局局长职务、刘武的武江区卫生和计划生育局局长职务、黄海涛的武江区工商局局长职务；决定接受王洪明、王敏、刘敏、汤应辉、欧伟强等5名同志辞去武江区第九届人民代表大会代表职务的请求。

12月29日，区九届人大常委会第十次会议，听取和审议区政府“关于武江区2017年预算调整方案的报告”和“关于武江区增加及调整2017年预算总支出情况的报告”，同意批准区政府2017年预算调整方案；听取区人民政府2017年承诺办好6件民生实事的办理情况报告；听取区人民政府2017年办理代表建议、意见的情况报告；审议并表决通过关于设立武江区街道办事处人大工作委员会的决定，同意在新华街道办事处、惠民街道办事处分别设立新华街道办事处人大工作委员会、惠民街道办事处人大工作委员会。

重要活动

【召开专题民主生活会】 2017年1月13日，区人大常委会领导班子召开以学习贯彻中共十八届六中全会精神为主题的专题民主生活会。市政协副主席、区委书记王德雄参加并作重要讲话，区政协副主席、区委组织部副部长林健，区纪委副书记朱旭东列席会议。

【召开乡镇街道人大工作座谈会】 2017年3月29日，区人大常委会召开2017年乡镇街道人大工作座谈会，会议由区人大常委会主任孙理鸣主持，区人大常委会副主任陈雪、李学源、王韶林、聂平南出席会议。各乡镇（街道）人大主席（工委主任）汇报2016年换届选举以来的人大工作情况，2017年人大工作思路和设想，并提出工作中存在的问题、难题及建议。会议还就乡镇如何开好人民代表大会、组织人大代表视察调研、完善健全人大代表联络室及人大代表依法履职进行互动交流。

【纪律教育月专题学习】 2017年9月6日，区人大机关结合纪律教育学习月活动的开展，组织专题学习《中国共产党纪律处分条例》《中国共产党党内监督条例》《中国共产党问责条例》，并观看警示教育片。

【代表回访活动】 2017年9月7日，区人大常委会组织部分区人大代表到龙归镇、西河镇进行代表回访活动，让建议（意见）承办单位和提交建议（意见）人大代表面对面的现场回访，代表们对2017年建议（意见）的办理落实情况评价极高。

视察督查工作

【围绕民生开展监督检查工作】 2017年，区人大常委会围绕区委的中心工作和重点任务，制定2017年度议事和监督检查工作安排，依法督促“一府两院”高效有序地开展工作。全年共召开人大常委会9次，听取和审议“一府两院”专项报告13次，组织人大代表开展专项视察、调研、执法督查、培训学习活动15次，专门组织人大代表对区政府2017承诺为民办实事的工作完成情况进行视察，听取实事落实情况报告，推进民生实事项目的完成，还对区政府开展“律师进村（居）”、交通节点整治工作情况、芙蓉新城旧村整体拆迁与新村安置工作情况、“科技创新”工作、城市提升工作、“未成年人思想道德建设”等等工作进行视察，切实做到“人民代表为人民”，注重民生福祉，促进保障和改善民生。

【加强沟通督办建议意见办理】 2017年，区人大常委会采取落实办理单位责任、强化跟踪督办的措施，进一步提高办理代表议案、建议和意见的工作实效。区九届人大一次会议及二次会议以来，共收到代表提出的建议41件，涉及城市建设与管理、农村、卫生、交通、教育、水利建设等方方面面，人大常委会及其工委抓住督办重点，督促政府相关职能部门及时办理，并通过召开代表回访座谈会反馈意见，加强联系沟通，确保问题得到解决，代表满意办理结果。

【视察科技创新工作】　2017年4月11日，区人大常委会组织部分区人大代表对科技创新工作进行视察。视察组一行先后来到创亿谷科技有限公司、贝瑞过滤科技有限公司、丽珠集团利民制药厂，实地察看并听取相关工作汇报。据了解，近年来，武江区逐步完善基层科技管理网络，切实推进有关科技政策的落实，逐年加大科技经费投入，优化创新创业社会环境，加强科技金融服务和创新人才队伍建设，增强企业创新创业动力，全区科技创新工作取得较好成效。

【视察区政府抓城市提升工作】2017年6月23日，区人大常委会组织部分人大代表对区政府抓城市提升工作进行视察。视察组一行从区政府出发，前往水泥厂（隧道北）项目、工业西市场改造、百旺大道、五改三航道改造、江湾大桥、向阳小区五小公园改造等等实地调研，听取各项目工程建设推进情况汇报。视察组肯定全区城市提升工作取得的阶段性成效，并将对项目进行跟踪监督。

【视察区政府承诺为民办实事情况】　2017年8月4日，区人大常委会组织区人大代表分两组分别视察区人民政府承诺为民办实事工作落实情况和芙蓉新城旧村整体搬迁与新村安置工作。视察组认为，区政府确定办好6件民生实事的工作目标，将其作为全年工作的重中之重，集中力量推动办理落实，取得很好的成效。

【督导中共十九大精神学习】2017年12月1日，区人大常委会主任孙理鸣到武江区工商局督导学习贯彻中共十九大精神学习情况，听取工商局相关学习情况汇报并开展调研督导，强调要把学习好、宣传好、贯彻好中共十九大精神作为当前和今后一个时期的首要政治任务，真正在学懂、弄通、做实上下功夫，工商部门要立足工商实际，奋发有为地工作，创造性抓好贯彻落实。

武江区人大常委会内务司法工作委员会

（2017年12月更名为法制工作委员会）

【视察律师进村（居）工作】　2017年4月12日，区人大组织部分区人大代表对村居法律顾问工作进行专题视察调研。视察组先后视察红星村委会、中佑律师事务所、花城社区居委会等地，代表们认真察看一村（社区）一法律顾问公示栏和法律顾问工作室，仔细查阅法律顾问相关工作资料，并同“两委”干部、驻点律师进行交谈。

【调研交通节点整治】　2017年4月14日，区人大常委会组织部分人大代表对交通节点整治工作进行视察调研活动。视察组在区人大常委会主任孙理鸣带领下，一行先后到惠民南路区政府门口处、北江桥头红绿灯、坝厂市场门口处、国际花园路口等城区部分重要交通节点，对城区交通秩序整治、道路基础设施建设、交通监控设施等情况进行实地视察。代表们在武江交警大队指挥中心查看该中心的视频监控系统、接处警系统，调取市区主要路口的视频，通过查看实时路况、听取情况介绍的方式，全面了解交警部门有关交通秩序整治、监控设施建设和交通违法行为处理等日常工作情况，对交警的辛勤付出给予充分肯定，也提出很多建议和意见。

武江区人大常委会教育科学文化卫生工作委员会

【视察创文巩卫工作】　2017年5月18至19日，区人大常委会组织新华、惠民代表团人大代表对区创文工作情况进行视察，区人大机关也分二组对创文工作进行暗访。暗访小组主要对西河镇范围内的红星村果园村，五祖路荣华市场，武江北路，朝阳市场，惠民北路，党校附近，国道323线，市一棉厂区，朝阳村志福新村，老虎岩公园，重阳县道暗访，另外一组沿着沿江大道、百旺大道、西联大道、韶关大道、沐溪大道进行暗访。建议区政府要切实抓好创文工作，强化督查，抓好各部门的创文工作任务落实，力争韶关市顺利取得创建全国文明城市资格提名。

【视察落实两孩政策工作】　2017年5月25日，区人大常委会组织部分人大代表对全区落实两孩政策工作情况进行视察。视察组一行到新华街道办事处计生服务窗口了解两孩申请审批流程，随后，在区卫计局听取落实两孩政策工作情况汇报。

【视察武江区创建“广东省推进教育现代化先进区”工作】　2017年6月20日，区人大常委会组织部分人大代表对全区创建“广东省推进教育现代化先进区”工作情况进行视察。通过视察，代表们全面了解武江区对教育投入、依法治校、教育公平、学生素质教育成果和教育特色等情况，代表希望要增强迎评工作的责任感和紧迫感，抓住重点工作和关键环节，确保顺利通过验收。

【视察"未成年人思想道德建设"】 2017年11月29日，区人大常委会组织人大常委会组成人员及部分区人大代表对区人民政府"未成年人人思想道德建设"工作进行视察。代表们先后到花城社区、海邻社工、东岗小学、至和汤邓淑芳纪念学校等地进行参观视察，依次参观"家长学校"、未成年人心理健康辅导中心、心理咨询室、图书室等，并与相关单位负责人进行现场交流。听取花城社区、学校汇报未成年人思想帮教情况，武江交警也向代表们汇报"警家校"管理新模式，该模式使校园周边道路交通秩序和指引学生安全通过斑马线得到明显的改善，很好地指引学生安全通过斑马线，代表们仔细聆听，并提出建议。

武江区人大常委会经济工作委员会

（2017年12月更名为财政经济工作委员会）

【视察重点项目建设】 2017年3月23日，区人大常委会组织部分市、区代表赴重阳镇进行实地考察活动。视察组在人大常委会主任孙理鸣带领下，先后视察省重点项目重阳温泉养老生态旅游项目（筹备中）和由正邦集团投资建设的重阳生态养猪场。代表们还沿路视察重阳镇至万侯X322县道改建、重阳桥重建、中小河流整治等民生工程。

【视察芙蓉新区民生公共基础设施项目】 2017年6月22日，区人大常委会组织全体市人大代表和部分区人大代表视察芙蓉新区民生公共基础设施项目进展情况。视察组一行前往芙蓉安置新村、芙蓉隧道、市妇幼保健院计划生育服务中心、高铁站客运枢纽项目、城投商务中心等实地察看，在随后召开的座谈会上，视察组听取芙蓉新城管委会的工作情况汇报。

【视察区政府项目攻坚工作】 2017年10月26日，区人大常委会组织人大常委会组成人员及部分区人大代表对区政府项目攻坚工作情况进行视察，视察组一行在人大常委会党组书记、主任孙理鸣带领下先后到孟洲坝航道、西联新村、摩尔城等项目进行视察。

武江区人大常委会选举联络人事任免工作委员会

【依法行使人事任免权】 2017年，区人大坚持党管干部原则和人大依法行使人事任免权相结合，重点放在任前考察和任后监督两方面，通过听取部门工作情况报告、部门负责人履职情况报告等方式，了解掌握被任命干部的履职情况，进一步增强被任命人员的责任担当意识和职责使命感，同时，进行新任命干部向宪法宣誓仪式，激发领导干部依法行使权力的意识和责任感。共依法任免国家机关工作人员70人，其中任职47名，免职16名，接受辞去代表职务7名；增选2名区代表，补选10名区代表。

【开展代表学习培训工作】 2017年6月21日，区人大常委会组织新当选的区、镇两级人大代表共400多人在韶关汇展酒店一楼会议厅进行学习培训，邀请市人大常委会原副秘书长、现任广东演讲学会常务副会长刘雪庚作专题辅导授课。7月25—26日，在乳源南岭会议中心召开人大工作研讨座谈暨人大常委会组成人员培训会议。区九届人大常委会组成人员及5个镇人大主席共34人参加培训，聘请广东众同信律师事务所律师陈晓琴作《中华人民共和国各级人民代表大会常务委员会监督法》专题授课。区人大常委会还通过以会代训，给代表订阅学习资料，组织代表参加各种学习报告会等多种形式加强代表培训，不断提高代表的综合素质和履职能力，全年共组织市、区、镇共400名代表学习培训班共5期。

【组织代表参与调研和视察活动】 2017年，区人大继续坚持邀请代表列席人大常委会会议制度，积极组织代表参加常委会的各项调研、视察、执法检查活动，以及旁听法院庭审、参加测评会和听证会等活动。2017年，先后组织市、区人大代表135人次参加视察和调研。

区人大常委会领导名录

主　任：孙理鸣

副主任：陈　雪（女）

　　　　李学源　王韶林

　　　　潘歧亮　谭木初

　　　　聂平南

区人大常委会办公室

主　任：刘　敏（女，—2017.12）

副主任：张峰莹（女）

　　　　谭冬连（女）

区人大内务司法工作委员会（2017年12月更名为法制工作委员会）

主　任：林卫国

区人大教科文卫工作委员会

主　任：许忠财

区人大经济工作委员会（2017年12月更名为财政经济工作委员会）

主　任：黄伟和

区人大选举联络人事任免工作委员会

主　任：曾文英（女）

（谭冬连）

韶关市武江区人民政府

综　述

2017年，在市委、市政府和区委的正确领导下，在区人大及其常委会和区政协的监督支持下，区政府认真学习贯彻中共十九大精神，紧紧围绕区第九次党代会决策部署以及区委九届二次、三次全会精神，团结依靠全区人民，及时采取经济稳增长的举措，克服下行压力，迎难而上、奋力而为，全力完成区九届人大二次会议确定的目标任务，经济社会总体保持平稳发展。

2017年，武江区地区生产总值（GDP）实现230.21亿元，同比（下同）增长6.1%。一、二、三产业比重调整为2.5：41.3：56.2，第三产业占比提高1.2个百分点。实现地方一般公共预算收入3.96亿元，增长9.8%。完成固定资产投资115.44亿元，增长3.7%。全年实现工业增加值80.76亿元，增长3.7%；规上工业增加值比去年增速高出1.8个百分点，全区新增“四上”入库工业企业4家，工业下滑势头得到有效遏制。烟草、玩具、制药、电力、机械等五大传统支柱产业发展平稳，完成工业增加值74.33亿元，增长1.9 %。积极打造园区工业经济，工业园（科技园、甘棠园）实现增加值1.01亿元。甘棠园区已签约企业43家，其中建成12家、在建15家、投产6家；正邦科技、合众化工、都市丽人等企业增资扩产，累计增资7亿元。莞韶城土地征收加快推进，一期征地历史遗留问题得到妥善解决。第三产业增加值完成129.31亿元，增长8.1%。大力支持商贸、商务及旅游行业发展，全区新增及下转上限上商贸企业22家。实现社会消费品零售总额120.21亿元，增长7.9%；汇展酒店、碧桂园太阳城酒店发展良好，集旅游、商业、居住于一体的奥园文化旅游综合体初具雏形，摩尔城商贸综合体项目建设顺利。全年完成房地产销售面积125.59万平方米，增长25.4%，房地产去库存成效显著，以碧桂园、保利、恒大为品牌的房地产精品产业继续保持良好发展势头。实现农业增加值5.74亿元，增长3.3%。大力发展现代农业，全区专业合作社达63家，培育家庭农场36家。培育新型农业产业化龙头企业10家，其中国家级1家、省级1家、市级6家。促成重阳镇互联网农业小镇运营中心项目落地。加强税源培植，2017年区本级税收收入同比增长15.7%；优化支出结构，2017年11类民生支出占一般公共预算支出比重76.9%，全区纳入GDP核算财政八项支出9.66亿元、增长16.5%、拉动GDP增幅1.6个百分点。争取新增政府债券5000万元，并进一步加强政府债务管理，有效保障区各项公益事业的健康发展；深入推进政府预决算公开，盘活沉淀资金1942万元，有效提高资金使用效率。

区政府常务会议

2017年，区政府共召开政府常务会议10次。

12月26日下午，区长黄建华在区政府302会议室主持召开区政府常务会议。会议研究调整区2016年国民经济和社会发展计划主要指标增长目标事宜。会议讨论审议并原则通过《武江区2016年预算调整方案》《在全区公民中开展法治宣传教育的第七个五年规划》《武江区体育发展“十三五”规划》《韶关市武江区全民健身实施计划（2016—2020年）》。会议研究区国税分局增加劳务派遣人员事宜，并听取该区创建广东省推进教育现代化先进区工作进展情况报告。最后，会议传达省委经济工作会议精神。

2月13日上午，区长黄建华在区政府302会议室主持召开区政府常务会议。会议研究讨论区亿兆公司企业类型变更事宜，审议《武江区镇（街道）残疾人专职委员选聘实施方案》《2017年政府工作报告（征求意见稿）》。最后，会议部署近期有关工作。

3月16日上午，区长黄建华在区政府310会议室主持召开区政府常务会议。会议研究并原则通过《武江区扶贫小额信贷工作实施方案（试行）》，同时研究组建武江区拆迁服务有限公司事宜、区国企返聘人员薪酬发放及变换法人事宜、区国资小组的处理建议事宜、武江区2017年招聘中小学、幼儿园教师事宜。会议审议并原则通过《韶关市武江区关于妥善解决乡镇（公社）老放映员历史遗留问题的实施方案的补充通知》。最后，会议听取一季度安全生产工作情况报告。

4月19日上午，区长黄建华在区政府310会议室主持召开区政府常务会议。会议研究进一步完善武江区社区居委会调整设立、武江区劳动合同制司法辅助人员工资标准、韶关市武江区建立健全乡镇机关事业单位工作人员乡镇工作补贴制度实施办法、2017年武江区直事业单位公开选聘、招考工作人员等相关事宜；原则通过《武江区农村集体资产资源交易规则（送审稿）》《韶关市武江区农村集体资产资源交易办法（试行）（送审稿）》《武江区土地储备征收工作专项资金管理暂行办法（送审稿）》《武江区土地和房屋征拆工作经费管理暂行办法（送审稿）》；会议审议并原则通过《韶关市武江区群体性职业病危害事件应急处置预案》、武江区村镇生活垃圾和污水处理基础设施整区打包PPP项目实施方案、《2017年依法行政工作要点》。会议集体学习《中共中央 国务院关于推进安全生产领域改革发展的意见》。会议听取“飓风2017”专项打击行动工作情况、征地留用地历史遗留问题专项治理工作、第二批农贸市场升级改造情况报告。

5月27日下午，区长黄建华在区政府310会议室主持召开区政府常务会议。会议审议并原则通过《武江区危险化学品安全综合治理实施方案》并研究讨论关于城区社区网格化服务管理工作网格员配备有关事宜。会议听取《关于武江区普惠金融“村村通”工作进展情况汇报》、武江区2016年行政许可实施和监督管理情况报告、武江区托管机构管理工作情况报告、关于武江区农村土地承包经营权确权登记颁证工作的汇报。

6月19日下午，区长黄建华在区政府310会议室主持召开区政府常务会议。会议研究2017年公开招聘中小学、幼儿园教师事宜。会议审议并原则通过《韶关市武江区食盐监管体制改革方案》。会议听取农村人居环境整治及农村综合改革相关工作进展情况并对近期创文工作进行部署。

7月31日下午，区长黄建华在区政府310会议室主持召开区政府常务会议。会议审议并原则通过《韶关市武江区盐业体制改革实施方案》《武江区全面推行河长制工作方案》《武江区属国企各岗位工资方案（暂行）》；会议研究武江区公安消防大队招聘政府专职消防员、武江区国税分局招聘派遣劳务人员、武江区公安局招聘辅警以及武江区纪委招聘专业陪护人员事宜、武江区行政服务中心、武江区智慧城市指挥中心招聘人员事宜。会议听取关于国务院第四次大督查“1+5”督查迎检工作情况、区政府2017年承诺为民办的6件实事工作进展情况。会议传达市特色小镇建设工作推进会议精神并听取该区特色小镇相关工作进展情况报告，会议传达市政府举债融资行为专题会议以及有关规范融资工作的文件精神。

9月4日下午，区长黄建华在区政府310会议室主持召开区政府常务会议。会议审议并原则通过《武江区第二批清理规范的区政府部门行政审批中介服务事项目录（送审稿）》《武江区保留的区政府部门行政审批中介服务事项清单（送审稿）》《武江区市容市貌提升工作方案（送审稿）》和《武江区拆违控违工作方案（送审稿）》《韶关市武江区安全生产“十三五”规划实施方案》《韶关市武江区畜禽养殖禁养区、限养区、适养区划定方案》。会议研究经济保增长精准工作方案、提高区城管局执法分局协管相关人员经费、新档案馆建设事宜。会议部署近期有关工作。

10月29日上午，常务副区长郑伟平在区政府310会议室主持召开区政府常务会议。会议审议并原则通过《武江区区级行政许可事项目录（2017年版）》《武江区区级行政许可调整事项目录（2017年版）》《韶关市武江区全民科学素质行动计划纲要实施方案（2016—2020年）》《韶关市武江区政府投资基本建设项目资金支付管理暂行办法》《韶关市武江区区级财政性资金基本建设投资评审管理暂行办法（试行）》《韶关市武江区畜禽养殖污染清理整治工作方案》《韶关市武江区畜禽养殖场清理关闭补偿办法》。会议研究讨论贫困村创建社会主义新农村示范村建设有关资金分配计划事宜。会议研究调整住房公积金缴存、住房维修和物业管理补贴计发基数，关于落实区法院、区检察院干警政法补贴、农村人居环境综合整治8条村庄（不包含江湾镇倒流水村和梁屋村）实施方案主要条款、芙蓉新城“双十”项目征拆攻坚行动非公职人员绩效奖励办法等事宜。会议听取关于2017年度武江区高标准基本农田工作情况报告、关于2017年度武江区龙归镇冲下村现有耕地提质改造工作情况报告、武江区深化商事制度改革工作情况报告、深化医疗卫生体制改革推动卫生创强工作情况报告。会议集体学习政府招标行为规则（政府采购中采购人法律风险控制）。

12月2日下午，常务副区长郑伟平在区政府610会议室主持召开区政府常务会议。会议研究武江区小额建设工程企业建库、武江区农村生活垃圾清扫保洁收运过渡期购买服务、2017年武江区龙归镇冲下村现有耕地提质改造项目资金有关事宜及凤田村现有耕地提质改造项目招标事宜。会议研究并原则通过亿兆公司增加注册资金、2018年武江区机关公务员和事业单位工作人员录用计划、《武江区党政机关和事业单位差旅费管理办法》相关细化条款、武江区基层医疗机构公开招聘特设岗位全科医生事宜。会议审议并原则通过《芙蓉新城“双十”项目征拆攻坚行动非公职人员绩效奖励发放管理规定》《武江区校外托管机构管理工作方案（试行）》《武江区开展区、镇“三防”系统标准化建设实施方案》《武江区深化小型水利工程管理体制改革实施方案》。会议听取亿兆公司收购福林路38号A2地块A9商铺建设文化馆的情况报告、区河长办全面推进河长制工作情况汇报、2017年食品药品安全管理工作情况报告、2017年全区粮食安全工作的开展情况汇报。会议集体学习政府土地征收行为规则解读。

区政府工作会议

2017年，区政府共召开政府工作会议71次。

1月6日上午，副区长刘拥军在区政府310会议室主持召开H7N9禽流感疫情防控工作会议。会议传达市政府办印发的《韶关市人民政府办公室关于进一步加强H7N9禽流感疫情防控工作的紧急通知》（韶府办明电〔2017〕4号）文件精神，并要求各镇（街）及区直有关单位要高度重视，要把防控H7N9禽流感疫情工作措施落实到具体行动上，融入日常工作中，严密做好防控工作。

1月11日，副区长欧伟强在区政府310会议室主持召开第二期农贸市场升级改造工作会议。会议从验收标准、奖补方案、保障措施、多方共赢、改造效果等方面向各市场代表介绍武江区第一期农贸市场升级改造的有关情况。同时，会议传达市、区关于开展第二期农贸市场升级改造的基本要求和工作原则，征询各市场代表参与第二期升级改造的意愿，对农贸市场升级改造的下一步工作进行部署。

1月17日下午，区长黄建华在区政府210会议室主持召开武江区2017年春节期间防寒工作布置会。区长黄建华通报春节期间可能遭遇低温严寒天气情况，并提出几点意见：一是统一思想，提高认识。二是领导重视，主要领导亲自抓。三是走访、调查排查一定要到位。四是物资准备要到位。五是措施、分工及方式方法要到位。六是发挥基层一线干部作用。七是加强值班。八是规范信息报送。九是做好相应应急工作准备。

1月18日下午，副区长王敏雯在区政府302会议室主持召开加强家禽“集中屠宰、冷链配送、生鲜上市”工作会议。会议传达1月17日市政府召开全市加强家禽“集中屠宰、冷链配送、生鲜上市”工作会议精神，要求各地、各单位认清形势，突出重点环节加强疫情防控和风险排查。区相关部门通报当前阶段开展H7N9疫情防控工作情况。同时，会议对相关工作作进一步部署。

1月25日下午，副区长黄燕斌在区政府302会议室主持召开武江区H7N9流感联防联控工作会议。会议传达1月25日上午市卫计局召开的全市H7N9流感联防联控会议精神，区相关部门通报当前阶段开展H7N9疫情防控工作情况。同时，会议对相关工作作进一步部署。

2月10日，副区长欧伟强在410会议室主持召开农贸市场升级改造工作推进会议。会议对第一批城区农贸市场改造工程完成情况作肯定，同时，也指出部分已改造完成的农贸市场管理中存在的问题，并要求各部门要建立长效管理机制，加强市场内部管理和市场周边环境的整治，确保市场硬件、软件同步升级。同时，对农贸市场升级改造的下一步工作进行部署。

2月21日上午，区农业普查领导小组组长、副区长黄燕斌在区政府302会议室主持召开区农业普查工作推进会。会议听取各镇汇报的农业普查前期工作开展情况及存在的主要问题，通报全区农业普查工作进展情况并对下一步工作进行安排。会上各镇镇长签订《第三次全国农业普查数据质量和上报进度承诺书》。

2月24日，副区长王敏雯在区政府302会议室主持召开关于江湾镇中心幼儿园建设推进工作会议。会议明确按照《韶关市第二期学前教育三年行动计划（2014—2016）年》规定的建设标准、资金来源和规模等要求实施江湾镇中心幼儿园建设；会议议定成立以副区长王敏雯为组长、相关单位为成员的江湾镇中心小学建设工作领导小组，领导小组办公室设在江湾镇政府；会议明确相关工作的责任分工。

2月27日，副区长欧伟强在302会议室主持召开农贸市场升级改造工作推进会议。会议传达市对第一批农贸市场升级改造初步验收结果及有关工作要求。同时，会议就各单位下一步农贸市场升级改造工作进行布置。

3月3日，常务副区长郑伟平在302会议室主持召开文明城市创建暨高铁站广场及农贸市场周边整治工作会议。会议传达2月28日市文明办召开的关于整治高铁韶关站周边区域秩序协调会议精神和市辖区农贸市场升级改造情况及市场周边秩序主要存在的问题。同时，会议就高铁站广场整治和农贸市场周边环境整治工作进行布置。

3月3日上午，副区长黄燕斌在区政府302会议室主持召开武江区H7N9流感防控工作布置会。会议通报该区H7N9流感防控工作有关情况并对全市H7N9流感防控专项督查工作进行简要说明。会议要求：一是要高度重视，各相关部门领导要亲自抓。二是把责任落到实处，进一步明确辖区各活禽经营市场落实“1110”（一天一清洁消毒、一周一扫除、一月一休市、活禽零存栏）制度。三是坚持问题导向，落实市场主体责任，从源头上做好防控。四是加强监测，做好防控落实工作。五是各部门要加强联系，组成执法队伍，开展联合执法。六是做好宣传教育，向群众宣传H7N9防控知识，引导舆论，提高群众自身防病能力。

3月8日下午，副区长黄燕斌在区政府302会议室主持召开出生缺陷综合防控项目综合协调工作会议。会议通报武江区出生缺陷综合防控项目有关情况、同意委托市妇幼保健院承办武江区出生缺陷综合干预中心并同意由市妇幼保健院承担武江区出生缺陷综合防控项目供方补助及需方补助区级配套资金。会议要求规范武江区出生缺陷综合防控项目资金管理流程。

3月8日上午，副区长王敏雯在区政府610会议室主持召开推进西联中心幼儿园建设工作联席会议。会议通报建设“韶关市武江区西联中心幼儿园”（暂名）的相关背景及主要工作任务，同时对西联中心幼儿园建设的相关工作进行布置。

3月9日上午，区政府在310会议室召开区迎接全省脱贫攻坚年度考核布置会。会议传达市迎接省脱贫攻坚年度考核会议精神，并对广东省2016年度扶贫开发工作成效考核实施方案进行解读。同时，会议对迎接省2016年度扶贫开发成效考核工作提出部署和要求。

3月15日下午，区长黄建华同志在区政府302会议室主持召开2017年为民办实事推进督办会，对武江区承诺为民办实事推进情况及存在问题进行专题研究。会议对开展高标准基本农田建设、新建华泰小学教学综合楼、实施一批街巷改造、建设武江区公共停车场、建设西联镇卫生院、县乡公路重点路段安全隐患治理进行深入讨论研究。

2017年3月15日上午，区长黄建华在区政府323会议室主持召开武江区河道采砂综合整治紧急工作布置会。会议通报市环保局来函反映群众举报该区江湾镇存在非法采砂现象。会议议定各有关部门规范河道采砂的责任分工，加强对整治工作督查，确保整治到位，严格按市环保局的要求抓好落实。

3月17日，副区长王敏雯在302会议室主持召开韶关市第十五届青少年运动会武江区代表团工作部署会议。会议通报该区组织代表团参加韶关市第十五届青少年运动会相关工作情况并对组织武江区代表团参加运动会以及筹备全区主办的运动项目的相关工作进行布置。

3月21日，区长黄建华在302会议室主持召开城区托管机构排查整治工作会议。会议通报辖区托管机构的有关情况，会议要求：各单位务必高度重视校外托管机构的监督管理工作，要坚持管业务必须抓监管，管行业必须管安全，积极主动研究相关对策并开展排查和整治。会议并对下一步工作进行布置。

3月23日，副区长欧伟强在302会议室主持召开农贸市场升级改造工作推进会议。会议传达市政府专题会议关于第二批升改涉及的设计费用、设计主体、完工时间、验收方案等有关事项，明确第二批升级改造的第一期市场名单并提出工作要求，并对下一步农贸市场升级改造工作进行布置。

3月30日下午，区长黄建华在区政府302会议室主持召开落实全市农村工作暨扶贫开发工作协调推进会。会议简要传达全市农村工作暨扶贫开发工作会议精神。为全力补齐农村短板，提升全区新农村建设水平，会议议定该区推动农村土地承包经营权确权登记颁证相关工作。会议议定由区委副书记周小明负责统筹协调全区农村改革与精准扶贫、现代农业发展、美丽乡村建设“四位一体”的大扶贫格局工作。

4月1日上午，区长黄建华在区政府302会议室主持召开专题会议，对清明期间防火、汛期防洪、安全生产和民生保障等工作进行布置。

4月5日，副区长王敏雯在302会议室主持召开田家炳小学一棉校区危楼处置工作会议。会议通报田家炳小学一棉校区教学楼危楼情况，同时会议布置田家炳小学一棉校区危楼处置相关工作。

4月7日上午，区委常委、区委办主任彭波在区政府302会议室主持召开芙蓉新城重点项目征拆工作推进会。会议传达市委常委、芙蓉新区管委会主任曾风保同志保对于近期芙蓉新城重点项目征拆交地工作作出的重要指示。会议通报关于芙蓉隧道南平交口房屋拆迁问题、关于百旺路扩建项目涉及征拆遗留问题及关于加强征拆资金管理问题；会议还对芙蓉新区创建全市干事创业正向激励和反向问责示范区实施方案（征求意见稿）进行讨论研究。

4月7日下午，副区长刘拥军同志在区政府302会议室主持召开武江区采矿权延续、新立会商会议。会议研究矿权延续、新立的可行性，并听取矿权延续、新立的程序和征求部门意见情况报告。会上各部门就矿权延续、新立问题进行讨论与研究，并明确相关要求。

4月18日上午，副区长欧伟强在区政府302会议室主持召开正邦集团落户武江项目建设协调推进会。会议由韶关正邦农牧科技有限公司介绍韶关重阳猪场发展规划情况并提出三个需区政府协调解决的问题。会议研究韶关正邦农牧科技有限公司重阳猪场项目建设有关问题。

4月21日，副区长欧伟强在310会议室主持召开农贸市场升级改造工作推进会议。会议传达农贸市场升级改造正式验收的有关内容，并对迎接农贸市场升级改造正式验收工作进行部署。

4月30日下午，区长黄建华在区政府302会议室主持召开武江区创建全国文明城市专题工作会议，会议通报省创文督导组明察暗访全区创文工作的有关情况，会议指出，该区当前创文工作存在以下突出问题：一是部分单位创建意识不强，没有把创文工作作为中心工作、重点工作来抓；二是工作标准不高，存在马虎应付现象；三是应急处置不及时，部分单位对于省、市、区督查发现的问题没有引起重视，整改不及时、不到位；四是创建业务不熟悉，工作成效不明显；五是宣传氛围不够浓厚，群众发动不够。会议对当前如何做好全区创文工作进行详细部署，同时对该区各单位做好创文工作提出要求。

5月2日，常务副区长郑伟平在302会议室主持召开会议，专题协调解决棕榈湾项目征地拆迁历史遗留问题。会议通报棕榈湾项目征地拆迁相关历史遗留问题和就进一步解决棕榈湾项目征地拆迁历史遗留问题工作进行布置。

5月3日上午，区委常委、政法委书记张广晖在区政府316会议室主持召开武江区康辉颐养服务中心场地另行选址建设工作会议。会议通报武江区康辉颐养服务中心建设有关情况并提出该项目另行选址建设有关问题。会议就场地另行选址建设问题达成一致意见。

5月10日，常务副区长郑伟平在办公室召开会议，专题研究布置武江区开展钢铁行业淘汰落后产能工作。会议传达市政府于5月10日上午召开的全市推进钢铁行业淘汰落后产能工作会议精神。同时，会议就开展该区钢铁行业淘汰落后产能工作进行布置。

5月17日，副区长王敏雯在302会议室主持召开专题会议，进一步研究部署关于推进武江区主城区全面实施家禽“集中屠宰、冷链配送、生鲜上市”工作。会议就全区主城区推进“集中屠宰、冷链配送、生鲜上市”相关工作进行布置。

5月24日，副区长王敏雯在区政府302会议室主持召开关于实施主城区家禽“集中屠宰、冷链配送、生鲜上市”工作会议。会议通报5月23日市食安办组织召的开浈江、武江主城区全面实施家禽“集中屠宰，冷链配送，生鲜上市”新闻发布会的情况和当前全区主城区实施家禽“集中屠宰、冷链配送、生鲜上市”工作进展情况。会议就该区推进主城区家禽“集中屠宰、冷链配送、生鲜上市”下一步工作进行布置。

5月26日，副区长王敏雯在区政府302会议室主持召开会议，专题研究部署课后托管服务管理相关工作。会议研究讨论区法制局牵头起草的《校外托管机构管理工作方案》和区应急办牵头起草的《校外托管机构应急预案》。会议研究讨论并部署关于发展校内课后托管服务有关事宜。

6月2日下午，区长黄建华在区政府310会议室主持召开扶贫工作会议，专题研究部署近期精准扶贫工作。会议对武江区当前扶贫工作有关问题进行全面梳理。为做好省扶贫督查工作组对全区扶贫工作检查，会议要求：一是区扶贫办要加大统筹协调力度，尽快解决梳理出来的相关问题；二是区监察局要开展巡视检查，督促相关工作的落实；三是以上十个该区扶贫工作存在的问题，无特别说明的（除贫困村存在规划和主导产业培育外）；四是扶贫工作是一把手工程，一项政治民生工程。各镇及相关部门要高度重视，抓好落实；五是关于驻村干部（含第一书记）是否按规定全脱产驻村，镇级扶贫资料员的配备，加快使用扶贫资金，简化报账手续，确保居住在危房的贫困户全部纳入改建范围和贫困户子女就读小学、初中、高中、中职（含技校）、全日制高等院校（大专）实行生活费补助等五个问题。

6月5日，常务副区长郑伟平在区政府310会议室主持召开会议，专题研究部署城乡社会管理网格员队伍建设事宜。会议研究部署惠民街、新华街社区网格员队伍建设事宜，议定社区网格员配备人数、经费来源、聘任条件及方式、网格员绩效管理办法等事宜。同时研究部署关于区属国有企业新增劳务派遣服务业务事宜，会议要求：区财政局会同区人社局就关于通过区属国有企业新增劳务派遣业务事宜进行研究，区人社局就关于区属企业开展劳务派遣业务所需的相关资料、审批流程、实施细则等方面提出意见，区财政局根据区人社局的意见，结合区属企业实际，制定具体的可操作性实施方案报区政府研究。

6月5日下午，副区长王敏雯在610会议室主持召开专题会议，进一步研究部署关于推进武江区主城区全面实施家禽“集中屠宰、冷链配送、生鲜上市”工作有关事宜。会议要求有关部门要切实提高思想认识，充分认识到全面实施家禽“集中屠宰、冷链配送、生鲜上市”工作的重要性和艰巨性，切实增强责任意识和大局意识，加大工作力度，加快工作步伐，确保生鲜上市工作稳步开展。会议还研究部署全区主城区推进“集中屠宰、冷链配送、生鲜上市”下一步工作。

6月16日，欧伟强副区长在区政府302会议室主持召开甘棠工业园防洪渠道及十六号路护坡工程项目专题工作会议。会议就甘棠工业园防洪渠道及十六号路护坡工程项目变更部分进行讨论研究，并明确有关事项：根据《韶关市人民政府办公室关于印发韶关市控制政府投资项目“三超”管理措施的通知》（韶府办〔2013〕93号）第二大点第七条第四项“如遇有救灾、抢险等确需变更项目建设内容、规模、标准情况的，以政府批复为准，可不按此规定执行。”的规定，鉴于该项目减少与增加预算主要原因是雨季后地质灾害条件变化，会议议定同意变更。

6月20日，常务副区长郑伟平在区政府302会议室主持召开推进“一门式一网式”政务服务平台建设工作会议。会议研究讨论关于“一门式一网式”政务服务平台窗口人员招聘、人员培训、机构设置、进驻事项等事宜。

6月22日上午，武江区副区长刘拥军在区政府302会议室主持召开专题会议。会议通报沐溪大村、细村项目整改工作开展的基本情况。

7月11日上午，区委常委、政法委书记张广晖在区政府310会议室主持召开区复退军人服务体系建设工作会议。会议由张广晖同志简要阐述建设武江区三级复退军人服务体系，提升复退军人服务水平的重要意义。要求各相关单位、镇街领导要提高认识，按照省市的指导意见和工作要求，切实做好复退军人服务体系建设工作，并充分利用这一服务平台，主动作为，进一步做好这一大群体的服务及社会维稳等工作。

7月19日上午，副区长黄燕斌在区政府410会议室主持召开武江区西联镇卫生院建设工作协调会。会议通报武江区西联镇卫生院建设进展情况。

7月19日下午，常务副区长郑伟平在310会议室主持召开会议，专题研究部署整治西河镇江湾片区村民抢建、抢种问题有关工作。会议通报西河镇江湾片区村民抢建、抢种有关情况，并就西河镇江湾片区抢建、抢种行为整治进行工作部署。

7月27日上午，副区长刘拥军在区政府310会议室主持召开会议，专题研究推进武江区征地及留用地台账建立工作。会议听取国土分局关于武江区征地及留用地台账建立工作进展及存在问题的通报并对各镇收集征地红线图不到位的原因进行分析和研究。会议就推进征地及留用地台账建立下一步工作进行明确，并提出相关要求。

7月30日，常务副区长郑伟平在302会议室主持召开拆违控违暨道路专项整治工作会议。会议就7月18日市提升办实地调研韶关大道西联隧道口至五里亭桥头段时发现的存在道路设置不合理、路边商铺杂乱、临时违建多等问题，布置相应的整治工作。同时，会议就下一步全区拆违、控违工作进行部署。

8月9日上午9时，副区长刘拥军在区政府302会议室，主持召开关于龙归镇续源老罗坑荣杵脉石英矿场（下称荣杵矿场）在采矿许可证范围外建设斜井用于安全逃生、通风及运输问题的专题会议。会议通报荣杵矿场的有关情况和明确相关整改要求。

8月11日下午，常务副区长郑伟平在302会议室主持召开消防安全暨安全生产工作紧急会议。会议通报近期韶关市发生的几起消防安全和生产安全事故，并传达市、区领导批示和有关文件精神。会议对武江区近期消防暨安全生产工作进行布置：一是高度重视，立即行动；二是强化宣传，营造氛围；三是落实制度，

2017年11月14日，全区经济工作推进会召开

（区委宣传部　供图）

强化应急值守。

8月18日下午，副区长刘拥军同志在区政府302会议室主持召开研究实施武江区开发补充水田项目可行性专题会议。会议通报全区占补水田有关情况，同时，就完成开发补充水田工作相关问题作充分分析，会议一致认为引入社会资本模式实施该区开发补充水田项目，符合全区实际，实施难度较小，启动快，可行性最大。会议要求区国土分局将引入社会资本实施开发补充水田事项提请区政府常务会审议。

2017年8月21日下午，副区长黄燕斌在区政府302会议室主持召开辖区村卫生站建设工作协调会。会议通报武江区村卫生站公建民营规范化建设的有关情况。同时，研究讨论村卫生站建设过程中存在的问题和建设具体实施有关事宜。会议要求：一是依法依规，严格按程序开展工程建设；二是切实加大工作力度，确保9月底前动工建设，11月底前完成工程进度。三是狠抓工程质量监管，严格规范建设，保质保量完成建设任务。

8月31日下午，副区长黄燕斌在区政府302会议室主持召开2017年订单定向培养农村卫生人才工作会议。会议通报省订单定向培养农村卫生人才有关工作要求。

9月1日，副区长欧伟强在302会议室主持召开农贸市场升级改造工作推进会议。会议要求各镇街及区直相关部门对接服务各升级改造市场，协调推进市场进行升级改造项目。会议明确该期升改工程资金拨付情况，明确原则上按照此方案进行施工，施工中如有细微调整，市场业主方需及时与设计方沟通，及时跟进并做好相关变更手续。

9月14日上午，副区长黄燕斌在区政府210会议室主持召开区精准扶贫暨新农村建设工作推进会。会议听取江湾、重阳、龙归三镇对社会主义新农村示范村创建工作的汇报。通报2017年上半年脱贫攻坚工作发现的问题。会议传达市扶贫办《关于进一步加快全市脱贫攻坚项目申报和资金使用进度的通知》《广东省审计厅对韶关市2017年精准扶贫精准脱贫跟踪审计的通知》精神。会议要求一是认识要到位，要高度重视各级审计；二是端正态度，对审计工作不能有抵触情绪；三是做好资料准备等前期准备工作；四是要密切配合审计工作。

9月19日上午，副区长刘拥军在区政府310会议室主持召开贯彻落实中央环保督查反馈意见整改工作推进会。会议传达市政府贯彻落实中央第四环境督导组督查反馈意见有关要求，同时，就环保督导涉及相关工作进行部署：一是关于饮用水源一级保护区违法项目专项整治工作；二是关于镇级垃圾填埋场的整治工作要求；三是关于市区大气污染防治工作；四是关于“小散乱污”企业专项整治工作；五是关于畜禽养殖禁养区清理专项整治工作。

9月19日上午，副区长刘拥军在区政府302会议室主持召开武江区全面落实“两院”“统分结合”保障政策会议，专题研究区法院、区检察院（以下简称“两院”）司法体制改革政法补贴发放有关问题。会议明确落实“两院”干警政法补贴的文件依据相关事宜：一是计发时间;二是计发标准;三是计发截止时间;四是计发保障和程序。以上各明确事项报告区政府常务会议研究。

9月22日下午，副区长黄燕斌在区政府302会议室主持召开关于清理关闭武江区禁养区畜禽养殖场的工作会议。会议听取相关部门对《武江区畜禽养殖场清理关闭补偿办法（征求意见稿）》的意见并研究讨论各类经费、补偿的标准及其来源依据、清理关闭工作的拆迁定性、工作经费的补助对象、遗留垃圾的清运费安排、养殖场的经营损失补偿等问题。会议原则上通过《武江区畜禽养殖场清理关闭补偿办法（征求意见稿）》，最终方案提交区政府常务会议审议。会议对畜禽养殖场的清理关闭工作作出下一步部署。

9月27日下午，副区长黄燕斌、欧伟强在区政府610会议室共同主持召开关于江湾镇倒流水村新农村建设方案审查会议。会议听取并讨论研究中外建华诚城市建筑规划设计有限公司关于江湾镇倒流水村社会主义新农村建设设计方案，方案包括农村改造设计方案和预算实施方案。会议原则同意中外建设计公司关于江湾镇倒流水村社会主义新农村建设设计方案并对方案提出补充修改建议。会议对社会主义新农村示范村建设工作作出下一步部署。

10月12日上午，区委常委张广晖、卢建成在区政府310会议室联合主持召开社区居委会管理工作领导小组会议。会议听取区民政局关于对新成立社区居委会工作人员招聘建议。社区居委会管理工作领导小组各成员单位对新成立社区居委会工作人员招聘工作进行研究讨论，并议定相关事宜。

10月13日下午，常务副区长郑伟平在区政府302会议室主持召开关于普惠金融“村村通”建设的推进会议。会议听取西河、西联、龙归、重阳、江湾五镇及三家涉农金融机构的普惠金融“村村通”工作情况汇报。会议对普惠金融“村村通”建设工作进行下一步部署。

10月13日上午，副区长王敏雯在区档案局627室召集区有关部门召开推进武江区档案馆改造项目工作会议，讨论研究解决在推进档案馆改造项目工作中遇到的问题，以及具体工作的分工安排。会议对档案馆建设项目工作明确要在2018年底前完成的任务要求。确定区档案馆改造项目领导小组成员。

10月22日下午，常务副区长郑伟平在302会议室主持召开会议，对韶州公园项目前期有关工作进行部署。会议研究并部署韶州公园项目近期有关工作；会议就项目统筹协调机构办公场所事宜进行讨论研究。

10月30日上午，副区长黄燕斌在区政府302会议室主持召开关于清理关闭武江区禁养区畜禽养殖场的工作会议。

会议明确按照政府常务会通过的《韶关市武江区畜禽养殖污染清理整治工作方案》《韶关市武江区畜禽养殖场清理关闭补偿办法》所规定的工作要求及补偿标准开展禁养区畜禽养殖场的清理关闭工作，同时对禁养区畜禽养殖场清理关闭工作作出下一步部署。

11月6日下午，常务副区长郑伟平在302会议室召集区政府领导班子成员、区发改局、区财政局、区统计局等部门主要负责人召开会议，传达并深入贯彻当天上午区委书记碰头会议的有关精神，会议深入学习贯彻中共十九大精神，对2017年度经济发展工作进行部署，强调近期项目推进工作事项，并要求抓好几项市部署重点工作。

11月13日下午，副区长王敏雯在重阳镇黄岸村委会召集教育局、重阳镇政府、重阳学校、新华幼儿园等部门负责人召开会议，就原重阳镇水口教学点涉及的相关维稳事宜进行研究部署。会议通报重阳镇水口教学点的基本情况，鉴于重阳镇水口教学点暂无法复办，为加强社会稳定和矛盾化解，会议就有关维稳工作进行研究部署。

11月13日，副区长王敏雯召集有关部门负责人在龙归中心幼儿园、重阳中心幼儿园召开现场办公会议，研究推进工程项目实施有关工作，并于11月14日再次召集相关部门在区政府610会议室召开会议，继续研究推进龙归、重阳两镇公办幼儿园建设事宜，部署教育路惠民幼儿园项目前期有关工作。会议要求各部门深入贯彻落实中共十九大精神和区委书记指示精神抓好相关工作落实，并就区属公立幼儿园项目建设工作进行布置。

11月15日下午，副区长黄燕斌在区政府302会议室主持召开贯彻落实社会主义新农村建设书记专题会议精神的会议。会议听取区委农办、区住建局、区财政局、区农业局、江湾镇、重阳镇、龙归镇对社会主义新农村建设书记专题会议所布置工作的落实情况汇报。

11月17日上午，副区长刘拥军同志在区政府610会议室主持召开关于武江区村镇生活垃圾清扫收运处理及农村生活污水处理示范点建设工作会议。会议听取《武江区村镇垃圾清扫收运处理一体化项目方案（江湾镇、龙归镇、重阳镇）》和韶关市武江区村镇生活污水处理示范点项目的情况报告，并原则通过武江区村镇垃圾清扫保洁收运处理一体化项目、韶关市武江区村镇生活污水处理示范点项目有关事宜。

11月20日下午，副区长王敏雯召集车头小学异地重建工作领导小组成员单位相关人员在区政府510会议室召开会议，部署启动车头小学异地重建工作。会议通报有关事项，同时就启动车头小学异地重建工作进行布置，明确实施车头小学异地重建项目有关工作要求。

11月26日下午，常务副区长郑伟平在302会议室主持召开会议，讨论研究老城区征拆有关事宜。会议就老城区提升项目征拆交地攻坚行动方案事宜进行讨论研究并部署近期有关工作，会议明确指挥部、攻坚组组成人员、主要工作任务。

11月29日上午，副区长王敏雯召集各镇（街）分管领导相关单位部门负责人在区政府410会议室召开会议，部署专项督查学校、幼儿园与培训机构、托管机构行动。会议通报近期有关舆情和区委主要领导批示精神，并根据市教育局关于进一步规范和加强幼儿园管理的通知精神，结合全区实际进行讨论研究，布置有关工作。

12月4日下午，常务副区长郑伟平在应急指挥中心会议室主持召开会议，专题督促推进武江区2017年市、区两级民生实事项目的实施。会议听取2017年各项民生实事项目牵头单位的工作情况汇报，同时就部分市、区两级民生实事项目推进工作进行部署。

12月6日，副区长欧伟强在302会议室主持召开农贸市场升级改造工作会议。会议传达市商务局下发的《关于做好韶关市第一批城区社办农贸市场升级改造奖补资金清算工作的通知》文件的相关精神，同意按市商务局下发的《韶关市第一批城区社办农贸市场升级改造奖补资金清算方案》落实嘉晖市场、工业西市场、荣华市场的奖补资金清算工作，同时研究第一批升级改造社办农贸市场奖补资金结算工作的分工。

12月29日下午，副区长刘拥军在区政府302会议室主持召开区国有林场改革协调会。会议听取区林业局关于武江区国有林场改革基本情况，与会人员对《韶关市武江区国有江湾林场改革实施方案（讨论稿）》和《武江区国营漳源林场改革实施方案（讨论稿）》进行讨论修改。会议就国有林场改革问题作出明确。

区长办公会议

2017年，区政府共召开区长办公会议1次。

5月2日上午，受区长黄建华同志委托，常务副区长郑伟平同志在区政府三楼302会议室主持召开区长办公会，专题研究创文工作、三防及安全生产工作、公共安全、项目建设等事宜。会议明确，一是研究长效管理机制。二是做好创文补短板工作。会议要求，一是抓好三防工作。各镇（街）和区农业局要强化责任意识，认真做好防汛预警、科学调度等工作，确保安全度汛，西河镇、惠民街、新华街要注意内涝整治，做好应急处理。二是抓好安全生产工作。要加强安全生产隐患的排查，抓好企业安全生产制度的落实，重点抓好镇（街）及工业园区安全员队伍建设。会议强调，要注意抓好养老、托管等公共安全工作。由区卫计局、区食药监局牵头，特别抓好托管工作。一是加快推进提升项目。区提升办要加大力度，快速推进提升项目。各挂点领导要督促责任单位尽快落实项目建设。二是加快推进融资项目。各有关部门，要加快推进第一批融资项目的建设，加快第二批融资项目的筹备工作。

区人民政府领导名录

区　　长：黄建华（—2017.12）
常务副区长：郑伟平（2017年12月任代理区长）
副 区 长：黄向阳
　　刘拥军
　　王敏雯（女）
　　黄燕斌
　　欧伟强
　　张伟俊（2017.4—）
党组成员：谢　刚
　　成振铭（—2017.12）
　　刘　武（—2017.10）

（蔡俊辉）

区政府办工作

【概况】 2017年，区政府办公室在区委、区政府的坚强领导下，围绕全区中心工作，充分发挥参谋助手、综合协调和督促检查等职能，团结一致，扎实工作，保证区政府各项工作高效运行，取得较好的成绩。

【统筹安排政务活动】 2017年，区政府办发挥职能，及时研究协调重大工作安排，认真做好全区每月重要会议、重要活动安排、组织和服务工作。承办政府常务会议10次，区政府工作会议76次，起草各种会议纪要76期。同时，围绕全区中心和重点工作，制发政府及政府办各类公文共529件，基本做到上传下达信息畅通、准确及时。

【加强信息综合工作】 2017年，区政府办紧贴中心，围绕大局，集中反映区政府关注的重点、群众关心的热点和改革进程中的难点，完成信息报送22篇，为领导全面了解情况提供重要的信息渠道。同时，通过调研和收集各方面工作情况，为领导起草政府工作报告、各种会议讲话、汇报材料、会议纪要等大量稿件。在文稿起草过程中，注重不断提高质量，加强针对性和指导性，较好地完成各项任务。

【加强干部职工教育管理】 2017年，区政府办结合工作实际，明确廉政考核、民主评议、工作督查等内容，重点抓好班子成员的学习教育和廉洁自律，进一步完善办公室工作制度，加强廉政建设教育，及时传达区纪委、监察局下发的文件，组织大家深入学习认真讨论，加强监督检查，使党风廉政责任制得到落实。同时，在工作多、任务重的情况下，党支部加强对党员的教育和管理，注重入党积极分子的培养教育，在党支部的带领下，在党员模范作用引导下，办公室广大干部拧成一股劲，为工作开展奠定良好基础。

区政府办公室领导名录

主　任：（空缺）
副主任：邱　江
　　黄雅琪（女，—2017.12）
　　刁海燕（女）
　　曹信初（挂职，2017.12—）

（蔡俊辉）

应急管理

【预案体系建设】 2017年，区应急办共制定印发区级专项预案5个，结合原有的各项预案形成较为完整的应急预案体系，切实提高应对突发事件的处置能力。

【组织体系建设】 2017年，区政府对突发公共事件应急委员会成员进行调整，健全应急管理组织体系，加强应急管理力量，由区应急办统筹协调全区应急管理工作，督促指导各级各部门完善应急管理机构。应急办已实现人员24小时常态值班。

【保障体系建设】 2017年，武江区区已建成专业应急救援队伍12支，非专业救援队伍6支，避难场所20个；库存防火防护服、安全鞋、头盔、担架、棉被、急救药物、输氧输液设备等应急物品一批，并落实存放地点和专人负责保管；配合区消防大队建立应急专家库和应急物资数据库，为应对突发火险、危险品泄漏等特殊事故提供人才及物资保证。

【应急宣传工作】 2017年，区政府利用互联网、宣传栏、简报等形式，开展宣教活动。连同安监、住建等多个部门在太阳城碧桂园建设现场开展安全生产事故救援演练。

区应急管理办公室领导名录
主　任：朱　唯

（朱　唯）

信息化建设

【实施区智慧城市指挥中心项目建设】 2017年，武江区按建设计划，启动智慧城市指挥中心建设相关公开招标流程，根据中标结果，组织承建商实施相关建设内容，完成硬件区智慧城市指挥中心硬件和办公场所可以投入使用，已正式承接各类会议和办公场所装修的建设，软件部分承建商完成内部测试版的部署和基础演示，拟于2018年升级安装最新版本。

【推进基层公共服务平台建设】 2017年，按区的基层公共服务综合平台建设方案，组织相关中标承建商实施建设任务，于2017年上询按省市要求完全完成并通过验收，完成镇街和村委场所网络部署，办公和服务硬件设备安装调试，基层公共服务平台软件的开发、部署和与网上办事大厅平台的互联互通。该项目建设通过，市财政局组织的专项验收，其功能不但符合基层公共服务平台要求，同时也为一门式一网式政府服务平台打下基础，在市级一门式一网式平台正式上线后，可平滑过渡，复用相关硬件和网络设备，统一使用统一管理，节省政府开支，方便群众办事，对落实服务型政府职能，提高服务型政府形象，具有积极的意义。

【推进区政府网站整合工作】 2017年10月，按市集约化建设要求，武江区启动区级政府网站集约化建设。区级集约化平台依托市级集约化平台建设，充分利用韶关市政务云功能，在市级主基础平台下，打造区级平台，同时同步完成韶关市武江区人民政府公众信息网全面升级改版，在完善和新增栏目信息发布的基础上，还新增无障碍和手机版网站功能。2017年12月，集约化建设和网站改版完成，正式上线服务。

【规范政府信息公开工作】 2017年，按上级要求进一步完善武江区政府信息公开平台和重点领域信息公开平台的栏目设置，及时更新栏目数据信息，并做好政府信息公开录入和操作人员业务培训，统筹区相关部门完成政府信息公开年度报告的撰写和发布，协助各单位完成三公经费和财政预决算公开工作。

（钟志敏　胡敬东）

外事侨务

【概况】 武江区外事侨务局是武江区人民政府的挂牌机构，负责主管全区外事侨务工作，负责办理华侨和归侨、侨眷事务的职能部门，主要任务是贯彻执行侨务及对外工作方针、政策，维护华侨以及归侨、侨眷的合法权益；因公出国（境）签证管理；处理对外官方、半官方和重要民间往来交流事宜。

【外事签证及管理】 2017年，武江区认真落实中央“八项规定”“六项禁令”，严格规范程序，严把审批质量，对因公出访团组和个人，从出访任务、出访人员身份、出访时间、日程和经费等方面严格审核和审批，坚持以科学服务全区经济建设为宗旨，做到每批团组带任务务实出访，全面提高因公出国（境）管理工作效率和质量，坚决把好审批质量第一关。2017年，共办理因公出国2批，2人次，没有安排考察性出访。

【为侨服务】 2017年，区外事侨务局以服务大局、服务经济、服务对象、服务基层等“四个服务”为工作重点，根据市侨务局的工作要求，认真做好困难归侨精准扶贫工作，努力做到扶贫工作目标明确，底数清楚、效果明显，让各项扶贫政策精准落实到困难归侨侨眷户，努力协调解决归侨侨眷遇到的困难和问题。根据市局《关于做好扶持贫困归侨专项资金发放工作的通知》精神，做好2016年度扶持贫困归侨专项资金发放工作，该局本着专款专用、好事办实的精神和公开、公平、公正的原则，经严格审核、对符合条件的4名贫困归侨发放扶持专项资金共0.9万元。2017年，共走访慰问困难、患病、去世归侨侨眷179人次，为他们送去慰问款物约6万元。

区外事侨务办公室领导名录
局　长：黄雅琪（女，—2017.9）

（侯芊彤）

政协韶关市武江区委员会

综述

区政协办公地点在区政府办公楼四楼，办公面积约220平方米。区政协设常务委员会，由主席、副主席、秘书长和常务委员组成。设主席1名，副主席6名，秘书长1名。2017年，区政协设提案、经济、教科文卫体、社会和法制、农业、港澳台6个工作委员会。政协机关设办公室、组织联络科、宣传教育科（提案工作科），人员编制6人。

2017年，政协韶关市武江区委员会认真履行政治协商、民主监督、参政议政职能，举行常委会5次，党组（主席）会议13次，调研提案专项会议2次。收到区政协九届一、二次会议委员提案共74件，立案38件。立案全部办复，办复率100%，从委员反馈的意见看，2017年办理工作的满意和基本满意率达99%。

【人事任免】 2017年1月17日，刘立文列入政协韶关市武江区委员会办公室编制。12月26日，政协刘存友调动到武江区残联任理事长一职。2017年12月，黄碧贞列入政协韶关市武江区委员会办公室编制，任组织联络科科长。

重要会议

【九届二次会议】 2017年2月21—23日，区政协在区政府七楼会议厅召开九届二次全体会议。会议主要听取和审议政协常委会工作报告和提案工作报告；同时在金福园小学鸿洲体育馆列席区人大会议听取和审议区政府工作报告。

【党组（主席）会议】 2017年1月24日，区政协召开党组（扩大）会议，会议内容包括关于九届二次例会前的事项安排、成立区政协工会事宜、讨论区政协2017年工作计划以及关于春节放假期间的纪律、廉洁自律等问题。

7月1日，在中国共产党建党96周年纪念日，区政协党组召开会议，集中学习《中国共产党党组工作条例（试行）》，并对下一步的贯彻实施作出部署。会议由区政协主席、党组书记陈坤明主持，全体党员参加。

11月2日，区政协党组召开党组（扩大）会议，专题传达学习贯彻中共十九大精神，由区政协主席陈坤明主持会议并宣讲中共十九大精神。

【常委会会议】 2017年2月15日，区政协在510会议室召开政协第九届第二次常务委员会会议，讨论通过政协九届二次会议日程和议程安排、政协常委会工作报告、区政协2017年工作计划、《中国人民政治协商会议韶关市武江区委员会委员履职工作规则（试行）》、关于取消部分区政协委员资格的意见等。

3月14日，区政协在510会议室召开政协第九届第三次常委会会议，传达学习省政协《关于加快推进珠三角国家自主创新示范区建设》系列提案办理情况汇报会上讲话精神、中央办公厅《关于加强和改进人民政协民主监督工作的意见》的通知、市委市政府转发《政协韶关市委员会关于加强协商民主工作的实施意见》的通知、中纪委和省纪委全会主要精神及2017年全区党风廉政建设和反腐败工作任务等。会议审议通过2017年委员提案和重点提案立案审查工作。

6月27日，区政协在510会议室召开政协第九届第四次常委会会议，会议主要传达学习中共广东省第十二次党代会精神和习近平总书记对广东工作重要批示精神。

8月29日，区政协在510会议室召开政协第九届第五次常委会会议。会议主要讨论关于如何安排区政协委员视察全区创文工作和部分港澳委员交叉任职的请辞报告等，并组织与会人员观看纪律警示片《派出所长谭耀华》。

12月22日，区政协在510会议室召开区政协第九届第六次常委会会议。会议主要集中学习贯彻中共十九大报告精神，审议通过政协韶关市武江区第九届委员会第三次会议的议程和日程、工作报告（征求意见稿）、提案工作报告（征求意见稿）、各专委会委员分组、新增补委员等。

考察工作

【常委会工作】 2017年5月10日，政协韶关市武江区第九届常委会组织部分政协委员到武江区法院参加纪律作风问题专项督察动员大会。会上，省法院院长龚稼立作动员讲话，提出三点要求：一是从讲政治的高度深刻认识专项督察的重要意义；二是以问题为导向确保专项督察取得实效；三是以有力措施和过硬作风狠抓专项督察工作落实。会后，武江区法院院长唐永华对法院开展纪律作风问题专项督察活动进行安排部署。

6月27日，区政协主席陈坤明带领政协常委先后来到区至和汤邓小学、区第九中学视察区未成年人思想道德教育工作，实地察看学校“善”文化主题活动情况，认真听取有关未成年思想教育工作情况汇报。常委们建议要加强学生的实际活动，不仅在口头上宣传教育，更要让他们多参与、去体会，这样，未成年人思想道德教育才更实在。

8月14—17日，区政协主席陈坤明率队一行12人到东莞市凤岗、长安等镇调研当地与武江区对口精准扶贫、产业共建工作等情况。调研组对新一轮对口帮扶和精准扶贫工作取得的成绩给予充分肯定，并对下一步对口帮扶和产业共建工作提出意见建议。

9月22日，区政协主席陈坤明带领政协常委一行到如意路、嘉晖市场、亨泰路等地现场视察武江区“创文”工作，对照文明城市创建标准查找问题，提出意见建议，助推“创文”工作深入有效开展，并召开座谈会邀请区创文办领导一起认真听取政协各常委就视察工作提出的意见和建议。

9月24—29日，为提升武江区政协委员的履职能力，武江区政协组织政协机关、政协常委、部分委员共50人赴浙江大学“全国干部教育培训基地”培训学习。培训课程内容丰富，涵盖经济发展、社会管理、公共关系、参政议政等方面。

【政协机关工作】 2017年1月13日，区政协主席陈坤明带领政协全体干部在510会议室观看警示教育片《警钟》。

4月17日，区政协召开退休老干部座谈会。老同志们虽然退休，仍时刻关心党和国家大事，畅谈十八大以来以习近平总书记的党中央带领全国人民，为实现“两个一百年”奋斗目标、实现“四个全面”战略布局所取得的巨大成就，畅谈十八大后国家发展的巨变。

5月16日，区政协机关领导干部深入龙归镇冲下村和坳头村协助两挂点村做好“两委”换届工作。

5月18日和12月11日，区政协两次到芙蓉新城征地拆迁一线慰问看望征地拆迁干部职工，为他们加油鼓劲。

12月29日，区政协林健副主席带领政协机关干部到挂点村龙归镇冲下村和坳头村了解村委会工作及村民生产生活情况。

【教科文卫体专委工作】 2017年3月23日，政协韶关市武江区第九届委员会教科文卫体专委会到韶关市机关第三幼儿园现场视察校园建设和教学情况。

6月6日，政协韶关市武江区第九届委员会教科文卫体专委会在区政协副主席林健带领下就区残联工作情况进行专题调研活动，积极为残疾人康复及残疾儿童教育工作献言献策。

10月13日，区政协副主席林健带领政协韶关市武江区第九届委员会教科文卫体专委会委员一行20人对武江区食品药品安全监管进行专题调研。委员首先来到武江市场、益华商场、超市等进行实地调研。同时，委员们还对区食品药品安全监管工作情况进行分析，并提出合理的建议。

12月6日，政协韶关市武江区第九届委员会教科文卫体专委会到龙归镇中心卫生院视察民生实事项目进展情况并召开学习贯

2017年9月24—29日，武江区政协组织政协机关、政协常委、部分委员共50人赴浙江大学“全国干部教育培训基地”培训学习

（区政协办　供图）

彻十九大报告专题座谈会。

【社会法制专委工作】 2017年1月18日，政协韶关市武江区第九届委员会社会和法制专委会委员共捐助20700元用于慰问武江区西河镇黄塱村民委员会79名年龄在七十岁以上的老人、武江区特困户7人、慰问本专委会委员梁嘉金。

5月31日，政协韶关市武江区第九届委员会社会和法制专委会到武江区新华司法所社区矫正中心和新华街道花城社区，就武江区社区矫正工作的开展情况及存在的困难和问题进行专题视察调研。

10月21日，政协韶关市武江区第九届委员会社会和法制专委会慰问患病住院的本专委会委员。

11月17日，武江区政协副主席何岚带领政协韶关市武江区第九届委员会社会和法制专委会委员一行25人对辖区至和汤邓小学门前、高铁站、国际花园路口的交通状况及进行视察调研。通过视察活动，大家对公安交警部门的工作有更深入的了解。政协委员纷纷表示，要形成齐抓共管、全民联动、大家参与的氛围，积极参与全区社会治安综合治理和平安武江创建工作。

【经济专委工作】 2017年4月12日，政协韶关市武江区第九届委员会经济专委会组织委员视察龙归镇奇石村和西河镇下坑村委会的文化广场建设情况，委员们表示将积极筹措相关物资和资金，对农村文化广场建设给予支持和完善。

【港澳台专委工作】 2017年5月12日，武江区政协主席陈坤明带领政协韶关市武江区第九届委员会港澳台专门委员会委员一行25人对孟洲坝北江航道扩能工程、江湾大桥建设、沙湖绿洲房地产项目、医疗及教育现状进行视察调研。委员们对项目建设、医疗和教育现状进行广泛的讨论，并提出一些建设性意见和建议。

11月29日，武江区政协副主席罗元月带领政协韶关市武江区第九届委员会港澳台专门委员会委员一行15人到韶关市靓韶重工机械制造有限公司对企业转型升级情况开展视察调研，并组织学习贯彻中共十九大报告研讨会。

【农业专委工作】 2017年7月18日，政协韶关市武江区第九届委员会农业专委会组织委员赴龙归镇一白血病患儿家中探望慰问，捐款两万元。

9月13日，政协韶关市武江区第九届委员会农业专委会在区政协副主席谭浩托的带领下到龙归镇就农村环境卫生问题进行视察调研。

12月5日，武江区政协副主席谭浩托带领政协韶关市武江区第九届委员会农业专委会委员一行22人对重阳镇省定贫困村创建新农村示范村的“三清三拆”工作进行视察调研。委员们先后深入到重阳镇新农村示范村黄岸村、万侯村的建设现场进行实地察看，并通过走村入户、与村干部交谈、查阅资料、开展座谈等形式深入了解当地“三清三拆”工作情况，切实做好新农村示范村建设工作视察监督和建言献策工作。

【提案专委工作】 2017年3月16日，政协韶关市武江区第九届委员会提案专委会组织委员到江湾镇视察美丽乡村建设工作。委员们对江湾镇美丽乡村建设的成效表示肯定，并提出建议，要珍惜现有资源，合理利用、科学规划;要突出重点，打造美丽区块，提高江湾镇美丽乡村建设的出彩度。

6月15日，政协韶关市武江区第九届委员会提案专委会组织委员到区教育局及沐溪小学就农民工及外来务工人员子女就学问题进行专题调研。

9月6日，政协韶关市武江区第九届委员会提案专委会组织委员赴重阳镇就如何建设教育强镇工作开展视察调研。

12月8日，区政协副主席曹华龙带领政协韶关市武江区第九届委员会提案专委会委员和提交提案、承办提案的单位负责人共同对武江区政协第九届第一、二次会议中提出的5个重点提案展开视察活动。

政治协商工作

2017年2月21—23日，区政协在七楼会议室召开九届二次全体会议。会议主要听取和审议政协常委会工作报告和提案工作报告；同时在金福园小学鸿洲体育馆列席区人大会议听取和审议区政府工作报告。

12月8日，区政协副主席曹华龙带领政协韶关市武江区第九届委员会提案专委会委员和提交提案、承办提案的单位负责人共同对武江区政协第九届第一、二次会议中提出的5个重点提案展开视察活动。

民主监督

2017年3月16日，政协韶关市武江区第九届委员会提案专委会组织委员到江湾镇视察美丽乡村建设工作。委员们对江湾镇美丽乡村建设的成效表示肯定，并提出建议，要珍惜现有资源，合理利用、科学规划;要突出重点，打造美丽区块，提高江湾镇美丽乡村建设的出彩度。

5月10日，政协韶关市武江

区第九届常委会组织部分政协委员到武江区法院开展纪律作风问题专项督察动员大会，会上，省法院院长龚稼立作动员讲话，提出三点要求：一是从讲政治的高度深刻认识专项督察的重要意义；二是以问题为导向确保专项督察取得实效；三是以有力措施和过硬作风狠抓专项督察工作落实。会后，武江区法院院长唐永华对法院开展纪律作风问题专项督察活动进行安排部署。

5月31日，政协韶关市武江区第九届委员会社会和法制专委会到武江区新华司法所社区矫正中心和新华街道花城社区，就武江区社区矫正工作的开展情况及存在的困难和问题进行专题视察调研。

9月6日，政协韶关市武江区第九届委员会提案专委会组织委员赴重阳镇就如何建设教育强镇工作开展视察调研。

9月13日，政协韶关市武江区第九届委员会农业专委会在区政协副主席谭浩托的带领下到龙归镇就农村环境卫生问题进行视察调研。

10月13日，区政协副主席林健带领政协韶关市武江区第九届委员会教科文卫体专委会委员一行20人对武江区食品药品安全监管进行专题调研。委员首先来到武江市场、益华商场、超市等进行实地调研。同时，委员们还对区食品药品安全监管工作情况进行分析，并提出合理的建议。

参政议政

2017年4月12日，政协韶关市武江区第九届委员会经济专委会组织委员视察龙归镇奇石村和西河镇下坑村委会的文化广场建设情况，委员们表示将积极筹措相关物资和资金，对农村文化广场建设给予支持和完善。

5月12日，武江区政协主席陈坤明带领政协韶关市武江区第九届委员会港澳台专门委员会委员一行25人对孟洲坝北江航道扩能工程、江湾大桥建设、沙湖绿洲房地产项目、医疗及教育现状进行视察调研。委员们对项目建设、医疗和教育现状进行广泛的讨论，并提出一些建设性意见和建议。

6月6日，政协韶关市武江区第九届委员会教科文卫体专委会在区政协副主席林健带领下就区残联工作情况开展专题调研活动，积极为残疾人康复及残疾儿童教育工作献言献策。

6月15日，政协韶关市武江区第九届委员会提案专委会组织委员到区教育局及沐溪小学就农民工及外来务工人员子女就学问题进行专题调研。

6月27日，区政协主席陈坤明带领政协常委先后到区至和汤邓小学、区第九中学视察区未成年人思想道德教育工作，实地察看学校“善”文化主题活动情况，认真听取有关未成年思想教育工作情况汇报。常委们建议要加强学生的实际活动，不仅在口头上宣传教育，更要让他们多参与、去体会，这样，未成年人思想道德教育才更实在。

9月22日，区政协主席陈坤明带领政协常委一行到如意路、嘉晖市场、亨泰路等地现场视察武江区“创文”工作，对照文明城市创建标准查找问题，提出意见建议，助推“创文”工作深入有效开展，并召开座谈会邀请区创文办领导一起认真听取政协各常委就视察工作提出的意见和建议。

11月17日，武江区政协副主席何岚带领政协韶关市武江区第九届委员会社会和法制专委会委员一行25人对辖区至和汤邓小学门前、高铁站、国际花园路口的交通状况及进行视察调研。通过视察活动，大家对公安交警部门的工作有更深入的了解。政协委员纷纷表示，要形成齐抓共管、全民联动、大家参与的氛围，积极参与全区社会治安综合治理和平安武江创建工作。

11月29日，武江区政协副主席罗元月带领政协韶关市武江区第九届委员会港澳台专委会委员一行15人到韶关市靓韶重工机械制造有限公司对企业转型升级情况开展视察调研，并组织学习贯彻中共十九大报告研讨会。

12月5日，武江区政协副主席谭浩托带领政协韶关市武江区第九届委员会农业专委会委员一行22人对重阳镇省定贫困村创建新农村示范村的“三清三拆”工作进行视察调研。委员们先后深入到重阳镇新农村示范村黄岸村、万侯村的建设现场进行实地察看，并通过走村入户、与村干部交谈、查阅资料、开展座谈等形式深入了解当地“三清三拆”工作情况，切实做好新农村示范村建设工作视察监督和建言献策工作。

12月6日，政协韶关市武江区第九届委员会教科文卫体专委会到龙归镇中心卫生院视察民生实事项目进展情况并召开学习贯彻十九大报告专题座谈会。

理论研究

2017年3月9日，区政协在区政府七楼会议召开政协韶关市武江区中共党员“两学一做”学习教育专题会，使全体机关干部及政协全体党员进一步加深对中共十八届五中全会精神特别是创新、协调、开放、共享、和谐“五大发展理念”和“十三五”规划的认识和理解，准确把握精神实质，以更好适应政协工作的新形势、新任务和新要求。会议由区政协主席陈坤明主持，出席会议的有区委常委、组织部长周小明、副区长王敏雯、政协全体领导班子及政协全体党员。

5月4日，区政协机关按照区委的统一部署参加在区政府七楼会议厅召开市委中心组学习（扩大）会议暨第二期韶关学习论坛电视电话会议，学习贯彻习近平总书记关于广东工作的重要批示精神；5月5日，参加区委中心组学习（扩大）会，进行专题学习。

6月27日，区政协在510会议室召开政协第九届第四次常委会会议，会议主要传达学习中共广东省第十二次党代会精神和习近平总书记对广东工作重要批示精神。

7月1日，在中国共产党建党96周年纪念日，区政协党组召开会议，集中学习《中国共产党党组工作条例（试行）》，并对下一步的贯彻实施作出部署。会议由区政协主席、党组书记陈坤明主持，全体党员参加。

9月24—29日，为提升全区政协委员的履职能力，武江区政协组织政协机关、政协常委、部分委员共50人赴浙江大学“全国干部教育培训基地”培训学习。培训课程内容丰富，涵盖经济发展、社会管理、公共关系、参政议政等方面。

11月2日，区政协党组召开党组（扩大）会议，专题传达学习贯彻中共十九大精神，由区政协主席陈坤明主持会议并宣讲中共十九大精神。

社情民意

2017年1月18日，政协韶关市武江区第九届委员会社会和法制专委会委员共捐助20700元用于慰问武江区西河镇黄塱村民委员会79名年龄在七十岁以上的老人、武江区特困户7人以及慰问本专委会患病委员。

3月20日，武江区政协副主席何岚、秘书长兼办公室主任刘立文到挂点村落龙归镇冲下村指导清除牛皮癣活动，并与村委进行活动总结，提出意见建议，为韶关市创建全国文明卫生城市贡献一份力量。

5月18日和12月11日，区政协两次到芙蓉新城征地拆迁一线慰问看望征地拆迁干部职工，为他们加油鼓劲。

7月18日，政协韶关市武江区第九届委员会农业专委会组织委员赴龙归镇一白血病患儿家中探望慰问，捐款两万元。

8月14—17日，区政协主席陈坤明率队一行12人到东莞市凤岗、长安等镇调研当地与武江区对口精准扶贫、产业共建工作等情况。调研组对新一轮对口帮扶和精准扶贫工作取得的成绩给予充分肯定，并对下一步对口帮扶和产业共建工作提出意见建议。

10月21日，政协韶关市武江区第九届委员会社会和法制专委会慰问患病住院的本专委会委员。

12月29日，区政协副主席林健带领政协机关干部到挂点村龙归镇冲下村和坳头村了解村委会工作及村民生产生活情况。

提案工作

2017年，区政协收到政协九届一、二次会议委员提案共74件，经审查立案38件，立案率51.4%，参与提案的委员达418人次。其中《关于进一步加快武江区民营经济发展的建议》等5个提案列为年度重点提案，由区委区政府主要领导及政协主席、副主席分别督办。74件提案按内容划分，城市建设与管理方面的25件；经济建设方面的有6件；医疗卫生方面的有5件；交通管理方面的19件；教育方面的8件；其他方面的有11件。涉及的承办单位有区住建局、区交警大队、区人社局、区城市管理局、区教育局、区卫计局、区经信局等22个单位，通过各承办单位的共同努力，2017年度委员提案答复率为100%。74件提案中，已解决或基本解决的17件，占23%；正在解决或列入计划解决的42件，占57%；因目前条件限制或其他原因未能解决的15件，占20%。从委员反馈的意见看，2017年办理工作的满意和基本满意率达99%。

区政协领导名录

主　席：陈坤明
副主席：谭浩托
　　　　何　岚
　　　　罗元月
　　　　曹华龙
　　　　林　健（女）
　　　　钟爱明
秘书长：刘立文（女）

区政协办公室

主　　任：刘立文（女）
正科级干部：刘存友（—2017.12）
正科级干部：李　强

组织联络科

科　长：赖　德（—2017.12）
　　　　黄碧贞（女，2017.12—）
副科长：陈汉荣

宣传教育科

科　长：叶贤治（—2017.10）
　　　　赖　德（2017.12—）

（邓翠珍）

纪检·监察

综 述

2017年，区纪委、监察局组织纪检监察机关干部认真学习中共十九大报告和新修订的党章，学习习近平总书记关于全面从严治中共系列重要论述和对广东工作重要指示批示精神，深刻领会习近平新时代中国特色社会主义思想的精神实质和实践要求，领会中共十九大关于推进新时代中共建设、坚定不移全面从严治中共战略部署，切实把思想统一到中央关于党风廉政建设和反腐败斗争的形势判断和决策部署上来。把“四个意识”作为政治标杆，强化监督，推动党员干部更加自觉地坚持党性原则，遵守中共政治纪律和政治规矩，严格执行新形势下党内政治生活若干准则。严把选人用人政治关、廉洁关，区纪委审核“两代表一委员”初步人选28人次；办理干部党风廉政建设情况回复51人次。围绕党中央重大决策部署加强监督检查，推动各级党组织和领导干部落实好防范化解重大风险、精准脱贫和意识形态工作的政治责任。深化述责述廉述德工作，新华街、区发改局、区司法局等6个单位主要负责人作述职述廉述德报告，接受纪委委员的质询，对存在问题督促落实整改，推动主体责任落实。

韶关市武江区纪委机关、区监察局有8个内设机构，3个派驻纪检组，代管区委巡察办和2个巡察组。区纪委机关、区监察局有行政编制16名，派驻机构和巡察机构各有编制3名。

主要工作

【坚决正风肃纪】 2017年，武江区抓住重要节点，在元旦、春节、中秋、国庆等重大节假日，采取短信提醒、监督检查、通报曝光等举措，对顶风违纪行为严查快处，确保节日风清气正。开展专项治理，重点整治违规公款购赠年货、公款旅游、公款吃喝和铺张浪费、收送“红包”礼金等突出问题。强化通报曝光，加大对违反作风建设规定典型案例的通报力度，形成有力震慑。区纪检监察机关共开展明察暗访4次，查处违反中央八项规定精神问题6起，处理党员干部6人，通报曝光3起。

【坚持抓早抓小】 2017年，武江区坚持抓早抓小，践行监督执纪“四种形态”（党内关系要正常化，批评和自我批评要经常开展，让咬耳扯袖、红脸出汗成为常态；党纪轻处分和组织处理要成为大多数；对严重违纪的重处分、作出重大职务调整应当是少数；重违纪涉嫌违法立案审查的只能是极极少数），充分运用好第一种形态，发现错误苗头及时谈话提醒、函询诫勉，让“咬耳扯袖、红脸出汗”成为常态，同时注重发挥后三种形态的惩戒震慑作用，切实用纪律管住大多数。全年运用监督执纪“四种形态”处理93人次，其中第一种形态52人，占56%；第二种形态19人，占20.4%；第三种形态18人，占19.3%；第四种形态4人，占4.3%。

【严厉惩治腐败】 2017年，武江区纪检监察机关共受理信访举报115件（含重复件31件），同比增长29%；处置问题线索80件；初步核实问题线索80件，核查率100%；立案72件，增长1.4%；涉及科级干部9人、一般干部3人、农村基层党员44人；结案47件，给予党纪政纪处分38人。区纪委自办案件12件，占全区立案总数的16.7%；镇街纪委办案率100%，共查办案件60件。重点查处西河镇原镇长孙青文违法违纪案件。坚持实事求是原则，共为32名受到诬告、错告的党员干部澄清事实，保护干事创业积极性。严格执行监督执纪工作规则，强化执纪审查安全工作责任。

聚焦涉农扶贫领域腐败问题，扎实开展扶贫领域问题线索入户核查、督办直查，严厉查处胆敢向扶贫资金和物资伸手的行为。全区共排查扶贫领域违纪违法问题线索35条，立案12件，涉及党员干部12人，对胆敢向扶贫资金财物“动奶酪”的严惩不贷。

【突出教育防范】 2017年，武江区坚持挺纪在前，持续加大教育力度，不断创新教育形式，不能腐的防范机制逐步形成。强化党规党纪教育，对13名干部开展任前廉政法规知识考试和廉政谈话教育。坚持以案明纪，围绕村（社区）“两委”换届，组织开展以“身边事教育身边人”为主题的“三个一”教育活动。强化警示教育，组织正科实职以上领导干部到市廉政教育基地接受警示教育，组织领导干部观摩廉政警示教育庭庭审。注重财经纪律教育，组织召开规范资金使用工作座谈会。加强受处分党员干部日常教育监管，在全市率先出台《关于加强对受处分党员干部教育管理监督的实施意见（试行）》，推动党组织做好受处分党员干部的教育、管理和监督工作，促使受处分党员干部放下思想包袱、轻装前进、大胆干事创业。加大宣传教育力度，充分发挥“武江廉政聚焦”微信公众号阵地作用；借助《韶关日报》平台，开设专版宣传武江党风廉政建设和反腐败工作。扎实开展纪律教育学习月活动，举办领导干部党纪政纪法纪教育培训班，召开扶贫领域监督执纪问责工作现场会，举办廉政书画作品征集、廉政小品排演等活动。

【完善派出机构建设】 2017年，武江区完善纪委派驻机构建设。撤销镇（街）派驻纪检监察机构，整合区直机关派驻纪检监察机构，根据工作需要和业务关联性，区纪委在区直机关设立3个综合派驻纪检组，实行统一名称、统一管理，实现区直机关派驻纪检组全覆盖。

【推进区委巡察工作改革】 2017年，武江区成立区委巡察工作机构，制定《中共韶关市武江区委关于全面开展巡察工作的实施意见》《韶关市武江区委巡察工作五年规划（2017—2021）》，建立区委巡察工作人才库。发挥巡察的“探头”作用，完成第一轮对2个单位的常规巡察，发现问题线索14条，立案查处1宗1人；启动第二轮对2个单位的常规巡察；开展扶贫领域专项巡察，发现问题线索15条。

【推进监察体制改革试点工作】 2017年，武江区全力推进国家监察体制改革试点工作。坚持把推进国家监察体制改革作为学习贯彻中共十九大精神的重要政治任务和具体举措，坚决按照省委、市委确定的时间表、路线图，精心谋划实施。区委书记认真履行“施工队长”职责，多次召开区委常委会、工作小组会议审议方案、确定人选、协调办公场所等重大事项，保障改革试点工作按时完成。全区已完成监察委员会组建工作，检察机关涉改干部转隶工作正在办理，其他改革试点工作正有序推进。

【加强自身建设】 2017年，武江区坚持把思想政治建设摆在首位，组织纪检监察干部认真学习中共十九大报告、新修订的党章、习近平总书记重要讲话精神和对广东工作重要指示批示精神。积极推进“两学一做”学习教育常态化制度化，落实区纪委常委集中学习、民主生活会、“三会一课”等制度，促进学思践悟、知行合一。出台区纪检监察机关班子成员党风廉政建设和反腐败工作联系点制度，提升班子成员抓党风廉政建设能力。强化学习培训，组织开展一期全区纪检监察干部业务培训班；选派机关干部7人次参加省纪委举办的业务培训，选派8名新任镇街纪委书记、副书记参加省纪委组织的轮训。加强以案代训，分期抽调3名镇街纪委干部到区纪委跟班办案。

区纪委领导名录

书　记：肖建红
副书记：朱旭东
　　　　张耀雄
常　委：黄韶娟（女）
　　　　叶贤治
　　　　黄　平
　　　　林基乐

区监察局领导名录

局　长：张耀雄
副局长：邱韶东（—2017.12）

派驻机构领导名录

区纪委派驻第一纪检组组长：
叶贤治（2017.10—）
区纪委派驻第二纪检组组长：
黄碧贞（女，—2017.12）
区纪委派驻第三纪检组组长：
陈国承（—2017.12）

区委巡察机构领导名录

区委巡察办主任：
林基乐（2017.12—）
区委第一巡察组组长：
李力克（2017.10—）
区委第二巡察组组长：
潘康武（2017.10—）

（林基乐）

民主党派

民革武江区基层组织

【概况】 2017年，中国国民党革命委员会（简称“民革”）韶关市委员会在武江区境有民革武江区基层委员会及武江区第一支部、武江区第二支部、武江区第三支部、武江区第四支部、武江区第五支部和粤北人民医院支部等六个支部。共有民革党员131人。民革在武江区境无常设办公机构，各支部由民革韶关市委员会直属管理。

【民革政治思想建设】 2017年，民革武江各基层组织把深入学习贯彻中共十九大精神和习近平新时代中国特色社会主义思想作为首要政治任务，开展学习活动和主题教育活动，不断提高政治责任感和时代使命感，切实把思想和行动统一到中共十九大精神上来。引导广大民革党员将思想和行动统一到中共中央决策部署上来。坚决维护以习近平同志为核心的党中央权威和集中统一领导，在政治立场、政治方向、政治原则、政治道路上同以习近平同志为核心的党中央保持高度一致。不断增强中国特色社会主义道路自信、理论自信、制度自信、文化自信。要求支部广大民革党员在学懂、弄通、做实上下功夫。要求将学习贯彻中共十九大精神与坚持和发展中国特色社会主义学习实践活动相结合。

【民革组织建设】 2017年，民革武江各基层组织强化政治和业务培训，全年，省、市、县、区培训各级民革党员干部17人次，领导班子和后备干部队伍精神风貌、能力素质明显提升。稳步扩大党员队伍，2017年共发展新党员7人，其中女党员2人，35岁以下4人，大学以上学历7人，其中硕士研究生1人，高级职称1人。积极推动民革e家平台建设工作在全区全覆盖，将其打造成为打破民革地域和时空限制的“聚宝盆”，增强党员思想认同和情感联络的“心灵驿站”，健全完善民革工作机制的“百宝箱”。辖区支部有2人参加11月底民革市委组织的调研组赴浙江、江西等地开展专题调研，学习“民革党员之家”建设先进经验，推动“民革党员之家”的筹备工作。

【民革参政议政】 2017年，市、区“两会”期间，民革武江区粤北人民医院支部和武江区第一支部联合提交的《关于加强我市应急自救互救知识教育宣传的建议》，武江区第五支部提交的《关于开展体验式生命安全教育，提高学生安全事故应急能力的建议》，武江区第三支部提交的《关于加强我市泥头车管理工作的建议》《关于加强对学校周边少儿托管中心的管理的建议》等4件提案被民革市委会作为集体提案向市政协提交并被立案。其中集体提案《关于加强学校周边少儿托管中心的管理》的提案被评为2017年韶关市政协五大重点提案之一，由市政协副主席王德雄领头督办。各支部还向市政协提交《关于韶关市芙蓉新城综合规划的意见和建议》《关于增加一条横向通道连接南华路，减缓百旺路（桥）的交通通行压力的建议》《规范各校门口道路，增加电子监控，禁止乱停，实行交通处罚制，增强城市交通通行能力》《建议将百旺路与芙蓉大道交接现状平交口改为立交口，增强两条主干道的交通通行能力》《关于给韶关市贫困线以下妇女“两癌的免费救治”的提案》《关于提高我市婚检率，减少我市出生缺陷发生的提案》《坚持推进韶关市医疗卫生行业供给侧结构性改革》《继续优化市区交通，打造粤北宜居名城的建议》和《关于加强我市建筑工地泥头车、农用车管理的建议》等9件个人提案。还配合民革省委两个调研组来韶关市开展的“以特色小镇带动粤东西北地区精准扶贫工作”“我省山区发展休闲农业和乡村旅游，政府出台指导、奖惩措施”两个专题调研工作。

【民革社会服务】 2017年，民革武江基层组织开展法律援助和法律咨询服务、“博爱·牵手”活动、关爱孤寡老人、贫困学生和儿童活动、扶贫义诊及帮扶活动。4月，武江区基层委员会到武江区重阳镇万侯村开展“精准扶贫·送医送药下乡”活动。11月，粤北人民医院支部及武江四支部部分党员和医务工作者前往乳源瑶族自治县开展“送医送药下乡”义诊活动；武江区基层委员会前往乐昌坪石镇三星坪村开展“送药下乡”活动；武江四支部的余硕和武江一支部的卢春娇等人分别到乳源、始兴开展法律讲座等活动。各支部在广东“6·30”扶贫济困日活动中积极捐款。陈祖均捐赠扶贫助困款3万元。杨泳为广东狮子会韶州服务队捐赠10万元复明助困专项资金，并在市文明办主办的2017年第三季度“韶关好人”评选活动中，被评为8名“韶关好人”的其中一员。

民革武江区各支部主委名录

民革武江区基层委员会：邓献良
民革武江区第一支部：卢春娇（女）
民革武江区第二支部：赵高凌
民革武江区第三支部：林叶水
民革武江区第四支部：余　硕
民革武江区第五支部：张全章
民革粤北人民医院支部：钟永红（女）

（王龙树）

民盟武江区基层组织

【概况】 中国民主同盟（简称“民盟”）是主要由从事文化教育以及科学技术的高、中级知识分子组成的，具有政治联盟特点的，接受中国共产党领导、同中国共产党通力合作，进步性与广泛性相统一、致力于中国特色社会主义事业的参政党。2017年，民盟武江区基层委员会发展新盟员3人，截至2017年12月底，民盟武江区基层委员会下辖6个支部：北江中学支部、田家炳中学支部、武江区科技教育支部、医卫支部、粤北医院支部和文体机关二支部，盟员总数112人。盟员主要来自驻区教育、医卫、科技、文化、政府机关等界别。

【民盟思想建设】 2017年，民盟武江区各支部通过支部会议、支委会议、座谈会、微信群、QQ群交流等形式，认真学习中共十九大、中共十八届六中全会和习近平总书记系列重要讲话精神以及《中国共产党统一战线工作条例（试行）》，努力提高盟员的整体素质。同时，各支部根据自身实际情况，认真组织学习盟章、盟史，学习和传达贯彻上级盟组织的各项会议、文件、指示精神，开展多种形式的讨论和交流，激发盟员的使命感和光荣感。学习贯彻全国“两会”精神以及《中央盟讯》《广东盟讯》《韶关盟讯》等，交流信息，交换思想，探讨问题，把议政与学习有机结合起来。继续开展“不忘合作初心，继续携手前进”学习实践活动，引导广大盟员努力把“立盟为公、参政为民”的价值理念转化为为党分忧、为国尽力、为民尽责的实际行动。6月23日，北江中学支部组织在职盟员到市廉政教育基地参观学习，开展廉政教育。

【民盟组织建设】 2017年，民盟武江区各支部发展新盟员3人。7月下旬，1名盟员参加市委组织部和统战部在市社会主义学院举办的韶关市第四期民主党派基层组织骨干培训班；10月中旬，盟市委主委林炜东参加民盟广东省委在中央社会主义学院举办的省委委员和盟务骨干培训班。12月9日，民盟武江区基层委员会召开成立大会，陈胜鸿当选主任委员，左之滨、张国平当选副主任委员，聂树养、周樱、沈坚当选委员。有3名盟员担任区政协委员。

【民盟参政议政】 2017年，民盟武江区有市人大代表1名、市政协委员10名、区政协委员4名，这些盟员在市、区“两会”召开期间积极参政议政、献计出力。市政协委员曾敏青、欧阳翰、陈胜鸿及区政协委员左之滨积极撰写提案，其中盟员陈胜鸿在市政协十二届一次会议上提出的《关于加快农村淘宝项目建设，助力精准扶贫的建议》被市政协列为重点提案，并由王青西主席督办。7月至8月，多名基层支部负责人和盟务骨干参加盟市委调研组赴云浮开展“韶关禅宗文化资源与禅宗文化开发的对策与建议”专题调研、赴贵州省开展“关于加快我市特色小镇建设的对策与建议”专题调研。11月，各支部召开支部会议，开展“一支部一议”“一人一议”活动，向盟市委提交质量较高的建议，同时组织盟员参加培训辅导、专题讲座等手段着力拓宽信息来源，不断提升信息质量。11月，北中支部被评为民盟韶关市委2017年参政议政先进单位。12月，武江区多个支部负责人参加盟市委与市发改局、市教育局的对口联系座谈会。

【民盟社会服务】 2017年4月22日，北江中学支部部分骨干盟员教师赴南雄黄坑中学，开展送智力资源下乡活动，与黄坑中学师生进行高考备考交流，并给予指导。在2017年“6·30”广东扶贫济困日活动中，民盟武江基层委员会动员盟员积极参加捐款，捐款额一万两千余元。

民盟武江区基层组织主委名录

主 任 委 员：陈胜鸿
副主任委员：左之滨
　　　　　　张国平
委　　　员：周　樱（女）

聂树养
沈　坚

（陈于兵）

民建武江区基层组织

【概况】 2017年，民建在武江区设有1个基层委员会，下设5个基层支部，共有会员116人。其中武江一支部16人，武江二支部25人，武江三支部24人，武江四支部25人，武江五支部26人。会员主要由驻区和区政府机关经济界人士组成。

【民建思想建设】 2017年，民建武江区基层委员会始终坚持把思想建设放在首位，着力提高民建会员整体素质和能力。积极组织广大会员认真学习全国“两会”精神和中共中央总书记习近平对广东工作作出的重要批示精神，深入贯彻省第十二次党代会精神和市委十二届四次、五次全会精神。中共十九大胜利召开后，各支部多次组织会员深入学习大会精神，并把学习十九大精神与开展“不忘合作初心，继续携手前进”专题教育活动及“两学一做”学习教育活动结合起来，通过各类学习和培训，切实提高政治把握能力、参政议政能力、组织领导能力、合作共事能力、解决自身问题能力。组织会员参与理论研究，严志全撰写的《民建市级组织在政党协商过程作用发挥的思考》获民建广东省委理论研究优秀成果二等奖。

【民建组织建设】 2017年，在韶关市十四届人大一次会议上，陈曦当选为市十四届人大常委会副主任；在韶关市政协十二届一次会议上，胡湘泉、钟爱明当选为政协第十二届韶关市委员会常务委员。在民建广东省第九次代表大会上，陈曦当选为民建广东省委常委。根据民建市委的安排，钟爱明到广东省社会主义学院参加为期两个月的2017年广东省党外中青年干部培训班学习；按照民建市委的推荐，赖伟锋、许晓燕分别到市扶贫办挂职副科长和仁化董塘镇挂职副镇长。武江四支部对领导班子进行优化调整，补选贺君为支部副主委，朱鹏鹏、徐喆、张丽丽为支部委员。各支部还开展交流联谊、联合调研、参观考察会员单位等形式多样的组织活动，丰富组织生活，增强组织凝聚力。武江四支部被民建广东省委评为2012—2017年先进基层组织，被民建韶关市委评为2017年度先进基层组织；吴国营、林友财获民建广东省委优秀会员荣誉称号；胡湘泉、谢崇天获民建广东省委参政议政工作优秀个人表彰；吴国营、何勇、黄丽忠、黄海棠获民建广东省委社会服务工作优秀个人表彰；李沛钧、胡耀安、袁花、黄永忠、韩承兵、许定才获民建韶关市委优秀会员表彰。

【民建参政议政】 2017年，民建武江区基层委员会向各级人大和政协提交提案、意见和建议案等各种参政议政材料共29件。其中，在市政协促进装备制造业发展专题议政会议上，韩承兵提交《从银行信贷角度对韶关发展装备制造业的几点思考》书面发言材料；黄永忠撰写的《关于将城镇登记失业率调整更改为被调查失业率的建议》被采用为民建中央社情民意信息；胡湘泉撰写的《建设妥善解决特殊行业超标电动自行车上路行驶的问题》、欧丰秀撰写的《关于改革新股发行的几点建议》、范文佳撰写的《加强治理小区物管强行索取快递进场费的建议》、韩承兵撰写的《建议规范手机电磁辐射标识与监管》被采用为民建广东省委社情民意信息。

【民建社会服务】 2017年，民建武江区基层委员会发动会员积极开展和参与各项公益活动。如民建武江四支部到江湾镇慰问孤寡老人和贫困学生，送去慰问品及慰问金共4000多元；黄海棠连续多年资助的三名贫困学生顺利考上大学，资助每人4000元学费，共计12000元；李军前、林友财、许定才、黄海棠、何勇积极参与民建市委组织的捐赠图书活动并捐款。广大会员在本职岗位爱岗敬业，取得新成绩。陈明获韶关市十佳“最美金融青年”；朱凌获韶关市科学技术进步奖二等奖；李丽琴、陈艳获2016年度韶关市科学技术进步奖三等奖。

民建武江区基层组织主委名录
民建武江区基层委员会主委：
张南生
民建武江一支部主委：曾庆堪
民建武江二支部主委：何　勇
民建武江三支部主委：曹　剑
民建武江四支部主委：陈　明（女）
民建武江五支部主委：张南生

（严志全）

民进武江区基层组织

【概况】 2017年，有民进武江区基层委员会1个，支部4个，总计会员94人，其中武江区联合支部27人，武江区小教支部26人，五中支部25人，武江大专支部16人。会员主要来自教育、文化、卫生、民企等界别。

【民进思想建设】 2017年，民进武江区基层组织坚持定期开展学习活动，深入学习马克思列宁主义、毛泽东思想、邓小平理论、“三个代表”重要思想、科学发展观和习近平新时代中国特色社会主义思想，重点学习中共中央总书记习近平对广东工作的重要批示、中共十九大和民进十二大精神等。深入开展坚持和发展中国特色社会主义学习实践活动、“我身边的先进”宣讲活动、传承民进优良传统和学习会章会史主题教育活动。武江联合支部围绕习近平总书记对广东工作重要批示精神开展学习座谈；武江大专支部、五中支部围绕中共十九大开展专题教育；欧俊峰代表民进市委会参加全市“9·30”烈士公祭活动。

【民进组织建设】 2017年7月份，黄春神、邓娟等会员参加韶关市民主党派基层组织骨干培训班的学习。定期组织退休会员开展集体活动，丰富退休会员业余文化生活，以重阳节为契机，组织退休会员举行茶话座谈会。继续推行退休会员“逢五逢十”生日慰问制度。坚持重大节日慰问制度和生病住院探望制度，及时发现退休会员生活上的困难并努力帮助解决。

【民进参政议政】 2017年，武江区政协换届后，民进武江基层组织会员雷名珠、欧俊锋、闫世鹏、彭智坚、温荣华担任武江区政协委员。民进武江区各支部和担任区政协委员紧紧围绕区委、区政府中心工作，积极参政议政。2017年“两会”期间，全区各支部总计提交提案9件，均得到区有关部门的重视。

【民进社会服务】 2017年，民进武江区各支部凝聚广大会员的爱心和力量，发挥自身优势，创新工作思路，围绕“6·30”广东扶贫济困公益活动、扶贫开发“双到”、“同心筑梦”慈善事业、“书香彩虹”行动等做力所能及的贡献。继续做强“三下乡”“幼儿图书角”“爱心基金”等社会服务品牌，树立民进良好的社会形象。“三下乡”活动中，4月，武江大专支部赴南雄市夹河口村小学开展爱心助学，捐赠价值1万多元的教学设备、活动器材、学习用品等。五中支部继续做强“爱心基金”品牌，引进香港李汉荣博士教育基金会等爱心机构和爱心人士资助家庭困难学生70余人，总计11.4万元。武江小教支部杨秋兰退休后成立“沁心堂”为广大中小学生推广国学。

民进武江区基层委员会领导名录

主任委员：温荣华
副主任委员：吕　伟　雷名珠
　　　　　　欧俊锋　麦振中

民进武江区各支部主任名录

武江区联合支部主任：雷名珠
武江区小教支部主任：欧俊锋
韶关市五中支部主任：麦振中
武江区大专支部主任：吕　伟

（雷　检）

农工党武江区基层组织

【概况】 2017年，农工党武江区共有1个基层委员会，1个总支，9个支部，1个小组，党员177人。其中粤北人民医院总支70人（一支部21人，二支部25人，三支部24人），市医卫支部20人，粤北第二人民医院支部12人，市中医院支部18人，市职防院支部16人，韶关学院医学院支部21人，市科技支部14人，市妇幼保健院小组6人。成员主要分布在驻区医药卫生、教育和科技系统。1名党员被评为韶关市优秀科技工作者。7名党员荣获韶关市科学技术进步奖。

【农工党思想建设】 2017年，农工党武江区各基层组织认真组织学习中共十八届六中全会、中共十九大和中共中央总书记习近平对广东工作的重要批示精神。扎实开展“不忘合作初心，继续携手前进”专题教育。21名骨干党员参加农工党韶关市委在延安、惠州市邓演达纪念园等地开展的党史教育和爱国主义教育活动。通过政治理论学习，弘扬优良传统教育等多种形式，坚定广大党员的理想信念，夯实接受中国共产党领导，坚持多党合作制度的思想政治基础。

【农工党组织建设】 2017年，农工党武江区全年发展新党员6人。4月，市科技支部主委黄得慧补选为农工党韶关市委副主委。8月，根据人员变动和工作需要，对市医卫支部班子进行届中调整，补选支部主委、副主委、委员各一名。韶关学院医学院支部主委参加市委组织部、市委统战部在市社会主义学院举办的韶关市第四期民主党派基层组织骨干培训班。粤北第二人民医院支部主委参加农工党广东省委在哈尔滨工业大学举办的2017年第一期全省骨干党员培训班。5月，推荐市科技支部党员占志军到基层挂职锻炼，挂任曲江区环保局副局长，为期一年。各基层组织围绕开展坚持和发展中国特色社会主义学习实践活动和学习中共十九大精神，组织党员开展形式多样、内容丰富的组织活动，增强支部的凝聚力，激发全体党员同心同德，为支部为党派多做贡献的热情和力量。

【农工党参政议政】 2017年，农工党武江区党员向省、市、区人大和政协提交提案和建议13件。熊奇斌代表农工党韶关市委在市政协十二届一次会议上作《关于进一步推进粤湘开放合作区建设，加快“融珠”步伐的建议》的大会发言。韶关学院医学院支部主委王萌《关于进一步重视青少年心理健康的建议》被评为区政协重点督办提案。武江区基层委员会主委邱韶东、市科技支部主委黄得慧参加市政协组织召开的促进装备制造业发展专题议政会，并分别提交题为《融入珠西承接先进装备制造业的建议》《我市装备制造业如何抢抓机遇融入珠江西岸先进装备产业带》的发言材料。粤北第二人民医院支部副主委唐蒙轩《关于解决公立医院为应对“药品零加成”而采取“药房托管”的建议》、市职防院支部副主委廖祥彦《建议把握临床路径管理原则，不断提升医疗服务质量、安全和效率》被市统战信息采用。

【农工党社会服务】 2017年，农工党武江区各支部充分发挥自身优势和特点，积极开展各种社会服务活动。广大党员积极为“广东扶贫日”、广东“同心圆”工程捐款。结合“中国环境与健康宣传周”、“国际科学与和平周”、精准扶贫等主题，粤北人民医院总支、粤北第二人民医院支部、市职防院支部先后组织3批医疗队，分别前往武江区西联镇西联村、乐昌市坪石镇灵石坝村、翁源县龙仙镇桂竹村等地开展送医下乡、送法进村活动，发放健康宣传资料700多份，接受群众义诊咨询800多人次，免费发放药品价值2万多元。市中医院支部、韶关学院医学院支部的党员也积极参加所在单位组织的送医送药活动。

农工党武江区基层组织主委名录

武江区基层委员会主委：邱韶东
粤北人民医院总支主委：熊奇斌
粤北人民医院一支部主委：黄 文
粤北人民医院二支部主委：熊奇斌
粤北人民医院三支部主委：阳纯兵
市医卫支部主委：邱韶东（—2017.5）
谢广宁（2017.8—）
粤北第二人民医院支部主委：江成林
市中医院支部主委：付晓民
市职防院支部主委：蔡艺苹
韶关学院医学院支部主委：王 萌（女）
市科技支部主委：黄得慧

（陈勇胜）

九三学社武江区基层组织

【概况】 2017年，九三学社武江区各基层组织团结带领广大社员，学习贯彻中共十九大精神和社十一大精神，坚持走中国特色社会主义政治道路，围绕区委、区政府的工作重点积极履行新时代参政党职能，为促进武江区经济社会发展做出积极贡献。社韶关市委荣获“九三学社坚持和发展中国特色社会主义学习实践活动全国先进集体”；荣获“2016年度社省委参政议政工作先进集体奖”；兰茵荣获社中央“2013—2017年度参政议政工作先进个人”荣誉称号；成绍强荣获社中央“先进组工干部”荣誉称号；陈斌荣获“韶关市首期享受市政府特殊津贴人才”称号；洪席超、邓日强、谢春雨等分别获2016年度韶关市科学技术进步二、三等奖。

【九三学社思想建设】 2017年，各基层组织坚持把政治思想建设作为自身建设的首要任务，进一步把“坚持和发展中国特色社会主义学习实践活动”主题教育活动推向深入，分别以主委会议、基层委委员会议、各支社全体社员会议的形式专题学习2017年全国“两会”、中共中央总书记习近平对广东工作作出的重要批示精神、中共十九大会议精神和九三学社十一大会议精神，努力增强贯彻落实的思想自觉和行动自觉。

4月，九三学社武江区基层委员会、粤北医院基层委员会分别召开会议，传达学习贯彻习近平总书记对广东工作的批示精神，研究部署贯彻落实措施。9月，韶关学院医学院支社、开发区支社开展纪念九三学社建社72周年活动。10—11月，九三学社武江区所有组织，以不同形式开展学习中共十九大精神活动。

为学习贯彻中共十九大精神，结合“坚持和发展中国特色社会主义学习实践活动”，11月，武江区15名骨干社员赴西柏坡举办党性教育干部培训班，重温西柏坡的光辉历史，不忘合作初心，学习“西柏坡精神”。

12月，韶关市委委员罗元月、徐晓南，医学院支社主委梁利球等参加武江区民主党派活动中心启用座谈会暨重温党史活动。

2017年，共组织武江区部分社员分别参加市民主党派新成员培训班、市第四期民主党派基层组织骨干培训班、社省委2017年参政议政培训暨工作研讨会。

2017年，武江基层委员会社

员向《广东九三》《韶关日报》《韶关政协》等刊物投稿10篇。向社省委、市政协和市委统战部等提交信息15件，被省委统战部采用1件、市政协采用1件、市委统战部采用2件。

【九三学社组织建设】 2017年，九三学社韶关市委高度重视各基层组织建设，不断加大对各基层组织工作的指导力度，对基层班子实行动态管理。对各基层组织实施支社年度社务工作目标管理考评。根据社市委年度工作计划，届中调整武江五支社领导班子。

物色年轻优秀的代表人士加入组织，至2017年年底，武江区共发展新社员2名，九三学社在武江区有基层委员会2个、基层支社11个，有社员118人。其中，粤北医院基层委员会23人、武江一支社14人、武江二支社11人、武江三支社13人、武江四支社13人、武江五支社12人、开发区支社14人、供电支社8人、韶关医学院支社10人。

建立后备干部人才库，向中共市委统战部推荐年轻优秀社员挂职锻炼，社员王玥被推荐到市扶贫办挂职业务组副科长。

妇女节组织女社员参加市妇联举办的“插花”专题讲座，重阳节组织退休社员开展登山健身活动 。每个季度定期开展退休社员联谊会活动，社市委领导参加退休联谊会各次活动，向退休社员通报中共十九大精神、社中央会议精神和社市委工作情况。春节前夕，各基层组织开展迎春团拜活动，慰问部分退休社员7人次解决他们生活上的实际困难。

社韶关市委分赴湖南张家界、福建南平、石家庄、广州等地与当地九三学社组织交流学习。与社省委省直在穗的各基层主委联合开展“不忘合作初心，继续携手前进”主题学习实践活动。社揭阳市委、九三学社广东开放大学支社分别到韶关市就社务工作进行交流。

2017年，武江区各基层组织开展活动共43次，其中，武江区基层委员会开展主题实践教育、学习会议精神、公益植树、与兄弟组织联谊、参政议政座谈会等各类活动31次；粤北医院基层委员会开展主题实践教育、学习会议精神、送医送药、关爱孤寡老人等各类活动12次。

【九三学社参政议政】 2017年，九三学社武江区各基层组织参加中共武江区委、区人大、区政府和区政协组织召开的专题协商会、情况通报会、征求意见座谈会共计10多次，对人事安排、重大决策、经济建设和社会发展提出意见建议。12月，开发区支社举办“新时期如何促进韶关工业园区中小企业健康发展”参政议政研讨会。

罗元月、徐晓南、成绍强、李再丰、罗伟、雷东山、梁利球、梁喜阳、邓丽山、刘斯琪等先后参加各类参政议政会议和视察活动达22人次。社市委先后召开参政议政专委专题会议6次，组织开展各类调研活动3次，武江基层委员会参与社员15人次。

2017年，在武江区的社员中有市政协委员7人（常委3人）、市人大代表2人、区人大常委2人、区政协委员 6人（副主席1人）。 在2017年向省、市、区两会上提交议案、提案、意见和建议6件。其中，梁利球委员的《关于提供民主党派基层组织活动场所的建议》被武江政协列为重点提案。社市委先后组织开展各类调研活动3次，武江区参与社员10多人次。

【九三学社社会服务】 2017年，九三学社武江区组织开展社会服务活动4次。6月，社市委认真组织武江区社员在所在单位积极参与“扶贫济困一日捐”活动 。12月11日，广东省青年联合会、九三学社韶关市委会、韶关市卫计系统联合开展“情暖新丰健康行”活动，粤北医院社员组成医疗组为回龙镇群众开展义诊活动。 韶关九三志愿者服务队的武江社员为“韶关创建文明城市”开展美城工作，为“九三生态林”开展种植抚育工作。

九三学社武江区基层组织主委名录

武江区基层委员会主委：罗元月
武江区一支社主委：雷东山
武江区二支社主委：罗　燕
武江区三支社主委：周招萍
武江区四支社主委：周建雄
武江区五支社主委：罗　伟
供电支社主委：邓丽山
开发区支社主委：李少鸿
韶关医学院支社主委：梁利球
粤北医院基层委员会主委：徐晓南
粤北医院一支社主委：徐晓南
粤北医院二支社主委：陈　斌
粤北医院三支社主委：朱飞奇

（成志军）

社会团体

武江区总工会

【概况】 截至2017年12月31日止，武江区总工会辖区机关、企事业工会1671家，会员39680人。其中：国有企业3个，会员62人；机关单位工会65个，会员1930人；其他事业单位工会28个，会员120人。财政拨款有事业单位工会61个，会员2200人；私人企业895家，会员14342人；台港澳商投资企业20家，会员4704人；外商投资企业8家，会员825人；有限责任公司677家，会员11458人；股份有限公司68家，会员4039人。

【工会固本强基工作】 2017年，武江区总工会始终遵循“两个普遍”和“那里有职工，就在那里建立工会组织”的原则，在推动机关事业单位和改制企业普遍建立工会组织的基础上，创新建会模式，拓展建会领域，推动在“两新组织”中建会和组建区域性、行业性新型工会组织。2017年新组建“两新”企业10家发展新会员330人，农民工2000人;完成机关事业单位建会23家，发展会员1489人，做到机关事业单位工会组建100%全覆盖。配合韶关市总工会搞好工会经费税务代收工作，做好工会经费的合理使用和管理等，抓好厂务公开民主管理工作，积极创建“职工之家”活动。

【解困送温暖】 2017年春节前夕，武江区人大常委会副主任、工会主席陈雪，武江区总工会常务副主席梁嘉金等一行人，对区21名机关企事业困难职工及5名（特）困难职工进行春节慰问。8月18日，武江区总工会举办2017年“百万帮扶暖千家”暨金秋助学活动仪式，发放助学金10.55万元，其中：本科24人、大专7人、高中16人；困难帮扶37人，5.5万元；大病救助20人，5.95万元，共资助：22万元。7月5日，协同广东爱心大药房连锁有限公司一同开展夏日送清凉活动，为冒高温长期奋战在一线工作的130名交警、73名城管执法队员及273名市政管理中心职工送去一批防暑物资，活动共发放清凉饮料514箱，防暑小药包460袋，发放金额约5万余元。

【工会换届工作】 2017年10月26日，启动区工会换届工作。召开第三届工会代表工会选举的专门会议，组织各基层工会学习《中华人民共和国工会法》《中华全国总工会印发〈关于地方工会召开代表大会及组成工会委员会、经费审查委员会的若干规定〉的通知》，要求各基层工会严格按照文件要求召开各基层工会的全体会员大会或职工大会选举出席区工会第三次代表大会的代表。区委组织部对新一届工会主席和副主席进行测评和考察，市总工会对推荐为第三届工会委员候选人进行批复并对整个换届程序进行监督。此次换届共选举出33名区第三届工会委员、7名常务委员和5名经审委员。

【维护职工合法权益】 2017年，武江区总工会在全区设立4个工会法律顾问服务站（韶关市铁友建设机械有限公司服务站、武江区甘棠工会园服务站、武江区环卫所服务站、韶关旭日国际有限公司服务站）。截至2017年12月31日，韶大律师事务所共参与调解案件2起，成功调解1起；2起法律援助案其中1起已结案。

【工会干部培训】 2017年，武江区总工会为更好地使基层工会领导干部更为熟悉工会业务，更好地为职工服务，针对工会的各项工作内容举办工会经审干部培训班、生产保护工作培训班、职工保障工作培训班、工会财务管理培训班和法律讲座培训班，参加培训工会干部600多人次。

【职工文体活动】 2017年，武江区总工会根据职工情况积极开展职工文体活动，3月3日，会举办庆“三八”女职工游园活动；4月27日，武江区举办武江美 劳动美暨庆“五一”企业职工文艺会演；5月5日，在区机关开展为期三个月的瑜伽培训班；8月4日，在区机关举办第一期职工插花花艺培训活动；9月13日，区总工会在开通微信公众号的同时，开展一次“你看电影，我买单”活动；10月27日，举办重阳节为主题的离退休职工文艺会演；12月23日，举办武江区机关事业单位大型游园活动。各基层工会根据自身情况分别开展各自特色的职工运动会，乡镇基层工会开展农民工（职工）运动会、篮球赛，街道工会开展社区运动会、趣味运动会。

区总工会领导名录

主　　席：陈　雪（女）

常务副主席：梁嘉金

（李文杰）

共青团武江区委员会

【概况】 共青团武江区委员会（团区委），区属基层团委14个，团工委3个，团总支18个，团支部198个，团员1234个，其中专职团干部2人，兼职团干部211人。

【团组织队伍建设】 2017年，团区委在全区团组织开展“学习习近平系列重要讲话精神，做合格共青团员”学习教育活动，积极构建共青团“凝聚青年、服务大局、当好桥梁、从严治团”工作格局。严格团员发展程序，2017年结合团市委的分配名额，有计划地发展团员657人。将区内8所中学的团青比例控制在30%以内。以五四、元旦等重大节日为契机，在各中学举行形式多样的新团员入团仪式。开展“1+100”“8+4”“4+1”“万名团干讲团课”等工作，将团干部常态化下沉基层，直接联系青年。积极开展“展翅计划”大学生就业创业能力提升行动，活动共发布100多个实习岗位，安排多名来自广州、湖南及南京等高校的大学生到区直各机关单位开展暑期实习活动。

【多样化主题活动】 2017年春运期间，团区委开展青春情暖活动，组织50余名青年志愿者在武广高铁站与西河汽车站内开展春运志愿者服务活动。2月初，组织志愿者参加“清洁卫生齐动手、预防疾病保健康”春季爱国卫生行动统一行动日。3月，利用植树节，组织西联镇、国税等团组织的志愿者开展以“保护母亲河，美丽中国梦”为主题的植树活动。3月4日，组织新华街道办事处、惠民街道办事处协同海邻社工、春晖社工等志愿服务组织，联系韶关医学院、爱尔眼科、三美牙科、农信社、阳光造型等志愿服务团队，在碧水花城社区和沙湖社区附近积极开展“学雷锋”志愿服务活动。5月，联合学校团组织和区直有关单位青年志愿者，前往芙蓉山矿山公园开展创文和志愿环保活动。7月13日，组织开展第三届“爱相伴”青少年暑期守护工程活动，组织40名品学兼优的留守儿童前往城市规划发展馆、南方电网、韶关科技馆和韶关博物馆等地开展参观学习活动。8月，在惠民街道办事处联合举办“阳光助残，让心飞翔”趣味游园活动。还联合韶关医学院的大学生志愿者，在辖区内的小学定期开展七彩课堂活动，深入偏远教学点开展关爱贫困学生、留守儿童活动。

【推优评先工作】 2017年五四期间，团区委表彰一批先进基层团组织和个人。授予武江区西联镇团委等3个单位“武江区五四红旗团委”称号，授予西河镇红星村团支部等9个单位“武江区五四红旗团支部（总支）”称号，授予李昊等17人“武江区优秀团干部”称号，授予骆谦等32人“武江区优秀共青团员”称号。郭妍蕾等两人荣获广东省优秀共青团员荣誉称号。西联镇团委获韶关市五四红旗团委称号；韶关爱尔眼科医院团支部获韶关市五四红旗党支部称号；陈圣平等5人荣获韶关市优秀共青团员荣誉称号；邓丽等5人荣获韶关市优秀团干部荣誉称号。与教育局、少工委联合推选一批优秀少先队员和优秀辅导员。金福园少先队大队等3个大队获得2016—2017年度韶关市少先队“红旗大队”荣誉称号；金福园小学六（四）中队等5个中队获得韶关市少先队“先进中队”荣誉称号；廖晓琼等5人获得韶关市“优秀少先队辅导员”荣誉称号；胡佳雯等9人获得韶关市“优秀少先队员”荣誉称号。朱晓桐等6人获得广东省“优秀少先队员”荣誉称号；赖秀秀获得广东省“优秀少先队辅导员”荣誉称号；田家炳小学五（3）中队获得广东省少先队“先进中队”荣誉称号。开展2017年第二届“最美南粤少年”评选。授予20名学生2017年第二届“最美南粤少年”区级活动获奖者“最美武江少年”荣誉称号；东岗小学等5所学校第二届“最美南粤少年”武江区优秀组织奖。同时有9名学生获得“最美南粤少年”市级活动“最美韶关少年”荣誉称号。

【助学、助医、助困活动】 2017年，团区委积极开展助学、助医、助困活动。发动各镇、各校团组织及广大志愿者集体力量，进村入户调查核实困难学生家庭情况，联合区慈善总会在9月份开展“圆梦计划”活动，为刚考进大学的20名应届大学生提供助学金6万元。协助美丹药业、广东狮子会韶州服务队为5名在读大学生继续提供助学金3万元。联合韶关医学院大学生志愿者、区卫计局团支部，定期下乡开展助医活动，为偏远地区的群众开展义诊和康复志愿服务活动。定期组织青年志愿者到各镇敬老院开展敬老爱老慰问活动，探访慰问五保户老人，一年来，共组织志愿者80多人次，服务慰问老人40多名。

【志愿者队伍管理】　2017年，团区委加大志愿者注册、时长录入等业务的指导力度，用好用活“i志愿”服务平台，规范志愿者招募及志愿团体注册，健全完善志愿服务时长录入、考核激励等机制。据统计，在i志愿平台，武江区共有在册志愿者14736人，参加过活动的志愿者为15396人，累计服务时间为923129小时，人均累计服务时间为62.64小时，2017年的人均服务时间超过27小时。团区委为进一步完善社会志愿服务体系，健全志愿服务激励保障机制，推动志愿服务活动常态化，与有关单位协调，联合评选辖区内一至三星志愿者，李君等2人获得武江区三星志愿者；郭妍蕾等8人获得武江区二星志愿者；林东韶等17人获得武江区一星志愿者。陈丹等四人获得韶关市四星志愿者。

【服务创建文明城市】　2017年4月份起，团区委专门招募文明交通志愿者，每天约有50名公共文明引导员在城区人流密集的红绿灯路口、主行道、学校门口协助交警部门进行公共文明引导志愿服务活动。在活动开展期间，还联合区交警大队开展武江区文明交通志愿者培训，规范交通引导行为，提升交通意识与文明交通志愿者素质。在暑期期间，组织辖区内各所初中团员，前往各社区开展志愿服务活动，共计约开展活动16场，参与的团员志愿者超过500人。其中6月30日，还组织区十四中、韶关医学院共148名志愿者前往新华街各大社区开展“向牛皮癣宣战”志愿服务活动，为创文贡献志愿者力量。在7月1日，联合韶关民生网爱心协会10多名志愿者走上街头开展“慈善一元捐”活动，共募集到慈善金一千多元。

【青少年健康成长守护工程】　2017年，团区委充分发挥志愿者、团员青年作用，配合协助区直有关单位和部门，以“阳光行动——武江区青少年健康成长守护工程”为抓手，通过公检、法、司及民政、教育等职能部门对全区重点青少年群体进行摸底，开展重点青少年群体排查摸底工作、预防青少年违法犯罪工作、严重精神障碍患者救治救助、青少年禁毒宣传、青少年社区矫正等工作，为保障和改善民生、建设平安武江出一份力。

共青团区委领导名录

书　记：（空缺）

副书记：（空缺）

（林雪丽）

武江区妇女联合会

【概况】　武江区妇女联合会是区委领导下的负责妇女儿童工作的群众团体，是党和政府联系妇女群众的桥梁和纽带。现设主席1名，副主席1名；区妇女儿童工作委员会办公室设在区妇女联合会。基层妇联有镇（街）妇联7个；区直各系统、部门单位妇委会13个；团体会员5个；行政村妇联51个，社区妇联33个。

2017年，区妇联围绕全区中心工作，以建设“坚强阵地”和“温暖之家”为目标，以联系妇女、服务妇女、教育妇女、维护妇女合法权益为根本任务，积极推进基层妇联组织改革，推进思想观念、工作机制、组织建设、服务领域“四个创新”，实现全区妇女儿童工作的新发展。

【妇联系统改革】　2017年，武江区妇联制定《武江区妇联组织改革实施方案（征求意见稿）》，对区、镇（街）、村（社区）三级妇联组织改革明确遵循原则、工作重点、时间安排、组织实施等方面要求，向有关部门征求意见修改后提交区委常委会讨论。在此基础上，区妇联联合区委组织部于9月26日专门召开工作部署会议，对村（社区）妇代会改建妇联工作和镇、街妇联换届选举暨区域化建设进行部署。各镇、街党委高度重视，采取有效措施，全力推进村、社区妇代会改建妇联工作。经过共同努力，于10月底，100%

2017年1月19日，区妇联开展慰问活动　（区委宣传部　供图）

如期顺利完成全区84个村（社区）妇代会改建妇联和镇（街）妇联换届选举暨区域化建设工作。通过这次改革，各村、社区妇联执委全部达到11人，镇、街妇联执委达到25人。并推动全区在新阶层、新领域、新市场、新业态的妇女中建立妇联组织，从各单位、各组织、各领域把更多优秀女性吸纳进妇联组织，打通联系服务妇女“最后一公里”，实现“上面千条线、下面一张网、身边一个家”的良好工作局面。

【“妇女之家”“儿童友好社区”创建工作】 2017年，区妇联年初在各镇、街村居中和企业、社会组织中，建立并申报2个省级“妇女之家”，1个省级“儿童友好之家”，1个省“留守儿童之家示范点”，1个市级“妇女之家”，1个“留守儿童之家”，20个“妇女儿童中心”。对创建点在组织人员、活动场地、文体设施、宣传栏、活动计划安排、经费使用、台账资料整理、工作总结等方面一一进行指导和培训。各级创建示范点分别结合实际，运用载体阵地，扎实开展系列创建工作，组织丰富多彩的活动，达到组织、引导、服务妇女儿童、群众的目的。

【继续开展“巾帼文明岗”创建工作】 2017年初，区妇联发出通知，继续在各镇街、各行各业中组织开展各级“巾帼文明岗”创建工作，鼓励、引导城乡广大妇女积极发挥聪明才智，主动参与武江、韶关的经济和社会各项事业建设，在各自岗位上巾帼创业、巾帼成才、巾帼建功。10月，对照标准要求指导西河镇党政办等两个市级“巾帼文明岗”进行自查迎检，同时，做好省级“巾帼文明岗”的推荐、申报工作。

【促进基层妇联组织创新发展】 2017年，区妇联为搞好基层妇联组织改革工作，年初对区、镇（街）两级妇联、村居妇代会以及各级“妇女之家”“儿童友好社区”的机构设置、人员结构、经费安排、活动开展等情况进行详细的统计、调查，并撰写调研报告，对今后各级妇联组织改革提出建议意见。6月1日，省妇联党组书记冯玲一行到韶关调研，分别到在该区惠民街新华北社区、西河镇向阳村“妇女之家”调研，并召开座谈会，认真听取全区、镇、村妇联工作的做法、基层妇联组织改革存在问题和下一步的意见建议，给予充分肯定。

【妇女就业能力培训】 2017年，区妇联联合区司法局、人社局（劳动）、农业、卫计、科技等部门，大力开展农业种植、法律常识、家教、卫生、就业等培训工作，提高广大妇女就业创业能力，并开展“春风送岗位”行动，与人社、工会等部门联合为妇女推荐就业。

【妇联干部培训】 2017年，区妇联分批选送区妇联主席、副主席，镇、街妇联主席、业务骨干，“妇女之家”项目负责人、农村女创业能手、妇儿工委办统计干部等参加省、市组织的理论学习、业务培训，学习文明家庭创建、妇女之家建设、妇女维权、基层组织建设、发展妇女创业基地和微商知识，提高各级妇联干部和基层妇女带头人的业务能力和综合素质。

【“建设法治中国，巾帼在行动”法律宣传教育活动】 2017年，区妇联利用各级“妇女之家”“儿童友好社区”等阵地，积极组织广大妇女、儿童、群众开展相关法律法规的宣传教育和学习培训工作，提升遵纪守法和维权观念和能力水平。4月13日、上午，联合政法委、司法局、工会、团委以及韶关市中佑律师事务所等部门，分别到龙归镇、新华街道办举办“建设建设善美之城·巾帼在行动”维权知识宣传教育活动，为市民面对面提供法律咨询和服务，大力宣传《中华人民共和国婚姻法》《中华人民共和国妇女权益保障法》《中华人民共和国反家庭暴力法》、禁毒知识、防艾知识，发放宣传资料1000余份，在社会上营造维护妇女权益的良好氛围，进一步增强广大妇女、群众的法制观念。

【“三八维权周”系列活动】 2017年3月4日上午，区妇联联合新华街、惠民街、团区委、区司法局、区卫计局、区食药监局以及韶关市春晖社会工作服务中心、韶关医学院志愿者，分别在新华街花城社区韶乐广场、惠民街沙湖社区山水华府广场，集中开展“学习雷锋，践行社会主义核心价值观”主题志愿服务活动，为600多市民提供妇女、儿童合法权益、创文知识、创平知识、健康知识、金融理财、防范风险等内容的宣传、咨询和理发、修电器无偿服务。市民参与志愿者30余名。3月7日，在区妇联组织举办的武江区庆“三八”暨“我为善美之城添风采”行业时装赛中，穿插进行三轮维权知识、创平家教知识有奖问答。3月8日，组织做好全省“主席接听日”活动。

【禁毒、防拐、防艾、防性侵宣传教育活动】 2017年2月19日，区妇联联合团区委、区地税局等在西河镇开展“关爱女童”防性侵宣传教育活动；6月15日、11月7日，联合区禁毒办、团区委在东岗太阳城小学、龙归学校开展武江区“不让毒品进我家，共创平安幸福家”宣传教育活动；6月22日、23日，联合区政法委、司法局、教育局、团区委分别在江湾小学、西河学校组织开展《中华人民共和国未成年人保护法》宣传和防拐、防艾、防性侵宣传教育咨询活动。活动通过律师辅导课、妇女儿童权益、防拐、防艾、防性侵有奖知识问答等形式，为两校1500多名师生普及维权、安全知识。

【成立区、镇（街）级婚调委】 2017年5月，区妇联根据省妇联、省综治办、省司法厅《关于建立婚姻家庭纠纷人民调解委员会的指导意见》精神，成立武江区婚姻家庭人民调解委员会，并在新华街建立镇街级婚姻家庭人民调解委员会试点。区婚调委设在区妇联，区妇联副主席任主任，成员分别由区妇联、综治办、司法局5名工作人员和专业律师组成，依托区综治维稳中心建立婚姻家庭纠纷人民调解室。6月20日，举行区婚姻家庭人民调解委员会挂牌仪式，建立区妇联、综治办、司法局与公安、法院、民政等多部门协调合作的联动联调机制，以及多途径衔接互动的纠纷化解机制，不断提高婚姻家庭纠纷调解工作效能。

【群众来电来访工作】 2017年，区妇联利用“12338”热心电话和调解室平台，联合专业律师、各级妇联组织，热心、耐心、细致地为妇女儿童、群众提供法律咨询、法律援助、心理疏导、婚姻家庭矛盾调解、咨询等服务。2017年来，接待来电来访人员36人次，有效指导、协调相关部门帮助他们解决父母子女矛盾、婚姻家庭财产、土地纠纷、家庭暴力等方面的难题，促进家庭和谐、社会稳定。

【创建“文明家庭”“平安家庭”】 2017年，区妇联制定《武江区妇联深化家庭文明建设实施方案》《武江区妇联深化“平安家庭”建设实施方案》，并在五镇两街所有社区中挂牌成立“社区家庭教育指导服务站”。广泛开展“我们的节日”主题活动，“三八”前夕举办武江区庆“三八”暨“我为善美之城添风采”行业时装赛；各镇、街、社区、村、区直单位、团体会员在“端午节”“母亲节”“儿童节”重阳节等节日期间，纷纷举办“弘扬传统文化，共建善美之城”的手工编织、“感恩母亲，粽总有情”亲子活动、“父爱如山”亲子活动、“庆六一，慰问留守儿童、进城务工子女”“科艺节文艺会演”“敦诗乐礼孝行天下”等活动。4月底开始，在新华、惠民两街和五个镇中的几十个村、居以及西联小学、江湾小学、西河学校，博思特、花蕾、新华等幼儿园中，组织开展“新时代的家庭教育”“做智慧家长”“学好家风家训，建善美之城”宣讲活动。在镇街、各行各业中深入开展“好丈夫”“好媳妇”“好婆婆”“爱心父母”“好邻居、好街坊”评选、推荐、总结、表彰活动。在全区组织发掘、培育，并向省市推荐、申报一批省、市级“三八红旗集体（个人）”、省“巾帼文明岗”“最美家庭”“五好文明家庭”“平安家庭”“书香家庭”“平安家庭”创建工作先进示范单位。其中，邓晓静、黄宗伟荣获韶关市十大“最美家庭”及提名奖；叶灿生等荣获韶关好人奖。联合宣传、综治、团委、教育、镇街等部门，做好先进典型的宣传推介，组织开展学先进、促工作活动。

【开展惠民关爱帮扶工作】 2017年，区妇联积极发动社会，整合各界资源利用各级“妇女之家”“儿童友好之家”“留守儿童之家”，针对辖区内贫困母亲、困难妇女、留守、孤残、病患儿童最关心、最直接、最现实的问题，广泛开展“与爱同行”巾帼志愿服务主题活动，继续实施“爱心父母大联盟”“四援助”“慈善助孤”“春蕾助学”行动，为辖区广大妇女儿童倾力打造“坚强阵地”“温暖之家”。联合社会热心企业和人士，在新华街道的惠民西社区、惠民街道的新华北社区、龙归镇的社主村、重阳镇的万候村，共组织对120多名困难单亲母亲、留守儿童、进城务工子女开展帮扶慰问活动，为他们送去慰问金、助学金和文具、食品等，折合人民币近5万元。

【助力农村贫困妇女家庭】 2017年，区妇联按照区委区政府扶贫开发的工作部署和市妇联“巾帼精准脱贫行动工作”会议要求，争取资金2万元，在江湾镇开展“十百帮扶贫困妇女精准脱贫项目”，结合当地发展生产特点和贫困妇女需求，依托经济基础好、热心公益、示范带动作用强的巾帼创业示范基地、巾帼农民合作社、专业大户等载体，选定帮扶贫困妇女发展生产、脱贫致富的项目，带动帮扶10名贫困妇女及其家庭。

区妇联领导名录

主　席：龚耿岚（女）

副主席：钟喜梅（女）

（钟喜梅）

武江区归国华侨联合会

【概况】 武江区归国华侨联合会于1985年12月成立，是武江区归侨、侨眷组成的人民团体，是党和政府联系广大归侨、侨眷和海外侨胞的桥梁和纽带。区侨联依法维护侨益、拓展海外联谊、积极参政议政、弘扬中华文化、参与武江社会建设、服务武江经济发展。侨联的最高权力机关是归侨、侨眷代表大会。

【为侨服务】 2017年，区侨联按照市侨联的要求，做好70岁以上老归侨及困难归侨统计上报工作，并利用春节、中秋、重阳等重要节日，共走访慰问困难、患病、去世归侨侨眷179人次，为他们送去慰问款物6万元。11月，根据市侨联《关于申请新款助听器有关事宜的通知》精神，开展全区听障人员调查摸底工作。经调查全区听障人员共有259人，其中成人228人，儿童31人。

【联谊、信访、宣传工作】 2017年，区侨联积极响应全国侨联“组织起来、活跃起来”的号召，不断创新思路，通过开展联谊、联欢等活动，丰富归侨侨眷的文化生活。9月，区侨联主席吴广英率武江区侨界群众80多人参加市侨联在湖心宾馆举办韶关市侨界群众迎国庆文艺会演活动，区侨联文艺队队员们分别表演《歌唱祖国》、扇子舞和旗袍秀等6个节目。共接待来电、来访12宗。向省、市侨联网等投稿2篇。

区侨联领导名录

主　席：吴广英（女）
副主席：钟爱明
　　　　梁远光
秘书长：谢文彦（女）

（侯芊彤）

武江区残疾人联合会

【概况】 武江区残疾人联合会（区残联）由区政府领导，业务上接受市残联指导。核定编制2人，其中正、副理事长各一名。2017年，区残联编制2人，实有2人；下设残疾人综合服务中心，工作人员5人。辖区5个专门协会（武江区肢体残疾人协会、武江区盲人协会、武江区聋人协会、武江区智力残疾人及亲友协会、武江区精神残疾人及亲友协会）。2017年，武江区残疾人工作秉承着“人道—廉洁—服务—奉献”的工作理念，各项工作取得良好的成效和健康的发展。完成困难残疾人生活补贴和重度残疾人护理补贴的申请审核、残疾人基本服务状况和需求信息数据更新调查、辅具配发、精准康复救助、培训就业、无障碍改造及燃油补贴的审核发放等工作，将加快残疾人小康进程纳入议事日程，全面推进该区残疾人组织建设，有效解决残疾人最关心、最现实的问题。

2017年武江区残疾人统计表

表2

在册残疾人数	视力残疾人数	听力残疾人数	言语残疾人数	肢体残疾人数	智力残疾人数	精神残疾人数	综合残疾人数
4555	407	168	39	2340	571	622	408

【康复工作】 2017年1—12月，区残联配合严重精神障碍患者救治救助工作，划转8.4万元精防经费给区卫计局，统筹做好精神障碍患者的救治救助；对1名因精神病发病住院且家庭经济困难的残疾人，给予0.4万元的一次性住院费救助；对家庭困难的残疾人给予免费发放护理床、轮椅、坐便椅、浴凳、拐杖、助行器、盲杖等辅助器共56件；投入2.48万元为7户贫困且有需求的残疾人家庭进行家居无障碍改造。

【残疾人社会保障工作】 2017年7—12月，区残联配合区民政局对全区残疾二级（残疾军人四级）以上的共1793名重度残疾人按每人每年2400元（8月发1200元和12月发1200元）的标准发放护理补贴；对纳入最低生活保障的655名残疾人按每人每年1800元（8月发900元和12月发900元）的标准发放生活津贴；为86名使用机动轮椅车的残疾人发放燃油补贴，共发放2.24万元；为2433名城镇重度残疾人和农村全部残疾人免费办理城乡基本医疗保险；对新华街道康园中心39名会员（智障人士）提供伙食补贴等6.9万元；免费为159名城镇重度残疾人办理城镇居民养老保险，享受退休待遇的有8人；加大宣传力度，有17户智障人士家庭共24名亲友和17名智障朋友参加“智障人士家庭‘安心工程’—意外疾病综合保险项目”的投保，共投保31份，确保智障人家庭成员在突发意外事故或罹患大病时得到必要经济补偿的公益性保险项目。

【残疾人就业年审培训工作】 2017年，区残联征收残疾人就业保障金共计25万元；按比例安排残疾人就业7人；选送53人免费参加残疾人就业技能培训；1—12月，共录入3991名残疾人就业状况信息，为上级残联提供决策参考；8月，组织五镇两街理事长和社区残疾人专职委员共86人开展武江区全国残疾人服务状况和需求信息数据动态更新工作入户前的培训，同时，对全区3893名持证残疾人进行入户调查，确保调查数据真实、准确，为完成后期信息数据动态更新录入工作圆满完成打下基础。

【扶残助学帮困工作】 2017年1月，区残联对82名贫困残疾人进行春节慰问，共发放1.7万元的慰问品；12月，为10名家庭贫困残疾学生提供助学金共0.8万元；为25名3至6岁残疾儿童发放学前教育补贴每人1000元，共计发放2.5万元。

【残疾人信访工作】 2017年，区残联每周二上午在区残疾人综合服务中心定期接访，1—12月共接访69人次，处理来信1件，涉及低保、住院救助、助学、扶养、住房等问题，及时与相关部门或人员进行沟通协调，妥善解决问题，认真接待该区残疾人来访，倾听残疾群众的诉求，化解各种矛盾。

【残疾人宣传文体工作】 2017年，区残联利用“全国助残日”“国际助残日”组织残疾人开展各种活动，开拓视野，融入社会，感受党和政府对他们关爱之情；联系组织新华街道康园中心与韶关市爱心协会、市公安局团委、粤北医院康复科定期开展助残志愿服务活动，增加残疾人参与社会活动的机会。

【残疾人证发放工作】 2017年1—12月，区残联共发放残疾人证472本。武江区户籍申请人申办残疾人证，须经指定医院或专门医疗机构进行残疾类别和残疾等级评定，填写残疾人证申请表，经初审后报送韶关市残联复审。

区残联领导名录

区残联主席团

主　席：张广晖

副主席：蔡小英（女）

　　　　班建华

区残联理事会

理 事 长：蔡小英（女）

副理事长：陈献平

（韦凤孝）

武江区红十字会

【概况】 区红十字会是从事人道主义工作的社会救助团体。2017年9月30日，经区编委会研究决定，撤销红十字会内设机构（办公室），核减事业编制1名。调整后区红十字会不设内设机构，核定事业编制1名（韶武机编〔2017〕48号）。

【红十字宣传工作】 2017年，武江区红十字会利用“5·8”世界红十字纪念日、“5·12”防震减灾日、“9·10”世界急救日，深入社区和辖区繁华地段，先后开展以发放宣传资料，展示红十字知识图片，宣传红十字急救安全知识，包括防溺水，防暑，拨打急救电话，心肺复苏等内容的宣传工作，并向过往的群众发放红十字急救手册、水上安全救生知识、造血干细胞捐献、艾滋病防治、无偿献血等方面的知识等宣传资料。

【红十字博爱送温暖活动】 2017年，武江区红十字会在春节前开展博爱送温暖慰问活动，共发放价值约1.19万元的食用油、温暖包和香皂等生活必需品，把慰问物资送到贫困家庭手中，从而使他们过一个祥和温暖的春节。5月8日上午，世界红十字日，陪同市红十字会常务副会长赵远芳等一行4人，到区龙归镇敬老院开展博爱送温暖慰问活动。7月1日，陪同省红十字会领导回访和探望全区贫困先心病患儿术后情况，慰问当天，先后走访该区新华街、西河镇和重阳镇贫困先心病患儿。9月26日下午，区红十字会在区环卫所开展“情暖中秋 心系环卫”关爱环卫工人活动，区政府副区长、区红十字会会长王敏雯、区红十字会专职副会长侯芊彤一行，亲切慰问奋战在高温一线的环卫工人代表。区红十字会按照爱心企业的捐赠意愿，将烟台渤海制药集团广州穗信药业有限公司捐赠价值约7.73万元的防暑降温清凉药品一批，全部转赠给区环卫所，并用于慰问区工作

2017年9月26日，武江区红十字会在区环卫所开展“情暖中秋 心系环卫”关爱环卫工人活动（区红十字会 供图）

在一线的700多名环卫工人，使其发挥最大的社会效益。

【开展应急救护知识和技能讲座活动】　2017年，区红十字会为纪念第18个“世界急救日”，9月7日和8日上午，区红十字会分别在惠民街道办事处和新华街道办事处举办2场应急救护知识和技能讲座活动，120多名社区居委干部参加讲座活动。区政府副区长、区红十字会会长王敏雯出席活动。此次活动，邀请韶关市中医院十里亭分院李恒院长进行应急救护知识和技能授课。讲座将救护知识理论与救护技能及日常生活实例相结合，内容简单实用、通俗易懂，并利用人体模型进行现场操作和演示急救动作要领，在场的社区居委干部学习得非常认真，并积极踊跃上台学习操作。听完李院长的讲座，参加活动的社区居委干部纷纷表示，通过这次讲座学习，了解应急救护知识，还掌握心肺复苏和创伤止血等急救基本要领，进一步提高社区居委干部在处置各种意外伤害和突发急症的救护能力。12月6日，在新华街惠民西居委会开展应急救护知识和技能讲座进社区活动，约50多名社区居民参加讲座活动。红十字会作为应急救护知识和技能普及的主要推动者，通过举办应急救护知识和技能讲座，传播“人人学急救、急救为人人”的红十字人道救护理念，进一步宣传和提高群众自救互救工作的深入开展，可以使人人都成为生命的守护者，最大限度地保护生命和健康。

【开展先心病、白血病等救助活动】　2017年11月上旬，区红十字会在全区开展贫困家庭先天性心脏病儿童调查摸底工作。经调查汇总上报武江区贫困家庭先天性心脏病儿童共7名患儿，有2名贫困先天性心脏病患儿获得免费救治；为3名白血病患儿申请中国红十字基金会救助项目（即小天使基金），1名白血病患儿获得小天使基金3万元人民币资助其进行治疗；为武江区困难家庭学生申请助学金共1.1万元，11名困难学生获得爱心人士的捐助，每人各获得1000元的助学金。

区红十字会领导名录

会　　长：王敏雯（女）
专职副会长：侯芊彤（女）

（侯芊彤）

武江区工商业联合会

【概况】　武江区工商业联合会（商会）是区委、区政府联系非公有制经济人士的桥梁和纽带，区政府管理非公有制经济的助手。2017年，区工商联由原在区委统战部挂牌调整为与区委统战部合署办公。

【创建省“五好”县级工商联】　2017年，区工商联开展创建省“五好”县级工商联工作。通过创建工作，理顺区工商联机构设置，由挂牌调整为与区委统战部合署办公，核定新增事业编制1名。建成并于5月19日启用660平方米区工商联办公议事场所，解决区工商联长期公无固定办公场所的问题。成立武江区西河镇、龙归镇、西联镇三个基层商会，实现乡镇基层商会组织“零”的突破。11月2日，顺利通过省工商联实地检查验收，成功创建省“五好”县级工商联，创建工作得到省联、市联的充分肯定和高度评价。

【非公领域理想信念教育】　2017年，区工商联继续将开展非公有制经济人士理想信念教育活动作为一项经常性工作扎实抓好落实。积极组织人员参加市工商联组织的非公领域学习十九大精神培训班、“学习传承我党我军优良传统”现场教学活动，引导全区非公有制经济人士深入学习中共十九大会议精神，自觉弘扬践行社会主义核心价值观。2017年，区工商联理想信念教育活动成效显著，涌现出一批先进典型，区工商联副主席邓伯雄家庭获评2017韶关市“十大最美家庭”。

【区工商联能力建设】　2017年，区工商联积极协助和引导非公有制经济人士参政议政，组织非公经济政协委员参加由区政协举办的浙江大学提升参政议政能力培训班等业务培训，指导非公经济政协委员2017年撰写提交政协议案提案7件，参与人数40余人次。7月20—21日，区工商联组织班子成员及基层商会负责人30余人，到东莞市长安镇开展为期2天的考察学习交流活动，了解产业发展前沿信息，学习先进企业管理经验。积极参加市工商联组织的赴珠三角商会考察交流，赴揭阳、东莞开展基层工商联组织交流等活动，不断拓展区工商联自身发展思路。

区工商联领导名录

党组书记：姜蕴芝（女，2017.12—）
党组副书记：姜蕴芝（女，—2017.12）

（王民生）

军 事

武江区人民武装部

【概况】 武江区人民武装部（区人武部）组建于1986年6月，为地方建制，属副处级编制。1996年4月1日，收归军队建制，升格为正团级，隶属韶关军分区领导。按照党管武装的原则，由区委书记兼任区人武部党委第一书记，区人武部一名主官兼任区委常委、另一名主官参加区政府常务会议。区人武部下设军事科、政工科、后勤科三个科室（7月1日起，调整为军事科、政治工作科、保障科）。

【学习贯彻中共十九大精神】 2017年，区人武部组织全体干部职工收听收看十九大开幕式，为每名党员购买学习辅导资料，采取领导导读与个人自学相结合的方法，全体干部职工原原本本反复研读十九大报告，开展手抄党章、摘抄报告原文、组织体会交流等活动，认真领悟精髓实质，切实使学习进入思想、进入工作、落实到实际行动中，真正做到政治上坚定，思想上追随，行动上看齐。

【“听党指挥、维护核心”主题教育】 2017年，区人武部积极参加上级组织的动员部署和理论辅导，组织全体党员通读《习近平总书记系列重要讲话读本》《习近平关于深化国防和军队改革重要论述摘编》，认真组织学习习近平主席深化国防和军队改革重要论述、《解放军报》等主流媒体宣传改革的主流言论，严格落实党员思想汇报、领导干部上党课、过双重组织生活等制度，9月1日，部党委召开专题民主生活会，开展批评与自我批评。广泛开展“廓清思想迷雾、明辨是非标准”等大讨论活动，每名党员都向组织作出承诺，引导大家充分认清郭徐流毒影响，将心思和精力集中到干好工作上来，有效增强教育实效。

【兵役登记】 2017年2月起，区人武部组织各基层单位开展年度兵役登记工作，干部职工分组到辖区高中学校和镇（街）现场调研，开展宣传，掌握辖区适龄应征青年人口底数，大力营造浓厚氛围，先后印制兵役登记公告、各类宣传册、海报3000余份，利用宣传车巡回播放相关政策，武江区年满18周年青年1483名，参加兵役登记1483名，登记率达到100%。

【轻舟分队集训】 2017年5月17—26日，5月31日至6月9日，武江区分两批参加韶关军分区和市水务局组织的轻舟分队集训，集训活动组织严密，安全顺利，全体参训人员士气高涨、训练刻苦，采取以老带新、以奖促训等方法，第二批次参训人员在韶关十个县（市、区）评比中，取得团体第二名的好成绩。

【干部调离及转业】 2017年，根据上级命令，区人武部政治委员谢刚调任翁源县人武部政治委员，政工科长徐平华、后勤科长梁忠举转业。

【新编制体制运行】 根据中央军委命令，自2017年7月1日0时0分起，国防动员系统按照新的编制体制运行。人武部下设军事科、政治工作科、保障科。

【干部调入】 根据上级命令，7月1日起，刘仁平任区人武部副部长，谌念任军事科科长（10月份交流至台山市人武部任保障科科长），陈兴运任政治工作科科长，肖锋任保障科科长。

【征兵工作会议】 2017年7月26日，区人武部召开年度征兵工作会议，区长黄建华出席会议并讲话。会议总结2016年度征兵工作，表彰先进单位和个人，部署2017年度征兵工作任务。

【征兵工作】 2017年，武江区圆满完成新兵征集任务。比市征兵办明确的全区大学生比例不低于48%的要求增加13.1个百分点。

【动员潜力调查】 2017年10月19日，区人武部召开国防动员潜力调查任务部署会议，随后，国动委各成员单位开展年度潜力数据调查，通过综合办及时汇总上报市国防动员委员会。

【民兵集训】 2017年12月12—22日，区人武部组织区专武干部、民兵应急分队骨干集训。龙归镇、惠民街道、重阳镇被评为先进单位。龙归镇刘新民、新华街道傅志鹏、惠民街道侯润平被评为优秀指挥员。

【区人武部被评为先进人武部】 2017年12月，因年度工作完成出色，人武部被军分区评为“先进人武部”。

武江区人武部领导名录

部　长：李　刚

政　委：谢　刚（—2017.6）

副部长：刘仁平（2017.6—）

（陈兴运）

人民防空

【准军事斗争准备工作】 2017年，区人防办主动跟进、对接防空袭方案制订专业公司，不断调整和完善人民防空袭方案内容、组织体系。结合武江区域实际，开展区本级相关情况排查、基础数据收集，对优化方案提出合理化意见和建议。加强与区人武部业务联系，有效履行国防动员成员单位职责。主动参加区人武部组织的相关会议，按要求派员参加国动委视频培训活动，认真组织人员开展国动重点潜力统计调查。积极参加市人防办组织的“市、县人防机动指挥所野外拉练”活动，进一步强化人防干部综合素质和技术水平，培养人防机关令行禁止、雷厉风行的工作作风。2017年参加全市机动指挥所野外拉练2次、分片区拉练2次。严格按照“准军事化”建设要求，配合市人防办抓好人防专业队伍训练工作。严格按照规章制度和年初业务培训计划，推进人防专业队伍“准军事化”建设，提高人防综合救援能力、应急能力。加强业务培训提升业务水平。全年组织人员参加省级人防系统法制知识讲座、人民防空训练动员及工程建设管埋培训等业务学习培训3次；参加市级防空警报系统业务培训1次。

【人防应急知识宣传】 2017年，区人防办加强人防知识宣传教育社区工作站管理。配合市人防办有效开展日常业务指导，主动解决实际困难，增强工作站人员积极性与主动性。为确保工作站有效运作，主动跟进设施设备的维护和保养，保持场所整洁，落实相关电费按时结付等日常工作。认真开展初中二年级人民防空知识教育工作。根据市人防办及市教育局联文的要求，主动加强与区教育局沟通联系，明确责任，区域内五所中学初中二年级人民防空知识教育普及率为100%。

【业务建设工作】 落实防空警报器三级管理责任，确保辖区内防空警报器的正常运作。根据市人防办推进警报控制系统升级改造计划，配合完成辖区内防空警报器的调试、检测、老旧电子器件更新工作。其中，对健身广场LED屏多媒体多功能警报报知系统进行有效维护管理。按照市人防办的统一部署，落实警报试鸣应急预案和专人跟进责任制，参与并完成辖区内“9·18”试鸣防空警报活动。主动反映承接上级职能改革事项过程中存在的问题、困难以及相关意见建议，进一步理顺业务对接事项。其中，在李欣副市长协调下形成武江规划分局与区人防办征收人防易地建设费联动机制，初步建立“修建民用建筑需履行人民防空的义务”预先告知机制。

【其他业务工作】 2017年，区人防办根据前期工作情况，做好市政府重启“西河全民健身广场地下商业综合体（兼顾人防）项目”的社会调研、意见收集，并主动向市人防办、区政府办提出参考意见、建议。完成“2017年全市人防工程建设联合执法检查”的迎检工作。

（郭志东）

法 治

政法委及综治

【简述】 2017年，武江区委政法委认真贯彻落实中央和省、市委政法工作会议精神，在维护政治安全、提升社会治理能力、巩固平安建设成效、打造过硬队伍等多个方面持续发力，全面提升政法工作能力和水平，着力解决影响全区社会和谐稳定的突出问题，为全区创造良好的社会治安环境。

【千案大化解百日行动】 2017年，区委政法委认真组织开展千案大化解百日行动，制定下发《关于组织开展千案大化解百日行动的通知》，按照“横向到边、纵向到底”的排查工作要求，采取属地辖区排查与系统行业排查相结合的方式开展。做到边排查边调处，对一时不能解决的重大矛盾纠纷立即成立工作专班，落实领导包案，严格落实“定责任单位、定责任人员、定办理要求、定办结时限、定督促检查”责任制，防止排查过程中出现不调处、避重就轻、避实就虚的现象，真正使一些影响全区社会和谐稳定的矛盾纠纷得到及时化解。2017年，全区共排查各类矛盾纠纷254宗，化解251宗，化解率98.8%。

【落实领导接访制度】 2017年，武江区注重落实领导接访制度，要求矛盾纠纷要解决在前、解决在早、解决在小。将信访矛盾解决在萌芽状态、稳控在最小化的发展势态中。把基层与职能部门结合一起，发挥基层的调解作用和职能部门解释、处理的作用。武江区继续严格落实领导接访制度，每天安排一名区四套班子领导在区接访大厅接待来访群众，各镇（街）每周举行一次书记大接访活动，2017年，区四套班子领导共接待来访群众83批157人次，镇（街）主要领导共接待来访群众252批547人次。

【爱路护路工作】 2017年，武江区扎实开展铁路护路宣传教育活动，分别在高铁沿线的重阳镇、西河镇、西联镇及武江区西河学校组织铁路护路宣传教育活动。开展涉路矛盾纠纷排查，确保高铁运行安全。

【创建无邪教示范工程】 2017年，武江区突出抓好省首个“无邪教”示范区创建工作及“无邪教”示范镇、村（居）创建工作；以“依法治邪、创新突破、防控打击、攻坚转化”为目标，扎实开展反邪教宣传教育、回访帮教、解脱工作，2017年全区没有出现造成社会影响的涉邪教问题，确保社会和政治大局平稳。

【严重精神障碍患者救治救助】 2017年，武江区积极做好严重精神障碍患者的排查摸底评估。由区财政每年安排资金用于严重精神障碍困难患者的救治救助并纳入财政预算，建立严重精神障碍患者救治救助信息报送制度，落实监护机制，建立健全“综治组织协调、职能部门尽责、财政全

2017年7月5日，武江区反邪教警示教育学习会

（区委宣传部 供图）

额保障、村居监督管理、家庭主动承担、社会志愿参与”的监护工作机制。

【“平安细胞”建设】 2017年，武江区平安建设按照“立体式规划、项目化推进”的工作思路，平安创建重点工程项目继续以区领导挂点、牵头单位“包工程、包项目、包责任”的推进模式，并探索建立区人大代表、区政协委员视察督导平安创建“十大工程”重点项目工作机制，推进“平安武江”创建“十大工程”项目建设向深度、广度发展。充分发挥社会协同和行业推动作用，不断提高平安家庭、平安企业、平安文化市场、平安学校、平安村（居）等平安细胞的创建工作质量，进一步推动“平安细胞”创建工程向深度延伸、广度拓展，把平安筑牢在群众心中。

【社会治安防控体系建设】 2017年，武江区综合运用多种手段措施推进治安防控网的建设。一是增强社会治安巡逻防控力。按照“快速反应、高效处置”原则，在韶关站和武江城区实施“屯警街面、武装巡逻、动中备勤”的治安防控，全面加强车站、广场、学校等人员密集场所的巡逻防控等工作。二是加强重点单位重点部位安全防范。重新确认区重点单位，并对区治安保卫重点单位、重点要害部位及单位内部安全保卫力量进行重新梳理，确定59间治安保卫重点单位。三是完善人口管理信息体系。全面推广应用实有房屋门禁视频系统，切实提升实有人口实有房屋“双实”管控效能。采取群众自筹、政府部分出资相结合的方式，在小区和治安复杂的出租屋安装禁视频系统，实行监管场所入所流动人口登记倒查机制。四是加强交通安全管理工作。公安交警部门以“猎豹”专项整治行动为抓手，全面开展道路交通安全事故预防专项行动、集中整治城市交通违法行为统一行动。创新交通管理方式，在全市范围内率先推动“礼让斑马线”试点工作，在芙蓉北路施划“礼让斑马线”，并配套安装监控抓拍设备，有效提升路段交通安全系数。五是推进社会治安防控体系示范村建设。在2016年建设西联镇赤水新村的基础上，2017年再次选取西联镇芙蓉新村，全面落实社会治安防控“五张网”建设。六是加强消防监督检查。多次组织派出所警力深入辖区公众聚集场所、人员密集场所进行消防安全检查。对检查发现的隐患，检查人员当场指导场所负责人员立即进行整改，及时消除隐患。

【“中心+网格化+信息化”工作】 2017年，武江区综治办及时制定《武江区落实镇街综治信访维稳中心目标管理和社会治安综合治理网格化管理服务试点工作方案》，进一步明确开展“中心+网格化+信息化”的总体目标、工作步骤、工作措施、工作保障等四个大方面内容，新华街及惠民街试点工作开展有条不紊推进。

【开设“平安武江”微信公众号】 2017年，开设“平安武江”微信公众号，共发布信息300余条，关注人数3000余人，阅读及转发量达5万余次。

【司法体制改革工作】 2017年，区委政法委积极统筹协调区法院、区检察院全面落实司法体制改革工作，积极推进以完善审判、检察人员分类管理、完善法官、检察官办案责任制，健全审判、检察人员职业保障，推动省以下地方法院、检察院人财物统一管理为主要内容的司法体制改革工作。2017年，区检察院被列为基层检察机关内设机构改革试点单位，率先破冰试点内设机构改革，创新高效推进司法改革试点工作。

区委政法委领导名录

书　记：张广晖（—2017.12）
副书记：邓桂生
　　　　欧气勇
　　　　罗　平（挂职）
　　　　　　（—2017.9）
依法治区办常务副主任：王锡良
社工委正科级专职副主任：张祈俊
社工委专职副主任：冯方成

区综治办

主　任：邓桂生
副主任：罗任林

区610办

主　任：欧气勇
副主任：梁柏勤（女）

（李　琪）

法治政府建设

【依法治区工作】 2017年，区委政法委扎实推进依法治区工作。一是积极开展法治区创建和镇（街）“四级同创”工作任务。二是按照省、市工作要求，启动在法律框架下化解基层矛盾工作。制订武江区在法律框架下化解基层矛盾工作实施方案，并成立武江区法律框架下化解基层矛盾工作领导小组，使各种矛盾化解在基层，确保该区的社会平安稳定发展。三是继续抓好“七五”普法工作的落实，做好全区法治广东第二个五年规划和“七五”普法规划。

【行政复议和行政诉讼案件】 2017年，区政府受理行政复议案件12宗，经过依法审查，对12宗案件依法作出维持原具体行政行为的行政复议决定，维持率为100%。区法制局全年代表区政府及镇政府参与行政应诉案件19宗，案件经一审、二审均维持原具体行政行为，维持率为100 %。

【山林土地权益纠纷案件】 2017年，区政府作为复议机关，对5宗山林土地权属纠纷案件依法作出复议处理决定，作出复议处理决定的5宗案件经法院审理后，全部维持；区政府作为处理决定和经申请复议的山林土地权属纠纷案件2宗，维持2宗，维持率100%，不服处理决定提起行政诉讼的山林土地权属纠纷案件2宗，经法院审理后，判决维持2宗，维持率100%。

【人大代表建议和政协委员提案办理】 2017，区政府共收到区人大交办的代表建议41件，政协委员提案74件，市人大交办的代表建议6件，市政协交办的委员提案34件。收到建议提案后，及时将建议提案进行分类和确定具体承办单位，各承办单位认真调查研究，采取有效措施，抓紧实施各项办理任务。2017年7月底前，全区办理工作任务全面完成，人大代表建议和政协委员提案办理工作，满意率和基本满意率达100%。

【行政执法监督检查】 2017年，区法制局严格按照法律法规规定和省市文件精神，依法清理、确认并向社会公告行政执法主体，加强行政执法人员的教育和培训，坚决杜绝不具备执法资格的单位和个人从事行政执法工作。武江区现有依法持证执法人员93人，2017年共16人通过执法证考试，办理行政执法证核发16件，注销2件。

【文件规范工作】 2017年，区法制局严格按照规定审查符合法律、法规和适应武江区经济社会发展的规范性文件，凡是规范性文件均进行合法性审查，未经审查或者审查未通过的，一律不发布实施。区政府共制定23件规范性文件，并按有关规定上报市政府备案，同时定期对规范性文件实施情况进行分析、评估，对不适应客观发展需要的定期进行清理，及时消除制度之间的矛盾与冲突，提高规范性文件的质量。

区政府法制局领导名录

局　长：张锦怀

（蔡俊辉）

公　安

【概况】 韶关市公安局武江分局位于韶关市武江区新华南路3号。主要职责：以服务经济社会发展为中心，开展预防、制止和打击违法犯罪活动，维护社会治安秩序，制止危害社会治安秩序行为，管理交通、消防、危险物品和特种行业等。

【警纪警风建设】 2017年，韶关市公安局武江分局落实党委主体责任和纪委监督责任，加强警纪警风建设。强化纪律作风监督检查，查纠整改问题17个。强化监督执纪问责力度，受理投诉19宗，其中有效投诉6宗，核实反馈19宗，核实反馈率100%。对存在不作为或慢作为、执法过错等问题开展民警谈话16人次，未发现充当“保护伞”、吃拿卡要、吃喝请送等违法违纪行为。

【反恐维稳工作】 2017年，韶关市公安局武江分局以维护全区大局政治稳定为中心，进一步完善情报线索分析、研判、互通机制，深入开展矛盾纠纷排查化解，努力将其解决在基层、化解在萌芽状态。全年共化解矛盾纠纷358起，向区委、区政府、区委政法委和市公安局报送《武江公安信息快报》390期，为领导决策提供依据。

【惩治刑事犯罪】 2017年，韶关市公安局武江分局紧扣公安机关侦查破案主业不放松，充分发挥“主力军”作用，紧紧围绕“飓风2017”专项行动，始终保持对电信诈骗、两抢一盗、金融领域犯罪、黑恶势力、涉黄赌毒等人民群众深恶痛绝的违法犯罪保持高压的惩治态势，及时侦破一批影响人民群众安全感的案件。2017年，全区公安机关共立刑事案件2030宗，同比下降15.84%；破案1108宗，同比下降5.60%；刑事拘留541人，同比上升3.64%；逮捕348人，同比下降6.45%；移送起诉414人，同比下降3.945%；受理查处治安案件2272宗，同比下降20.56%，行政处罚789人次，同比下降13.49%。

【命案必破】 2017年，韶关市公安局武江分局对各类暴力恶性案件保持高压态势，每宗命案都由主要领导亲自挂帅，靠前指挥，多警种合成作战。2017年共发命案6宗，破案6宗，实现命案全破，其中迅速侦破“4·7苏荷酒吧门口聚众斗殴致人死亡案”和“11·4”杀人焚尸案两起社会面影响恶劣的暴力恶性案件，及时消除社会影响及安全隐患。

【“飓风2017”专项行动】 2017年，韶关市公安局武江分局在打击盗抢案件中，共立两抢一盗类案件1291宗，破案746宗，刑事拘留119人，逮捕86人，移送起诉112人，侦破“粤北医院MR室被盗窃案”“老广记酒楼特大被盗案”“电信基站被盗系列案”等多宗特大盗窃案；在打击涉黑恶案件中，共立涉黑涉恶类案件60宗，破案35宗，刑事拘留138人，逮捕96人，移送起诉103人，侦破“4·7”苏荷酒吧门口聚众斗殴致人死亡案、“8·31”持枪故意伤害案等一系列重特大恶性案件；在打击金融领域犯罪中，共立该类案件8宗，破案4宗，刑事拘留9人，逮捕8人，移送起诉8人，破获一宗虚开增值税专用发票骗税案，涉案金额265万元，挽回国家经济损失45万元；在打击电信诈骗犯罪中，共立电信诈骗案件45宗，破案12宗，逮捕12人，起诉案件36宗，资金原路返还事主2次，起诉跨区域系列团伙1个；在打击涉毒案件中，查处吸贩毒人员350人，破获毒品刑事案件64宗，捣毁涉毒窝点50个，缴获各类毒品总计约1549.15克；在扫黄禁毒工作中，查处涉赌案件36宗，刑事拘留37人，逮捕39人，行政处罚141人次，查处涉黄案件39宗，刑事拘留12人，逮捕9人，行政处罚57人次。

【交通管理】 2017年，韶关市公安局武江分局一方面结合道路安全隐患整改工作，在区委、区政府的大力支持下，投入近700万元，修缮全区道路标志标线和护栏，新建“电子警察”监控抓拍点30个，完善城区道路交通设施301组，增加1600个临街道路停车泊位。同时，率先在全市范围内推行“礼让行人斑马线”管理方式，施划新型斑马线120组，得到市民一致好评。另一方面，重点整治涉牌涉证、酒后驾驶、客货运车辆超员超载、驾乘摩托车不戴安全头盔、乱掉头、机动车乱停乱放等群众反映强烈的违法行为。2017年，共出动警力2.2万人次，警车1.5万辆次，查纠各类交通违法行为10万余起，其中酒后驾驶50余起，查扣无牌无证车辆、报废、无年审无保险灯严重违法行为的车辆3500余辆，有效遏制道路交通违法上升态势，进一步净化道路交通环境。通过整改道路安全隐患及开展专项整治工作，因交通事故造成死亡人数，同比去年下降72.5%。

【大型活动管理】 2017年，韶关市公安局武江分局加强大型群众性活动安全保卫工作，精心组织、周密部署，全年共审批许可大型活动15场次，参加人数73000人次。累计完成龙舟竞赛、芙蓉山重阳节、高考、司法考试等安全保卫活动35场，出动警力680人次，其间未发生各类安全事故以及重大案（事）件。

【消防监督检查】 2017年，韶关市公安局武江分局全面加强辖区公众聚集场所、人员密集场消防安全检查。对检查中发现的隐患，当场指导场所负责人员整改，坚决不留一处隐患，切实预防重特大尤其是群死群伤火灾事故发生。在处置“10·4”嘉辉市场火灾事件中，分局快速出动80名警力，成功疏散并安置旅客127人，现场无一人伤亡，网上无负面舆情。2017年，分局出动警力1300余人次，排查旅业、废品店、出租屋、“四小”场所等单位近700家次，整治“四小”场所违规住人150家次，下发责令整改通知书近200份。

【动态巡防】 2017年，韶关市公安局武江分局加强治安巡逻，最大限度地将警力摆上街面，全面加强辖区主干道、人流密集区域、车站、商场集市等重点地段、重点部位的巡逻防控力度，严格控制街头“两抢一盗”等多发性侵财犯罪发生。建立“囤警街面，动中备勤”的专业化巡防模式，注重动态巡逻与定点设岗相结合、步行巡逻与车辆巡逻相结合，严格落实“1、3、5”分钟应急处突工作机制，进一步提高见警率、管事率。加强社区警务站工作，在大型企业、重点单位和城区重点区域合理设置警务室。印发《韶关市公安局武江分局处置群体性突发事件工作预案》，每天安排10名警力作为应急处突力量在分局24小时备勤，随时准备应急处突。

【全民禁毒工程】 2017年，韶关市公安局武江分局以“8·31”工程为基础，建成并投入使用龙归、惠民2个标准化社区戒毒（康复）工作站，将吸毒人员纳入网格化社会管理服务体系。以“6·27”工程为载体，推进毒品预防专题教育，校外禁毒辅导员、法制副校长配比率达到100%。开展全民禁毒宣传，在各镇街、社区、校园、农村举办大型禁毒宣传活动36场，发放各类禁毒宣传资料40000余份。

【执法权力运行机制改革】 2017年，韶关市公安局武江分局继续深入推进全区公安机关案件管理中心建设。同时，围绕推进以审批为中心的诉讼制度改革，完善证据收集机制，健全多发案件和大要案的证据指引，积极探索推进法制部门“统一审核、统一出口”工作，全面落实办案部门执法全程录音录像及办案区讯问全程录音录像规范保存制度，进一步提升执法办案的质量和效率。

【教育训练】 2017年，韶关市公安局武江分局制定《韶关市公安局武江分局推进常态化练兵比武训练工作实施方案》，开展部门警务教官暨民警实战必训班1期，培训民警26人；开展枪械实弹射击4期，训练民警203人；与市局警官培训处联合举办手机微信直播教育活动2期，在线参训282人次。

【警营文化建设】 2017年，韶关市公安局武江分局充分发挥“武江前卫体协”平台作用，组织参加“武江区庆三八展风采巾帼行业时装比赛”“2017年全市公安机关羽毛球比赛”“武江区第一届业余乒乓球联赛”“2017年度武江区机关事业单位职工篮球赛”“2017年武江公安分局篮球赛”等大批警体活动，进一步丰富民警业余文化生活。

【创文工作】 2017年，韶关市公安局武江分局根据上级工作部署，印发《2017年武江公安创文实地迎检工作标准》和《2017年武江公安创文实地考察地点清单》，并先后三次召开全局创文攻坚工作会议，对迎检工作层层动员部署。一是对媒体和市民曝光及各级督办的问题列明清单，明确责任部门，要求限期整改，并由分局创文办牵头成立创文督导组，每周定期检查通报。2016年以来，分局共整改问题142个。二是加大警力投入，安排分局各科所队支援交通秩序管理、校园周边巡逻和武江桥底治安重点问题整治。针对武江桥底和上庙背区域涉黄涉赌、武广高铁站与西河汽车站的喊站拉客行为，专门成立4支专业队进行重拳打击。

【公安宣传】 2017年，韶关市公安局武江分局严格落实重大敏感舆情24小时监测处置引导机制，推动舆情应对工作常态化长效化。充分发挥新闻媒体、网络平台宣传作用，主动联系省、市各级新闻媒介，及时报道打击各类违法犯罪战果情况及民警先进事迹，起到良好的宣传效果。2017年，发布各类稿件224篇，其中国家级媒体18篇、省级媒体118篇、市级媒体108篇。

【年度受奖情况】 2017，韶关市公安局武江分局获全国公安系统二级英雄模范1人、获感动韶关十佳道德模范1人、获个人二等功1人、获个人三等功9人，获市局个人嘉奖10人，获分局个人嘉奖32人；获集体三等功2个。

韶关市公安局武江分局领导名录

局　长：黄向阳

政　委：刘志康

副局长：张为民

　　　　姚昌锋

　　　　唐际家

　　　　侣庆岩

纪委书记：吴永定

政工办主任：阙文育

（王晓姣）

武江区公安消防大队

【概况】 韶关市武江区公安消防大队下辖武江、特勤2个中队。大队共有53米登高平台消防车、60米举高喷射车、18吨大功率泡沫水罐消防车、32米登高平台消防车、防化救援车、抢险救援车、水罐泡沫车、供气车、照明车等战斗消防车22辆；拥有视频生命探测仪、音频生命探测仪、多功能破拆工具、多类型起重气垫、各类洗消堵漏工具等大批应急救援装备，承担着武江区防火、灭火和各类险、难、重、急的抢险应急救援任务。

【执勤备战】 2017年，武江区公安消防大队共处理警情431起，出动417次（含增援），出动消防车282辆次，消防人员2560人次，抢救被困人员97人，疏散人员157人，抢救财产价值691.8万元，无参战人员伤亡，同比2016年，接警起数上升6.3%，出动次数上升7.4%，在保卫人民生命财产安全中发挥拳头和尖刀作用，赢得地方各级和广大人民群众的一致好评。

【消防宣传】 2017年，武江区公安消防大队组织培训全区社会各界各类人员2600人次，张贴消防

2017年，武江区公安消防大队除夕执勤 （区消防大队 供图）

宣传挂图5000余套，悬挂宣传横幅1120条，免费派发各类宣传资料32万份，开放消防站90余次，接待群众5.1万人，发展消防志愿者2200余人，在有效预防各类火灾事故的同时，增强人民群众消防安全意识，确保武江平稳发展。

【防火工作】 武江区公安消防大队坚持“预防为主，防消结合”的宗旨，狠抓消防安全责任制落实，不定时、不间断抽查，针对“三小场所”“废品收购站”等安全隐患单位场所进行重点整治，切实加大消防监督和执法力度。2017年，全区检查单位1142家（次），发现火灾隐患和违法行为794处，督促整改火灾隐患或违法行为801处，发出责令改正通知书396份，发出行政处罚决定书17份，发出临时查封决定书14份，责令“三停”10家，罚款352200元，拘留12人。增进改善消防基础设施，人员密集场所及重点单位增设微型消防站，为武江区的经济建设平稳发展提供坚实后盾。

武江公安消防大队领导名录

大 队 长：温岸文（—2017.10）
陈玉航（2017.10—）
政治教导员：
李顺昌（—2017.10）
王业辉（2017.10—）

（裴凌昆）

检 察

【概况】 2017年，武江区检察核定编制48人，实有在职干警43人。共有13个内设机构，分别是：政工科、办公室、侦查一科、侦查二科、反渎职侵权局、侦查监督科、公诉科、职务犯罪预防科、控告申诉检察科、民事行政检察科、法警大队、案件管理中心、武江区检察院派驻龙归检察室（为区检察院派出机构）。2017年，武江区检察院在上级检察机关和区委的正确领导下，在区人大及其常委会的监督下，深入学习贯彻中共十八大历次全会和十九大会议精神，以习近平总书记系列重要讲话精神为指导，牢牢把握维护社会大局稳定、促进社会公平正义、保障人民安居乐业的总任务，坚持检察机关宪法定位，聚焦主责主业，破解难题短板。紧紧围绕振兴武江经济社会发展大局，强化履职，锐意改革，从严治检，各项工作取得新进展。

【惩治刑事犯罪】 2017年，武江区检察院受理公安机关移送审查逮捕案件324件515人，经审查批准逮捕234件339人；受理移送审查起诉343件519人，依法提起公诉249件422人。快捕快诉杨某、庄某等64人特大组织、领导传销、抢劫、非法拘禁案，有效打击传销犯罪在辖区内屡打不绝的嚣张气焰。

【检调对接机制】 2017年，区检察院注重化解社会矛盾。进一步完善检调对接机制，落实涉法涉诉信访事项依法导入、终结制度，落实执法办案风险评估预警机制，加强释法说理工作。受理、分流控告申诉信访案17件；立案复查刑事申诉案4件；办理国家司法救助案4件12人，共发放司法救助金11.9万元；受理国家赔偿案1件。

【未成年人刑事检察工作】 2017年，区检察院加强未成年人刑事检察工作。对全年涉罪37名未成年人不批捕16人，不起诉11人，附条件不起诉3人。持续深入开展涉及毒品犯罪、校园暴力、校园性侵等多个主题的“法治进校园”巡讲活动，对辖区内3.2万名未成年人进行法治宣讲。制作完成反映校园暴力题材的微电影《大话校游》。联合区公安分局、教育局在韶关市第十四中学建立未成年人法治教育基地，为未成年人法治宣传提供常态化的法制教育场所。

【查办和预防职务犯罪】 2017年，区检察院初查案件线索7条，立案查处贪污贿赂案件10件10人，其中1人为正科级干部，5人为村干部。移送武江区纪委处理4件4人，均为副科级干部，移送公安机关处理2件3人。立案查处的10件10人全部为涉农、扶贫领域、农村基层干部案件，挽回经济损失达350多万元。如查办西联镇甘棠村原主任欧某全等人贿赂犯罪和西河镇原镇长孙某文等人贿赂犯罪两个窝串案。为深化职务犯罪预防，区检察院选取工程建设、扶贫开发、换届选举等领域，运用预防宣传和警示教育、预防调查报告等方式，进一步提升预防实效。抓住村居“两委”换届的时间节点，配合纪检监察、组织人事和换届选举机构共同维护好换届工作秩序。

【刑事诉讼法律监督】 2017年，区检察院监督公安机关立案4件5人；纠正漏捕30人，纠正漏诉 37人，提请抗诉1件。重点开展对公安机关办案中采取刑事拘留、取保候审、监视居住等强制措施是否合法的监督，发出侦查活动监督通知书43份。开展“检察官驻公安派出所加强刑事侦查活动监督”工作，选取辖区内芙蓉山派出所和西联派出所作为首批检察官驻所监督工作的试点单位。积极发挥“两法衔接”信息平台和侦查活动监督平台的作用，监督行政执法机关移送破坏环境资源犯罪案件2件2人。

【民事行政诉讼法律监督】　2017年，区检察院受理审查民事行政监督案件12件。其中8件是对行政机关不当履职的监督，4件是对民事行政生效判决的监督和对民事执行活动的监督。在8件对行政机关不当履职的监督案件中，6件是行政公益诉讼案件，其中5件已向武江区人民法院提起行政公益诉讼，法院作出判决，均支持区检察院的诉讼请求，促成追回被套取的专项国家资金30万元。

【刑罚执行检察监督】　2017年，区检察院对监外执行罪犯和社区矫正人员信息做好全面登记和造册，重点对社区服刑人员脱管、漏管、虚管等情况进行监督。受理犯罪嫌疑人、律师、近亲属或法定代理人提出的羁押必要性审查申请54件，建议办案部门变更强制措施并被采纳建议的28件。

【内设机构改革】　2017年，区检察院开展内设机构改革工作，根据省检察院的要求，将业务机构和综合行政机构设置为“3+2”模式（将原来单位的内设13个部门精简为5个即：反贪污贿赂局、刑事检察部、诉讼监督部、政治工作办公室和检务保障办公室）。在改革过程中坚持机构精简和职能优化相结合，让政务、业务运行更加顺畅。

【检察人员分类管理改革】　2017年，区检察院开展检察人员分类管理改革工作，完成两批共17名检察官的入额遴选工作，确保“员额”分配向业务一线倾斜。完成两批共20名合同制检察辅助人员的招录工作。加强检察人员分类定岗工作的配套跟进，检察官、检察辅助人员和司法行政人员各归其位，各司其职。

【新型办案模式改革】　2017年，区检察院开展新型办案模式改革工作，以独任检察官和检察官办案组为主要办案组织，独任检察官自行对案件进行决策。入额院领导采取独任检察官或检察官办案组的形式直接办理案件，切实发挥领导干部在司法办案中的履职示范作用

【监察体制改革试点工作】　2017年，区检察院配合监察体制改革试点工作。提高政治站位，积极做好机构、职能、人员转隶工作，全力抓结案、消积案、清线索，注重做好转隶人员的思想政治工作，落实谈心谈话全覆盖，确保转隶工作平稳有序进行。

【检察队伍建设】　2017年，区检察院扎实开展“两学一做”学习教育常态化制度化活动，深入学习中共十八大历次全会和十九大会议精神，用习近平新时代中国特色社会主义思想武装头脑、指导实践。聚焦“办案”这个廉政风险点，加强教育监督。点面结合建立责任体系，坚持监督不间断、执纪问责不手软、改进作风不放松，把全院的党风廉政建设工作落到实处。强化对案件质量的监督，安排专职委员协助分管副检察长对业务量相对集中的刑检、自侦部门进行把关。建立健全执法档案工作制度，检务督察领导小组对执法办案的案前、案中、案后同步监督，防止办案干警违规违纪行为的发生。

区人民检察院领导目录

检 察 长：邵　林
副检察长：简兆平（—2017.8）
　　　　　陈鸿南
　　　　　刘旭珊（女）

（陈　晶）

法　院

【概况】　武江区人民法院位于沙洲一路6号，核定政法专项编制69名，实有在编63人，设院长1人，副院长3人。内设机构：纪检

2017年12月27日，最高人民法院杜万华专委（右一）赴韶关市武江区人民法院龙归法庭调研指导工作　　（区法院　供图）

监察室、政工科、研究室、办公室、立案庭、刑事审判庭、民事审判一庭、民事审判二庭、行政审判庭、审判管理办公室、执行局；直属行政机构：司法警察大队；派出机构：龙归人民法庭。

【收结案情况】 2017年，武江区法院共受理各类案件6729件，结案5868件，同比分别上升21.97%和14.59%，法定审限内结案率为100%，结案标的金额22.67亿元，同比上升77.53%。

【刑事审判】 2017年，武江区法院受理刑事案件297件561人，审结246件444人。配合创建“无传销区”工作安排，审结传销案件6件82人，其中妥善审理韶关市首个单次庭审被告人人数最多的杨某涛等64人组织领导传销活动、抢劫、非法拘禁一案，铲除传销滋生土壤。积极参与健全立体化治安防控体系建设，对多次非正常上访严重扰乱国家机关正常工作秩序的何某炎，以寻衅滋事罪判处其有期徒刑二年六个月。依法审结杨某峰拒不执行判决案，对拒不履行赔偿义务且蓄意转移变卖财产的行为作出严惩，切实兑现当事人胜诉权益。

【民商事审判】 2017年，武江区法院受理各类民商事案件3546件，审结3055件，结案标的金额14.98亿元;其中调解、撤诉结案1116件，调撤率为36.53%。把服务和保障民生放在突出位置，审结教育、医疗及物业等涉民生案件639件，结案标的金额2592.61万元，其中妥善处理陈某妹等111人与韶关市某宾馆劳动报酬纠纷案件，有力维护劳动者合法权益。依法规范经济活动秩序，配合韶关市区农村信用合作联社改制工作，审结该社及下属分社借款合同纠纷192件，涉案标的5.55亿元，着力防范和化解金融风险。

【行政审判】 2017年，武江区法院受理行政诉讼案件468件，审结412件；审查非诉行政案件12件。充分发挥全市基层法院一审行政诉讼案件集中管辖法院主体作用，受理行政公益诉讼案件25件，督促在生态环境和资源保护、食品药品安全、国有财产保护、国有土地使用权出让等领域负有监督管理职责的行政机关依法履职。到始兴县巡回审判18名公司员工社保稽核案，取得良好的社会效果；向行政机关发出司法建议9件，促进行政机关工作人员提高法治意识和依法行政水平。

【执行工作】 2017年，武江区受理执行案件2406件，执结2143件，执结标的金额7.58亿元。全力推进基本解决执行难工作，加大执行力度，扎实开展“攻坚2017”、涉民生案件集中执行等专项活动，执结某电子科技公司拖欠38名工人工资100余万元等一批涉民生案件；执结韶关市第一宗通过人民法院执行物业管理公司退场更换的物业纠纷案件，依法将物业管理权移交给住宅小区业主委员会；与阿里巴巴、腾讯公司建立协助执行机制，依法冻结、扣划债务人支付宝、微信账户余额28.77万元。加大对规避执行行为的打击力度，对1627名失信被执行人予以信用惩戒，会同公安机关边控、临控27人次，司法拘留25人次，以拒不执行判决、裁定罪判处1人刑罚，推进社会诚信体系建设。

【司法为民】 2017年，武江区法院突破现有办公用房不足的困局，租用一处1500平方米的办公场地，建立集查询咨询、登记立案、材料收转、判后答疑等功能为一体的一站式诉讼服务中心，并同步建设诉讼服务网及“12368”诉讼服务热线，为群众提供线上线下诉讼服务。构建跨地域立案新格局，在韶关市域内开展为异地法院收案、立案新模式，减轻群众诉累。加快“智慧法院”建设，灵活运用数字法庭、移动办公平台、执行查控、庭审直播等信息系统，不断提高业务办理、司法公开信息化水平，以信息化助推审判执行工作质效提升。加大司法救助力度，依法为经济确有困难的当事人缓、减、免交诉讼费28.23万元，对特别困难申请执行人发放救助金9万元，彰显司法人文关怀。

【创新社会治理】 2017年，武江区法院落实“谁执法谁普法”责任制，与武江区教育局联合制定《共建法治校园实施方案》，健全青少年法治教育工作机制；精选典型案件开展巡回审判22场次，打造现场版以案说法；落实市、区《全民禁毒工程实施方案（2017—2019年）》，审结涉毒品犯罪案件85件113人，举办禁毒宣传2次，制作禁毒专刊1期，营造全民禁毒氛围；为始兴县等地行政执法人员培训授课，助推法治政府建设；举办廉政警示教育庭，邀请部分区人大代表、政协委员、机关乡镇代表等旁听受贿案庭审，以案说法敲响廉政警钟。同时，加强诉调对接平台建设，主导诉前联调案件211件，调解成功率达100%，并对其中187件案件依法进行司法确认，积极完善矛盾纠纷多元化解机制，服务平安武江建设。

【法院体制改革】 2017年，武江区法院按照“法官+法官助理+书记员”模式，将全院31名入额法官、14名法官助理和40名书记员，在各业务庭架构基本保持不变的情况下，组建新型审判团队

8个，实现入额法官全员办案。坚持以司法责任制改革为核心，出台《完善司法责任制改革工作规范（试行）》，明确审判委员会、合议庭和院庭领导职责权限，细化法官、审判辅助人员及司法行政人员岗位职责、工作流程和工作标准。建立审判委员会讨论案件过滤机制及刑事、民事和行政专业法官会议制度，统一案件裁判尺度。推进案件繁简分流机制改革，实行简案快审、繁案精审。探索家事审判方式和工作机制改革，建立社会广泛参与的家事纠纷综合解决机制，同时将反家暴工作与家事审判工作挂钩，将事后惩罚变为事前预防，切实保障当事人的人身安全。

【全市一审行政诉讼案件集中管辖】 2017年起，全市基层法院一审行政诉讼案件由该院集中管辖，为此，武江区法院推出巡回审判、随案发卡、完善衔接三项便民举措，即到原、被告所在地法院或不动产诉讼标的所在地法院开庭审理案件，方便群众诉讼；随案发放便民联络卡，为群众进行交通路线指引、解答法律咨询；加强与非集中管辖法院的工作衔接，做好诉讼材料收转等工作。另外，该院专门制定《行政机关负责人出庭告知书》，对其出庭应诉的必要性、人员要求及庭前准备等相关问题进行书面告知，随应诉材料一并送达被诉行政机关，提高行政机关负责人出庭应诉率。行政机关负责人将自身定位为“服务者”，在法庭上与人民群众平等对话，对化解官民矛盾具有重要意义。

【法院队伍建设】 2017年，武江区法院始终把法院工作置于中共绝对领导之下，深入学习中共十九大精神，推进“两学一做”学习教育常态化制度化，以新时代、新思想、新目标、新任务指引干警忠诚履行职责、坚定正确政治方向。认真贯彻落实《关于新形势下党内政治生活的若干准则》和《中国共产党党内监督条例》，不断提升法院党组的凝聚力和战斗力。严肃党内政治生活，严守政治纪律和政治规矩，保持队伍先进性和纯洁性。招聘40名劳动合同制司法辅助人员，补强司法辅助力量。

【接受监督】 2017年，武江区法院主动接受人大法律监督、政协民主监督、检察机关诉讼监督和社会各界监督。向区人大常委会专题汇报执行工作、诉讼服务中心建设等情况；邀请人大代表、政协委员参加会议、旁听庭审、参与调解79人次；公开向代表、委员、律师征求对司法体制改革、司法作风建设、律师权益保障的意见和建议。支持、配合检察机关履行监督职责，依法受理检察机关提起的抗诉案件，共同维护司法公正。聘请廉政监督员12名，强化司法巡查、审务监督、随案发送廉政监督卡等监督措施，开展审务督察24次，核查信访投诉23件，答复廉政监督卡建议12件。

【表彰情况】 民事审判一庭荣获集体二等功；民事审判二庭荣获集体三等功；行政审判庭荣获集体三等功；张明华荣获个人二等功；邱华英、刘泽彬荣获个人三等功；周江婷、谢祥军荣获个人三等功；张明华被评为全市优秀法官。

区人民法院领导名录

院　长：唐永华
副院长：胡小波
　　　　李琼宇（女，2017.8—）
　　　　汤　恍（2017.8—）
党组成员：彭　辉（2017.8—）
　　　　邱华英（女，—2017.12）
　　　　吕韶杰（—2017.12）
审判委员会专职委员：
　　　　邱华英（女，2017.12—）
　　　　吕韶杰（2017.12—）

（朱　琴　郑曼玲）

司法行政

【概况】 根据韶武府办〔2010〕51号《印发韶关市武江区司法局主要职责内设机构和人员编制规定的通知》，武江区司法局是主管司法行政工作的人民政府工作部门。司法局核定政法专项编制16个，实有在职公务员16人。设局长1名、副局长2名、政工科科长1名、股长（主任）5名。内设机构包括政工科、办公室、宣传教育股、基层管理股、社区矫正股、公证律师股。下设司法所7个，下属事业单位包括法律援助处及康正公证处。2017年，该局坚持以邓小平理论和“三个代表”重要思想为指导，贯彻落实科学发展观，在区委、区政府的正确领导下，紧紧围绕区委、区政府的中心工作，充分发挥司法行政法律服务、法制宣传、法制保障的职能优势，扎实开展人民调解、法治建设、社区矫正、法律服务、法律援助等工作，“固强补弱、创新创先”，为维护全区社会大局稳定作出积极贡献。

【人民调解】 2017年，武江区司法行政机关和各级人民调解组织坚持“调防结合、以防为主”的工作方针，建立健全人民调解工作机制，充分发挥人民调解预防、排查、调处矛盾纠纷的职能作用，在法律的框架内依法解决各种矛盾纠纷，有效地维护全区社会的和谐稳定。全区共有镇、街人民调解委员会7个（其中镇人民调解委员会5个，街道人民调解委员会2个），村（社区）人民调解委员会84个（其中村调委会51个，居调委会33个），共有人民调解员964人，正常开展调解业务，2017年辖区内人民调解组织共调解民间纠纷740件，调解成功719件，调处率100%，调处成功率97%。

【普法宣传】 2017年，武江司法局利用法律颁布日、重大节日，组织开展综治宣传月、人口与计划生育集中服务月、“12·4”法制宣传日、“3·15”消费者权益保护日、“6·26”国际禁毒日、交通安全、安全生产、土地、妇女维权周、“平安武江”、“平安校园”法制宣传月（周）等系列活动。采取多种形式扩大法制普法覆盖面，组建法制平安建设信息员队伍，不定时、不定点、不间断传递法制知识及治安情况，并多次在人流集中点开展大型法制宣传。开展“法律六进”等法律宣传活动共计12场次，为人民群众解答法律法规咨询达880人次，派发宣传资料4万份，编写普法简报19期，更新普法宣传栏45期。普法宣传工作使该区受教育人数达10万人次。

【法律援助】 2017年，武江司法局大力加强法律援助工作，深化法律援助便民服务。夯实基层工作，构建便利快捷高效的法律援助服务网络。继续推进社会管理创新，依托司法工作站，将法律援助受理及办理延伸至村（社区）。推行网络受理法律援助，方便群众申请法律援助。提升法律援助保障力，扩大法律援助覆盖面，进一步规范法律援助受理、审批、指派等事项。加强法律援助宣传及信息报道工作，推行法律援助宣传日及典型案件宣传工作。提升法律援助案件质量，实施法律援助案件评查，促进法律援助案件质量提高。2017年武江区法援处完成法律援助案件249宗，其中刑事案件99宗，民事案件149宗，行政案件1宗。与市法援处年初下发的任务数169宗相比，超额完成80宗。

【公证服务】 2017年，武江区司法局注重内部的制度化、规范化管理，加强公证人员的思想政治理论素质建设，组织公证人员学习国家现行的相关政策和新出台的法律法规。

【社区矫正】 2017年，武江区司法局严格落实报到、思想汇报、请销假、会客等监管制度。138名在册社区矫正对象全部得到管控，无脱管失控现象。重新犯罪率为零。2017年共接社区矫正人员66人，解除社区矫正人员55人。共接收安置帮教人数94人，解除安置帮教人数102人，现在册人数432人。

【一村（社区）一法律顾问】 2017年，武江区司法局登记法律工作台账1135件，出具法律专业意见书12件，解答法律咨询708余件，成功调解案件23宗，受理其他业务146件。与此同时，社区律师也多次参与各种法治宣传活动，合计243次，其中反家暴法治讲座127场次，农民工维权讲座45场次，青少年法治讲座15场，参与大型法治宣传活动3场，发放社区律师宣传资料1000余份，营造辖区居民懂法知法守法的良好氛围。

【公共法律服务体系建设】 2017年，武江区司法局高度重视公共法律服务体系建设工作，依照司法部、广东省《关于构建公共法律服务体系的指导意见》要求，按照《韶关市关于构建公共法律服务体系的实施方案》和《武江区关于构建公共法律服务体系的实施方案》，成立以局长为组长，班子成员为副组长，各股（室）、司法所负责同志为成员的公共法律服务体系建设工作领导小组，并将公共法律服务体系建设纳入财政预算。武江区公共法律服务体系涵盖司法行政法制宣传、人民调解、社区矫正、安置帮教、律师、公证等司法行政职能整合到一个实体平台，实现“窗口化、综合性、一站式”服务。全区、镇（街）、村（居）三级公共法律服务实体平台建设已100%完成，各中心大厅设立综合性服务性窗口，悬挂中心标志、公示牌、流程图等，一站式服务已见成效。

区司法局领导名录

局　长：韩伟强

副局长：杨伟波

政工科长：胡巧莲（女）

（刘丽华）

经济管理

规划与物价管理

【概况】 武江区发展和改革局为正科级行政机关，行政编制10名。设局长1名，副局长2名，股长（主任）7名。下设办公室、综合规划股、投资发展股、价格收费股、物价检查股、国民经济动员办公室、资源节约与环境气候股等7个股（室）。武江区重点建设项目办公室、韶关市武江区价格认证中心等两个事业单位隶属区发改局管理。

2017年，区发改局围绕主动融入珠三角发展总战略，以争当振兴发展排头兵的责任感和使命感，坚持规划引领，做好宏观经济分析，扎实推进重点项目、扩大固定资产投资，增强全区发展后劲，改善发展环境；认真做好立项服务、价费服务，各项工作取得新的成绩。

【规划计划】 2017年3月1日，区政府印发《关于2017年全区经济增长指标及任务分解的通知》。2月23日，区发改局牵头撰写的《2016年国民经济社会发展计划执行情况和2017年国民经济社会发展计划草案》在武江区第九届人民代表大会第二次会议上通过审议。

【经济分析】 2017年，区发改局研究领会国家、省和市新战略、新政策，贯彻落实中央稳增长、调结构等政策措施，加大调研力度，加强经济运行预警监测，坚持对全区经济运行情况进行定期监测，研究分析经济运行中的热点、难点问题和薄弱环节，撰写经济运行分析报告等材料多篇，及时提出针对性的对策和建议，当好参谋助手；做好全区年度发展目标及任务分解。

【调研工作】 2017年，区发改局加强专题调研和项目谋划。撰写调研汇报材料多篇。开展“如何加快商圈经济的构建，推动老城区提质增效”专题调研，高质量撰写武江区商圈的调查报告。调研韶州公园周边产业布局，完成《韶州公园周边地块土地运营总体思路》报告；撰写《关于武江区乡村旅游情况的报告》。在精准调研的基础上，项目谋划初见成效。位于龙归的广州发展韶关武江龙归80兆瓦光伏电站项目顺利推进；南岭国际诗歌特色小镇已与广州富力集团达成合作意向；交通路网等市政提升项目稳步推进。

【固定资产投资】 2017年，武江区固定资产投资在大总量基础上继续保持稳步增长。2017年1—3月，全区固定资产投资完成22.24亿元，总量排名全市第一，同比增长25.4%，成功实现开门红。1—6月，全区固定资产投资完成47.6亿元，同比增长7.9%；1—9月，全区固定资产投资完成76.59亿元，同比增长11.6%；2017年，武江区固定资产投资完成额115.44亿元，同比增长为3.7%。武江区固定资产投资完成额占全市固定资产投资完成总额（692.82亿元）的比例为16.66%。

【重点项目】 2017年，区发改局按照每年建成一批、续建一批、新开工一批、储备一批、规划一批的要求，大力推动全区重大项目建设。收集121个重点项目进展情况、存在困难及问题等，编制武江区重点项目台账;起草《武江区2017年固定资产投资计划分解表》《武江区重点项目建设调度制度》;派专员与市城投集团、市莞韶园等市直属单位，以及区直属部门、区属国企和社会项目投资企业进行一线对接，平均每周至少一个工作日。2017年全区安排重点项目共121个，由武江区作为责任单位的市重点项目6个，市重点前期预备项目3个，成功推动正邦集团等重点项目开工建设，协调摩尔城周边环山路进入施工阶段，协助解决奥园·韶关印象拆迁问题，推动富康广场、万通城等“三旧”改造项目重启供地手续办理，推进南岭国际诗歌小镇项目完成更具实施性的修建性详规以及规划选址论证，协助项目纳入市政府组织的“韶关加速（2017）高峰会”向社会推介。在韶关日报发布专版报道《攻坚克难 争当韶关发展排头兵—武江区全力推进重点项目建设纪实》。

【政府融资项目】 2017年，区发改局继续推进2016年策划的市政、教育、水利、乡镇基础设施等6个政府投融资项目。协助乡镇基础设施项目开展规划设计等前期手续，向区政府提出建议，理顺融资项目业主单位与承接主体工作关系，为项目建设基本流程提供指引。促成教育、水利、重阳镇基础设施建设共3个项目进入建设阶段，完成首批项目款发放413.92万元。筹划区项目储备库，包含9类项目共227个项目，总投资约32.73亿元，主要包括镇（街道）村（社区）的文化设施项目69项、公路桥梁及生命防护工程配套设施项目56项、小街小巷整治项目26项，卫生设施项目19项，教育基础设施项目11项、区消防基地及镇街消防站项目11项、垃圾和污水处理设施项目10项、农业类项目4项、其他类21项。

【特色小镇建设】 2017年，武江区着力培育4个特色小镇，即南岭国际诗歌小镇、重阳青暖温泉小镇、龙归中心小镇、江湾生态特色小镇。南岭国际诗歌小镇项目完成项目规划选址论证，内部道路新开通10公里，项目部办公楼已建成，投入资金1000万元，该项目被列入第一批市级特色小镇示范点和2017年省重点前期预备项目，纳入市政府组织的“韶关加速（2017）高峰会”向社会推介。以韶关重阳温泉养老生态旅游项目为依托打造重阳青暖温泉小镇，力争打造成4A级旅游景区。依托莞韶城三期打造龙归宜居特色小镇。以绿化美化镇区为中心，充分利用好当地的自然资源，打造江湾生态特色小镇。三个特色小镇正开展前期工作，重阳青暖温泉小镇少量基础设施建设项目已正式开工建设。

【供给侧改革】 2017年，武江区贯彻落实中央、省、市关于推进供给侧结构性改革的决策部署，围绕《韶关市供给侧结构性改革总体方案（2016—2018年）》《韶关市供给侧结构性改革补短板行动计划（2016—2018年）》《关于印发武江区供给侧结构性改革总体方案（2016—2018年）及四个行动计划的通知》等文件要求，协调相关单位抓住城市经济、城市提升、脱贫攻坚等工作重点，推进全区供给侧改革工作。一是发展产业园区。甘棠工业园方面，加大园区基础设施建设力度，推进园区西区已成型地块的提升改造，完成园区5号路工程、何屋至赤水一期、二期道路工程、园区二期监控工程；莞韶园方面，黄沙坪创新园已成功吸引深圳铜道电子、广东马可波罗、昆仑信息、快捷键等多个优质企业进驻，二是促进企业建设。韶关市和荣化工有限公司动工建设和韶关市科德新材料有限公司顺利摘牌。三是推进中心城区整体提升。2017年，市下达的北江桥西桥头（含北侧匝道）交通节点整治工程等10个责任项目得到全面推进，百旺美食城已完成第一期33000平方米建设，室内装修、道路、绿化、停车场已完工；社区公园和街头绿地、广场（一期工程）建设项目已启动项目用地征拆；奥园旅游文化街已完成朝阳村约33.33公顷土地（含对面）全部交付，交付塘湾村约10.67公顷；摩尔城城市综合体项目住宅已全部完工并开盘销售，酒店准备开业，商业街及综合体正在建设；第一批4个农贸市场（工业西、坝厂、荣华、嘉晖）已全部完成，第二批升级改造市场正式动工；垃圾转运站升级改造工程已完成地块清理和立项、工程可行性研究报告及施工设计，进入准备招标实施阶段；御龙湾小学建设项目进入报建阶段，地块征拆司法程序有效推进；区主要城市道路、城市节点户外广告、招牌整治工程已初见成效，对辖区遮阳板、雨棚、沿路乱拉挂进行全面清理整治；北江桥西桥头（含北侧匝道）交通节点整治工程已开展征收工作及项目可研编制工作；体育东路建设工程已完成项目摸底调查、征地预公告公示、证据保全、测绘放桩、无人机航拍取证等工作。四是落实钢铁行业淘汰落后产能。充分发挥职能作用，严禁新增钢铁产能，坚决不允许以任何名义、任何方式备案新增产能的钢铁项目。同时，开展项目核查，通过核查未发现落后产能生产设备和违规产能设备。

【立项工作】 2017年，区发改局坚持落实国家、省和市的国民经济和社会发展方针政策，把好立项、审批关，加强固定资产投资项目节能审查和对政府投资项目立项审批、企业投资项目备案工作指导。全年共审批36宗区内政府投资项目，备案47个企业投资项目。同时，依法指导和协调招投标活动，加强政府投资项目监管，对重大项目招标投标派出人员进行监督检查。严格规范小额建设工程交易管理，召开专题会议，研究武江区小额建设工程企业建库主体、建库类别、企业入库条件、数量、建库管理制度和相关职能部门职责等事项，形成初步意见，上报区政府。

【价格收费】 一是依法对商品和服务价格、经营者和中介组织价格行为进行监督检查，开展价格检查。2017年全年开展专项收费检查10次，累计出动52人次，对武江区内全年重大节庆假日物价消费检查、涉企收费以及电力、停车等居民生活价格检查。针对武江区碧桂园太阳城住宅小区计划开展小区内停车收费，在社交网络等平台引起强烈反响的问题，区发改局及时向上级汇报，牵头并组织专题会议进行研判，做好应急预案，并持续关注后续发展事宜，做好稳控。二是紧扣民生妥善处理价格投诉。畅通韶关民声网网络问政平台、“12345”投诉热线及“12358”等群众投诉渠道，全年共计处理物价投诉53宗。投诉办结率100%。接到电话投诉、来访咨询等价费问题42人次，群众答复满意率较高。三是开展价格管理，做好政府定价目录内收费定价工作。承接好下放的市区学龄前教育及义务教育收费管理权限工作。2017年组织开展广东北江实验学校英语特色课程班收费标准制定工作、协助武江区教育局对武江区公办幼儿园收费标准调整。开展居民住宅小区物业收费备案工作，2017年物业收费新备案6宗。响应供给侧结构性改革工作，切实执行国家及省市下达的清费减负工作，制定《韶关市武江区实行政府定价的涉企经营服务收费目录清单》，清理一批已取消的行政事业收费及中介收费，并开展武江区行政事业收费年度报告工作。四是做好价格监测和价格调控，2017年组织开展广东省农副产品价格调控项目库项目单位入库工作，在原有的3家销售环节项目单位上，新增储备环节、流通环节项目单位1家，稳定基本物价水平，做好农副产品商品价格异动应急准备。按时审核价格监测数据，配合做好市价格监测数据采集工作，武江区2017年商品和服务价格总体平稳，未发生市场价格异动情况。做好价格认定工作。全年受理价格认证事项152宗，价格认证标的额136.23万元。按要求开展价格认定档案整理工作。

【转变职能】 2017年，区发改局取消行政许可事项1项：县管权限内公共资源开发利用项目竞争性配置方案核准。共保留有4项行政许可事项，分别是：1.区管权限内需要履行项目审批、核准手续的依法必须招标的基建工程、特许经营项目招标方式和招标范围的核准；2.区管权限的外商投资项目核准；3.区管权限内企业投资项目核准；4.区管权限的固定资产投资项目节能审查。上述四项全部已进驻网上办事大厅。

【区公务用车制度改革】 根据省市车改要求，2017年4月21日印发武江区事业单位和国有企业公务用车制度改革具体工作方案《关于推进全区事业单位和国有企业公务用车制度改革工件的通知》（韶武车改办〔2017〕1号）及《关于认真做好企事业单位公务用车制度改革的通知》。4月30日前基本完成全区国有企事业单位车改工作。6月下旬完成武江区各国有企事业单位公务用车制度改革方案报备工作。

【区社会信用体系建设】 2017年，武江区举办信用武江现场活动2场，入户信用宣传1000余人次，印制信用宣传品11000余份，设置宣传栏多处。6月，在武江区益华百货中环广场举办“善美之城，信用武江”主题宣传活动。2017年9月26日，以区精神文明办名义印发《韶关市武江区诚信“红黑榜”发布制度》。利用武江区政府公众信息网“信用武江”栏目发布红黑榜信息280余条，其中，红榜信息170条。

【盐业体制改革】 2017年，根据省市关于盐业体制改革的要求，8月4日，武江区制定并出台《韶关市武江区人民政府关于印发韶关市武江区盐业体制改革实施方案的通知》，确保武江区盐业体制改革工作落到实处。同时为进一步完善食盐监管体制，出台《韶关市武江区食盐监管体制改革实施方案》。

【党建工作】 2017年，区发改局党组织严格落实“三会一课”制度，深入学习习近平总书记系列重要讲话、中共十九大精神。严格履行“党要管党、从严治党”责任，严格遵守中央八项规定。领导班子坚持民主集中制讨论决定重大事项。开展党员入社区服务活动4次。多次到挂点村居委（工业西居委、什石园村委和黄塱村委）开展联系基层工作。制定《武江区发改局2017年党风廉政建设和反腐败工作实施方案》。加强对重点领域、重点工程项目、重要岗位的廉政风险防控。完善落实内控制度。加强风险排查。加强纪律教育，以“七个一”为抓手切实抓好纪律教育学习月活动。全年未出现任何违法违规情况。

区发改局领导名录

局　长：成振铭
副局长：茹伟杰
　　　　黄　倩（女）
　　　　黄文彬（挂职，2017.12—）

（陈文利）

统　计

【概况】 根据韶关市武江区人民政府办公室《印发韶关市武江区统计局主要职责内设机构和人员编制规定的通知》（韶武府办〔2010〕54号），区统计局机关行政编制7名，其中：局长1名，副局长2名，股长（主任）4名。区统计局设4个内设机构：办公室和法制股；综合核算和计算机股；工业、交通、能源、科技股；社会投资、建筑与房地产、劳动工资、农村农业、贸易股。年底实有公务员6人。2012年11月22日区编委会会议研究决定，同意设立“韶关市武江区统计普查中心”，为区统计局下属正股级事业单位，编制8名，设主任1名，副主任1名。实有职员7人。

2017年，区统计局紧紧围绕区委、区政府总体部署，以服务全区经济发展大局为宗旨，以提高统计工作水平和数据质量为目的，务实创新，扎实工作，为全区经济社会发展提供优质统计服务。

【统计服务】 2017年，区统计局围绕全年经济增长目标，密切监测全区经济运行情况，采取积极措施，着力加强经济运行情况的监测、分析、研判，有效发挥统计部门职能。一是结合武江实际，认真测算并分解细化2017年全区经济增长目标。二是强化经济运行的监测预警分析研判。在做好常规报表报送工作的基础上，各专业及时做好企业生产数据统计监测台账，加大数据解读力度，通过经济分析会等会议及时向区委区政府通报经济运行情况，反馈问题、提出建议，为区领导及各部门及时跟踪掌握主要经济指标动态、把握经济形势提供提供参考。三是联合部门开展调研。做好与经信、发改、住建、文新、食药监等部门的日常沟通对接，深入解企业发展现状、生产中存在的问题及需要政府帮助解决的问题，挖掘企业增长潜力；四是围绕决策需求，丰富统计产品。加强对经济形势的研判，重点对全区经济运行情况、突出问题进行分析，提供预警信息和措施建议。继续完善编印《武江统计月报》小册子，全年编印统计月报11期，主要内容有武江经济运行简况、主要指标统计图、全区主要经济指标、全市各县市区主要经济指标、统计知识等。2017年3月，发布《武江区2016年国民经济和社会发展统计公报》。全年编印《武江统计分析》17期，有9篇分析报告得到区领导的批示。开展全区2016年小康社会实现程度监测、分析工作，发布《2016年武江区全面建成小康社会进程监测报告》和《武江区决胜全面建成小康社会建议》。

【落实统计改革】 2017年，全区新增“四上”企业41家，其中工业企业4家、建筑业1家、房地产开发企业5家、批零住餐企业22家（批发业10家，零售业9家，住宿业2家，餐饮业1家）、规模以上服务业企业9家（其他营利性服务业5家）。41家企业的入库，对全区2018年经济发展将起到一定的促进作用。

【统计调查】 2017年，区统计局承担省、市布置的23项专项调查任务，分别是：城乡一体化调查；主要畜禽调查；工业品价格调查；规模以下工业抽样调查；限上批零企业调查；限上住宿餐饮企业、个体户调查；限下批零、住宿餐饮企业、个体户抽样调查；民营批零、住宿餐饮企业调查；重点批零、住宿餐饮企业调查；私营企业及其他单位工资统计调查；企业用工情况调查；规模以下服务业企业抽样调查；文化及相关产业单位情况调查；人口变动情况抽样调查；农民工监测抽样调查； 韶关市基本公共服务均等化公众满意度调查；新设立小微企业和个体经营户跟踪调查；劳动力调查；韶关市群众幸福感测评调查；机关绩效考核公众评议调查；芙蓉新区统计调查;小康社会监测统计调查、名录库新增企业调查。

【城乡一体化住户调查】 2017年，武江区按照市统计调查要求对住户调查进行样本轮换，通过对1467户的摸底调查，选取140户作为调查对象。通过集中培训、现场指导，切实做好开户、换户、稳户等工作，有效完成样本轮换工作。一是加强记账业务培训。区统计局通过深入各居委、村委组织培训的方式，记账质量得到明显提高。二是加强调查数据监测。重点监测工作绩效考评方案涉及的调查指标，每月把监测数据存在问题及时反馈给相关镇街进行解决。三是出台《韶关市武江区城乡一体化住户调查工作考核实施办法》，对镇街进行考核打分，自上而下推动调查工作，通过强化质量审核、加强现场查补、经常性抽查督导，动态掌握调查户的记账情况，提高记账质量。

【农业普查】 2017年1月1日起，全区组织普查员深入农户及农业生产单位进行正式入户登记，普查期间做好业务指导、普查进度跟踪、数据审核验收等大量细致的工作，按时保质完成全区第三次全国农业普查任务并通过市的数据质量验收。全区参与农业普查有区农普办工作人员16人，镇农普办工作人员15人，共5个镇51个村民委员会，划分51个普查区和194个普查小区，选聘69个指导员和162个普查员，配备PDA共81台参与普查。全区登记农户14566户（普通农户14397户，规模农业经营户169户），农业经营单位140个。其中：农业经营户12082户（普通农业经营户11913户，规模农业经营户169户）。全区51个村委会填报行政村普查表，5个镇填报乡镇普查表。一是明确责任分工、加强工作督导。区农普办创新制定《武江区第三次全国农业普查责任包干办法》，实行领导干部挂点责任制，明确工作职责和完成时限，不定期召开工作会议汇报工作落实情况，确保普查质量。工作包干人员履责抓好各自挂点镇、村委会的普查工作督导，深入调查一线进行业务指导，全面跟踪各镇、村委工作进度，及时发现存在问题，指导帮助解决工作中遇到的难题。二是加强资料比对，做好数据审核和查漏补缺。充分利用国土部门农村土地利用现状面积、林业部门林业用地面积、农业部门土地确权、精准扶贫对象名单和建档立卡贫困户资料、工商部门交易市场资料，进行比对审核。

【统计基础建设】 2017年，区统计局按照省统计局2015年“统计基层基础建设年”工作要求，继续扎实做好统计基础工作规范化建设活动。围绕加强统计机构建设、加强统计队伍建设、健全统计工作制度、保证统计工作经费、改善统计办公条件、完成统计业务工作情况、加强统计资料管理、提高统计服务水平等八方面，指导、督促、检查各镇街建立健全统计制度，完善统计资料、统计台账、原始记录、统计网络建设等统计基础规范化工作。全区在镇街统计规范化建设投入许多人力、财力，在“五有六化”要求上，对照有机构、有人员、有场所、有设备、有经费、统计管理制度化、统计流程规范化、统计调查合法化、统计手段现代化、统计服务优质化、统计教育常规化进行查漏补缺，通过扎实的创建工作，全面夯实基层统计基础。新华街道办事处统计工作站在2017年全市统计基层基础建设抽检中顺利通过。

【统计法制建设】 2017年6至8月，区统计局开展统计执法检查工作，分两个执法检查组，按照新的检查办法，对全区30家联网直报“四上”企业进行统计执法检查，重点是检查企业2016年年报和2017年上半年定期报表重点指标数据质量，检查内容包括统计报表、会计资料、统计台账等基础性工作，同时检查企业统计数据的真实性、准确性、和完整性。对发现的问题提出整改意见，有效加强企业统计基础，强化统计员法制意识，提高源头统计数据质量。

【表彰情况】 2017年1月，区统计局在2016年度县（市、区）统计业务工作综合评价中获得第二名。10月，区统计局派出4人参加全市政府统计系统岗位技能竞赛，其中胡佳捷在全市统计系统岗位技能竞赛中获优胜个人。11月，区统计局在2016年度绩效考评中被区委、区政府评为良好等次（政府部门第11名）。

区统计局领导名录

局　长：何爱华

副局长：刘学农

　　　　林洁谊（女）

（刘学农）

审　计

【概况】 武江区审计局内设办公室（计算机审计室）、综合股、经济责任审计办公室、财税金融审计股、行政事业审计股5个职能机构，核定行政编制8名，设局长1名，副局长2名，股室正职5名。截至2017年12月31日，区审计局实有在编6人。

2017年，区审计局围绕区委、区政府中心工作和社会关注的问题，依法履行审计监督职能，全面完成2017年各项审计任务。2017年完成审计项目12个，其中：审计项目7个，专项审计调查项目5个.出具审计报告14个，审计查出主要问题金额8621万元，均为管理不规范金额，非金额计量问题55个，提出审计建议29条。

【财政审计】 2017年，区审计局围绕党委、政府和群众关注的重点部门、重点领域、重点资金在对武江区2016年度预算执行情况及其他财政收支情况实施审计时有重点、分步骤的延伸多个部门，采取本级预算执行审计与部门预算执行审计、部门财务收支审计等相结合的方式，在同一时段，不同审计组同时进行审计工作，针对审计发现的问题，审计组之间及时开展沟通，群力群策，在完善财政管理工作，加强预算、决算编制管理，细化支出预算，提高财政资金使用效益等方面，提出可行性审计建议。并于2017年6月向区人大提交审计工作报告，得到区人大的肯定。

【经济责任审计】 2017年，区审计局除配合上级开展经济责任审计项目外，全局在开展对经济责任审计对象的调查摸底的基础上，分类确定审计重点和审计频次，围绕经济责任审计全覆盖，根据武江区委组织部的委托和该局制定的审计工作计划，结合部门预算执行审计、专项审计调查等审计项目，开展1个领导干部经济责任审计项目，延伸审计调查该被审计单位的下属单位、团体及各乡镇（街道）等11个单位，提交审计报告2篇，针对被审计单位财政财务收支及资产管理等方面存在的问题和薄弱环节提出整改意见和建议，全年经济责任审计共查出管理不规范资金34.73万元。达到审计一点，规范一片的效果，在强化对领导干部权力运行的制约和监督等方面发挥积极作用。

【民生审计】 2017年，区审计局开展精准扶贫精准脱贫跟踪审计。通过对区2017年精准扶贫精准脱贫跟踪审计，发现部分单位在贯彻落实省级以上、市级配套资金及区级等精准扶贫精准脱贫专项资金中存在问题：一是2016年脱贫成效完成情况方面存在的问题；二是扶贫资金筹集、管理、使用中存在的问题；三是“三保障”惠民政策落实等方面存在的问题。针对发现的问题及时提出相关审计建议。推动扶贫政策的落实，规范扶贫资金管理，维护扶贫资金安全，提高扶贫资金绩效。

【稳增长跟踪审计】 2017年，区审计局政策落实跟踪审计板块涉及项目3个：2016年国家和省重大政策措施落实情况跟踪审计、武江区2017年度创新发展战略相关政策措施落实情况专项审计调查、武江区基层医疗卫生服务能力建设政策措施落实情况专项审计调查。共出具审计报告3个。通过政策落实跟踪审计（专项审计调查）摸清该区相关部门落实上级政策的情况，及时发现政策落实过程中存在的问题并提出相关审计建议，促进项目推进、政策落实，使存在的问题消灭在萌芽状态，为领导决策提供可靠的依据。

在完成年度审计计划安排的各项审计任务外，区审计局选派3名业务骨干分别参加市审计局开展的“乡镇（街道）党政主要领导干部经济责任异地同步审计”项目1个；参加全省县级地方党政主要领导干部经济责任异地同步审计项目1个；参加省审计厅开展的“清远市2017年保障性安居工程跟踪审计”项目1个。此外派出4人协助区纪委完成案件的财务审查工作3次，配合区纪委巡察工作3次，积极配合保质保量完成各项工作。

【服务企业】 2017年，区审计局切实抓好重点建设项目碧桂园·凯旋华府帮扶工作，加强走访调研。着力解决企业在建设中遇到的各种突出问题，确保企业稳定健康发展。

【扶贫帮困】 2017年，区审计局与山蕉村结对帮扶以来，始终如一地重视这项工作，并选派“第一书记”到村开展工作。由于领导重视，计划周密，措施实在，帮扶工作取得较大成效，为解决该村农民的实际困难，维护和促进全区改革、发展、稳定的大局作出积极的贡献，同时也促进该局的作风建设，密切党群关系。

【队伍建设】 2017年，区审计局围绕建设高素质审计队伍的目标，不断探索审计干部培训的新思路、新方法，建立健全教育培训和竞争激励工作机制，全面提高审计干部素质。积极参加审计署、省审计厅和市审计局组织的各类培训。通过学习培训，提高审计人员的政策水平和业务技能，审计人员的依法行政、依法从审、廉政意识得到进一步增强。

【党风廉政建设】 2017年，区审计局廉政建设常抓不懈，积极开展廉政教育活动。召开党性党风党纪教育宣传月活动动员会，学习《中国共产党章程》并开展党章知识测试活动，学习《反腐倡廉教育学习资料》，观看《蜕变的初心》等警示电教片，开设廉政党课，撰写学习心得，张贴警示宣传画，组织参观“韶关市博物馆举办的庆祝建军90周年主题展览”等。

区审计局领导名录

局　长：（空缺）

副局长：袁文娟（女）

　　　　华志荣

（邓　力）

工商行政管理

【概况】 韶关市武江区工商行政管理局设办公室、人事监察股、政策法规股、登记注册股、企业监管股（加挂个体私营经济监管股）、市场规范管理股（加挂网络交易监管股）、商标广告监管股、消费者权益保护股（加挂市场监管体系建设协调股牌子）8个内设机构。设1个直属行政单位（正股级）：经济检查大队。设4个派出机构（副科级）：芙蓉工商所、新华工商所、西郊工商所、龙归工商所。设两个事业单位：韶关市武江区工商行政管理局12315投诉举报中心、韶关市武江区消费者委员会。

2017年韶关市武江区工商行政管理局（以下简称“区工商局”）紧紧围绕区委、区政府中心工作，大胆开拓进取，认真履行职责，以深化商事制度改革、加强事中事后监管、加大消费维权力度为重点，扎实推进工商行政管理各项工作，取得显著成效。

【“多证合一、一照一码”登记制度改革】 2017年，区工商局贯彻落实《广东省商事登记条例》，深化推进商事制度改革，进一步简化登记注册程序，降低创业门槛，放宽市场准入条件。从2017年9月1日起全面实施“多证合一、一照一码”登记制度改革，企业和农民专业合作社在全面实施工商营业执照、组织机构代码证、税务登记证、社会保险登记证、统计登记证“五证合一”的基础上，进一步整合住房公积金缴存登记、外商投资企业设立备案、对外贸易经营者备案登记、国际货运代理企业备案、检验检疫报检企业备案和原产地证申领企业备案登记；个体工商户在工商营业执照、税务登记证“两证整合”的基础上，进一步整合住房公积金缴存登记、对外贸易经营者备案登记。企业、农民专业合作社和个体工商户登记时，由区工商局核发加载法人和其他组织统一社会信用代码的营业执照。全年核发“多证合一”营业执照1365份；引导13户个体户升级为企业，涉及注册资金（含出资额）1836万元；办理住改商登记352户；办理1132笔网上登记注册业务，同比增长278.6%。

【工商登记注册】 截至2017年12月31日止，武江区登记在册各类市场主体14801户，注册资本（金）总额540459.24万元，与上年相比分别增长11.71%和70%。其中，个体工商户达12953户，从业人员28577人，注册资金67926.43万元，同比分别增长8.58%、9.68%和18.59%；私营企业1677户，从业人员10653人，注册资金366538.47万元，同比分别增长42.48%、30.78%和105.88%；内资企业107户（其中法人企业51户），注册资金97078.5万元，同比增长20.22%及31.50%；农民专业合作社64户，成员总数3320人，出资总额8915.84万元，同比分别增长4.92%、3.33%和-1.17%。

【企业年报】 截至2017年6月30日，武江区工商局企业应报数1188户，实报数1084户，年报率91.25%；农民专业合作社应报数60户，实报数37户，年报率为61.7%；个体户应报数11270户，实报数9088户，年报率80.6%。全面实施“双随机、一公开”新型市场监管模式，开展年报抽查和即时信息抽查，其中抽查企业45户、农民专业合作社3户、个体工商户416户。企业抽查结果公示信息正常的29户，未按规定公示信息的15户，通过登记住所（经营场所）无法联系的1户；农民专业合作社抽查结果公示信息正常的3户；个体工商户抽查结果正常户384户，办理注销的1户，公示信息隐瞒真实情况、弄虚作假的7户，通过登记的住所（经营场所）无法联系24户。

【企业监管】 2017年，区工商局紧密结合“创文巩卫”、安全生产监管、消防安全检查、校园周边经营秩序整治等工作，深入开展“查无”工作。制定查处无照经营行为专项行动实施方案，学习《无证无照经营查处办法》，全面清理无照经营行为，规范亮照经营。落实安全生产监管工作，进一步加大对油气生产储运、非煤矿山、危险化学品、烟花爆竹等行业领域无照经营的查处。加强对学校周边重点行业及其他各类市场主体的监督检查，强化校园周边文化市场的监管，严查非法出版物、淫秽色情出版物、恐怖玩具、仿真枪支等，净化校园周边环境。全年，各类专项行动共出动执法人员1000余人次，检查各类市场主体2898户次。

【建立整治虚假违法广告联席会议工作制度】 2017年，区工商局牵头组织建立武江区整治虚假违法广告联席会议工作制度。开展打击侵犯知识产权和制售假冒伪劣商品专项行动，以医疗广告、房地产广告、农资广告、食品广告等为重点，加大对虚假宣传等违法行为的查处力度，净化商标广告市场环境。2017年武江区企业新申请（含正在审批）注册商标247件，累计有效商标1442件；区工商局登记在册广告经营户444户，从业人员1675人，其中私营企业232户，个体工商户212户。

【打击走私贩私】 2017年，区工商局进一步加强反走私综合治理工作，以“洋垃圾”、电子产品、成品油、烟酒，大米、保健食品、化妆品、冻品、水果、粮食、水产品等物品为重点，组织开展打击走私“国门利剑2017”、打击成品油走私专项行动、打击象牙等野生动植物及其制品走私专项行动，严厉查处经营无合法来源证明进口商品的行为，检查市场15个，油站、油库10个，冻品冻库9个，汽车汽配门店53个，销售摊档、超市、烟草酒类专卖店、批零部等255户次。全年查处2宗经营无合法来源证明进口商品案件，货值1102元，罚没入库275.5元，没收无合法来源证明进口商品一批。

【假冒伪劣商品整治】 2017年，区工商局以元旦、春节、国庆等节日为重点，加强对应节商品的监督检查，组织开展春季农资、小家电、儿童用品、箱包皮具、汽车配件、电线电缆、车用润滑油及燃油、电子商务产品、服装等打假专项整治行动；与食药监局、盐务局等部门联合执法，开展打击食品制假售假和走私售假食盐行为；开展对2016年度办理产品质量案件行政约谈工作，教育经营者履行商品质量义务，加强产品质量管理，妥善解决消费纠纷。全年立案查处销售不合格商品案3宗，罚没金额1.875万元。

【网络交易监管】 2017年，区工商局组织开展市场信用分类监管，评定市场信用等级，采集商品交易市场信息19家，按信用等级完成商品交易市场检查59次，已认定A级商品交易市场12个，B级商品交易市场7个。加大“红盾电子标识”的推广力度，推动网络行业诚信经营、健康发展，武江辖区网络经营户165户，网站182个，其中应申领网站电子标识141个，已申领电子标识28个，标识率19.86%。

【农资监管】 2017年，区工商局深入开展“红盾护农”专项行动，开展农资市场专项整治。开展秋季农资抽检，抽检化肥样本10个，全部及格。

【农贸市场升级改造】 区工商局充分履行农贸市场升级改造领导小组办公室职能，主动作为、积极协调，统筹各成员单位努力推进武江区两批共九个社会办农贸市场升级改造工作。2017年，第一批参与升级改造的坝厂市场、嘉晖市场、工业西市场、荣华市场，以及第二批参与改造的红星市场、向阳芙蓉市场、前进市场、阳山市场、向阳综合市场已全部完工。其中，第一批的嘉晖市场、工业西市场和荣华市场已通过市升改办验收，全部获评AA级市场。

【农贸市场秩序环境整治】 2017年，区工商局按照创文巩卫的要求，强化宣传，在辖区社办市场设置不锈钢宣传栏20块、“社会主义核心价值观”公益广告13块，“遵德守礼”提示牌50块，“诚信经营”公益广告120块，宣传画120张，督促已升改市场利用LED电子显示屏播放“社会主义核心价值观”“韶关市民文明行为规范”“韶关文明公约”。组织召开农贸市场创文专题会议，分析和研究集贸市场存在的短板问题，引导农贸市场签订“承诺书”，积极参与创文工作；向企业和商户派发倡议书二万多份，倡议广大企业经营者和个体工商户业主关心、支持、参与创建工作。做好登革热防控工作，督促市场开展药物消杀灭蚊工作，确保市场内“四防”装置完好率达到90%。加强社会办市场经营秩序、环境卫生、车辆停放、商品质量等方面整治工作，各市场经营秩序和卫生均得到有效改善。

【禽流感防控】 2017年，区工商局切实做好禽流感防控工作，督促活禽经营市场及经营者落实每月20日的固定休市和8次临时性休市，牵头组织开展11次活禽市场落实“1110”制度（一日一清洗，一周一消毒，一月一休市，过夜零存栏）的联合执法行动。全年共出动执法人员719人次，检查活禽市场512个次，检查活禽经营户1876户次，发出整改通知书23份。积极配合做好家禽“集中屠宰、冷链配送、生鲜上市”工作，从6月1日起每周安排执法人员参与区食安办牵头组织的联合执法行动。

【打击传销】 2017年，区工商局积极推进无传销区创建工作，开展“严厉打击传销，共建和谐家园”为主题的打击传销进社区宣传活动，利用“3·15”国际消费者权益日、“12·4”全国法制宣传日、日常巡查、走访企业等时机派发宣传小册、公开信，在主要乡镇、街道、社区等地设置宣传栏，在市场、街道等人口密集地悬挂宣传横幅，努力营造打击传销、创建无传销城市工作的舆论氛围，共设置宣传横幅20条，发放宣传手册、打传联系卡及《致广大市民的公开信》《倡议书》等相关资料50000多份。行政区域内的所有镇（街）被区政府认定为“无传销镇（街）”，市考评小组于2017年12月对武江区申报无传销区完成认定考核工作。区工商、公安部门开展打击传销联合行动，全年捣毁传销窝点1个，遣散涉嫌传销人员30人，解救受骗群众29人，其中刑事拘留8人，逮捕7人，区法院审理案件4件，刑事判决8人。

【消费维权】 2017年，区工商局牵头组织有关单位开展以“网络诚信入乡镇，消费畅无忧”为主题的消费者权益日宣传咨询服务活动，通过派发宣传资料，展示消费维权成果，现场解答群众咨询等一系列方式，引导市民科学消费，增强维权意识，共同提高社会监管效力，共接待消费者咨询300多人次，派发各种宣传资料500多份。武江区“12315”投诉举报中心全年共受理消费者申诉196宗，其中商品申诉138宗，服务申诉58宗，为消费者挽回经济损失26.38万元，办结率均为100%；受理消费者举报3宗，已转交执法单位立案查处。武江区消委会全年共接到消费咨询142人/次，受理消费者投诉共42宗，其中商品类29宗，服务类13宗，为消费者挽回经济损失约56800元。

【企业信用体系建设】 2017年，区工商局组织开展“守合同重信用”企业公示活动，组织武江区企业积极申请与开展2016年度广东省“守合同重信用企业”公示活动，受理、审核公示申请16份，其中连续公示3份、初次公示11份。经过向各相关部门征询后，予以公示12家，不予公示4家。积极开展文明诚信市场创建工作，力求通过以点带面，提高市场整体文明诚信经营和规范管理水平，营造良好的市场经营发展环境。益华百货韶关店成功创建为2016—2017年度“广东省文明诚信市场”。

【动产抵押】 2017年，区工商局充分发挥动产抵押登记职能，积极为“银企”对接牵线搭桥，为企业盘活资产开辟融资道路。全年登记动产抵押12例，抵押金额4199.5万元。

【拍卖备案】 区工商局做好拍卖活动备案工作，截至2017年10月底，共进行拍卖前、后备案共58期次。

【工商系统受表彰情况】 2017年，武江区工商局被评为2016年度综治创平工作优秀等次。武江工商局被授予“广东省无烟单位”称号。武江区工商局获评“韶关市文明单位”，武江区工商局登记注册大厅获评“韶关市文明示范窗口”。

区工商局领导成员名录

局　长：黄海涛（—2017.12）
副局长：刘江平
　　　　周伟真
　　　　叶　盛

（余丹丹）

国土矿产资源管理

【简述】 韶关市国土资源局武江分局由市国土资源局和区政府双重管理，以区政府管理为主，内设办公室、土地规划与耕地保护股、土地利用管理股、地籍与测绘地理信息管理股、矿产资源管理股、执法监察大队、地质环境股，下辖江湾国土资源所、重阳国土资源所、龙归国土资源所、西联国土资源所、西河国土资源所。核定机关行政编制7名，行政执法专项编制3名，乡镇国土资源所行政执法专项编制20名。其中：分局长1名，副局长2名，执法监察大队大队长1名。后勤服务人员1名。

至2017年末，武江区耕地面积6884公顷（水田3999公顷，旱地2386公顷，水浇地499公顷），园地644公顷，林地48763公顷，草地1612公顷，城镇村及工矿用地5036公顷，交通运输用地955公顷，水域及水利设施用地2942公顷，其他土地941公顷。

辖区矿产资源较为丰富，但储量较少，共生、伴生矿较多。主要有煤矿、铁矿、铅锌矿、锡矿、钨矿、金矿、银矿、石灰石、高岭土、萤石矿等。锑矿小矿床3处，铅锌矿（小型）主要分布在重阳镇；锡矿、钨矿矿点2处；石灰石储量丰富，品质好，主要分布在西联镇、龙归镇、西河镇。萤石矿主要分布在龙归镇续源、江湾镇架锦坑。陶瓷矿（高岭土）主要分布在重阳镇、龙归镇。煤炭矿区有芙蓉山、田心、车角岭煤区（已停采）。

【“三项”治理】 2017年，武江区“三项”治理工作包括落实历史遗留用地问题及“三乱”整治，其中：历史留用地欠账46.26公顷，截至2017年10月，全部欠账已落实；共完成涉及“三乱”问题线索42宗，面积4.07公顷，其中耕地面积1.84公顷，已全部立案，拆除违法占地面积0.13公顷，立案率达到100%。“三项”治理工作全面完成。

【耕地提质改造】 2017年，武江区垦造水田项目共2个，分别为龙归冲下村项目及龙归凤田村项目，其中龙归冲下村项目建设规模23.6公顷，预计新增水田21.7公顷；龙归凤田村项目建设规模15公顷，预计新增水田13.33公顷。

【耕地保护目标责任】 武江区及时下达2017年基本农田保护经济补偿省级补助资金，建设用地占用耕地做到“占优补优、占水田补水田，先补后占”，确保2017年末耕地面积不少于6186.06公顷，基本农田面积不少于5077.66公顷的耕地目标保护任务。

【高标准基本农田建设】 2017年，武江区积极做好2014、2015、2016年度高标准基本农田建设工作，其中：2014年度工程已全面完成并通过市级验收；2015年度主体工程已竣工，并完成工程复核，待市级验收；2016年度工程已竣工，待区级验收。

【征地、用地报批】 2017年，武江区共组织北江航道（五改三）项目、曲江大道等11个批次项目用地报批上报审批，涉及面积共80公顷，累计取回用地批文约13.33公顷。

【永久基本农田划定】 2017年，落实5077.66公顷永久基本农田保护目标划定任务，完成上图入库、落地到户，确保划足、划优、划实，实现定量、定质、定位、定责保护，划准、管住、建好、收牢永久基本农田。签订永久基本农田保护责任书56份，设立永久基本农田标志牌13个，完成省级验收，并通过部级复核。

【查处违法用地】 2017年度，韶关市国土资源局武江分局共开展动态巡查1000多人次，发现违法用地行为201宗，下发责令停工通知书201份，做到及时发现、及时制止、及时报告。同时，加强与区“查违办”的沟通，通过联席会议部署协调工作，查控“两违”工作进展顺利。

【土地矿产卫片执法】 2017年，武江区2016年度土地变更调查（土地矿产卫片）遥感监测图斑239个，总面积130.6公顷（含耕地16.7公顷），其中新增违法用地合计52宗，面积9.07公顷（含耕地1.49公顷）。应立案50宗，已立案

50宗，落实罚款130.36万元，没收违法构筑物13656平方米，拆除违法建筑物面积500平方米，完善用地手续面积0.81公顷，复耕1.44公顷，复绿1.5公顷。

【矿产资源管理】 2017年，武江辖区范围内持证采矿企业10家、探矿权企业9家（包括正在办理延续和保留矿区范围项目），办理矿区范围变更申请业务2宗，采矿权延续申请业务2宗，新设置采矿权3宗，颁发采矿许可证3宗。完成土地复垦费收缴29.09万元。完成矿业权年检工作，本级应检采矿权全部年检合格（共10家），应检探矿权全部报检（共9家）。

【地质灾害防治】 2017年，武江区认真积极开展地质灾害防治高标准“十有县”建设工作，成功通过省检查组的验收，申报为国家地质灾害防治高标准“十有县”单位，对57个已入库的地质灾害隐患点进行全面排查和监测，制作新型地质灾害警示牌，对五个威胁100人以上的地质灾害隐患点进行重新标示，并制定相应的应急预案。7月2日—7月3日，武江区遭受特大暴雨，国土分局及时启动应急预案，连夜与重阳镇政府、妙联村委会及时安全转移受观音山滑坡隐患点威胁的群众40多户。

【地质灾害处置】 2017年度，省级财政下达武江区的地质灾害防治资金共177万元，组织开展格润洗涤公司后山滑坡整治、区教育局停车场崩塌整治及龙归镇坎下村不均匀沉降调查。截至12月30日，龙归镇坎下村不均匀沉降调查已完成，其余两项治理项目已完成治理方案设计，并开展招投标工作。

武江区国土分局领导名录：

局　长：刘石秀（女）
副局长：吴韶华
　　　　李恩光（—2017.5）
　　　　杨长虹（女，2017.8—）
　　　　杨　棣（挂职）
执法监察大队长：
　　　　杨长虹（女，—2017.8）
　　　　周福升（2017.12—）

（吴志伟）

食品药品监督管理

【概况】 2017年，武江区食品药品监督管理局坚持贯彻落实中共十九大“实施食品安全战略，让人民吃得放心”的重要决策，紧紧围绕区委、区政府中心工作，进一步加强“四品一械”监管（食品、药品、保健食品、化妆品、医疗器械），切实保障公众饮食用药安全。全区食品药品安全稳中向好，食品安全考核名列全市第三，比往年前进一名，2017年无发生食品药品安全事故。

【行政许可审批】 2017年共办理食品经营许可1358户，其中保健食品保健品 64户；办理药品经营许可（零售）60户；办理第二类医疗器械备案75户；核发食品小作坊登记25户。

【“四品一械”监督管理】 食品监管：加强对食品安全整治工作，2017年开展节前食品安全专项检查、婴幼儿配方乳粉标签标识规范和监督专项检查、查处销售来自日本核辐射区食品专项检查、食品标签说明书“非法声称”问题专项整治、校园周边食品安全监督检查和抽检专项行动、城乡接合部及农村食品安全专项整治、食品保健食品欺诈和虚假宣传专项整治行动、畜禽水产品专项整治行动以及农贸市场H7N9禽流感疫情防控工作等系列专项行动，检查各类经营户2626户次，整改企业373户次，查扣不合格食品一批。在生产领域，重点开展食品生产环节风险分级分类管理工作，为辖区内21家食品生产企业划分风险等级，并根据风险等级高低确定日常检查频次和重点。排查生产企业35家次，针对检查发现的问题责令企业整改，发出监督整改意见书15份，企业完成整改并提交整改报告15份。加大小作坊监管力度，年初将未获证小作坊名单在公众网站向社会公示。在市食品行业协会、韶关学院的协助下，于7月21日举办食品生产加工小作坊培训班，全区共有30多家小作坊负责人到会培训。通过整治，17家小作坊因基础条件较差等原因签订退市承诺书，不再继续从事生产或转为在市场现场加工销售，25家小作坊通过升级改造成功办理小作坊登记证。

化妆品：2017年，区食药监局选择工业西路开展创建市级化妆品市场安全治理示范区。5月中旬召开示范区创建动员大会，示范区内的大型超市、美容美发店、医药连锁公司等企业负责人、管理人员共60人参加会议。创建活动从产品合法、产品溯源、台账管理等方面着手，通过督促企业落实主体责任，严格把关，及时下架未注册备案产品，严防伪劣产品流向化妆品市场，确保所销售的化妆品来源可查、可追溯，质量安全有保障。同年底通过市食药监局验收，市级化妆品市场安全治理示范区创建成功。

保健食品监管：以开展打击保健食品非法会议营销专项行动和食品、保健食品欺诈和虚假宣传专项整治行动为抓手，对保健食品领域开展全面整治行动。全年共检查保健食品经营单位103家次，向经营单位发出监督整改意见书13份，企业完成整改并提交整改报告13家。同时，加强保健食品安全知识宣传，通过开展“3·15”宣传、食品安全宣传周、保健食品科普宣传进社区、“南粤护老”专项系列宣传活动，宣传保健食品相关知识，全年共计派发、张贴各类宣传资料、手册16000份，为群众讲解、答疑200人次。为加强保健食品经营者主体责任感，督促经营者合法经营，召集全区保健食品经营者开展保健食品安全知识和相关法律法规的培训，培训经营者100人次。

药品、医疗器械：开展药品、医疗器械流通领域隐患排查专项整治；药品经营企业GSP跟踪检查、“处方药不凭处方销售”专项检查、医务室专项检查工作；规范城乡结合部、农村地区单体药店和个体诊所药品经营秩序的“清渠行动”、对中药材、中药饮片经营活动专项治理的“正本清源”行动和对互联网药品经营企业专项治理的“清网行动”，全面强化对药品和医疗器械经营企业的日常检查，全年共检查药品零售企业147家、医疗器械批发企业33家，覆盖率达100%，整改企业11家，立案查处3宗。

【开展食品监督抽检工作】 2017年，区食药监局把食品抽验的重点放在与人民身体健康密切相关、群众关注度高的食品及原料上开展监督抽检工作。制定《2017年武江区食品安全监督抽检计划》，并组织人员参加省、市级食药监部门举办的各类快筛快检和食品监督抽检业务培训。2017年共完成食品监督抽检404批次，不合格11批次，抽检合格率97.3%，对抽检不合格的依法进行处理。

【案件及投诉处理工作】 2017年区食药监局共查办案件54宗，涉案金额20.9469万元，移送司法机关案件7宗、罚没收入库41.0132万元，吊销食品经营许可证1件。受理来电、信件等投诉举报（含网络问政、行政投诉）共162件，均已在规定时间内办结，办结率100%。

【开展学校食堂及周边食品安全联合治理】 区食药监局制定《武江区2017年春、秋两季学校食堂及周边安全专项检查工作方案》，联合教育、城管、工商等部门于每学年度对学校食堂及周边食品经营单位开展专项联合执法检查，确保学校师生饮食安全。继续开展学校食堂“灭C行动”，遴选出西联镇新阳山幼儿园、博思特幼儿园等8所幼儿园为重点建设单位，8所幼儿园资金总投入相关经费约30万元完成食堂升级改造，并通过验收，惠及师生2000人。

【“私宰猪肉”、“私宰牛肉”、水产品联合检查行动】 牵头组织区农业局、工商局、城管局等部门组成联合检查组，开展专项检查，持续保持高压严打态势，有效遏制畜禽水产品中违规使用抗生素、禁用化合物及兽药残留超标问题，保障畜禽水产品质量安全。2017年，共查处经营使用国家禁止的兽药、抗生素的食用农产品案件5宗，结案5宗。

【千家农贸市场食用农产品农残快检工作】 2017年，广东省食药监局在2016年开展“全省千家农贸市场食用农产品农残快检工作”基础上，再新增1000家农贸市场加入该项工作，韶关市增加20家，其中10家由武江区承担。区食药监局以主城区全覆盖、农贸市场固定档口每月快检全覆盖、重点品种重点项目全覆盖、加强规范操作为内容的“三覆盖一加强”为抓手，全方位开展食用农产品快检工作，以依法处置快检不合格食用农产品、开展跟踪式快检和追查责任，实现市场倒逼为手段，强化监管，充分发挥快检筛查“过滤网”作用。2017年，共检测食用农产品44375批次，不合格155批次，合格率99.65 %，水产品1753批次，不合格4批次，合格率99.72%。9月12日，省食药监局快检工作检查组到武江区开展农贸市场食用农产品快检工作督导，充分肯定武江农贸市场食用农产品农残快检工作所取得的成绩，成绩位列全市第一名。

【开展家禽“集中屠宰、冷链配送、生鲜上市”工作】 根据市委、市政府工作安排，从2017年6月1日起，在武江、浈江主城区内开展家禽“集中屠宰、冷链配送、生鲜上市”工作。从5月中旬开始，武江食药监局积极开展宣传工作，派发张贴各类宣传资料4000份；组织主城区17家农贸市场负责人召开工作会议，签订责任书，要求市场落实主体责任；同时做好信访维稳和风险防控工作，深入限制区内农贸市场及周边活禽经营户进行摸底调查，摸排风险点，防止发生群体性事件，并劝导活禽经营户及早转变经营模式；正式实施阶段，由区食安办牵头，联合食药监、工商、城管组成联合执法队伍，定期在限制区内开展联合执法；及时发放生鲜上市政策补贴，对符合条件的74户经营档口发放补贴资金37万元。

【开展食品安全事故应急演练】 2017年10月27日，区食药监局组织开展2017年重大食品安全事故应急桌面推演。推演模拟背景为区内某单位食堂午餐后有30名员工出现头晕、无力、呕吐等身体不适症状，接诊医院怀疑为食物中毒。现场根据情景的推进提出六个问题，分别于事故发生、应急响应、事故调查、舆情监测、响应升级与终止等环节进行演练。针对主要问题、工作重点，以问答的方式对执法人员的处置能力进行检验，并通过专家点评进一步完善应急处置方法方式，提高应急能力。

【开展食品药品安全宣传和培训活动】 以“四进”（进学校、进机关、进企业、进社区）为切入点，开展“3·15”消费者权益日、“善美之城，信用武江”、食品安全进校园、食品安全宣传周、用药安全宣传月、南粤护老行动等宣传活动，派发各类宣传资料5万份；与区教育部门联合在红星小学开展“食品安全知识进校园”现场活动，并向辖区中小学、幼儿园发放“食品安全知识”宣传单1万份；对餐饮企业开展食品安全知识培训活动，分别组织大中型餐饮单位食品安全培训会、集体食堂安全培训会、保健食品从业者培训会、药械安全监测工作暨业务培训会，全年培训相关经营者500人次，有效提高辖区食品药品经营者的食品药品安全意识。

【机构设置】 根据《印发韶关市武江区食品药品监督管理局主要职责内设机构和人员编制规定的通知》（韶武府办〔2013〕105号）和《关于区食药监局调整基层监管机构增加人员编制的批复》（韶武机编〔2016〕29号），韶关市武江区食品药品监督管理局设9个内设机构：办公室、综合应急管理股、政策法规股、食品生产安全监管股、食品流通安全监管股、食品餐饮安全监管股、药械监管股、保健食品化妆品监管股、稽查分局；设3个派出机构：武江区新华食品药品监管所、武江区惠民食品药品监管所、武江区西郊食品药品监管所。

区食药监局领导名录

局　长：王　鸽
副局长：黄华华
　　　　邓献良
　　　　林海平
　　　　雷　霞　（女，兼）

（谭月林）

安全生产监管管理

【概况】 2017年，武江区安全生产监督管理局（简称安监局）以《中共中央 国务院关于推进安全生产领域改革发展的意见》为指南，着力推进政府监管责任与企业安全生产主体责任的落实，出色完成上级安监局及区委、区政府下达的各项工作任务。

【落实安全生产责任制】 2017年，区安监局依据上级部署及结合本地区安全生产状况，每季度组织召开全区安全生产工作会议，传达上级安全生产工作会议精神以及习近平，省、市、区领导关于安全生产指示精神，总结前一阶段全区安全生产工作，分析当前面临的安全生产形势，安排部署下阶段安全生产工作。2017年，在区九届政府6次常务会议上，武江区安全生产监督管理局与区各单位各部门主要负责人组织学习《中共中央 国务院关于推进安全生产领域改革发展的意见》，推进安全生产“一岗双责、党政同责”的落实。

【特别防护期安全生产检查】 区安监组织开展全区2017年特别防护期安全生产大检查。期间，各镇、街道、各部门开展建材类安全检查、网吧专项安全检查、食品药品安全检查等各项安全检查共计10余次，检查企业217家，查处各类安全生产隐患22个，停业整改消防隐患19家。

【安全生产大检查】 2017年8月，制定并下发《关于立即组织开展全区消防及安全生产大检查工作的紧急通知》，组织开展全区8月消防及安全生产隐患大排查，其间全区共进行危险化学品领域、烟花爆竹领域、矿山领域、建筑行业领域、工贸行业领域、娱乐场所、公路建设领域、林业领域、市政道路、水利建设等领域安全检查，共检查加油站11家，矿山企业2家，烟花爆竹经销店5家，建筑施工企业10家，工贸企业6家，娱乐场所53家，林业加工企业34家，公园3个，水库5处，山塘10个。查处各类安全生产隐患22个，立案查处违规违法经营企业4家，给予停业整顿企业1家、警告2家、没收游戏机8台。

【冶金等行业粉尘防爆专项整治】 2017年，在开展为期10个月的冶金等行业粉尘防爆专项整治中，武江区安全生产监督管理局共3次对辖区涉及粉尘爆炸企业开展专项安全隐患排查、复查和整治，出动人员12人次，检查企业15家（次），聘请专家3人次，查处隐患22个，限期整改企业4个，完成隐患整改22个，整改率达到100%。

【非煤矿山专项检查】 2017年，区安监局共3次开展非煤矿山专项检查，组成专门检查组重点检查地下矿山企业井口防洪和井下排水设备设施运转、维护保养以及矿山废石堆场排水系统情况和露天矿山企业排土场、边坡以及职工住宅区等防滑坡、防垮塌和防泥石流措施落实情况。其间，共检查非煤矿山企业4家，出动检查人员6人次，查出各类安全问题和隐患共3项，下达《责令限期整改指令书》1份。

【危险化学品安全专项整治】 2017年，区安监局先后对辖区加油站、油气输送管道、涉及易爆危险化学品、非药品类易制毒化学品4类危险化学品领域开展专项整治。检查加油站10家、液化气经营店8家、非药品类易制毒化学品经营单位25家、涉及易爆危险化学品企业2家，查处各类安全隐患和安全问题11项，下达《责令限期整改指令书》2份，下达《停业通知书》1份。

【烟花爆竹安全专项检查】 2017年，区安监局分别在春节前及清明前开展烟花爆竹安全专项检查。其间，依照《烟花爆竹经营许可实施办法》及《广东省安全生产监督管理局关于开展清明节前烟花爆竹安全监管专项督查的通知》中督查重点内容对辖区烟花爆竹零售商户开展逐一检查。共出动检查人员21人次，查处烟花爆竹安全隐患和问题9个，查扣非法烟花爆竹25箱（盒）。

【职业卫生专项督查】 2017年9月，区安监局联合区住建局等6部门对辖区相关企业开展职业卫生专项执法联合督查。督查行动采取查阅资料、现场询问和深入生产车间方式进行。其间，检查职业卫生用人单位5家，查处安全问题12项，责令当场改正5项，限期改正7项。

【“安全生产月”活动】 根据《韶关市武江区2017年“安全生产月”和“安全生产万里行”活动方案》安排，2017年6月，区安监局组织区住建局等14个单位在龙归镇健身广场举办武江区2017年安全生产咨询日活动。咨询日活动以“全面落实企业安全生产主体责任”为主题，以展示安全展板、免费派发宣传资料和普法手册、现场接受群众安全咨询为主要活动内容。咨询日活动现场展示安全展板4块，免费派发《广东安全生产》杂志30本、《职业病危害防治宣传手册》50份、印有“推动企业安全责任、管理、投入、培训和应急救援五到位”字样的手提袋600个、印有“推动企业安全责任、管理、投入、培训和应急救援五到位”字样的围裙500个，接受群众安全咨询50多人次。

【安全生产应急演练活动】 2017年，区安监局共组织开展工矿企业火灾事故应急救援和机械行业火灾疏散应急救援两次演练活动。两次演练活动分别模拟韶关旭日（国际）有限公司车间和韶关市韶瑞重工有限公司厂区起火、厂方启动应急预案、厂区员工安全撤离、消防队员实施灭火、医护人员对伤员现场实施救治等一系列展开火灾事故应急救援。武江区规模以上企业、武江区各镇（街）、区安委会成员单位、韶关工业园区管委会以及韶关武江科技园共90余人以及韶关旭日（国际）有限公司和韶关市韶瑞重工有限公司参加演练。

【举办安全生产培训班】 2017年，区安监局共举办冶金等行业领域企业安全生产知识和全区网格员、安监人员安全生产业务知识两期培训班。全区冶金、有色、建材、机械、轻工、纺织、烟草等行业领域共80余家生产经营单位的主要负责人以及安全管理人员参加冶金等行业领域企业安全生产知识集中培训。全区各镇、街道和工业园区安全监管人员以及网格员119人参加全区网格员、安监人员安全生产业务培训班学习。

【安全事故调查处理工作】 2017年，区安监局共查处7起生产安全事故，聘请有关专家对事故进行调查处理，按照《生产安全事故报告和调查处理条例》和“四不放过”的原则对事故单位和事故责任人进行行政处罚，并做出防范措施和整改意见。

区安监局领导名录

局　长：肖大清
副局长：邓宗坤
　　　　龚光权

（官庆添）

工业·科技

概　况

武江区经济和信息化局（区科学技术局、区知识产权局）为区人民政府工作部门，设10个内设机构：办公室、经济协作和招商股、外资外贸股、经济运行和产业股、节能和循环经济股（节能监察中心）、市场股、信息产业股、科学技术和知识产权股、中小企业局（副科级）、电子商务股；行政编制19名，其中：局长1名，副局长3名，中小企业局局长1名，副局长1名（正股级）；下属事业单位有武江区外商投资和中小企业服务中心、武江区生产力促进中心。

2017年，面对错综复杂的国内外环境，区经信局认真学习贯彻中共十九大精神，“不忘初心，牢记使命”，根据省、市、区会议精神和区委区政府的统一部署，以服务企业为中心，按照“全力抓工业、关键抓项目、突出抓招商”的工作思路，全面推进工业强区建设，加强对外经贸交流，搞活流通促进消费，各项工作稳步推进。

宏观管理工作

【基本情况】 2017年，受宏观经济减速、新增点不足、负增长面广等不利因素影响，武江区工业经济发展所面临的形势非常严峻。全区上下凝心聚力、攻坚克难，围绕全年工业增长目标，开展大量工作。2017年全区规上工业企业累计完成产值148.57亿元，同比增长3.44%，完成规上工业增加值75.94亿元，同比增长3.8%，全区工业逐步走出困境，向好趋势明显。

【深化挂点联系机制】 2017年，武江区坚持区领导班子成员挂点联系重点工商贸企业制度及局领导班子成员分组挂点制度，对企业发展状况进行实时跟踪，实行“月调度、季分析”的调度机制，详细了解企业生产经营情况，认真听取企业诉求，及时提出解决对策，协助企业共同应对难题，并努力做好跟踪、协调和服务工作；每半年主持召开一次重点企业和重点建设发展专题会议，解决重点项目建设和工业经济运行中的问题。

【加强企业监测】 2017年，区经信局联合区统计局到企业调研，对企业的统计方法进行指导，做到应统尽统，减少错报漏报。加强企业运行监测，建立工业经济形势分析例会制，进行月度及季度分析例会，坚持统计数据及实地调研相结合，为武江区工作提供切实可靠的工业数据支撑。

【服务扶持企业发展】 2017年，区经信局牵头制定《2017年武江区稳增长及促进工商贸企业加快发展激励办法》，通过对规下转规上的工业企业以及发展较快的规上企业给予相应的奖励，刺激全区工业企业加快发展；建立长效联系挂钩服务机制，做到下基层、下企业服务活动常态化，切实贴近企业需求，努力解决企业困难，对企业反映强烈的热点难点问题及时跟踪解决；积极为辖区内符合条件的企业向上争取各类扶持资金。丽珠集团利民制药厂技术改造“事后奖补”资金申报工作已基本完成，预计获得省市奖补资金超过1000万元。

【节能降耗】 2017年，区经信局组织开展“能源紧缺体验日”、节能宣传周活动，加大节能宣传力度，增强社会公众节能意识，同时大力推进全区公共机构节能工作，狠抓节能降耗；与城区供电局沟通协调，开展企业能耗产出匹配性调查，并召开节能降耗专题座谈会，促进企业节能降耗的开展，加强对辖区内重点能耗企业的监管和节能目标考核。开展电机能效提升工作，对企业电机情况进行摸底调查，督促企业淘汰落后电机，更换高效电机，提高能源利用水平，帮助旭日玩具厂申请电机能效提升补贴290万元，提交2017年韶关市节能减排财政政策综合示范城市申报项目9个。

【安全生产】 2017年，区经信局深入企业调研的同时，现场对企业厂房安全措施的检查，发现问题及时向企业负责人反映，并督促其尽快整改。与企业签署安全生产责任书，提高企业对安全生产的重视程度，尽量避免安全生产事故的发生。与企业签署《2017年安全生产工作目标管理责任书》，全年共收回安全生产责任书33份，走访企业百余人次，已保存具有企业安全生产工作负责人签署的现场记录75份。先后与各部门协调联合开展或独立开展安全生产专项检查3次（建材类企业安全生产大检查、特别防护期安全生产大检查、有限空间作业安全生产大检查），节前安全生产大检查3次（春节前后安全生产大检查、“五一”节前安全生产大检查、“国庆中秋”节前安全生产大检查），安全生产事故发生后安全隐患排查检查3次（凤翔环保节能砖厂事故、超卓冷气工程有限公司事故、东南轴承公司事故）。

各类工业

【烟草工业】 2017年烟草工业（韶关卷烟厂）完成规上工业增加值46.78亿元，同比增长3%，在武江区2017年整体工业形势不理想的情况下发挥较大的拉动作用。

【电力工业】 2017年，武江区电力工业共完成规上工业增加值2.9亿元，同比下降9%。武江区电力工业主要由韶关供电局及2家水电企业（韶能、方夏）组成，其中韶关供电局相对稳定，而水电企业则受当年气候变化影响较大，2017年受雨水情况影响，韶能、方夏下降幅度较大。韶关供电局统计口径的调整导致武江区工业经济总量有较大幅度滑落，现供电统计由市统计局根据各县区用电量进行核算，预计武江区全年增加值总量减少6.5亿元左右，不但使武江区工业经济减少一个稳定的增长点，同时也使全区GDP总量有较大下滑。

【玩具工业】 2017年，武江区玩具工业完成规上工业增加值10.69亿元，与上年基本持平，2017年全区玩具工业共计2家规上企业（旭日、光华）。光华发展势头良好，但规模较小，整体来讲玩具行业的情况不容乐观。

【制药工业】 2017年，武江区制药工业完成产值10.06亿元，同比增长6.36%，实现规上工业增加值5.99亿元，同比增长10.9%，医药行业作为该区现代产业的代表，是武江区工业经济增长的主要动力。武江区共有丽珠、丹霞两家制药企业，丽珠2017年产值增速达20%以上，丹霞则受到GMP证书事件影响下降幅度较大。

【机械工业】 武江区机械工业具备较为完善的产业链。已逐步形成具有一定优势的、以汽车零配件、液压油缸、建筑工程机械成套设备、矿山机械成套设备、农用机械等为主导产品的装备工业。汽车零配件、液压油缸、矿山机械、建筑工程机械等产品均在省内及周边地区具有较大的市场占有率，具备较强竞争力。2017年，武江区机械工业实现规上工业产值18.33亿元，同比增长8.47%。完成规上工业增加值3.69亿元，同比增长2.96%。规上机械类企业19家，机械行业整体形势较前两年有所好转，但仍未走出困境。其中汽车零部件实现产值7.3亿元，占全区机械工业总产值的40%左右，液压油缸实现产值3.9亿元，占全区机械工业总产值的20%左右，矿山机械实现产值2.3亿元，占全区机械工业总产值的12.77%，建筑工程机械实现产值2.2亿元，占全区机械工业总产值12.22%。

科技工作

【概况】 2017年，武江区全面推进企业自主创新、科技成果转化、知识产权和科技服务体系建设、农业科技推广等各项工作，取得较好成效，自主创新能力不断提高。

【科技计划项目申报】 2017年，武江辖区企业单位共申报省、市科技项目20多项，其中获立项18项，争取上级资金900多万元；加大区级科技计划项目的资金扶持力度，通过评审下达区级科技项目11项，安排资金100多万元。

【科技奖励】 2017年，丽珠利民制药厂与暨南大学等单位合作完成的“中药和天然药物的三萜及其皂苷成分研究与应用”项目获得2016年省科技进步一等奖，同时还获得2016年国家科技进步二等奖；辖区企业单位有23个项目获得“2016年度韶关进步奖”，其中一等奖2项；二等奖8项；三等奖13项。

【研发机构建设】 2017年，武江区有7家企业筹建并通过市级工程研发中心认定，其中韶关市詹氏养蜂场蜂业有限公司的“蜂产品工程技术研究开发中心”还同时通过省工程研发中心的认定。全区有省级工程中心7家，市级工程研发中心14家。

【科技孵化器建设】 2017年，创亿谷科技发展有限公的“新农业创新创业园”、星火创客科技有限公司的“星火创客”首先通过韶关市第一批科技孵化器认定；星火创客科技有限公司的“星火创客”还同时通过韶关市第一批众创空间的认定；创亿谷科技发展有限公的“新农业·创新创业园农业专业孵化器”被确定为2017年广东省国家级孵化器培育单位，获得市补助资金94万元。

【防震减灾工作】 2017年，武江区重新修改《韶关市武江区地震应急预案》，并及时调整武江区防震抗震救灾工作领导小组；积极开展地震安全进社区宣传活动，全年共举办防震减灾进社区、进校园宣传活动5场；真做好防震减灾示范社区建设工作，指导惠民街道新华北社区完善防震减灾软、硬件设施建设，申报并通过广东省防震减灾示范社区的认定。

知识产权工作

【概况】 2017年，武江区知识产权工作继续在全市保持领先地位，全年申请量达827件，其中发明315件，实用新型396件，外观设计116件，位居全市第一。

【落实知识产权政策】 2017年，武江区落实《武江区专利申请费用补助实施细则（暂行）》《武江区关于加强知识产权管理工作的决定》，对辖区申请专利的企业、个人进行补助和奖励，共计发放专利补助和奖励资金43.96万元。区政府出台知识产权补助和奖励政策，对辖区申请专利的企业和个人进行常态化的补助和奖励，2017年共发放专利补助36.22万元、奖励资金28万元。

【知识产权宣传培训】 2017年，区经信局针对企业人员流动性较大、企业法人意识不强等原因造成传统政策培训宣传效果不理想的问题，协同市局、区国税、区地税等部门联合举办专门针对企业负责人及高层管理人员的科技政策宣讲活动，让企业负责人亲自了解国家对高新技术企业的优惠和补助、知识产权、引进培养人才等相关政策，共举办2场，参与企业50多家；疏理汇总省、市有关知识政策，编印成小册子发放到各有关企业。在“4.26”全国知识产权活动日期间，利用科普宣传栏开展知识产权主题宣传一期；先后在新华北社区、新华南社区开展知识产权主题宣传活动2场。

【国家知识产权强区工程试点工作】 2017年，武江区以实施国家知识产权强区工程试点为契机不断加强知识产权服务体系建设，在继上年国家知识产权强区工程试点考核为优秀后，2017年积极向省知识产权局申报“国家知识产权强县工程示范县”，成立由区长任组长的“武江区知识产权强区工作领导小组”。

【推进产学研合作】 2017年，武江区加强与科研院所的联系，搭建科技交流合作平台，一是加强与广州市农科院蔬菜研究所的联系，引进15个蔬菜优良新品种进行示范推广；二是从四川苍溪引进脆红李种苗2000棵到重阳镇妙联村、万候村，龙归带头村进行试种；三是加强与广东省农科院果树研究所联系，对引种的早脆梨技术技术指导。

高新技术产业

【高新技术企业】 2017年，武江区有5家企业通过国家高新技术企业认定，其中3家为重新认定，2家为首次认定；3家企业通过省高新技术培育入库企业认定，全区共有高新技术企13家，省高培育入库企业6家。

【高新技术产品】 2017年，由于市出台对高新技术产品的奖励政策，企业积极申报高新技术产品的认定，武江区共有广东施莱特新材料有限公8家企业的23个产品通过省高新技术产品认定。

武江区科学技术协会

【概况】 2017年，武江区制定《韶关市武江区全民科学素质行动计划纲要实施方案（2016—2020年）》；成立以分管科协副区长为组长区经信局局长和区政府办副主任为副组长，成员由相关部门分管副职领导组成的武江区全民科学素质工作领导小组。

【科普活动开展】 2017年，区科协在全国防灾减灾日宣传周、全国科技活动周、全国科普日和广东省科技进步活动月期间开展各种主题科普活动。一是开展科普进校园活动。3月，邀请市科技馆为重阳小学、机关第三幼儿、沐溪小学开展科普活动，参加科普活动的学生、老师3000多人次；11月，邀请广东省动物学会专家到第九、十一、十四、十五等4所中学开展“南岭生物多样性保护校园流动科普讲堂”巡讲活动。二是开展科普进社区、进小区活动。先后在惠民街道新华北社区932地质队大院、盈翠皇庭小区、新华街道新华南社区矿山公园博物馆广场进行防震减灾、知识产权知识的宣传活动。三是组织开展“中国科学院老科学家科普演讲团韶关行”科普巡讲活动。由陈贺能、原魁、何香涛等3位老科学家分别以《神奇科学、无处不在》《离我们越来越近的机器人》《寻找另外一个地球和外星人》课题为第十四中学、至和汤邓淑芳纪念学校、金福园小学的师生带来精彩科普讲座。四是协同市科协及有关部门在西河健身广场举办以“精忠报国、敢为人先、拼搏奉献”为主题的全国科技工作者日活动。

【新品种、新技术推广】 2017年，武江区科协重点引进推广金丝南瓜、豆角等20多个蔬菜优质良种；加强农村先进实用技术的培训，先后在江湾镇胡屋村委举办“早脆梨种植栽培技术培训班”及现场技术指导；重阳镇妙联村举办“红脆梨栽培技术”及现场技术指导；龙归镇后坪带头村举办红心猕猴桃栽培技术培训及现场指导等农村实用技术培训3期，培训100多人。

【“基层科普行动”计划项目申报】 2017年，区科协结合国家基层科普行动计划项目申报条件和要求，指导相关单位完善科普工作设施和条件，申报科普惠农项目。2017年新华街道新华南社区被评为广东省科普示范社区、韶关市瑞鑫生态农业有限公司被评为广东省农村科普示范基地分别获10万元、15万元奖补资金。龙安淮山专业技术协会、天优教育、爱尔眼科医院通过“韶关市科普教育基地”的认定，并成功的举办多期科普自由行活动。

【科普信息化建设】 2017年，武江区龙归龙安淮山生产合作社被确定为广东省“科普中国落地应用e站建设”示范点，获得10万元建设资金。另外韶关市第十四中学被确定为“岭南动植物校园随手拍示范学校”并成立“校园科普基站”。

区经济和信息化局领导名录

局　长：张思建

副局长：邱四英（女）

麦宇晖

陈胜鸿

李　丹（女，挂职，2017.12—）

区中小企业局局长：邓少雄

（周富尧）

规模以上工业企业简介

【广东韶能集团股份有限公司】 广东韶能集团股份有限公司是以可再生能源和清洁能源的投资开发与经营为主营业务的上市公司，也是韶关地区优势企业集团之一。公司成立于1993年6月，注册地为广东省韶关市。1996年8月30日在深圳证券交易所挂牌上市，股票简称“韶能股份”，股票代码“000601”。公司的发展战略一直致力于清洁能源和可再生能源的投资开发。在继续做强做大做优水电业务的同时，抓住契机适度发展生物质能发电，重点发展天然气的开发利用等能源项目，争取用3—5年的时间，实现公司经营规模快速扩张，经营业绩稳步较快增长的目标。公司秉承“外树形象、内抓管理”的经营理念，通过“采用国有企业的管理基础，引进民营企业的经营机制，学习部队雷厉风行的作风，树立团结开拓、效率第一、为韶能争光的形象。”形成较为完善与完整的企业经营管理理念、内部控制体系、制度设计、机制安排、治理架构等。经过20年坚持不懈的探索和实践，公司闯出一条政策引导、文化支撑、管理提振的强企之路，逐步形成具有韶能特色的企业文化。并通过深化改革、强化管理，不断提高企业经济效益和管理水平。在不断提升股东价值的同时，也为地方的经济发展做出突出的贡献。全体韶能人立足本职，同舟共济，攻坚克难，发奋图强，努力经营好实体产业，全心全意为股东创造价值，为社会创造财富，积极承担社会责任，为把韶能建成百年企业而奋斗。2017年实现工业总产值1.38亿元。

【广东省韶关烟草机械配件厂有限公司】 公司1995年8月在广东省韶关市设立，占地6万多平方米，建有一幢办公楼、八个厂房和两幢员工宿舍，员工172人。多年来公司一直坚持“以人为本，科技创新”办企业，先后被认定为广东省高新技术企业、广东省知识产权优势企业、广东省优秀民营企业、广东省名牌产品、广东省著名商标等称号。公司每年的研发投入都销售收入的4%以上，公司技术开发部为公司的研发机构，在2003年认定市级工程技术研究开发中心。

GD包装机组是从意大利GD公司引进的包装技术，它从烟支包装成型进入到透明纸条包产品的输出，均是自动完成，是机、电、气一体化的高科技产品。我国90年代开始引进消化、吸收，并被国内许多大中型卷烟生产企业所选用，可以说是国内卷烟生产企业包装设备的主力军，是制作高档软、硬盒香烟的首选机型之一。随着烟草行业国内、国际竞争的加剧，卷烟市场和消费者对卷烟制品的质量提出更高的要求，良好的外部品牌形象（主要是包装形象）成为赢得消费者认可的第一步，为维护品牌的形象，提高产品的防伪、防潮能力，增加商品价值，让商品在市场中占有一定的份额，商家往往在包装上做文章，因此改造创新及维护卷烟包装设备是各烟厂所需要的。

公司自成立以来完成GD卷烟包装设备所需的一万多种零配

件由进口件转换国产件的设计和生产制造工作，完全具备替代进口配件的生产能力，产品的生产工艺在国内处于行业领先水平。多年来公司一直坚持“以人为本，科技创新”办企业，通过成果鉴定项目12项，获广东省重点新产品奖5项、高新技术产品奖3项，获省级、市级科技进步奖6项，有8项产品获广东省采用国际标准证书，申请专利62项，已授权56项。早在2003年，在韶关市相关部门对该公司进行现场考察论证后，认为该公司具备与其他七家企业组建市工程技术研究开发中心的能力，批准组建市级工程技术研究开发中心，这为该公司搞好技术创新，增强研究开发能力、抢占行业技术制高点创造更好条件。公司经济持续平稳发展，许多成果已经向生产第一线转移，产生巨大的社会和经济效益。公司将以科技进步提升企业的持续发展能力，生产出更新更精的产品更好地为烟草行业服务，为行业的发展做出更大的贡献。2017年，实现工业总产值3899万元。

【广东天恒液压机械有限公司】 广东天恒液压机械有限公司是专门从事液压及气动产品的、具有一定规模的专业化股份制有限公司，是集科研、生产、销售、服务于一体的高新技术企业。公司总投资人民币5000万元，占地面积5万多平方米，建筑总面积11000多平方米，其中厂房建筑面积8000多平方米，办公室和综合楼建筑面积3000多平方米。2017年实现工业总产值4716万元。

公司拥有一流的生产办公环境、国际领先的生产流水线和检测设备，严格按照国家标准和国际标准组织生产，从原材料购进到成品出库实行全程控制，确保产品的质量，赢得广大客户的信赖和支持。产品广泛用于冶金，船舶、航空、石油、化工、矿山、码头、运输、水电、建筑工程、轻工等行业。公司始终坚持“以客户为关注焦点、注重创新，以先进的生产力赢得市场”为经营理念，以“强化质量管理，为顾客提供满意的产品和服务”为质量方针，坚持技术进步、理念创新，不断加强企业内部管理，与时俱进，开拓进取，将一如既往地为广大客户提供优质的产品和完善的服务。

【广东中烟工业有限责任公司】 广东中烟工业公司韶关卷烟厂始建于1950年，现有职工900余人，占地面积9.36万平方米，建筑面积15万平方米，固定资产原值7.54亿元，净值5.18亿元，拥有国际先进水平的卷接包设备和国内先进水平的制丝生产线。卷烟品牌：红玫系列产品。

广东中烟工业有限责任公司韶关卷烟厂前身为成立于1950年6月1日的民生卷烟厂，1964年民生卷烟厂更名为韶关卷烟厂，2006年取消韶关卷烟厂法人资格，更名为广东卷烟总厂韶关卷烟厂，2006年更名为广东中烟工业公司韶关卷烟厂，2007年改制更名为广东中烟工业有限责任公司韶关卷烟厂。现有职工900余人，占地面积9.36万平方米，建筑面积15万平方米，固定资产原值7.54亿元，净值5.18亿元，拥有国际先进水平的卷接包设备和国内先进水平的制丝生产线，拥有4800千克/时的制丝线一条，额定功率570千克/时的二氧化碳膨胀烟丝制丝线一条，GD卷接包机组13套，其中软包机组7套，硬包机组6套，年设备生产能力263亿支（52.6万箱）。卷烟品牌：红玫系列产品。

2017年，全年实现产值62.19亿元。韶关卷烟厂坚持“以质量求生存，靠品牌图发展，用科技促生产，向管理要效益”的经营理念，走“科技兴烟，科技兴厂”的发展道路。从1987年至今进行四次技术改造，分别对制丝生产线、膨胀烟丝生产线、卷接包设备，以及配套设施进行逐步改造。技改后，设备装备精良，工艺布局合理，产品质量稳定，具备生产中、高档卷烟产品的条件，为企业进一步发展奠定坚实基础。2002年1月1日，韶关卷烟厂整体兼并南雄卷烟厂，年生产计划指标由18万大箱增加到26万大箱。兼并为企业带来超常规的发展机遇，该厂以企业组织结构调整为契机，确立“把产品做精，把市场做大，把企业做强”的发展策略，经济运行保持较好态势，呈现出强劲的发展潜力，2004年年产突破30万大箱，企业各项经济技术指标创历史新高，综合指数进入全国烟草工业企业先进行列。

韶关卷烟厂在搞好经济建设的同时，重视职工技术培训，强化内部管理，加强党风廉政建设和精神文明建设，推行厂务公开，丰富职工业余文化生活，增强企业的凝聚力和向心力，有效地促进企业生产经营发展，使企业核心竞争力有了较大的提高。企业先后被评为“全国500家最大工业企业之一”“广东省工业企业200强之一”“韶关市第一税利大户”“全国烟草系统安全先进单位”“党风廉政建设先进单位”“思想政治工作先进集体”“精神文明建设先进单位”“厂务公开先进单位”等荣誉称号。

【丽珠集团利民制药厂】 丽珠集团利民制药厂始建于1966年，1997年加入丽珠集团，是集团下属的集医药生产、研发为一体的中外合资股份制企业，是广东省高新技术企业，广东省创新型企业，建有国家中药现代化工程技术研究中心中试基地及注射剂研究所、广东省数字化中药工程技术研究开发中心，广东省省级企业技术中心。主要生产大容量注射剂、小容量注射剂、片剂、胶囊剂、颗粒剂、中药提取等，主要品种有参芪扶正注射液、血栓通注射液、二维三七桂利嗪胶囊等。2017年完成工业总产值9.8亿元。

现有员工530人，占地面积19.2万平方米，大专以上学历210人，占员工比例40%。研究生以上学历人员28人，占员工总数的5%；从事研究开发人员86人，占员工总数的16%。

企业一直重视科研创新，加入“中药注射剂产学研合作组织（TCMIC）”，与中国药科大学、香港浸会大学等多家科研院所建立科技合作关系，形成“产、学、研”相结合的技术创新平台。近年来，企业承担18项国家级和省市级的科技项目；共申请专利52项，其中获得国内发明专利12项，实用新型专利6项；国际发明专利9项；获得广东省科学技术奖2项，中国中西医结合学会科学技术奖1项，韶关市科学技术进步奖5项。具有核心自主知识产权的国家中药二类新药“参芪扶正注射液”，为国内首创的纯中药澄明大输液，被评为国家重点新产品，国家中药保护品种，广东省名牌产品，列入国家发改委高技术产业化示范工程项目，荣获2009年度广东省科技进步一等奖。

企业建立有严格的质量管理制度，从源头控制产品质量，在山西、甘肃、云南等地建立符合“中药材种植生产质量管理规范（GAP）”的药源基地；药品生产车间严格按照国家“药品生产质量管理规范（GMP）”标准生产；主要的生产设备、检测仪器达到国际先进水平，生产过程采用多种先进工艺和技术联合运用，进行在线的数字化检测和控制，运用质量检验信息管理系统（LIMS），保证产品质量的稳定可控，其产品一直有稳定良好的质量和较高的社会信誉。

今天，利民人正以高昂的热情，不断探索“数字化中药”理论，增强自主创新能力，努力打造中药输液第一品牌，将丽珠利民建设成研发型的中药企业，为人类医药及健康事业做出积极贡献。

【韶关光华塑胶五金制品有限公司】 韶关光华塑胶五金制品有限公司成立于1994年7月，是一家致力于益智幼教玩具设计开发、生产销售于一体的外商独资企业（美国三藩市亨达有限公司独家投资）。公司占地面积34000平方米，建筑面积23800平方米，系现代化的花园式厂房。聘请国际顶尖玩具设计大师，自行研发设计新产品。公司各项生产环节均符合欧盟EN71和美国ASTI标准，及国内3C标准。已通过ISO 9001：2000质量体系认证和国际玩具协会ICTIA级认可，产品具有出口玩具质量许可检测认证资格。拥有自己的国际品牌“POPULARPLAYTHINGS”产品。公司拥有员工300人，2017年完成产值4928万元。

光华公司是成功应对金融危机，调整经营策略，变纯出口为内外销相结合的典型企业，2009年公司对营销作出重大调整，成立国内销售部，集中人力、财力、物力打造自己的品牌“光华玩具”。2009年4月以“光华玩具”品牌首次在广州国际玩具展亮相；并于10月参加上海玩具展销会，在中国玩具协会主办的玩具设计创新大赛中，一举获得2项金奖3项银奖。公司在国内主要以上海、北京、广东为市场重点，争取年内在国内各省会城市中均设立销售点。3—5年内建立自己的益智玩具销售渠道，将《光华玩具》品牌打造成为国内幼教玩具行业的产品领先品牌，力争内外销售比由现在的10%扩展到内外销比例各50%，实现总销售额8000万元。

【韶关市电线厂有限公司】 韶关市电线厂有限公司是韶关地区唯一具有规模生产电线电缆的正规厂家（原广东省韶关市电线厂）。始建于1968年8月，现有在职职工70多人，坐落于武江科技工业园，占地面积1万多平方，新厂房于2009年8月竣工。公司于2010年4月2日改制。主要产品有聚氯乙烯绝缘电线电缆。该公司尊重科学，重视人才，视人才为企业的根本，拥有一批具有本科、大、中专学历的生产专业管理人才，建立并完善一整套科学先进的管理规章制度，拥有生产电线电缆设备38台（套），计量检验设备91（台）件，为企业的发展打下坚实的基础。2017年实现工业总产值2553万元。

该公司通过ISO 9001（2000）国际质量体系认证，获得国家强制产品CCC认证，及国家质量技术监督局颁发的“全国工业产品生产许可证”，荣获“中国质量信用AAA+级企业称号”“全国质量信得过产品”“用户满意产品”“产品质量可靠企业”等国家、省、市一系列证书和荣誉。

公司本着“用户至上、名优为本、重合同、守信用”的经营宗旨，遵循“创优质的产品，满意的服务；以持续改进的质量管理体系满足顾客的需求”的质量方针为各项工程建设作贡献。

【韶关市韶瑞重工有限公司】 韶瑞重工有限公司始建于1992年，其前身是坐落于浈江区十里亭的韶瑞机械制造有限公司，于2002年10月在武江科技工业园落户并于2004年底建成正式投产，是一家集研发、加工、制造、销售及售后服务为一体的专业矿山机械设备制造商，公司在全球50多个国家及地区设立分公司，在全国各主要城市设有销售公司及服务网点，是武江区矿山机械装备制造业中最大的民营企业。

公司曾多次成为国内著名大型工程的设备供应商，如广州新白云国际机场、京珠高速公路等。是广东省民营科技企业，是韶关市矿山破磨机械工程技术研究开发中心的依托企业，曾多次获得省市政府“诚信单位”“产品质量可靠单位”“免除年度检验企业”等光荣称号。

公司拥有完善的质量管理体系，并通过ISO 9000质量管理体系认证。以高品质的产品开拓市场，用完善的服务赢得客户尊重，公司在全球20多个地区设立分公司，在全国各主要城市设有销售公司及服务网点，为广大客户提供售前售后服务。

2012年11月27日，世界最大的矿山机械设备供应商芬兰美卓公司与韶瑞重工公司举行合作签约仪式，拉开两家公司开展战略合作的序幕，2013年9月27日，美卓和韶瑞的交割正式启动，从此一个全新的中外合资企业“韶关市韶瑞重工有限公司”正式成立。此次合作后，双方业务互补，市场互补，实现互利双赢。美卓集团将为韶瑞重工投入数亿资金，进一步提升在管理、技术等方面的水平，并依托美卓集团全球销售网络推广韶瑞重工品牌和产品。2017年美卓韶瑞实现产值1.84亿元。

【韶关市泰基搅拌有限公司】 韶关市泰基搅拌有限公司始创于2005年2月，总投资3900万元，占地26640平方米。公司是拥有国家预搅拌商品混凝土专业资质、专业从事混凝土及轻质墙体开发、生产、销售的工业企业。

泰基公司资金雄厚、设备精良，现已引进2套HLS180型意大利进口搅拌楼设备，实行全程计算机自动控制。4台拖式地泵（三·一重工）和36台9立方米混凝土运输车，年生产能力可达116.8万立方米，可满足各种建筑工程的混凝土连续供应。

公司质量保证体系健全，有各类技术人员60人，试验仪器40余台，工程检测人员均是从事多年质量检测工作的专业人员，能够准确地为施工单位提供混凝土有关的各项可靠的数据及资料，是粤北地区规模最大、生产能力最强的专供混凝土及轻质墙体的公司。2017年实现工业总产值7409万元。

公司遵循“传承儒商品格，实现多方共赢”经营理念，全面实施品牌战略。建立健全综合管理制度和质量保证体系，确保产品的品质。公司将以全新的体制、高效的管理、精湛的技术和优质的产品为广大顾客提供满意的服务。

【韶关市柏林新型建筑材料有限公司】 韶关市柏林新型建筑材料有限公司现已建成30万吨预拌砂浆生产线，使废弃煤矸石和炉渣资源得到完全高效的利用，是煤矸石综合利用和形成产业链的新飞跃。2017年实现工业总产值1.26亿元。

【广东电网公司韶关供电局】 广东电网公司韶关供电局是中国南方电网公司广东电网公司属下的大II型企业，为韶关市7县3区供应电力，供电客户88.5万户，供电面积1.84万平方千米。2017年实现工业总产值7.86亿元。

韶关供电局成立于1959年，目前拥有110千伏及以上变电站56座，110千伏及以上输电线路2641.69千米。

韶关供电局坚持“对广东电网公司负责，为韶关经济和社会发展服务”的宗旨，牢记“主动承担社会责任，全力做好电力供应”的使命，全力保障韶关地区的用电需求，赢得各级党委政府和百姓的广泛认可。近年来，该局先后荣获“全国文明单位”“全国五一劳动奖状”“中央企业先进集体”“全国模范职工之家”“全国安康杯竞赛优胜企业”“南方电网公司文明单位”“广东省安全文化示范企业”等称号；先后被国务院国资委，广东省委、省政府，韶关市委、市政府，南方电网公司和广东电网公司评为“抗灾救灾先进单位”；连续4年被评为“南方电网公司迎峰度夏先进单位”；先后五次被韶关市委授予“先进基层党组织”，连续14年荣获“韶关市党风廉政建设先进单位”。

近年来，韶关供电局正以科学发展观为指引，以南网方略和广东电网公司发展战略为统领，紧紧围绕“以客户为中心、以提高供电可靠率为总抓手”这个主题，开展创建国先进水平供电局工作，逐步实现从“想创先”“能创先”到“会创先”的转变，企业的各项关键指标、管理水平、员工的观念和能力均得到大幅提升。

【广东方夏集团有限公司】 广东方夏集团有限公司成立于2002年1月28日，注册资本人民币6000万元。公司坐落于美丽的武江河畔，自有办公面积约2130平方米，是一家集实业投资、水电投资、房地产开发一体的多元化大型集团公司。公司本部共有企业职工共计57人，其中大专学历23人，本科学历26人，研究生及以上学历2人；员工具备初级专业技术职称11人，中级专业技术职称14人，高级职称1人。2017年实现工业总产值4024万元。

公司成立伊始，秉承以小水电开发运行为核心，房地产开发建设为主导，逐步开拓市场多元化的经营战略，发展至今共有2家全资子公司，3家控股企业及多家参股企业，自2005年起已连续8年成为武江区纳税大户。

【韶关市领航电源科技有限公司】 韶关市领航电源科技有限公司 位于广东 韶关市，主营 汽车免维护铅酸蓄电池、铅 等。公司秉承“顾客至上，锐意进取”的经营理念，坚持“客户第一”的原则为广大客户提供优质的服务。2017年实现工业总产值4197万元。

【韶关市三创混凝土有限公司】 中国建筑材料集团有限公司（简称中国建材集团，英文简称CNBM） 1984年经国务院批准设立，2003年成为国务院国有资产监督管理委员会直接监督管理的中央企业。中国建材集团以“善用资源、服务建设”为核心理念，大力实施“科技创新”“大建材国际化”和“人才强企”战略，是集科研、制造、流通为一体，拥有产业、科技、成套装备、物流贸易四大业务板块的中国最大的综合性建材产业集团，进入《财富》世界500强。目前集团资产总额逾2000亿元，员工总数达13万名，直接管理的全资、控股企业20家，控股上市公司6家，其中海外上市公司2家。2012年4月1日，中国建材正式收购韶关市三创混凝土有限公司，该公司就正式成为中国建材旗下的子公司之一。三创公司是2006年8月经中国“红三角”招商洽谈会引资到韶关投资兴建的专业混凝土生产企业，依托有先进管理理念，雄厚技术储备力量，总投资5000万元。公司位于韶关市武江区百旺大轿西隧道口村头村，距韶关市新城市中心区只有2 千米，地理位置优越，道路通畅。是韶关市理想的商品混凝土生产供应基地。

该公司依照市场需求，高标准、高起点、高技术为原则，建成生产能力为180米/时（韶关市新宇建机公司生产）的双卧轴强制混凝土搅拌生产线两条，年生产能力100万立方米。拥有全新混凝土搅拌车35辆，“三一”重工48米混凝土输送泵车1辆，37米输送泵车1辆。ZL50型装载机2台，150吨电子地中衡1台，完全符合大型商品混凝土生产、检验要求的实验、检测和检验仪器设备，试验室建筑地面积210平方米，搅拌机、试验机等设备20台套。2017年创造工业总产值6922万元。

公司本着“创一流管理，创一流服务，创一流品质”的管理理念，发展韶关经济，积极开拓市场，增加效益，创立适合公司不断发展的商品混凝土市场运行机制和质量管理体系，加强公司的企业文化建设。推广应用新材料，运用新技术，保证供应产品的质量，提高施工工效，净化建筑环境，促进文明施工，为韶关市的经济发展和商品混凝土的广泛应用作出贡献。

【韶关市广业环保有限公司】 韶关市广业环保有限公司原名为韶关市第二污水处理厂，由广东省广业环保产业集团有限公司管理运营，2017年实现工业总产值2122万元。

广东省广业环保产业集团有限公司是广东省广业资产经营有限公司的全资子公司，拥23家下属企业，是集环保、研发、设计、投资、建设、运营、装备和贸易为一体的省属大型国有企业集团。公司作为广东省内东西北地区15个市污水处理项目以BOT模式营运的实施主体，成立汕头、湛江、肇庆、韶关、河源、汕尾、揭阳市分公司管理所在市及相邻市各污水处理厂。专业从事废水、废气、废弃物治理和噪声控制等环境工程。拥有工程总承包证书和咨询、环保工程设计、建筑工程设计甲级证书。专业人员配套，技术力量雄厚。提供环境工程的技术咨询、工程设计、设备制造、安装工程、工程调试、人员培训等工程承包服务。

【韶关市龙韶实业有限公司】 公司位于广东省韶关市韶关市武江区新华南路铭豪花园C3座203室，主要经营“石灰石开采”等产品，2017年实现工业总产值10701万元。

【韶关源昊住工机械有限公司】 韶关市源昊住工机械有限公司是中国内地首家专业设计制造工业化住宅预制生产线成套设备的厂家，拥有先进的专业生产管理体系和设计软件，优秀的管理团队。企业占地面积36000余平方米，生产车间18000平方米，各型专用生产设备齐全。自2008年开始引进吸收欧洲预制墙板、楼板、异形件的生产设备制造技术及工艺，并自主研发符合中国国情的相关产品。该公司获得多项工业化住宅自动化生产线的发明专利和实用新型专利授权，在辽宁沈阳市、天津市、安徽合肥市、浙江杭州市、上海市、江苏溧阳市及湖南省长沙市等地为多家企业设计、制造、安装30多条PC自动化生产线。

理想的性价比、快捷的交货、专业的24小时响应售后服务队伍为该公司赢得60%以上的市场份额。2017年实现工业总产值7.76亿元。

【韶关市世邦新型建材有限公司】 韶关市世邦新型建材有限公司是以废弃物（例如：粉煤粉、瓷坭尾沙等各种工业原料尾沙和废渣）为主要原料，专业化生产新型、环保、节能建材的建材类企业。公司的前身是生产经营水泥（原来生产北江牌水泥的韶关市武江水泥厂），现公司是为响应2011年底韶关市、区政府的"腾笼换鸟"工程（拆韶关市武江水泥厂换入更大的企业进驻原武江水泥厂厂地）而转型成立的。公司目前的产品是蒸压加气混凝土砌块（俗称：加气蒸压轻质保温砖）。项目总投资约2800万元（下同），首期已于2013年3月投入约2000万元建成年产15万立方米的蒸压加气混凝土砌块生产线并于同月开始销售。公司固定资产约2000万元。公司生产的产品形成"废弃—再生资源—环保节能产品"于一体的循环产业链，为该市建筑资源和经济发展的良性循环起到积极作用，为该市墙材"禁红""禁实"，推广环保节能新型墙体材料和加快墙体材料革新发挥重要作用。目前，世邦拥有10条蒸压釜的自动化配料生产线，是韶关市生产加气蒸压混凝土砌块的最大企业。2017年实现工业总产值2264万元。

【广东中星科技股份有限公司】 广东中星科技股份有限公司（证券代码：832501）是一家集科研、生产、工程建设、技术服务于一体的国家高新技术企业；主要业务为研究开发环保功能型防腐涂料的生产销售、防腐蚀工程的设计与施工，环保设备及其他工业非标准设备制造，工业过程智能化检测（遥控）诊断系统的研究开发，大气污染治理等。公司现具备中国防腐蚀工程设计与施工一级资质、机电设备安装、非标准设备制造、环保工程、涂料生产与经营、房屋建筑资质三级等资质；先后通过质量管理体系和环境管理体系认证。多次荣获"全国防腐蚀行业有特色的优秀企业"称号、全国二十强防腐蚀单位等荣誉：为广东省"重合同、守信用企业"、中国防腐蚀功勋单位、广东省民营科技企业知识产权工作试点单位、国家高新技术企业、广东省环保防腐蚀工程技术研究中心。公司成立于1992年，下设防腐蚀工程技术研发中心、大气污染治理工程技术研发中心、工程技术部、经营部、财务部、综合管理部、质量管理及售后服务部等。先后承接多项国家大型投资工程及国内众多知名企业的相关工程建设，涉及石油、冶金、电力、化工、能源、机械、食品、桥梁、港口码头等行业。公司经过二十多年的技术开发与工程实践，现主要产品有以"中星牌"防腐涂料、"中星智漆"为商标的环保功能型系列工业防腐涂料、建筑涂料等，环保设备有布袋除尘器、静电除尘器、电袋复合式除尘器、烟气脱硫脱硝设备、有机废气净化设备等；产品及防腐蚀工程技术在国内许多行业已广泛应用，公司拥有防腐、环保专利技术30余项。公司坚持以科技进步为先导，产学研一体化，积极推广先进技术、先进工艺，通过高效优质的烟气治理设备与先进适宜的防腐蚀技术，减少污染物对环境的影响、减少腐蚀对社会造成的损失与危害，为资源节约型、环境友好型生态文明社会的建设做出积极贡献。2017年实现工业总产值1843万元。

【韶关龙润工业技术有限公司】 韶关市龙润工业技术有限公司位于广东省韶关市武江区科技工业园，占地面积36000平方米，建筑面积16800平方米。公司是专业从事工业技术研究，开发、制造的专业厂家。2017年，实现工业总产值2232万元。

完善的产品系列：公司生产有液压油缸、气缸、连铸机用连铸辊锥形套、结晶器拉杆、轴承密封用金属挡圈，去毛刺整套装配、对开轴承、机架辊、滚珠丝杆、密封件与各种炼钢、连铸、轧钢设备的零部件和进口设备国产化的高新技术产品的货源供应地。

雄厚的开发能力：龙润公司积极与全国各科技大学进行技术交流与合作，使龙润始终站在时代的前沿，保持着强大的冲击力。技术力量雄厚，制造设备精良，检测和设计手段先进，拥有一批经验丰富，具有很强的生产制造能力和产品检验手段。

健全的管理体系：公司设有液压件厂、冶金机械厂、密封件厂、技术研发中心、生产部、采供部、质检部、财务部、销售部、人力资源部、综合部。该公司的理念是"建专业团队，造行业精品"。

重要的客户伙伴：龙润公司的产品覆盖国内大中型企业，有包钢、新钢、涟钢、湘钢、韶钢、太钢、中铝河南分公司、包头铝业等10多个国内大中型企业。

严谨的质量管理：质量是龙润工业的生命。根植于心的质量意识和严格的管理制度，为龙润工业赢得客户长期的信任。2007年取得ISO 90001 2000认证。作为中外合作企业，龙润工业始终秉承对产品质量的严谨态度和精益求精的精神，公司实行总经理质量负责制。精湛的制造工艺技术从一开始就融入企业的血液之中。建立完善的质量保证体系和质量评估体系，从生产规划、工艺装备的确定到设备的维护保养，从原材料进库到成品出厂，每一道都处于缜密的监控之下。

无忧的品质服务：龙润工业的服务贯穿于产品的整个生命周

期，为客户提供个性化的服务。

龙润公司以自身优质高效的产品和强有力的技术服务为基础，以工业技术提供服务所积累的丰富经验为保障，愿成为冶金工业的亲密合作伙伴。

（区经信局供稿）

产业园区管理

【简介】 2009年6月20日，韶关市发展和改革局《关于东莞（韶关）产业转移工业园甘棠基础设施建设项目可行性研究报告的批复》（韶市发改资〔2009〕32号文）同意开发建设东莞（韶关）产业转移工业园甘棠片区基础设施项目（规划面积约467公顷），建设单位为韶关市武江区莞韶甘棠工业园投资有限公司，项目建设地点在武江区甘棠——简称甘棠工业园。同年8月17日，韶关市人民政府批复武江区政府《关于同意在莞韶产业园甘棠片区设立涂料化工工业园的批复》（韶府复〔2009〕9号）。8月18日，市政府转发《粤北工业开发区管委会关于提高全市产业聚集度、优化工业园区产业布局建设实施意见的通知》（韶府〔2009〕180号），定位武江区的涂料、机械制造、玩具、服装制造为主导产业。

2017年经调规，现园区规划建设用地总面积633.63公顷，位于韶关市武江区西部的芙蓉新区14平方千米的起步区内，是《广东韶关芙蓉新区发展总体规划》里规划的起步区两大组成部分之一。由工业、仓储、居住、公共设施、市政公用设施、道路广场和绿化用地构成。园区重点发展现代环保涂料、高端装备制造业，辅助发展电子信息、服装制造等产业，并配套引进现代物流等服务业，园区框架初见成效。

【征地拆迁】 园区自2009年启动开发建设以来，先后投入园区建设及征地拆迁资金逾12亿元，园区已完成征地拆迁 485.68公顷。2017年，甘棠工业园征地项目涉及甘棠村委会9个村小组，完成征地拆迁共6.26公顷。2018年计划安排扁石坪村小组第二期、三石王村小组的拆迁及安置工作（涉及平整、排水、排污、硬化路面等工程），并按原方案解决历史遗留问题，开展其他散户拆迁。

【基础设施】 甘棠工业园2017年基础设施总投资3751万元。园区完成宝铁地块土方平整工程、乾佳乐及新谷西侧边坡治理工程330米、莱雅新西南侧边坡应急抢险工程。同时，为入园企业周边人行道及支路路灯进行设计，新增7条减速带及修复损坏减速带共81米，建成何屋至赤水公路。园区完成西区监控二期并投入使用，共投入建设双臂路灯、单臂路灯及高杆路灯共94套，新建高清摄像枪机及高清球机共36台。经莞韶园与公交汽车公司协商沟通，2017年开通启明北至甘棠村委会线路、高铁站至甘棠园区内线路、甘棠村委会至甘棠工业园线路和莞韶产业园至甘棠工业园区专线共4条公交线路。三石王安置点配电房及甘棠园区配电房现已完工进入验收阶段，并新建2套630千伏安变压器。为优化园区环境，园区已完成道路绿化约78532平方米，共植树2288棵，完成赤水至何屋公路已布企业路段绿化树种植及胜盈企业周边绿化、道路清洁。随着入园企业的逐渐增多，园区配套设施不断完善，满足园区企业对基础实施的要求。

【招商引资】 截至2017年，园区已签约企业38家共48个地块，总投资50多亿元，达产后预计每年产值约100亿元，每年可增加7亿多元的税收。园区全年新增正邦、合众、明泰、东都共4个签约项目，投资总额 42580 万元。园区经济实现较大增幅，工业效益保持较好水平，经济运行质量有所提升。园区所属企业共实现工业园总产值4亿元，工业增加值可完成1亿元，税收可达2000万元，园区企业完成固定资产投入4亿元。

【企业建设】 至2017年，园区挂牌成交企业35家共42个地块，引进的大型知名企业有正邦集团、东盈（以纯）服装有限公司、东都实业（都市丽人）有限公司、莱雅化工有限公司等。其中：东盈、飞翔、新科农、永威、郑业、东都、柏林、詹氏、源昊共9家企业已完成厂房建设并投产运营，莱雅新、科控、乾佳乐、合众、鸿骏、正邦、新谷等7家企业已初步完成厂房建设。为促进园区经济稳步增长，园区狠抓企业建设进度，力促在建企业加快建设，督促已竣工企业尽快正式投产并产生税收。

武江产业转移工业园领导名单

主　　任：欧伟强
常务副主任：王韶林
副 主 任：张思建
　　　　　陈雪延（女）
　　　　　杨国浩

（刘建强）

农业（水利）·林业

农 业

【精准扶贫】 2017年，武江区实现82户311相对贫困人口精准脱贫。全区1105名符合低保条件的贫困户已100%纳入最低生活保障范围。5个贫困村培育有自身特色的产业，3个贫困村成立农民合作社，辐射带动近180户贫困户，约300人参与产业化生产。区扶贫办认真摸查贫困劳动力就业意向、就业需求及就业技能等信息，有针对性地制定就业转移安置计划，实现就近就业37人，外出务工149人，安置公益性岗位2人；通过疾病筛查，共筛查出有疾病的贫困人口174人，并对因病致贫的贫困户进行分类救治。全区7个省定贫困村全面完成四个100%农村人居环境综合整治年度任务。

【土地确权】 2017年，武江区农业局按照制定的《武江区土地承包经营确权登记颁证工作方案》有序推进农村土地确权工作，全区发放宣传资料近2万余份，培训人员300人次，实测面积6945.53公顷，进度达到97.21%，颁证率92.22%（统计口径：已完成二轮公示）。全区共受理历史遗留矛盾纠纷21件，通过确权调处21件。

【农业面源污染】 2017年，武江区农业局全面加强畜禽养殖污染治理，推动农业污染总量减排工作。结合武江发展实际，科学合理规划适合该区的畜禽禁止养殖区、限制养殖区、适宜养殖区布局界限，推进禁养区内畜禽养殖清理工作。武江区成立以区政府分管领导为组长的武江区畜禽养殖禁养区、限养区、适养区编制工作领导小组，“三区”方案于9月印发公布实施，《韶关市武江区畜禽养殖污染业清理整治工作方案》和《武江区畜禽养殖场清理关闭补偿办法》于10月通过区政府常务会议后颁布实施。武江区需清理的禁养区养殖户17户，截至11月29日，已按上级要求全面完成禁养区上报养殖场清理任务。

【种植业生产工作】 2017年，区农业局认真抓好春、夏两季农作物种植工作。春、夏两季全区共完成各类农作物种植面积7804公顷，其中水稻3520公顷、蔬菜2344公顷、玉米137公顷、大豆90公顷、花生1098公顷。积极开展农资打假保生产行动。区农业局在市农业局的支持下对辖区内农资、种子、兽药销售门店进行多次检查，并与店家签订不销售假冒伪劣农资承诺书，较好地维护好农资市场秩序，确保人民群众的利益不受损害和农业生产健康发展。按照省、市的统一部署，全区全年种植的水稻都购买政策性水稻保险，达到全覆盖的目标，对全区水稻因灾造成的损失有一个新的保障途径。根据区的统一部署，协助国土分局做好186.66公顷高标准农田建设项目建设工作。

【农产品质量安全工作】 2017年，区农业局制定武江区2017年农产品质量安全工作计划和2017年农产品质量安全工作监测与监管工作方案。落实工作责任，与各镇签订农产品质量安全监管目标责任书。深入开展农产品质量安全专项整治，重点开展农药及农药使用、瘦肉精、养殖抗菌药、生猪屠宰、农资打假等五大专项整治行动，严厉查处违规生产经营和使用禁用农兽药、非法添加隐性成分、超范围使用限用农药等行为。加强农产品质量日常监测和重大节假日的监管，主要对生产基地、上市蔬菜进行有机磷农药残留的检测，对发现的问题与区相关部门联合监督落实整改。加强农产品质量安全宣传，采取现场咨询，科技下乡、安全生产月发放宣传资料等。积极宣传普及农产品质量安全基本知识，提高安全生产、消费意识。

【农村土地承包经营权流转工作】 2017年，区农业局紧紧围绕稳定和完善农村土地承包关系这个核心，着力培训以农民专业合作社、家庭农场、涉农企业等土地流转载体取得一定成效，积极筹建区、镇土地流转机构，取得一定成效。全区农村土地流转面积达1040.2公顷，占承包面积的26.3%，其中：转包436.2公顷、转让17.67公顷、出租501.13

公顷、其他形式85.2公顷。

【农民合作社和家庭农场】 2017年，区农业局积极组织各级示范家庭农场申报工作。武江区培育农业产业化龙头企业10家（其中国家级龙头企业1家，省级1家，市级6家，区级2家）；发展农民专业合作经济组织66个（其中国家级2家、省级3家、市级2家），成员2992人；家庭农场36家（其中市级示范家庭农场2家、区级示范家庭农场2家）。

【积极开展一事一议工作】 2017年，武江区申报村级公益事业一事一议财政奖补项目26个，总投资2172.24万元，涉及5镇17个行政村；已开工建设项目4个项目。

【发展农产品电子商务】 2017年，武江区大力发展农产品电子商务，推进农超、农社、农企、农网对接，鼓励在城镇、社区设立鲜活农产品直销网点，提高农产品销售能力。开展重阳镇“互联网农业小镇”试点建设，用“互联网+”的理念、思维和技术贯穿农业生产、经营、管理、服务全产业链，发挥产业链各环节效应，构建互联网农业小镇综合信息服务体系，开展电子商务进农村综合示范与推广，引导农民依托电商创业就业，切实发挥他们的模范引领作用。

【动植物疫病防治工作】 2017年，根据市病虫测报预报，武江区农业局积极指导农户做好病虫害防治工作，同进派出技术人员指导加强田间管理，确保全区农业丰收。同时，全面落实禽流感、口蹄疫等重大动物疫病疫苗注射工作，有效地防止重大动物疫病的发生，较好完成防疫任务，特别是防控H7N9禽流感工作，通过派发宣传资料、消毒药、加强巡查指导等方式取得阶段性胜利，全区没有发生重大动物疫病。

【畜牧业生产工作】 2017年，武江区按照标准化的要求规范畜禽栏舍及配套设施建设，实现养殖设施与环境标准化，生产管理标准化。加强饲料、兽药市场及投入品的有效监管，2017年共出动执法人员188人次，抽查存栏50头以上的适度规模养殖户40多户、使用快速检测试纸卡现场采集尿样120头份；抽查生猪屠宰场2家、使用快速检测试纸卡现场采集检测尿样8500头份。全区未发现养殖、屠宰环节存在违法添加违禁药物情况，生猪生产经营秩序稳定。强化水产品质量管理，实行水产品苗种检疫制度，做好鱼类病害防治。同时抓好产地环境保护工作，防止各类污染。全区生猪饲养量和出栏量为19.63万头和11.91万头，分别比上年减少4.0%和减少4.6%，家

2018年7月，山蕉果场村农田 （余世平 摄）

禽饲养量和出栏量为167.74万只和123.49万只，比上年增长4.4%和6.8%；母猪存栏量8472头；山羊饲养量为5444头，牛饲养量为2038头。

【水产品质量管理】 2017年，武江区水产养殖面积为594公顷，水产品产量为3043吨，产量相比去年同期增长4.5%。区农业局制定全区水产品质量安全监管计划，挑选出区水产品质量安全监管对象10户。发放水产品质量安全告知书500份，生产档案20本，印刷并发放《水产养殖渔用药物使用相关规定及说明》小册子500本。区农业局对该区内的规模养殖场进行全面排查，按照边整治边建档的要求，查清风险关键点，对监督抽查或抽检发现的非法添加和滥用违禁药物行为，严厉打击、从重处罚，涉嫌犯罪的，移交司法机关追究刑事责任。同时，落实水产品养殖生产者的质量安全主体责任，督促水产品养殖者完善生产记录、用药记录、销售记录等档案和溯源制度，强化质量安全法律法规宣传教育和渔民培训，提高水产品质量安全责任意识，确保该区不发生重大水产品质量安全事故。

【渔政管理工作】 2017年，武江区渔船共计63条、在册渔民122人，存在分布点多面广，监管难度大的特点。按照省总队、市支队的统一部署，区渔政大队先后完成2015—2016年柴油补贴、2016—2017年休禁渔补贴发放工作。6月下旬，区渔政大队为加大对渔业生态的维护，增加水生生物的多样性，通过邀标向北江增殖放流8万元共计37万尾土著鱼苗，在维护水生物多样性的同时增加渔民收入。积极配合市区创文工作，清理市区渔船脏、乱、差和规范渔民不文明行为。加大对渔民、渔船的监督管理力度，完成对辖区渔民意外保险购买，渔船证、船员证等相关证书的更换工作。

【农田水利工程建管工作】 2017年，武江区加快开展山区五市中小河流治理工作。武江区新街水和武江区龙归水（凤田段）2宗治理工程规划总投资分别为1772万元和1697万元，治理河长分别为8.01千米和8.04千米。完成投资约3300万元，完成进度约为95%。高度重视村村通自来水工程。武江区始终将其作为一项重要的政治任务和民生大事抓好抓实，列为全区重点项目之一。该工程已完成投资1330万元。开展病险山塘除险加固项目。武江区该项目2017年已开工6宗，完成投资380万元。启动小水电增效扩容技改工程。该项目共涉及5宗电站，总投资10686万元，完成投资3206万元。

【三防工作】 2017年，武江区共有560人受灾，转移群众350人，农作物受灾面积260公顷，倒塌房屋1间，直接经济损失1050万元，无人员伤亡。汛期期间，根据天气变化，区三防办及时组织召开全区防御强降雨工作会议，区主要领导和局领导亲自部署、落实各项防御工作。根据市三防指挥部的部署，结合武江区实际，区防指认真开展防汛度汛安全隐患排查工作，发现及时整改，并由区三防办跟踪落实，确保整改到位。落实以行政首长负责制为核心的防汛责任制。及时调整三防指挥部成员，保证三防机构健全，人员到位。落实防汛责任人和防洪应急预案，全区1宗中型水库、26宗小型水库、92宗电站已经全部落实防汛责任人，签订防汛安全责任书。组织防汛责任人培训，各级防办结合本地区防汛会议开展不同层次的业务培训，确保各级三防责任人能尽快了解自身职责和三防基本常识，胜任责任人的工作。加强对三防值班室、会商室等设备的调试和维护，确保三防信息系统正常运用。

【水政管理工作】 2017年，武江区加强《中华人民共和国水法》宣传，提高保护水资源意识，合理开发和利用水资源；扎实开展巡查制度，依法行政执法。按照纵向到底横向到边的管理要求，加强巡查，强化对违法行为的查处力度，重点查处河道非法采砂。2017年，区水政监察大队下发《责令停止违法行为通知书》19份，《责令改正通知书》9份，收集违法材料4份，日常巡查75次，出动人员168人，其中夜间巡查3次、联合巡查执法6次，接受相关信访件共21宗，已全部答复当事人。

【农电和移民管理工作】 2017年，武江区做好水电站汛前安全检查工作，根据有关规定，对全区92宗小水电站进行逐宗排查，对发现问题及时提出整改意见，并与业主签订安全生产和防汛责任书，确保该区小水电安全生产。推进孟洲坝、江源口、实习、石棘山、龙安等5宗电站增效扩容改造工程建设，进一步发挥该区资源优势。认真贯彻落实水库移民后期扶持政策，后期扶持资金项目采取直补到人方式实施，2017年共向武江区移民232户765人发放直补后扶资金45.9万元。推进基础设建设工作，切实改善移民生活生产条件，2017年累计投资92.8万元，完成沐溪村委王十万移民村道路硬化工程、西河镇山蕉移民村道路硬化项目建设和太阳能路灯安装工程、重阳镇重华移民村广场规划建设工程和西联镇九麻坑移民村健身广场工程，受益移民186户266人，进一步改善移民的生产生活条件。做好移民历史遗留问题协调工作，及时化解矛盾和纠纷，维护社会的稳定。

【农机工作】 2017年，武江区共争取中央财政购置补贴项目资金35万元，发放指标确认书36份，补贴机具36台。其中：联合收割机5台，大中型拖拉机3台，耕整地机械22台，粮食烘干机1台，畜牧水产养殖机械5台。受益农户28户，补贴申报金额达255130元，完成全部补贴资金的72.82%。武江区农业局以发展微型田间作业机械为主体进行广泛宣传、积极动员、强化技术指导服务等等，使农民对中共政策有充分认识，对各类微型田间作业机械的性能有充分了解。2017年，武江区农业局共指导农民使用、维修田间作业机械8台次，指导田间作业机械操作人员31余人次，保证农忙时节农民有机器可用，有机器好用，不误农时。

【农业技术推广工作】 2017年，区农业局对分布在全区5个镇35个村遴选出200户农业科技示范户，对200名示范户采取集中培训、实地考察、观摩交流等方式于分别在各镇举办八期的农技推广培训班，指导示范户学习各类农业技术，培训内容涉及水稻、瓜果科学种植、水稻地膜保温育秧技术、果树修剪及定果技术、作物病虫害综合防治等。按照以水稻、蔬菜、水产、肉猪为主，多种示范的原则，挑选武江区重阳韶恒农副产品专业合作社、九石粮食专业合作社作为示范基地，组织农民在基地培训，累计培训100人次，推广水稻“三控”施肥技术：控肥、控苗、控病虫害。同时，组织专家组成员每周入户指导，实地察看农户作物情况，指导内容包括果树剪枝、稻田养鱼、作物病虫害及作物品种改良等方面。专家针对农户在农作物种植过程中、水产养殖中出现的问题进行记录、研究，为示范户提出解决办法。

区农业局领导名录

局　长：朱冬生
副局长：杨贞贵
　　　　彭先国
　　　　苏平华

区委农办领导名录

主　任：秦留柱
副主任：曾彩娣（女）

（廖　亮）

林　业

【概况】 区林业局内设办公室、林政股、营林科教股、法制股。

2017年，区林业局坚持“绿水青山就是金山银山”的林业生态发展理念，学习贯彻中共十九大精神，以习近平新时代中国特色社会主义思想为指导，推动全区林业工作取得新成效。加大造林绿化力度，全年植树造林527.33公顷。深入开展全民义务植树活动，全区义务植树45万余株。加强法律宣传教育，建立完善监管制度，强化林政管理。加强森林防火工作，严厉打击各种违法行为，保护森林资源安全。林业事业的发展为全区经济社会的绿色生态发展提供 有力的支持作用。

【造林绿化】 2017年，武江区全面完成植树造林任务，共完成植树造林527.33公顷，森林蓄积量450万立方米，森林火灾受害率控制在0.5‰以下。完成碳汇造林200公顷，其中森林碳汇工程林分修复26.66公顷，森林碳汇工程更新改造173.33公顷，任务完成率100%；完成人工造林107.33公顷，其中石漠化综合治理46.66公顷，社会投资造林60.66公顷，任务完成率100%；2017年新封山育林220公顷，任务完成率100%。完成乡村绿化美化省级示范点2个，任务完成率100%。完成森林抚育3286.93公顷，其中省级森林碳汇抚育面积 546.93公顷，中央财政森林抚育面积1333.33公顷，社会投资森林抚育1406.66公顷，任务完成率100%。全区全民义务植树达45万余株，义务植树尽责率达到95%。

【林政管理】 2017年，区林业局成立伐前勘查小组和林木采伐监督小组，制定《武江区林木采伐实施细则》，强化林木采伐源头的管理和监督，严格实行凭证采伐林木制度，对每一采伐区加强伐前设计、伐中检查、伐后验收制度，要求林业技术设计员严格按照林木采伐设计操作规程亲自到实地进行勾图测量，以确保设计准确性；对每一伐区都落实伐区责任人，发现问题及时制止，对每一采伐区还专门组织林政人员进行检查，一旦发现有超界采伐、超强度采伐等违法现象立即制止，并按照林业法律法规进行严肃处理。按照“保护合法，打击非法，强化监督”的原则，对辖区内34家木材经营加工单位进行逐一盘点，加强监督，进一步规范木材经营管理。认真开展侵占破坏林地专项治理整顿工作，加强对征用林地项目严格审批上报把关，对毁林开垦、乱取土等破坏林地行为进行坚决查处。成立区森林资源二类调查工作领导小组，做好森林资源二类调查相关工作。

【林业资源管护】 2017年，根据省、市、区的工作安排和部署，区林业局积极组织开展打击破坏野生动物资源、打击非法占用林地、打击盗伐滥伐林木等一系列严打专项行动，严厉打击各类破坏森林资源的违法犯罪行为，进一步推进林区治安综合治理。共受理各类林业案件35宗，其中刑事案件17宗，破6宗；林业行政案件18宗，破18宗；共处理涉林违法犯罪人员38人次，林业行政处罚18人次，林业行政罚款168377.2元，没收运费1000元，木折款3325.8元，没收木材1.2732立方米、柴火6.9吨、没收三有动物（野猪）肉制品33.8斤。

【山林纠纷调处】 2017年，区林业局以维护社会稳定工作为重点，坚持以调解为主，扎实开展山林权属争议纠纷调处工作。2017年全区山林权属争议案件9宗（含往年积案3宗），结案8宗。接待群众咨询山林权属、山林界址、国家有关山林收入政策等问题共7宗13人次。主要做法及措施：一是加强排查力度，全面掌握全区山林纠纷情况。及时发现纠纷隐患，做好预防措施，把矛盾纠纷化解在基层，解决在萌芽状态。二是加大案件调处力度，做好林业法律法规的宣传工作。三是加强培训，提高调处工作人员的业务水平。四是加强信息统计上报工作，做到及时准确，不重不漏。

【森林防火】 2017年，区林业局加强森林防火宣传教育，在森林防火重点区域设置中型宣传牌50块，张贴宣传标语80条，悬挂横幅80多条，护林员进村入户宣传森林防火法律法规，发放宣传资料6万余份，出动宣传车700余次。严格按照《广东省森林防火条例》《广东省森林防火工作责任制实施办法》，采取包片包山措施，明确各镇、村、林木经营企业等主要负责人主体责任，各层级签订防火责任书，抓好森林防火责任制落实。镇村干部、护林员按照全区森林火灾隐患排查表责任分工，加强巡山护林，对重点火灾隐患区域派专人看守，严防发生火灾。举办《广东省森林防火条例》宣讲暨全区森林防火培训班，提升对森林火灾的预防和扑救能力。各级消防队伍严阵以待，做到快速出击，重兵扑救，主要领导亲临现场，靠前指挥、科学扑救，把山火损失减少到最低限度。严格实行森林防火24小时领导带班和值班制度，重要节假日期间，落实双岗双班制，强化值班调度工作，不出现脱岗、漏岗、离岗现象。严格执行森林火灾报告制度，确保火情信息畅通。

【森林病虫害防治】 2017年，区林业局组织有关人员开展林业有害生物普查，严格按照广东省林业有害生物普查方案要求，完成省下达的林业有害生物普查任务，完成林业有害生物普查面积52800公顷。制定方案、申请药械，抓住有利时机，迅速在全区范围内做好林业有害生物防治工作，林业有害生物发生面积299.23公顷，完成林业有害生物防治面积299.23公顷，林业有害生物防治率100%。林业有害生物成灾率控制在5‰以下。

【林业安全生产】 2017年，区林业局高度重视林业安全生产工作，各层级签订安全生产承诺书和责任书，明确林业安全生产责任。定期组织营林、林政、森林派出所和林业站等工作人员，重点对全区造林抚育工程、木材加工企业、林木采伐区等进行全面检查。对检查过程中发现存在安全隐患的单位或企业，及时下达整改通知书，责成其限时整改。遇突发恶劣天气，及时通知林区作业人员全部安全撤离，落实防范措施，确保全区林业生产安全有序。

2017年8月18日，区林业局在荷花园酒店举办《广东省林木林地权属争议调解处理条例》宣讲培训班（区林业局 供图）

区林业局领导名录

局　长：洪维陶

副局长：龚艺旋

　　　　丘日雄

（胡媛瑾）

商业·贸易

商贸管理

【概况】 武江区经信局是全区商业贸易主管部门。2017年，武江区社会消费品零售总额平稳增长，城乡市场繁荣，呈现城乡消费市场同步增长的特点。全区1—12月完成社会消费品零售总额120.21亿元，同比增长7.9%。

【培育消费热点】 2017年，武江区转思路扩内需，繁荣商贸市场，多措并举刺激社零增速。大力发展网络购物等新型消费模式，推进建材、家具等用品类消费，培养新的消费热点。多措并举刺激社零增速。引导益华、沃尔玛等商贸流通龙头企业开展各类节假日促销活动；联合区统计局加大限上企业培育力度，将前景好、潜力大的企业列为限上重点培育对象。全区贸易业2017年下转上和新增上限企业共21家，超额完成市、区下达的任务。

【加强市场监测】 2017年，区经信局继续加强市场监测，确保市场供应。强化市场保供应工作，在元旦、春节、清明节、国庆等重大节假日期间，加强对生活必需品市场，特别是粮、油、肉、蔬菜等“米袋子”“菜篮子”商品的市场监测工作，加强与生产企业、经销企业的联系，掌握生产、库存及购销情况，密切关注市场供应和价格变动情况，准确分析、判断、预测市场走势。

对外经贸合作

【概况】 2017年，武江区外贸进出口总值8733.4万美元，同比增长59.4%，其中，出口6263.5万美元，上升47.4%；进口2469.9万美元，同比上升100.9%。完成年度目标的55.63%。2017年实际吸收外资完成215万美元，较去年同期上升40.52%。

【加强对外经济交流合作】 2017年初，区经信局对辖区范围内的主要外贸进出口企业逐个走访，了解全年外贸形势，研究全年工作开展方向，帮助企业解决遇到困难。对新的外贸进出口企业、可挖潜企业进行重点跟进。积极与上级有关部门沟通，了解区外贸工作完成情况，及时调整工作重点。积极利用招商引资工作平台，及时将各类展会信息向企业传达，组织企业参加“广东省加工贸易博览会”“粤港交流会”“湾区创新，韶关加速高峰会”“广韶产业共建”等经贸交流活动，利用参会经历加强武江区与周边地区的交流与合作，增长见识，借鉴其他地区的先进经验，促进武江区域经济发展。

招商引资

【概况】 2017年，武江区将招商引资作为推动经济发展的重要抓手，紧紧围绕主导产业和优势资源，转变招商理念，创新招商方式，拓展招商领域，招商引资工作取得新进展。2017年，内联招商28.51亿元，完成年度目标任务；新签约项目开工率：40%；引进1亿元以上项目5个，新批外资项目2个，合同吸收外资金额484万美元；合同外资向实际外资的转化率44.42%；实际吸收外资金额215万美元，同比上升40.52%，完成年度目标任务44.79%。

【加强对客商服务跟踪】 2017年，武江区积极宣传甘棠工业园，做好来区投资企业的接待服务工作。对投资企业前期筹备工作，区外商投资和中小企业服务中心实时跟进项目各个环节的进展，帮助企业办理土地招拍挂等手续，无偿为企业代办行政审批及相关事项。从工商注册登记、税务、地块交易、环评、安评、立项、规划、国土、人防、消防、气象、防雷到住建等相关职能部门行政审批许可，以及总图设计、设计专篇、审图、测绘、评价中介服务机构介入等，全程开展跟踪服务。及时解决企业提出的问题，帮助企业解决困难。

农村淘宝工作

【概况】 2017年6月，市辖三区农村淘宝仓储中心在鑫金汇开始试运营，标志着武江区农村淘宝正式开始运营。截至2017年年

2017年3月2日，武江区农村淘宝小二第一期招募大会召开　（区委宣传部　供图）

底，武江区共有10个农村淘宝村级服务站点，其中龙归镇8个，江湾镇、西河镇各1个。

【解决“最后一公里问题”】 武江区农村电子商务工作通过政府搭建公共服务平台，电商企业市场运作，引导电商创业群体着力解决“最后一公里问题”，推动“工业品下乡，农产品进城”，促进农村劳动者在电子商务领域就业创业，取得一定成效。

（周富尧）

批发零售简介

【韶能集团韶关市银岭经贸发展有限公司】 韶能集团韶关市银岭经贸发展有限公司为广东韶能集团股份有限公司的全资子公司，位于韶关市武江区沿江路16号，于2006年4月14日在韶关市工商行政管理局注册登记成立。注册资本3000万元，实收资本3000万元。现有经营范围：销售机电产品、机械设备、建筑装饰材料、金属材料、矿产品（贵重、稀有矿产品除外）、有色金属产品（贵金属除外）、五金家电，纺织品，服装，皮革制品，润滑油（不设储存），河沙、纸浆、纸浆板、纸及纸制品、煤炭；货物及技术进出口；普通货运（在许可证范围及有效期内经营）；计算机信息技术咨询；电子商务。2017年，完成销售额9.86亿元，同比增长53.3%。

【国药控股韶关有限公司】 国药控股韶关有限公司是韶关药品行业唯一的国有企业，担负着韶关地区药品储存责任，全面覆盖全市二级甲等以上医疗机构、100多个乡镇卫生院。经营范围包括：中成药、中药饮片、化学原料药及其制剂、抗生素原料药及其制剂、生化药品、生物制品、麻醉药品、精神药品、蛋白同化制剂、肽类激素、医疗用毒性药品、医疗器械、体外诊断试剂、危险化学品、保健食品等，经营品规已实现与广州总部一体化经营。2003年，公司成为首批通过GSP认证的企业；2008年，第二次通过GSP认证；2013年12月，通过第三次GSP认证企业。2013年，销售2.5亿元，纳税额达到600万元，是韶关地区规模最大的医药企业，2014年度，公司销售额29800多万元。2017年度，公司销售额37798万元，同比增长3.5%。公司现有员工50人，其中党员7人，大专以上学历有30人，执业药师3人，主管药师7人，药师11人，专业技术人员占比74%。公司拥有一支从事医药行业经营管理几十年的优秀团队，整个团队具有较高的文化和专业素质。公司坐落在韶关市武江区西联镇武江工业园沐阳一路一号，环境优美，建筑面积3813平方米，仓库面积2700平方米，拥有先进的、设备齐全的专业仓库，依托国药控股全国配送网络，纵深覆盖江西、湖南、粤北医药市场，建立强大的医药物流平台，为客户提供高效、优质、安全的配送服务。

【广东雪印集团有限公司】 广东省雪印集团有限公司成立于1998年，是一家集农产品冷链加工、冷链储存、冷链配送、冷链销售于一体的农产品供应链管理运营商，是广东省现代产业500强项目企业，在韶关和广州分别设立农副产品切配中心，专业为全省机关、企业、学校食堂提供优质食材供应。

雪印公司以满足客户需求为企业经营的出发点，凭借着完善的现代冷链体系、高素质的专业营销服务团队，实现从禽畜、农产品种养—加工—销售过程中多个不同环节之间的高效无缝对接，有效地保证食堂渠道终端客户安全食品。

雪印公司大力发展以安全食品为主题的食堂渠道肉类、农产品专业供应的放心肉营销体系。以为客户提供安全食品为工作己任，建立一套完善的产品质量保证体系，所有产品均来源于国内知名品牌，有健全的资质证照和质量溯源机制。有效地保障生鲜安全食品供应给各大中院校、企事业单位、司法系统食堂、星级酒店/餐饮酒楼、大型商超、农贸市场等客户。

在多年的食堂食材招标采购中，雪印公司凭借着完善的食堂食材供应运营体系和专业高效的服务团队，连续多年成为广东省监狱管理局监狱伙房，广州市公安局及海珠区公安分局、荔湾区公安分局看守所伙房，华南师范大学、韶关学院、荷花园粤海酒店等100多个单位冷冻肉、热鲜肉、副食品、蔬菜的供应商。

雪印公司已通过国家GB/T19001-2008、GB/T24001-2400、GB/T28001-2001（质量/环境/职业健康安全）管理体系三项认证。荣获“广东省守合同重信用企业”“全国食品冷链物流定点企业”，是“2010年16届广州亚运会冷链物流服务企业”“广东省现代产业500强企业”。

时代发展为冷链物流服务创造机遇，雪印公司锐意成为全省最具竞争力的冷链物流供应服务企业。2017年，公司完成销售额2.3亿元，同比增长11.2%。

【广东爱心大药房连锁有限公司】 广东爱心大药房连锁有限公司成立于2006年2月23日，是一家主要经营中西成药、中药配方、参茸补品、进口药品、医疗器械及保健食品等10000多种医药产品的省级药品零售连锁企业。公司总部设立在广东省韶关市，并在广州设有办事处。现有员工1600余人，拥有面积达10000多平方米集办公和药品配送的综合大楼。截至2015年2月底，旗下直营分店达131家，遍布广东省韶关市三区七县、广州、惠州、清远地区。经过数载的发展和沉淀，现已发展成为粤北地区规模最大的医药零售连锁企业。公司于2013年成功开通网上药店“广东爱心大药房网上药店”（www.gdaxdyf.com）。近年来，企业以集团化发展为目标，制定“多元化”的发展战略。现公司旗下产业链涉足实业投资、酒店、农业开发、商业物业、中药饮片厂等多个领域。公司从成立至今，先后荣获“诚信单位”“先进私营企业”“广东省守合同重信用企业”“维护消费者权益示范单位”“先进职工之家”“明星企业”“优秀民营企业”“韶关市工会工作先进单位”“爱心奉献奖”“维护消费者权益事业贡献奖”等多项荣誉。2017年度销售额2.58 亿元，同比增长14.6%。

【中环广场益华百货公司】 韶关益华百货位于韶关市武江区惠民南路50号中环广场，开业于2008年9月，经营面积近5万平方米，是广东益华百货CITYMALL经营模式在粤北地区创新发展的鸿篇大作，其地处西河武江区惠民南路，紧邻武江区政府、西河体育健身广场，门前宽阔的惠民大道和广场内的大型地下停车场等，构成畅达的交通及优越的消费环境，为消费者带来方便快捷又尊贵时尚的购物新体验。益华百货位于中环广场首层至五层，共分为百货商场、乐家超市、四海电器三大业态，三大业态独立经营又紧密相依、楼层布局合理，顾客来到商场，不论衣食住行所需，还是文化娱乐消费都能得到满足。开业以来韶关益华百货共获得“广东省百城万店无假货先进单位”“广东省优秀连锁经营门店”“韶关市诚信单位”等荣誉称号。2017年度销售额1.55亿元，同比下降5.6%。

【深圳沃尔玛百货零售有限公司韶关新华南路分店】 该分店于2008 年 9 月进入韶关市场，营业面积约9000多平方米，主营生鲜食品、服装、家电、干货等两万多种商品。商场每天努力为顾客核查更多的商品价格，力推“省心价”商品，通过市场调研甄选消费者喜爱的商品组合，配合以不断改良的陈列方式，为顾客提供独特的一站式购物的体现。同时，积极推动店面改造，于2015年3—6月完成形象升级，提升顾客购物体验，满足顾客需求的同时带来产品整体销售的增长。2015年度，销售金额约1.02亿元，对比2014年度同比增长约2.3%。2016年度，销售金额1.90亿元，对比2015年度同比增长54.7%。2017年度，销售金额1.36亿元，对比2016年度同比下降2.9%。

专业市场简介

【前进国际建材城开发投资有限公司】 韶关前进国际建材城开发有限公司成立于2007年9月，位于韶关市武江区工业西路气象局西面。以兴办实业、物业出租、国内商业贸易为主。于2006年成功开发约10万平方米的“前进国际装饰建材市场”。前进国际装饰建材市场位于韶关市工业西路和乳韶路之间，与韶关大道、新华南路、新华北路、芙蓉新城、武广铁路快线相邻，地理位置优越。地处房地产开发黄金地段，周边小区众多，交通方便快捷，是粤北最大规模的建材专业批发市场，占地约100000平方米，辐射粤北甚至省内外，拥有经营户500多户。经营产品涉及建筑陶瓷、日用陶瓷、卫生洁具、陶瓷机械、钢材、板材、涂料、五金、木地板、灯饰、门业、橱柜、石材等50多个系列、3000多个品种。 自2007年1月正式公开招商以来，交易额年年上升。现准备同步扩展三期板材交易城、石材博览城、管业城，以商场模式发展，设顶尖配套设施.该事项的落成会为城市带来创业人员280人，农民工就业310人，研究生研究科研成果60人，安置下岗工人280人，安排智障人士200人，外来就业人员1600人。项目的发展会带来经济效益，每年带来税收1500万元，金融交易金额4.50亿元。为韶关市武江区产业带来一个远程的大型交易平台。

【韶关市五洲国际汽配用品商贸城】 五洲国际汽配用品商贸城由韶关市利荣投资发展有限公司投资的韶关唯一汽车配件专业市场。是2010年武江区引进的重点项目，该项目被中国汽车工业配件销售公司和中国汽车配件用品市场协会列为重点培育市场。建于韶关芙蓉新城区国道323线沐溪大道核心位置。该汽配用品商贸城总占地70000平方米，一期占地26666平方米，建筑面积5万平方米，共有商铺298间，项目从2011年5月开始招商，现已出租60%，以东莞汽车配件用品协会及的韶关南郊和周边地区汽配商户出租为主。二期占地43333平方米，现已引进新华南机动车检测站，剩余33333平方米将计划建设二手车交易市场、汽车快修及汽车配套服务功能区。五洲国际汽配用品商贸城自2011年5月正式营业以来，已经成功引进商户118家，正常开门营业的商户为105家。所有商户均以批发为主、兼营零售为辅的方式经营，经营的产品涵盖汽车用品、汽车配件、汽车电子（音响、导航及专业改装）及二手车销售等。

【光华机电五金商贸城项目】 光华机电五金商贸城，位于武江区科技工业园，占地面积54869平方米，建筑面积100337平方米，主要建设内容为商铺、办公楼、附属工程、公共配套等。项目由韶关市华南城机电投资有限公司开发建设，是目前韶关市规模最大的机电五金专业批发市场。项目坚持走“专业化、规模化、现代化、规划化”的市场开发原则，全面打造粤北最大的“一站式”机电五金采购基地，推动粤北五金行业的强势发展。项目拥有商铺405间，综合楼1栋，办公楼1栋。项目于2014年5月18日开业。光华机电五金商贸城将利用先进完善的产业服务平台、技术平台、资金平台、销售平台、物流平台和辅助平台等，推动各个产业集群的升级发展，打造“小企业、大协作；小产品、大集群；小集群、大产业”产业商贸基地，为广大客户和社会提供优质高效的服务。

（区经信局 供稿）

财政·税务

财　政

【概况】　武江区财政局内设办公室、预算股、国库股、综合股、行政事业股、会计股、农业股、社会保障股、教科文股、经济建设股、资产管理股和外经金融股共12个股（室）。参公管理事业单位：武江区财政局国库支付中心，武江区政府采购管理办公室、西河财政所、西联财政所、龙归财政所、重阳财政所、江湾财政所。事业单位：韶关市武江区财政局投资评审中心。

2017年，来源于武江区的财政总收入完成171479万元，同比增长21.23%。2017年全区一般公共预算收入完成39551万元，增收4286万元，同比增长9.8%，增幅在全市10个县（市、区）中排名第2，高于全市县级平均水平5.73个百分点，高于全市4.21个百分点。税收方面，2017年全区税收收入完成24805万元，同比增长15.7%，增幅在全市10个县（市、区）中排名第4；非税方面，2017年非税收入完成4818万元，占区财政收入比重为2.8%。2017年全区一般公共预算支出完成120，120万元，同比增长24.71%，全市10个县（市、区）中排名第4，高于全市县级平均水平6.96个百分点，高于全市8.71个百分点。完成年初预算的144.73%，完成市局下达武江区全年支出任务的99.66%，高于市局要求的91%的任务目标。（以上数据均使用可比口径）

【保障民生重点支出】　2017年，武江区民生支出占比较高，全区11类民生支出完成92093万元，占一般公共预算支出比重达76.67%。省十件民生实事支出进度较快，武江完成投入十件民生实事资金4503万元，为全年预算的100%。

【财政经济调控】　2017年，武江区与GDP核算关联的财政“八项支出”实现快速增长，2017年全区“八项支出”累计完成96，604万元，同比增长16.5%，超额完成市局对武江区八项支出增长15%的任务，拉动武江区的GDP增长约1.6个百分点。

【重点支持项目】　2017年，武江区一是加快推进产业园区基础设施建设，2017年投入莞韶产业园区（武江片区）建设及还本付息5082万元，促进企业入驻建设、投产；主动与上级有关部门的联系，争取市财政支持，协调金融机构，鼓励、引导和争取金融机构对园区建设的支持。二是做好征拆资金的筹措工作以及征拆工作经费的保障工作，确保经费及时到位，征拆工作顺利推进。三是做好PPP推进工作，以PPP投融资模式推进乡镇污水处理厂建设，加快政府投资，解决制约区域建设发展的“瓶颈”问题。

【深化零基预算改革】　2017年，武江区进一步深化零基预算改革，建立全口径的预算体系，完善结转结余资金定期清理机制，严格预算执行管理，提升预算支出绩效，腾出资金优先安排社会保障、农林水、教育、医疗卫生等民生支出，基本公共服务均等化水平得到提高。

【厘清市与区的事权和支出责任关系】　2017年，为进一步厘清市与区的事权和支出责任关系，市财政局下发《关于确定市与区共享收入分成比例的通知》（韶财预〔2017〕18号），确定市与区的共享收入分成比例统一为10：90，从2018年1月1日开始执行，试行两年。

【深化供给侧结构性改革】　2017年，武江区继续做好“进一步理顺市与市辖区权责关系改革”工作，深化供给侧结构性改革，推进简政放权放管结合优化服务改革工作，配合做好机关养老保险改革、司法体制改革等，不断强化政府公共服务的财政保障职能。

【完善重点项目、重点领域规章制度】　2017年，武江区着力完善重要项目、重点领域规章制度，规范资金管理，2017年印发《武江区派驻区属国企的股东代表管理细则（暂行）》《韶关市武江区政府投资基本建设项目资金支付管理暂行办法》等5个涉及国企管理、基本建设项目资金支付、投资评审、差旅费、征拆资金拨付的管理制度。

【优化会计管理工作】 2017年，武江区财政局行政许可事项已全部进驻网上办事大厅武江分厅和武江区行政服务中心综合窗口，共申请行政审批事项103件，完成会计人员继续教育培训人数275人。2017年，武江区财政局无新增下放行政许可事项。2017年11月起，取消“县属单位申办会计从业资格证书核发”该行政许可事项，现保留有“设立除会计师事务所以外的代理记账机构审批”1项行政许可事项。

【部门预算编制】 2017年，区财政局按照全面深化财税体制改革率先建立现代财政制度的要求，构建全面规范、公开透明的预算制度，逐步形成基本支出标准化、科学化，项目支出绩效化、择优化的新型预算编制模式，为武江区经济社会发展提供财力保障。2017年，武江区有51个一级预算单位独立编制零基部门预算。

【盘活存量资金】 区财政进一步盘活资金，建立健全结转结余资金定期清理机制，加大财政资金统筹力度，加快资金支出，减少资金沉淀。2017年，盘活存量资金1942万元，全部收回预算统筹安排，投入民生支出。

【政府债务管理】 区财政进一步摸清政府债务和或有债务情况，争取新增政府债券，运用债券置换额度妥善处理政府债务和或有债务。成立武江区政府性债务工作领导小组，建立健全债务风险处置机制，做到风险早发现、早报告、早处置。2017年，武江区争取新增政府债券5000万元，保障各项目有序推进。已将区政府原有偿还义务的政府债务全部置换为政府债券，减轻财政偿债压力。

【基层治理工作】 2017年，区财政局一是武江区已全面完成区、镇（街）、村（社区）三级公共服务平台建设，建成区公共服务中心1个、镇（街）公共服务中心7个、村（社区）公共服务站84个，覆盖率达100%，并顺利通过省、市检查组考核验收。“一门式一网式”政务服务信息系统也已于2017年9月25日开始试运行。二是积极筹措资金，保障惠农发展政策落实，大力推动“三农”发展。2017年，区本级财政投入2210万元实施扶贫攻坚，着力支持精准扶贫精准脱贫，助推武江区社会主义新农村示范村建设。

【推进政府部门财务报告编制】 2017年，区财政局组织召开2016年度政府部门财务报告编制业务培训，讲解2016年度政府部门财务报告系统操作事项，积极推进武江区财务报告试编试点工作，提高编制信息化水平。

【国有资产管理】 2017年，区国有资产托管公司（亿兆公司）资产运营收入488.12万元。根据《武江区公共资产管理暂行办法》（韶武府〔2011〕16号）进行资产管理，2017年办理行政、事业单位资产处置、报废等业务40批次，涉及公共资产金额约316.47万元。通过加强公共资产处置业务规范化管理，对国有资产的安全有效运行，确保资产保值、增值起到积极作用。

【国库集中支付】 国库集中支付的单位从一级预算单位到二级预算单位逐步推开。2017年，新增5个一级预算单位，分别是韶关市国土局武江分局、韶关市公安局武江分局、武江区市政管理中心、武江区财政局国库支付中心和武江区征收办。区属共53个一级预算单位全面实行国库集中支付，2017年共办理集中支付金额144036万元，其中办理直接支付22418笔，金额140805万元；办理授权支付2618笔，金额3231万元。

【政府采购管理】 2017年，武江区采购项目预算金额（含工程类）20929.71万元，实际支出采购金额19667.98万元，通过政府采购节约资金1261.73万元，资金节约率6.04%，有效降低财政支出，切实提高资金使用效益。2017年 11月23日，武江区财政局举办全区性的以“网上竞价、定点系统、网上商城、批量履约系统”等相关具体操作为主要内容的电子化采购执行平台操作培训班，并印发《转发〈关于调整韶关市政府采购限额标准的通知〉的通知》《转发韶关市财政局〈关于印发韶关市市级2018年集中采购机构采购项目实施方案的通知〉的通知》《关于做好 2018 年区属预算单位批量集中采购工作的通知》《关于做好 2018 年区属预算单位定点采购工作的通知》《关于做好 2018 年区属预算单位网上竞价工作的通知》《关于做好 2018 年区属预算单位电商直购工作的通知》，进一步提高武江区政府采购信息化水平，优化政府采购流程。2017年，武江区财政局严格处理政府采购投诉事宜，做到程序合法、事实认定清楚、法律运用准确、按时反馈，共受理和办结5件政府采购投诉事宜。

【财政投资评审】 2017年，区财政局共计完成审核项目107项，完成审核金额25917万元，其中，工程预算审核76项，工程预算审核资金为20515.79万元，工程预算审核节约资金1363.79万元；工程结算审核31个，工程结算审核资金5401万元，工程结算审核节约资金210.10万元。出台《关于印发〈韶关市武江区区级财政性资金基本建设投资评审管理暂行办法（试行）〉的通知》，对财政投资评审的内容、职责、程序、要求等进行细化，确保评审工作的科学性、严谨性、规范性。

【会议费及“三公”经费】 2017年，武江区区直单位（行政单位和参公单位，不含非参公事业单位）会议费及“三公”经费财政决算数为700.91万元，同比增长37.32%。其中，会议费34.28万元，同比下降41.12%；因公出国（境）费15.47万元，同比增长534.02%；公务用车购置费70.56万元，同比增长233.46%；公务用车运行维护费491.74万元，同比增长61.48%；公务接待费88.86万元，同比下降28.38%。“三公”经费管理做到依法依规及时公开。

【财政监督】 一是建章立制，切实贯彻落实武江区财政局印发的《韶关市武江区财政局内部控制基本制度（试行）》等9个内控制度，对各股室的岗位职责和业务流程进行明确具体的规定，并对各岗位的风险内部控制制定办法，进一步加强管理。二是认真做好各个专项的专项资金检查工作，2017年先后开展省级财政专项资金和一般性转移支付资金、预决算公开、会计信息质量等多项财政监督检查工作，同时积极配合区扶贫办、纪检等部门，开展财政扶贫资金专项检查，并就检查发现的问题提出整改意见。三是根据区检察院的检察建议要求，对武江区近几年来（2016—2017年度）检查中被定性为骗取性质等财政违法行为的7个企业的财政违法行为进行整改落实，追回2个企业套取的财政资金并依法给予行政处罚，共追回资金60万元（其中2016年追回30万元），处罚金14万元，另暂扣违法企业资金88万元，合计共追缴资金162万元。做好另5个不服法院判决且已提起诉讼企业行政复议和应诉工作。四是积极配合审计部门，做好对违规使用资金的追缴工作，2017年度共追回1个单位违规使用的财政资金共245.75万元，强化财政法规约束力。

【财政队伍建设】 2017年，区财政局注重加强财政队伍建设。一是加强党风廉政建设，贯彻落实中共十九大精神，围绕党章等规章制度，推进全面从严治党新格局，结合财政实际，深入开展以“讲政治、强党性、严纪律、守规矩”为主题的纪律教育学习月系列活动，推进干部职工把中共精神贯彻落实到财政工作的全过程。二是强化政风行风建设，落实“一次性告知”，强化“首问责任制”，优化资金拨付流程，执行限时办结制，确保各项财政资金按要求在规定时间内下达，并加强对预算单位支出进度工作督导检查，努力取得政风行风建设新成效。三是助推文明单位建设，以创建“文明单位”为契机，组织开展扶贫帮困、节日慰问、志愿服务、趣味运动会等活动，丰富干部职工的精神文化生活。四是抓好干部培养，立足干部队伍实际，大力加强干部培养和调整配备工作，按照“干什么学什么，缺什么补什么”的原则，加强岗位培训组织，增强培训的针对性，注重年轻干部培养管理，强化年轻中层干部的力量，激发工作创新和活力。

【表彰情况】 武江区财政局国库支付中心被评为“2016—2017年度韶关市武江区文明示范窗口”。武江区财政局栾东勋家庭被评为“2016—2017年度韶关市文明家庭”。

区财政局领导名录

局　长：陈雪延（女）
副局长：陈志福
　　　　邓明晖
　　　　黄　辉

（邹惠芳）

国家税务

【概况】 韶关市武江区国家税务局是武江区主管国家税收工作的职能部门，为正科级全职能局，内设办公室、政策法规股、收入核算股、纳税服务股（办税服务厅）、征收管理股、人事教育股、监察室、税源管理一股、税源管理二股共9个股（室）。1个派出机构：龙归税务分局；1个事业单位：信息中心。截至2017年底共有干部68人，主要负责西河、西联、龙归、重阳、江湾五镇以及新华、惠民两个街道办事处范围国家税收征管工作。

2017年，区国税局共组织税收收入108682万元，同比增长68%，增收43960万元，完成市国税局税收收入预期目标77550万元的140.2%。其中：增值税90666万元，同比增长80 .2%，增收40356万元；消费税 164万元，同比增长65.7%，增收65万元；企业所得税17852万元，同比增长24.7%，增收3539万元，为地方经济发展提供强有力的保障。

【创建“四个五”党建品牌】 2017年，区国税局深化“四个五”党建品牌创建。积极开展党员之家、团青之家、妇女之家、职工之家“四个之家”建设，精心组织提炼“微聚力”党建品牌，被评为韶关市国税系统“五创新”党建工作案例，并受到省委“两学一做”工作组的高度关注，经验材料被《南方日报》刊登。

【税务管理】 2017年，区国税局认真开展经济税源调查，注重行业、企业微观税负分析，密切关注“营改增”政策执行和行业税负变化对税收的影响。对113户纳税人进行纳税评估，全年评估共计入库税款839.40万元（其中正税800.17万元，滞纳金39.23万元）；评估后不予退税额30.18万元，达到以评促管的良好效果。完成17批合计91户风险应对任务（其中中风险61户，低风险30户），风险命中率100%，风险应对共查补税款663.09万元，入库滞纳金40.08万元。建立税收风险管理工作机制和分类分级管理措施，组建风险管理中心，加强对增值税风险纳税人、异常开票数据、异常申报数据和“两头在外”企业分析监控。

【国、地税体制改革】 2017年，区国税局成立深化国、地税征管体制改革领导小组和征管体制改革推进督办落实工作领导小组，不断完善《韶关市武江区深化国税、地税征管体制改革任务台账》。认真落实国地税合作规范，成立合作领导小组，完善合作机制。积极探索联合办税新模式，共建联合办税服务厅，从“相互进驻”互设办税窗口，到“共建式”服务新升级，再到“一窗式”联合办税，实现“进一家门 办两家事”。联合推进国地税互派干部挂职交流，推进税收宣传、干部培训、党建等工作的联动。联合开展税收分析，每月定期交换纳税人开票信息，及时进行数据比对，推进税收风险管理，有效杜绝漏征漏管。

【依法纳税示范基地建设】 2017年，区国税局深化RED系统应用，积极开展税收执法说明理由系统运行工作，探索建立行政执法公示制度、执法全过程记录制度、重大执法决定法治审核制度，组建法律工作小组，不断提升干部职工涉税法律问题应对能力，成为全市国税系统首家获“广东省国税系统省级法治税务示范基地”的基层单位。

【拓展税收普法新平台】 2017年，区国税局联合市青少年宫建设税收普法教育基地，打造“税收图书角”“税收文化廊”等教育阵地，举行“税收知识校园行”，开展税收普法知识讲座和“百科知识竞赛”税收普法专场活动，通过税收普法知识抢答、游戏竞赛等寓教于乐的方式提高青少年学法积极性，充分发挥税收法治宣传教育在全面推进依法治税过程中的基础性作用。

【企业税收政策大宣传】 2017年，区国税局举办各类税宣活动4期，大型培训辅导5期，分类培训17期，培训纳税人13000多人次。特别是在连续3个月的“营改增大辅导”中，组织召开5次座谈会，上门辅导企业280余户，集中培训2500余户，电话咨询5000余户次，微信宣传10000余户次，使纳税人更好地了解政策、用好政策。2017年，落实支持高新技术企业发展税收优惠政策共减免3946万元，扶持小微企业税收优惠政策共减免4594万元。

【深化便民办税春风服务】 2017年，区国税局将纳税人便利与优化办税服务相融合，拓宽办税渠道，推广应用“二维码”涉税事项告知，落实涉税事项一次性告知，办税资料“容缺受理”，让纳税人办税“最多跑一趟”。举办“科技助税 和谐发展”主题税务沙龙，邀请纳税人代表开展“换位大体验”活动，从纳税人的体验办税中改进服务工作。

【推进“放管服”改革】 2017年，区国税局及时清理行政审批事项，调整行政审批目录清单，进一步减少审批环节，压缩审批时限，优化审批程序，提出即时办结服务理念，让纳税人切实享受到快速办税的便利。贯彻落实六项减税政策，不断打出减税降负组合拳，让纳税人充分享受到减税红利和“放管服”改革成效。

【纳税人权益保护中心】 2017年，区国税局建立“纳税人权益保护中心”，维护纳税人合法权益。配置代开发票终端机、发票电子回单柜、24小时自助办税终端等设备，建立A级纳税人绿色快捷通道，大力推广“同城通办”“省内通办”“一窗式通办”业务，不断提高办税效率，节省办税时间。

【推进“互联网+税务”】 2017年，区国税局大力推广应用电子税务局，设置电子税务局办税体验区，成立纳税服务志愿者队伍，集中举办8期20余场次电子税务局业务操作培训班，发放资料7000多份，参训纳税人近6000户次。截至2017年年底，电子税务局实名认证率达到99.99%，办税率达到99.94%，把纳税服务方式从线下“一门式”推向线上“一网式”。

【深化银税互动】 2017年，区国税局联合武江区地税局与中国银行武江支行、中国建设银行韶关分行签订“银税互动”守信激励协议，为纳税人搭建纳税信用价值导向平台，实现税、企、银三方共赢。先后为A级纳税人、模范纳税户、部分财务核算健全的B级纳税人近42户次提供优惠贷款1.7亿元，有力支持中小企业发展。

【国税系统精神文明】 2017年，区国税局以创建“全国文明单位”为目标，完善文化阵地建设，升级改造文化展厅，扩建职工书屋，建设文化走廊，深化“一局一品”和“一部门一主题”，2017年荣获“全国文明单位”荣誉称号。坚持定期举办道德讲堂，开展各类主题实践活动，打造“风度”国税文化品牌，被授予市“风度韶城 尚德修身”全民行动示范单位。深化志愿服务活动，成立志愿服务小分队，组织开展“关爱孤寡老人”、“关爱留守儿童”、走访慰问困难职工等活动，全面展示武江国税的良好社会形象。“点亮微心愿”志愿服务活动被广东省精神文明委员会被评为“广东省最佳志愿服务项目”，1人获选“广东省最美志愿者”。

【国税系统队伍建设】 2017年，区国税局始终以“严管善待激活”为宗旨，坚持以人筑税、文化润税，在培养干部、激发活力、凝心聚力、夯实基础上狠下功夫，进一步提升干部队伍素质。运用“讲授式、网络式、体会式”教学培训方式，开展“互联网+”、绩效读书分享会等活动，创新绩效学习模式，拓展绩效文化平台，2017年绩效管理在全市国税系统排名第一。认真做好数字人事系统上线工作，每季度进行情况通报，全局上线登陆率100%，工作纪实完成率100%。在第三季度全市国税系统数字人事工作纪实情况通报中，获市国税局通报表扬。每年组织全员培训，每季度组织业务考试，促进干部业务素质提升。组织开展读书分享会、主题演讲比赛、辩论赛，75%的干部拥有本科以上学历，队伍活力持续激发。把党风廉政建设与各项税收工作一同部署落实、一同检查考核，深入开展党风廉政教育，落实中央八项规定精神，营造风清气正的氛围，引导党员干部自觉加强政风行风建设。

【国税系统表彰情况】 2017年，区国税局荣获“全国文明单位”“全国职工书屋”“广东省国税系统法治税务示范基地”称号和广东省国家税务局“集体三等功”，党总支部被授予全省国税系统“五个好”先进基层党组织称号，机关党支部被授予全市国税系统“五个好”先进基层党组织称号。

区国税局领导名录

局　　长：蔡汉生

副 局 长：李同启

　　　　　邓良智

　　　　　钟海涛

　　　　　陈　丹（女）

纪检组长：王婕茹（女）

（陈敏琳）

地方税务

【概况】 武江区地方税务局内设办公室、税政股、纳税服务股、征收管理股、人事教育股、监察室等6个职能股（室），下设西联、西河、龙归等3个税务分局、稽查局以及沙湖征收点。2017年，区地税局以中共十九大精神和习近平新时代中国特色社会主义思想为指导，牢记“为国聚财、为民收税”的使命，在市地税局党组和区委区政府的正确领导下，紧紧围绕“夯实基础年”的主题，直面“任务重、人员紧、变革大”的困难，以组织收入为中心，以改革创新为动力，以基层建设为抓手，夯实基础、适应改革、提升能力、优化服务，各项任务取得较大的进步，为全区经济社会发展作出积极贡献。

【组织收入】 2017年，区地税局累计组织税费收入297729万元，同比增收3792万元，增长1.29%，完成年度预期目标，收入总量占全市地税收入27.12%，位居首位。其中：税收收入145325万元，完成预期目标111.79%，同比减收3283万元，减少2.21%，可比增收23459万元（可比口径为剔除营改增因素，下同），可比增长19.41%。其中：中央级收入34111万元，完成预期目标131.20%，同比增收9691万元，增长39.68%，可比增收9221万元，可比增长37.82%；省级收入19064万元，完成预期目标116.24%，同比减收12304万元，减少39.22%，可比增收3317万元，可比增长21.41%；市级收入78471万元，完成预期目标106.30%，同比增收7956万元，增长11.28%，可比增收13812万元，可比增长21.40%；区级收入13679万元（区级收入11253万元，完成预期目标97.85%），同比减收8626万元，减少38.67%，可比减收2892万元，可比减少17.58%。各费收入152404万元，同比增收7075万元，增长4.87%。其中：社保费126994万元，同比增收7547万元，增长6.32%；其他费收入25410万元，同比减收472万元，减少1.82%。

市本级收入94160万元（含莞韶园区级收入），同比增收5362万元，增长6.04%，可比增收11218万元，增长13.55%。

【税费征管】 实施分类分级管理新模式 2017年8月1日，区地税局在西联税务分局进行分类分级改革试点，12月18日，在全局范围内完成机构调整和职能转变，并统筹协调人员配置、工作交接、系统调配等，全面铺开分类分级管理新模式。按照管理流程设置纳税服务分局、税源管理分局以及数据管控分局，打破以往属地管理限制、推动税务分局从传统的一管到底向规范化、专业化、差异化转变，实现集中服务、集中管理、集中分析的扁平化管理模式，将有限的征管资源配置于税收风险或税收集中度高的纳税人，有效降低税收流失率和征纳成本，提升税源专业化管理水平。

推进电子文档管理系统 2017年，为满足办税服务厅的工作需求，区地税局在市地税局统一配备的基础上，另外出资12万元采购相关设备，共增设高速扫描仪3台，高拍仪、扫描枪、条码打印机设备各24台，确保每个服务窗口都设施齐全。另外，在档案室配置电子扫描设备，对历史资料进行电子存储，2017年共扫描电子文档90余万份，基本实现材料“电子化采集、一户式储存、多方共享、随机查询”的信息化管理模式。

全面推广电子办税服务 2017年，为努力构建“电子办税为主、自助和实体办税为辅”的办税服务体系，区地税局坚持以纳税人需求为导向，完善软硬件设施，设置纳税人自助办税区，新购置4台自助办税终端，增设8台电脑，强化导税团队建设，实行导税轮值制，让纳税人充分体验互联网、微信、手机APP三位一体的电子办税服务平台的高效便捷，构建电子办税为主、自助办税为辅，实体办税服务厅兜底的办税模式，让纳税人多走“网路”、少走“马路”，提升电子办税使用率，减少实体办税业务量，实现“双减负”。

全面开展税收执法全过程记录 2017年，为深入推进“阳光税务”建设，保障纳税人合法权益，共建和谐税收秩序，区地税局开展执法全过程记录的试点工作。把执法工作中，容易发生征纳冲突的场所，如办税服务厅、稽查讯问室、约谈接待室等，利用音视频监控，对工作现场实施全方位、多角度的音视频采集、存储，实现现场“留痕”；增设执法记录仪、录像机、相机等，对税务机关外部执法行为进行现场实录，实现过程“留痕”；依托现代科技手段的支持，实现税收执法行为由结果记录到过程记录、由文字记录到音像记录质的飞跃，无缝隙、全覆盖税收执法全过程，实现管理“留痕”。

加强大企业管理工作 2017年，大企业管理局各项工作已全面进入正轨，以全市500余户总局千户集团、省局百户集团、市级大企业及成员企业为管理服务对象，采取“市级统筹、国地协同、税企共治”的新型大企业管理模式，主要开展数据分析、风险管理、税收经济分析、个性化纳税服务等工作。在风险管理和个性化服务方面都取得显著成效：全年共入库风险管理税款2799万元；国地税联合与市省级大企业——广东东阳光共同签署全市首份个性化纳税服务协议，开创韶关本地的高端纳服品牌。

落实社保扩面任务 2017年，为切实抓好社保费扩面征缴工作，区地税局围绕市、区政府和省、市地税局的统一工作部署，密切协调配合人社部门，科学筹划、迅速行动、狠抓落实，采取建立目标责任制、科学分解任务指标、强化数据管费效能、加强重点费源管理等措施，较好地完成这项任务。截至9月30日，区地税局在6—9月社保扩面期间，平均缴费人数达到62999人，比5月平均增长2749人，对比市地税局下达的任务指标61700人超出1299人，第一个率先完成市局下达的任务，任务指标完成率达到102.11%。截至12月31日，月均缴费人数比市地税局下达的任务指标超出3000余人，全市第一个超额完成社保扩面任务。

【税收优惠】 贯彻落实国务院6项减税政策 6项减税政策实施以来，区地税局通过强化部门配合、融合国地税资源、优化窗口服务、创新宣传途径等手段，明确责任分工、强化教育培训、扩大宣传力度，力促减税政策落实到位。截至2017年7月20日，扎实落实研发费加计扣除税收优惠政策，共有韶关液压件厂有限公司、广东中星科技股份有限公司和韶关市龙飞数码科技有限公司等3户企业，享受研发费加计扣除623万元的优惠。1户非高新技术企业研发费加计扣除50.4万元，占享受研发费加计扣除户数的33.3%。

落实税收优惠政策 2017年，区地税局对区辖区范围内11户企业，共26名纳税人进行个人所得税优惠减免，共减免46756.94元，落实好残疾人就业税收优惠政策，扎实推进特殊人群服务管理项目。2017年，该局通过提高宣传力度，清扫政策盲区；依托信息手段，强化分析管控；优化纳税服务，跟进服务保障等系列措施，强化小微企业税收优惠政策的落实。辖区范围内享受小微企业优惠政策企业为808户，减免税额364万元，政策受惠面为100%。2017年，全年共优惠减免契税6，534万元，在合理引导住房消费，促进改善性住房需求，降低房地产交易成本，减轻纳税人负担等方面起到积极作用。

2017年，共收到17户企业申请困难减免房产税、土地使用税，经区局减免税领导小组集体审议，对广东雷霆国药有限公司等10户企业共减免城镇土地使用税82.8万元，降低企业成本，减轻企业负担，将释放改革红利落实到实处。以落实税收优惠政策为突破口，以提升服务质效为重点，全力支持自主就业退役士兵创业就业。对符合条件的个人和企业进行税收减免，共减免税费48，585元，其中：自主创业累计减免税费28，800元，自主就业累计减免税费19，785元。

【依法治税】 *严格依法治税* 2017年，区地税局针对上级内审、督查巡察指出的存在问题，加大税收执法和税款清欠力度，除日常催报催缴外，还对欠税、欠费大户采取刚性执法手段：共查询银行账户10余户，查封企业资产2户，申请法院强制执行2户，收集司法拍卖信息1户，加大税收执法威慑力和税款清欠力度；运用"以地控税"系统，接收疑似信息254条，核实有效信息104条，新增税款516万元。通过征稽联动、国地联合、清理积案等举措，加大稽查力度和成效，全年共入库130万元。

税收法律法规宣传教育 2017年，区地税局积极贯彻落实"谁执法谁普法"工作，要求全体干部深入学习和广泛宣传税收法律法规，增强税务人员依法履职能力的同时，提高全社会对税法的知晓度，增强社会公众的税收法治观念，特别是开展"模拟法庭"创新培训模式，与区法院、市地税局法规科、浈江区地税局共同交流探讨，切实提高该局干部风险防范意识和行政应诉实战能力。

完善内控机制 2017年，区地税局通过建章立制，共制定和修订计算机系统安全管理制度、预算管理办法等5个制度和9个办法，覆盖全局工作；严抓审计督查发现问题的整改工作；构建"监督网"，开展税收执法督察、专项检查、内部审计和内控倒查等，建立长效机制，狠抓关键岗位和事项的风险控制，以流程化管理、规范化制度、信息化手段做好内控工作。

【纳税服务】 *打造个性化贴心服务厅* 2017年，区地税局在办税服务厅内设立阅读角，增设阅报架，将税务杂志、《中国税务报》送到纳税人手中，缓解纳税人排队等候的焦虑心情，维护办税服务厅的良好秩序；推行导税轮值制，组建一支专业导税团队，将服务前置于叫号之前，实行精细化导税管理，真正实现办税服务事项"一次性告知"；开通小微企业优惠绿色通道、退役士兵创业就业绿色通道以及"特殊群体"纳税服务绿色通道，全面打造个性化贴心服务，全力打造个性化贴心办税服务厅。

打造"互联网+税务"新模式 2017年，区地税局坚持以纳税人需求为导向，依托"互联网+"思维，打造"互联网+税务"新模式，通过现场教、课堂学等形式，提升纳税人办税水平，帮助纳税人通过互联网、手机客户端或自助办税终端等渠道办理涉税事宜，努力打造电子办税为主、自助办税为辅，实体办税服务厅兜底的办税模式，实现纳税人"走上路"向"行网路"的转变。另外，以复合型人才培养为契机，加大对全体干部职工的业务培训，切实提升税务干部业务综合能力，提高纳税服务办事效率，让纳税人办理涉税事项省时、顺心。

个性化纳税精准服务 2017年，区地税局转变税务机关的管理方式，与大企业签订个性化纳税服务协议，通过风险管理意见、风险提醒等方式进行遵从帮助，鼓励和促进签约企业自我管理、自主控制、自行化解税务风险，实现税企共制风险管理；组建风险管理团队，定期深入企业走访调研，全面了解企业经营情况及涉税诉求，针对企业在涉税业务受理上遇到难题及时组织税务骨干上门开展"上门辅导""定制服务"；以"纳税人学堂"为平台，对新办税务登记纳税人主要开展入门培训，对中等规模企业开展提高培训，对大企业开展量身定制个性化服务，精准助力企业快速发展。

推进地税阳光服务 2017年，区地税局依托纳税人权益保护中心，最大限度维护纳税人合法权益，把纳税人权益保护中心打造成政府部门与企业沟通的桥梁和纽带，借助第三方的力量，预防和化解税务行政争议;实行"权力清单制度"，主动公开权力清单，让权力在阳光下运作，主动接受监督，增强税收执法的透明度，创造公开公平公正的税收环境，让纳税人交明白税、放心税；率先试点税收执法全过程记录制度，以信息化管理为依托，以规范执法文书为基础，以加强执法监督为保障，综合利用金税三期税收管理系统、税收执法记录仪以及办税场所全过程监控等先进科技手段，促进执法程序规范和执法公信度、纳税遵从度的进一步提高，全面推进依法治税。

税收法规政策宣传教育 2017年，区地税局举办税收优惠政策宣讲会，针对新出台、涉及面广、纳税人普遍关心的税收优惠政策予以详细宣讲，使优惠政策有效落地，让纳税人握住手中的"红利"；举办办税服务厅开放日体验活动，打造纳税人"零距离""无障碍"的沟通平台，邀请各界纳税人代表走进办税服务厅，亲身体验、零距离了解办税服务工作；创新税法宣传新模式，探索税法

宣传新途径，充分利用纳税人课堂、税务沙龙、网络、新闻媒体等平台，畅通征纳沟通“双向道”，实现税收宣传“全覆盖”，增色纳税服务品牌。

【国地税合作】 国地税合作长效机制 2017年，区地税局联合区国税局坚持融合创新，不断拓宽国地税合作领域，不断完善组织领导、分工协作、交流沟通等机制，共制定23项合作机制，形成领导重视、税务合力、各方配合的综合治税新局面。两局全面开展业务融合，实施工作对接，进一步深化合作，并致力于打造升级版联合办税服务厅，着力建立健全办税服务厅的机制建设，建立联合办税服务厅现场协调制度、应急管理制度、学习培训制度、信息安全管理制度、票证管理制度、党建团工作制度、互派干部交流管理办法等14项制度办法，从税务干部业务素质、综合能力、信息安全、纳税服务等多个方面作出明确要求，以最大限度规范管理，激发队伍活力，推动工作质效大幅提升。

深化国地税合作事项 2017年，区国税局、地税局建立“互驻式”办税服务厅1个，“共建式”办税服务厅1个，设立“一窗式”办税窗口8个，纳税人一次申报可办两家业务，不但避免纳税人办税多头跑，而且解决长期存在的漏征漏管问题，有效推动地税机关由“以票控税”向“信息管税”“合作征税”转变。同时，两局积极搭建信息共享平台，整合征管资源，满足双方征管需求，进一步提高税收征管效率。大力推进部门协作和信息交换，提升涉税信息共享，有效加强税收征管互助。通过联合发布欠税公告，全年对符合公告条件的205户欠税纳税人进行联合公告，涉及欠税总额4，458.98万元；通过联合开展国地税共管户比对关联开展数据清理，截至12月31日，应关联户11180户，已关联10714户（包括与区国税局、市国税直属局关联数据），正确关联率达99.09%；通过定期开展涉税信息交换，解决信息不对称的问题，共交换登记信息、征收管理信息30000余条；通过联合开展税收信用建设宣传，营造依法诚信舆论氛围。对辖区范围内3517户参评企业进行综合评价，评定A级信用企业176户，B级信用企业1266户，C级信用企业290户，D级信用企业188户；通过开展模范纳税户评选，推动纳税信用建设。首次与区国税局、市国税直属局联合开展模范纳税户评选活动，严格遵照评选办法和评选条件，选出模范纳税户共35户（其中，与区国税局共管户23户，与市国税直属局共管户12户）；通过深化税收分析协作，按季度交换税收及经济形势分析；通过联合开展企业资格认定，统一优惠政策执行口径；通过与国税打击发票违法犯罪协调小组对商业批发、药品与医疗器械行业开展发票检查，查处5户企业虚开增值税发票，涉税金额685.28万元，应补增值税116.49万元，涉及城建税及附加11.6万元；通过协同实施企业所得税优惠事项备案管理，区国税局、地税局联合加强研发费用加计扣除优惠政策宣传辅导，主动提醒企业办理减免税备案。2户企业享受研发费加计扣除，共计571万元，高新技术企业减免税额44.75万元。另外，在税收执法全过程记录以及股权转让所得税管理等合作方面积极探索。

优化联合办税服务 2017年，区国税局、地税局积极探索国地税密切合作的方法方式，切实提高办税效率，减轻纳税人办税负担，为纳税人提供优质服务。通过联合开展“大走访”、联合举办“税务沙龙”、联合开展税法宣讲会等形式，搭建税企沟通新平台，畅通税企沟通渠道，真正实现问需于纳税人、问计于纳税人、问难于纳税人，截至4月30日，共联合走访4969户企业，实现与纳税人“一对一”“面对面”交流实现税企互动。另外，充分利用“互联网+”的优势，开展微信客户端纳税人满意度联合调查，围绕办税服务、税宣、税收优惠、廉洁执法等方面，设置30个项目供纳税人点评。实时了解满意度短板，综合掌握纳税人对税收工作的需求与诉求，促进税收管理和纳税服务水平进一步提高。

联合税收宣传常态化 2017年，区国税局、地税局坚持把优化纳税服务贯穿于税收工作的全过程，坚持把税收宣传融合到纳税服务的每一个环节，充分运用媒体、网络资源创新宣传模式，确保联合税收宣传常态化、出实效，对进一步完善纳税服务、优化营商环境和提升纳税遵从度起到重要推动作用。税宣月中，坚持“四走进”——送税法进校园、进园区、进企业、进社区等继承传统税宣模式与“税收宣传+”等系列创新模式相结合，扩大税收宣传月活动影响力。日常工作中，立足于深度宣传、广泛宣传、长效宣传，将联合税收宣传常态化。根据当前热点政策和新政策，利用电子显示屏、自助办税电脑、户外宣传栏等平台，通过播放税收宣传片、温馨提示以及发放宣传手册等方式，及时进行宣传。纳税人课堂上，对国务院6项减税政策及、电子税务局等工作开展10余期培训，累计参训人数达5000余人次，对操作流程、注意事项、焦点问题等进行精细化宣传，让纳税人及时掌握最新的涉税动向。其中：联合开展减税宣传、联合开展银税互动、联合拓展“合作+”新模式等被韶关电视台、韶关日报等媒体报道。

【绩效管理】 *地税局绩效指标体系* 2017年，区地税局一是坚持“四原则”编制绩效指标。坚持把市地税局考评指标分解落实到位，各部门将承接指标进行分解，根据工作职责落实到责任人，确保工作落实无缝衔接；坚持把2017年度税务工作会议明确指出的重点工作列入指标中，确保重点工作事项得到落实；坚持把部门特色工作列入指标，各部门将部门年度工作逐项列入考核指标内，并制定明确的时间要求、方法步骤，有条不紊开展工作；坚持把全局性工作列入指标，办公室、人事教育股、纳税服务股以及监察室根据工作实际，制定6项共性指标，要求各部门结合部门实际抓落实。二是明确责任严把绩效编制关。组织绩效管理员开展培训，按照省地税局、市地税局关于制定绩效计划的指引要求，明确各个项目的注意事项，统一指标编制的标准；召开指标审定会议，分管局领导、部门负责人对绩效指标进行层层把关，商定共性指标和审定部门指标。三是组织集体办公确保指标顺利上线。通过召集绩效管理员开展集中办公，采用各部门交叉审核、相互监督的方法，确保指标导入流程无误，保障部门及岗位人员指标顺利全面上线。

地税局绩效管理办法 2017年，区地税局一是修订绩效管理办法及细则。按照省地税局、市地方税务局的指引以及督导发现的共性问题，根据区地税局实际对部门及岗位人员的管理办法、实施细则进行修改，指引绩效管理的各个环节工作顺利开展。二是修订分析讲评工作制度。按照要求，修订完善《韶关市武江区绩效分析讲评工作制度》，为绩效管理沟通、改进提供制度保障。三是修订结果运用办法。按照绩效考核标准的要求，对《韶关市武江区地方税务局绩效考评结果运用办法》进行修改，建立完善的激励机制，深化绩效考评结果运用。四是调整绩效工作领导小组。根据区地税局人事变动和工作需要，调整绩效管理工作领导小组、绩效考评委员会组成人员，确保绩效管理及绩效考核工作顺利、有序开展。

推行绩效台账管理 2017年，区地税局一是建立指标汇报台账。各部门结合市地方税务局考评指标中明确列出的汇报时间节点，以及考评标准内容中要求的汇报时间，逐条梳理承接指标的汇报时间节点，并对应列出相关的汇报内容、责任人，明确责任分工，避免出现只在考评标准中要求上报资料而没设置汇报时间节点导致漏报的情况，确保按时按质按量完成工作事项。二是建立上级考评台账。绩效办对应《韶关市局地税系统2017年绩效考评指标（全体考评）》的内容，逐条列出考评指标的相关内容，将市地税局责任科室、区地税局责任部门，市地税局考评责任人、区地税局承接责任人、分管局领导以及考评方式等对应列出，为各部门工作落实，绩效办督办提醒以及局领导了解指标落实情况提供保障。

强化绩效管理培训 2017年，区地税局为进一步提高各部门绩效管理员的业务水平，动员全体干部职工深入学习绩效管理的相关内容，强化干部职工绩效管理操作技能，全面提升全局绩效管理水平。区地税局提前谋划，将绩效全员培训、中层干部以上领导干部绩效培训列入《韶关市武江区地方税务局2017年度培训计划》中，明确培训的时间和内容要求。7月，区地税局绩效办从绩效制度办法及细则存在的疑惑，绩效日常操作遇到的问题，汇报市局指标、填报月小结等存在的问题等6个方面，向全局征集两次绩效管理的建议、意见。8月，绩效办将征集到的意见、建议与日常管理中各部门反映的问题，深入分析各个层级的不同需求。10月25日上午，分别举办绩效管理中层以上干部专题培训和绩效管理全员培训，由“一把手”对中层干部以上干部进行授课，着重就绩效组织领导架构、绩效管理的各个环节以及各类别人员全年绩效管理工作任务进行讲解，明确领导干部的工作任务，强抓领导干部责任。绩效联络员则根据提出的问题，对绩效管理工作平台的工作设置、操作流程进行详细的介绍。该次培训思路清晰、重点突出、内容具体，不讲不讲空话、套话，有效提高全体干部职工的绩效管理水平。

紧抓绩效“讲”和“评” 2017年，区地税局一是修订分析讲评工作制度。按照省地税局、市地税局的要求，修订完善《韶关市武江区绩效分析讲评工作制度》，对部门绩效讲评会及区地税局绩效讲评会的内容、时间、程序等作出明确规定，进一步规范绩效管理工作，促使各部门及时开展绩效管理总结、分析、交流，有效地解决执行绩效管理过程中存在的问题，为绩效沟通、绩效改进构建一个全新的平台。二是按时召开绩效分析讲评会议。四个季度的分析讲评，都由该局“一把手”主持，各部门负责人针对部门绩效管理工作的开展，进行深入的分析，尤其就汇报市地税局指标执行情况以及扣分等存在的问题进行探讨。分管领导分别针对自己分管的部门及联系的税务分局绩效管理工作开展情况进行讲评，并对各部门下一步的工作提出要求。充分发挥绩效讲评会议在绩效沟通、绩效分析和绩

效改进的作用。三是按质撰写绩效分析评估报告。每季度末次月25日前，绩效办按照主要工作、取得的工作成效、存在的重点问题、不足分析及改进措施以及意见及建议反馈等4个方面，认真撰写绩效分析评估报告，及时总结绩效指标对应工作的效果和经验，发现绩效目标任务实施过程中遇到的问题，剖析问题成因并研究改进措施，有效促进绩效管理持续改进。

绩效管理的督查　2017年，国家税务总局、省地税局以及市地税局共开展四次关于绩效管理的督查，其中省局的第二次系统大督查，对绩效的制度执行、分析改进、绩效指导、绩效培训、督考合一、结果运用等6个方面，12个检查点展开全面督查。区地方税务局以督查为契机，开展全面自查，认真查找问题，针对督查及绩效指标专项检查反馈意见中指出的共性问题，以及针对该局提出的制度建设不够严谨、指标计分标准不够科学、资料分类不够准确等问题，迅速组织各部门绩效管理员进行修改，并以问题为导向，切实落实整改到位。2017年在全市地税系统绩效考评中，区地税局以总得分993.75分（其中：考评指标得分992.99 分，位列全市第一；年度加分0.76 分）位列全市第三。

【地税系统队伍建设】　2017年，西联税务分局办税服务厅荣获广东省“巾帼文明岗”荣誉称号，女税官们坚持以人为本，树立岗位成才和岗位建功的典范；根据复合型人才培养工作方案，区地税局重点加强对青年干部的培养，通过以老带新，实行跨部门、跨岗位的人员大整合，设立三个业务工作组，分别承担企业所得税汇算清缴、土地增值税清算和行政应诉工作，有效提升青年干部的整体素质。全年共开展明察暗访20次，发现并即刻纠正机关作风问题6人次，警示作用明显，并且认真开展民主评议政风行风和民声热线工作，敞开大门做好作风建设意见征集；另外落实党组成员与各党支部建立党建工作联系点方案，深化“连心桥”工作，大力破解“关键一公里”突出问题。借鉴以往经验，通过科学制定绩效指标、以绩效管理倒逼工作落实、加强绩效考核结果运用，让绩效管理成为全局重点工作落实的指挥棒，成为促进各层级领导干部敢担当、善作为、争上游的有力手段。

【区地税局学习贯彻十九大精神】　2017年，区地税局党组精心制定十九大精神学习教育实施方案，组织开展党组中心组学习4次，召开专题会议2次，开展集体研学3次，通过丰富的研学活动让党员干部深入领会精神实质；在各个分局大厅、征收点、文化展厅等设立专门的十九大精神宣传栏，并发布两期专题简报，向全局党员干部以及广大纳税人广泛宣传；在贯彻方面，以十九大精神为引领，通过征管体制改革、落实税收优惠政策、规范税收执法行为、优化纳税服务等举措服务现代化经济体系建设。

【打造“融合式”党建品牌】　2017年，为贯彻“条主动、块为主”党建工作机制，区地税局与区国税局、中行武江支行、南雄市地税局等单位以共建形式分别开展甘棠小学“扶贫助学”过党日、“党建创新，业务创优”辩论赛、“重走长征路”等活动，取得非常好的效果，以融合方式，打造党建工作创新品牌。

【区地税局表彰情况】　2017年3月，区地税局西联税务分局荣获广东省“巾帼文明岗”荣誉称号；2017年12月，区地税局荣获“韶关市精神文明建设先进集体”称号。

区地税局领导名录

党组书记、局长：张名新
党组副书记、副局长：
　　戴国成（—2017.5）
党组副书记：陈伟敏（2017.4—）
党组成员、纪检组长：罗中安
党组成员、副局长：江建明
　　邓　颖（女，—2017.7）
　　罗　智（2017.7—）

（甘　楠）

城乡建设·公路

住房和城乡建设

【概况】 武江区住房和城乡建设局内设办公室、建筑与房地产业管理股、村镇规划股、环境管理股。2017年，区住房和城乡建设局加强与市有关部门的联系，完善武江区房地产企业和建筑企业的资料。全区共有49家房地产企业和22家资质建筑企业。全区全年建筑企业完成产值58.09亿元，比上一年增长18.7%；完成建筑业增加值14.40亿元，比上一年增长3.3%。全区完成商品房销售面积125.59万平方米，全市排名第一，占全市总量的28.0%，比上一年增长25.4%。全区完成商品房销售金额83.90亿元，比上一年增长45.2%；全区房地产开发企业完成开发投资79.85亿元，比上一年增长22.0%。房地产销售面积和建筑产值均实现2位数增长。

【物业管理】 2017年，武江区物业服务企业69家，物业管理小区130个，成立业主委员会73个。受理、办结物业管理各类投诉133件，其中：网络问政102件，群众来访25起，信访案件4件，民声热线2宗，答复率100%。区住建局针对日益突出的物业管理矛盾纠纷，充分发挥物业矛盾纠纷调处中心作用，加强物业行业管理。建立物业企业诚信制度、物业服务合同备案制度、物业管理区域备案制度，起草前期物业管理招投标制度、物业工作通报制度、新建住宅小区承接查验备案制度，规范首届业主大会（业主委员会）筹建及备案制度、业委会换届制度、业委会选聘物业企业制度等，规范物业企业及业主委员会行为。在2017年新一届村（社区）“两委”干部培训班，区住房和城乡建设局邀请市物业协会吴宇勋会长就如何发挥村（社区）“两委”干部在物业管理中的作用进行授课，提高基层对物业矛盾纠纷的化解能力，同时，宣传推广南枫物业、御龙湾物业等物业企业的好做法、好经验，组织物业企业负责人观摩学习，交流心得。开展“和谐小区”创建活动，通过分批打造“和谐示范小区”，提高行业整体水平。按照“市指导、区负责、镇街具体组织、社区负责落实”物业管理新体制要求，区住房和城乡建设局积极调处物业矛盾纠纷，狠抓物业企业服务质量，取得一定成效，市住管局向各县区推广武江区物业管理工作经验，珠海市香洲区住更局来武江区交流学习物业管理工作先进经验。

【“三旧”改造】 截至2017年，武江区上报“三旧”改造项目47个，已审批出让的项目5个（沙湖绿洲、芙蓉丽景、恒熙华城、繁荣锦苑、蝶恋酒店）。其中，正在销售和预售的项目有沙湖绿洲、华宇广场、芙蓉丽景、恒熙华城和繁荣锦苑5个，正在施工的项目有蝶恋酒店、万紫千红、万通城、原电石厂项目、富康广场（原楼上楼）5个，已完成规划编制的项目14个，正在规划编制的项目19个，已同意申报待完善规划编制资料项目5个。共上缴市财政出让金近3亿元，“三旧”改造项目给武江区财政带来710多万元的经济效益。“三旧”改造以房地产项目居多，受土地归宗、征拆、政策调整以及近年来新的改造政策迟迟没有出台的影响，全区“三旧”改造进展缓慢。

【棚户区改造】 2017年，武江区的棚户区改造项目有原曲仁矿棚户区红尾坑安置小区、城市棚户区和工矿棚户区。原曲仁矿棚户区红尾坑安置小区共726户，其中：龙归社主安置点社主轩小区484户，已抽签472户，签约125户；红尾坑矿区本部242户，已基本完工。城市棚户区和工矿棚户区完成1022户，其中：货币安置292户，一次性安置154户，实物安置576户。完成旧房腾空361户，正在按照市统一部署进行区域棚改，连片改造。

【农村危房改造】 2017年，武江区农村危房改造任务90户，其中56户（含国家任务20户）在12月底已竣工，竣工率为62.22%，其余34户要求2018年2月底前全部竣工。

【村庄规划编制】 2017年，武江区村庄规划编制取得实质性进展。全区共有51个行政村，289个自然村，其中20户以上的自然村258个。7个省定贫困村，51个自然村，其中20户以上的自然村40个。一是大力推进镇、村一体化以及村庄规划编制工作。7个省定贫困村、1个市级连片示范创建村的规划方案已完成，于12月14日召开评审会。二是加强督促指导。区住建局提供《韶关市村庄规划暨农村人居环境整治规划编制内容和深度的指导意见》，并牵头召开全区城乡建设领域安全质量培训会，为新农村示范村建设打好基础。三是积极对接华南理工大学，提供规划所需资料，已3次陪同到市相关部门和镇村了解情况，进展顺利。四是积极参加区组织的学习交流活动，学习借鉴翁源、郴州、乳源等地先进经验做法。

【宜居城市建设】 2017年，武江区共有29个社区，已获得省、市宜居社区的共有15个，在全市数量最多，占全市比例29%。2017年区住房和城乡建设局积极协助市住管局做好宜居社区工作，通过省、市的审核验收，2017年，惠民街道新华北社区和新华街道金洲社区、五祖路社区被评为省、市宜居社区。

【村镇生活垃圾和污水处理基础设施整区打包PPP项目】 2017年4月底完成可研报告、实施方案、物有所值和财政承受能力论证报告，通过专家评审、政府常务会议和区人大常务委员会审议，目前区财政局已办理项目入库，下步准备进行公开招投标。同时，借助区政府在扶贫考核和创文期间对各镇环境整治的财力支持，区住房和城乡建设局牵头组成区检查组每月定期开展督导检查，督促各镇清运存量垃圾及整治人居环境，取得一定效果。项目总投资估算13412万元，年补贴费用1779万元，其中：年还本付息607万元，年运营费用664万元，年设备重置费264万元，年其他费用244万元。

【履行属地环保职责】 2017年，武江区在履行属地环保职责方面订制做如下工作：一是落实环境监管网格化管理工作，制定印发《武江区环境监管网格化管理责任工作实施方案》，建立二级管理、二级网格的环境监管体系。二是开展重点行业企业污染地块详细调查工作，由区住房和城乡建设局组织落实相关工作，确保2017年年底前完成辖区27家重点行业企业污染地块定性调查工作，其中在产14家，关停13家，并组织对白芒路化工小区进行环境综合整治。三是全市率先完成环境违法违规建设项目的清理整顿工作，完成辖区98家“未批先建”项目进行清理整顿，完成环保“备案”工作，完成率100%，完成市环保局下发的5宗环保投诉案件。四是扎实开展大气污染防治工作，制定印发《武江区2017年大气污染防治工作方案》，加强建筑施工扬尘污染源头整治工作。五是开展武江区水污染防治工作，制定下发《武江区水污染防治工作方案》，组织实施武江碧水工程工作计划，开展饮用水水源地综合整治。六是认真做好中央环保督察组对武江区反馈意见责任清单的整改落实工作，按时办结三批4件中央第四环保督察组转办案件。

【渡口渡船管理】 2017年，区住建局从源头加强渡口渡船安全监管，督促西河镇建立和落实渡口渡船安全管理长效机制。采取定期与不定期相结合的方式对西河镇糖寮、朝阳、大村3处渡口进行现场检查、巡查。在3处渡口设置“渡口渡船安全守则”“渡口乘客安全提示”等警示牌，张贴宣传画，要求按客渡船乘客定额100%标准配足救生衣和救生圈，把渡口安全管理切实落实到人头、船头，强化船员等从业人员安全管理、安全运输的责任意识。

【拆迁工作】 2017年，区住建局积极参与芙蓉新城、北江航道、上饶路、奥园等重大项目的征拆建工作。

区住建局领导名录

局　长：黄艺顺
副局长：白次旺
　　　　林冬青
　　　　张羽忠（土家族）

（曾伟虾）

城市综合管理

【概况】 武江区城管局机关人员编制8名（行政编制4名，执法编制4名），其中：局长1名，副局长3名（1名兼区城市管理行政执法局武江分局局长），股长（主任）3名。内设机构3个：办公室、监察股、环卫股；直属单位3个：武江环卫所、武江行政执法分局、武江区市政管理中心。2017年，在区委、区政府领导下，武江区城管局上下认真贯彻落实中共十八大五中、六中全会及中共十九大精神，紧紧围绕全区中心工作，抓住巩固国家卫生城市、文明城市创建等机遇，不断夯实基础、创新解难，不断提升城市管理的水平和质量，不断在新的层次打造整洁有序、品位高端、精致和谐的核心主城。围绕城管体制改革，牢固树立服务、效率意识，全面履行各项职责，各项工作任务稳步推进，进一步推动武江区经济社会发展，基本完成全年目标任务。

【城管执法工作】 2017年，武江区城管局坚持以创造整洁、优美、舒适、和谐的城区市容环境为工作目标，扎实开展各项工作，城市市容和环境卫生明显改观。据统计，武江执法分局2017年发出《责令（限期）改正通知书》720余份；教育和纠正占道经营、乱摆卖149000余起；规范各类车辆停放580余辆；拆除乱搭建帐篷190余顶；清理乱拉挂480余宗；清除违法乱张贴小广告810余宗；清理横幅、广告620余幅；拆除和清理违章飘雨篷及广告招牌373个，面积达15147平方米；清理违规占道地锁、石墩等障碍物170多个；清理乱堆放垃圾、板块、杂物100余车；受理并答复城管监督指挥中心案件26362宗；办理上级部门督办件、网络投诉、民生热线及群众投诉等案件285宗。

【环卫保洁工作】 2017年，武江区投入300多万元，为城区“巩卫创文”提供有效的环境卫生保障。对辖区20间公厕进行全面检修，更换铝合金门、翻新墙体、天花板等，并对9间照明较差的公厕申请供电局安装照明线路。更换城区背街小巷、城中村垃圾桶800个，更换主次干道、广场、公园分类果皮箱1050个。采购2台压缩车、2台可卸式垃圾车、3台路面养护车、2台装桶车，用于对城区的道路保洁及垃圾清运，全面提升环卫管理服务水平。武江环卫所接管西联镇清运垃圾和保洁工作后，城乡机械清洗、洗扫保洁面积陆续扩大，机械保洁范围、垃圾收集覆盖率达97.5%以上，日清运垃圾量近400吨，比2015、2016年日清垃圾量增加约33%，基本做到日产日清。2017年，武江环卫所共受理各类投诉1355宗（其中市城管数字平台1157宗，网络问政35宗、民生热线33宗、通报130宗）。

【市政园林工作】 2017年，武江区共完成沥青路面维修建设面积13233.28平方米，沥青冷补料维修路面159.21平方米，维修人行道面积5024.52平方米；更换球墨铸铁检查井215套，更换球墨铸铁雨水栅271套，调整明渠盖板9处，制安侧石165米；疏通排水管道及方渠219640米，清疏雨水格栅10283个，清理砂井5220个，清理淤泥3087.6立方米，完成全年工作量的94.67%，为市民出行提供便利。2017年1月1日至11月8日，工业西泵站全年排水量为2069988立方米，新城里泵站全年排水量为80000 立方米，韶关大道下沉式隧道泵站全年排水量为 100000 立方米，韶关高铁下沉式隧道泵站全年排水量为132000立方米，有效预防内涝积水影响出行，安全度汛。2017年，武江区市政中心完成1000多株行道树修剪工作；危树抢险66株；各公园修剪植物约9000平方米，种植树木约200株，补植植物约4000平方米。2017年共纠正市政园林设施违章行为近700宗，发出书面整改通知书201份，追缴市政园林设施赔偿款共20宗，计49415元；承接数字城管案件819宗，网络问政、政府热线、民声热线等投诉问题72宗。

【打违控违工作】 2017年，武江区严格按照市、区两级政府要求，保持高压态势，严厉打击违法建筑。重点加强对“三旧”改造区、市政重点项目工程等范围内的违法建设的监控工作，坚持每天至少出车4次，对各区域违建进行全方位监控。实行巡查机制，针对违建户往往利用节假日或者晚上执法空隙进行抢建的特点，区查违办安排巡查队伍强化节假日值班巡查，灵活调整中、晚班机制，增加值班人次，加大巡查密度，做到节假日不放松、不间断开展巡查，严格控制违法建设，坚决落实“零增长”目标。2017年，共拆除违建97宗，面积32762.77平方米；违法图斑完成拆除15宗。

【行政审批许可工作】 2017年，武江区城管局行政审批许可事项共有8项：占用城市绿地和砍伐、迁移城市树木审批；改变绿化规划、绿化用地的使用性质审批；迁移、拆除、关闭城市环卫设施许可；从事城市生活垃圾经营性清扫、收集、运输、处理服务审批；设置大型户外广告及在城市建筑物、设施上悬挂、张贴宣传品审批；临时性建筑物搭建、堆放物料、占道施工审批；市政设施建设类审批；城市排水许可证核发。2017年，通过窗口受理许可事项共1074件，办结出证率达90%以上，按时办结率达到100%。其中，行政许可事项“设置大型户外广告及在城市建筑物、设施上悬挂、张贴宣传品”审批910件，不予许可决定81件；行政许可事项“占用城市绿地和砍伐、迁移城市树木”审批29件，不予许可决定10件；行政许可事项“市政设施建设类”审批135件，不予许可决定16件；其余5项行政许可事项业务受理审批为0件。

【为民办实事项目】 2017年，根据《关于对2017年市政府承诺为民办理10件实事进行督办的通知》，武江区负责的实事项目为“五小”（小公园、小广场、小运动场、小停车场、小菜市场）项目建设。完成36个“五小”项目建设，面积约39359平方米，费用约800万元。武江区政府规划建设的“五小”项目主要选择在辖区人口密度大、市民需求比较紧迫的区域进行建设，充分利用各类边角地块，因地制宜的合理规划。虽然规模大小不等，但这些项目都是市民希望解决、能很好方便群众生活的民生工程。

【“五小”项目示范点向阳小区建设】 2017年，武江区将向阳小区定为“五小”项目建设示范点。为解决向阳小区道路坑洼不平，雨季路面容易积水，造成市民出行不便的状况，区城管局组织实施道路“白改黑”改造，将原来的水泥混凝土路面改建为沥青混凝土路面，达到环保、防尘、降噪和增添行车舒适性的效果。向阳小区东片公园周边道路、光明巷内巷道路、粤北医院周边道路和田家炳中学旁边道路改造费用约90万元。同时，区城管局对向阳小区排水系统进行改造，安装雨水格栅和四防装置。向阳小区的提升改造项目具体有5个：向阳小区西片公园，改造面积约1024平方米，费用约45万元；改造向阳小区东片公园，改造面积约519平方米，费用约32万元；改造向阳小区篮球场，改造面积约1163平方米，费用约26万元；改造向阳小区文祥广场；改造面积约1443平方米，费用约45万元；向阳小区供电房周边绿化改造，改造面积580平方米，费用约18万元。

【推进韶州公园建设】 2017年，受区委、区政府委托，区城管局邀请广东省城乡规划设计研究院相关专家专题研究韶州公园项目设计方案的修改完善事宜，并起草《韶关市韶州公园整体设计意向》，列出项目实施工作计划倒排表；对沙湖公园内涉及的已征收和未征收的项目用地、建筑物和公园具体边界线开展新一轮的详细摸查和现场调查确认，确保数据精准无误。

【打造社会主义核心价值观主题公园】 2017年，按照区创文办的要求，区城管局将西桥公园打造为武江区“社会主义核心价值观主题公园”。西桥公园第一期社会主义核心价值观主题公园建设项目完成143个社会主义核心价值观公益广告牌、宣传栏、大理石铁艺挂件和挂画的安装。在南面广场靠近武江南路和西河桥头两侧公路旁绿化带加装创文主题指引牌10个；在南面人工湖旁安装装饰社会主义价值观门楼1座、教育未成年内容的公益广告宣传栏1个；利用人工湖护栏安装28个内容以中国国学为主的经典语句的公益宣传栏；西河桥边南面安装吊篮式公益宣传栏6个、大理石挂件3个、铸铁公益宣传栏12个；对旧的四个休闲亭进行升级改造，分别命名善德亭、善美亭、善雅亭和善乐亭，安装凉亭公益宣传挂画64副；南面公厕旁安装8个扇形面体现中国传统医学文化宣传栏，公园北面广场、诗石园绿地安装价值观宣传栏6个，北面凉亭安装公益广告4个。

【实行农贸市场周边管理新模式】 根据市政府要求，2017年上半年区城管局完成辖区部分农贸市场周边社会化管理试点的招标工作，对嘉晖市场、坝厂市场、荣华市场、工业西肉菜市场完成中标外包服务项目。9月初交接市场区域管理权，外包公司正式启动服务管理，派人员驻点对上述市场开展周边管理。

【城管执法全面换装】 根据《中共中央、国务院关于深入推进城市执法体制改革改进城市管理工作的指导意见》精神，武江区于11月初完成城管换装。以换装为契机，城管队伍重新站在一个新的起点，并结合城管执法体制改革和“强基础、转作风、树形象”行动，进一步推进执法队伍规范化建设，提升队伍综合能力素养，展现和维护好城管执法队伍形象，为建设善美韶关添砖加瓦。

【成立武江区整治办】 2017年9月19日，区委、区政府决定成立武江区市容市貌整治工作领导小组，统筹协调区市容市貌提升和拆违控违工作，办公地点设在区城市综合管理局。区整治办积极配合市整治办开展广告招牌整治工作，前期对辖区沿江路、惠民南路、惠民北路、新华南路、新华北路，工业路、韶关大道、323线等12条主干道的户外广告和店招的审批进行排查并登记数量；对辖区遮阳板、雨棚、沿路乱拉挂进行初步的清理规范整治，拆除3万多平方米；对不符合要求的门店招牌、大型商业广告招牌进行核对、备案、监管，发放整改通告400多份。

【成立武江环卫所工会法律顾问服务站】 2017年，为维护广大环卫职工劳动合法权益和增强广大职工法律意识，促进劳动关系和谐发展，增强基层工会组织发展，引导企业工会、职工运用法治思维和法治方式开展工作，由区总工会提议选址，在武江环卫所设立工会法律顾问服务站。3月9日，武江环卫所工会法律顾问服务站正式成立并进行挂牌仪式，服务站一共配备4名律师，分别是：罗运标律师、白海凤律师、肖德保律师、董福雄律师，其中罗运标、白海凤为主要律师顾问。

区城管局领导名录

局　　长：钟爱明
党组书记：邓　武
副 局 长：宋　清（—2017.12）
　　　　　何智勇
　　　　　何方涛

区环卫所领导名录
所　长：钟爱明

区行政执法分局领导名录
局　长：宋　清（—2017.12）

（钟卫娜）

公路交通管理

【概况】 武江区地方公路管理站为区政府直属行政类事业单位，正科级。内设办公室（计财股）、基建股、养护股、路政股，另设西河道班、西联道班、重阳道班、龙归道班、江湾道班5个养护道班。2017年，根据区委、区政府工作部署，工作主要围绕精准扶贫、通200人以上自然村公路硬底化、县乡公路重点路段安全隐患治理、危桥改造、县乡公路养护等开展各项管理工作。

【农村公路建设】 完成2017年武江区通自然村公路路面硬化分解任务20.11千米/25个（全市任务指标500千米），完成年度计划100%，完成投资882.17万元。

【桥梁建设】 一是完成重阳桥项目建设管理任务，重阳桥于2017年1月建成通车；二是抓好县道X313线山蕉涵改桥改建工程，确保年底前建成通车。

【安防工程】 实施县乡公路安全生命防护工程，完成县乡公路重点路段安全隐患治理80千米。其中：2017年完成县道X313线、X314线、X322线、西河镇黄塱片区公路安全生命防护工程共45.07千米。

【公路养护】 管养县道X313线、X314线、X318线、X322线共74.77千米，由山蕉道班、江湾道班、重阳道班3个公路道班管养，实行道班养护责任制，贯彻“预防为主、防治结合”的方针，加强公路预防性养护，提高公路的抗灾害能力，保持公路及其沿线设施良好的技术状况。各养护道班按照养护要求对管养县道疏通路基、管涵排水，做好路面清洁、维护附属设施等方面进行养护，做好养护巡查、安全隐患排查、检查，县道养护全年累计投入养护资金约69万元。管养乡道265.3千米、村道66.09千米，实行养护公司承包责任制，由武江区聚泰园林装饰工程处及粤北工业开发区实达工程有限公司2个养护公司承包进行小修保养。各养护公司全年基本上能够按照养护要求做好乡道、村道小修保养，做好养护巡查，及时发现问题及时上报，做好汛期养护工作，发现公路路基塌方隐患路段，能够及时设置安全警示标志，做好安全保障措施，清除路障，做好全年乡道、村道养护管理工作。乡道、村道全年累计投入养护资金约60万元。

【应急抢修】 针对汛期加大地方公路的巡查保养，及时组织对水毁路段进行抢修复，确保公路畅通。全年累计投入66.24万元，完成县道X314线蕉冲坡公路滑坡整治及X318线水毁抢修任务。

【创文工作】 组织养护道班做好县道路面及路肩保洁工作，清理路边建筑垃圾，先后投入48万元，对县道X314线沿线损坏路段和水沟进行挖补、维修，做好“创文巩卫”工作。

【路政管理】 注重加强公路路政日常巡查，及时上报路政违法案件，全年共进行路政巡查1148人次，总查询里程15065千米。通过巡查，路政违法违章行为得到有效遏制，确保路产路权完好。加大对公路沿线违法案件的处理，督促南华纪念园办理开设平面交叉路口的路政许可手续，办理韶关市自来水公司占用公路用地埋设自来水管的路政许可手续，协同市交通综合行政执法局二大队赴江湾办理运输车辆超限超载事宜。进一步完善X313线沿线指路牌的设置。通过广泛宣传、联合整治等方式方法，进一步净化该站管养公路路域环境。

【安全生产】 结合武江区地方公路和在建项目实际，依据安全生产属地管理原则和安全生产“党政同责、一岗双责、齐抓共管”要求，层层签订安全生产责任书，落实安全生产责任。做好公路水毁预防、防汛及抗台风各项准备工作、做好危险源排查工作，根据省、市、区三防指挥部有关文件要求，落实各道班、养护公司和在建项目参建单位的应急预案和24小时防汛轮值班制度，全年无发生安全责任事故。

区地方公路管理站领导名录
站　长：谢洪泉
副站长：陈　戈
　　　　赖楚彬

（孙　隽）

教　育

教育管理

【基本情况】 武江区教育局机关现设局长1名，书记1名，副局长4名。6个内设机构：办公室、人事监察股、基建财务股、教育股、德体卫艺股、教育督导室。4个下属事业单位：招生考试中心、教研室、教仪站、财务结算中心。全局在职人员32人，其中，在编公务员14人，事业单位教师编制人员18人。2017年，武江区共有中小学28所，其中，完全小学20所（另有教学点11个），初级中学6所，九年一贯制学校2所。截至2017年年底，全区学校在职教职工1622人，义务教育阶段中小学生32502人。

【学校建设】 2017年，区教育局保质保量完成学校基建工程建设，全年共进行各类工程项目166项，总投资2968万元。其中，新建芙蓉第一小学，龙归中心幼儿园、重阳中心幼儿园三个项目，扩建东岗小学综合楼、华泰小学教学综合楼以及镇泰小学综合楼三个项目。区属中小学和幼儿园的零星维修工程项目160项，进一步改善学校办学条件。

【教师招聘工作】 2017年，区教育局通过选聘、公开招聘，共择优录取中小学教师70名、幼儿园教师18名，共88名。在70名中小学教师中，农村中小学教师20名，占中小学招聘教师总数的28.6%；体育、音乐、美术、信息技术学科共招聘教师25名，占中小学招聘教师总数的35.7%。在一定程度上缓解该区中小学及幼儿园教师紧缺、结构不合理问题。

【校级领导班子换届】 2017年7月底，区教育局完成对24所副科级以下中小学校级领导的换届工作，共聘任校长24名、副校长44名，其中新提拔校长5名、副校长12名。新一届中小学领导班子的调整配备，既考虑新老搭配、学科匹配、年龄结构、性别结构、性格特点等因素，也兼顾个人实际和工作需要。

【教师轮岗交流】 2017—2018学年度，区教育局交流轮岗教师人数82人，比例达5.4%。其中交流的骨干教师36人（区级以上骨干教师15人），占交流轮岗教师的43.9%；城区优质学校交流教师39人，占交流轮岗教师的47.6%；城区优质学校骨干教师20人，占城区优质学校交流教师的51.3%。35名正副校长进行轮岗交流，占该次聘任的正副校长（68人）的51.47%。通过校长教师交流轮岗，比较科学合理地调整兼顾武江区学校领导班子及教师的年龄结构、学科结构、师资均衡等因素，有效促进全区义务教育均衡发展。

【教师职称评审工作】 区教育局完成2017年中小学教师职称评审改革工作：一是完成61个高职低聘人员的职务聘任工作，聘任一级教师61人；二是组织推荐参加市高级教师职称评审23人，其中18人通过高级教师专业技术职称评审委员会评审并取得高级教师专业技术职称资格；三是组织开展区域内中小学教师中初级专业技术评审和认定工作，其中评审通过并取得中初级专业技术资格26人，认定初级并取得初级专业技术资格24人。

【教师“国培”“省培”计划】 2017年，区教育局全面实施“国培计划”“省培计划”，认真落实教师置换培训、短期培训、远程培训等，组织4364人次参加各级各类培训，其中，1502人次参加广东省中小学教师专业科目培训，100人次参加省2017生本培训参观、听课、交流培训，50人次参加在成都举办的干部培训，21人次参加2017年省级项目培训。

【教育资格注册】 2017年下半年，区教育局按“属地管理”原则，开展武江区中小学教师资格定期注册工作。总共完成35本教师资格证信息更正，5本教师资格证补办，15份教师资格申请表补办工作。教师资格首次定期注册个人网上注册3250条，初审合格3153个教师，遍及属地各中小学校及幼儿园90%以上。通过实施中小学教师资格定期注册工作，完善教师准入后管理制度，鼓励教师更好履行教书育人职责，不断加强师德修养，促进教师持续提升教育教学能力，保障和提高教育教学质量，逐步打破教师资格终身制，科学构建和完善教师激励和退出机制，逐步达到广东省五年一个周期的教师资格定期注册制度。

【“大教研”改革工作】 2017年，武江区教育系统采取“蹲点校本教研、定校强化视导、学科教研中心建设、联盟体教研、互联网+教研”等五种模式，进一步推进“大教研”改革。进一步完善常规管理制度，积极构建有效管理机制，教学管理走向精细化。坚持以教学视导为主要抓手，把减负增效作为重要目标，深入学校开展教学视导活动。12月7日，国家义务教育质量监测武江反馈现场会在区至和汤邓淑芳纪念学校举行，会上公布2016年国家义务教育四年级和八年级语文、艺术的监测质量结果，武江区教育质量区域内优势明显：四年级语文监测成绩高于全省全国平均水平，八年级语文监测成绩高于全省、接近全国平均水平。四年级语文监测成绩优秀率26.7%，高于全省、全国平均水平；优良率达到57%，高于全省（43.7%）、全国（52.7%）平均水平。八年级语文优秀率、优良率均高于全省平均水平，也分别接近全国平均水平。四年级、八年级学生演唱能力超过全国平均水平，四年级和八年级美术基础能力均超过全国平均水平。同时，专职音乐教师比例、语文教师教学行为的综合印象评价较高。是年中考，市九中、龙归中学、重阳学校和西河学校四所学校目标达成情况较好。市九中、龙归中学和市十五中优秀生源贡献率较高。市九中和重阳学校的A级、B级、C级人数占毕业生的比例均比去年有显著提高。各初中语文和体育成绩比较均衡，原该基础较弱的重阳学校和西河学校，语文平均分均接近80分，市九中、市十五中、龙归中学和西河学校的体育平均分均超过52分。市十五中的语文和英语、市九中的数学和英语、西河学校的物理成绩保持相对的优势。

【教学工作考核评估工作】 2017年6月，区教育局对全区中小学开展教学工作考核评估，其中，韶关市第九中学等10所学校被评为教学工作先进单位，金福园等12所学校获得教学工作进步奖。是年，师生参加各级各类比赛获奖1226项，其中学生628项，教师598项。国家级1项、省级65项，市级227项；尤其是教师参加教学竞赛取得优异成绩。获得国家级奖励6人次，省级18人次，市级75人次。在国家级、省级、市级发表教学论文分别为1、35、14篇。区教学研究室被评韶关市教育科研先进单位，组织学校参加韶关市第一届“和教育·全课通杯”中小学生写作大赛荣获活动组织奖。组织学校参加韶关市第一届“和教育·全课通杯”中小学生写作大赛荣获活动组织奖。

【教育信息化建设】 2017年，区教育局全面推进学校图书管理系统建设，各学校按统一标准采购图书管理系统及相关设备，全区100%学校实现图书室的信息化管理；投入212万元采购81套多媒体电教平台配备到区属各学校的功能场室；投入214万完成田家炳沙湖绿洲小学的信息化建设；投入140万元采购40套“班班通”多媒体电教平台用于秋季新增班级，实现武江区“班班通”教学平台100%达标。推进“人人通”云教学平台应用。在韶关市第十四中学举办“人人通”云教学平台应用现场会，区教仪站、区教研室及各学校业务领导参加现场会，通过该次活动，促进教学方式的变革，以教育信息化推动教育现代化。积极组织全区师生参加各项教育信息化应用竞赛活动并取得佳绩，其中，在“校讯通”杯中小学电脑制作活动中，共有23件作品获一等奖，51件作品获二等奖，45件作品获三等奖，46件作品获优秀奖，区教育局和九中、红星小学、华泰小学获最佳组织奖；在“校讯通”杯教师多媒体教育软件大奖赛中，全区教师获得一等奖作品4件，二等奖作品9件，三等奖作品16件，优秀奖作品12件，华泰小学获优秀组织奖。

【教育惠民】 2017年，区教育局共发放高中国家助学金78万元，受助学生780人次；发放家庭经济困难学生补助资金89.97万元，受助学生2262人次；发放2017年学前教育资助金196.1万元，受助学生3922人次；成功申报生源地国家助学金48万元，受助学生60人次;发放建档立卡学生免学费和生活费补助资金133万元，受助学生700人次；协助德善餐饮有限公司向江湾镇中心小学捐赠校服300套价值2万元，协助东莞市凤岗镇商会向甘棠小学捐赠物资一批价值2.2万元；2017年区教育局发放助学金共469.07万元，直接受助学生达7284人次，其中，精准扶贫户子女700人次，受助资金133万元。

【学前教育】 2017年，武江区共有幼儿园66所，在园幼儿12497人，全区学前三年幼儿毛入园率130%。全区幼儿园教职工1638人，其中园长、专任教师923人。截至2017年12月，全区幼儿园省一级1所，市一级13所，区一级12所，基本形成以民办教育办园为主体，公办、民办相结合的学前教育新格局。

2017年武江区幼儿园、学前班统计表

表3

独立幼儿园（所）						小学附设混龄班（个）	在园在班幼儿（人）	教职工（人）			
合计	教育局办	单位办	镇办	村办	私立			合计	其中		
									园长	教师	保育员
66	2	1	0	0	63	0	12497	1638	98	825	922

2017年武江区幼儿园情况一览表

表4

幼儿园名称	地　址	开办时间	幼儿数（人）	教学班数（个）	教职工数（人）	占地面积（平方米）	建筑面积（平方米）	级别（区级、市级、省级）
新华幼儿园	韶关市武江区惠民南路51号	1998年9月	464	15	77	1205	3547	市一级
江湾镇中心幼儿园	韶关市武江区江湾镇政府旁	2011年9月	96	3	4	1563	822.8	
新三联一幼	韶关市武江区工业中路9号	1972年9月	104	4	14	3385	1176	
明日之星幼儿园	朝阳新村内	2001年12月	368	11	41	1250	2250	市一级
海景幼儿园	武江北路49号	2002年10月	91	3	10	500	1361	
惠民北幼儿园	惠民北路群乐楼201	1984年12月	97	4	10	500	500	
欢乐幼儿园	新华北路裕华楼2层	1997年7月	236	6	22	827.76	827.76	
武江区康乐幼儿园	武江区教育路康乐村1号	2014年12月	166	6	17	1860	1391	
喜洋洋幼儿园	工业中路侨新小区1，2号楼北面	2011年7月	143	5	14	1000	1000	
韶关市武江区西河镇黄塱蓓蕾幼儿园	西河黄塱蓓蕾村名苑小学内	2004年8月	207	6	24	905	860	区一级
花蕾幼儿园	韶关市武江区五祖路41号	1989年9月	111	6	38	2986	2775	区一级
韶关市武江区金太阳幼儿园	东岗岭25座之二桂苑206	2002年9月	101	4	10	1100	600	
韶关市武江区红太阳幼儿园	光明一横巷16号	2003年2月	95	5	14	600	475	
童星幼儿园	市武江区光明巷	2002年12月	120	4	13	549.49	483.4	
韶关市武江区中英文实验幼儿园	沙洲路1号	2000年12月	415	12	58	1860.38	2559.6	市一级

续表4

幼儿园名称	地 址	开办时间	幼儿数（人）	教学班数（个）	教职工数（人）	占地面积（平方米）	建筑面积（平方米）	级别（区级、市级、省级）
坝厂幼儿园	武江区沙洲尾坝厂村文化楼	2009年9月	203	7	18	350	1050	
小星星幼儿园	芙蓉新城鸿泰花园78号二楼	1997年3月	107	4	11	820	720	
新华南幼儿园	新华南路一横巷1栋二楼	2005年12月	71	4	8	650	650	
新世纪幼儿园	武江区芙蓉东路128号	2011年11月	98	4	11	700	750	
中央艺术幼儿园	韶关市武江区沙洲尾芙蓉东路	2009年9月	310	11	49	7850	4550	省一级
桃李园幼儿园	沙洲尾福彩路	2010年10月	203	9	35	1000	938	区一级
韶关市武江区鸿泰艺术幼儿园	沿江西路芙蓉新城鸿泰花园5号楼	2012年12月	240	8	27	2000	1412	市一级
金泽园卓艺幼儿园	金泽园小区内	2016年1月	90	4	18	1530	1495	市一级
韶关市武江区爱欣幼儿园	武江南路16号	2010.10.25	163	5	17	1000	860	
韶关市武江区侨新幼儿园	韶关市武江区工业中新城里一号	1999年7月	210	7	27	400	2200	区一级
韶关市武江区新津安盛中英文幼儿园	新津路2号	2005年7月	412	13	50	1800	3368	市一级
韶关市武江区快乐中英文幼儿园	武江区新津小区鸿旺大厦	1997年11月	178	7	41	800	2605	市一级
韶关市武江区华泰幼儿园	武江区怡华路华泰小区27栋	2005年7月	160	6	24	3114	1090	市一级
心心幼儿园	新华南路西岸村12号	1999年12月	108	4	9	180	540	
吉祥幼儿园	韶关市新华南路西岸村98号	2015年3月	121	6	23	1450	2300	区一级
韶关市武江区御龙湾博雅实验幼儿园	新民路63号御龙湾D3D4	2015年8月	370	10	26	3428	1418	
韶关市武江区群康幼儿园	群康路21号	2000年4月	102	4	10	830	780	
武江区博思特幼儿园	武江区御和苑	2012年3月	223	5	29	2479	1712	区一级

续表4

幼儿园名称	地 址	开办时间	幼儿数（人）	教学班数（个）	教职工数（人）	占地面积（平方米）	建筑面积（平方米）	级别（区级、市级、省级）
韶关市武江区明珠艺术幼儿园	武江区工业中路芙蓉一路8号	2000年6月	140	4	20	795	1455	区一级
韶关市武江区鑫泰幼儿园	工业中路79号	2015年7月	325	10	41	1380	2380	市一级
韶关市武江区嘉和幼儿园	工业西路嘉和楼	2002年12月	213	6	28	1350	1305	区一级
韶关市武江区致涵山水华府幼儿园	芙蓉小区嘉荣苑	2015年8月	150	6	23	2602.78	2003.86	
西冲幼儿园	工业中西冲路38号	2003年5月	118	4	18	230	680	
韶关市武江区山水华府幼儿园	工业西路26号山水华府旭日附楼	2009年9月	410	13	43	4280	3000	市一级
贝尔长城世家幼儿园	长城世家小区内	2012年12月	300	10	38	2700	2148	
韶关市武江区富华中英文幼儿园	工业西富华苑二楼	2012年12月	210	6	17	1050	885	
金童幼儿园	工业西路芙蓉新苑B栋	2014年4月	224	8	29	1280	1280	
广思雅实验实验幼儿园	韶关市武江区建设路13号	2015年3月	323	9	27	5000	2000	区一级
武江区西联幼儿园	西联小学内	2001年12月	220	7	32	320	510	市一级
西联智慧星幼儿园	武江区西联镇甘棠新村	2008年8月	120	5	20	500	1400	区一级
韶关市武江区西联镇美海艺术幼儿园	韶关市武江区西联镇车头小学内	2003年8月	159	6	25	630	760	区一级
武江区西联镇新阳山幼儿园	武江区西联镇阳山村委新阳山村第五排	2009年12月	121	4	15	880	1800	
韶关市武江区西联镇旭日中英文幼儿园	西联镇新阳山村11号	2014年12月	101	3	15	1200	500	
韶关市武江区沐溪幼儿园	沐溪七路沐溪新村	2009年12月	213	7	29	2280	1920	

续表4

幼儿园名称	地 址	开办时间	幼儿数（人）	教学班数（个）	教职工数（人）	占地面积（平方米）	建筑面积（平方米）	级别（区级、市级、省级）
西联龙飞幼儿园	西联镇龙飞幼儿园	2011年11月	400	10	26	1500	1500	
韶关市武江区西联镇玫语幼儿园	西联镇小阳山	2014年12月	387	10	34	667	1501	区一级
中央艺术幼儿园一院	西联镇芙蓉大道19号碧桂园太阳城	2015年9月	85	5	22	600	2900	
龙归镇社主幼儿园	龙归镇社主村	1999年8月	259	8	37	6358	1960	市一级
韶关市武江区龙归镇南沙幼儿园	武江区龙归镇社主村委大楼	2007年9月	153	5	19	1080	1030	
韶关市武江区龙归镇园双幼儿园	龙归镇双头村	2008年4月	395	10	26	3000	1200	
龙归童乐幼儿园	武江区龙归镇益龙路	2011年11月	185	6	23	700	1600	
韶关市武江区小龙人幼儿园	龙归凤田街原凤田中学	2015年5月	100	4	14	500	1200	
韶关市武江区龙归镇留村幼儿园	龙归镇留村	2016年1月	90	3	12	3500	1000	
韶关市武江区重阳幼儿园	重阳学校对面	2011年3月	235	5	20	2500	1114	市一级
韶关市武江区碧水花城实验幼儿园	沿江路16号碧水花城H栋25-31号负一层、一层	2016年9月	265	6	36	2482	1870	
茗苑明日之星幼儿园	韶关市武江区群立街茗苑花园二层	2017年2月	161	5	20	3200	2700	
龙归镇凤田糖果幼儿园	韶关市武江区龙归镇南岸村	2017年2月	120	4	19	1000	500	
小阳山金童中英文幼儿园	韶关市武江区沐溪大道106号	2017年3月	301	10	36	3574	1617.4	
山前奇石幼儿园	韶关市龙归镇奇石小学附近	2017年3月	61	3	11	1350	1050	
步步高幼儿园	韶关市武江区西联镇太阳城凤凰酒店附楼二楼	2017年7月	153	6	24	2920	1820	

【特殊教育】 2017年，东岗小学设随班就读特教班1个，有学生11人。至和汤邓淑芳纪念学校设置特殊儿童随班就读资源教室。制定《武江区2017—2018学年度义务教育阶段适龄重度残疾儿童少年“送教上门”工作方案》《武江区义务教育阶段适龄重度残疾儿童“送教上门”工作管理制度》。

各相关学校依照方案和管理制度开展“送教上门”工作，武江区13所学校分别给43人名重度残疾儿童少年开展“送教上门”服务。

【义务教育】 2017年，武江区有义务教育学校28所，均为广东省义务教育标准化学校。全区小学有589个班，初中有134个班；全区义务教育阶段学生共有32502人，其中，小学26677人，初中5825人。

2017年武江区九年一贯制学校基本情况一览表

表5

学校名称	地 址	开办时间	小学学生数（人）	中学学生数（人）	小学教学班数（个）	中学教学班数（个）	小学教职工数（人）	中学教职工数（人）
西河学校	西河镇下坑村	1958年8月	524	189	15	5	19	23
重阳学校	重阳镇镇政府南路3号	1921年	658	310	20	8	45	35

2017年武江区九年义务教育情况统计简表

表6

小 学						初 中				
完全小学、一贯制（所）	分教点（个）	特教学校（所）	班（个）	学生（人）	入学率（%）	完全中学（所）	普通中学（所）	班（个）	学生（人）	入学率（%）
22	11	0	589	26624	100	0	6	134	5857	100

2017年武江区小学基本情况一览表

表7

学校名称	地 址	开办时间	学生数（人）	教学班数（个）	教职工数（人）	占地面积（平方米）	建筑面积（平方米）	级别（区级、市级、省级）	体制（公办或民办）
东岗小学	新建路1号	1965年	3064	59	116	14234	2687	区级	公办
黄田坝小学	武江北路147号	1986年	966	20	42	5500	3030	区级	公办
金福园小学	沙洲路3号	1987年	3175	63	136	21400	16000	省级	公办
电化校区	沿江路电化厂内	1970年	266	6	15	13000	770	区级	公办
田家炳小学	幸福路8号	1994年8月	2540	51	98	11765	8774	区级	公办
镇泰小学	芙蓉北路91号	1971年	856	18	50	16050	3280	市级	公办
华泰小学	新津路9号	1998年	1543	33	56	12807	6834	区级	公办

续表7

学校名称	地　址	开办时间	学生数（人）	教学班数（个）	教职工数（人）	占地面积（平方米）	建筑面积（平方米）	级别（区级、市级、省级）	体制（公办或民办）
齿轮小学（2017年6月异地新建更名为田家炳沙湖绿洲小学）	工业西路天鹅坪	1970年	1001	23	45	20000	11313	区级	公办
至和汤邓淑芳纪念学校	芙蓉北路34号	2002年	1968	41	100	22000	11000	区级	公办
东岗太阳城小学	西联镇碧桂园太阳城	2015年9月	1163	26	61	36000	21500	区级	公办
红星小学	五祖路50号	1953年	1392	27	64	5740	7821.8	市级	公办
向阳小学	惠民南路15号	1958年	773	17	32	2736	3500	区级	公办
白芒小学	西河镇大村村	1951年	109	6	10	4962	2134	区级	公办
朝阳小学	惠民北路431号		567	13	25	12960	3474	区级	公办
西河学校	西河镇下坑	1958年8月	524	15	19	23484	7686	区级	公办
田心教学点	西河镇田心村	1958年8月	48	3	3	16850	2214	区级	公办
茗苑教学点	西河镇茗苑村	1958年8月	210	5	6	8090	2335	区级	公办
西联小学	西联镇西联村	1954年	643	15	36	17000	4617	区级	公办
车头小学	西联镇车头村	1954年9月	234	6	10	11700	1506	区级	公办
阳山小学	西联镇阳山村	1958年1月	1018	22	50	13993	5431	区级	公办
沐溪小学	沐溪工业园七路	1970年9月	703	16	34	20428	3855	区级	公办
甘棠小学	西联镇甘棠村	1975年	187	6	12	12000	2200	区级	公办
龙归中心小学	龙归镇龙续路18号	1926年	2198	47	113	25972.28	10606	区级	公办
凤田教学点	龙归镇凤田村		327	10	18	6600	2507	区级	公办
安村教学点	龙归镇安村		107	3	5	6600	880	区级	公办
续源教学点	龙归镇续源村		65	3	4	6600	880	区级	公办
奇石教学点	龙归镇奇石村		99	3	5	15000	480	区级	公办
后坪教学点	龙归镇后坪村		30	3	4	6334	360	区级	公办

续表7

学校名称	地　址	开办时间	学生数（人）	教学班数（个）	教职工数（人）	占地面积（平方米）	建筑面积（平方米）	级别（区级、市级、省级）	体制（公办或民办）
方田教学点	龙归镇方田村		81	3	4	6660	471	区级	公办
马渡教学点	龙归镇马渡村		82	3	5	6000	477	区级	公办
重阳学校	重阳镇镇政府南路3号	1921年	551	14	35	13000	5853	区级	公办
九群教学点	重阳镇九联	1940年	52	3	5	4000	1116	区级	公办
万侯教学点	重阳镇万侯村	1907年	55	3	5	8000	1136	区级	公办
江湾中心小学	江湾街1号	1967年	287	9	20	6678	1684	区级	公办

2017年武江区中学基本情况一览表

表8

学校名称	地　址	开办时间	学生数（人）	教学班数（个）	教职工数（人）	占地面积（平方米）	建筑面积（平方米）	级别（区级、市级、省级）	体制（公办或民办）
第九中学	芙蓉北路60号	1970年	1625	34	116	24485	9130	区级	公办
第十一中学	西联镇	1975年9月	508	13	61	15645	4948	区级	公办
第十四中学	如意路11号	1996年5月	1003	24	96	21293	8419.4	区级	公办
第十五中学	群立街后山119号	2002年8月	1020	24	77	10847	10257.26	区级	公办
龙归中学	龙归镇	1943年	296	22	83	39867	19137	区级	公办
江湾中学	江湾镇江湾街9号	1968年	96	3	16	11865	5046	区级	公办

【民办教育】　2017年，武江区民办教育机构有104所，新增7所，停办3所。2017年依照修订后的《中华人民共和国民办教育促进法》的要求对新审批的民办教育机构实施分类登记。

【社区教育】　2017年，武江区共有33个社区和51个行政村。常住人口约31.22万。社区教育工作主要围绕“武江区申报广东省推进教育现代化先进区督导验收暨教育强区复评”这一主题：1.成立武江区社区教育工作领导小组；2.设立武江区社区教育工作领导小组办公室，并配备社区教育工作专（兼）职管理人员；3.进一步完善社区教育制度建设；4.对新华南社区、惠民西社区，新华北社区进行图书管理购买服务，并完善图书管理办公设施设备；5.着力打造花城、新华南、惠民西，新华北等四个社区教育示范点，顺利通过“武江区申报推进教育现代化先进区督导验收暨教育强区复评”；6.参与由区委安排，区统战部牵头，就如何优化新、老城区公共服务资源配置的调研报告。

【教育系统受表彰情况】　2017年4月，武江区西河镇、西联镇、重阳镇、惠民街道顺利通过“广东省教育强镇（街道）”督导验收，圆满完成2017年国家义务教育质量监测工作。2017年6月，武江区顺利通过“广东省推进教育现代化先进区”暨“广东省教育强区”复评督导验收；2017年7月，广东省人民政府授予武江区“广东省推进教育现代化先进区”称号。

金福园小学、十四中学代表武江区参加市中华经典诵读比赛均获得市一等奖，武江区被评为2017年中华经典诗文诵读比赛优秀组织单位。韶关市第十四中学、东岗太阳城小学、红星小学、至和小学、朝阳小学、黄田坝小学等6所学校被授予“韶关市文明校园”称号。

区教育局、体育局联合举办武江区中小学生毽球、乒乓球、羽毛球、足球、篮球和象棋围棋比赛六项比赛，参赛学生近2000人。组队参加韶关市第十五届青少年运动会学校体育组比赛，获得团体总分第三名和体育道德风尚奖。校园足球统筹推进，至和小学被评为全国校园足球特色学校，市十四中、金福园小学、华泰小学被评为广东省校园足球推广学校。

武江区9名少年被评为“最美韶关少年”。东岗小学、金福园小学、红星小学被评为市“红旗大队”，廖晓琼等被评为市优秀少先队辅导员，徐荣同志被评为韶关市优秀共青团干部。

举办武江区民族集体舞大赛、第三届现场书画大赛。参加韶关市“第二十二届英东杯文艺比赛”，武江区获得集体项目六个一等奖，其中田家炳小学、至和小学的舞蹈获一等奖，童谣传唱获4个一等奖；6个二等奖：金福园小学的舞蹈获二等奖，东岗小学民乐团获民族器乐齐奏二等奖，童谣传唱4个二等奖；15个三等奖：东岗小学的舞蹈、白芒小学的舞蹈、第九中学的舞蹈获三等奖，童谣传唱12个三等奖。个人项目方面，书法类一等奖11人，二等奖2人，三等奖6人；绘画类一等奖7人，二等奖14人，三等奖3人；摄影类一等奖5人，二等奖0人，三等奖3人；篆刻类三等奖1人；陶艺类一等奖4人，二等奖4人，三等奖3人。

区属学校简介

【新华幼儿园】 韶关市武江区新华幼儿园于1998年成立，为公益一类事业单位，园所占地面积1980平方米，建筑面积3550平方米，现有15个教学班，77名教职工，464名幼儿。幼儿园环境优美舒适，设施设备齐全，户外活动场地宽敞，是幼儿快乐学习、生活的乐园。

幼儿园始终坚持“促进幼儿身心健康和谐发展”的办园宗旨，确定“给孩子一个快乐童年”的办园理念，紧紧围绕“品质校园，幸福教师，快乐孩子”的发展总目标，不断优化教育环境、培养和谐进取、高素质的教职工队伍，积极开展丰富多彩的教育教学活动，将幼儿培养成为活泼、自信、积极向上的健康儿童。

新华幼儿园取得成绩：幼儿舞蹈节目《喵喵》荣获“全国蒲公英杯艺术新人大赛”金奖；幼儿舞蹈节目《瑶山小鼓娃》《茶儿小小飘香香》分别获第八节、第九届“广东省少儿艺术花会”比赛的银奖。幼儿园荣获“全国巾帼文明示范岗”称号；被评为“韶关市安全文明校园”“韶关市食品安全A级单位”“韶关市平安学校食堂”“广东省科学育儿实验基地”“广东省实施《3—6岁儿童学习与发展指南》实验园”。近三年，新华幼儿园涌现出一批优秀幼儿教师，先后有13人次获得省级以上奖项、44人次获得市级以上的奖项，10位教师先后被授予“南粤教书育人优秀教师”“韶关市优秀教师”“韶关市优秀教育工作者”“韶关市教学能手”等荣誉称号。

【东岗小学】 武江区东岗小学创办于1965年，原名韶关市第十七小学，1984年韶关市分区后，更名为韶关市武江区东岗小学。2009年8月撤并新华小学，两校合并后分为高低部两个校区。2017年，全校共有教职工150多人，58个教学班，1个特殊教育班。在校人数3100多人，是韶关市的窗口学校。

多年来，学校以“传承文明 追求卓越”为办学理念，以“明德博学 进而不已”为校训，以“贵学明志 修身重行”为校风，逐步形成乒乓球传统项目特色、艺术教育社团化特色、传统文化美文诵读特色、研训一体的教研特色、“以生为本、生生互动、师生互动”的“活力课堂”教学特色、好习惯养成教育的育人特色、专题式培训的家长学校特色等。学校深入实施素质教育，注重培养学生综合实践能力，全面提高学生整体素质。学校1995年被定为市、区创办家长学校的试点学校，2000年被定为市传统体育项目“乒乓球”训练学校，在区、市历次的各种比赛中，均创佳绩。学校在课程改革浪潮中，始终以科研为先导，积极开展教育科研活动，是广东省“九五”规划实验课题《学科教学与思想品德教育》实验学校、全国教育科学“十五”规划教育部重点课题《体育与健康》实验学校和教育部人文社科“十一五”规划项目《教学临界阈的理论与实验研究》总课题组实验基地。

学校创办五十多年来，曾先后被评为全国助残先进集体，广东省普教系统先进单位，广东省先进集体，广东省普法先进单位，广东省推普先进单位，广东省优秀家长学校，广东省读书读报先进集体，广东省文明单位，多次获市、区教改先进单位、教学先进单位、文明单位、巾帼文明示范岗、青年文明号、普法先进单位、党风廉政建设先进单位、卫生先进单位、先进党支部等荣誉称号。

【红星小学】 韶关市武江区红星小学于1953年建校，工农巷西乡小学是学校的前身，20世纪60年代，西乡小学整体搬迁到现址即武江区五祖路，该址原是一国民党伤兵医院。20世纪80年代，武江区建区，学校更名为“韶关市武江区红星小学”，是西河镇中心小学。

学校现占地面积5740平方米，建筑面积7821平方米。2017年，学校有27个教学班，1392名学生，64名教职员工，2017年6月毕业学生224名。

近年来，学校梳理办学思想体系。以“向往教育”为内核，秉承“红星照亮一生”办学思想，在校训“我是一颗星”的指引下，“抓住每一门学科、滋养每一位学生，培育一校好老师、打造一校好课堂”，从“穿好衣、走好路、说好话、唱好歌、扫好地、做好操、写好字、读好书”入手，着力培养“习惯良好有品质，基础扎实有潜质，兴趣广泛有特质的文明、好学红星人”，达成“红星闪闪亮，颗颗放光彩”的办学追求。

学校先后获得广东省依法治校示范校、广东省安全文明示范校、广东省德育示范校、广东省红旗大队、广东省首批校本培训示范校、广东省田径传统学校、广东省体育特色学校、广东省朝阳读书活动先进单位、广东省语言文字示范学校、韶关市行为规范示范校、韶关市群体师德创优先进单位、韶关市优秀基层党组织、韶关市首批教学质量优秀单位、韶关市教育科研先进单位、韶关市减负增效示范单位、武江区精神文明建设先进单位、武江区教学工作先进单位等荣誉称号。语文、数学、品德、体育四个科组被评为市先进教研组。学校各项教学指标发展均衡，各学科平均分、合格率、优秀率、低分率均名列前茅。还培养出一批批名教师、名班主任、骨干教师、学科带头人。

【金福园小学】 金福园小学创办于1987年，原名新华南小学。为感谢韶关市金福园置业有限公司总经理郑捷义先生捐建综合楼的义举，武江区人民政府于2000年5月将新华南小学更名为金福园小学，2002年12月学校被评为省一级学校。

二十多年来，金福园小学先后并入3所小学：沿江小学、芙蓉山小学和电化小学。现学校有两个校区：金福园小学校本部和金福园小学电化校区。

学校实行“一校两区”“四统一”的一体化管理，即统一办学思想，统一领导班子，统一人事，统一管理机制。学校有教学班69个，学生3441人，在职教师151人，平均年龄约40岁，教师学历100%达标。

学校校园面积约34400平方米，建筑面积约16770平方米。学校根据课程标准和学校规模配备功能场室和教学仪器、器材，并及时补充；学校建有阅览室和开放式阅览区、班级图书角，现有学生图书6.6万多册，生均21册，图书资料比较充足；69个教学班均安装多媒体电教平台，每位教师均配备手提电脑，校园网络覆盖学校，学校教育技术现代化建设迈向新的台阶。

金福园小学全面贯彻党的教育方针，遵循教育规律和学生的成长规律，秉承“金色童年，幸福教育，英才满园”的核心办学理念，坚持“为学生的幸福人生奠基”的办学宗旨，努力构建“金色、阳光、和谐、进取、幸福”的校园，办好人民满意的教育。

学校被评为“全国（基础教育）爱国示范学校”“全国教育网络系统示范单位”“广东省绿色学校”“广东省安全文明校园”“广东省规范化学校”；韶关市“绿色学校”、韶关市“行为示范校”、韶关市“书香校园”、韶关市“卫生先进单位”、韶关市“德育工作先进单位”“武江区文明单位”、武江区“先进团支部”、武江区“固本强基”示范单位、武江区“德育创新实验学校”等。

【田家炳小学】 韶关市武江区田家炳小学原名工业中路小学，创办于1994年（定编18个教学班的办学规模）。1998年由香港爱国实业家田家炳先生捐资扩建，并更名为“田家炳小学”（扩编为24个教学班的办学规模）。2007年宏顺实业有限公司捐建综合楼一座（扩建36个教学班的办学规模）。2011年撤并一棉小学后，办学规模增加到51个教学班。学校发展迅速，现有2个校区，2017年毕业学生435人，本学期共有学生2525人，在职公办教师98人。教师专业结构配置合理，专任教师合格率100%，具有本科学历的教师68人，专科学历的教师26人，高中（中专）学历的教师4人。

学校占地面积11765平方米，校舍建筑面积8744平方米，校园布局合理，功能区划分较清晰，现有教学楼4幢，六层综合楼一幢。体育活动场总面积8414平方米，两个校区共有4个篮球场，200米跑道，80米直跑道。学校专用多功能电教室、电脑室、实验室、图书阅览室、美术室、音乐室、民乐舞蹈室、心理辅导室，乒乓球室，一应俱全。

学校曾评为“中国特色教育理念与实践项目学校”“全国艺术教育先进实验学校”“国家教育科学‘十五’规划重点课题实验学校”“广东省优秀红领巾小社团”“韶关市日常行为规范示范校”韶关市首批“美丽校园”“韶关市安全文明校园”“粤北女职工文明岗”“武江区精神文明建设先进单位”和韶关市“红旗大队”。在2017年3月，学校工会组织的教师节目“巧手绘出美”在区庆“三八”暨“我为善美之城添风采”行业时装比赛中喜获一等奖。

【东岗太阳城小学】 武江区东岗太阳城小学创办于2015年9月，坐落在韶关市芙蓉新城。学校占地面积36000平方米，建筑面积21500平方米，教学设施齐全，师资精良。图书室、美术室、音乐室、计算机室、体育馆等各类功能场室一应俱全，初步形成“环境优美、设施先进、质量一流、初具特色”的办学格局。

东岗太阳城小学借助“名校+新办校”的共享发展模式，在短短的三年时间里已彰显优质发展的态势，实现高起点起步，高速度发展。学校以“育名生、出名师、创名校”为办学目标，秉承“博爱、博雅、博采”的办学理念，扎实推进教育教学活动。学校创设多种教研途径，不断促进教师专业成长：开展学科技能比赛，强化教师基本功；师徒结对，促进青蓝工程建设；同课异构、一课多轮，提高教师的课堂教学能力；带领教师参与课题立项研究，鼓励教师向专家型教师转变。学校全面推行“养成教育”活动，按照“低起点、小坡度、分阶段、多层次”的原则，培养学生行为有姿势、语言讲文明、学习有习惯、做事有思想。学校重视课程文化建设，开办美术绘画班、舞蹈班、书法班、合唱队等，丰富多彩的校园文化活动，调动学生积极参与，使学生个性及能力得到充分的张扬和锻炼，成效显著。学校已初步形成以“孝文化”为引领的校园文化特色。

依托新办校的后发优势，东岗太阳城小学开展“IT+教育”的管理模式的有效探究，将信息技术与现代化学校管理进行整合，例如教师依托网络开展业务学习研讨、教师指导学生根据课程特点选择信息化工具进行网络化学习等，在线上线下共享发展方面走在武江区的前列。

学校先后荣获“韶关市文明校园”“武江区教学工作进步奖单位”“武江区教学工作先进单位”“武江区中小学校园足球文化节团体一等奖”等集体荣誉。

【田家炳沙湖绿洲小学】 田家炳沙湖绿洲小学坐落在韶关市工业西路，原名齿轮小学，创办于1970年，2015年7异地新建，经武江区人民政府批准，齿轮小学2017年6月更名为田家炳沙湖绿洲小学，是一所直属武江区教育局管理的现代化，花园式的公办学校。

新落成的田家炳沙湖绿洲小学总投资6000万元，校园占地面积为20000平方米，建筑面积11313平方米，运动场面积5058平方米，办学规模36个班。学校有计算机室、科学实验室、智慧课堂、综合实验室、心理咨询室、图书阅览室、美术室、书法室、音乐室、舞蹈室等多间功能场室。有300米环形跑道的田径运动场、足球场、篮球场、羽毛球场等运动场所。学校有计算机网、广播网、电视网、视频监控网等校园网络，实现校园信息化，网络教育全覆盖。

学校以“小小绿芽，茁壮成长，让未来更精彩”为办学宗旨，坚持“尊重学生多元发展，培养有素养时代人”的办学理念，在校训“能说、能拼、能担当”引领下，形成该校“文明、自信、求实、创新”的校风，

2017年9月，田家炳沙湖绿洲小学建成使用　（区教育局　供图）

“仁爱、智慧、责任、奉献”的教风，“乐学、善思、合作、进取”的学风。走“科学化，规范化，精细化，特色化”的管理之路，追求“研学”一体课堂教学模式，打造“新，实，趣，动”的互动课堂，办一所“学校有内涵，教师有智慧，学生有发展”的现代化品牌学校。

学校开设以科技、信息、书画、艺术、运动、国学等为特色项目课程和艺体社团，打造“绿芽”文化作为校园文化建设的发展方向。学校在职在岗教师46人，学历达标率100%，其中本科以上学历达95%以上。学校现有省特级教师1人，韶关市优秀班主任3名，韶关市优秀德育工作者2人，武江区优秀班主任4名，市级学科带头人2人，区级学科带头人5人。学校致力于培养区级学科带头人6—8人；培养区级以上名教师3—5人。

【白芒小学】 武江区白芒小学创办于1951年，学校占地面积4962平方米，现有6个教学班，在校学生109人，教职工10人。

学校以“严谨争优，律己爱生”为教风建设目标，以“团结勤奋，求实创新”为校风建设目标，以“以学生发展为本，以创新为动力，以特色为保障”为办学理念，完善各项规章制度，加强教学常规管理，促进良好校风学风的形成，教育教学质量稳步提高：2017年7月被评为区文明校园；2014—2015学年学校被评为教学工作进步奖；2015—2016学年被评为教学工作先进单位；2016—2017学年被评为教学工作先进单位。2017年师生参加比赛获奖情况：青年教师教学能力大赛获省二等奖一人次；市二等奖1人次；区三等奖1人次；学生民族舞比赛获金奖；区经典诗文朗诵获三等奖。

在上级教育部门的领导下，该校将励精图治，加强管理，大胆创新，全面推进素质教育，让北江之滨的白芒小学焕发出勃勃生机。

【朝阳小学】 韶关市武江区朝阳小学创办于1951年，位于武江区惠民北路413号，占地面积12690平方米，建筑面积3474平方米，有两个标准篮球场，有一个200米环形塑胶跑道的田径运动场。各教学辅助功能场室一应俱全。学校还建立完善的校园网络系统，配备足够的教师办公室电脑和学生电脑；每间课室都配备有高速互联的多媒体教学平台。2011年被评为广东省义务教育规范化学校。现有13个教学班，学生567人；专任教师25人，学历达标率100%，其中小学一级教师有18人。

学校坚持“朝露润泽学子，阳光照亮人生”的办学理念，本着“发展学生个性，完善学生人格”中心，确立学生活动、情感、创新、审美、道德体验为主线的教育教学新理念，构建“自主、合作、创造”的课堂教学模式，学校教育教学水平蒸蒸日上。2008年、2013年、2016年获“武江区教育教学先进单位”称号，2011年、2014年、2016年获武江区中小学生田径运动会城郊组第一名。

【车头小学】 车头小学位于韶关市武江区西联镇车头管理区车头村，北江河水从学校门前静静地流过。学校始建于1954年，由于孟洲坝水电站的建设，占用原校址，于1992年重建，1994年迁入现校址。历经半个世纪多的风雨。学校现占地面积11700平方米，建筑面积1506平方米，学校覆盖周围5个自然村，服务半径1.5千米。现有学生234人，6个教学班，专任教师10人，学历达标率100%，其中本科3人，大专7人。学校布局合理，教学区、活动区分明。教学设施齐全，有仪器室、科学实验室、图书室、多功能准备室、语音室、美术室、音乐舞蹈室、体育室，心理咨询室、多媒体室、队部室等11个功能室。学校以均衡发展为契机，大力加大校园建设力度，学校面貌日新月异，教学楼重新装修一翻，每间教室都配备明亮的日光灯和崭新的电扇。学校现在已是绿树成荫，百花竞放，空气怡人。教学条件日趋完善，为教育教学水平的提高创造良好的条件，为培养学生全面发展奠定良好基础。多年来，学校紧紧围绕办“农村孩子的乐园，教师成长的沃土”这一理念，本着“办人民满意的学校，做人民满意的教师，教人民满意的学生”的教育宗旨，立足农村现实，科学施教，教研兴校，全面执行教育方针，积极推进素质教育。以“诚实、勇敢、文明、活泼”为校训，以“为学生一生负责”为目标，狠抓学生的养成教育，实行军事化的管理，亲情化的服务。学校强调学校发展、教师发展、学生发展，学校把工作定位在：为师生成长助力，为学校的持续发展奠基上。学校在实践中探索，在探索中发展，取得一定的成绩，先后荣获“2012—2013学年度教学工作进步奖”“2013年武江区第一届校园文化体育节暨第三届中小学生篮球比赛第三名”“2014年韶关市第二届《弟子规》朗诵比赛系列活动优秀组织单位”“2016—2017学年度教学工作进步奖”等荣誉称号。

【甘棠小学】 甘棠小学坐落在韶关市西郊13千米处，是闻名海内外的爱国将领欧震的家乡，新校址始建于1975年，东面是沐溪工业园，繁忙的京珠大动脉从校门对面横穿而过。甘棠小学学校三易其址，最终于90年代初，由香港余氏宗亲会捐资兴建风采教学楼。校园风景秀丽，环境优美，绿树成荫，学校占地面积12000平方米，建筑面积2200多平方米，拥有两个标准的篮球场和一个有200米环形跑道的田径运动场。

甘棠小学以进一步解放思想，深化教育教学改革，全面提高教育教学质量为宗旨，不断强化优势，全面提高学生文化素养，抓住"优先发展教育"这个良机，以"用心做好自己的事"为校训，培养学生"勤奋、守纪、拼搏、创新"的精神，提倡"好学、进取、尝品、雅行"的良好学风，逐步形成"严、实、活、新"的教风。截至2017年底，学校有教职工12人，其中在编教师有10人，交流教师2人，本科学历有4人。学校共有6个教学班，全校学生187人，2017年六年级毕业生有29人。该校构建以学生发展为本、自主探究的开放性教学模式，打破传统教学中束缚学生选择的规矩和限制，把自由还给学生，为学生思考、探索、发现、创新提供最大的空间，保证教学质量的全面提高。

【华泰小学】　华泰小学地处武江区新津路九号，创办于1998年，开始名为新津小学，2006年改名为华泰小学。学校占地面积12807平方米，建筑面积6834平方米。校园布局合理，环境优美。学校教学设施设备齐全，设有现代教育实验室、语音室、仪器室、图书阅览室（含电子图书）、体育器材室、音乐舞蹈室、队部室、电脑室、心理咨询室、卫生室等。

学校现有教学班33个，在校学生1543人，毕业生210人，专任教师56人。其中省级骨干教师2人，区级骨干教师3人，区级学科带头人3人。师资力量雄厚，教学水平精湛。

学校从课堂入手，坚持"先学后教，以学定教、教学合一"的现代教学理念，改革教学模式，提高教学质量。

经过多年的打拼，学校曾先后获得"全国校园文化建设先进单位""广东省优秀少先队红旗大队""广东省安全文明校园""广东省依法治校示范校""广东省英特尔未来教育技术示范校""市优秀少先队红旗大队""市心理健康教育示范校""市校务公开先进学校""市科研工作先进单位""市教育信息化建设与应用先进单位""市义务教育阶段教学质量优秀单位""市德育示范学校""区文明单位""区文明校园""区平安校园""区教学工作先进单位"等荣誉称号。

近三年来，学校有教师110多人次在省、市、区三级教育教学科研成果、课堂教学、教学论文、优质课比赛中纷纷获奖；有学生96人次在省、市、区三级书法、绘画、歌舞、朗诵、体育等比赛中多次获奖。

【黄田坝小学】　黄田坝小学创建于1986年，至今已办学30余年。坐落于武江河畔，是一所环境幽雅，绿树成荫的园林式学校。学校占地5500平方米，校舍建筑面积3030平方米，现有20个教学班，在校生近千人（966人）。学校拥有宽敞明亮的教室及电脑室、科学实验室、心理咨询室、音乐室、美术室、体育室、图书室、红领巾广播站等各类功能室，常规教学仪器和器材一应俱全，各类图书藏书约3万册，是广东省义务教育标准化学校。近年来上级政府和主管部门投资百万余元，新建环形塑胶跑道、塑胶运动场，室内活动室，每间课室配备班班通多媒体平台，建成校园网络，学校面貌焕然一新。

学校拥有一支爱岗敬业、积极奉献、素质精良、争创一流的教师队伍。2017年有教师49人，

黄田坝小学校园环境　（区教育局　供图）

1名教师曾受国家级奖励，2名教师曾受省级表彰，32名教师曾获得市级表彰；多年来学校培养出2名省级骨干教师，1名市级学科带头人，3名区级学科带头人；教师学历100%达标，其中本科以上学历教师占75%。学校语文、数学、英语、信息技术、音乐、体育、美术、科学等课程均由专职教师担任。

近年来，学校高度重视文化建设，将“红棉树”定为学校的象征物，并着力挖掘红棉精神，确立“红棉树正气，尚美导人生”的办学理念。在这一理念的引领下，形成“正直向上 勇于担当”的校训，“和谐，勤奋，求实，进取”的校风，以及“身教善教，诲人不倦”的教风和“好学乐学，学而不厌”的学风。学校将“红棉花开朵朵红”文化理念渗透到管理文化、教师文化、学生文化、课程文化、环境文化五个方面，以期让师生们获得更好的、主动地、个性化的发展，使学校走上文化育人的高地。

近几年，学校先后获得“韶关市艺术教育特色学校”“韶关市安全文明校园”“韶关市先进教育工会”“武江区教学工作先进单位”“武江区教学工作进步单位”“武江区德育示范学校”等荣誉，教师、学生参加上级教育部门组织的各级各类评比也屡屡获奖，表现突出。

【西联小学】 西联小学地处武江区西联镇，创办于1954年。学校占地面积17000平方米，建筑面积4617平方米，绿化面积2550平方米，运动场面积5670平方米。校园布局合理，宽阔的操场，醒目的文化长廊，校园处处充满生机，是师生工作学习的好地方。学校2006年6月成功创建“韶关市绿色学校”，2011年1月顺利通过韶关市“广东省义务教育阶段规范化学校”评估验收。

学校以提高教育质量，发展学生个性特长，办人民满意的学校为宗旨。近年来，学校趁在当地政府及村委的大力支持下，进一步改善办学条件，优化育人环境。学校坚持以教学为中心，以课题研究为科研兴校策略，狠抓常规管理，创设以“激励为主，公平竞争”的管理机制，引导教师争优创先，打造出一支高素质的教师队伍，促进教学质量的快速提升：学校在2008年、2009年和2010年、2012年的武江区教学评估中， 获“教学工作先进单位”称号。2011年4月，在市教学质量评估中，被评为“市教学质量优秀单位”。

【向阳小学】 向阳小学地处韶关市惠民南路，创办于1958年，是广东省义务教育规范化学校。学校占地面积2736平方米，建筑面积3500平方米，拥有教学楼1栋，综合楼1栋。学校功能室比较齐全，建有计算机室、音乐室、美术室、体育活动室、舞蹈室、图书室、实验室、仪器室、心理咨询室、保健室、多媒体电教室等，所有班级严格按照标准化要求配备班班通设备。学校建有一条60米的塑胶跑道和一个符合新标准的塑胶篮球场。

向阳小学充分挖掘校名文化内涵，结合学校“葵花朵朵向阳开”办学理念，积极构建“向阳文化”特色品牌，打造“向阳教育”办学特色。学校有在岗在编教师32人，在校学生773人，毕业生101人。

多年来，学校树立“阳光教育”的教育理念，以“感恩、崇善”为学校德育核心理念，学校焕发出生机和活力。在培育和践行社会主义核心价值观教育活动中，以弘扬中华传统美德为导向，以学雷锋为抓手，以韶关市红星综合厂为基地，广泛开展志愿献爱心主题实践活动，打造出学校德育教育的一大亮点。学校致力于课堂教学改革，“阳光课堂”在新课程标准实施过程中，从解决教学中的实际问题入手，以行动研究为主要研究方法，大力开展校本教研活动，以“爱是教学成功的基础，创新是教育的希望”为学校教学理念，形成“实践反思，同伴互助、专业引领”的教学模式。

【阳山小学】 韶关市武江区阳山小学，建于1958年，坐落在韶关市西郊，323线8公里处。与韶关高铁站和京珠高速连接，占地面积13993平方米，现有教学班22个，学生1020人，教职工48人。学校功能场室配备齐全，现有标准200米环形跑道运动场一个，标准篮球场一个，小篮球场两个。现有学生电脑室、音乐室、舞蹈室、体育室、图书阅览室、科学实验室、科学准备室、心理咨询室、卫生保健室、多媒体电教室、少先队部室等各种功能场室。教室全部安装现代化教学平台，实现教学手段现代化。该校先后被评为“广东省规范化学校”“广东省乡村舞蹈室”“武江区艺术学校”“武江区平安校园”“武江区文明校园”。连续几年被评为武江区教育教学考核先进单位。

学校坚持“有教无类，阳光成长”的办学理念，和“愉悦教学，成就成长”的教学理念，坚持一切为孩子，为孩子的一切的办学宗旨。坚持在内涵上下功夫在特色上做文章。严格学校管理。坚持依法治校。依法治教，确保教学质量稳步上升。学校重视且积极组织教师参加各类培训、外出学习，鼓励教师撰写教育教学论文，近3年来二十多篇论文获区级以上奖项，多位教师的课题在区级以上立项，教师和学生在参加区级比赛中名列前茅。

学校高度重视学生素质，教育成立多种兴趣小组，培养学生的创新思维和实践能力。使每个孩子得到积极、主动、活泼、健康的成长。学生讲文明、懂礼貌、讲卫生、爱学习，形成“好学善思，文明守纪”的良好学风。

【镇泰小学】 武江区镇泰小学的前身是制药厂联办小学，创建于1971年。1997年夏，由武江区政府接管，更名为芙蓉北小学，成为武江区教育局下辖的公办小学。2000年，镇泰集团慈善基金会捐资人民币100万元，武江区政府再拨款人民币100万元，扩展校园面积，新建教学大楼，正式更名为韶关市武江区镇泰小学。镇泰小学占地面积16050平方米，建筑面积7688.23平方米，有录播室、多媒体功能场室、音乐舞蹈室、美术室、心理咨询室等功能场室，现有18个教学班，学生856人，教职工50人。是省级绿色学校，市级绿色生态学校，广东省义务教育标准化学校。

镇泰小学谨守“明志砺学 崇真尚美”之校训，强化内部管理，坚持以人为本，抓好教学质量，创新德育机制，逐步形成“团结、朴实、顽强、攀高”的优良校风。并且在少先队建设，足球、书画习练和校园生态建设方面，凸显学校的办学特色。

镇泰小学注重学校领导班子建设，倾力打造教师队伍。倡导环境育人，文化兴校的办学理念，落实具体有效的教师成长计划，鼓励教师参加各类培训。现有在编教师学历达标率100%，具备小学高级教师资格1人，小学一级教师26人，一批年轻教师正迅速成长，成为学校教育教学的中坚力量。

围绕学生的健康成长和个性发展这个目标，镇泰小学展开多层级多方位的教育活动：以课堂教学为主阵地，坚持教学常规和教育科研并重，努力提高教育教学质量；创新德育教育形式，积极培养学生良好的道德品质；开展丰富多彩的课外活动，让学生的个性爱好得到充分发挥；建立长效的安全教育和预警机制，努力为学生创设安全舒适的学习环境。

【沐溪小学】 韶关市武江区沐溪小学，创办于1970年9月，是一所农村完全小学。2008年，学校异地新建，现址位于韶关市武江区沐溪工业园七路。学校占地面积20428平方米，其中建筑面积3855平方米，运动场地7332平方米，绿化面积9241平方米，覆盖率达45%。学校现有教学班16个，在校学生703人。学校现有教职工34人，专任教师33人，大专以上学历32人，中级职称以上教师9人。

学校拥有200米标准运动场一个，标准篮球场两个，羽毛球场两个，室外乒乓球台7张。功能室有多媒体电教室、心理咨询室，教师会议室、电脑室、图书室、科学实验室、仪器室、美术室、音乐室、舞蹈室、少先队部室、卫生室，新增设书法室。学校安装32个摄像头，校园监控系统实现全覆盖，进一步提高安全防患措施。2014年11月，完成课室网络“班班通”工程，学校全部课室安装教学平台，为教师提高业务能力和工作效率及学生接受教育提供较完善的条件，让农村学校的孩子享受到城区孩子同等的教育待遇，实现教育的均衡化。

多年来学校以“勤奋坚毅、拼搏向上”为校训，坚持“着眼未来，全面发展，整体优化，个性鲜明”的办学方向，狠抓师资队伍建设，坚持在内涵上下功夫，严格学校管理，坚持依法治校。学校教育教学质量稳定，素质教育取得较大成效，在武江区的农村小学中享有很高的声誉，是武江区农村小学中的一颗璀璨明珠。学校先后被评为“武江区校园管理优秀单位”“武江区师德建设先进单位”“武江区教育教学改革先进单位”“武江区文明单位”“武江区教学工作先进单位”“韶关市绿色学校”“广东省绿色学校”“武江区体育特色学校”“武江区先进基层党组织”“武江区文明校园”“韶关市卫生学校”。

【至和汤邓淑芳纪念学校】 韶关市武江区至和汤邓淑芳纪念学校坐落于韶关市芙蓉北路，学校占地面积22000余平方米，建筑面积11000平方米。

学校前身是韶关市电石厂联办职工子弟学校。2002年11月，为解决附近企业下岗职工、外来民工子弟入学难问题，在上级党政部门的关心下，由香港至和坛基金会主席汤伟奇先生等一批慈善人士慷慨解囊，政府部门也投入巨资，将学校异地重建，并改名为“武江区至和汤邓淑芳纪念学校”。多年来全体师生发愤图强，砥砺奋进，学校规模不断扩大，办学水平不断提高，校园焕然一新。学校现有41个教学班，在校学生1968名，教师100人。校园环境优雅怡情，“善”味浓郁，处处呈现浓厚的文化气息。学校设备设施先进，高清录播室、多媒体阶梯电教室、图书阅览室、心理咨询室、舞蹈室、音乐室、美术室、电脑室、特教资源室、创客实验室等功能场室一应俱全，为孩子的快乐成长提供广阔的空间。

学校以“善文化”为核心文化，遵循“向善 求真 健体”的办学理念，确立“以善育德，以善立教”的办学思想，营造“明德知善，求真善美”的校风，即引导师生求真、向善、爱美，以善为美，积善成德。培育孩子从小就做善良之人、有爱之人，让善的种子在孩子的心间生根发芽。学校还注重学生的艺体发展，组建击剑队、足球队、篮球队、毽球队、田径队、腰鼓队、合唱队、舞蹈队、鼓号队等；击剑运动普及到一至六年级的课堂，成为校园中的“格斗芭蕾”；校园足球每班每周开展一节。如今，创客、击剑、校园足球、城市学校少年宫成为学校的四大特色品牌。

学校先后被评为“武江区教学工作先进单位”“武江区平安校园”“韶关市文明校园”“韶关市模范教工之家”“韶关市城市学校少年宫项目单位之一”“广东省少先队红旗大队”“全国青少年校园足球特色学校”。

【西河学校】 武江区西河学校占地面积23484平方米，建筑面积7686平方米。校园布局合理，环境美丽优雅。运动场所广阔，功能场室齐全，教学设备先进，并广泛运用于教育教学之中。

西河学校现有教学班19个，在校学生713人，专任教师42人。其中区级骨干教师1人，市级优秀教师2人。师资力量在加强，教育教学水平在提升。

近年来，学校先后获得“武江区教学工作进步奖”“武江区教学工作先进单位”等荣誉称号。学校有教师30多人次，获国、省、市、区级优质课、论文评比等奖项；多位同学获演讲、书法等奖项。学校坚持面向全体，开齐开足课程，积极开展阳光体育运动，增强师生体质。

【龙归镇中心小学】 龙归镇中心小学创办于1926年，是一所乡镇寄宿制完全小学，是义务教育标准化学校。现有47个教学班，学生2198名， 其中毕业班329人，住宿生189人（女生103人、男生86人）。有教职工113名，大专学历以上90人，中级以上职称的教师71人，学历达标率为100%。现有占地面积25972.28平方米，分高、低年级两个校区，下辖7个教学点，学生791名。学校硬件设施得到全面的更新与提升，功能场室齐全，有电脑室、美术室、音乐室、图书阅览室、舞蹈室、体育器材室、广播室各2间，有语音室、书法活动室、心理咨询室、科学实验室各1间。有标准的200米塑胶跑道、标准的B级学生饭堂。

结合创建文明校园、创建文明城市、传统文化进校园的契机，该校坚持立德树人，推行“正行教育”，以“正品雅行 笃学致远”为校训，形成“尚品 尚善 尚学 尚礼”的校风、“崇教厚德 业精善教”的教风、“乐学善思 敦品正行”的学风。该校着力培养学生良好行为习惯，全力推进学生体育健康素质和艺术素养的提升，走“管理出成效、活动促发展、教学出精品、德育创特色”的发展之路。

学校曾获得武江区教学工作先进单位、中小学田径运动会小学组冠军、武江区未成年人思想道德建设先进单位、市红旗大队、市德育示范校、市“群体师德创优活动”先进集体、市优秀学校少年宫等荣誉。

【江湾镇中心小学】 江湾镇中心小学坐落在江湾河畔，学校创建于1967年，它的前身是江湾镇湖洋小学，2012年撤教办更名为江湾镇中心小学，2004年由韶关市武江区接管。学校占地面积6678平方米，建筑面积1684平方米，现有教学班9个，学生287人，六年级毕业生有29人，专任教师20人，学历达标率100%。学校三区（运动区、教学区和生活区）布局合理，有计算机室、科学实验室、仪器室、美术室、音乐舞蹈室、图书阅览室等专用功能室，9个教学班安装多媒体教学平台及无尘黑板实现“班班通”和“人人通”，建立并开通校园网络。有一个宽敞、明亮、整洁、卫生的师生平安食堂，拥有一个多功能型的运动场和200米的环形塑胶跑道，整个校园紧凑有序，环境幽静清雅，是师生工作、学习的理想场所。

学校在办学过程中，坚持全面贯彻党的教育方针，全面推进素质教育，面向全体学生，促进学生德、智、体、美等方面全面发展和终身发展。依照教育法律、法规制定学校章程，依法规范学校各项工作，与时俱进推动教学工作改革，以课堂为主阵地，学生为主体，培养学生良好的学习习惯，引导学生学习，学会学习，成为学生学习的引路人。

【重阳学校】 重阳学校是原重阳中学、重阳中心小学于2011春合并而成的一所九年一贯制学校，位于重阳镇镇政府南路3号。现为武江区安全文明校园，武江区平安校园。学校占地面积40130平方米，学校现有28个教学班，在校学生963人（其中留守儿童587人），毕业生80人，住宿生136人，专任教师65人（高级教师8人、中级教师44人、二级教师13人），学历达标率100%。

学校通过大力扶植中青年教师的成长，为他们搭建学习、交流的平台，让他们从理论到实践的全方位提高，在教师队伍中起到中坚力量的作用。同时，通过校际联盟体（韶关市第九中学、武江区田家炳小学）和东莞市低涌中学、广州市98中学、广州市海珠区赤岗小学的大力帮扶，学校的教育教学质量逐步得到提高。学校有教师20多人次获得省、市、区论文评比、学科竞赛、优课比赛等奖项。

该校现有班班通电教平台30套、计算机室、理化生实验室、图书室、阅览室、音乐室、美术室、舞蹈室、团（队）室、心理辅导室等设施完善的功能室，建设校园网并接入韶关市教育专网，有200米跑道的运动场、篮球场、羽毛球场和乒乓球台等体育设施，学校生活区、教学区、运动区布局合理规范。

【龙归中学】 龙归中学创办于1943年，是一所乡镇寄宿制初级中学，是义务教育标准化学校。现有22个教学班，学生1105人，2017年毕业生人数296人，其中住宿生629人；有教师83人，中级以上职称教师56人，学历达标率为100%现有占地面积约3.9万平方米，有教学楼、综合楼、办公楼和学生宿舍楼各一栋。宿舍楼有770个住校生床位，学生生活场地和设施完善。有标准200米塑胶田径场1个、7人制足球场1个、篮球场4个、羽毛球场5个、排球场1个等运动场所。有图书室、阅览室、电子阅览室、课件制作室、多媒体电教室、语音室、理化生地实验室、美术室、音乐室各2间。

学校秉承“刚柔相济 精细管理 和谐育人”的办学理念，以“厚德、尚礼、砺志、笃学”为校训，形成“和而雅，知而远”的校风、“精而细，实而活”的教风、“勤而毅，礼而悦”的学风。学校以“精细化”管理为主线，树立“精心是态度、精细是过程、精品是结果”的管理理念，形成“事事有人管、时时有人管、处处有人管、人人用心管”的管理特色，办学质量与水平位列同类学校前茅。

学校曾获得“韶关市师德建设先进单位”“广东省义务教育标准化学校”“韶关市安全文明校园”“武江区教学工作先进单位”“武江区先进单位”等荣誉。

【江湾中学】 江湾中学创建于1968年，是一所寄宿制初级中学，位于武江区江湾镇，学校占地面积11865平方米。学校现有3个教学班，学生 96人，教职工16人，学历达标率为100%。学校教学设施完善，拥有电脑室、多媒体电教室、音乐舞蹈室、美术室、课件制作室及物理、化学、生物实验室等各类功能室。

近年来，学校领导班子带领全体教师励精图治、锐意进取，牢固树立“办规范化学校，办让山区人民满意学校”的办学宗旨，以课堂教学为全面实施素质教育的主渠道，培养农村初中学生的学习能力和创新精神，学校逐渐形成“爱生、敬业、博学、奉献”的良好教风及“合学、互助、勤奋、好学”的良好学风。

江湾中学先后获得“武江区德育先进学校”“武江区教学工作进步奖”“武江区精神文明单位”等荣誉称号。

【韶关市第九中学】 韶关市第九中学始建于1970年，坐落于芙蓉山北麓。学校占地24485平方米，有1个200米塑胶运动场，2个足球场，4个篮球场，2个毽球场，1个排球场；3间多媒体电脑室，6间实验室，可容纳300人的多媒体阶梯课室1间，创客工作室、录播室、舞蹈室、美术室、音乐室、书画室、心理咨询室、卫生保健室各1间。每间课室都配备班班通平台，每位教师配备手提电脑用于教学。

学校现有34个教学班，在校学生1625人，专任教师115人。其中大学本科以上学历106人，中学高级教师40人，中级职称以上教师104人，省级骨干教师5人，市级学科带头人3人，区级学科带头人17人。近3年，学校教师获区级以上荣誉和表彰260多人次。

学校坚持“有利于学生成才、有利于教师成长、有利于学校发展”办学标准，遵循“严、实、勤、创”四字校训，不断传承“严谨、求实”的校风，发扬“勤勉、创新”教风，充实“乐学、善思”的学风，全面培育“四有”新人。

学校先后被评为“韶关市首批行为规范示范校”“广东省安全文明校园”“广东省中小学知识产权教育示点学校”“广东省书香校园”“广东省依法治校示范校”“广东省首批中小学教师继续教育校本培训示范学校”“韶关市教育教研示范校”“韶关市中小学中华优秀传统文化教育试点学校”“全国青少年校园足球特色学校”“武江区德育创新与发展工作先进单位”“韶关市义务教育阶段教学质量优质学校”“广东省五四红旗团委”“全国国防教育示范校”等荣誉称号。2008年至今，学校连续9年评为武江区教学先进单位。

【韶关市第十一中学】 韶关市第十一中学创建于1975年9月。学校占地面积约15333平方米，现有教学班13个，在校生508人；专任教师55人，其中高级教师 10人、南粤优秀教师1人、韶关市优秀教师3人、区基础教育名教师4人、区学科带头人6人。办学以来，学校获得广东省体育传统项目学校、韶关市行为规范示范校、武江区教学工作进步奖、武江区安全文明校园、武江区体育特色教育学校、五四红旗团委等荣誉称号。

学校确立“关注人、发展人、成就人”的办学理念，秉持“团结、进取、求实、创新”的校训，锤炼“崇德、尚学”的校风，营造“精研、乐教”的教风，培育“善思、乐学”的学风，努力办好人民满意的教育。

学校抓内涵，强管理，促发展，提质量。以“三礼”教育（入学礼、少年礼、毕业礼）为德育特色，以“大阅读”“大武术”一文一武特色项目为切入点，抓学生的行为规范和学习习惯，积极开展传统文化教育，提升学生的品行修养。近3年来，学校教师获奖共计91人次，其中获省级以上4人、市级以上30人、区级以上57人；学生获奖共计223人次，其中获市级以上103人、区级以上120人。

【韶关市第十四中学】 韶关市第十四中学创办于1996年5月，是一所年轻又具特色的学校。占地21293平方米，建有电脑、多媒体、音乐、舞蹈、美术、实验、录播等课室和智慧课堂，功能教室齐全。每间教室配备先进的教学平台和丰富的软件资源校园网。有一座现代化的体育馆和一个标准的200米的田径场及羽毛球场、篮球场。现有24个教学班，学生1003人，专任教师96人。其中，高级教师33人，中级职称教师38人，名校长1人，名教师培养对象2人，“南粤优秀教师”2人，省级骨干教师1人，市、区级骨干教师11人。

坚持“提供特长展示的舞台，搭建专业发展的平台”的办学理念，以“团结、务实、博学、创新”为校训，以“和谐、文明、进取、创新”为校风，以“崇德、敬业、严教、善教”为教风，以“善学、明理、修身、安人”为学风。

以书法、体育大课间为抓手，结合自身优势，将田径、书法和剪纸开发成校本课程，创体育艺术特色学校，全面推进素质教育，展现特色。2017年，在艺体方面比赛中，有49人次获奖，其中，省级奖励7人次，市级奖励17人次，区级奖励25人次。

围绕学风教育和特色教育两个中心及行为规范养成教育、安全教育、法制教育三个重点，以书法特色教育为抓手，开展书法大课间活动为载体，经常性课堂纪律巡查通报为手段，结合另一特色教育心理健康教育，力促校风转变。

坚持开展教育信息化，运用网络平台教学。利用“互联网+教育”开展业务培训，以微课为突破口，充分运用“学乐云”、智慧课堂，使信息技术与学科教学深度融合，有效提高课堂教学质量。2017年，教师8篇论文在国家、省、市级刊物发表，117篇论文或教改成果获奖。

学校先后被评为省一级学校、省义务阶段规范化学校、省绿色学校、市绿色生态学校、市卫生先进单位、市中小学心理健康教育示范学校、市体育传统（田径）学校、市毒品预防教育示范学校、市中小学中华传统文化教育试点学校、省中学生志愿服务示范校、全国国防教育特色学校、市安全文明校园、区信息技术应用示范校等。

【韶关市第十五中学】 韶关市第十五中学成立于2002年8月。2017年，学校有教学班24个，学生1020人；现有专任教师77人，其中，高级教师16人，中级职称50人，市名班主任1人，区级以上骨干教师7人，名校长1人，名教师1人，区名班主任1人。

学校坚持“以人为本，科学发展”的办学理念，以“励志、明理、勤学、进取”为校训，以“文明、和谐、务实、进取”为校风，以“诲人不倦、为人师表”为教风，以“好好学习、健康成长”为学风。2010年至今，先后被评为广东省义务教育规范化学校、广东省绿色学校、韶关市德育示范校、韶关市卫生标兵、武江区教学工作先进单位、武江区中小学德育特色创新与发展先进单位、武江区体育特色教育学校、武江区平安校园等。

学校坚持德育核心地位，努力培养品德高尚，行为规范，人格健全的学生，以“感恩教育”为活动主线，开展多种德育教育活动。学校坚持德育特色与教育教学改革相结合，2010年以来学校中考成绩逐年攀升。2016年9月8日，该校与北江中学正式挂牌成为结对学校，目前初一和初二共有四个创新实验班在北江中学就读。

学校注重学生的兴趣引导，从2010年至今，学校先后成立田径队、篮球队、合唱队、舞蹈队、电脑制作兴趣小组、书法兴趣小组等，在各级各类比赛中均取得优异的成绩。其中，学校合唱队和舞蹈队参加韶关市中小学英东杯文艺竞赛均获一等奖；学校田径队获得武江区第二十二届中小学田径运动会团体总分第一名；校健美操队代表武江区参加市运会健美操比赛荣获技巧啦啦操第一名；学校教工男子篮球队在武江区第八届教职工篮球比赛中荣获冠军。

区教育局领导名录

局　　长：曹华龙
党工委书记：陈锦奎
副 局 长：黄建忠
　　　　　邓汝机
　　　　　陈少萍（女）
　　　　　李远贵

（谢悦彬）

文 化

文化新闻出版

【概况】 武江区文化新闻出版局内设办公室。武江区文化市场综合执法队为直属行政机构。武江区文化馆为其下属公益一类事业单位。

2017年，区文化新闻出版局进一步解放思想，开拓文化工作新思路，改进工作作风，全区文化工作持续健康发展。开展“三送下乡”642场；文化市场巡查613人/次，立案查处违规经营企业11家；完成省、市基层综合性文化服务中心示范点建设8个；完成“风度书房”建设3个；重阳镇文化站、文体广场建设有序推进。奥园文化旅游城、南岭国际诗歌小镇等旅游项目建设进展顺利。

【文化管理】 2017年，武江区文化新闻出版局进一步强化文化市场监管力度，着力推进平安、文明文化市场创建工作。调整充实完善局班子成员挂点包片、机关工作人员分片包干、文化志愿者协助监督的监管机制。贯彻落实“管业务必须管安全”要求，签订文化企业安全生产、消防安全、禁毒等责任书。联合消防、安监等部门对辖区内网吧、KTV场所、印刷厂、影院等文化企业开展安全生产大检查。组织开展“扫黄打非”文化市场护苗、固边、净网、清源、秋风专项行动检查，收缴游商各类非法出版物150多份，有效地整治武江桥底路段、学校周边文化市场游商兜售非法文化垃圾产品的现象。8月22日在惠民街道新华北社区召开全市“扫黄打非”进基层工作现场会议。加强辖区内文艺作品创作、展示的管理，强化文艺团队进行跟踪服务管理，建立企业管理台账，排查各类传播涉意识形态政治性的非法活动。切实加强对网吧、歌舞娱乐经营场所、数字影院、印刷企业的监督管理，坚决查处违法违规经营活动，开展网吧专项整治“百日行动”。

【文学艺术创作、文化活动】 2017年，武江区文化新闻出版局加大各类文艺团队的扶持力度，积极鼓励文艺团队结合当地实际、民俗风情进行文艺创作，文艺作品获市级曲艺类二等1件、小戏类三等奖2件。继续深入落实“文化三下乡”活动，以节日节庆活动为契机，充分发挥文体协会作用，广泛举办节庆活动，开展香港、东莞凤岗文化艺术交流等群众活动，全年开展送戏下乡23场、送电影下乡612场、送书下乡7场，大大丰富群众文化生活。

【文物遗产保护】 2017年，武江区文化新闻出版局认真落实文物升级保护工作，筹集资金对九龄园、余靖墓、西河天主教堂周边环境进行专项整治；深入开展非物质文化遗产挖掘和项目保护申报工作，开展非物质文化遗产展演活动5场。

【武江区风度书房建设】 为配合市创建全国文明城市建设，打造“城区十分钟文化圈和家门口的图书馆”。2017年，韶关市委、市政府启动风度书房建设。“风度书房”是利用信息化和RFID技术实现无人值守、有人管理、自助服务的实体图书馆。首批十间书房武江区承接4间的选址、设计及主体建设任务，建设完成后移交市图书馆统一运管，武江区文化新闻出版局将配合市图书馆进行日常管理工作。预计在2018年3月底完成建设并开放。

【旅游】 2017年，武江区文化新闻出版局认真贯彻落全市“大旅游”“全域旅游”的发展思路，制定激励政策，多措并举，积极开展旅游资源挖掘开发工作。成立“武江区旅游发展工作领导小组”，制定相关工作管理办法，充分调动各部门积极性，整合优势旅游资源，推进旅游业态创新发展。设立500万元“武江区旅游发展基金”，加快推进乡村旅游为重点的全域旅游建设工作，支持重点乡村旅游项目的规划和开发建设；对市级乡村旅游发展专项资金扶持的乡村旅游项目，区政府将安排专项配套扶持资金；助力武江区名镇、名村、村民创办农家乐、民宿等乡村旅游项目发展，带动当地农民致富。委托韶关市城乡规划市政设计研究院分析武江区的旅游资源，编制《韶关市武江区生态旅游线路策划》明确武江区在韶关市区域旅游发展新形势下的优势和定位。举办“2017年武江区重阳油菜花休闲旅游”、江湾镇

“留住乡愁”暨中秋相聚美丽小镇推介活动旅游节庆活动。

区文化新闻出版局领导名录

局　长：方旭铭

副局长：刘蜜书

　　　　杨培华

（华建浩）

旅　游

【概况】　2017年，武江区认真贯彻落实省、市旅游工作的安排部署，秉承“全域旅游”的发展思路，结合城市提升、芙蓉新区建设，以打造优秀旅游接待基地为目标，在完善旅游接待服务上做文章。围绕“文化休闲、乡村旅游”，坚持政府主导、市场化运作相结合，充分发挥区位优势，找准优势，大力推进星级酒店建设，努力挖掘辖区旅游资源，认真谋划辖区旅游项目，扎实推动武江旅游业稳步快速发展。

【落实措施，推动武江旅游业稳步快速发展】　一是成立旅游发展工作领导小组。2017年5月，成立以区长为组长、5镇2街以及农林等部门主要领导为成员的“武江区旅游发展工作领导小组”，对全区旅游业发展的监督管理和统筹协调作用，实现旅游业发展由单一部门推动向多部门协调联动转变，逐步建立机构合理、运转协调、办事高效、行为规范的管理体系和运行机制，整合优势旅游资源，推进旅游业态创新，加快全域旅游发展。二是设立旅游发展基金。2017年，武江区政府设立500万元的“武江区旅游发展基金”。以加快推进乡村旅游为重点的全域旅游建设工作，扶持的名镇、名村、农家乐、民宿等乡村旅游项目，推武江旅游项目发展。

【编制生态旅游线路】　2017年，武江区为贯彻国家全域旅游发展思路，实践韶关市“大旅游”发展战略，促进武江区旅游特色产业发展，委托韶关市城乡规划市政设计研究院调查研究分析武江区的旅游资源，编制《韶关市武江区生态旅游线路策划》，为武江区旅游长远发展奠定坚实基础。

【加快推动旅游产业项目建设】　2017年，武江区大力推进奥园文化旅游城、南岭国际诗歌小镇、恒大酒店、洲际酒店等旅游项目的开发建设；引导江湾镇山水湾农家乐进一完善基础配套设施建设，打响武江农家乐品牌。

【提升旅游接待能力，做大旅游住宿业】　2017年，武江区加大对旅游接待酒店及其配套开发力度。进一步优化休闲娱乐、购物、餐饮、住宿环境。积极引导碧桂园太阳城凤凰酒店、会展酒店、山水酒店、荷花园酒店等与旅行社对接，做好旅游接待服务。限上住宿业销售额增长10.5%。

【大力开展旅游节庆活动，积极开发乡村旅游线路】　为吸引外地游客，2017年，武江区在重阳镇举办“2017年武江区重阳油菜花休闲旅游推介活动”、在江湾镇举办“留住乡愁”暨中秋相聚美丽小镇活动。通过节庆活推介乡村旅游线路、引外来游客到观光。

【旅游安全工作】　2017年，武江区根据各级安全工作要求，制定相关检查方案、预案。联合相关部门，对辖区内旅游酒店、乡村农家乐、景点、水库以及公园等公众游乐场所进行安全生产大检查。普及安全生产知识，强化“安全第一”和“安全责任重于泰山”的观念，全年辖区内未发生旅游安全生产事故。

（华建浩）

2017年7月29日，东莞凤岗·韶关武江文艺交流演出

（区委宣传部　供图）

档 案

【概况】 2017年，武江区档案局认真学习贯彻中共十九大精神和习近平新时代中国特色社会主义思想，紧紧围绕武江区委、区政府中心工作任务，不断提升服务社会、服务群众的能力。重点加强民生档案工作，千方百计推进武江区档案馆达标。全区档案事业取得新发展。

【档案接收】 2017年，接收文书档案216卷，民生档案2978卷。截至2017年年底，武江区档案馆馆藏档案84个全宗，共计41185卷又3668件档案，案卷排架长度525米，其中文书档案5650卷又3668件、专门档案35535卷、照片4179张、实物档案1103件、馆藏资料4187册、地图37张等，主要是中华人民共和国成立后特别是1984年建立韶关市武江区以后的档案。

【档案培训】 2017年，为贯彻落实国家有关档案工作人员持证上岗和接受继续教育培训制度，安排该局档案人员1人参加省档案局举办的档案工作人员档案业务培训班。

【提供利用】 2017年，档案局（馆）接待前来查阅和利用档案资料及现行文件共有262人次，查阅档案478卷次。

【信息化建设】 档案目录共17.4万条，目录数字化比例100%。2017年度纸质档案扫描467卷，共95808画幅，累计完成扫描纸质档案1919卷，共33.28万页，累计完成数字化比例16.5%（以2010年馆藏档案量为基数）。

【档案编研资料】 本着对历史负责的宗旨，组织人员编辑整理王德雄同志在韶关市武江区工作期间的重要公务活动图片，形成《王德雄同志公务活动图片录（2008年1月至2017年1月）》一书，收录图片500余张。组织汇编《武江年鉴（2017）》。

【档案馆建设】

1.确定武江区国家档案馆达标建设工作方案。鉴于武江区短期内没有合适的地块用于建设新档案馆，为如期完成武江区档案馆达标建设任务，武江区政府调整档案馆达标建设方案。2017年9月4日，武江区政府常务会议决定：将武江区文化楼二、三、四楼改造为区档案馆，面积达到2700平方米。

2.成立武江区档案馆改造项目领导小组。为加强对武江区档案馆建设改造项目的组织领导工作，武江区区政府成立武江区档案馆建设改造项目领导小组，由区政府常务副区长任组长，区政府分管副区长王敏雯任常务副组长，区档案局局长欧阳征禄任副组长，区政府办、区发改局、区住建局、区财政局、区消防大队、区档案局等单位安排一位副职领导担任领导小组成员。改造项目的重要事项由领导小组研究确定，日常事务由区档案局负责。

3.对武江区文化楼进行综合安全评估。为确保区档案馆建设改造项目的顺利实施，经区档案馆改造项目领导小组研究决定，对区文化楼进行综合安全评估，委托中交远洲交通科技集团有限公司韶关分公司实施。2017年12月20日，中交远洲交通科技集团有限公司韶关分公司出具相关书面评估报告，评估结果显示该楼主体结构没有问题，但楼层承重不达标（为民房承重每平方200公斤，档案馆库房需每平方500公斤），用于档案馆库房需采取加固措施，工程项目名称：武江区档案馆加固修缮工程。

【档案达标验收】 8月2日，完成韶关航道局武江航道所省特级档案管理升级达标的验收；11月5日，完成武江区区纪委省特级档案管理升级达标的验收。

【档案其他业务】 2017年3月，武江区档案局工作人员到武江公安分局和西河镇召开档案业务培训班，指导培训档案业务工作，6月15日到江湾镇指导农村土地确权登记档案管理工作，指导、督查各镇（街）、区属各单位的档案业务工作。6月9日是“国际档案日”，该局在西河全民健身广场举办“印象韶关—我们共同的记忆”为主题的系列宣传活动。

【机构设置】 区档案局（馆），区政府直属正科级公益一类事业单位，核定事业编制3名。

区档案局领导名录

局　长：欧阳征禄

副局长：李卫东

（李卫东）

党史·地方志

【概况】 2017年，韶关市武江区史志办公室围绕区委、区政府的中心工作，开展党史编写，按时保质完成年鉴、地方志资料年报工作，抓紧开展自然村落历史人文普查，加强地情网建设，各项工作正常有序开展。

【党史编写】 《中国共产党武江区历史》的时间跨度是1984年至2006年，共设四章。第一章“建立武江区，翻开武江改革开放新篇章”；第二章“系统推进改革开放，初步建立社会主义市场经济体制”；第三章“深入推进改革开放，全面推进中国特色社会主义事业”；第四章“深化改革创新，加快武江区建设小康社会步伐”。至2017年年底，已完成全部章节的初稿编写。

由欧阳征禄、董素梅、曾万利合撰的《武江区农村经济股份合作制改革探索》入选中共广东省委党史研究室编著的《广东改革开放实录》（第三辑）。2017年4月13日，区史志办主任欧阳征禄参加《广东改革开放实录》（第三辑）审稿会议，针对审稿会议中提出的意见，区史志办通过查阅资料完善修改文稿，并于6月上旬报送省委党史研究室。

【年鉴工作】 2017年3月，区委办、区政府办印发《〈武江年鉴（2017）〉编纂方案》，正式启动武江区2017年鉴的编纂工作。4月11日，在区政府七楼会议室召开2017全区年档案史志工作会议暨年鉴撰写培训会议，副区长王敏雯对全区档案史志工作主要提出三点要求：一是要坚持依法修志，推动地方志工作有序发展；二是要严格标准，不断提高《武江年鉴》的编纂质量；三是要加强组织领导和沟通协作，按时完成年鉴编纂。档案局局长、史志办主任欧阳征禄对这3年的档案与史志工作取得的成绩进行总结，并对存在的问题提出下一步的计划，区史志办工作人员对全区年鉴撰稿人进行业务培训。《武江年鉴（2017）》共28个类目163个分目919个条目，比上一年增加52个分目、13个条目。于11月由广东人民出版社出版发行。

同时，3月底按时保质完成《广东年鉴（2017）》《韶关年鉴（2017）》武江区内容的报送。

【自然村落历史人文普查】 2017年，武江区自然村落历史人文普查工作有序开展，全区5镇共有自然村落267个（部分连片自然村合并为一各村普查），其中：西河镇47个，西联镇41个，江湾镇44个，龙归镇111个，重阳镇24个。截至年底，5个镇均已完成自然村落历史人文普查表的填报，初稿撰写及初审，资料录入系统完成224个自然村落，完成218个自然村的文稿复审。

武江区自然村落历史人文普查自然村数量及名称

表9

序　号	镇（街）名称	行政村名称	自然村名称	自然村数量
1	西河镇	朝阳	黄田坝、上瑶村	47
		村头	村头村	
		大村	大村上村、大村下村、张屋岭村	
		红 星	果园、西岸、坝厂	
		黄塱	广明龙村、上坝村、中坝村	
		马屋	马屋村、丘屋村、杨屋村	
		前进	黄屋村、津头岭、蓝屋村、天鹅坪、头茶亭、杨屋村、邹屋村	
		山 蕉	果场村、老村、农场村	
		什石园	什石园新村、什石园村、下坝	
		塘湾	沙洲村、塘湾村	
		糖寮	糖寮村、麦屋村	
		田心	田心村、大村、墩子头村、坑尾村、麦元头村、盘龙村、张屋坪村	
		下坑	林屋村、山架岭村、上坝村、下坝村	
		向阳	韭菜地、工农巷、光明巷、石狮头	

续表9

序 号	镇（街）名称	行政村名称	自然村名称	自然村数量
2	西联镇	车头	何屋、岭头、下村	41
		芙蓉	东冲、邝屋、石灰窑头、石脚下、丝茅坪	
		甘棠	船民村、麻份村、三石王村、上塘村、石角村、下门村、下塘村、新甘棠村、中心门村	
		沐溪	大村、九马坑村、丘屋、王十万、细村	
		西联	蕉冲、老何屋村、李屋、山脚下村、上巷、田心村、五夫田、新何屋村、新联	
		赤水	赤水村	
		阳山	下庙背村、上庙背村、老阳山村、新阳山村、大陂头村、大坪村、黄沙坪村、田心村	
		下胡	下胡村	
3	龙归镇	坳头	坳头村、东埔村、黄泥塘村、企岭脚村、石下村、田心村、城忢村	111
		冲下	曾屋村、高屋村、龚屋村、管屋村、涂屋村、郑屋村、邹屋村	
		方田	板湾村、车合子村、大村老屋村、大人村、董村寺村、墩头村、旱田子村、黄泥河村、罗屋村、上坝村、乌石湾村、下坝村、谢家庄村、移民村、中心腿村	
		凤田	北岸村、南岸村、十三队、土楼村	
		后坪	带头村、后坪村	
		留村	九龙庙片、留村村、水冲坪村	
		龙安	安村老屋、安村岭边、小村老屋、小村岭边、新黄屋	
		龙归	车角岭村、陈屋楼村、邓屋楼村、郭屋村、何屋村、离合墙村、罗厂村、桥头片村、丘屋坪村、沙子粉村、双头村、水流坪村、土贡陂村、杨梅坑村、园光墩村	
		马渡	茶坪村、老马渡村、梁屋村、马渡新村、新茹村、樟树墩村	
		盘村	村前村、多田老屋、多田新屋、坎下村、老邓屋村、老黄屋、卢屋村、密落练屋、密落张屋、上河背、四点金、新邓屋、新黄屋、张屋村	
		奇石	龚屋村、黄屋村、林屋村、龙湾村、谭屋村、围边村	
		山前	留边村何屋村、留边晏屋村、山前老屋村、山前新屋村、山门神村	
		社主	刁屋村、丁洞温屋村、丁洞杨屋村、老人村、屋场坪、砖厂新村、洋塘新村	
		寺前	矿塘村、老柴桑村、新柴桑村，桥源村、寺前村	
		续源	烂斗角村、老冯屋村、欧彭村、欧山村、潘屋村、榕树下村、上社村、下社村、圆石村、月光夫村	

续表9

序　号	镇（街）名称	行政村名称	自然村名称	自然村数量
4	江湾镇	湖洋	倒流水村、高围村、和山村、湖洋村、黄陂坛村、黄九村、江屋村、蔬菜队村	44
		梁屋	曾屋村、河背村、红山村、连麻山、梁屋村、湾仔村、武洞村、下洞村、叶子厂、钟屋村	
		锅溪	河背村、上洞村、叶屋村	
		胡屋	白石村、墩头村、佰公陂村、胡屋村、周塘村、田心村、王屋坝村、羊角寨村	
		围坪	大塘村、范角村、坑背村、罗屋村、寺前村、涂屋村、叶屋村、张屋段村、周屋村	
		瑶族	练屋村、华山村、良坑村、南坑村、长岭村、左坑村	
5	重阳镇	大夫前	前村、老村、龙头寨（合并一村）	24
		黄岸	黄土坛、南岸村	
		九联	大沙洲、枧头、陀村	
		妙联	洞头源、观音山村、庙梓阁	
		青暖	暖水村、青水塘	
		水口	水口村	
		万侯	侯屋、芹村、水心村、徐屋、中间单元（冲口坪、大塘、中方、望江镇、三角元5个）	
		重阳	韩屋、邝屋、邹屋、谢屋、黄屋（合并一村）、林屋、麻地埂、墩子坡、李子园、樟树坝、杉木冲村	
合计	5	51		266

【地方志资料年报有序开展】 2017年8月21日，区政府办印发《武江区地方志资料年报（2017）工作实施方案》。要求各报送单位除报送2016年的地方志资料年报外，未完成区志下限年份的单位要补交齐全。地方志资料年报搜集工作面临困难较大，区较多部门反映区志下限年份的资料相隔时间较远，档案资料不齐全，难以完整收集整理。截至2017年12月底，从已收集的情况来看，全区有44个单位已报送2005至2015年度地方志资料年报。46个单位已报送2016年地方志资料年报。

【地情网建设】 2017年，武江区地情网运行正常，每天定期发布武江新闻和不定期发布工作动态等内容，网站内容在上一年的基础上更为丰富充实。累计发布志书1部、综合年鉴9部、文章402篇、图片552幅，点击率较高。

区史志办公室领导名录

主　任：欧阳征禄

（董素梅）

卫生·体育

卫生计生

【简述】 2017年，武江区属5个医疗单位职工总数211人（含临聘52人），其中，卫生技术人员183人，占职工总人数的86.73%（其中高级职称8人，占卫生技术人员的4.37%；中级职称57人，占卫生技术人员的31.15%；初级职称112人，占卫生技术人员的61.20%）。区属医疗单位共开设病床205张，其中新华、惠民两个街道社区卫生服务中心病床100张，三个镇卫生院病床105张。

区属5个医疗单位门诊总量252291人次，其中新华街道社区卫生服务中心50517人次，惠民街道社区卫生服务中心127656人次，龙归镇中心卫生院43974人次，重阳卫生院24197人次，江湾卫生院5947人次。出院人数共计4516人次。抢救急危重病人43例，抢救成功数40例，抢救成功率93.02%。

2017年1月—2017年12月，全区总户籍人口约28.3万人，育龄妇女5.86万人，全区户籍人口出生4145人，人口出生率为14.63‰，人口自然增长率为9.04‰，其中政策内出生4063人，符合政策生育率为98.02%。全区户籍出生人口中，男婴2240人、女婴2083人，出生人口性别比为107.54，保持平衡水平。征收社会抚养费106.43万元。

【流动人口服务】 加强对流动人口计划生育工作管理服务，做好流动人口服务和信息统计工作，摸清全区全员流动人口底数和变动情况，为群众提供方便、高效的办证和登记服务。2017年度省内业务通报反馈率和及时率达100%，跨省流动人口计划生育协查信息和通报信息的反馈率、及时率均达100%。全员流动人口信息入库率达90%以上，完善育龄流动人口计划生育信息档案，全区流出已婚育龄妇女办证登记率达100%，流入已婚育龄妇女查证建档率达到100 %，流动人口计划生育政策知晓率达到85%。落实流动人口免费技术服务，流动人口目标人群计划生育服务覆盖率达90%以上。进一步推进流动人口卫生计生基本公共服务均等化工作，完善流动人口管理“一盘棋”工作机制。2017年全国流动人口态监测把武江区西联镇作为韶关市唯一的监测点，武江区完满完成国家的监测任务。通过开展流动人口健康服务年工作和形式多样的农村留守儿童关爱活动，促进流动人口及家庭全面发展。

【计划生育技术服务】 2017年，全区育龄妇女落实计划生育服务手术568例、普查普治6650人次，为3688人次提供免费孕前优生健康检查和免费孕前优生健康评估和指导；开展出生缺陷干预，为450对育龄夫妇进行免费地中海贫血筛查。

【计划生育奖励帮扶】 2017年，武江区城镇独生子女奖励对象8328人，发放奖励金额765.97万元；特别扶助奖励对象269人，兑现扶助金205.75万元；享受农村省奖327人，兑现金额44.22万元；区奖1040人，兑现金额64.37万元；手术并发症扶助对象11人，发放扶助金0.96万元；发放独生子女保健费5.26万元；为城镇独生子女家庭购买意外伤害保险4万元。

【计划生育示范点建设】 2017年，完成重阳镇黄岸村和新华街道花城社区计生基层群众自治示范点建设，两个示范点均建立兼具会议培训、图书学习、电子阅览、农技交流、网络咨询、远程教育为一体的多功能会员之家。

【全面两孩政策宣传】 2017年，宣传全面两孩政策，普及两孩备孕知识。举办“关爱女性健康，科学备孕两胎”主题知识讲座，讲座邀请市级专家授课，约40名育龄妇女聆听讲座。同时在各镇街开展10余场以“关爱女性健康，我们在行动”为主题的系列户外宣传活动、优生优育知识讲座及免费义诊活动。贯彻《关于禁止非医学需要的胎儿性别鉴定和选择性别的人工终止妊娠的规定》，严厉处罚擅自引产的违法行为。针对出生人口性别比有所偏高的现象，推行举报非医学需要的胎儿性别鉴定奖励1万元的措施。

【儿童计划免疫接种】 2017年，武江区儿童计划免疫各类疫苗接种合格率为90%，具体接种情况如下：卡介苗接种率为99.59%，乙肝疫苗接种率为99.63%，首针乙肝疫苗及时率为98.39 %，脊灰疫苗接种率为99.75%，百白破疫苗接种率为99.67%，麻疹疫苗接种率为99.69%，乙脑疫苗接种率为99.66%，流脑A群疫苗接种率为 99.60%，甲肝疫苗接种率为99.68%。加强免疫接种情况如下：脊灰疫苗接种率为99.66% ，百白破疫苗接种率为99.65%，含麻疹成分疫苗接种率为99.70%，乙脑疫苗接种率为99.73%，流脑A+C疫苗接种率为99.59%。

【传染病防控】 2017年，全年传染病发病情况为：甲乙丙类传染病发病率为1459.16/10万，甲乙类传染病发病率为359.22/10万。积极做好各种传染病的防控工作。加强医务人员对登革热、塞卡病毒病、疟疾等传染病防控知识的培训，做好传染病的上报工作，做到早发现，早诊断，早治疗。全区未发生大规模登革热、塞卡病毒病及疟疾等疫情。积极做好预防接种工作，开展预防接种规范管理专项活动，加强疫苗使用管理。做好学校传染病防控工作，举办武江区中小学校（幼儿园）春夏季常见传染病（手足口病，流行性腮腺炎，水痘，流行性感冒，感染性腹泻等）防控知识培训会，全区百余名中小学及幼儿园老师参加培训。

【公共卫生网络建设】 2017年，健全区、镇二级公共卫生网络建设，以确保各种突发公共卫生事件和灾害事故的应急处置。区卫生计生局及区属各医疗单位调整健全公共卫生事件及灾害事故应急处置领导小组，区属各医疗单位健全相应的医疗救治小组，积极配合市疾控中心开展相应工作。

【卫生科教】 2017年，区属5个医疗单位参加在职学历教育在读33人，其中新参加在职学历教育人数13人，取得本科学历20人，大专学历15人。参加全科医师培训2人，选送专业技术骨干到上级医院进修6人。此外，区卫计局还采取邀请上级有关专家授课的方式开展专业技术培训九期，参加培训人员为乡镇社区卫生服务中心、乡镇卫生院、计生服务站、各镇街计生服务所及社区卫生站专业技术人员，培训人数累计共400多人次。

【妇幼保健】 2017年，全区监测点总人数287194人，5岁以下儿童数17809人，常住人口活产数5048人。新生儿破伤风发病率为0 ‰，7岁以下儿童保健管理率95.86%。住院分娩活产率100%，农村高危孕产妇住院分娩率 100%，孕产妇产前医学检查率98.53%，孕产妇系统管理率91.07 %。

【医疗机构管理】 2017年，重点抓好区级社区卫生服务中心、镇级卫生院及村级卫生站的管理，做好社区医疗卫生、农村医疗卫生基层医疗机构建设、卫生防疫及妇幼卫生保健等项工作，尤其各种突发性公共卫生事件及灾害事故的应急处理。2017年度武江区执业医师新增注册5人，变更注册17人，注销注册3人；武江区基层医疗卫生机构执业许可证校验59份，注销19份。

武江区基层医疗卫生机构绩效考核工作领导小组，组织对区属2个社区卫生服务中心及3个乡镇卫生院的绩效考核工作，考核内容包括机构建设与管理、基本公共卫生服务项目考核、基本医疗及群众满意度评估四部分，考核结果为良好以上。同时对区属各级均各类医疗机构医师进行定期考核，加强对区属医疗卫生机构校验、监督检查及医院感染管理和医疗安全工作。

【加快建立分级诊疗制度】 2017年，武江区加入粤北医院医联体，加快建立分级诊疗机制。武江区卫计局于3月28日与粤北人民医院签订医疗联合体合作协议，区属乡镇卫生院、社区卫生服务中心为医联体成员单位。7月至9月，区属各医疗机构均与粤北人民医院签订双向转诊协议。9月30日，区卫计局与粤北人民医院签订专病联盟协议，粤北人民医院高血压、糖尿病专家下沉到该区各乡镇卫生院、社区卫生服务中心，与当地医疗机构医生组成专家团队，设立工作室，并设立首席专家，在当地定时出诊，为基层群众服务。一系列的举措形成连续医疗服务体系，提高基层能力水平，促进优质卫生资源下沉，为辖区居民提供更好的优质医疗服务。

【龙归镇中心卫生院综合大楼建设项目】 2017年，龙归镇中心卫生院综合业务大楼建设项目，总投资615.4万元，其中中央下拨资金100万元、省配套55万元、市财政下拨300万元、区财政配套160.4万元，总建筑面积2659.19平方米，年底业务综合楼全部工程和附属排水管道等工程已全部完工。

【新华街道社区卫生服务中心综合大楼项目】 2017年，新华街道社区卫生服务中心综合大楼项目，建筑面积3843平方米，主体大楼6层，项目总投资850万元，该项目已基本完工，现正准备消防相关资料报消防局验收，待消防部门验收合格后可交付使用。

【医疗服务体系提质优化工作】 2017年，武江区根据《韶关市卫生计生局城区医疗服务体系提质优化工作方案》的要求，规划在卫生院空白镇西河镇、西联镇各建设一所卫生院，在沙洲尾、芙蓉新城各增设一间社区卫生服务中心。西联镇卫生院、西河镇卫生院、沙洲尾社区卫生服务中心及芙蓉新区社区卫生服务中心均纳入武江区卫生提质与健康促进三年（2018—2020年）行动计划项目。武江区西联镇卫生院计划在西联镇选址新建。西河镇卫生院建设项目规划在西河镇什石园新村对面空地新建，相关资料已移交区征拆办。沙洲尾社区卫生服务中心服务规划在南枫碧水花城小区提供的医疗用地进行改造，由区卫计局作为建设主体，委托韶关市亿兆商贸有限公司进行建安工程代建。芙蓉新区社区卫生服务中心规划由碧桂园太阳城小区提供医疗用地进行改造，武江区政府、碧桂园集团和韶关市卫计局已签订三方协议，正由韶关市城规规划设计有限公司进行改造方案设计。

【农村卫生站建设】 2017年，武江区进一步加强农村卫生站建设。一是加强对乡村卫生站专业技术人员的业务培训，定期组织乡医参加区卫计局举办的培训班。二是加强农村卫生站的考核工作，完善“一村一站一医生两万元”的省财政补贴政策。三是区卫计局、发改局、财政局联合印发《关于印发〈韶关市村卫生站公建规范化建设实施方案（2017年版）〉的通知》，按三年分期建设的要求完成32间村卫生站建设任务，其中2017年完成15间，2018年11间，2019年6间，进一步改善乡村医生工作条件和执业环境。

【医药卫生体制改革】 2017年，组织实施深化医药卫生体制改革，做好基本公共卫生服务工作：十四项基本公共卫生服务项目效果显著，健康档案建档人数262708，建档率85.9%，高血压建档数5644，规范管理3672，糖尿病建档2178，规范管理1434，建立老年人档案10484份。构建分级诊疗服务模式：根据《关于印发医疗机构设置规划指导原则（2016—2020年）的通知》（国卫医发〔2016〕38号）文件精神，武江区出台《武江区医疗机构设置规划》《武江区医疗卫生服务体系规划（2016—2018年）》《武江区城区卫生站建设实施方案》等规范性文件，鼓励社会力量参与办医，规范行业工作流程，建立可操作的奖惩退出机制，引导医疗卫生资源合理配置。同时将家庭医生签约式服务与分级诊疗服务相结合，把乡村医生纳入家庭医生服务团队，建立区内分级诊疗制度。健康教育宣传：免费发放12种健康宣传资料约12000多份，播放健康宣传音像资料53种，约20000人次观看；设置健康教育专栏35块，版面更新185次；开展讲座、咨询活动59次，参与人数3650人次。2017年区属医疗机构传染病例网络直报515例，网络直报及时515例，登记515例。传染病疫情报告率、登记率都达到100%。

【扶贫救助】 2017年，武江区卫计局开展形式多样的扶贫救助活动，包括计生宣传、慰问独生子女贫困家庭、慰问计生贫困母亲等活动。一是向14户计生困难家庭进行帮扶，合计一万元。二是开展精准扶贫农村妇女“两癌”（即宫颈癌、乳腺癌）免费检查。组织专业技术人员分别到江湾镇、重阳镇及龙归镇的7个精准扶贫村进行“两癌”免费检查。三是卫计局邀请阿里巴巴集团、韶关市电子商务商会在黄岸村计生协会多功能会员之家举办一场重阳镇电子商务（农村淘宝）培训班，全镇超过40名农业种植大户和有创业意向的协会会员参加培训。四是计生协会员活动期间，在计生协会“5·29”会员日爱心一元捐活动中筹得善款10459元，武江区结合广府人联谊会共同开展扶助广府人失独困难家庭公益项目活动，由广府人联谊会出资6万元，共向20户失独家庭进行帮扶。据统计，各镇（街）计生协会累计向群众发放的各类计划生育政策、生殖健康知识以及优生优育知识方面的宣传资料约5000份，各类办事流程指南约200份，派发计生药具约1500盒。

【爱国卫生】 2017年，武江区全面贯彻中共十九大精神及李克强总理卫生工作批示和国务院《关于进一步加强新时期爱国卫生工作的意见》，认真贯彻《广东省爱国卫生工作条例》，把爱国卫生工作纳入国民经济和社会发展规划。按照政府组织、分级负责、部门协调、全民参与、科学管理、社会监督、分类指导的原则，开展爱国卫生运动，在创建国家文明城市和巩固国家卫生城市成果中发挥组织协调作用。区爱卫会组织健全，分工明确，责任落实，形成区、乡镇（街道）、村（社区）三级爱卫工作网络，定期召开爱国卫生工作会议和区爱国卫生运动委员单位成员会议。在创建国家文明城市、环境卫生整治、除害防病、农村改水改厕、健康教育、登革热防控、创建卫生镇村等工作中发挥重要的作用。2017年武江区成功创建市卫生镇1个，省卫生村3个，市卫生村8个。

【表彰情况】 武江区被评为全省2016年度计划生育目标管理责

任制考评优秀等次和全市计划生育目标管理责任制考评优秀等次。武江区被评为“韶关市2016年度县（市、区）无偿献血工作目标管理考核达标单位”。武江区卫计局被授予2015—2016年度韶关市卫生标兵单位。

【机构设置】 区卫计局内设办公室、规划财务股、政策法规股（区深化医药卫生体制改革工作领导小组办公室）、疾病预防控制股（卫生应急办公室）、医政股、基层指导股、妇幼健康服务股、计划生育家庭和流动人口服务股、信息统计与宣教股、综合监督股、爱卫办公室、武江区计划生育协会。

区卫计局领导名录

局　长：刘　武（—2017.12）
　　　　刘　敏（女，2017.12—）
副局长：侯广平
　　　　谢甘霖
　　　　雷　霞（女）

（刘　媚）

体　育

【概况】 武江区体育局为区政府直属事业单位。2017年，区体育局认真实施《武江区体育“十三五”规划》《武江区全民健身实施计划（2016—2020年）》，开展的健身活动丰富多样，全民健身体育设施更新和维护力度进一步加大，群众体育组织进一步壮大。体育设施场地建设及器材投放已开始向自然村辐射，真正做到惠及基层百姓。全区体育产业和全民健身事业稳步推进。

【竞技体育】 2017年，武江区体育局组组织开展武江区第十五届青少年运动会竞技体育组乒乓球项目比赛、韶关市武江区第一届中小学生羽毛球比赛，组队参加韶关市第二十二届中小学生“英东杯”乒乓球竞赛。

【群众体育】 2017年，武江区体育局组织开展韶关市武江区“迎春杯”乒乓球单打比赛、韶关市武江区“乒乓球”团体公开赛、“善美之城 武动韶城”2017年粤港澳跆拳道联赛、“创建善美之城，你我同心齐行”体育宣传活动、2017年武江区重阳镇水口村龙舟赛、“参与全民健身，共筑活力韶城”全民健身日大型活动、韶关市武江区第一届青少年羽毛球锦标赛、2017年韶关武江首届围棋业余团体联赛、“善美之城 棋逢丹霞”2017“丹霞杯”围棋城市邀请赛、武江区业余围棋联赛、韶关市武江区第二届机关事业单位职工篮球赛等一系列群众体育赛事。

【助力创文】 2017年，武江区体育局组织参与“全运惠民·健康中国”全国第十三届运动会群众乒乓球预赛暨“李宁·红双喜杯”2017年全国业余乒乓球锦标赛、“创建善美之城，你我同心齐行”大型宣传、“善美之城·舞动韶关广东省粤北地区第四届体育舞蹈（国际标准舞）公开赛”、“善美之城·武动韶城2017粤港澳跆拳道联赛”等活动。积极参与“创建文明城市人人有责”签名仪式，不仅让成年人参与，还将未成年人纳入到倡导创建文明城市活动当中来，借助韶关粤北游击队的网络平台对活动进行实时直播，点击率多达30万人次。

【体育产业】 2017年，武江区体育彩票全年销售总量达到5197万元，为韶关市各县区地面销售量第一名，超额完成年初省体彩中心定下的5000万的销售任务。对比2016年实体网点地面销售量上升22.3%，全区现共有销售网点数量44家，2017全年增机扩点3个。增机比例110%，为韶关市第二。总体上完成省体彩中心下达的任务。体彩公益金的提升，使武江区体育基础设施条件和全民健身、竞技体育得以又好又快发展。

【体育场地】 2017年，武江区5个乡镇实现全民健身小广场全覆盖，13个行政村建有全民健身路径。全区2017年体育工作投入达到210多万元，升级改造教育路健身广场，新华街红尾坑社区，天子岭社区，西河下坑村，西联赤水新村，江湾镇小广场，惠民西社区，惠民东社区，东岗岭社区健身广场。

区体育局领导名录

局　长：赵建军
副局长：唐乃华（女）

（黄　欣）

社会生活

民政工作

【概况】 武江区民政局内设办公室（区老龄工委办公室）、社会福利和社会事务股、基层政权和社区建设股、救灾社会救助股、优抚退伍军人安置及区划地名股（区双拥工作领导小组办公室、区退伍军人安置办公室）等5个职能股（室）。机关行政编制8名。其中局长1人，副局长2人。2017年，区民政局围绕区委、区政府的中心工作，始终坚持“以民为本，为民解困，为民服务”的宗旨，积极开展灾害应急救助、社会救助、社会福利、基层政权、优抚安置、专项行政事务管理等工作，各项工作取得长足发展。

【低保救济】 2017年，武江区城乡低保月人均补差标准分别提高城镇每人每月586元，农村每人每月400元，人均补差水平城镇每人每月由418元增至457元，农村每人每月由190元增至206元，达到省、市要求的补差水平。全区共有低保对象1028户1886人，其中城镇低保369户586人，农村低保659户1300人。全年共发放低保资金695.28万元，其中城镇低保资金353.53万元，农村低保资金341.75万元，城乡低保群众的基本生活得到有效保障。

【五保供养】 2017年，武江区五保供养标准按市的文件要求执行。共有“五保”供养对象79人，累计支出五保供养费65.86万元，确保五保对象的正常生活。继续开展“暖心行动”，成立“暖心行动”工作领导小组，各镇也成立相应机构，明确责任，制定切实可行的行动方案，把帮扶任务分解到党员干部个人。镇、村建立党员干部结对帮扶五保户的工作机制，并选定2人（1名党员和1名村干部）作为每个五保户的联系人，确保辖区内在院或散居的五保户日常生活都有专人联系和照料。

【特困救助】 2017年，区民政局支出孤儿抚育费176880元，惠及孤儿18名；社会散居事实无人抚养儿童39人，累计发放基本生活保障金192000元。

【慈善工作】 2017年，区民政局积极开展“广东扶贫济困日”活动，共筹募集本级善款46.5万元。善款主要用于区的“扶贫双到”工作、特困群众临时生活救助、大病医疗救助、助学扶困救助等。

【双拥优抚工作】 2017年，武江区发放优抚对象286人生活补助金约500万元；发放“三属”人员29人、残疾军人73人定期抚恤金共约185万元。组织开展春节和八一建军节期间区四套班子领导走访慰问驻韶、驻区部队，走访部分重点优抚对象、立功受奖人员的活动，共支出活动经费28万余元。兑现义务兵家属137人优待金合计224.06万元，给予荣立三等功和优秀士兵39人次奖励金合计18.44万元。安排发放2016年4名转业士官待安排工作期间生活补助9700元，安排发放2016年退役士兵、士官共72人的一次性经济补助金271.48万元。9名进新疆服现役义务兵入伍前的奖励金4.5万元。动员报名参加免费职业技能培训26人。开展韶关市政府组织的“9·30”烈士公祭日活动，配合相关部门处理好涉军人员来信来访和越级到市、省、中央的信件及个别上访诉求。

【行政区域】 武江区行政区域管辖范围为5个镇2个街，即龙归镇、江湾镇、重阳镇、西联镇、西河镇和新华街道办事处、惠民街道办事处。行政区域界线划分包含3条县区级界线和10条镇级界线。扎实开展全区行政区域边界联检、界线签约委托管理工作，圆满完成2017年平安边界创建工作考核。自2005年全面进入界线管理以来，全区有13条界线，连续12年未出现过因界线纠纷引发群众性械斗和到省、市政府上访的事件，边界地区基本保持和谐稳定。

【社区调整规划工作】 2017年，区民政局认真做好社区居委会调整设立、布点规划工作。根据有关法律法规和政策规定及市政府关于对现有社区进行科学合理调整划分的工作要求，完成《武江区社区居委会调整设立实施方案

（草案）》编制工作。

【完成村（居）换届选举】 2017年，第七届农村村委和第六届城市社区居委换届选举。区民政局认真贯彻落实省、市总体要求，及早谋划，精心组织，严格选举程序，强化巡察督导。整个换届工作于6月10日全面完成。"两委"交叉任职比例83.1%，书记、主任"一肩挑"比例85.7%，基层民主参选率98%。全区84个村（居），共选出班子成员384名，其中女性成员215名，村（居）委员连任299名。年龄层次方面，45岁以下的有237名，46—60岁145名；村（居）委会成员平均年龄为43岁。学历层次方面，初中及以下112名，高中以及中专115名，大专以上157名。村（居）委成员的知识结构、年龄层次较上届更趋合理。

【社区公共服务用房建设】 2017年，武江区纳入市政府拟解决的社区公共服务用房有18个（新华街道11个，惠民街道7个），通过重调、出资、变卖、重新规划等方式解决现有社区公共服务用房不达标问题。至12月底，已完成富康.翰林世家，长城世家、恒大、碧桂园等20家房地产开发商提供社区公共服务用房移交工作，总计面积为5468.09平方米。

【基层公共服务平台建设】 2017年，区民政局积极推进基层公共服务平台建设工作。已完成《武江区镇街、村（居）综合服务平台审批项目、流程》的编制工作，同时将相关服务事项清单、办事指南，村（社区）公共服务站规章制度汇编成册，分发至各镇（街）。

【婚姻登记】 2017年，区民政局加强婚姻登记行业的行风建设，提高服务质量，全年共办理结婚登记1973对，办理离婚登记856对，办理补领结婚证书206对，办理补领离婚证67宗。婚姻登记合格率为100%。

【老龄服务】 2017年，区民政局大力开展农村养老服务"幸福院"、城市社区居家养老服务示范项目建设，加快民办养老机构的发展。完成江湾镇瑶族村、胡洋村、梁屋村农村幸福院建设，启动重阳镇青暖村农村幸福院建设工作，完成惠民街、新华街城市社区居家养老服务中心建设，启动西联镇，西河镇社区居家养老服务中心建设。协调民办养老机构"武江区康辉颐养服务中心"筹备建设。全面建立80岁以上高龄老人津贴制度，发放津贴139.37万元，惠及5588名高龄老人。积极开展"敬老月"系列活动。

【收养登记】 2017年，区民政局依据《中华人民共和国收养法》有关规定，认真审核收养关系人法定要件、证明材料，严格按民政部等国家五部委新出台的《关于解决国内公民私自收养子女有关问题的通知》文件要求，按程序办理登记手续，1—10月共办理收养登记3宗。

【社会组织登记管理】 2017年，武江区登记社会组织12家，其中，社会团体1家，民办非企业单位11家；另外，民办非企业单位变更5家，注销1家，对79家社会组织进行年检，占应年检数的92%。按照省、市文件精神，县（区）级民政部门是基层群众性自治组织特别法人统一社会信用代码赋码工作的具体实施部门，承担赋码工作主体责任这一要求，认真抓好贯彻落实，于11月20日前完成辖区内数据比对工作，力争12月底完成基层群众性自治组织特别法人统一社会信用代码赋码工作

【推进社工工作】 2017年，区民政局会同区委组织部联合下发转发中共韶关市组织部，韶关市民政局《关于做好组织人员参加全国社会工作者职业水平考试的通知》，发动广大干部职工和本地自由从业人员踊跃报名参加全国社会工作者职业水平考试。启动"全民社工、全民义工"示范点申报和选址工作。海邻社会工作服务站开展一系列以社工宣传为主题的社区宣传活动，深入到住宅小区中与社区居民互动，在化解社会矛盾、传播正能量、促进邻里和谐等方面都作出贡献，完成西联镇社会工作站建设。

【殡葬管理】 2017年，武江区召开全区殡葬管理工作会议，联合区委宣传部印发《关于开展2017年武江区殡葬改革宣传活动的通知》和《武江区2017年殡葬改革宣传活动工作方案》。清明期间印发《武江区2017年清明祭祀活动方案》，在芙蓉山、南华纪念园、各镇、街主要路段横挂殡葬改革宣传横幅标语30条，派发宣传品约1000册。按照《韶关市城乡居民殡葬基本服务免费实施细则》，全面实施城乡居民殡葬基本服务免费政策，免费金额最高为1500元/具。全区共免除城乡居民殡葬基本服务1391宗，免除费用为2081850元。推进"绿色殡葬"，4月1日在南华纪念园树葬区举行树葬仪式，安葬骨灰57份，节地生态安葬比率超过37%。

【行政区划和地名普查】 2017年，区民政局多次深入基层勘查调研，扎实开展全区行政区域边界联检、界线签约委托管理工作，大力推进平安边界工作。积极开展第二次全国地名普查

工作，2017年已完成全区普查工作，并报送省验收组验收。

区民政局领导名录

局　长：王洪明（2017.12—）

副局长：陈发中

　　　　刘志深

（华晓明）

人力资源和社会保障

【概况】 韶关市武江区人力资源和社会保障局（区人社局）内设：办公室、劳动保障监察综合执法大队、财务管理股、劳动就业和培训股、社会保险股、劳动人事关系（仲裁）股、专业技术人员管理股（职业能力建设股）、工资福利股、公务员管理办公室（军队转业干部安置工作办公室）9个职能股（室）；下属事业单位4个：武江区人才工作管理办公室、武江区劳动人事争议仲裁院、武江区就业服务管理局、武江区职业技能鉴定指导中心。2017年，在武江区委、区政府的正确领导下，区人社局紧紧围绕"民生为本，人才优先"的工作主线，以"落实政策、服务民生"为工作出发点和落脚点，狠抓各项工作落实，努力推进全区人力资源和社会保障事业健康发展。

【人才管理与引进】 截至2017年12月31日，武江区机关、事业单位在职工作人员3129人，其中：公务员1048人，参照公务员法管理事业单位工作人员54人，其他事业单位工作人员2027人。全区机关、事业单位离、退休（职）人员1448人。全年，调入武江区公务员28人，区内交流工作人员机关（含参公）单位8人、事业单位9人；调出区公务员20人，事业单位人员2人。严格按照公务员录用程序，武江区向社会公开招录公务员9人。2017年，武江区共组织选聘教师17名，选聘事业单位人员7名，新招聘教师71名，新招聘特岗医生3名。根据《韶关市公务员登记实施办法》规定的公务员登记的对象、条件、程序和管理权限，完成16名新招录公务员、3名调转任人员和1名新招录参照公务员法管理事业单位人员的登记工作。

【人才服务工作】 实行日常考核与年度考核相结合。2017年，全区参加考核的公务员971人，评出优秀153人，占总数的15.8%；称职812人，占总数的83.6%；其他6人，占0.6%。参加考核的事业单位工作人员1942人，评出优秀264人，占总数的13.6%，合格1670人，占总数的86%，其他8人，占总数的0.4%。

【干部人事任免】 2017年，经韶关市武江区人民政府党组会议研究，任免干部 13人次

【干部培训与交流】 2017年12月，区人社局组织全区1102名公务员及参照公务员法管理事业单位工作人员，分两期参加公务员学习贯彻中共十九大精神及新时期公务员职业道德建设专题的全员培训。组织全区专业技术人员1805人，于7月和9月，分四期参加《工匠精神与广东制造》公需科目培训。

【高校毕业生就业】 2017年，区人社局接收应届毕业生报到登记1107人，其中：单位就业831人，自主创业56人，应征入伍1人，升学、出国及其他123人。

【军转干部安置】 2017年，区人社局按照市政府统一安排，接收安置军转干部2人、随军家属7人。

【工资与福利】 2017年，武江区正常工资晋升公务员332人、事业单位人员2027人。全区1448名机关事业单位退休人员调整基本养老金，人均增加245元/月。2017年，全区共有36名公务员符合职务与职级并行晋升条件，已全部兑现待遇。

【职称工作】 2017年，根据省市的有关要求，区人社局组织开展中小学教师职称评审与认定工作。全区申报中初级职称评审和认定的人员共105人，其中：通过中级教师职称评审26人，初级教师职称评审24人，认定职称51人。

【培训与就业】 2017年，区人社局完成就业困难人员认定505人，新办理就业创业证654本，就业失业登记1563条，帮助就业困难人员政策咨询1563人次。全区城镇新增就业人数2297人，年度任务2200人，完成率104.40%；城镇失业人员再就业2015人，年度任务2000人，完成率100.75%；就业困难人员再就业501人，年度任务380人，完成率131.84%；开展技能培训446人，年度任务300人，完成率148%；城镇登记失业率为2.59%，控制在年度目标3.2%以内。区人社局在西联农贸市场、龙归镇政府等地举办共计15场"南粤春暖"系列招聘会，进场人数19390余人，达成就业意向1292人，成功实现就业620人。

【劳动保障监察】 2017年，区人社局共受理举报投诉案件62宗，涉及劳动者人数554人，涉案金额1030.0695万元，其中：化解社会矛盾劳资纠纷案件4宗，为161名劳动者追讨回工资331.5153万元；涉及农民工案件11宗，涉及农民工292人，帮助农民工追

讨回被用人单位克扣、拖欠工资826.6003万元。同时，全年共受理网络问政61宗，答复处理61宗，答复率100%。

2017年3 月2日至3月20日，组织开展清理整顿人力资源市场秩序专项行动。区人社局联合工商部门共同组成专项行动工作领导小组，对全区职业介绍场所和用人单位的招用工行为进行全面清查，打击非法职介、违法职介和通过招用工骗取钱财等违法活动。2017年7月18日至7月30日，组织开展用人单位遵守劳动用工和社会保险法律法规情况专项检查。检查用人单位26家，涉及职工人数28000多人，印发各类宣传资料1100多份。2017年12月1日至2018年2月9日，组织开展农民工工资支付专项检查。检查用人单位70家，涉及劳动者2571人。其中：有12家用人单位存在欠薪问题，涉及农民工1138人，帮助农民工追讨回被用人单位克扣、拖欠工资3359.7832万元。2017年，按照《国务院关于解决农民工问题的若干意见》工作要求，做好建设领域工人工资支付保证金管理工作，区人社局全年共受理工人工资支付保证金项目33项，缴存金额3843.454万元。

【工伤保险】 2017年7月21日，区人社局组织开展2017年工伤保险法集中宣传活动，宣传工伤保险的政策法规，讲解工伤认定和劳动能力鉴定、工伤保险待遇的计算和申领手续等内容。通过调解劳动投诉，为务工人员认定工伤，区人社局全年共办理工伤认定431宗，涉及人数431人。

【劳动人事争议仲裁】 2017年，韶关市武江区劳动人事争议仲裁院加大劳动人事争议仲裁调解力度，完善劳动人事争议仲裁制度。全年共处理各类劳动人事争议案件52宗，涉及劳动者211人，涉案金额804.07万元。

【社会保险】 2017年8月1日至12月31日，区人社局联合区财政局、区地税局、市社保局武江分局和区总工会开展社会保险扩面征缴专项行动。与2016年同期数相比，至2017年年底，武江区企业职工养老保险参保人数减少1943人，实际缴费人数减少2645人，基金征缴收入增加2663万元；企业职工生育保险参保人数增加13474人，实际缴费人数增加13383人，基金征缴收入增加235.2万元；企业职工工伤保险参保人数增加2999人，实际缴费人数增加5655人，基金征缴收入增加357.8万元；企业职工失业保险参保人数增加7239人，实际缴费增加7140人，基金征缴收入减少357.8万元；企业职工医疗保险参保人数增加7242人，实际缴费人数增加6973人，基金征缴收入增加4415万元。截至2017年12月，武江区城乡居民基本医疗保险参保人数为138363人，参保任务完成率95.29%；城乡居民基本养老保险参保人数为32534人，参保任务完成率105.87%。落实被征地农民养老保障滞留分配资金3572万元，清理拖欠征地社保资金1528.5147万元。

2017年11月17日，区人社局在武江区工业西路山水华府举办武江区2017年“南粤春暖”现场招聘会 （张旭华）

区人社局领导名录

局　长：李力克（—2017.12）
　　　　汤应辉（2017.12—）
副局长：李惠歆
　　　　龚存进
　　　　谭友卫

（于俊颖）

农村居民收入与消费水平

【概况】 2017年，武江区委、区政府全面贯彻落实中央和省、市有关农业农村经济工作部署，落实各项强农富农惠农政策，加快农业科技创新，提高农民职业技能和创收能力，拓宽农民增收渠道，积极推进精准扶贫开发工作。从实际出发，转变农业发展方式，优化农业产业结构，农业农村的各项工作取得新成绩。社会主义新农村建设扎实推进，居民收入平稳增长，生活质量明显提高。

【农业生产稳步增长】 2017年，武江区把农业主导产业放在突出的战略位置。通过发展高效优质、特色优势农业产业带动全区农业的发展，主要农作物（粮食、蔬菜）、家禽、水产品等产品产量明显增长。全年农林牧渔业总产值96784万元，同比增长2.6%。

【农民收入显著提高】 实施精准扶贫开发工作，农民的生产生活条件得到改善。加大农村劳动力的培训力度，农民外出务工收入成为收入增长的主要来源。由于各项社会保障标准调整，继续向低收入群体倾斜，特别是加大对农村地区重点贫困对象的帮扶力度，农村低收入户增收步伐明显加快。通过耕地、林地等资源的规范流转和有效经营，村集体股份分红水平、各种补贴逐年提高，农民股权收益增长较快。

根据全区70户农村住户抽样调查统计，2017年武江区农村居民家庭现金人均可支配收入16979.33元，同比增长10.3%。农村居民家庭现金收入主要由工资性收入、家庭经营收入、转移性收入和财产性收入四部分组成。其中工资性收入和家庭经营收入占家庭人均可支配收入的93%左右，为总收入的主要来源。（一）工资性收入人均15177.51 元，增长21.8%。增长点主要是受物价上涨等因素影响，企业纷纷通过提高劳动者报酬来保持用工人员的稳定性，因此工资性收入大幅增长。（二）家庭经营收入3957.47元，下降16%。从家庭经营收入的组成来看，家庭经营现金收入还是以农业收入为主。（三）财产性收入437.15 元，同比上年上升77.85%，主要是因为农户有更多的出租屋收入。（四）转移性收入1054.71元，同比上年下降9.35%。

【农民消费水平基本稳定】 据调查显示，2017年武江区农村居民人均家庭消费现金支出9666.51元，同比下降7.77%，其中人均食品支出3126.88 元，农村居民食品支出占消费支出的比重（恩格尔系数）为32.35%；人均衣着支出472.37元，占总支出的4.89%；人均教育文化娱乐支出（公共文化服务水平）921.33元，占总支出的9.53%；人均居住支出1951.31元，占总支出的20.19%；人均生活用品及服务支出1098.43，占总支出的11.36%；人均交通通信支出1369.84元，占总支出的14.17%；人均医疗保健支出573.92元，占总支出的5.94%；人均其他用品及服务支出152.44元，占总支出的1.58%。

互联网产业的快速发展进一步降低手机、电脑等信息消费门槛，通信和上网资费标准不断降低，农村居民对手机、电脑、汽车的需求欲望日益高涨，农村居民信息消费能力得以释放，农村居民生活已经迈入互联网+时代。2017年耐用消费品每百户拥有量中，手机达到246部，平均每户2.5部；家用电脑39台，平均每户0.39台；家用汽车由2016年的19.2辆增加至20.1辆，平均每户0.2辆。2017年人均上网费和手机费支出分别比2016年增长1.12倍和12.6%。

（谢珍环）

城镇居民收入与消费水平

【概况】 随着经济社会的发展，武江区城镇居民收入与消费水平不断提高，居民消费意识不断增强，消费结构大为改善，消费质量逐步提高，居民消费形式发生较大的变化。

【人均可支配收入稳步增长】 2017年，武江区城镇居民的居民人均可支配收入由2016年的30844.27元增加到33928.7元，比上年（下同）增长10.0%，消费结构正从小康向富裕阶段转变。

【工资性收入稳健增长】 工资性收入作为居民收入最主要的拉动点，在2017年保持稳健增长，武江区城镇居民人均工资性收入为21667.94元，增长2.3%，工资性收入占居民家庭总收入比重为63.86%。拉动工资性收入增长的因素主要有两方面：一方面，随着机关事业单位增资政策的逐步到位，职工工资水平有较大幅度提高；另一方面，随着经济效益的进一步好转，不少企业职工工资和各类奖金的发放有所增加。

【经营净收入大幅度增长】 2017年，武江区城镇居民人均经营性净收入2064.70元，增长19.11%。从家庭经营收入的组成来看，家庭经营现金收入还是以从事第二产业和第三收入的增长为主。

【出租房市场升温提升居民财产性收入】 2017年，武江区城镇居民人均财产性收入为2483.95元，增长2.08 %。一年来，国家不断加强房地产调控力度，在打压房地产交易热度的同时也产生出租房市场升温、房租价格上涨的副作用，提升财产性收入的增速。

【转移性收入保持较快增长】 党委政府不断健全社会保障体系，继续加大社会保障力度，提高社会保障标准，建立稳步提高社会保障标准和离退休人员养老金或离退休金的长效增长机制，促使城镇居民人均转移性收入不断增加。2017年，武江区城镇居民人均转移性收入为7712.11元，增长51.28%，其中人均养老金和退休金为8067.80元，增长32.83%。

【消费水平不断提升，消费结构进一步改善】 2017年，武江区城镇居民人均消费性支出为28486.88元，增长15.16%。从消费性支出的八大构成看，呈现“五升三降”态势。城镇居民人均食品和烟酒支出为8837.01元，增长11.84%；人均衣着支出是1268.14元，增长11.13%；人均居住支出5444.72元，下降4.01%；人均生活用品及服务支出是2495.00元，增长9.8%；人均交通通信支出3303.85元，下降6.32%；人均教育文化娱乐支出3565.45元，增长14.39%；人均医疗保健支出是3019.47元，增长9.61%；人均其他用品和服务553.23元，下降6.04%。

（谢珍环）

关心下一代工作

【概况】 2017年，区关工委重视政治理论学习，注重加强政治建设，自觉把学习习近平总书记“七一”重要讲话精神和中共十九大精神作为首要的政治任务来抓，用习总书记的系列重要讲话精神和中共十九大精神武装头脑、指导实践，推进关心下一代工作的落实。

【坚持政治学习】 2017年，武江区关工委按照关工委的部署，组织驻会人员和“五老”同志认真学习习近平总书记“七一”重要讲话精神，十九大召开后，区关工委采取集中学习和分散学习的方式，认真学习领会十九大精神，全面理解习近平新时代中国特色社会主义思想，不忘初心，牢记使命，扎实推进全区关心下一代工作，走好新的长征路。牢固树立“政治意识、核心意识、大局意识、看齐意识”，在政治上思想上行动上与以习近平同志为核心的党中央保持高度一致，努力提高工作上的政治自觉、行动自觉，把准工作方向，坚持当地特色，充分调动基层工作人员的积极性、主动性和创造性，较好地保证全区关心下一代工作的开展。根据工作的进展情况，及时向区委汇报工作，同时，及时传达学习区委领导关于关心下一代工作的指示精神。工作上加大力度，积极动员“五老”人员加入关心下一代工作的行列，为全区关心下一代工作发挥余热，做出贡献。能按照工作进展情况，及时召开工作分析会，分析研究解决工作上遇到的困难问题。2017年，区关工委召开工作分析会5次，执行主任会议6次，保障工作的顺利进行。

【加强青少年思想道德建设】 2017年，区关工委一是广泛开展“爱学习、爱劳动、爱党、爱祖国”主题教育。全区各级关工组织围绕主题，开展读书、演讲、征文、参观教育基地等系列活动，把“爱学习、爱劳动、爱党、爱祖国”与中华文化传统教育、感恩教育、学生社会实践等活动结合起来开展，较好地激发广大青少年的学习、工作热情。二是区关工委主动与区妇联、宣传、文化、体育、司法、公安、团委等多个职能部门及乡镇街道联合，在关心下一代工作中基本形成思想教育上联合抓，文体活动上联合办，结对帮扶上联合帮助，培训教育上联合设置的工作机制。强化资源上的整合、工作计划上的统筹协调，使全区形成关心下一代工作的合力。2017年，全区各学校广泛开展“传承好家风”主题教育活动，通过营造宣传氛围、主题班（队）会，家教家风征文比赛等活动，开展家庭教育主题实践活动，使“三教结合”活动扎实开展。区关工委多次深入到新华街道办事处，就“三工”工作和社区的“三社”结合活动开展讨论；区先锋志愿协会、海邻社区工作服务中心就关心下一代工作如何深入社区、乡村的工作中开展研究，促进全区的关工工作。

【开展农村创业青年“领头雁”培训】 2017年，区关工委助力精准脱贫，做好培育工作，积极开展农村创业青年“领头雁”跟踪培养。区关工委分别在江湾、重阳、龙归镇各开展跟踪培养活动。文化程度高的具有一定科学文化专业技能，创业意愿强烈，具有一定产业基础的新型农业经营主体，（家庭农场主、种养殖大户、合作社带头人、涉农企业负责人、有劳动力的精准贫困户等），均在创业致富和精准脱贫、帮扶脱贫中发挥较好作用。区江湾镇湖洋村委主任邹何美，带领20户农户成立江湾土特产专业合作社，带动全镇农户种植“一点红”优质红薯及白皮红心红薯。江湾镇山水湾家庭农场总经理涂创波，在开展帮扶脱贫中，帮扶该镇湖洋、梁屋村，帮扶农户30户，共100多人，提高帮扶人员的收入，起到“领头雁”的作用。由于成效突出，2017年11月被广东省关心下一代工作委员会评为“农村创业青年优秀带头人”，并授到表彰。

【发挥“五老”作用，参与社会治理工作】 2017年，区关工委配合区直有关职能部门，积极参与社会治理工作。积极参加区禁毒工作，在禁毒宣传活动中发挥“五老”作用，在青少年开展“珍爱生命、远离毒品”为主题的活动。配合区司法部门在市区儿童公园举办“公民道德宣传日”大型文艺汇演活动。大力倡导“爱国守法、明礼诚信、团结友善、勤俭自强、敬业奉献”基本道德规范，树立文明风尚，提高居民道德素质，积极培育和践行社会主义核心价格观。参与区红十字会联合区教育局在沐溪小学举办的“水上安全教育进校园”系列活动，邀请市红十字会水上救护队资源救护师进行授课。使广大师生和家长受到教育，增长知识，提高水上安全意识。开展对农村留守儿童现状的调查摸底，初步了解全区农村留守儿童的情况，并提出推进全区关心农村留守儿童工作的意见。

（张文清）

2017年6月25日，武江区在青少年中举办“关爱生命，远离毒品”国际禁毒日宣传活动

（区委宣传部　供图）

镇（街道）

西河镇

【简述】 西河镇总面积63平方千米。2017年，年末户籍人口17127人，常住人口24368人。辖红星、向阳、前进、朝阳、塘湾、马屋、下坑、田心、黄塱、什石园、糖寮、山蕉、村头、大村14个行政村。全年农村人均纯收入达到20685元，比上年增长8.5%。常用耕地面积486.5公顷，粮食播种面积306.7公顷。林地面积3933.33公顷，森林覆盖率35.85%，活立木蓄积量20.69万立方米。在远郊村，主要发展特色种养殖业，种植作物水稻、蔬菜、花生等，有下坑、黄塱、什石园蔬菜良种和新技术示范基地；养殖产品主要是鱼、猪、家禽等。

【招商引资】 2017年，西河镇引进的项目主要有：投资800多万元的明星实验幼儿园，位于向阳村内，将于2019年春季招生；总投资80多亿元的“岭南国际诗歌小镇”项目，落户于马屋、田心村。

【征地拆迁】 2017年，西河镇对奥园项目、曲江大道项目、上饶路扩征项目、韶关大道扩征项目等工作进行攻坚，完成奥园项目7号、8号地块、上饶路一期、曲江大道大村及南岸片区等地块约73.33公顷交地任务。

【基层党建】 2017年，西河镇扎实推进“两学一做”学习教育活动制度化常态化，认真学习宣传贯彻中共十九大会议精神，创新学习方式，采取“8个1”（即“1个微信、1个学习群、1堂党课、1本笔记、1个竞赛、1个走访谈心、1个讲堂、1个慰问”）学习方式，在全镇掀起学习新高潮。深入开展乡镇领导干部驻点普遍直接联系群众工作，年入户走访4308户，汇总群众反映的问题105条，其中涉及镇村解决的问题99个，报上级解决的问题6条，办结率100%。做好发展党员工作，2017年批准预备党员转正13名，发展预备党员12名，储备村级党组织后备干部一批。着力解决基层党建工作中存在的突出问题，强化党员日常教育管理，按照基层治理工作要求加强和突出基层党支部的领导作用，推行党群联席会议制度。加强“两新”党组织建设，新培育成立2个“两新”党组织。完成对山蕉村软弱涣散村整治整改工作。

【村级换届】 2017年，西河镇顺利完成第七届村级党组织和村委会的换届工作，14个行政村共选出村级党组织委员49名，其中女干部14名；村委会成员57名，村“两委”成员总数77名。

【农业农村工作】 2017年，西河镇稳步推进扶贫帮扶工作，为保障贫困户增收，投资建设50千瓦的太阳能光伏发电项目于2017年9月完成太阳能板的安装工作，拟于2018年初并网发电销售，此项目预计年收益达10%，正式发电后每户贫困户可直接增收550元。抓好汛期值班和防范工作，落实领导带队值班制度，实行24小时值班工作，重点加强对山塘水库、低洼地、容易发生山体滑坡等地的安全隐患排查，及时传达防汛预警信息。成立河长制工作领导小组，制定工作方案，落实河段责任人。开展农村承包经营权土地确权工作和森林防火工作。加强重大动物疫病防控工作，全年无出现重大动物疫病和禽畜产品质量安全案件。落实强农惠农政策，投入资金12万元安装太阳能路灯22盏，在什石园村开设全镇第一家农村淘宝店，为群众出行及购物带来方便。

【民政优抚】 2017年，西河镇及时足额落实现役军人优待金、退役军人补助金、“五老”人员定补金、最低生活保障金、五保户供养金、高龄老人生活津贴、孤儿基本生活费等扶助政策，发放低保金428880元、80岁高龄老人生活津贴105340元，5人申请重大疾病医疗救助。及时发放残疾人生活津贴、重度残疾人护理补贴等。推进西河镇社区居家养老服务中心建设，红星村委西岸村作为社区居家养老服务试验点，总投资为48万元。

【惠农补贴】 2017年，西河镇及时做好各项惠农工作，购买政策性水稻保险278.66公顷，完成年度指标任务；完成基本农田保护经济补偿补助资金基础建设710340元；全镇参加农村合作医疗人数11906人，参保率达98%。

【创文巩卫】 2017年，西河镇为各村农家书屋增加书籍共2万多册，增设8个村的电子阅览室，共提供24台电脑和8台电视机，实现电子阅览全覆盖。投入将近100万元对12个地点进行围挡并安装宣传广告，总长度近2000米，安装固定性公益宣传广告、卫生清洁告示等160幅，营造创文巩卫浓厚氛围。动用挖掘机、运输车彻底清理镇内卫生死角积存垃圾、建筑垃圾，共清理各类垃圾380吨。组织保洁人员364人次，对镇辖区内各主干道，农贸市场及背街小巷进行卫生保洁和牛皮癣专项整治。

【维稳信访】 2017年，西河镇重视矛盾纠纷排查和大调解工作，全年全镇没有发生一起重大的群体性事件和群体越级上访事件。组织开展无邪教创建示范工程，西河镇被评为全国无邪教创建示范镇，向阳村委被评为全国无邪教创建示范村。

【消防安全】 2017年，西河镇在元旦、春节、五一、国庆、十九大等节假日和重要会议期间开展专项安全检查。对校园周边、小作坊、农贸产品等进行专项食品安全检查督导。强化出租屋消防安全整治，在前进新村创建全市的出租屋消防整治标准示范点。

【计划生育】 2017年，西河镇出生349人，政策生育率96.85%，出生男女性别比为98.3。免费孕前优生检测32对。流动人口计划生育办证率、信息反馈率100%，独生子女奖励费和农村独生子女户、二女结扎户奖励扶助落实率100%。

【召开中共武江区西河镇第九次代表大会第二次会议】 2017年11月28日，西河镇在镇政府八楼会议室召开中共武江区西河镇第九次代表大会第二次会议，90名正式党代表出席会议出席，会议分别听取和审议党委工作报告和纪委工作报告，提出2018年西河镇工作的指导思想、奋斗目标和发展举措。

【召开第十六届人民代表大会第二次会议】 2017年4月23日，西河镇召开第十六届人民代表大会第二次会议，全镇各界的46名人大代表和31名列席代表参加此次会议，会议听取和审议镇政府工作报告和人大工作报告。

【召开第十六届人民代表大会第三次会议】 2017年11月29日，西河镇召开第十六届人民代表大会第三次会议，全镇各界的45名人大代表和50名列席代表参加此次会议，会议听取和审议镇政府工作报告和人大工作报告，全体人大代表严格按照选举程序，通过无记名投票的方式，全票通过选举产生余聪同志为西河镇镇长。

【机构设置】 2017年，西河镇内设5个综合办公室：党政办公室、农业办公室、人大办公室、计划生育办公室、社会事务办公室；6个事业单位：人力资源社会保障所、农村综合服务站、文化站、畜牧兽医水产站、计生专业服务队和敬老院。

【红星村】 红星位于韶关市武江河畔西侧，是现代城市化进程中形成的典型的“城中村”。总面积约5平方千米，下辖果园、西岸、坝厂3个自然村，现有村民740人。党总支部下设3个党支部和6个党小组，现有党员86人。2005年，红星村被评为“创建全国文明村镇先进村”；2008年，获“全国民主法治示范村”称号；2009年，被评为全国文明村镇；2010年，获“全国人口和计划生育基层群众自治示范村居”称号。2017年，红星村积极发挥村党总支部的核心作用，村集体经济以物业经营和物业管理为主，集体总收入达2840万元。全体村民重大节日有加菜款发放，村民实行男55周岁，女50周岁退休制度，现每位退休村民可领取700—800元不等的退休金。全体18周岁以上村民还可领取每月300元的社保补贴，村民在卫生站门诊免费，住院报销80%，并将新农保的报销费用全额返还至个人，2017年村合作医疗及城镇医保两项报销总额达145.43万元。2017年，坝厂市场、荣华市场、红星市场已完成升级改造并交付使用，三个市场项目前已收到政府第一批奖励资金480万元，第二批政府奖励金正在申请当中。西河镇首家由政府出资48万元建成居家养老社区服务中心坐落在红星西岸村，并有社工长期在此服务。村民安居乐业，享受集体经济腾飞带来的优质生活。

【向阳村】 向阳村地处武江河畔，是典型的“城中村”，下辖光明巷、工农巷、韭菜地、石狮头4个自然村，现有村民675人。村党总支部下设2个分支部、4个党小组，现有党员98人。该村以经济建设为中心，不断投资兴建物业，集体经济收入以物业经营和物业管理为主，2017年集体总收入达到1376.9万元：一是投资1200万元将美食城改建为综合市场，于2017年11月落成开业，每年增收40多万元；二是投资800多万元建成明星实验幼儿园，2018年春季开始招生；三是办理好小冲地（农用地转经济发展用地）有关手续，投资7000多万元建设“向阳商业街”；四是收回向阳小学门前的商铺，进行规范管理，村委每年增收10多万元。

自1986年实行男55岁、女50岁退休制度后，现退休村民每月可领取950元至1000元不等的退休金。1994年实行农村股份制，村民每年享有福利股分红，2017村民每股分红800元。村每年将集体收入的70%用于村民各项福利：一是村委出资200万元为符合条件的村民购买社保、城乡医疗，办理新型农村保险，村民在医疗站门诊治病免费，住院报销80%；二是逢重大节日，给村民发放加菜费和慰问金；三是定期组织村中妇女体检，村民去世发放丧葬费和慰问金；四是村民小孩入托享受学费补贴，村民子弟考上大学的可获奖励金。2017年，向阳村被评为全国无邪教创建示范村。

【前进村】 前进村位于西河镇的中部，东面与向阳、红星村接壤，南至芙蓉山顶为界，西与农业科学研究所相邻，北至市自来水厂，总面积约5平方千米，下辖津头岭、头茶亭、天鹅坪、黄屋、邹屋、蓝屋、杨屋等7个自然村，是典型的城中村。现有村民1537人，党员68名。该村主要经济收入来源是物业出租，有前进国际装饰城、武江蔬菜批发市场、加油站、门店等物业，2017年集体总收入为200.8万元。前进村重视发展村民福利事业，每年拨款10多万元作为合作医疗、福利事业支出，投资兴建7个文化室、老人活动中心。该村2003年1月开始推行股份制，村民（股民）分红逐年增加。2013年建立老人退休制度，退休老人每人每月可领取退休金800元。

【朝阳村】 朝阳村位于西河镇中部，武江河流西岸，南面与市区相连，北面与塘湾村为邻，西面与前进村接壤，是典型的“城中村”。该村下辖黄田坝、上窑2个自然村，全村农业人口1566人，党员45名。该村以物业出租为主，主要物业有朝阳综合市场、朝阳综合大楼，近十年有凯旋华府、恒熙、城市花园、翰林世家、奥园等大型房地产企业落户辖区，2017年村集体经济收入368.1万元。村民实行男60周岁、女55周岁退休制度，退休村民每月领取450元退休金。全体村民参加城乡医保，村民住院（除床位费）报销100%。2017年，村委投资2万余元，以最少的装修费用完成村委办公区的搬迁。

【塘湾村】 塘湾村位于西河镇北部，北邻武江河，南面与朝阳村相接，西面与十里亭上坝村接壤，下辖沙洲、塘湾2个自然村，现有村民601人，党员21名。2005年，市政府为塘湾村规划一个新农村，现村民居住地将全部征用为城市商住建设用地。2014年，“韶关印象岭南·奥园文化旅游城”大型房地产企业落户辖区，2016年，塘湾村委在新村安装21盏路灯，方便村民出行。2017年村集体经济收入157.4万元，随着城市的不断发展，塘湾村将进入城中村的行列。

【马屋村】 马屋村位于西河镇北部，南面与浈江区接壤，东面与下坑村相邻，由丘屋、马屋、杨屋3个自然村组成，现有村民1217人，党员33名。耕地面积11.6公顷，主要种植水稻、蔬菜，马屋香葱、香蒜是传统蔬菜名牌品种。2017年，村集体经济收入39.7万元，投资5万多元，对全村农业灌溉水渠进行加固修复。

【下坑村】 下坑村位于西河镇北部，西面与马屋村交界，北面与田心村相邻，南面与浈江区靖村接壤。下辖林屋、沙架岭、上坝、下坝4个自然村，现有农业人口1134人。该村交通便利，境内323线横穿而过，距广乐高速出口3千米路程。村经济发展以农业为主，主要种植水稻、蔬菜、花生等，韭菜、枸杞叶是传统的蔬菜名牌品种。2017年，村集体经济收入25.6万元。

【田心村】 田心村位于西河镇北部，北面与山蕉村相连，南面与下坑村接壤，东面与什石园相邻，下辖盘龙村、田心村、麦元头、墩子头、大村、张屋坪、新张屋、坑尾等8个自然村，总农业人口2421人，耕地面积84.93公顷。该村主要种植水稻、蔬菜、花生等，每年都有大批蔬菜供应市区市场。2017年，村集体经济收入31.3万元。田心墩子头村丞相山有省级文物保护单位唐朝名相张九龄家族墓地及祠堂，2013年，张九龄纪念公园竣工，为海内外张氏后裔到韶关寻根问祖增添一方热土。

【黄塱村】 黄塱村位于西河镇北部，地处武江河的西岸，北面与糖寮村相邻，南面与什石园村接壤，西面与浈江区沙园村交界，下辖上坝、中坝、广明龙3个自然村，总农业人口1542人，耕地面积74公顷。该村以发展农业为主，主要种植水稻、蔬菜、花生等，黄塱黄瓜、大葱是传统的蔬菜名牌品种。2000年，与什石园村连片共133.33公顷菜地被省定为“无公害蔬菜生产基地”。2017年，村集体经济收入66.2万元。

【什石园村】 什石园村位于西河镇东北部，西面与田心村相连，北面与黄塱村相邻，东南面与浈江区十里亭镇接壤，由什石园、下坝、什石园新村3个自然村组成，农业人口1299人。耕地面积62.8公顷，主要种植蔬菜、水稻、花生等，与黄塱村连片共

133.33公顷菜地被省定为无公害蔬菜生产基地，是韶关市主要的菜篮子生产基地之一。2017年，村集体经济收入20.2万元。该村有400多年历史，村内有一座清朝石拱桥，现存1棵400多年的大榕树、2棵200多年的大榕树、1棵200多年的大樟树。

【糖寮村】　糖寮村位于西河镇北部，武江河的东面，西南面与黄塱村相邻，北面与浈江区犁市镇接壤，由糖寮旧村、新村、麦屋村3个自然村组成，现有农业人口1496人，耕地面积69.33公顷。该村以发展农业为主，主要种植水稻、蔬菜、花生、甘蔗等，其中白萝卜是传统的蔬菜名牌产品。2017年，村集体经济收入15.5万元。

【山蕉村】　山蕉村位于西河镇北部，南面与田心村接壤，东面与黄塱村、糖寮村相邻。该村农业人口703人，耕地面积23.93公顷，主要种植水稻、蔬菜、花生、甜玉米等，其中种植甜玉米是山蕉村的支柱产业，每年山蕉的甜玉米除供应本地市场外，还远销江西、湖南、香港等市场。2017年，村集体经济收入13万元。

【村头村】　村头村位于西河镇南部，武江河西岸，北面与城区相连，南面与大村相邻，西面与西联镇接壤，仅1个自然村，农业人口1524人，党员39名，耕地面积28.67公顷。村民以外出务工和种植蔬菜、养殖家禽为主，村集体收入主要来源为物业出租，2017年的村集体经济收入为114.3万元。通过近年来的招商引资，该村培育仓储和大型餐饮两大片区，2018年还有准备开业的百旺美食城和已规划并准备建设的百旺淘宝电商城，将成为新的经济增长点。该村1996年起实行老人退休制度，2017年老人退休金已达130元/人。

【大村村】　大村位于西河镇西南部，广韶公路西侧，东南面与浈江区乐园镇高头村、新村相邻，西与西联镇车头村、岭头村、芙蓉山为界，下辖上村、下村、张屋岭村3个自然村，户籍人口2740人、党员74名。村民的家庭收入以外出务工和种植蔬菜、养殖家禽为主，村委会主要收入来源为场地出租收入，2017年的村集体经济收入为39.9万元。该村重视村民福利工作，村民参加医保每人补贴60元/年，65岁以上的老人每月领取50元退休金、重阳节和春节发放50元/人慰问金，“三八”节为妇女发放30元/人的慰问金。

西河镇领导名录

书　记：何远韶（女）
副书记：余　聪（2017.10—）
　　　　林棋昇
　　　　刘宗华
委　员：丘细琼（女）
　　　　江仁智
　　　　刘福娣（女）
　　　　刘绍鸽
　　　　林仁和
人大主席：刘尚周
镇　长：余　聪（2017.11—）
副镇长：刘福娣（女）
　　　　林晓东
纪委书记：江仁智
武装部部长：刘绍鸽

（白玉婷）

西联镇

【简述】　西联镇位于武江区的中部，东、北与西河镇交界，南邻曲江区的白土镇，西与龙归镇相连。西联镇总面积68.9平方千米。辖西联、芙蓉、车头、下胡、赤水、阳山、沐溪、甘棠8个行政村和碧桂园·太阳城社区1个居委会。至2017年年底，年末户籍人口21985人，常住人口35677人，流动人口15157人。2017年，镇级财政收入978.96万元，对比2017年增加38.3%。全镇有初中2所，小学7所，幼儿园5所，文化站1个。主要旅游景点有莞韶园黄沙坪创新园、沐溪水库、芙蓉仙洞、石背窝水库等。

西联镇政府设5个内设机构：党政办公室、农业办公室、人大办公室、计划生育办公室、社会事务办公室。

【村（居）“两委”换届工作】西联镇成立村（居）“两委”换届选举工作领导小组及办公室，由西联镇党委书记亲自担任组长，统筹协调指挥全镇村级换届选举工作，并结合西联镇实际，研究制定《西联镇村（居）“两委”换届选举工作实施方案》，切实按照《组织法》和《选举办法》的有关规定，有条不紊地扎实推进。根据各村（居）委换届工作的难易程度，采取“一村一策”的办法，有针对性地认真制定各村（居）“两委”换届选举工作的实际操作具体指引。2017年6月中旬，西联镇全面顺利地完成8个村委、1个居委和36个村小组的换届工作任务。6个村（居）委主任、书记“一肩挑”，占村（居）总数的67%，“两委”干部交叉任职27人，占村（居）“两委”干部总数的69 %，达到“换强班子、换好风气、换清思路”的目的。

【党员队伍建设】　2017年，西联镇落实新时代中共建设总要求，坚持全面从严治党，从严从实发展新党员，对发展党员严格执行“五榜公示制”，全年批准预备党员9人，转正8人，培养入党积极分子17人。镇通过开展党委书记上党课、观看电教片、模范部门建设等活动，抓好党员干部的教育培训，增强“四个意识”，落实“四个全面”，不断加强西联镇党员干部的思想教育、宗旨教育、法规教育，努力提高党员干部的综合素质及能力。

【“两学一做”学习教育常态化制度化】 2017年，西联镇及时调整“两学一做”学习教育常态化制度化工作领导小组，通过集中学、分组学、自学党章和习近平总书记系列重要讲话精神，特别是通过党政领导班子成员带头学习十八大以来习总书记的治国理政新理念新思想新战略，进一步提高全镇党员干部的党性修养和政治理论水平。同时，结合西联镇实际情况，采取挂横幅、张贴宣传栏、建立工作Q群、微信群等形式进行广泛宣传动员，营造浓厚氛围，使“两学一做”学习教育常态化制度化持续开展。

【廉政建设】 西联镇严格落实政务、党务、村务、财务等信息公开，接受广大群众的监督，严格控制“三公”经费开支，扎实开展农村基层党员、干部违纪违法线索集中排查活动，开展纪律教育学习活动，进一步从严落实中央“八项规定”和“四风”问题排查整治工作，进一步加大对违纪案件的查处，全面加强纪律建设。

【精神文明建设】 西联镇深入开展社会主义核心价值观宣传活动，落实精神文明建设工作，积极参加上级各部门组织的活动，参加武江区2017年庆“三八”暨“我为善美之城添风采”行业时装比赛二等奖；参加武江区庆祝建党96周年音乐诗歌朗诵比赛获得三等奖；西联镇男子篮球队、女子篮球队参加武江区机关事业单位职工篮球赛中分别获得第三名。同时该镇也积极举办各种活动，在阳山上庙背村文体广场举办主题为“共建文明城 创文我先行”的倡议活动；在西联新城农贸交易大市场前广场举行“人人齐参与，创文增活力”文艺会演；在阳山市场开展创建全国文明城市之迎国庆贺中秋活动的“文明公德 和谐西联”为主题的文艺演出活动，丰富干部群众的精神文化生活。

【财政管理】 2017年，西联镇大力开展农村村级财务管理专项整治，全面落实财务会计制度，规范镇、村账务处理程序，严格执行预算法规定，严格实行“收支两条线”管理，健全村级财务民主管理机制，西联镇以检代培着力提高镇、村财务人员业务能力，认真贯彻执行《武江区农村集体经济管理暂行办法》，确保镇、村资金管理规范。

【计划生育】 2017年，西联镇开展《广东省人口与计划生育条例》宣传，强化优质服务工作，开展流动人口计生关怀关爱活动，认真组织开展免费孕前优生健康检查工作，抓好经常性工作的落实，做好信息管理与服务工作，截至2017年年底，共有户籍已婚育龄妇女5138人，共出生384人，办理生育登记220人，办理再生育审批15人；参加出生缺陷筛查83对，参加地贫筛查115对，参加孕前优生健康检查21对，落实各项优惠政策。

【民生保障】 2017年，西联镇在韶关地区率先落实“推动粤北地区建设双百镇（街）社工服务站”工作，投入近20万元，在甘棠村委会建设落成武江区首个社工服务站，配备社会工作专业人才，扎根一线开展专业服务，得到省、市、区民政局的肯定和好评。西联镇投入50多万元在恒大社区二期筹建居家养老服务中心，为辖区60岁以上老人提供居家养老服务，为特困老人、高龄老人、空巢老人等群体打造集学习、娱乐、健康生活为一体的“一站式”的活动中心。截至年底，西联镇发放定补定恤人员、60周岁农村籍退伍军人生活补贴共计133890元；发放现役军人家属优待金187404元、优秀士兵奖励金12048元；落实重大疾病医疗救助22人次，共计120323元；落实困难家庭冬春生活补助166人次，共计125330元；发放最低生活保障金212000元；发放孤儿基本生活费36000元；发放困镜儿童事实无人抚养费6000元。西联镇新农保参加人数达3288人，申请领取待遇1780人，城乡居民医保参保12513人，参合率99%以上，为就业困难人员申请岗位补贴6人。

【信访维稳】 2017年，西联镇强力推进平安西联创建，充分发挥镇、村两级综治信访维稳中心平台作用，建立信访工作信息联络员制度，全面落实领导干部包案制度。西联镇全年共排查出各类矛盾纠纷和不稳定因素40起，已调处化解40起，化解率达100%；上级交办34起，已调处化解28起，正在调处6起。

【法制宣传教育】 结合一村一法律顾问工作，积极开展“送法下乡”为主题的“法律六进”活动，突出宣传《中华人民共和国土地管理法》《信访条例》等法规，积极引导群众依法反映诉求；西联镇无邪教创建工作全面铺开。

【“三防”监管】 西联镇三防办严格执行汛期24小时值班制度；积极加强对各村低洼地段、

村庄危房、山塘水库等地方的巡查工作，积极加强与辖区重点项目建设单位的沟通协调，充分运用四级联网的三防监管信息平台，及时收集汛期信息，多举措确保镇汛期安全。

【安全生产】 西联镇坚持安全第一，预防为主，综合治理的方针，认真落实上级安全生产工作，做好各村（居）、企业、“三合一”场所安全生产宣传，开展安全隐患排查整改工作，做好重点领域（非煤矿山）排查监控工作。

【第三次全国农业普查】 韶关市农普办率韶关市农业普查事后质量抽查组到西联镇开展第三次全国农业普查事后质量抽查工作。市抽查组工作人员分成3个小组分别对该镇甘棠村第三普查小区的25户普通农户、3户规模农业经营户及2个农业经营单位进行事后质量抽查。西联镇第三次全国农业普查工作顺利通过事后质量抽查。

【精准扶贫】 西联镇党委、政府高度重视精准扶贫工作，以改善贫困户的生产生活条件和增加收入为重点，不断创新工作方式，实现2016年全镇贫困户全部脱贫的目标，确保精准扶贫、精准脱贫、巩固脱贫成果任务顺利实施。2017年，西联镇党委、政府紧紧抓住芙蓉新城开发建设的大好机遇，结合实际，把芙蓉新城重点项目开发建设和开展精准扶贫工作结合起来，做到两推进、两不误，全力推进安置新村建设和失地农民养老保险工作，妥善解决被征地农民的住房和养老保障问题。同时，西联镇合理利用2016年、2017年的上级扶贫资金13.3万元，在镇办公楼楼顶新建光伏发电板块，所产生的电能并入南方电网销售后的经济效益返拨给5户有劳动力贫困户，增加贫困户的收益。

【创文巩卫】 2017年，西联镇调整西联镇创文工作领导小组和督查组，打好“创文巩卫”攻坚战，集中精力做好宣传引导和整改督导工作。西联镇党委政府集中投入，在西联镇政府大院、各村委、各村市场、各主干道等人流密集的场所设置创文宣传栏37块，在主要道路及建筑工地围栏设置核心价值观公益宣传画，并积极开展走访“千家万户”活动，组织镇村干部深入到村民家中，发放宣传资料2000多份，形成全镇动员、全民参与、人人动手、共建共享的良好氛围。西联镇全年共组织开展大型创文整治行动共30余场次，对上庙背村、新323线沿线西联村老街路段等脏乱差地区进行专项整治，拆除各类违章建筑近1万平方米。通过整治，全镇卫生环境和社会环境得到明显提升，其中阳山村委上庙背新村因环境整治工作成绩显著，成为全市创文工作的一个亮点，被南方网和韶关日报多次报道。

【征拆工作】 西联镇坚持实施芙蓉新区开发带动经济社会发展的战略，按照《韶关市芙蓉新城“三年基本成城”行动方案（2015—2018年）》的总体部署和要求，主动对接落户辖区的重点项目做好征拆交地工作。2017年，西联镇共完成芙蓉新城重点项目清表交地约328.33公顷，签订房屋拆迁协议774户，拆除房屋面积约10.02万平方米；完成坟墓迁移892座。

【安置工作】 西联镇坚持“安置优先、共建共享”的发展理念，将各村安置新村建设作为芙蓉新区开发建设重中之重的工作。芙蓉新城5个安置村中，赤水新村已建成并有95%以上村民搬入居住；西联新村和芙蓉新村已全面建成并交付使用，其中西联新村已分配安置房575套，芙蓉新城分配安置房440套；车头新村已完成主体工程建设，正在进行附属设施建设；下胡安置新村已完成选址确认及部分土地征收工作，拟在近期开工建设。

【芙蓉新城项目建设】 2017年，西联镇已全面完成芙蓉新城客运枢纽项目、沐溪八路改扩建工程、百旺西路改扩建工程、中保大厦、农信大厦、省档案异地备份中心、市消防指挥中心、妇幼保健服务中心、商会大厦等项目的清表交地工作；完成韶关大道景观提升首期工程（高速公路出入口至西联隧道）范围内的清表交地工作；基本完成芙蓉新区滨江路景观绿化工程除房屋拆迁外的征地补偿工作；基本完成芙蓉隧道南出口老东冲村小组房屋拆迁工作；基本完成百旺路扩建项目原规划红线范围、滨江路二标段南侧主干道规划用地红线范围的交地任务；完成5号路涉及的车头何屋村整体坟墓迁移协议签订工作，2017年已组织实施并已迁移坟墓134座。同时，有效推进北江航道扩能升级项目孟州坝枢纽工程交地工作，截至年底共完成清表交地39.36公顷，签订坟墓迁移补偿协议82座；保障碧桂园与市城投合作的房开项目、保利地产、恒大城、15号路、宝能养老地产、民营三甲医院、20号路、22号路、27号路等多个项目的用地需求。

【经济发展用地】 在韶关市相关部门的协调和帮助下，西联、芙蓉、赤水三个村委提供经济发展用地共23.33公顷与企业开发建设商住项目已达成初步合作意向，2017年村民即可获得稳定的分红收益900多万元。赤水村与韶关市鸿浩房地产项目开发有限公司合作，在赤水新村前建设星汇商业广场，项目用地约1.67公顷，总投资26764万元，已实际到位资金1420万元。

【失地农民社保工作】 2017年，西联镇着力解决芙蓉新城失地农民社保问题，通过市、区、镇三级相关部门的努力，在芙蓉新城范围内全面开展失地农民社保购买工作，截至年底，已为符合条件的1239名农民购买失地农民养老保险，其他符合条件的村民仍在办理中。

【民营企业】 突出民营经济灵活经营的优势，认真做好日常GDP核算工作，按照区统计局的要求，开展企业统计、核查工作，定期更新企业、个体户名录库。

【农村两级经济】 G323线沿线村委充分发挥区位优势和产业特色，大力改善阳山市场、甘棠市场、沐溪市场等集贸中心的环境，吸引周边镇村和单位群众前来消费，出现城郊少见的繁荣景象，带动当地经济的发展。

【旅游胜地】 沐溪水库水质清澈、水产丰富，是人们假日垂钓的理想佳境。莞韶园黄沙坪创新园建成以梅花为主题的特色绿化带和印章石刻景观带，并相继建成“梅韵连廊”“依山钵影”“两塘书院”等配套设施，成为有影响的文化和休闲区域。

【健全服务体系】 积极推进一门式一网式办事大厅建设，严格按照省的建设指引要求，在西联镇政府建立镇级公共服务中心，在各村（社区）建立村级公共服务站，初步建立统一规范的公共服务体系，方便群众办事。

【巩固教育“创强”成果】 2017年，西联镇成功通过“广东教育强镇”复评督导验收。该镇辖区内9所中小学均成功创建省义务教育标准化学校，覆盖率达100%。积极营造尊师重教良好氛围，不断优化师资队伍，多举措做好“防流控辍”工作，确保义务教育阶段毛入学率为100%，年辍学率为零。

【芙蓉村】 芙蓉村位于西联镇东部，在风景秀丽的芙蓉山水环抱当中，东北与西河镇一山之隔，西与西联村交界，南与车头村毗邻，总面积12平方千米，距离市区约6千米，交通便利，芙蓉路与西联大道相连接。

该村下辖5个自然村，户籍人口1822人，现有共产党员88名。2017年度农民人均可支配收入18000元，外出务工及村委分红是村民主要收入来源。该村辖区内有千年古刹芙蓉禅寺、巧夺天工的芙蓉仙洞、天池般的石背窝水库等，已成为韶关市民休闲度假胜地之一。该村已纳入韶关市芙蓉新城的建设范围，芙蓉安置新村规划在南华路北侧，于2014年6月正式动工建设，2016年9月已全面建成并交付使用，芙蓉新村安置房已进行三批分配公开抽签共332套。芙蓉新村以新农村建设为目标，按照“经济繁荣、设施配套、功能齐全、环境优美、生态协调”的要求，整村推进，抓好村庄建设，全村497户，人均住房面积达120平方米，建立新村广场及篮球场等场所，丰富村民业余生活。大力抓好新村的水、电、路、厕等配套建设，新村的主干通道和村民房前屋后支道全面建成水泥路面，实现道路的硬质化，每户屋后都建有绿化景观带，加强新村的亮化、绿化工作。

【西联村】 西联村位于西联镇中心，东与芙蓉村相邻，西与赤水村、沐溪村交界，南与下胡村毗邻，北与阳山村接壤。该村下辖九个自然村，户籍人口2585人，总户数663户。西联村地理位置环境优越，依伴奇峰异石犁头石群峰，形成美丽盘中之景。西联大道、韶关大道十字形贯穿该村，并与323线、京广线、京珠高速公路相连接，构成南来北往交通框架，交通十分方便，是发展最大交通、文化、工贸、服务业的区域。辖区内有小学1间（属市一级小学），幼儿园2间，中型农贸市场1个，1所中学，以及西联镇敬老院。该村已纳入韶关市芙蓉新城的建设范围，重点项目建设有保利地产、恒大城、韶关市实验中学等。西联安置新村规划在韶关大道西北侧，2016年11月已全面建成并交付使用，西联新村安置房已进行分配公开抽签共575套。

【下胡村】 下胡村位于孟洲坝电站下游，东与车头村相邻，南靠北江河，西与赤水村相邻，北与西联村相邻，农业人口1370多人。下胡村周围东有32号路，南有滨江路，西有韶关大道，北有5号路相互贯穿，是西联镇水陆交通最便利的行政村。该村已纳入韶关市芙蓉新城的建设范围，有恒大地产、保利地产、滨江商务中心、韶洲文化广场等项目。下胡安置新村已完成选址确认及部分土地征收工作，施工前期准备工作正紧锣密鼓进行中。

【车头村】 车头村位于北江河畔，在西联镇南部，东与西河镇村头、大村相连，南与浈江区六合村隔河相望，西与下胡村毗邻，北与西联村、芙蓉村相依。该村依山傍水，水陆交通十分方便，沿北江河、西联大道贯穿村内并与京珠高速公路连接，是青山绿水、美丽富饶的西联一角。该村下辖3个自然村，有小学1所，户籍人口达1601人，总户数约551户。该村已纳入韶关市芙蓉新城的建设范围，车头安置新村位于韶关市芙蓉新城32号路以东，韶关市公安局以南，下胡安置区以北的区域，新村总建筑面积约16.51万平方米，建设用地面积约15.66平方米。住宅建筑整体按4层框架结构设计，有建筑基底面积分别为60平方米、90平方米、120平方米三种户型，并根据住宅区的规划配建公共设施。车头安置新村在2014年3月13日奠基开工建设，2018年4月26日西联镇举行车头新村安置房分配公开抽签，车头村共有371户符合安置房分配资格的村民，共分配到新村安置房522套。

【赤水村】 赤水村位于西联镇西南面、东与下胡村接壤，西与甘棠村、沐溪村交界，北与西联村毗邻、南与乐园镇坝厂村委会一河相隔，地处北江河畔，水运便利。赤水村有228户，户籍人口700人。赤水村地处北江河畔，村域内有天然千姿百态的赤水河，紧依有“小桂林”之称的天然岩洞“赤水洞”。该村已纳入韶关市芙蓉新城的建设范围，赤水安置新村规划于韶关高铁站旁，赤水新村已建成并有95%以上村民搬入居住。辖区内建有武广高铁站、长途汽车站、恒大城、京珠高速、宝马4S店、星汇休闲商业街等。为响应政府发展规划，赤水村积极配合上级下达的各项工作任务，同时赤水村委利用经济用地的地理优势，积极招商引资，开发创收。

【阳山村】 阳山村位于西联镇西北部，交通十分便利，国道323线穿村而过，东面与西联村接壤，南面与沐溪村相邻，西面与龙归镇后坪村接壤，北面与西河镇下坑村、前进村相邻，下辖八个自然村，户籍人口2943人，总户数795户，流动人口2万多人。辖区有农贸市场2个、小学1所、供电所1个。该村是莞韶产业转移园建设的主战场之一，也是该镇成为“广东省技术创新专业镇”的重要依托，村民的年均收入也一直排在该镇前列。辖区内建有旭日玩具厂、五洲汽配城、韶瑞重工、铁友机械等30多家实力雄厚的企业，2014年韶关市重点建设的莞韶城一期项目也初具规模，黄沙坪电子商务城已建成30多栋。

【沐溪村】 沐溪村位于该镇西北部，东、南面与阳山村、赤水村相邻，西、北面与曲江区接壤，国道323线穿村而过，交通十分便利。该村下辖五个自然村，现有人口数1796人，总户数535户，有农贸市场1个、小学1所；下辖的沐溪水库是韶关市重要水源地之一，也是韶关市民休闲度假首选胜地之一。辖区内有科艺创意、丹霞药业、百事得茅、核力重工等实力企业20多家。

【甘棠村】 甘棠村位于西联镇西面、国道323线旁，东面与赤水村相邻，南面与曲江区白土镇河边村相邻，西面与龙归镇社主村相邻，北面与沐溪村相邻。该村户籍人口2818人，总户数772户，下辖八个自然村，有农贸市场1个、小学1所。甘棠村由刘氏在元朝末期从江西迁入而建村，南面有座三娘庙，建于宋朝末期，由甘棠村民刘少孟创建，是当地人宗教活动场所。还建有欧震纪念亭以及宋代余靖墓。该村重视集体经济发展和精神文明建设，每年投入10多万元，用于村公共基础设施建设、甘棠小学教育经费以及村民各项福利事业。甘棠村是京珠高速、韶赣高速和广乐高速的交汇区域，紧临323国道、北江航道、武广高铁，甘棠工业园建设有莱雅化工、都市丽人等项目。

【碧桂园太阳城社区】 碧桂园太阳城社区位于西联镇东南面，东与芙蓉村委，西与西联村委，南与保利花园毗邻，北至西联隧道。碧桂园太阳城社区居委于2016年1月1日正式办公，办公场所位于芙蓉湾1街1座架空层，总面积420平方米。辖区范围有：芙蓉湾、花地、芷兰湾、泊林、天麓山、天玺湾、青云台等多个片区，总规划面积约2.6666平方千米，2017年常住人口约2.2万人。周边有百旺路直通百旺大桥、韶关大道和芙蓉大道等多条城市干道，相邻韶关芙蓉山国家森林公园。学校有广东韶关实验学校、东岗太阳城小学、中央艺术幼儿园。三甲医院、妇幼保健院、芙蓉新城农贸大市场等周边基础设施也在规划建设中。

西联镇领导名录

书　记：聂平南
副书记：杨国浩
　　　　张永祥
　　　　曹吾林
委　员：丘苑丽（女）
　　　　黄　超
　　　　何　毅
　　　　刘建强
　　　　李光杰
　　　　王　莉（女，挂职，2017.10—）
　　　　吴江华（挂职，2017.10—）
人大主席：余　聪（—2017.12）
镇　长：杨国浩
副镇长：黄　超
　　　　李　婷（女）
纪委书记：丘苑丽（女）
武装部部长：刘建强

挂　职：曹信初（2017.10—）
　　　　黄文彬（2017.10—）
　　　　李　伟（2017.10—）
　　　　李　丹（女，2017.10—）

（李振雄）

龙归镇

【概况】 龙归镇位于武江区的中西部，地处北纬24°35′38″—24°49′14″，东经113°20′02″—113°32′26″。东邻西联镇和曲江区白土镇，南与曲江区樟市镇、罗坑镇相接，西与江湾镇和乳源瑶族自治县毗邻，北与重阳镇、一六镇相连，总面积237平方千米。辖续源、山前、奇石、龙归、坳头、冲下、龙安、留村、社主、马渡、寺前、后坪、盘村、凤田、方田共15个村委会和龙归镇社区居委会1个。

2017年，全镇年末总户数12931户，人口41918人，其中农业户数8212户，人口29682人。耕地面积0.4137万公顷，粮食播种面积0.316万公顷，粮食产量1.9576万吨。山林面积1.81万公顷，其中有林地面积1.62万公顷，生态公益林0.71万公顷，森林覆盖率70.74%。

龙归镇土地、山林、矿产、水力等自然资源丰富。该镇是农业大镇，主产优质稻米、经济作物、蔬菜、优质水果，畜牧和水产，土特产有淮山、粉葛、莲藕、生姜等，龙归冷水猪肚闻名。有著名的“九子石”、文武阁、董村寺、三皇石等名胜古迹。

2017年农村经济总收入13.3892亿元，同比增长10%；农民人均收入 14676.9元，同比增长8.5%。全镇财政预算收入0.165266亿元，同比增长6.7%。

该镇主要经济来源有小水电、矿产开采与加工等。

2017年全镇有初中1所（龙归中学），小学1所（龙归中心小学），幼儿园8所，教学点7个，在校学生2900人；有文化站1个，广播站1个。全镇参加农村合作医疗人数29507人，参加新农保10518人。

【村（居）“两委”换届选举】 2017年，龙归镇第七届村（居）“两委”换届选举工作于4月12日启动，历经六十余天完成。全镇村（居）“两委”换届选举工作依法依规选举产生村委会主任15名， 85%以上的村（居）“两委”干部实现连任。

【学习宣传贯彻中共十九大精神】 2017年10月18日，龙归镇组织镇领导班子和部门中层干部收看十九大现场报告会。10—12月共组织学习十九大精神6次。

【农业科技、信息服务】 2017年，龙归镇加大高产优质品种推广力度，增加单季稻种植面积，在良种良法良策上下功夫，提高水稻单产水平。全年全镇农作物播种面积为5717.4公顷，其中粮食播种面积3156.06公顷，粮食总产量达19576吨。发展稻田养鱼，有34户农民参加，养殖面积6.71公顷，助推贫困户脱贫。完善龙归农网信息服务网络。组织各村信息员和龙头企业负责人参加信息化培训，提高农业信息化应用水平。积极开展万村联网工程，帮助15个村建立农村信息网站，建设农村淘宝站点10个，启动和开展农村“普惠”金融工作。

【农民技能培训】 2017年，龙归镇邀请当地和外地专家对农民进行农业技术知识、第二、三产业职业技能培训。农民转移就业技能培训105人次，农业专业技能培训623次，务工农民岗位技能培训55人次。

【农村危房改造】 2017年，龙归镇全面完成2016年全镇20户农村危房改造验收，2017年对筛查后的21户危房户逐一进行核实，建立个人档案，对危房改造监督检查，完成改造任务。

【“两违”建筑整治】 2017年，龙归镇查处“两违”建筑10宗，面积924平方米。

【新农村建设】 2017年，龙归镇完成两个扶贫重点村共13个自然村庄规划编制工作，重点打造车合、罗屋、山前新村、晏屋村等4个精品建设点，以点带面推进新农村建设点建设，农村面貌得到较大改观;完成所规划村的“三清三拆”工作，基本建立各村长效卫生保洁机制，村民居住条件得到改善。

【农村村道建设】 2017年，龙归镇规划村道建设8.84千米，其中山前至续源1.75千米，方田至板湾2.7千米，方田墩头至上厅2.28千米，冲下村烈士陵园路段0.35千米，龙归镇大村至谭屋1.76千米。完成方田墩头至上厅2.28千米和方田至板湾2.7千米共计5千米的公路建设。

【第三次全国农业普查】 2017年，龙归镇共普查农业经营单位29个，农业普查总户数7090户，其中普通农户6982户，规模户79户，顺利完成各项普查任务，并通过市、区的检查验收。

【人口计生工作】 2017年，龙归镇以提高群众对人口计生工作满意度为出发点，提高工作管理与服务水平。全镇出生总人数为613

人，其中：一孩 204人，两孩353人，多孩 56人（其中政策外多孩29人）；符合政策生育率95.03%；办理农村部分家庭奖励77人，农村计划生育节育奖励314人，城镇独生子女父母奖励19人，特别扶助4人，伤残扶助4人；流入人口708人，流出人口4012人。提升优质服务质量，开展计生政策宣传、利益导向机制、优质服务等活动，提高群众满意度和政策知晓率。开展奖特扶家庭农机免费收割机耕；走访孕产妇、免费孕环检服务；开展免费孕前优生健康检查服务活动；开展华大基因免费检测宣传活动等。

【精准扶贫工作】 2017年，龙归镇的精准扶贫工作，一是实施产业带动。鼓励贫困户种植蔬菜、花生、优质水稻等产业，切实带动贫困户增收。上半年全镇74户有劳动能力的贫困户种植各类农作物16.29公顷，饲养肉猪7头，申领发放产业扶贫“以奖代补”资金26万多元。下半年产业扶贫“以奖代补”数据采集已经完成，备开展核查发放工作。鼓励有劳动能力的贫困户外出就业。就业扶贫奖补的有劳动力贫困户有29户共29人，奖补资金为36503元。二是积极落实“三保障政策”。落实教育扶贫补助、医疗扶贫和危房改造政策，区域内就读贫困学生生活补助落实率100%，全镇贫困户789人2018年的城乡基本医疗保险已由区社保局统一购买，落实率100%，2016年龙归镇核实危房改造共34户，2017年上半年已全部竣工并通过验收，补助资金已全部发放。2017年共21户列入危房改造名单，已全部动工，动工率100%，其中已完工14户。三是增加集体收入。加快推进方田、山前两个贫困村集体增收，方田村委和山前村委各使用东莞高埗镇引导资金50万元入股韶关市龙韶实业有限公司，提早完成省下达村集体收入达5万元以上任务。

【综治信访维稳工作】 2017年，龙归镇重点做好全国“两会”、中共十九大、重大节日期间的安保维稳工作。依法处置龙安村委会部分村民因合同纠纷引发的拦路、阻工等不法行为。全年共接访群众39批90人次，全镇三级平台共受理矛盾纠纷222宗，调处220宗，调处成功率99%。开展禁毒工作。利用专题标语和禁毒宣传栏等各种宣传方式深入宣传禁毒工作，全年全镇悬挂宣传横幅35条，张贴宣传画报300多张，分发禁毒宣传资料1万多份，多次组织政府部门、派出所、各村（居）对辖区果场、农场、养殖场及隐蔽山林地等进行全面排查，建成镇社区戒毒康复中心。深化平安创建工作，提高人民群众的知晓率。

【安全生产工作】 2017年，龙归镇以提高社会安全意识、公众自我保护能力和职工安全生产技能为重点，加强安全生产宣传教育工作，深入开展群众性的安全文化创建活动，全面提高公众的安全意识。办好“安全生产月”活动，在龙归健身广场开展安全生产咨询日活动，提高广大群众安全生产意识。认真开展安全生产大检查，加大安全整治力度。

【消防隐患重点整治】 2017年，龙归镇被市列为全市第九批火灾隐患重点整治地区，全年共出动检查组4批、检查人员100名，共检查消防场所300多家，发现火灾隐患和消防违法行为35处，责令整改32处，清理违章商户35家，拆除违章雨棚500多平方米，还原消防通道1000多平方米。投入6万多元，重新修编消防基础设施规划，投入26万元购置2台消防车和必要的器材装备，维修消防栓一批，同时改造镇消防营房和成立农村微型消防站一批，顺利通过市的考核验收。

【大气污染综合治理】 2017年，龙归镇加强大气污染综合治理，制订《龙归镇2017年大气污染防治工作方案》；查处环境违法行为，全年共查处环保信访投诉案件11宗，关闭生猪养殖场2间，无名工厂1间，违规排放、污染环境企业1间。

【创文与镇容整治】 2017年，龙归镇联合区城管部门，组织镇工商、派出所、交警、镇干部职工、消防护林人员及村（居）委干部等100多人，开展大规模集中整治三次，对镇区脏乱差、摊点乱摆卖、占道经营、乱搭乱挂、违章乱建、车辆乱停等“六乱”问题进行铁腕整治，调用风焊切割机、勾机、吊机、拖车、货车等设备，整治商户100多家，拆除乱搭建雨棚、遮阳篷等2500多平方米，清理僵尸车共12辆，组织人员清理街道乱张挂和“牛皮癣”，使镇区“六乱”行为得到有效整治，改变镇区脏乱差的面貌。同时加强对国道323、省道253、县道318等4条主要公路旁的垃圾清理，基本做到一日一清，对三口塘垃圾堆放点进行围蔽，减少对周边村民和过路群众的影响，在益龙路、兴龙路、社主路口等处统一设置车辆道路交通标识、停放格线。

【续源村】 续源村位于龙归镇的最南部，距镇区10千米，东邻曲江区白土镇大岭村，南接罗坑镇下坪村，西面与盘村密落相连，北与山前村相连。该村为宋朝时建村，因当年年三十晚发洪水，故名续源村。由元石村、榕树下、冯屋村、欧山村、潘屋村和下社村等组成。2017年，村总户数550户，人口2451人，耕地面积约170.93公顷，山林面积约2666公顷。该村经济以农业种植水稻、果树等作物为主，山林资源丰富，村内建有10多个个人及集体电站，一个林场。村小学1间。

【山前村】 山前村位于该镇南部，离镇中心8千米，该村北与奇石村相邻与奇石山岭交界，南与续源村接壤，西与方田墩头分水岭为界。续源河贯穿该村。该村人口分隔居住于东西岸。该村建于南宋时期，原称“三千村”，后因迁居山岭脚下，故称“山前村”。2017年，该村户数363户，人口1585人。有耕地面积约108公顷，其中水田约62公顷，山林面积约200公顷。该村经济以农业为主，种植作物有水稻、蔬菜、果树等，传统农业品牌有淮山、粉葛、韭菜。引进种猪场1个。该村与奇石村合办小学一间，接收一年级至三年级的小学生。2016年被认定为省级贫困村，由东莞市高埗镇结对帮扶。

【奇石村】 奇石村位于该镇南部，村的西南面与方田、山前村相邻，东北面与龙归、龙安村接壤。奇石村建于明朝时期，因该村有一尖锥状的奇特小石山而得名。2017年，有10个自然村，村总户数523户，人口2207人，有耕地面积178.27公顷，山林面积约560公顷。谭屋村是革命老区。该村经济以农业为主，传统作物有优质水稻、蔬菜、果树等。水果有杨梅、柑橘、李等品种。

【龙归村】 龙归村位于该镇的中心区域、京珠高速公路及323国道的南侧，距高速公路韶关北站出口及323国道约2千米。村的东南与西联镇甘棠村为界，南面与曲江区白土镇苏拱村接壤，西北面与奇石村、龙安村、冲下村、社主村相邻。龙归村始建于宋朝，因当地有一山岭如五条龙形状，由南向北俯冲而来，气势宏伟如五龙归位，故名龙归村。2017年该村辖24个村民小组，村总户数962户，人口4658人，耕地面积约218.6公顷，山林面积约333.33公顷。该村经济以农业为主，种植作物有水稻、蔬菜、果树苗等，农业传统品牌主要有淮山、慈菇、莲藕、果蔗。

【坳头村】 坳头村位于该镇南部，村的东南与曲江区白土镇苏拱村委相邻，西部与龙归村水流坪相邻。2017年，村总户数552户，人口2621人，有耕地面积约149.4公顷，山林面积约466.67公顷。该村经济以农业为主，种植作物有水稻、莲藕、慈菇、粉葛、马蹄、黑皮冬瓜等，有（小二型）东埔水库1个。

【龙安村】 龙安村是龙归镇辖行政村，距镇区约5千米。位于龙归镇西南部，东面隔河与龙归村相连，北与冲下村相邻，南与方田村相邻，西与留村水冲坪接壤。到2017年年底，共有20个村民小组，662户，2989人。分为安村和小村两大部分，耕地面积209.8公顷，其中水田约158公顷，旱地约51.8公顷。境内有江湾公路横穿，江湾河流过。该村经济长期以来以农业为主，种植作物有水稻、蔬菜、果树等，淮山和马蹄是该村的传统作物。此外，该村还利用山地等优势，大力发展畜牧业和养殖业。村内有龙安村淮山生产专业合作社等。龙安村姓氏有：黄、叶、赖、唐、张、侯、潘、肖、黎、董、杨、刘、李、卢、游、卓等20多姓。其中最大姓氏为黄姓，600多人，分布在安村；第二为赖姓，400多人，分布在小村；第三为叶姓，有300多人，分布在安村。其余的为小姓，人数从几十至几百不等。现存有2座清朝时期修建的古庙（安民祠），该村还存有3棵400百多年的大榕树。该村现有小学一间。村集体有石灰山和大洞山，村内有高城、龙安两座私人老板投资建设的小水电站。

【冲下村】 冲下村是龙归镇管辖行政村，北面与社主村相邻，西面与留村接壤，村委会所驻地离国道323线和京珠高速公路仅1千米左右，境内有龙归河、南水河流经而过，交通便利。由郑、龚、高、管、涂、曾屋等等七个自然村组成，全村人口2491人，总户数592户，现有耕地面积111.6公顷，其中水田面积约70.2公顷，林地面积约266.67公顷。该村经济以农业为主，种植作物主要有水稻、黑皮蔗、蔬菜等。由于人均耕地面积较少，劳务收入是该村村民的重要经济来源之一。

【留村村】 留村村距镇区3千米路，位于该镇的西部，其东面与冲下村相连，南与龙安村、方田村相连，西与乳源县和寺前村接壤，北面隔河与马渡村相邻。分为留村和水冲坪（2004年4月并入）两大部分，共有13个村民小组，455户，1919人。耕地面积180.8公顷，水田约120.53公顷，旱地约60.27公顷。该村经济以农业为主，种植作物有水稻、蔬菜、玉米、花生、红瓜子等。莞韶城三期主要位于该村。

【社主村】 社主村位于韶关市区西部，距市区15千米，距镇区2千米，东与武江区西联镇甘棠村相邻，北面与后坪村、西面与马渡村、南面与冲下、龙归两村接壤。2017年，社主村共有250户，1203人，有耕地面积约58.87公顷，其中水田约48.07公顷，旱地约10.8公顷。该村交通便利，境内有京珠高速公路、国道323线横穿而过和省道253线，高速公路韶关北站出入口坐落该村。该村经济以农业和商贸为主，种植作物主要有水稻、果树等。兼营畜牧业和水产养殖业。凭借地理和交通优势，在国道两侧建许多饮食店、修理店、加油站和其他商店。很多村民耕作之余，也从事副业，经济收入相对全镇较好。村内有龙归中学和2间幼儿园。

【马渡村】　马渡村位于龙归镇的西北部，京珠高速、广乐高速公路互通位于该村，村的东面与社主相邻，南面与留村相邻，西面与寺前村委交界，北面山与带头接壤。该村始建于咸丰年间。2017年该村总户数518户，人口2160人，现有耕地约116.27公顷，山林约366.67公顷。该村经济长期以农业为主。主要农作物有水稻、花生、黄豆、果树等，有千亩鱼塘，发展养殖业。村内有中威有色资源再生公司、汽车维修、停车场等。

【寺前村】　寺前村村是在明朝末期建村，因村前有一寺庙，而得名“寺前”。位于龙归镇西部，国道323线横穿该村，村东面与后坪、马渡村相邻，南面与留村、方田接壤，西北面与乳源县侯公渡交界。该村由寺前村、老柴桑村、新柴桑村、桥源村、矿塘村5个自然村组成，全村总户数381户，人口1447人，有耕地面积157公顷，山林面积1166.67公顷。该村经济以农业为主，种植作物主要有水稻、蔬菜、花生、生姜等。引进韶关市水产养殖管理中心在老柴桑和奶牛场1个。

【后坪村】　后坪村位于龙归镇北部，属石灰岩山区，海拔高度在600—800米之间。2017年，后坪村总户数426户，人口1949人，该村现辖后坪、带头两个村民小组，后坪村民小组始建于明朝嘉祯年间（公元1500年前后），祖籍来自江西、福建两地，村方言为虱麻话。带头村民小组始建于清朝乾隆年间，村方言为客家话。耕地面积约123.27公顷，山林面积约3733.33公顷。该村经济以农业为主，传统作物主要有水稻、生姜、毛竹、油茶等，引进食用菌企业1个。生姜、毛竹是该村传统的品牌农业作物，也是该农民主要经济来源产品。现有后坪小学一间。

【盘村村】　盘村村位于龙归镇西南部，北面与凤田村相接，东面与续源村相连，南面与江湾镇相连，西与乳源县接壤。面积约为24平方千米，全村分为盘村、多田、城村、密落四大部分共有15个村民小组。2017年有729户，3071人。耕地面积约158.33公顷，其中水田约146.87公顷，旱地约11.47公顷。龙归最高的山峰黄茂堂就位于该村密落，海拔为941米。境内森林、水力和矿产资源丰富，矿产主要有稀土矿和瓷土矿等。该村经济以农业为主，种植作物主要有水稻、蔬菜、油菜、果树等。少数村民从事畜牧业、渔业和林业。由于村中人多田少，该村很多青壮年外出珠三角务工，成为家庭重要经济收入来源之一。

【凤田村】　凤田村位于龙归镇西南部，距镇区12千米，县道318贯穿该村，村的北面与方田村相邻，西面与乳源县侯公渡为界，南面与盘村村委相接壤，东面与续源的莲花山分水岭为界。该村始建于明朝时期，因当时已有龙归村的存在，按照我国的传统习俗，有龙必有凤，取龙凤呈祥之意，又因其地势所丘陵盆地，有大片肥沃良田可耕种，故名凤田。2017年有4个自然村，542户，人口2392人，耕地面积约170.13公顷，山林面积约533.33公顷。该村经济以农业为主，种植作物主要有优质水稻、蔬菜、果树等。兼营畜牧、水产业，经济作物主要有花生、黑皮冬瓜、淮山等。村内有私人小水电企业2宗。村内有小学一间，龙归社会福利院位于该村。

【方田村】　方田村位于龙归镇西南片，距镇区7千米，北与龙安村交界，南与凤田村交界，东与山前村、奇石村、续源村交界，西与乳源侯公渡交界。全村面积23平方千米，15个自然村，707户，3168人。全村耕地面积约170.13公顷，以水稻、淮山、蔬菜等农作物为主。龙归至江湾公路横贯全村，江湾河流经全村。村里有小学一间。村里有重点文物保护单位——文武阁。九归禅寺位于该村墩头。2016年被认定为省级贫困村，由东莞市高埗镇结对帮扶。

【龙归社区】　龙归社区居委位于龙归街。前身为龙归街道居委会，1951年成立。2002年5月，改称龙归社区居委会。辖区范围东至江源口水电站，南与益龙路屋边为界，西至龙归中心小学，北至龙归河与冲下村接壤。2017年年底，辖区面积1.21平方千米，常住人口1168户、3272人。2017年配合全市创文，整治街道卫生环境，面貌有较大提升。

龙归镇领导名录

书　记：曾　宏

副书记：王洪明（—2017.10）
　　　　刘　武（2017.10—）
　　　　陈作昌
　　　　段锋刚

委　员：吴怡诗（女）
　　　　成伟雄
　　　　黄寿文

林雁嘉
吴荣华
人大主席：钟爱民
镇　长：王洪明（—2017.11）
刘　武（2017.11—）
副镇长：成伟雄
刘芷伊（女）
纪委书记：吴怡诗（女）
武装部部长：黄寿文

（刘建庭）

江湾镇

【概况】 江湾镇位于北纬24°33′58″—24°39′28″，东经113°18′37″—113°18′56″。总面积217.3平方千米。辖锅溪、围坪、梁屋、湖洋、胡屋、瑶族共6个村委会和江湾社区居委会。

该镇土特产有香菇、木耳、云雾茶、山蜜、灵芝。主要旅游景点有山水湾农庄、村上人家农庄、湖洋村沿河周边民宿。山高林密、水力资源充足、竹木资源丰富；矿产资源有钨矿、硫铁矿、铜矿、铅锌矿、稀土矿、萤石矿等多种矿藏，且有多个天然温泉，水质优良，温度在60摄氏度以上。有乳曲边人民联防办事处江湾老街旧址、围坪革命烈士纪念碑、胡屋革命烈士纪念碑等。有区级不可移动文物11处。

2017年，全镇年末户籍人口7386人，常住人口5344人。耕地面积601公顷，粮食播种面积约637.33公顷，粮食产量5875吨。林地面积22742公顷，森林覆盖率 94.5 %，活立木蓄积量150万立方米。

2017年全镇农村经济总收入22365 万元，比上年增长　7.8%。农村人均收入 15839 元，增长 9.8 %，固定资产投资 12500 万元，增长 0.002 %。全镇财政一般预算收入550万元，增长 11.28 %。

该镇主要经济来源有农业种植、畜牧养殖、小水电、林业。

2017年全镇有初中1所，小学1所，幼儿园1所，在校学生381人；有文化站7个，广播站1个。全镇参加医疗保险人数 5320 人，覆盖面 94.5 %。

【新农村建设】 2017年，江湾镇在湖洋村和梁屋村2个省定贫困村组织开展建成社会主义新农村示范村建设，改善贫困村生产生态条件，促进农民脱贫奔康致富，截至年底，完成“四个百分百”目标任务。利用区财政30万元扶贫资金完成曾屋、武洞村村道和湾仔村球场改造；投入11万元完成湖洋村主干道路桥的修缮及村内路灯的安装项目；投入8.3万元完成湖洋村小组文化室建设；投入5万元完善湖洋村党支部活动场所建设；梁屋村投入10万元完成梁屋村小组公厕改造工程及村内路灯建设项目；投入8.3万元完成下洞村小组道路硬底化；投入6万元完成钟屋村小组道路硬底化。

【农业生产】 2017年，江湾镇投入项目资金410万元用于修建高标农田、修复水毁陂头、水坝、渠道等农田水利设施；新建“三面光”硬底化排灌渠2608米。全镇种植水稻面积502公顷，花生177公顷，其他经济作物147公顷。全镇生猪饲养量4900头，出栏3000头，塘鱼上市123吨，三鸟饲养5.3万只，上市3.8万只。

【小水电站】 2017年，江湾镇民营企业主要是小水电站。全镇水资源丰富，水能理论蕴藏量25000多千瓦，现有小水电站66宗，年发电约8200千瓦。

【基层党组织建设】 2017年，江湾镇党委紧紧围绕提高党员干部队伍综合素质的目标，突出抓好理想信念、党纪党风等方面内容，教育广大党员勤奋学习、善于思考，主动适应新常态，把主要精力放在工作上，放在解决群众关心的热点、难点上。扎实开展普遍直接联系群众活动，结合“两学一做”学习教育和“三会一课”制度认真执行周二下乡直连工作要求，了解群众需求，为群众排忧解难，全年收集整理群众意见2567条，解决问题2490件。抓好胡屋村软弱涣散支部整治工作中，增强党组织活力。继续抓好村级班子和村级后备干部选拔、培训工作，规范村务公开，发展培养入党积极分子。2017年江湾镇的党员总人数有285人，其中女性党员61人，发展预备党员8人。

【农村集体经济】 2017年，江湾镇6个村委会中，除瑶族村委，年收入都在3万元以下，属贫困村委会。全镇46个村民小组中，约有87%的村小组以收取电站资源补偿作为主要经济收入。

【乡村道路建设】 2017年，江湾镇完成曾屋、武洞村村道改造；完成湖洋村主干道路桥的修缮及村内路灯的安装；完成下洞村小组和钟屋村小组道路硬底化。

【培育土特产】 江湾的香菇、木耳、云雾茶、山蜜、灵芝等传统土特产颇多，极具特色。江湾香菇肉厚、清香、味美；木耳肥厚、滑嫩、爽脆；灵芝天然野生，药用价值高；山蜜是野生所酿，属百花密，色纯正、水分少、无污染，是真正的纯天然蜂蜜。通过湖洋村加工厂的带动，培育一批农产品种植基地，2017年，新成立山地山红薯农民专业合作社，全镇红薯干总产值5万公斤。

【文明风尚建设】 2017年，江湾镇委、镇政府在全镇范围内开展文明家庭创建评选活动，广泛开展公民道德教育和文明家庭宣传教育活动。建立健全村内保洁长效机制，多模式、多渠道解决资金难题，其中镇政府自筹投入25万元，区奖补资金到镇村两级共41万元，建立保洁队伍，完善保洁、垃圾清运机制。实施以禁伐商品林为主的封山育林工作，全镇除毛竹林以外，停止商业性采伐，封山育林取得初步成效，全镇的生态环境得到进一步改善。

【民生实事】 2017年，江湾镇委、镇政府在镇财政并不宽裕的情况下，加大力度改善民生基础设施。依托共青团、工会以及妇联组织，在物资和政策上给单亲妇女、留守儿童、空巢老人送去党和政府的关心和关怀，保障他们的生产生活条件；共投入94.2万元落实24户扶贫户危房改造验收工作，保障群众住房安全；投入86.17万元完成4个“一事一议”工程项目，推进农村公益事业发展。

【人口计生工作】 2017年，江湾镇户籍人口7703人，其中已婚育龄妇女1405人。出生105人，其中一孩43人，两孩55人，三孩及以上7人，人口出生率为13.64‰；政策内出生102人，政策外出生3人，政策生育率为97.14%，政策外多孩率为2.86%；出生男婴54人，出生女婴51人，出生人口性别比为105；死亡52人，死亡率为6.76‰；自然增长53人，自增率为6.89‰。

【医保 、社保工作】 2017年，江湾镇落实城乡居民医疗、养老保险管理制度，完成城乡居民医疗保险应保尽保工作，参保人员5320人，养老保险2932人。继续做好低保户的入户调查和动态管理，全镇低保户52户85人。完善敬老院的各类资料，保障敬老院基础设施建设，为老人营造舒适的生活条件。

【综治维稳工作】 2017年，江湾镇积极推进综治、信访、维稳工作，创建平安江湾。春节、全国“两会”期间和重点防护期，明确领导责任制，加强矛盾纠纷排查，严格落实“零报告”制度。镇综治中心共受理各类矛盾纠纷35宗，调解35宗，调解率100%；成功调解32宗，调解成功率91%。其中，上报区矛盾纠纷化解专项活动的案件均已成功化解，化解率100%。

【三防工作】 2017年，江湾镇认真做好防洪防汛工作，对全镇低洼地段进行全面排查，并列表定人定位包干防预；落实三防责任人、联络员名册，成立武江区江湾镇抢险队伍；做好防洪涝及地质灾害工具发放；做好气象灾害应急责任人信息表；做好武江区江湾镇汛期值班安排；制定小型水库汛期控制运用计划；突出防范重点，切实做好汛期安全生产工作。狠抓隐患排查治理，加强对汽油等危险化学品的安全监管，加强对道路交通的安全监管，加强对非煤矿山的安全监管，加强对地质灾害多发地区的安全监管，加强对学生的安全教育。

【招商引资工作】 2017年，江湾镇引进广州市科虎生物技术研究开发中心投资4500万元，经营范围为兽药中间体制造，预计年产值为6000万元。

【档案工作】 2017年，江湾镇收集文书档案5卷。其中永久性1卷、30年2卷、10年2卷，文书档案主要来源于江湾镇政府发文、上级单位发文。

【江湾镇机构设置】 2017年，江湾镇政府内设机构有党政办、农办、人大办、计生办、社会事务办。

【锅溪村】 锅溪村是江湾镇行政村，位于江湾东南部，东与龙归、凤田相邻，南与曲江樟市、罗坑镇相邻，西、北与围坪村相连。由上洞村、河背村和叶屋村等3个村小组组成，耕地面积32公顷，山林面积40平方千米，总人口105户 594人。该村以农业为主，主要种植水稻、花生、蔬菜、果树等作物。改革开放后，该村累计引进外资2000万元，先后建成9宗小水电站，装机容量3300余千瓦，其中上洞村集体电站2宗总装机容量550千瓦。 该村在发展经济的同时注重村容、村貌建设。2004年，上洞村小组全村统一规划兴建新农村，均为复式住宅楼，新村“十个一”措施落实较好，成为市新农村建设示范点，并获市评比三等奖。该村于2017年建成锅溪村综合性文化中心。截止到2017年年底，该村村道已全面实现硬底化。

【围坪村】 围坪村是江湾镇的行政村，地处江湾镇北面，东与锅溪村委相邻，西南与梁屋村委相接，西与乳源县相邻，北与武江区龙归镇相交。由周屋村、罗屋村、涂屋村、坑背村、范角村、大塘村、寺前村和叶屋村等组成，有耕地面积约86.2公顷、山林面积42余平方千米，总人口216户1145人。该村以种植水稻、花生、蔬菜、水果为主，畜牧业、林业为辅。改革开放以来，该村累计引入外资1500万元，先后兴建小水电站6宗，装机容量2000千瓦，其中，属村及村小组的4宗，装机容量1200千瓦。该村是全镇人均收入最高的村委之一，1998年建成全镇第一个楼房化的新农村—范角新村。该村于2017年建成围坪村综合性文化中心。截至2017年年底，该村尚有寺前老屋村道、叶屋村小组村道未实现硬底化。

【梁屋村】　梁屋村委是江湾镇辖行政村，位于该镇西北部。东与湖洋村委相邻，西与乳源县相邻，南与胡屋村相连。由武洞村、红山村、连麻山村（今无人居住）、下洞村、曾屋村、钟屋村、梁屋村、湾仔村和河背村等组成，有耕地面积约76公顷，山林面积45平方千米，总人口230户1283人。该村长期以种植水稻、花生、蔬菜和果树为主，畜牧业、林业为辅。是长短经济结合的农村经济。改革开放后，该村凭借丰富的水资源，积极引进外资3600多万元，开发水力资源，先后建成21宗小水电站，装机容量达6300千瓦，农村经济有较大发展。该村于2017年建成梁屋村综合性文化中心。截至2017年年底，该村村道已全面实现硬底化。

【湖洋村】　湖洋村是江湾镇辖下的行政村，是江湾镇的中心地带。东与曲江罗坑相连，西与胡屋相邻，北与梁屋村相交，南与乳源相邻，由和山村、黄九村、高围村、江屋村、湖洋村、倒流水村、莱队村和黄陂坛村等组成，有耕地面积50余公顷，山林面积40余平方千米，总人口223户1172人。该村以传统农业为主，畜牧家禽为辅，以林业支撑经济，主要种植优质水稻、红薯、花生、蔬菜、桑蚕等。改革开放以来，该村累计引入外资2000万元，先后建成8宗小水电站，总装机容量2800余千瓦，有力地加强村集体经济。该村于2017年建成湖洋村综合性文化中心。截止到2017年年底，该村村道已全面实现硬底化。

【胡屋村】　胡屋村是江湾镇辖下行政村，地处江湾镇的西边，东南与湖洋村相邻，西与乳源县交界，北与梁屋村相邻。由胡一队村、胡二队村、胡三队村、胡四队村、田心村、王坝村、白石村、周塘村、墩头村、羊角寨村和佰公陂村等组成，耕地面积80余公顷，山林面积45余平方千米，总人口274户1355人。胡屋村长期以来以农业为主，畜牧家禽为辅，主要种植优质水稻、花生、蔬菜、水果等。改革开放以来，该村充分利用丰富的水资源优势，先后引入外资4500多万元，修建16宗小水电站，总装机容量7500千瓦，有力地增强村集体经济收入。2013—2015年在区财政局的第二轮帮扶下，村集体收入达5万元以上，实现脱贫。该村于2017年建成胡屋村综合性文化中心。截至2017年年底，该村村道已全面实现硬底化。

【瑶族村】　瑶族村是江湾镇下辖的行政村，位于梁屋、围坪、湖洋、胡屋的边界处，与乳源瑶族自治县相接。由练屋村、左坑村、华山村、长岭村、良坑村村和南坑村等组成，居住较偏僻、分散，耕地面积13.33公顷，山林面积10余平方千米，总人口109户535人。瑶族村是全镇最为贫困的村之一。村民靠山吃山、以山为本，种植少量的水稻、玉米和自供自给的蔬菜。中共十一届三中全会后，各级政府认真落实国家的民族政策，对民族村的经济发展，在政策上给予优惠，在经济上给予支持，全村经济有较快的发展。同时，该村还积极引进外资1000万元，先后兴建6宗小水电站，装机容量1400余千瓦，大大改善村民生活水平。近年来，先后有60多户瑶民搬出大山，在江湾镇周边兴建楼房。2010—2012年，在市人大、市质监局的帮扶下，实现脱贫。该村于2017年建成瑶族村综合性文化中心。截止到2017年年底，该村尚有良坑村小组村道未实现硬底化。

该村作为武江区唯一的瑶族村，在语言、服饰、歌舞等各方面都有自己的特色。瑶歌的格调与旋律都比较单一，节奏感不大明显，却可以按各自的感情需要而任意延长或缩短，故唱时比较灵活自如、独具一格。瑶族的舞蹈具有古朴、简单、节奏感强等特点，动作变化少，随着音乐一蹲一起，每一个动作都有东南西北四个方向之分，如此反复多次。瑶族还有一个重要的节日—盘王节，也叫“跳盘王”。盘王节是瑶族祭祀祖先盘瓠的重大节日，瑶胞十分重视这一民族祭祀典礼。盘王节可以一家一户独自进行，也可以联户或者同宗同族人集聚进行。但不管以哪种形式举办，都要杀牲祭祀，设宴款待亲友。节日一般时长为三天两夜，也有的长达七天七夜。盘王节的主要内容是祭盘王、唱盘王和跳盘王。

江湾镇领导名录

书　记：欧伟强（—2017.10）
　　　　黄海涛（2017.10—）
副书记：曾玉玲（女）
　　　　刘戈勇
　　　　谭克志
委　员：杨　晖
　　　　胡言辉
　　　　张伟全
　　　　涂星明
　　　　潘会亮
人大主席：黄永和
镇　　长：曾玉玲（女）
副 镇 长：杨　晖
　　　　　邹　锋
纪委书记：潘会亮

武装部部长：张伟全

（刘甜妹　黄文勇　戴　进）

重阳镇

【概况】 重阳镇位于韶关市西北端，总面积82平方千米。辖重阳、黄岸、九联、大夫前、水口、青暖、妙联、万侯 8 个村委会和重阳居委。该镇土特产有丝茅姜、西瓜、花生、蚕桑、竹木等。该镇主要旅游景点有重阳万侯油菜花种植基地。自然资源铅、锌、砒、钨、钼、铁、锰、铝等有色金属。

2017年，全镇年末户籍人口 17946人，常住人口13094人。耕地面积1286公顷，粮食播种面积809.7公顷，粮食产量4989.89吨。林地面积4547.3公顷，森林覆盖率 56%，是武江区生态后花园。2017年重阳镇社会生产总值预计21776.86万元，比上年增长6.9%。农村人均纯收入11351.01元，增长11%。该镇主要经济来源以农业为主。

2017年全镇有初中1所，小学1 所，幼儿园 1 所，教学点1个；有文化站1个，广播站 1个。全镇参加医疗保险人数 12749人，覆盖面 98.1 %。

【精准扶贫工作】 2017年，重阳镇下力气抓好精准扶贫工作。引导黄岸村和九联村架设10千伏的光伏发电设备，贫困村集体经济一年可增收约10万元；推进贫困户脱贫增收，全面实现贫困户教育保障、医疗保障、住房保障等基本生活“三保障”；通过产业、就业“以奖代补”政策，激发贫困户自主脱贫积极性，2017年第一秕发放产业扶贫奖励资金105户36.586万元；发展主导产业助力长效增收，贫困村成立韶恒优质稻谷专业合作社、九联鸿德黑皮冬瓜合作社以及引进正邦集团产业扶贫项目，带动贫困户145户261人；通过转移就业实现永续脱贫，2017年累计协助73名贫困户劳动力实现就业，户均增收1.8万元。2017年，全镇扶贫户257户690人，脱贫56户213人，加上2016年全镇共脱贫253户672人，脱贫率达98.8%。2017年脱贫户人均可支配收入达到9850元。

【新农村建设】 2017年，重阳镇已基本完成“三清三拆”工作任务。全镇贫困村共清理村内巷道179处，清理面积48300平方米；清理房前屋后杂草杂物、积存垃圾2010处，598吨；清理沟渠池塘淤泥、漂浮物和障碍物250处，274吨；拆除危旧房、废旧猪牛栏及露天厕所茅房414处，6760平方米；拆除乱搭乱建、违章建筑88处，920平方米；拆除非法违规商业广告、招牌30处，40平方米。

【第七届村（居）两委换届】 2017年，重阳镇党委、政府严格按照省、市、区村（居）委换届选举工作部署，认真组织、严肃纪律、严格程序、严格把握时间节点，使村（居）委换届选举工作平稳有序高效完成，顺利选出一支程序合法、结构合理的基层干部队伍。全镇8个村委会1个社区居委会顺利进行换届选举，其中一次直选成功有3个村（社区居）委会，占村（社区）总数33.3%，共选举产生社区居委会正、副主任18名，委员9名。

【综治维稳工作】 2017年，重阳镇综治维稳中心共接待来访群众近128人，受理矛盾纠纷案件58宗，结案54宗，结案率达93.1%。举办综治宣传活动5次，悬挂横幅9条，宣传资料1000多份，建立“和谐重阳”微信公众号。创立“和事佬”协会，该协会由退休干部、教师等高素质人群组成，协会共有会员34人，2017年共参与化解矛盾纠纷案件11宗。

【学习贯彻中共十九大精神】 2017年，中共十九大胜利召开后，重阳镇党委迅速把学习贯彻中共十九大精神作为首要政治任务，制定《重阳镇学习宣传贯彻中共十九大精神的工作方案》，召开党政班子会议、支部会议、全镇干部职工大会10余次；利用每周二驻点日和村支部主题党日，由驻点班子带领村“两委”干部、支部党员深入学习，将十九大宣讲延伸至村党支部、党小组一级；结合本土特色，由重阳镇采茶剧团将十九大精神编排成客家山歌、采茶剧、小品等，用老百姓听得懂、听得进的方式，打通宣传的“最后一公里”。

【驻点普遍直接联系群众制度】 2017年，重阳镇驻点团队扩大走访范围，累计走访群众3770户，解决群众在农业发展、土地纠纷、扶贫、低保疑虑等方面的问题68件，收集群众意见建议178条，为重阳制定近远期规划奠定基础。

【农业生产】 2017年，重阳镇组织农业技术培训三期，培训实用技术122多人次。以农业业主为主要经营模式，充分利用农业扶持政策，积极培育农业经营主体，2017年末，全镇家畜家禽存栏头374812（只）。完成粮食生产种植任务809.73公顷，实现粮食产量4989.89吨；蔬菜育苗275.4公顷，实现蔬菜产量2298吨；种植水果109.06公顷，实现水果产量810.50吨。

【城乡居民社会保障】 2017年，重阳镇城乡居民医疗保险参保

12749人，覆盖面98.1%。城乡居民养老保险参保6436人，60岁以上老人每人每月领取养老待遇金120元以上。

【人口计生工作】 2017年节假日期间，重阳镇利用返乡育龄妇女较多，在虚日举办咨询活动、贴宣传标语、挂横幅、慰问等宣传形式，对孕前优生优育、流动人口、两孩政策、再生育政策等相关政策进行宣传，取得良好的宣传效果。2017年全镇户籍总人口为19348人，出生285人，其中计内出生275人，计划生育率为96.49%、出生率为14.96‰、自然增长率为9.55‰。死亡人数103人。已婚育龄妇女3488人。

【安全生产工作】 2017年，重阳镇组织安监人员学习《中华人民共和国安全生产法》《省安全生产条例》《市安全生产监管办法》，提高自身业务水平。十九大期间，对全镇的企业进行"拉网式""过筛式"的大排查。结合实际，每两周对全镇的各企业、加油站的安全情况进行一次大检查。6月26日，镇安监站对辖区内的生产经营单位进行突击抽查。开展烟花爆竹安全专项治理行动。每个月5日都对各村用电线路进行检查。各村每周一利用村广播形式宣传消防法律、法规和消防知识。

【重阳水口队夺市2017"体彩杯"龙舟比赛冠军】 2017年端午节，韶关"体彩杯"龙舟比赛上，武江区重阳水口队勇夺冠军。

【居委】 社区居委位于重阳镇中心，东接黄岸，南抵重阳村，西抵青暖，北临九联。辖3个居民小组，总户数130户，户籍1118人。现有村"两委"干部4人，党员18人。居民大多数从事小商业活动。

【万侯村】 万侯村位于重阳镇西南方向，距重阳镇中心6千米。东接妙联，南抵乳源一六，西抵乳源游溪，北临青暖。辖8个村民小组，总户数626户，户籍3232人。现有村"两委"干部6人，党员93人。万侯资源丰富，主要矿产有陶瓷矿、白钨矿、铅锌矿等；旅游资源，村中4颗300年以上的榕树和抗日战争前为躲避土匪而建的2座炮楼，颇有历史价值，万侯油菜花基地；主要种植皇帝柑、杨梅、花生、水稻。

【重阳村】 重阳村位于重阳镇中心方向，东接黄岸村，南抵社区居委，西抵青暖，北临九联村委，辖9个村民小组，总户数513户，户籍人口2918人。现有村"两委"干部6人，党员68人。该村经济来源以农业为主，主要作物有水稻、花生、西瓜、皇帝柑。地处镇街中心的优势使重阳村的工商业较为发达，有较多的村民从事加工、运输、饮食等服务行业。为村经济的发展起到推进作用。

【黄岸村】 黄岸村位于重阳镇东面方向，距重阳镇中心1千米。东接水口村，南抵重阳村，西抵九联，北临大夫前。辖2个村民小组，总户数430户，户籍2020人。现有村"两委"干部6人，党员61人。主要种植：水稻、花生、西瓜。

【妙联村】 妙联村委位于重阳镇南面方向，距重阳镇中心10千米。东接西河坑尾，南抵龙归后坪，西抵万侯，北临青暖。辖9个村民小组，总户数297户，户籍1540人。现有村"两委"干部4人，党员38人。妙联林地资源非常丰富。特色农作物有竹笋、生姜、茶树、蘑菇等。村委有一个生姜合作社，另种有三华李，竹丝李等各种果树约66公顷。妙联有很高的生态旅游开发潜力，拥有原始观光点"大岩口"、儿童版阳元石以及各种奇形异状钟乳石等。

【九联村】 九联村位于重阳镇的东北部，该村东邻重阳村，南与西河镇交界，西接乳源县桂头镇，北与重阳镇大夫前村接壤。全村有耕地面积162公顷，山林面积约402公顷。辖4个村民小组，2017年末全村578户，户籍人口2448人。现有村"两委"干部5人，党员49人。村经济来源以种植水稻、西瓜、芋头等农业为主。2017年完成对九联村农田水渠清淤、陀村机耕路修建、陀村至香稻村村道项目建设，基本完成高标农田水利三面工程建设，为新农村建设奠定基础。

【大夫前村】 大夫前村位于重阳镇西北方向，距重阳镇中心3千米。东接水口，南抵九联，西抵乳源游溪，北临乳源桂头。辖6个村民小组，总户数300户，户籍1300人。现有村"两委"干部5人，党员45人。该村经济来源主要以农业为主，长期以来主要种植水稻、花生。近年来，积极推广种植的"澳洲黑美人"西瓜在韶关小有名气，对该村经济的发展起到巨大的推动作用。

【青暖村】 青暖村委成立于1995年，位于重阳镇西南方向，距重阳镇中心2千米。东接重阳村委，南抵万侯，西抵乳源游溪，北临社区居委。辖12个村民小组，总户数425户，户籍2171人。现有村"两委"干部5人，党员72人。主要生产水稻、花生、种养蚕种、水果（以三华李为主）。矿产资源较丰富，主要有陶瓷矿、白钨矿等。

【水口村】　水口村委位于重阳镇东北方向，距重阳镇中心6千米。东接武江河，南抵黄岸，西抵黄土坛，北临乳源桂头。辖10个村民小组，总户数505户，户籍2380人。现有村“两委”干部5人，党员72人。水口主要生产水稻、花生等作物。森林资源颇为丰富，有多棵千年以上的樟树和榕树。水口村委的龙舟赛队伍远近驰名，连续多年获得韶关市龙舟大赛冠军，曾代表韶关到香港进行比赛。

重阳镇领导名录

书　记：谭木初（—2017.10）
　　　　龚映韶（2017.10—）
副书记：龚映韶（—2017.10）
　　　　黄　勇（2017.11—）
　　　　黄振天
　　　　郁　扬
委　员：梁满洪
　　　　曾维佩
　　　　黄明富
　　　　林光锋
　　　　刘甜妹（女）
人大主席：侯福清
镇　长：龚映韶（—2017.11）
　　　　黄　勇（2017.11—）
副镇长：黄明富
　　　　刘斯琪（女）
纪委书记：刘甜妹（女）
武装部长：林光锋

（何应荣）

惠民街道

【概况】　惠民街位于武江区的中北部，总面积6.2平方千米。辖沙湖、沐阳东、冷水坑、侨新、幸福、群康、群立、新华北、黄田坝、武江北、惠民北、新村、东岗岭、长城共14个社区居委会。2017年，全街年末户籍人口70950人，常住人口75153人。街道有初中2所，高中2所，小学6所，幼儿园17所，有文化站1个。主要旅游景点有沙湖公园、韶州公园。

惠民街道办事处内设党政办、计生办、社会事务办、维稳综治办。

【干部驻点联系群众】　2017年，惠民街开展干部驻点普遍直接联系群众活动情况。截至2017年12月末，到街道所辖13个社区报到的驻点团队人数共计63人（组长9人、成员54人），其中：“两代表一委员”人数为35人，驻居法律顾问4人，辅助团队人数共计78人。截至2017年年底，已走访入户数20030户次，反映问题总数120个，解决问题总数120个。

【党代表工作室建设】　2017年，惠民街共组织街道7名区党代表开展30次接访活动，登记群众来访85人次，全部进行造册登记，并按照接访流程对接访问题进行分类办理和答复，已办理20件，为群众做好事、实事22件。

【基层党建制度建设】　2017年，惠民街道党工委把“两学一做”学习教育作为街道党建工作的主线，进一步规范“三会一课”、民主生活会、组织生活会、谈心谈话、党员发展、党费收缴。制定以学习十九大精神以及习近平总书记系列讲话精神为重点的学习计划，开展“送学上门”“品读榜样故事，汲取精神力量”阅读分享会及“家门口的党课”等系列党建活动20余次。

【第六届社区两委换届】　2017年5月10日，武江区惠民街下辖13个社区分别召开第六届社区“两委”换届选举工作大会，采取无记名投票、差额选举的方式产生出新一届社区“两委”干部，其中支委委员39名（其中书记13名），居委委员78名（其中主任13名、副主任13名），书记、主任“一肩挑”和支委委员、居委委员交叉任职比例均达到100%。

【提升社区阵地建设】　2017年，惠民街道按期完成13个社区基层服务平台建设，进一步优化社区网格，拓展社区政治功能、治理功能、服务功能；结合各社区特色，组织试点开展“一社区一特色”创建活动，培育基层党建新品牌、新亮点，实现基层党建亮点不断涌现。

【社区居家养老服务建设试点】　2017年，惠民街根据《韶关市城市社区居家养老服务建设试点工作方案》要求，在区委、区政府的领导和市民政局、区民政局的支持指导下，历时5个月时间，建成韶关市首个城市社区居家养老服务中心。该社区居家养老服务中心位于武江翰林世家小区，配备有棋艺室、康健室、长者休息室、长者学堂等活动室；安装有无障碍卫生间、紧急呼叫铃、居家安全等适老化设施。该养老服务中心服务对象为辖区60岁以上老年人，重点关注“三无”老人、空巢老人等特殊老人。集学习、娱乐、健康生活、社区帮扶为一体的“一站式”老年人活动园地。

【巩卫创文】　2017年，惠民街统筹兼顾，整合资源，明确重点，抓住“周五公共卫生日”，紧密联系挂点单位定期集中开展牛皮癣、卫生死角，沟渠等清理。全年累计参与人次约700人，清理垃圾百余吨，清除卫生死角81处。投放灭鼠药物486.2公斤，灭蚊药物38.5公斤。累计清理横幅111条，处理乱张贴小广告约600多张，清除牛皮癣1513处，张贴、发放公益宣传广告、制作宣传栏500余份，强化对小街小巷、“关、停、并、转”企业宿舍小区僵尸车的清理力度，累计清理僵尸车辆21台。街道联系区有关职能部门累计投入近12万元对一棉、二棉、原新华印刷厂、机床厂宿舍小区和二棉市场进行重点整治，包括拆违、路面修复、垃圾清理，居住环境得到有效改善。

【最低生活保障工作】 2017年，惠民街道对申请最低生活保障的对象，逐一排查摸底，了解贫困群众的生活情况，对符合条件，确需救助的对象，给予最低生活保障。惠民街道享受最低生活保障的有203户，共计308人。

【残疾人救助扶助】 截至2017年12月末，惠民街道为辖区139名低保户中的残疾人申请广东省残疾人生活津贴，为433名重度残疾人申请广东省重底残疾人护理津贴。并积极为残疾人争取就业岗位，鼓励有条件的残疾人自主创业，并为他们提供必要支持；配合市残联组织残疾人参加就业培训，提高辖区内残疾人的职业技能水平。

【公租房、经济适用房工作】 惠民街道严格按照要求抓好公租房、经济适用房、公共租赁减免房租的审核工作，2017年受理公租房申请15户，经审核，符合条件上报14户；受理经济适用房申请3户，经审核，符合条件上报3户；受理减免房租申请28户，经审核，符合条件已办理低收入证明家庭24户。

【爱心超市】 2017年，惠民街爱心超市发放慰问934人次，发放救灾物资近6万元。

【人口计生工作】 2017年，惠民街道召开12次研究计生工作会议；举办各类培训5次，共195人次参加培训；开展宣传活动6场，参与群众3000余人；慰问活动2次，服务群众500人次；发放宣传资料1.5万多份；全年共计派发避孕药具有：避孕套1500余盒，避孕药1000余盒。全年户籍人口出生1034人，其中政策内出生1023人，政策生育率为98.94%，出生率13.59‰，男女出生数为533：501，性别比为106.39。孕前优生健康检查81人，出生缺陷防控检查243人。

【劳动保障所工作】 2017年，惠民街人力资源和社会保障所不断完善劳动再就业机制和服务体系，截至12月，城镇新增再就业782人；城镇失业再就业723人；城镇就业困难人员再就业164人；认定就业困难人员人数178人；企业申请社会保险补贴及岗位补贴人数39人，补贴金额约51万元；灵活就业申请补贴人数386人，金额约200万元；办理城乡居民养老保险合计办理1260人，全年累计参加医疗保险人数24843人；小额担保贷款受理成功2例。基本实现养老保险覆盖全社区的目标，为社会的安定和谐作出一定的贡献。

【综治维稳工作】 2017年，惠民街道切实做好“平安惠民”创建工作，不断增强社会治安防控能力，加大对各类矛盾纠纷排查调处力度，全力做好维护社会稳定工作，实行网格化管理，将辖区划分成67个网格，每个社区分别有2名网格员对单元网格进行管理。开展书记大接访活动12次，各类专项整治行动8次，接待群众来访80多批90多人次，组织矛盾纠纷排查24次，调处信访案件50多宗，其中各社区工作站调处各类矛盾纠纷37件，调处率100%，成功调处率98%。

【安全生产工作】 2017年，惠民街开展4次关于安全生产的演练和培训，培训人员共计280人次；开展4次专题宣传活动，共定制3000个环保宣传袋、派发15000余份宣传单和《致辖区居民的一封信》。联合区应急中心、区住建局、区安监局、区消防大队、派出所等部门开展现场执法，全年累计检查6家危险化学品企业、“三小场所”253家、托儿机构62家、739间出租屋，其中高层建筑246栋、低层建筑493栋、停放电动车数量473辆、没收非法充装燃气瓶共132个。

【三防工作】 2017年，惠民街严格执行汛期24小时值班制度；与各社区居委会签订三防责任书；积极开展对各社区的地质灾害隐患区域排查：低洼易涝、危房旧屋、滑坡、塌方、泥石流等以及大风易造成的临时建筑物、工地塔吊、户外广告牌、树木倒塌等巡查工作；积极加强与上级有关部门、辖区重点项目建设单位沟通协调；充分利用网格化管理，及时收集汛期各类信息。召开三防专题会议5次；组织人员培训320人次；汛期三防巡查工作10次；派发三防宣传单张8000余份。

【河长制工作】 2017年，惠民街按照省市区要求严格执行河长制。全年租赁雇佣渔船清理河面垃圾16次，清理各类河岸垃圾清运车15辆，根除卫生死角30处，收集、清运垃圾3吨，投入工作经费2万元。举行宣传活动2次，派发宣传资料2000余份、环保袋1000个，参与群众1500人次。

【文化体育事业】 2017年，惠民街文化站阅览室面积100平方米，书架24个，在册书籍6235册，配备电脑8台，投影仪一套，最多同时容纳50人一起阅读；文体活动室面积130平方米，有健身器材10套、体育用品30套，可折叠乒乓球桌3张，同时配备灯光音响设备1套。全年举行2次体育活动；举办读书分享会4次；下发到各社区居委会书籍7000余册；组织职工干部28人参加武江区第二届机关事业单位职工篮球比赛，并获得女子组团体第四名和体育道德风尚奖。

【受表彰情况】 2017年，惠民街沐阳东社区评为省级充分就业星级社区，群康社区评为市级文明社区等荣誉称号。

【沙湖社区】 沙湖社区管辖范围：东起惠民街道办公楼，西至移山路，南起工业西路、北至国道323线，主要道路有工业西路、沙湖路，管辖面积近0.4平方千米。2017年常住人口1800户，6201人。辖区内有中国电信、韶关市供电局等单位，有山水华府、芙蓉花园、电力新村等小区。办公室位于工业西路26号山水华府旭川园8栋负二层，办公场所320平方米，现有居委干部6人，网格员2人。

【沐阳东社区】 沐阳东社区管辖范围：东至韶关市博物馆，西至沐阳东路16号，南至工业西路，北至韶关镇泰有限公司，主要道路有工业西路、沐阳东路，管辖面积近 0.6平方千米。常住人口1163户，2867人。辖区内有四一九医院等单位，有卓越雅苑、丰华公司宿舍、东南明珠花园、天子岭廉租房、天子岭新村、利民药厂宿舍、华馨花园、四一九宿舍等小区。办公室位于工业西路94号华馨花园A栋102号，办公场所174平方米，现有居委干部 6人，网格员2人。

【冷水坑社区】 冷水坑社区：东起同心酒店（工业中路47号），西至惠民街道办公楼，南起工业西路，北至黄屋村，要道路有工业大道路、西冲路，管辖面积近0.4平方千米。2017年，常住人口1390户，5581人。辖区内有武江区城区中心幼儿园、武江区田家炳小学、惠民社区卫生服务中心、西冲幼儿园等单位，王屋安置小区，西冲安置小区，七〇六宿舍，教师新村等小区。办公室位于武江区芙蓉北路7号（芙蓉加油站对面三楼），办公场所278平方米，现有居委干部6人，网格员2人。

【侨新社区】 侨新社区管辖范围：东起立交桥北侧，西至工业中35号，南起工业中路，北至群康路口，主要道路有工业中路、景秀路，管辖面积近0.3 平方千米。2017年常住人口1796户，6839人。辖区内有交通银行、农村信用社等单位，有锦鹏花园、景秀花园、侨新小区、新三联、汇展华城等小区。办公室位于工业中路侨新小区鸿福大厦D座二楼，办公场所330平方米，与幸福居委合用办公场所，现有居委干部6人，网格员2人。

【幸福社区】 幸福社区管辖范围：东至立交桥，西至工业中35号，南至工业中路，北至群康路姐妹岭路口，主要道路有幸福路，管辖面积近0.5平方千米。2017年常住人口602户，2365人。辖区内有丽景教师新村、幸福家园等小区。办公室位于新华北路鸿福大厦D座201，办公场所330平方米，与侨新居委合用办公场所，现有居委干部6人，网格员2人。

【群康社区】 群康社区管辖范围：东至新华北路，西至幸福家园，南至侨新小区，北至姐妹岭，主要道路有松山路，群康路，管辖面积近 0.7 平方千米。2017年常住人口2196户，5017人。辖区内有食药监局、韶关市第三人民医院、韶关市第五中学、韶关市开放大学等单位，有星河华庭、明居园、供电局宿舍、景泰花园等小区。办公室位于群康路2号明居园首层，办公场所118 平方米，现有居委干部6人，网格员2人。

【东岗岭社区】 东岗岭社区管辖范围：东至新建路，西至新华北路立交桥侧，南至工业东，北至新华北路，主要道路由工业东路、新华北路、新建路，管辖面积近0.3平方千米。2017年，常住人口2320户，8129人。辖区内有东岗小学、市文化馆、韶关农业发展银行等单位，有志兴金碧园、邮政小区、东岗岭安置小区等小区。办公室位于东岗岭安置小区物业管理处对面，办公面积316平方米，与新村社区居委会合用办公场所，现有居委干部6人，网格员2人。

【新村社区】 新村社区管辖范围：东至惠民北路29号，西至新建路4号，南至工业东路16号，北至新华北路13号，主要道路有惠民北路、新华北路、工业东路，管辖面积近0.4平方千米。2017年，常住人口1699户，5669 人。辖区内有水务局、工商局等单位，有东枫花园、阳光康地、盈翠皇庭、内燃机厂宿舍、水务局宿舍、茶叶公司土产公司宿舍等小区。办公室位于东岗岭安置小区物业部对面，办公面积316平方米，与东岗岭社区居委合用办公场所，现有居委干部6 人，网格员2人。

【新华北社区】 新华北社区管辖范围：东至新兴路，西至百货大厦，南至新华北路，北至公安街，主要道路有新华北路、惠民北路、新兴路、新群路，管辖面积近0.5平方千米。2017年，常住人口2431户，8342人。辖区内有市科技局、市环保局、市口腔医院、市军分区干休所、九三二地质队等单位，有茗苑花园、嘉晖商厦、香槟小城、椿松花园、志兴丽景园、铭轩豪庭等小区。办公室位于新兴路城市花园B座201，办公场所212平方米，现有居委干部6人，网格员2人。

【群立社区】 群立社区管辖范围：东至惠民北路，西至新兴路和虾公山，南至公安街，北至市委党校，主要道路有惠民北路、新兴路，管辖面积近 0.8 平方千米。2017年，常住人口1748户，6329人。辖区内有韶关市北江中学、韶关市第十五中学、韶关市广播电视台、韶关市国税、一建等单位，优山美地、教师新村、翰林世家、松苑小区等小区。办公室位于群立街后山新44号，办公面积78平方米，现有居委干部6人，网格员2人。

【武江北社区】 武江北社区范围：东至武江河，西至惠民北路，南至武江桥，北至黄田坝小学，主要道路有武江北路、惠民北路，管辖面积近0.6 平方千米。2017年，常住人口2314户，5975人。辖区内有市财政局、市房屋公积金中心、市妇幼保健院、市青少年宫、建设银行、农业银行、保温建材有限公司、工贸资产经营有限公司、韶关市建筑设计院等单位，有滨江汇景、桂苑小区、新世纪大厦、江景园等小区。办公室位于武江北路154号滨江汇景D栋1层，办公场所192平方米，现有居委干部6人，网格员2人。

【黄田坝社区】 黄田坝社区管辖范围：东至武江北路，西至惠民北路，南至黄田坝小学，北至朝阳新村，主要道路有武江北路、惠民北路，管辖面积近0.8平方千米。2017年，常住人口1797户，5010人。辖区内有韶关学院等单位，有朝阳新村、南枫雅居、海景花园、丽江苑等小区。办公室位于惠民北路68号A1座2楼，办公场所350平方米，与惠民北社区居委会合用办公场所，现有居委干部6人，网格员2人。

【惠民北社区】 惠民北社区管辖范围：东至江湾名庭，西至市化工厂打石场，南至市委党校，北至塘湾村委南，管辖面积近0.8平方千米。2017年，常住人口1226户，4891人。辖区内有北江实验学校、朝阳小学、韶关市福利院等单位，有江湾名庭、碧桂园凯旋华府、金城小区、奥园等小区。办公室位于惠民北路68号城市花园A1栋2楼，办公场所350平方米，与黄田坝居委合用办公场所，现有居委干部6人，网格员2人。

【长城社区】 长城社区管辖范围：东至工业西工具厂移山路西侧，西至工业西长城世家，南至工业西路，北至市第二水厂，主要道路有工业路。管辖面积近0.4平方千米。2017年，常住人口540户，1908人。辖区内有田家炳沙湖绿洲小学等单位，有沙湖绿洲、长城世家等小区。办公室位于武江区工业西路88号长城世家58栋1楼，办公场所420平方米，现有居委干部6人，网格员2人。

惠民街道办事处领导名录

党工委书记：古寿英（女）
副书记：汤应辉（—2017.10）
　　　　宋　清（2017.10—）
　　　　王　成
　　　　袁　海（侗族）
委　员：杨惠得
　　　　刘　薇（女，瑶族）
　　　　李永红
　　　　温　碧
人大工委主任：杨　岚（女）
街道办主任：汤应辉（—2017.12）
　　　　　　宋　清（2017.12—）
副主任：刘　薇（女，瑶族）
　　　　温　碧
纪工委书记：杨惠得
武装部部长：温　碧

（黄韶辉）

新华街道

【概况】 韶关市武江区新华街道（新华街道）位于武江区东部，办公地点位于武江区新民路21号。辖区东起武江桥，西至西郊6千米，南至百旺大桥，北至工业路，以及曲仁红尾坑矿宿舍区。管辖面积为13.84平方千米，辖乳韶、工业西、工业中、芙蓉北、沙洲、金洲、芙蓉东、惠民东、惠民西、五祖路、工业东、武江南、新华南、红尾坑、花城、利民、御龙湾17个社区；街道常住人口为134229人，户数为49213户，年末户籍人口99324人，外来人口18284人。街道有初中3所，小学6所，幼儿园29所。主要旅游景点有芙蓉山国家矿山公园。

2017年，新华街道办及各社区获得区级以上荣誉奖项11个。其中：花城社区居委会在6月被区授予“平安创建工作示范社区”；12月30日新华街道办事处获得2016—2017年度韶关市文明单位，五祖路、工业东、沙洲、红尾坑社区命名为韶关市文明社区；海邻社会工作服务中心命名为韶关市未成年人思想道德建设先进活动基地；12月19日惠民西社区获得广东省最美志愿服务社区。

新华街道办事处内设党政办、计生办、社会事务办、维稳综治办。

【驻点普遍直接联系群众工作】2017年，新华街道成立驻点团队16个共66人、辅助团队16个共91人，每周二到社区开展接访、下户走访活动，和群众面对面交谈，倾听群众呼声，掌握其生活信息，为群众解决问题。2017年，直接联系群众21743户，入户率达91.5%，帮助群众解决问题183件。

【巩卫创文工作】2017年，新华街更新、更换宣传栏60余块，制作文明公约宣传牌100余块、社区居民公约40多块。围绕社会主义核心价值观、“善美韶关”、“讲文明、树新风”等主题，通过沿街商铺电子显示屏、宣传单张、温馨提示牌等形式，广泛开展公益宣传，提高居民的支持率和参与率。开展“善美新华行之一居一主题，一天一活动”创文主题实践活动，15个社区每个月确定一个主题作为当月开展文明创建活动的重点，组织两次以上的文明创建活动，该活动自5月启动以来，共开展创文活动40余场，营造全民共建、全民参与的创建氛围；组织成立“参战老兵志愿服务队”，以“老兵余热助推创文，合力共建善美之城”为着力点，引导他们积极投身创文工作当中。扎实推进环境卫生整治，积极组织街居干部、辖区单位、物业公司、区直单位和居民群众开展环境卫生清洁整治大行动，对社区卫生死角进行清理，社区每天组织保洁员及志愿者对辖区环境卫生进行检查、保洁，发现问题及时联系环卫和城管处理，共清理杂草、清扫路面1000多平方，清理垃圾一吨。此外，不断完善各社区文化室设施设备，利用上级下拨的专项资金改造和进一步完善惠民西、武江南等7个社区的文化室，配套相应的设施设备。大部分文化室已基本完善，具备文化室的基本功能可正常使用，为居民群众提供交流活动的场所。

【社会保障工作】2017年，新华街道推动社会保障体系实施，新办城居养老保险51人，总参保人数达1416人；办理2018年度城乡居民医保参保34380人。严格按照政策要求做好低保审核工作，共收到197份低保年审资料，其中3份属于新户提供的低保申请；做好重大疾病医疗救助工作，2017年第一季度至第三季度共审批33名医疗救助申请，共计救助金额203285元；高龄老人津贴申请人数为1673人，发放老龄津贴372120元；发挥爱心超市扶贫济困的作用，爱心超市共发放7次物资，共有526户低保户及困难户受益，发放物资折价金额约5.049万元，收到捐赠物资折价约为2.64万元；做好残疾人两项补贴申请工作，为539位残疾人发放129.36万元残疾人重度护理补贴，为132位残疾人发放23.76万元残疾人生活津贴。精心组织、高质量完成统计工作，按时按质完成住户调查、小微企业、限额以下小样本企业、月度劳动力抽样专项调查、批发零售、住宿餐饮业限额以下季度抽样调查、城乡一体化住户调查样本大轮换、人口变动抽样调查等一系列调查工作。

【棚户区改造工作】2017年，新华街道扎实推进棚户区改造工作，公产房西区总户数40户，已全部搬离并拆除完毕，东区总户数268户，已搬离257户；房改房西区总户数204户，已签约202户，东区总户数85户，已签约84户；公产房总19栋、已拆除15栋，原北江水泥厂征地拆迁工作稳步推进。

【维护安全和稳定工作】2017年，新华街道认真落实包案责任制，强化责任担当意识，街道制定有信访维稳和重大节日期间的书记、主任信访接待日活动方案，落实领导包案制度和实行领导下访。2017年共排查矛盾纠纷38件，共调处38件，调处成功37件，调处成功率达98%以上，其中物业纠纷4宗，调处率达100%。二是在部门协调上下功夫，及时消除隐患。协助派出所、工商、公安等部门对辖区内的流动人员和出租屋进行清查登记。加强对刑释人员的帮教工作和社区矫正人员的监管工作，认真做好接收和落实、接管工作，2017年累计接收社区矫正人员183人，累计解除社区矫正人员127人。认真做好邪教练习者和涉毒人员的监控。积极开展安全隐患排查工作，开展检查行动270余次，排查辖区企业和“四小场所”2185家，发现各类安全隐患63处，其中排查黑充气点1个。联合公安、消防、安监等部门开展现场执法，整改42处、限期整改33处，有效防范各类安全事故的发生。认真落实三防责任，坚持24小时值班制度，确保辖区安全。广泛深入宣传，在辖区内张贴安全生产宣传海报1500余张，发放各种宣传资料3000余份，张贴公开信300余份。进一步提高群众风险防范和避险自救能力，做好食品药品安全监督管理工作，严厉打击无证生产和制假售假的违法行为。

【人口计生工作】2017年，新华街不断强化落实目标责任，完善服务管理工作。认真抓好全员人口信息管理工作，完善系统信息的准确性、及时性和规范性；积极开展流动人口专项服务管理活动，圆满完成国家流动人口生育状况调查工作。落实国家计生政策，做好计生条例宣传及“两孩”生育政策的落实等工作，对符合政策生育的群众做好生育登记及再生育审批。在系统上共办理一孩生育登记800多条，办理两孩生育登记1160条，办理再生育审批67条。1—10月，新华街道共出生1131人，政策生育率99.38%。开展免费孕前优生健康检查及出生缺陷综合防控项目检查服务券的发放工作。辖区共有127对夫妇参加孕前优生健康检查，发出出生缺陷综合防控项目服务券675张。积极开展“广东家庭发展促进月”、“关爱女性 关注健康”知识讲座、孕前优生健康、出生缺陷防控项目检查宣传、“5·29”计生协会会员活动日、一元爱心捐助、“7·11”世界人口日等宣传活动。认真落实计划生育家庭奖励扶助政策，健全计划生育家庭奖励扶助保障机制，为计生特扶家庭开通健康就医绿色通道。1—9月，共为辖区547名独生子女父母办理城独奖励；为8名失独或病残扶助对象办理特别扶助金。为辖区236户困难计生家庭办理意外保险，为辖区32户失独家庭49人办理综合保险。

【第六届社区两委换届选举】 2017年，新华街完成社区“两委”换届选举工作。全街16个社区共选出居民委员会成员96人，其中主任16人，副主任16人，委员64人；选出党支部成员48人，其中书记16人，委员32人。书记、主任“一肩挑”和支委委员、居委委员交叉任职比例均达100%。该届“两委”班子平均年龄37岁，大专以上学历的达75%。

【社区居家养老服务中心】 新华街社区居家养老服务中心于2017年12月正式成立。中心由韶关市海邻社会工作服务中心承接运营，配置专业社工，引入专业社会工作手法和社会服务优质管理模式。实行无偿服务、低偿服务和有偿服务相结合。优先保障辖区特殊群体老人和高龄老人后逐步扩展面向社区60岁及以上老人。设有棋艺室、阅览室、休息室、健身区等不同功能室。为社区老人提供集社交娱乐、日间照料、社区安康、社区关怀等为一体的一站式长者综合服务。致力于提升辖区老年人的生活质量和幸福指数。

【成立参战老兵志愿服务队】 2017年，新华街道根据武江区委、区政府的工作部署，结合志愿者服务的要求，决定组建参战老兵志愿服务队。参战老兵志愿服务队成立后，分成三支队伍开展文明引导工作。协助交警、志愿者做好主干道的交通指挥工作；对一些商家和摊贩的不文明经营行为进行劝导，引导、督促他们养成良好的行为习惯；以及对工作区域主干道的卫生进行保洁，清理小广告，并对卫生死角、黑点进行巡查，以促进城市文明管理工作的常态化。

【芙蓉北社区】 芙蓉北社区管辖范围：东起林桥坑至寓山路，西至劳教所门前路，南至芙蓉山脚，北至芙蓉新城吉祥路口，面积为1.6平方千米，常住人口7536人，户数1942户。主要道路有芙蓉北路、吉祥路、津头岭一至五横巷、新民路10号；驻辖区单位：韶关市看守所、韶关市救助站、韶关市交通拯救队、韶关市红十字会、至和汤邓淑芳纪念学校。芙蓉北社区居委会位于芙蓉北路16号。该居委会与乳韶居委、利民居委联合办公。

【乳韶社区】 乳韶社区位于芙蓉北路16号，该居委与芙蓉北居委、利民居委联合办公，辖区范围东起劳教所门前寓山路，西至西郊六千米粤北二医院，南至芙蓉山脚北侧，北至芙蓉北路，面积为1.2平方千米，常住人口7480人，户数2109户。主要道路有芙蓉北路、韶关大道路、沐溪大道3条；驻辖区单位有广东省核工业地质调查院、韶关市第九中学、韶关粤北第二人民医院、韶关市食品药品检验所。

【利民社区】 利民社区位于芙蓉北路16号。该居委与乳韶居委、芙蓉北居委联合办公，辖区范围东起寓山路，西至沐溪大道市林科所，南至芙蓉北路，北至工业西路，辖区面积1.1平方千米，总人口5798人，户数1689户。主要道路有工业西路、建设路、沐溪大道、芙蓉北路4条；驻辖区单位有韶关市气象局、韶关市劳动和社会保障局、韶关市检察院、韶关市疾病预防控制中心、韶关市中心血站、韶关市林科所、韶关市农业科技推广中心、韶关市水文分局、武江区镇泰小学、丽珠集团利民制药厂、韶关市民政局、韶关市职业病防治院、武江区国家税务局、武江区卫生和计划生育局、武江区食品药品监督管理局。

【工业中社区】 工业中社区范围：东起新华南路至新民路，南至怡华路，西至芙蓉一路，北至工业中路，面积为 0.7平方千米，总人口15629人，户数3349户，因市农业局、市水产宿舍、市机械供销公司拆迁现正在建。主要道路有工业中路、乳韶路、新津路、新民路、怡华路、芙蓉一路6条；驻辖区单位：韶关市健康教育所、韶关市水产局，武江区华泰小学、武江区公安分局、韶关市第二建筑工程公司。工业中社区居委位于新津路华泰花园21栋首层3—4号铺，办公场所256平方米。

【工业西社区】 工业西社区范围：东起芙蓉北一路西侧，西至芙蓉北三路东侧，南至吉祥路北侧，北至工业西路南侧，面积为0.7平方千米，常住人口12580人，户数7384户。主要道路有芙蓉北一路、二路、三路，吉祥路、工业西路、如意路6条；驻辖区单位：韶关市第十四中学，芙蓉山派出所。工业西社区居委会位于如意路金芙蓉大厦首层8号。

【五祖路社区】 五祖路社区范围：东起体育东路，西至新华南路，南至亨泰路，北至体育中心路，面积为0.7平方千米，常住人口8230人，户数3403户。主要道路有体育东路、五祖路、新华南路、亨泰路4条；驻辖区单位：核工业广东矿冶局、韶关军分区新华南路离职干部休养所、韶关市军队离退休干部五祖路休养所、韶关市环境监测中心站。五祖路社区居委会位于体育东路18号，办公场所160平方米。和工业东社区一起办公。

【工业东社区】 工业东社区范围：东起五祖路，西至新华南路路，南至体育东路，北至工业东路。面积为0.53平方千米，常住人口6820人，户数5738户。主要街巷有工业东路、五祖路、新华南路、体育东路、文艺路5条。驻辖区单位：广东省第五建筑工程公司、广东省核工业地质局、韶关市公安局消防支队、韶关市卫生监督所、韶关市应急救护指挥中心、韶关市军队离休、退休工业东路军休所、武江区红星小学。工业东社区居委会位于体育东路18号，与五祖路居委会联合办公。

【惠民西社区】 东起惠民南路，西至新华南路，南至韶能集团、南枫花园，北至五祖路、亨泰路，面积为0.6平方千米，常住人口10036人，户数2830户。主要街巷有：韶关市卫计局门前路、亨泰路、惠民南路、新华南路；驻辖区单位：韶关市武江区人民政府、中国人民银行韶关市中心支行、韶关市工商行政管理局、韶关市城建档案馆、韶关市老干部大学、韶关市卫生和计划生育局、韶关市建筑工程质量安全监督站、韶关市农村信用合作联社、韶关市汽车客运西站、武江新华街道社区卫生服务中心。惠民西社区居委会位于惠民南路136号，办公场所350平方米。

【惠民东社区】 惠民东社区范围：东起武江南路，西至惠民南路，南起北江桥头，北至田家炳中学西边围墙，面积为0.7平方千米，常住人口8269人，户数3318户。主要街巷有惠民南路、武江南路、光明巷3条；驻辖区单位：粤北人民医院、韶关学院医学院、韶关市美穗美达多粮油股份有限公司。惠民东社区居委会位于武江南路5号，办公场所430平方米。

【武江南社区】 武江南社区于2005年5月韶关市区域调整时设置，其前身为新华街道工农巷社区，辖区范围：东起武江南路，西至惠民南路，南起田家炳中学，北至武江桥头。面积为0.7平方千米，有常住人口8986人，户数5062户，主要街巷有工农巷、武江南路、惠民南路、光明巷；驻辖区单位：韶关市中医院、韶关市慢性病防治院、韶关市爱民女子医院、韶关市田家炳中学（高中部）、广发银行股份有限公司韶关分行、武江区向阳小学、韶关市武江区新华幼儿园。武江南社区居委会与惠民东居委会联合办公。

【金洲社区】 金洲社区范围：东起沿江西路（鸿洲花园至石背窝路口）；西至芙蓉东路（石背窝路口至金泽园南侧）；南起芙蓉新城南端至石背窝路口；北由金泽园至金福园南边路。面积0.82平方千米，常住人口11606人，户数3862户。主要道路：福彩路1路、福彩路2路，沙洲四路、沙洲五路、沙洲六路、芙蓉东路、沿江路、沙洲路；驻辖区单位：韶关市福利彩票发行中心、韶关市爱尔眼科医院、韶关市圣亚泌尿外科医院。金洲社区居委会位于沙洲尾福彩路5号，办公场所有280平方米。

【沙洲社区】 沙洲社区范围：东起沿江路，西至芙蓉东路，南至金福园南边，北至新华南路，面积为0.78平方千米，常住人口8681人，户数2893户。主要街巷有：沿江路、芙蓉东路、新华南路、沙洲一路、沙洲二路，沙洲三路、沙洲路；驻辖区单位：韶关市地方税务局、韶关市住房和城乡建设管理局、韶关市人才交流中心、武江区人民法院、金福园小学、田家炳中学初中部。沙洲社区居委会与金洲社区居委会联合办公。

【新华南社区】 新华南社区于2005年4月在韶关市区域调整时设置，其前身为新华街道西岸社区。辖区范围东起新华南路，西至芙蓉山脚，南起红玫路，北至新民路，辖区面积约1.2平方千米，辖区居民总户数3667户，常住人口11000人。主要街道有新华南路、新民路、新华南红玫路。驻辖区单位：广东省矿产应用研究所、广东中烟工业公司韶关卷烟厂、武江区民政局、武江区教育局、武江区残疾人联合会、新华街道办事处。新华南社区居委会位于新华南红玫路2号，办公场所有700平方米。

【芙蓉东社区】 芙蓉东社区范围：东起新华南路，西至芙蓉山脚，南至芙蓉东路，北至新华南路一横巷，面积为 1.21平方千米，常住人口9183人，户数4983户。主要街巷有新华南路、福林路、上连冲路、下连冲路、芙蓉东路、红玫路；驻辖区单位：韶关市烟草机械配件厂有限公司、韶关市锅炉设备安装公司、韶关市特殊学校。芙蓉东社区居委会与新华南居委会联合办公。

【红尾坑社区】 红尾坑社区经区人民政府批准，于2005年6月10日设立。辖区范围为原曲仁红尾坑矿宿舍区，面积0.74平方千米。有常住人口2356人，2245户。驻辖区单位：韶关市红光水泥实业有限公司、韶关市世邦新型建材实业有限公司、红尾坑留守站。红尾坑社区居委会于2017年6月搬到曲仁园·社主轩商品楼四楼。

【花城社区】 花城社区是区政府2012年批准成立的社区。辖区范围：东起沿江路，西至芙蓉山，南至百旺大桥，北至沙洲五路，辖区面积1.8平方千米，常住总人口8230人，户数2662户。主要道路为沿江路一带。驻辖区单位：武江区人民武装部、核工业华南技工学校、广东韶能集团股份有限公司、韶关市安全监督管理局。花城社区居委会位于武江区芙蓉东路178号碧水花城8栋负一层二楼。

新华街道办事处领导名录

党工委书记：粟　健
副　书　记：罗北京
　　　　　　周　明
　　　　　　李旭阳
委　　　员：邓志雄
　　　　　　胡慈芬（女）
　　　　　　饶佳运
　　　　　　黄颖琳（女）
人大工委主任：李　毅
街道办主任：罗北京
　　　　　　胡慈芬（女）
副　主　任：饶佳运
　　　　　　张　怡（女，挂职）
纪工委书记：邓志雄
武装部部长：饶佳运

（肖　婧）

2017年4月10日，新华街召开2017年社区“两委”换届选举工作动员大会　（新华街道办　供图）

先进单位·个人

2017年度获市级以上表彰先进单位

表10

单位名称	荣誉称号	表彰单位
武江区人民政府	广东省推进教育现代化先进区	广东省人民政府
武江区法院民一庭	集体二等功	广东省高级人民法院
韶关市武江区国家税务局	全国文明单位	中央精神文明建设指导委员会
韶关市武江区国家税务局	2017年全国职工书屋示范点	中华全国总工会
韶关市武江区国家税务局	广东省国税系统法治税务示范基地	广东省国家税务局
韶关市武江区国家税务局	广东省国家税务局“集体三等功”	广东省国家税务局
韶关市武江区国家税务局党总支	广东省国税系统“五个好”先进基层党组织	广东省国家税务局
韶关市武江区国家税务局机关支部	韶关国税系统“五个好”先进基层党组织	韶关市国家税务局
韶关市武江区国家税务局“点亮微心愿”志愿服务项目	最佳志愿服务项目	广东省文明办
重阳镇黄岸村委	广东省卫生村	广东省爱卫办
武江工商局	广东省无烟单位	广东省卫生计生委
韶关市武江区工商业联合会（商会）	2017年广东省“五好”县级工商联	广东省工商业联合会
韶关市国土资源局武江分局	韶关市2016年度“三旧”改造先进单位	韶关市人民政府
武江区人武部	先进人武部	韶关市军分区
刑侦大队	集体三等功	韶关市公安局
交警大队	集体三等功	韶关市公安局
西河派出所	全市优秀公安派出所	韶关市公安局治安支队
龙归派出所	全市优秀公安派出所	韶关市公安局治安支队
武江区法院民二庭	集体三等功	韶关市中级人民法院

续表10

单位名称	荣誉称号	表彰单位
武江区文化新闻出版局	先进集体	韶关市“扫黄打非”工作领导小组办公室
韶关市武江区新华幼儿园	“善美之城，与法同行”第三届青少年、儿童法治文艺比赛组织奖	韶关市教育局、韶关市精神文明建设委员会办公室、韶关市普法办公室、韶关市司法局、韶关市文化广电新闻出版局
韶关市武江区沐溪小学	韶关市卫生先进单位	韶关市爱国卫生运动委员会
红星小学	韶关市文明校园	韶关市教育局、韶关市精神文明建设委员会办公室
红星小学	“电脑设计与绘画”优秀学生社团	韶关市教育局
红星小学	“和教育”杯中小学电脑制作活动最佳组织奖	韶关市教育局、中国移动韶关分公司
武江区华泰小学	全国“小小科学家”实验学校	中国发明协会、全国中小学科学教育体育活动组委会
武江区华泰小学	全国“小小科学家”团体三等奖	中国发明协会、全国中小学科学教育体育活动组委会
武江区华泰小学	全国“小小科学家”优秀组织奖	中国发明协会、全国中小学科学教育体育活动组委会
武江区华泰小学	韶关市“和教育”杯中小学电脑制作最佳组织奖	韶关市教育局、中国移动通信广东有限公司韶关分公司
韶关市武江区金福园小学	广东省少年儿童科学教育体验活动示范学校	广东教育学会、广东省教育技术中心、广东第二师范学院科学教育研究所
韶关市十四中	国防教育特色学校	中华人民共和国教育部、广东省教育厅
韶关市十四中	市文明校园	韶关市教育局、韶关市精神文明建设委员会办公室
韶关市十四中	市2015—2016学年卫生文明先进学校	韶关市爱国卫生运动委员会
韶关市十四中	市第十四中学的剪纸社被评为韶关市中小学校“十佳学生社团”	韶关市教育局
武江区工商局	韶关市文明单位	韶关市精神文明建设委员会
武江区工商局登记注册大厅	韶关市文明示范窗口	韶关市精神文明建设委员会
韶关市武江环境卫生管理所	2016—2017年度韶关市精神文明建设先进集体——韶关市文明示范窗口	韶关市文明委
韶关市武江区外商投资和中小企业中心	2016—2017年度韶关市文明示范窗口	韶关市精神文明建设委员会
重阳镇万侯村委	韶关市卫生村	韶关市爱卫办
重阳镇水口村委	韶关市卫生村	韶关市爱卫办

2017年度获市级以上表彰先进个人

表11

姓　名	工作单位	荣誉称号	表彰单位
汪　洋	新华派出所	全国公安系统二级英雄模范	公安部
张明华	韶关市武江区人民法院	个人二等功	广东省高级人民法院
陈　丹	韶关市武江区国家税务局	最美志愿者	广东省文明办
郭妍蕾	韶关市武江区国家税务局	广东省优秀共青团员	共青团广东省委员会
植伟忠	武江区教育局	广东省促进义务教育均衡发展先进个人	广东省教育厅 广东省人力资源和社会保障厅
杨培华	武江区文化新闻出版局	先进个人	"扫黄打非"工作领导小组办公室
苏志锋	重阳九联村扶贫工作队队长	最可爱的脱贫攻坚人	韶关市扶贫办
佀庆岩	武江公安分局	个人二等功	韶关市公安局
王秉栋	刑侦大队	个人二等功	韶关市公安局
汪　洋	新华派出所	第六届"感动韶关十佳道德模范"	韶关市文明办
陈锦芳	政工办	个人三等功	韶关市公安局
雷　敬	指挥中心	个人三等功	韶关市公安局
梁顺延	国保大队	个人三等功	韶关市公安局
程　聪	刑侦大队	个人三等功	韶关市公安局
李健彬	治安大队	个人三等功	韶关市公安局
何永贵	禁毒大队	个人三等功	韶关市公安局
刘文海	西河派出所	个人三等功	韶关市公安局
张　磊	芙蓉山派出所	个人三等功	韶关市公安局
陈翔昊	龙归派出所	个人三等功	韶关市公安局
黄　勇	西河派出所	全市优秀基层民警	韶关市公安局治安支队

续表11

姓　名	工作单位	荣誉称号	表彰单位
谢伟华	芙蓉山派出所	全市优秀基层民警	韶关市公安局治安支队
欧家驹	新华派出所	全市优秀基层民警	韶关市公安局治安支队
马明超	西联派出所	全市优秀基层民警	韶关市公安局治安支队
邱华英	韶关市武江区人民法院	个人三等功	韶关市中级人民法院
刘泽彬	韶关市武江区人民法院	个人三等功	韶关市中级人民法院
张明华	韶关市武江区人民法院	全市优秀法官	韶关市中级人民法院
李同启	韶关市武江区国家税务局	韶关国税系统“五过硬”优秀党务工作者	韶关市国家税务局
陈　丹	韶关市武江区国家税务局	2015—2017年连续三年年度考核被评为“优秀”等次，记“三等功”	韶关市国家税务局
陈圣平	韶关市武江区国家税务局	韶关市优秀共青团员	共青团韶关市委员会
邹　璟	韶关市武江区国家税务局	韶关国税系统“五带头”优秀共产党员	韶关市国家税务局
王韶凤	韶关市武江区市政管理中心	2016—2017年度韶关市文明家庭	市文明办、市妇联
何玉珍	东岗小学	韶关市家长学校优秀班主任	韶关市教育局关心下一代工作委员会
廖佩珊	东岗小学	韶关市家长学校优秀班主任	韶关市教育局关心下一代工作委员会
侯德有	西联小学	韶关市优秀乡村校长	韶关市教育局
吴蔚娟	西河学校	韶关市优秀乡村教师	韶关市教育局
陈浩坤	江湾中学	韶关市优秀乡村教师	韶关市教育局
茹生秀	龙归镇中心小学	韶关市优秀乡村教师	韶关市教育局
邹蔡文	江湾中心小学	韶关市优秀乡村教师	韶关市教育局
冯世振	龙归中学	韶关市优秀乡村教师	韶关市教育局
付艳霞	沐溪小学	优秀少先队辅导员	共青团韶关市委员会、韶关市教育局、少先队韶关市工作委员会
彭　娟	红星小学	2017全国“书香童年”全民阅读活动优秀指导教师	广东教育学会中小学生阅读研究专业委员会

续表11

姓　名	工作单位	荣誉称号	表彰单位
葛晓娟	红星小学	“百千万人才工程”第五期名校长名教师培训优秀学员	韶关市基础教育系统“百千万人才工程”培养指导中心
张志军	红星小学	2016年韶关市中小学校学生社团优秀指导老师	韶关市教育局
欧俊锋	红星小学	2016年韶关市中小学校学生社团优秀指导老师	韶关市教育局
张志军	红星小学	2016年韶关市“和教育”被中小学电脑制作优秀指导老师	韶关市教育局、中国移动韶关分公司
罗萍英	华泰小学	第四届全国中小学外语教师名师	国家基础教育实验中心
邹蔡文	江湾镇中心小学	韶关市优秀乡村教师	韶关市教育局 韶关市教育基金会
陈浩坤	江湾中学	韶关市优秀乡村教师	韶关市教育局
刘文燕	金福园小学	韶关市教育系统关心下一代工作先进个人	韶关市教育局、中共韶关市委教育工作委员会
刘文燕	金福园小学	韶关市第六批名校长培养对象	韶关市教育局
冯世振	龙归中学	韶关市优秀乡村教师	韶关市教育局
吴韵婷	韶关市第十一中学	2016—2017年度韶关市“优秀少先队辅导员”	共青团韶关市委员会、韶关市教育局、少先队韶关市工作委员会
侯德有	重阳学校	优秀乡村校长	韶关市教育局
陈佩晶	韶关市第十四中学	“减负增效”荣誉教师	韶关市教育学会
黄安丽	韶关市第十四中学	广东省中学生地理奥林匹克竞赛优秀指导老师称号	广东教育学会中学地理教学专业委员会
陈国娟	韶关市第十四中学	被评为2016年韶关市中小学校学生社团优秀指导教师	韶关市教育局

统计资料

武江区2017年国民经济和社会发展统计公报

武江区统计局

2018年3月31日

2017年，全区人民在区委、区政府的正确领导下，深入贯彻落实中共十八大和十八届三中、四中、五中、六中、七中全会精神，认真学习贯彻中共十九大精神，深入贯彻习近平总书记系列重要讲话和对广东工作的重要批示精神，紧紧围绕区第九次党代会决策部署以及区委九届二次、三次全会精神，以发展为第一要务，凝聚力量，抢抓机遇，攻坚克难，奋力进取，全年经济稳步发展，各项社会事业持续健康发展。

一、综合

初步核算，全区生产总值2488354万元，增长5.7%。其中：第一产业增加值69175万元，增长4.1%；第二产业增加值1115048万元，增长3.2%（工业增加值971029万元，增长3.2%；建筑业增加值144019万元，增长3.3%）；第三产业增加值1304131万元，增长8.1%。在第三产业增加值中，交通运输业增长10.8%，批发和零售业增长5.7%，住宿和餐饮业增长3.8%，金融业下降1.3%，房地产业增长6.8%，营利性服务业增长15.6%，非营利性服务业增长9.8%。三大产业结构为2.8：44.8：52.4。按常住人口计算，人均生产总值79184元，增长4.5%。

二、农业

全区农林牧渔业总产值109670万元，增长3.6%。其中：农业产值75736万元，增长4.5%；林业产值8214万元，增长1.5%；畜牧业产值19533万元，增长0.8%；渔业产值3859万元，增长4.4%；农林牧渔服务业产值2328万元，增长5.8%。

全区粮食播种面积76650亩，增长3.2%；蔬菜播种面积64153亩，增长5.8%。粮食总产量28103吨，增长2.8%；蔬菜总产量135593吨，增长5.9%；水果总产量13147吨，增长13.4%；生猪出栏量85477头，下降1.2%；家禽出栏量766623只，增长8.6%；水产品起水量3853吨，增长4.8%。

三、工业和建筑业

全区规上工业总产值1485701万元，增长2.3%（现价增长3.4%）。全区工业增加值971029万元，增长3.2%。其中：规模以上922777万元，增长3.3%；规模以下48252万元，增长2.0%。

全区资质建筑业总产值580858万元，增长18.7%（现价）。全区建筑业增加值144019万元，增长3.3%。

四、固定资产投资

全区固定资产投资1154367万元，增长3.7%。其中：房地产开发完成投资798490万元，增长22.0%。房地产商品房销售面积125.59万平方米，增长25.4%；房地产商品房销售额839003万元，增长45.2%。

五、贸易和外经

全区商品销售额1553171万元，增长10.4%。其中：批发业销售额342903万元，增长21.5%；零售业销售额1077923万元，增长7.5%；住宿业营业额21589万元，增长8.8%；餐饮业营业额110756万元，增长7.5%。

全区社会消费品零售总额1202081万元，增长7.9%。其中：批发业零售额78559万元，增长10.6%；零售业零售额1009911万元，增长7.9%；住宿业零售额10088万元，增长10.8%；餐饮业零售额103523万元，增长5.2%。城镇零售额1088512万元，增长7.9%；农村零售额113569万元，增长7.4%。

全区合同吸收外资金额484万美元，增长241倍。实际利用外资215万美元，增长40.5%。全区外贸进出口总额8733.4万美元，增长59.4%，其中：进口总额2469.9万美元，增长100.9%，出口总额6263.5万美元，增长47.4%。

六、科技、教育、卫生

全年专利申请量827件（发明315件，实用新型396件，外观设计116件），全年专利授权量194件（发明专利18件，实用新型152件，外观设计数24件）。

全区普通中学学校13所，其中：初级中学7所，九年一贯制2所，完全中学2所，高级中学2所。中学专任教师1545人（初中928人，高中617人），其中：女教师857人（初中560人，高中297人）。中学招生数7636人（初中4802人，高中2834人），其中：女生3674人（初中2251人，高中1423人）。中学在校学生21923人（初中13537人，高中8386人），其中：女生10604人（初中6281人，高中4323人）。中学毕业学生6925人（初中3946人，高中2979人），其中：女生3364人（初中1824人，高中1540人）。初中升学率99.2%，其中：女生升学率99.3%。高中升学率96.1%，其中：女生升学率96.8%。

全区小学学校21所（城区14所，镇区2所，乡村5所），其中：教育部门办20所，民办1所。小学专任教师1414人，其中：女教师1075人。小学招生数5407人，其中：女生2497人。小学在校学生28154人，其中：女生13136人。小学毕业学生3988人，其中：女生1832人。小学升学率100%，其中：女生升学率100%。学龄儿童入学率100%。

全区幼儿园66所（城区50所，镇区5所，乡村11所），其中：教育部门办6所，企业事业单位办1所，民办59所。幼儿园专任教师825人，其中：女教师823人。幼儿园入园人数3623人，其中：女生1864人。幼儿园在园人数12497人，其中：女生6104人。幼儿园离园人数4063人，其中：女生1845人。

全区医院、卫生院19所，床位4953床，卫生技术人员4645人，其中：执业医师1250人，卫生防疫人员83人。

七、人口、人民生活与社会保障

全区年末户籍总人口276636人，其中：城镇人口209465人，乡村人口67171人；男性139784人，女性136852人。全区常住人口31.63万人，其中：城镇人口26.18万人，城镇化率82.77%，农村人口5.45万人。全区常住出生人口4145人，出生率14.63‰；死亡人口1584人，死亡率5.59‰；自然增长人口2561人，人口自然增长率9.04‰。

全区地方一般公共预算收入39551万元，增长9.8%（含区工业园，可比口径）。据城乡一体化居民家庭抽样调查，全区城乡居民人均收入30866元，增长10.2%，其中：城镇居民人均可支配收入33929元，增长10.0%；农村居民人均可支配收入16979元，增长10.3%。城乡居民收入比1.998:1。

全区年末城镇登记失业人员2773人，城镇登记失业率2.59%。全区参加城乡居民基本养老保险32534人（不含机关、事业、企业职工），其中：参加城镇基本养老保险2981人，参加新型农村养老保险29553人。全区参加城乡居民基本医疗保险138363人（不含机关、事业、企业职工），其中：参加城镇基本医疗保险65126人，参加农村新型合作医疗人数73237人。

全区年末社会福利收养性单位7个，社会福利收养性单位床位数1204床。享受城镇居民最低生活保障有369户586人，享受农村居民最低生活保障有659户1300人，享受农村五保供养人数79人。

注：

1.本公报数据为初步统计数；

2.本公报数据除特别注明外均为地域统计数；

3.生产总值、各产业增加值、总产值绝对数按当年价计算，增长速度按可比价计算。

本公报资料来源：

合同吸收外资、实际利用外资外贸进出口总额、专利申请量、专利授权量来自区经信局；

教育数据来自区教育局；

卫生数据、常住出生人口、出生率、死亡人口、死亡率、自然增长人口、人口自然增长率来自区卫计局；

户籍总人口来自区公安局；

地方一般公共预算收入来自区财政局；

城镇登记失业人员、城镇登记失业率、参加城乡居民基本养老保险人数、参加城乡居民基本医疗保险人数来自区人社局；

社会福利收养性单位（床位数）、居民最低生活保障户数（人数）、农村五保供养人数来自区民政局；

其他数据来自区统计局。

2017年武江区国民经济统计资料表

表12

指标名称	计量单位	2017年数值
年末户籍总人口	人	276636
其中:非农业人口	人	209465
年末总户数	户	100087
年末常住人口	万人	31.63
其中:非农业人口	万人	26.18
常住出生人口	人	4145
出生率	‰	14.63
死亡人口	人	1584
死亡率	‰	5.59
自然增长率	‰	9.04
国内生产总值（现价）	万元	2302093
其中:第一产业增加值	万元	57403
第二产业增加值	万元	951626
其中：工业增加值	万元	807607
建筑业增加值	万元	144019
第三产业增加值	万元	1293064
人均生产总值	元	73257
农业总产值	万元	96784
规上工业总产值	万元	1485701

续表12

指标名称	计量单位	2017年数值
资质建筑业总产值	万元	580858
社会消费品零售总额	万元	1202081
固定资产投资	万元	1154367
其中:房地产开发投资	万元	798490
房地产商品房销售面积	万平方米	125.59
房地产商品房销售额	万元	839003
实际利用外资	万美元	215
外贸进出口总额	万美元	8733.4
其中：进口总额	万美元	2469.9
出口总额	万美元	6263.5
城镇单位在岗职工年末人数	人	79777
城镇单位在岗职工年人均工资	元	68503
城乡居民人均可支配收入	元	30866
其中：城镇居民人均可支配收入	元	33929
农村居民人均可支配收入	元	16979
地方一般公共预算收入	万元	39551
地方一般公共预算支出	万元	120120
国家税收收入	万元	108682
地方税收收入	万元	145325

文件辑录

在区委九届二次全会上的讲话

（2017年1月5日）

王德雄

同志们：

刚才，建华区长传达了市第十二次党代会和省委经济工作会议精神。下面，我就如何贯彻落实会议精神，强调几点意见。

一、认真学习贯彻市党代会和省委经济工作会议精神，进一步凝聚全面建成小康社会、加快振兴发展的信心和决心

市党代会是在韶关振兴发展关键节点召开的一次重要会议，明确了韶关全面建成小康社会实现振兴发展的时间表和路径图。省委经济工作会议着眼于2017年是实施“十三五”规划的重要一年和推进供给侧结构性改革的深化之年，对全省2017年经济工作作了重要部署。武江作为韶关发展的重心，全区各级各部门要把学习贯彻市党代会和省委经济工作会议精神作为班子履新之年的首要政治任务抓紧抓实，自觉将思想和行动统一到省委、市委的决策部署上来，动员全区广大干部群众以主人翁的精神和姿态，投身韶关“践行新发展理念、主动融入珠三角”的新征程。

一是组织好带头学工作。各级领导班子特别是区四套班子要带头学习贯彻，且要学深一层，力求做到三个清楚掌握：清楚掌握韶关振兴发展总体目标及实现途径，清楚掌握武江在韶关振兴发展中承担的使命和责任，清楚掌握武江在全市率先全面建成小康社会的任务和形势。

二是要落实好全面学工作。以支部为单位，认真开展市党代会和省委经济工作会议精神的学习贯彻活动，并通过“两新”组织带动全区骨干企业，着力营造三种浓厚氛围：践行新发展理念的浓厚氛围，主动融入珠三角的浓厚氛围，武江在全市率先全面建成小康社会的浓厚氛围。

二、以市党代会和省委经济工作会议精神为统揽，全面提升武江经济社会发展水平

市党代会绘就了韶关振兴发展的伟大蓝图。武江作为韶关主城区，且承担芙蓉新城、莞韶园、莞韶城等市几大发展平台建设任务，应在韶关“践行新发展理念、主动融入珠三角”中扮演重要角色和发挥重大作用。

（一）解放思想、积极作为，争当主动融入珠三角的表率

当前及今后一段时间，全区干部群众解放思想，关键在于两个观念的转变，一是韶关发展定位的转变，即：由建设粤北区域中心城市转变为主动融入珠三角；二是武江发展定位的转变，即：由配合发展转变为自主发展。

首先，要勇当主动融入珠三角的实践者和推动者。省委经济工作会议明确提出“推进珠三角与粤东西北一体化发展”，市委十一届八次、九次全会和市第十二次党代会旗帜鲜明号召主动融入珠三角。要围绕“主动融入珠三角，前提是主动，重点是全面，关键是融入，目的是要实现大珠三角的一体化发展”的总体要求，着重要在思想观念、机制体制和产业分工等方面与珠三角对接，以开放的心态和主动接轨的意识，主动接受珠三角的辐射带动效应，全面提升武江经济社会发展水平。

第二，要牢固树立主动发展的意识。市与市辖区体制改革后，对区来说，具备了一定自主发展的条件。新的区情、新的形势，要求干部要有新的面貌、新的状态与之适应。这就要求，要牢固树立主动发展的意识，进一步增强自我规划、自我调整、自我发展的能力，特别要在城市建设和产业布局上体现武江特色。总而言之，要迅速转变思想观念，

从以往的配合发展切换到现在的主动发展模式。

（二）振奋精神、攻坚克难，争当落实“三大主题”工作的表率

产业共建、城市提升、县域发展“三大主题”工作，是韶关全面建成小康社会实现振兴发展的总抓手。结合武江“十三五”规划建成韶关城市经济发展先行区、韶关都市发展核心区的总体发展定位，着重围绕城市提升和城市经济发展，狠下功夫、力求取得实效。

一要在城市提升上取得重大突破。要围绕实施《韶关市城市提升三年行动计划（2016-2018年）》，重点推进城市交通、城市功能、城市环境、新城建设和城市管理五大提升工程。

城市建设，一方面老城区要侧重于交通整治和环境改善，下大力气打通断头路，继续实施重要交通节点综合整治，合理规划建设停车场，大力发展公共交通，从根本上解决老城区交通拥堵问题；升级改造一批农贸市场，建设一批社区体育公园和街边公园，整治老旧社区和小街小巷，推进棚户区和城镇危旧房改造，不断改善老城区人居环境。另一方面芙蓉新城要加快建设，着力围绕《芙蓉新城“三年基本成城”行动方案（2015-2018年）》总体要求，加大征拆力度确保各重点项目特别是路网建设的用地需求，首要任务是力争在2018年底前完成新城范围五个村的安置工作。与此同时，要创造条件加快新城老城融合发展。加快江湾大桥建设，推进曲江城区融入主城区；加快芙蓉大道和上饶路建设，实现新旧城区协同发展。

城市管理，一方面要进一步理顺市和区城市管理体制，实现执法重心下移和执法事项属地化管理的总体改革目标，充分发挥市辖区在城市管理中的主体作用。另一方面要结合巩卫创文工作，全面提升城市文明程度和管理水平。

二要在城市经济发展上取得实质进展。依托芙蓉新城、莞韶园、莞韶城等发展平台，利用珠三角产业共建的历史契机，围绕武江城市经济发展的总体目标，着重培育城市产业。

加快工业化进程。继续抓好传统工业。积极推进供给侧结构性改革，积极协助烟草、电力、玩具、制药、机械等武江支柱工业降成本，提高效益。以莞韶园、甘棠园、武江科技园为载体，积极对接珠三角产业共建，做大做强园区经济。加大对莞韶园的跟踪服务力度，力促莞韶园创造更多的经济效益。围绕“一县一特色，一园一集群”错位发展策略，武江科技园依托韶瑞重工、天恒液压、铁友机械等企业，努力建成珠江西岸先进装备制造产业带配套区。甘棠园现进入企业建成投产期，2017年着重要做好飞翔汽车变速箱、东盈服装、永威建材、新科农、郑业等5家企业投产达效工作，莱雅、乾佳乐、詹氏蜂蜜、新谷、鸿骏、合众、科控环保等6家企业试投产工作。

加快第三产业繁荣发展。武江要充分发挥芙蓉新区核心区和老城区城市经济双引擎优势，依托芙蓉新城、莞韶城、老城区等发展现代服务业的有利条件，加强招商引资工作，重点培育旅游配套、电商物流、总部经济等，打造武江城市经济的特色品牌。发挥高铁经济圈效应，借助武广高铁韶关站粤北游客集散中心区位条件，鼓励汽车租赁行业发展，合理布局餐饮住宿购物点，加快星级酒店、城市综合体建设，让游客玩在景区、住在武江、消费在武江。加快区域信息化建设，打造智慧城市，大力发展互联网+产业，充分依托佰旺电子商务园、黄沙坪创新园，结合芙蓉新区建成粤湘赣现代物流中心的定位，加快布局武江电商物流产业，培育若干个骨干企业。聚集信息、交通、金融、物流等高端发展要素，优化投资环境，突出发展总部经济，加快摩尔城、保利综合体、前海人寿金融大厦，努力建成粤北区域性总部集群地。

加快产城融合。目前武江产城融合从局部看，主要有旧城区提质（西河商圈）、芙蓉新区起步区（芙蓉新城和甘棠园区、莞韶城）建设等；从全局看，主要有老城区（传统产业）与芙蓉新区核心区（新兴产业）、郊区（农业）与城区（商贸业）等。近年来，按照“以产促城、以城兴产、产城融合”的指导思想，在市的主导下，对武江各功能板块进行了重新定位，为产业和城市融合发展奠定了基础。接下来，要坚持以人为本的新型城镇化，同步推进城市化和产业化，一手抓城市建设、一手抓产业发展，当前重点推进芙蓉新区起步区建设，使之成为宜居宜业产城融合的典范，为武江发展城市经济积极探索路子、提供有益经验。

围绕产城融合提升农业发展水平。利用区位优势，紧紧围绕城市和园区发展服务这一目标，大力发展特色农业，实施农产品品牌战略，重点扶持发展家庭农场、专业大户、农民合作社、产业化龙头企业等新型农业经济，促进农业增效、农民增收。

（三）将保障和改善民生作为一切工作的出发点和落脚点，促进社会和谐稳定

一是守住民生底线。加快推进各项就业创业政策落实，稳定就业和再就业，城镇登记失业率控制在3.2%以内。强化养老保险扩面征缴，做好被征地农民城乡养老保障工作。落实低收入群众基本生活保障，落实城乡居民低保、居民基本医疗保险补助，加大对五保户、孤儿、残疾人等困难群体帮扶

力度。二是推进精准扶贫工作。认真落实《武江区2016—2018年开展精准脱贫攻坚工作实施方案》，积极协调各帮扶单位，形成精准扶贫、精准脱贫的工作合力，把帮扶资金和项目重点向贫困村、贫困群众倾斜，扶到点上、扶到根上。三是加快社会事业发展。按要求积极推进科技、教育、文化、卫生、创文巩卫、计生等工作，切实落实好各项民生工程，特别是政府承诺的为民实事，坚持科学安排，确保落实到位。四是切实维护社会稳定和社会平安。积极预防和化解各类矛盾纠纷，扎实推进创平工作，加强社会治安综合治理，落实安全生产“一岗双责”，保障食品药品安全，确保社会保持和谐稳定。

（四）落实全面从严治党要求

深入贯彻落实党的十八届六中全会和省委十一届八次全会关于推进全面从严治党的部署，切实做到政治从严、思想从严、作风从严、制度从严、执纪从严、治吏从严，增强“四种意识”特别是核心意识、看齐意识，认真学习贯彻《关于新形势下党内政治生活的若干准则》和《党内监督条例》，保持各级党组织、广大党员的先进性和纯洁性，为武江在全市率先全面建成小康社会提供坚强政治保证。同时，坚持正确的用人导向、坚持正确的执纪导向、坚持正确的激励导向，进一步营造有利于干事创业的氛围，不断激发广大党员干部推动振兴发展的精气神。

三、近期工作重点

一是做好2016年总结和2017年谋划工作。各级各部门要对照2016年工作目标，认真梳理、归纳总结，查找原因、寻求对策。区政府要牵头谋划2017年全区经济工作，结合区“十三五”规划，科学合理安排各项指标任务。

二是做好春节期间党风廉政工作。春节期间，严禁违规用公款吃喝、旅游和参与高消费娱乐健身活动，严禁用公款购买赠送贺年卡及烟花爆竹等年货节礼，严禁用公款接待走亲访友、外出旅游等非公务活动，严禁公车私用或“私车公养”，严禁违规收受礼品、礼金、消费卡等，严禁违规出入私人会所，严禁违规操办婚丧喜庆事宜并借机敛财，严禁违规参加老乡会、校友会、战友会。党员领导干部要带头落实中央八项规定精神，践行廉洁自律各项规定，坚决杜绝“节日腐败”。纪委监察机关要畅通监督举报渠道，加大明察暗访力度，对有令不行、有禁不止，不收敛、不收手的顶风违纪者，坚决查处、严惩不贷。

三是开展各类慰问活动。区委办负责统筹全区各类慰问活动。区四套班子、各级各部门要认真开展慰问活动，将党和政府的关怀切实送到各类群体。

四是认真做好各类安全工作。区安监局、区消防大队年前要牵头开展一次安全生产、消防安全大检查活动，各镇（街）要对辖区进行一次地毯式排查，切实将各类安全隐患整改到位。区林业局要牵头做好森林防火工作，今年冬季少雨的天气尤为要注意。区食药监局要牵头做好食品安全工作，重点是餐饮及应节食品。区教育局要做好学生寒假安全教育工作等，确保全区度过一个欢乐祥和的春节。

五是做好社会稳定工作。做好重点人员稳控工作，为市“两会”创造良好的环境。重点关注建筑领域欠薪欠款案件。区公安机关要加大对各类犯罪行为的打击力度，尤其“两抢一盗”和电信诈骗等，确保社会治安明显好转。

在区委九届三次全会第一次全体会议上的讲话

（2017年12月7日）

颜　亮

同志们：

这次区委全会的主要任务是，深入学习宣传贯彻党的十九大精神和省委十二届二次全会、市委十二届五次全会精神，以习近平新时代中国特色社会主义思想为指引，按照习近平总书记对广东工作的重要指示批示精神，研究分析武江在新时代面临的形势和任务，进一步谋划武江未来发展，动员全区党员干部群众更加紧密地团结在以习近平同志为核心的党中央周围，不忘初心，牢记使命，奋力推动武江在新时代干出新气象实现新作为，确保实现武江在全市率先全面建成小康社会和争当韶关振兴发展排头兵的宏伟蓝图，并开启全面建设社会主义现代化新征程。下面，我代表区委常委会，讲几点意见。

一、以习近平新时代中国特色社会主义思想统领武江一切工作，推动党的十九大精神学习宣传贯彻往深里走、往实里抓

党的十九大召开以来，我区坚持把学习宣传贯彻党的十九大精神作为首要政治任务和最重要的“纲”，按中央、省委和市委的部署，精心组织、周密部署，以上率下、全面展开，在全区迅速掀起了学习宣传贯彻党的十九大精神的热潮。区委常委会带头学、带头讲、带头干，有力带动全区各镇（街）各部门学习宣传贯彻工作全面开展，引导广大党员干部把党的十九大精神学深学透、真懂真用。创新学习方式，开展灵活多样、各具特色的宣讲活动，用老百姓易于接受、乐于接受的方式，把党的十九大精神送到基层一线、群众身边。通过前一段时间的学习宣传贯彻，实现了学习党的十九大精神第一轮全覆盖，全区各级党组织和广大党员干部群众对党的十九大精神的学习热情更加饱满高涨、理解领会不断走向深入、贯彻落实更加主动有力。

学习宣传贯彻党的十九大精神是一个逐步深化的过程、一项长期的政治任务，目前工作已开局、起好步，但成效还是初步的。我们要再动员、再部署、再推动，继续围绕学懂弄通做实，持之以恒，久久为功，持续深入学习宣传贯彻党的十九大精神，扎实推动习近平新时代中国特色社会主义思想在武江落地生根、结出硕果。

（一）深刻认识党的十九大的重大意义和重大成果。党的十九大是在全面建成小康社会决胜阶段、中国特色社会主义进入新时代的关键时期召开的一次具有划时代、里程碑意义的大会。党的十九大在政治上、理论上、实践上、制度上取得了一系列重大成果，就新时代坚持和发展中国特色社会主义的一系列重大理论和实践问题阐明了大政方针，就推进党和国家各方面工作作出了战略部署，是我们党在新时代开启新征程、续写新篇章的政治宣传和行动纲领。党的十九大最重要的政治成果，是选举产生了以习近平同志为核心的新一届中央领导集体；最重要的理论成果，是把习近平新时代中国特色社会主义思想确立为我们党必须长期坚持的指导思想；最重要的实践成果，是描绘了决胜全面建成小康社会、全面建设社会主义现代化国家的宏伟蓝图；最重要的制度成果，是通过了党章修正案。学习贯彻党的十九大精神，要在全面系统学习的基础上突出重点，切实领会好、把握住党的十九大精神的思想精髓、核心要义。

（二）坚持把习近平新时代中国特色社会主义思想作为根本指导思想。习近平新时代中国特色社会主义思想是马克思主义中国化的最新成果，是党和人民实践经验和集体智慧的结晶，是中国特色社会主义理论体系的重要组成部分，是全党全国人民为实现中华民族伟大复兴而奋斗的行动指南，必须长期坚持并不断发展。

要深刻领会习近平新时代中国特色社会主义思想的历史地位、丰富内涵。习近平新时代中国特色社会主义思想，从理论和实践结合上系统回答了新时代坚持和发展什么样的中国特色社会主义、怎样坚持和发展中国特色社会主义这个重大时代课题，回答了新时代坚持和发展中国特色社会主义的总目标、总任务、总体布局、战略布局和发展方向、发展方式、发展动力、战略步骤、外部条件、政治保证等基本问题。习近平新时代中国特色社会主义思想，开辟了马克思主义中国化新境界、中国特色社会主义新境界、治国理政新境界、管党治党新境界，具有重大的政治意义、理论意义和实践意义。全区各级党组织和全体党员必须提高政治站位，深刻认识习近平新时代中国特色社会主义思想的历史地位，紧紧围绕学懂弄通做实这一要求，整体把握、辩证思考、系统认识，注重理论和实践、历史和现实、当前和未来、中国和世界相结合，全面准确把握“8个明确”和“14个坚持”的思想内涵，切实增强政治认同、思想认同、情感认同，坚持在习近平新时代中国特色社会主义思想指引下，奋力进行伟大斗争、建设伟大工程、推进伟大事业、实现伟大梦想。

要坚持用习近平新时代中国特色社会主义思想武装头脑、统一思想。全区各级党组织和全体党员必须把习近平新时代中国特色社会主义思想作为根本指导思想。要坚持真学真懂真信真用，把习近平新时代中国特色社会主义思想作为解决武江一切问题的“金钥匙”，把习近平新时代中国特色社会主义思想刻在骨子里、融入血液中，切实做到理论上清醒、政治上坚定、思想上统一，增强中国特色社会主义道路自信、理论自信、制度自信、文化自信。

要推动习近平新时代中国特色社会主义思想在武江结出硕果。坚持学思践悟、知行合一，掌握蕴含其中的马克思主义哲理和科学精神，学在深处、谋在远处、干在实处，坚定不移地用习近平新时代中国特色社会主义思想指导武江改革发展实践，研究谋划关系武江发展全局的重大问题，形成具体工作举措。要紧紧围绕满足人民日益增长的美好生活需要，把学习贯彻习近平新时代中国特色社会主义思想的过程，变成为群众办实事、解难事、谋幸福的过程。

要坚决维护习近平总书记的核心地位和以习近平同志为核心的党中央权威和集中统一领导。必须牢固树立政治意识、大局意识、核心意识、看齐意识，在任何时候、任何情况下都忠诚核心、拥戴核心、维护核心、捍卫核心，坚决维护总书记一锤定音的权威，确保一个指挥、一个声音、一个调子、一张乐谱。要更加信赖中央、尊崇中央、服从中央，坚决按照中央部署要求开展工作，切实做到令行禁止，红灯停、绿灯行，不搞变通、不打折扣、不打擦边球，始终同中央保持步调一致，确保中央各项政令在武江畅通无阻、落地生根。

（三）坚持以习近平新时代中国特色社会主义思想总揽武江工作全局。学习贯彻党的十九大精神，关键在行动，归根到底要靠实干。要认真按照省委和市委的统一部署要求，在全区开展“全面学习贯彻党的十九大精神，认真落实习近平总书记关于广东工作的重要指示，推动习近平新时代中国特色社会主义思想在武江落地生根，奋力在新时代干出新气象、实现新作为”大学习、深调研、真落实活动，以此作为深入学习宣传贯彻党的十九大精神的重要抓手。要坚持以习近平新时代中国特色社会主义思想为指引，把贯彻落实党的十九大精神与贯彻落实习近平总书记对广东工作的重要指示批示精神紧密结合起来，把“大学习”和“深调研”结合起来，把当前和长远结合起来，把分类指导、督导落实与总结经验、复制推广结合起来，把雷厉风行与久久为功结合起来，整体把握、系统思考、精心谋划，研究提出新时代我区工作的目标任务，形成具体的思路举措和可落实的行动计划，按照近期、中期、长期的要求，列出任务清单，明确时间表、路线图，一个节点一个节点往前推进，确保中央、省委和市委的各项决策部署落到实处、结出硕果。

二、以习近平新时代中国特色社会主义思想为指引，准确把握武江面临的新形势和新任务

中国特色社会主义进入新时代，武江发展面临新的形势和任务。我们要以习近平新时代中国特色社会主义思想为指引，自觉用辩证的思维、发展的眼光、全面的观点，深入分析和准确把握基本区情，理清振兴发展思路，找准立足点和发力点，推动武江在新起点上再创新局。

（一）要用辩证的思维看待变与不变

中国特色社会主义进入新时代，我国社会主要矛盾已经发生深刻变化，但我国仍处于并将长期处于社会主义初级阶段的基本国情没有变，我国是世界上最大发展中国家的国际地位没有变。这种“变”与“不变”的辩证关系也体现在我们经济社会发展的方方面面。我们要把握“变”与“不变”的辩证关系，既要看到“不变”的一面，保持战略定力和战略耐心，不提超越阶段的目标，不做不切实际的事情；又要看到“变”的一面，与时俱进地调整完善工作思路、工作方法和工作举措。

一方面，发展作为第一要务没有变，发展理念和发展方式变了。近年来，我们深入贯彻落实主动融入珠三角战略和加快韶关振兴发展“三大主题”工作，切实保障和改善民生，经济社会发展取得了显著变化，全区经济总量突破200亿元大关，位居全市各县（市、区）第一，但从全国、全省的范围以及全面建成小康社会和开启社会主义现代化新征程的要求来考量，经济总量仍然偏小，是我区经济发展不充分的主要表现。特别是近两年，我区经济增长下行压力趋大，2016年仅增长3.8%，与全国6.7%、全省7.5%和全市6.3%相比，差距较大。教育、医疗卫生、文化等公共服务的规模和质量还难以满足人民群众日益增长的需求，等等。加快发展仍然是武江当前最为紧迫的任务，是解决一切问题的前提和基础。没有扎实的发展成果，解决这些问题无从谈起。我们必须牢牢扭住发展第一要务，坚持以经济建设为中心不动摇，以时不我待的紧迫感、只争朝夕的使命感和不进则退的危机感，奋起直追，迎头赶上，全力加快发展步伐。

另一方面，为人民谋幸福的根本宗旨和初心没有变，满足人民群众美好生活需要的内涵和方式变了。党的十九大报告强调，中国共产党的初心就是为中国人民谋幸福、为中华民族谋复兴。无论时代如何发展，为人民服务的根本宗旨不会变，也绝不能变，但满足人民群众美好生活需要的内涵和方式要与时俱进。中国特色社会主义进入新时代，我国社会主要矛盾已经转化为人民日益增长的美好生活需要和不平衡不充分的发展之间的矛盾，人民美好生活需要日益广泛，不仅对物质文化生活提出了更高要求，而且在民主、法治、公平、正义、安全、环境等方面的要求日益增长。这些变化对我们的工作提出了新要求。我们在坚持全心全意为人民服务的宗旨同时，要与时俱进，针对当前人民群众的现实需求，加大投入力度，大力发展社会民生事业，不断优化公共产品和服务供给，努力为人民群众提供更好的教育、更稳定的工作、更满意的收入、更可靠的社会保障、更高水平的医疗卫生服务、更舒适的居住条件、更优美的环境、更丰富的精神文化生活。在这个过程中，还要立足我区实际，做到既尽力而为，又量力而行，把有限的资源用在“刀刃”上；要善于发挥群众的主体作用，动员社会力量广泛参与，引导和带领群众在参与的过程中提升幸福感、增强获得感，努力实现共建共享。

（二）要用发展的眼光分析优势和短板

客观准确分析判断形势，是实现科学决策、找准发展路径的重要前提和基础。我们要客观看待武江的发展现状，既要看到优势和有利条件，又要看到存在的不足和短板，找准优势和不足转化的关键所在，明确工作的着力点和突破口，进一步巩固优势、补齐短板，充分释放我区的发展潜力。

一方面，要认清发展优势，不断巩固和厚植发展优势。经多年发展，武江争当韶关振兴发展排头兵已经具备良好的基础。一是武江已经成为了韶关城市发展的重心，成为了韶关产业共建和城市提升的主战场，芙蓉新城、莞韶园和莞韶城等市几大主要发展平台均在辖区，这是武江最大的平台优势和发展潜力。二是武江有着良好的区位优势和交通条件，高铁韶关站、乐广高速、京珠高速等为武江融入珠三角和武江深入内陆腹地提供了便捷的交通条件和地理优势。三是产业基础较好，形成了烟草、电力、机械、玩具和制药等支柱产业，武江凤岗产业共建工作进一步加强，甘棠园区已进入企业投产期。四是龙归、重阳和江湾镇区位优势和生态优势将进一步转化为乡村振兴的后发优势。这些日益凸显的比较优势，为我们加快振兴发展创造了条件。

另一方面，找准差距和短板，进一步增强工作的责任感和紧迫感。在长期发展过程中，受历史条件和传统发展模式的影响，城乡之间、行业之间发展不协调等一些深层次结构性问题在我区日益显现，已经成为制约我区全面建成小康社会的突出短板。我区当前最大的发展不平衡，是城乡发展不平衡；最大的发展不充分，是农业农村发展不充分。农业农村自我发展能力弱，城乡差距非常大。武江要全面建成小康社会，争当韶关振兴发展排头兵，短板在农业农村。民生事业发展滞后，城乡公共服务均等化进程缓慢，特别是基层公共基础设施历史欠账多，区镇村三级文化设施建设不足，村（社区）办公场所不达标，农村教育、卫生优质资源匮乏，等等。这些问题和短板不解决，我们全面建成小康社会的目标就难以在全市率先实现，开启全面建设社会主义现代化新征程更无从谈起，迫切需要我们下更大的决心、采取更有力的举措补短板、强弱项。

如何发挥优势、转化劣势，是摆在我们面前的严峻课题。对我们现有的优势和劣势，我们要用发展的眼光、辩证的思维来分析，优势和短板都是阶段性、动态变化的。已有的优势不可能一劳永逸，如果我们故步自封、止步不前，优势就会逐步弱化，甚至丧失。只要优势发挥得法，就能挖掘出巨大的发展潜力；劣势转化得时，就会变被动为主动，形成巨大的发展后劲。因此，我们一定要居安思危、因势利导、主动作为、永不懈怠，推动优势和短板朝着有利于我们的方向尽快调整变化，把我们的短板一项一项补强，把我们的优势不断巩固好、发展好。

（三）要用全面的观点来把握整体和局部

习近平总书记要求我们牢固树立高度自觉的大局意识，善于从大局看问题，把工作放到大局中去思考、定位、摆布。我们要准确把握整体和局部的关系，放眼全局谋一隅，把握大势谋长远，把武江振兴发展放在全省、全市发展大局中去统筹和定位，以更宽视野、更大格局在更大空间谋划和推动武江发展。

一方面，要坚持全区一盘棋。区委是全区工作的“主心骨”，区党代会、区委全会、区委常委会会议和区委书记专题会议确定的事项就是全区工作的“总纲”和“牛鼻子”，各镇（街）各部门要进一步提高政治站位，强化大局意识，坚持在全区一盘棋中找好本单位本部门的工作坐标，在执行区委决策部署上不搞变通、不打折扣，真正确保区委决策部署落到实处、抓出成效。

另一方面，要自觉服从服务全省、全市发展大局。牢固树立大局意识，坚持把武江的工作置于全省、全市的工作大局中去谋划和落实。比如，武江人均GDP虽然在全市位居第一，但与珠三角相比，我们的人均GDP仅为珠三角的1/2，仅相当于深圳的1/3。再比如，武江作为韶关产业共建和城市提升的主战场，特别是近期市委主要领导对武江寄予殷切希望，要求武江争当韶关振兴发展排头兵。在这个发展背景下，我们就更要有历史责任，自觉将武江的一切工作摆放在全省、全市的层面上来谋划和推进，主动在韶关振兴发展的坐标系上找准武江的历史使命和政治责任，凝神聚力、真抓实干，要在产业共建和城市提升特别是争当韶关振兴发展排头兵上下功夫、求实效，为加快韶关振兴发展贡献武江智慧和力量。

认识和把握区情是一个由表及里、逐步深化、不断深化的过程，希望各级各部门和广大党员领导干部要把学习党的十九大精神与深入认识把握区情紧密结合起来，自觉用习近平新时代中国特色社会主义思想，用贯穿其中的历史唯物主义和辩证唯物主义世界观方法论，用习近平总书记提出的历史思维、战略思维、辩证思维、创新思维，把区情研究深、思考透，看清楚、想明白，在任何时候都要做到心中有数、谋而后动，牢牢把握工作的主动权。

三、聚焦事关全局重大课题谋划新时代武江改革发展，更好地推动习近平新时代中国特色社会主义思想在武江落地生根、结出硕果

学习贯彻党的十九大精神，要坚持以习近平新时代中国特色社会主义思想为指引，按照习近平总书记对广东工作的重要指示批示精神，在前期开展大学习和区委三大重点15个课题调研的基础上，结合区委提出的六大振兴行动部署，深入开展大调研、深调研，聚焦事关全局重大课题，找到牵一发而动全身的着力点和突破口，进一步明确工作举措和努力方向。

*（一）着力研究解决发展不平衡不充分问题。*对标全面建成小康社会，我区2016年小康社会实现程度为90%，处于韶关市领先，但离全面建成小康社会的目标（95%）还差5个百分点，依然存在不少短板弱项，主要是发展不平衡不充分的一些突出问题尚未解决：一是发展质量和效益还不高，创新能力不够强，实体经济水平有待提高，如“战略性新兴产业增加值占GDP比重不到15%”“高技术产品出口额占总出口额比重只有30%”；二是城乡统筹明显不足，目前还有不少农村困难群众，镇村产业薄弱，公共服务资源不足，生产生活环境提改任务艰巨；三是城乡公共服务差距依然较大，群众在就业、教育、医疗、居住、养老等方面面临不少难题，如2016年我区全社会养老床位数172张，离全社会养老床位小康指标数2072张缺口巨大；四是社会文明水平尚需提高，如2016年我区社会组织数为102个，离241个小康指标差距甚远。武江要在全市率先全面建成小康社会、争当韶关振兴发展排头兵，必须找到破解发展不平衡不充分问题的发力点和突破口。一是要对标党的十九大部署要求，对标全面建成小康社会指标，找准武江发展的优势和短板，把新发展理念贯彻到经济社会发展各领域各环节，加快补齐小康社会建设短板。二是要深入研究建立城乡统筹协调发展体制机制，促进城乡在规划布局、要素配置、产业发展、公共服务、生态保护等方面相互融合和共同发展，增强区域发展的协同性、联动性、整体性。三是要实施好乡村振兴战略，研究建立健全促进城乡融合发展的体制机制和政策体系，制定实施农业产业发展规划，加快推进农业农村现代化和新农村建设。四是要研究如何做到脱真贫、真脱贫，认真落实精准扶贫、精准脱贫要求，聚焦贫困根源，突出产业帮扶，增强发展内生动力。五是要抓紧研究如何补齐民生社会事业短板，抓住人民群众最关心最直接最现实的利益问题，积极推进“厕所革命”等民生工程，逐步提高保障和改善民生水平，让全区人民有更强的获得感和幸福感。

*（二）着力研究推进全面深化改革问题。*省委十二届二次全会指出，广东的发展过去靠改革，将来仍然要靠改革。近年来，我区按照中央、省委和市委的决策部署，积极稳妥、科学有序推进全面深化改革各项工作，取得了阶段性成效。特别是在上一轮市与市辖区权责关系改革中，我区顺利完成了公安、国土和城管市政、园林等部门接收和市下放的185项职权承接工作，区级党委政府在城市建设和国土管理上获得了一定的自主权。但也要看到，当前我区全面深化改革工作还存在不少问题，市与市辖区改革仍未完全实现权责统一，区内一些重点领域和关键环节的改革力度不够大，成效不够明显，与经济社会发展需要相比还存在差距。党的十九大对全面深化改革提出了新任务，部署了一大批力度更大、要求更高、举措更实的改革任务，开启了全面深化改革的新征程。我们必须付出更加艰辛的努力，积极争取市委、市政府支持和更加坚决自我革命，扎实推动改革落地见效。一是要研究如何落实中央、省委和市委的改革部署，全面梳理新提出的改革任务和举措，逐项研究明确任务分工和进度安排，加大力度推进落实。二是要研究如何深化供给侧结构性改革，切实提高供给体系质量，着力发展实体经济。三是要研究如何深化推进“放管服”，进一步转变政府职能和优化政府服务。四是要研究如何积极落实和争取支持推动市与市辖区权责关系彻底改革，主动推进区级行政改革和权责下放，进一步激发武江发展活力。五是要研究如何创造有利于改革的环境，强化改革正向激励，建立健全改革容错纠错机制，在全区营造抓改革促发展的良好氛围。

*（三）着力研究提升宜居城区建设水平问题。*近年来，我区积极贯彻落实中央城市工作会议精神，狠抓城市提升工作，城区面貌发生了较大变化，城市品位和宜居性得到有效提升。但也存在一些问题亟待解决：从城区空间上看，新城区和老城区没有实现互联互通，各成一个城区体系，新老城区融合发展问题比较突出。从城区功能上看，新城区不新、老城区很老。新城区整体集聚效应不明显，老城区“城市病”严重突出，功能布局、人口密度没有实现科学配置、合理分布。从城区产业上看，新、老城区没有统筹谋划、错位发展，融合发展处于低水平。为此，一是要研究如何充分把握芙蓉新城建设重大发展机遇，深入研究芙蓉新城与老城区联动推进、融合发展政策机制，加快建设步伐和提升建设水平。二是要研究如何突出芙蓉新城在城区建设发展中的引领作用，围绕建设成为现代、生态、宜居、繁荣的粤北明珠的目标定位，高标准

建设路网、管网、水系等市政基础设施，高水平配置学校、医院、公园等公共服务产品，高起点发展信息科技、商贸服务、文化旅游等城市产业，努力把芙蓉新城建设成为代表韶关发展未来和市民追求向往的宜居新城。三是要研究如何加快老城区改造提升步伐，以群众满意为标准，着力抓好城市提升重大项目和微改造项目建设，不断增强优质公共服务资源供给，让老城区在城市更新中增添更多生活美好。坚持以人民为中心的城市建设方向，让市民积极参与到城市规划、建设和管理的全过程，让土地房屋被征收村（居）民有更好的居所安置、失地农民有更长远的生计保障，共享城市发展成果。

（四）着力研究深化与珠三角产业共建协同创新问题。党的十九大报告明确提出要推进粤港澳大湾区建设，这意味着珠三角地区发展已上升为国家战略层面，珠三角地区将迎来新一轮的飞跃式发展。要紧抓省统筹珠三角和粤东西北地区一体化发展布局，坚定不移落实韶关融珠战略，以凤岗武江产业共建为重要抓手，实现武江加快振兴发展。一是要深入研究近年来省委省政府出台的促进粤东西北地区振兴发展各项决策部署在武江的落实情况和具体成效，以更加解放的思想和举措深化与珠三角全方位合作。二是要研究如何充分发挥武江资源优势和产业基础，主动对接珠三角产业扩张和配套需求，深化莞韶产业共建，加快形成与珠三角地区同一水平、优势互补的区域产业分工格局，努力把武江打造成为韶关先进装备制造业共建基地、韶关信息科技创新中心、韶关商贸旅游集散中心。三是要研究围绕提高科技创新水平，加大科技投入力度，引导优势传统产业和新兴产业加强自主创新及核心技术攻关，强化与珠三角创新对接，促进协同创新；四是要研究围绕创新人才政策，优化人才发展环境，吸引行业领军型、创新型人才为我所用等重大问题，完善配套措施，提供政策支撑，补齐全面建成小康社会科技创新指标体系短板，不断增强武江经济创新力和竞争力。

（五）着力研究推进生态文明建设问题。省委十二届二次全会强调，要深刻认识绿水青山就是金山银山，像对待生命一样对待生态环境，像保护眼睛一样保护生态环境，牢固树立绿色发展理念，坚持在保护中发展，在发展中保护。武江是韶关山水城市建设的主战场，这就要求我们在生态保护方面必须有更严的标准、更高的要求。为此，一是要研究如何按照生态文明建设的要求，扎实推进生态文明制度改革，争取政策支持，加快生态文明进程。二是要深入研究如何把生态保护与城乡振兴、旅游文化发展结合起来，加快芙蓉山公园、韶州公园高标准规划建设，让市民拥有提升生活品质的城市绿洲和城央公园；加大龙归、江湾、重阳镇自然生态资源保护力度，大力发展生态农业、生态旅游产业，建设韶关美丽后花园。三是要研究如何强化资源全面节约和循环利用，构建绿色发展的空间格局、产业结构、生产方式和生活方式，积极推进绿色发展。坚持和完善生态环境管理制度，建立健全生态环境保护责任追究制度，坚决制止和惩处破坏生态环境行为。四是要研究如何打好水、大气、土壤污染防治三大战役，深入落实河长制，加强流域环境综合治理；实施蓝天保卫行动，推动城市空气质量优良天数持续稳步提高；加强土壤污染管控和修复，加强农业面源污染防治，推行城乡生活垃圾分类化减量化资源化无害化处理，切实改善提升环境质量。

（六）着力研究法治武江和平安武江建设问题。对标省委要把广东建设成为全国最安全稳定、最公平公正、法治环境最好的地区，当前我区社会大局整体稳定，社会治安持续向好，执法司法质量、效率和公信力稳步提升，但也要看到形势还很严峻，问题还不少。比如，社会矛盾纠纷总量较大，涉农涉土地、劳资纠纷、征地拆迁、环境污染、棚户区改造等不稳定问题凸显；治安要素复杂，管控难度大，非法传销等违法犯罪活动时有发生，城乡结合部治安问题高发；执法不严、司法不公等问题依然存在，法律服务体系还不完善，法治化营商环境优势还不突出。面对这些问题和挑战，我们要着力研究谋划好新时代法治武江和平安武江建设。一是要研究如何进一步推进依法行政，加快建设法治政府，严格规范公正文明执法。二是要研究如何支持和保证人大依法履职，扎实推进司法体制改革，提升司法效能和公信力，推进全民普法，使法治观念深入人心。三是要研究如何提升社会治理水平，健全依法维权和矛盾纠纷化解机制，完善公共安全体系，确保社会平安和谐稳定，为我区改革发展提供强有力的法治和安全保障。

（七）着力研究优化振兴发展环境问题。软环境是生产力，优化环境是发展生产力。良好的软环境，是生产要素聚集的洼地、人才向往的高地、商务成本降低的盆地和经济效益提高的福地。哪里的软环境好，哪里就会聚集更多的生产要素，其经济活动就会出活力、出效益。要实现武江振兴发展、争当韶关振兴发展排头兵，就必须要优化振兴发展的软环境。一是要研究如何实现“更强的服务意识、更高的行政效率、更低的营商成本”，深入推进政务服务模式改革，完善“一门式一网式”政务服务信息系统，创新行政服务机制体制，大力推进机关效能建设，着力打造透明、开放、清廉、高效的服务型政府。二是要研究如何以创建全国文明城市为抓手，推进社会信用体系建设，开展诚信教育实践活动，培育和践行社会主义核心价值观，推进社会公德、职业道德、家庭美德、个人品德建设，积极开展文明社会行动，把武江建设成为文明和谐、平等公正、诚信友善的善美之城。三是要研究如何坚持弘扬传承中华优秀传统文化，发展社区文化，培育特色文化，打响武江文化品牌，引导人们树立正确的历史观、民族观、国家观、文化观，激励人们向上向善、孝老爱亲、忠于祖国、忠于人民，不断提升武江振兴发展的文化软实力和竞争力。

*（八）着力研究构建激励和约束并重的干部管理机制问题。*党的十九大报告提出，要坚持严管和厚爱结合、激励和约束并重。严与爱、奖与惩是选人用人的辩证法。近年来，我区高度重视干部队伍建设，先后在教育培训、选拔任用、激励约束等方面采取了一系列行之有效的措施，促进崇尚实干、狠抓落实的局面初步形成。但是，面对新时代更高标准的发展要求、更加严峻的发展挑战、更为艰巨的发展任务，我区广大干部的干事创业活力仍有待进一步激发。一是要研究更加有效使用干部政绩档案管理制度，建立完善以实干实战实绩为核心评判的绩效考评体系，把考察考核的功夫下在平时，精准定位政绩内容，认真甄别工作表现，真正体现用结果说话、凭实绩用人的正确导向，切实解决干多干少一个样、干好干坏没区别的问题。二是要研究更加有效使用干部考验性管理，针对干部一些慢作为、不作为、乱作为等影响武江发展的问题，加快完善重点工作督查督办与机关作风效能问责有机结合的机制，加大考验性管理的力度，砸掉“干部能上不能下”的“铁定律”、“无错无为不摘帽”的“铁交椅”，真正让那些碌碌无为的待不下去，想混日子的混不下去。三是要研究完善容错纠错机制，正确区分为公与为私、敢为与乱为、失职与失误、负责与懈怠的不同情形，旗帜鲜明地为敢于担当的干部担当，对敢于负责的干部负责，激励广大党员干部提升干事创业的精气神。

*（九）着力研究加强党的基层组织建设问题。*党的十九大报告对基层党组织建设提出了新任务、新要求，为我区全面加强基层党组织建设指明了方向、提供了遵循。近年来通过坚持基层党建、基层治理、城市提升、脱贫攻坚等工作有机结合，精准整顿软弱涣散基层党组织，全面开展镇（街）干部驻点联系群众工作，党的基层组织建设得到明显加强。但是，仍有部分基层党组织软弱涣散，没有有效发挥战斗堡垒作用。特别是村党组织后备干部队伍和入党积极分子的培育、社区党组织阵地建设问题比较突出。以惠民街道为例，14个社区居委会中就有4个居委会没有自己的办公场所。民心始终是我们党最深厚的执政之基。赢得民心，很重要的是靠基层党组织把党的理论和路线方针政策落实到基层。要把基层党组织建设作为党的建设的基础工程和重大战略抓实抓好，加大投入，强化保障，不断夯实党的基层基础。一是要研究健全区镇（街）党（工）委抓基层党建责任制，推动各级党委把基层组织建设作为党建工作的重中之重，党（工）委书记把抓党建作为义不容辞的“天职”，区委抓统筹、抓投入、抓落实，镇（街）党（工）委担负主体责任，压实镇（街）党委抓基层党建的直接责任，推动镇（街）工作重心下移到村（社区），把各项工作落到实处。要实施固本强基工程，找准找实影响基层党建工作的关键问题，采取有针对性和可操作性的办法进行破解，坚持一年一个阶段性目标，一锤一锤钉钉子，一个阵地一个阵地巩固，用3年时间解决社区党组织阵地、基层干部待遇和农村后备干部等问题。二是要研究提升基层党组织的组织力，突出政治功能，推进基层党组织设置和活动方式创新，优化现有行政村党组织设置，建设“三型”（堡垒型、服务型、规范型）农村基层党组织，抓好“三化”（标准化、专业化、智慧化）城市基层党建工作，统筹抓好机关、学校、国企、“两新”组织等领域党建工作，着力发挥基层党组织在各领域社会基层组织中的领导核心作用，加强对基层各项工作的引领带动，使每个基层党组织都成为坚强战斗堡垒。三是要研究推动基层党建与基层治理工作更加紧密结合，化解基层社会矛盾，查处基层干部违法违纪问题，打击基层黑恶势力，维护群众合法权益，促进基层社会和谐稳定、群众安居乐业，密切党与群众的血肉联系。

上述九个问题，只是我区贯彻落实党的十九大精神中大家感到比较突出、迫切需要研究解决的重大课题，但不可能涵盖全区工作要解决的所有问题，更不是贯彻落实党的十九大精神的全部内容，没有讲到的问题不意味着不重要，更不意味着不要抓、不要解决。各级各部门要认真对标党的十九大精神，把抓重点和全面推进有机结合起来，全面研究落实好党的十九大提出的各项决策部署。在调研过程中，既要站在全省、全市大局思考问题，又要立足武江实际解决问题，提出具体的政策和行动方案，切实把习近平新时代中国特色社会主义思想贯彻到全区经济社会发展各方面全过程。

四、认真贯彻落实新时代党的建设总要求，把各级党组织建设得更加坚强有力

要认真贯彻落实新时代党的建设总要求，强化管党治党政治责任，全面推进党的政治建设、思想建设、组织建设、作风建设、纪律建设，把制度建设贯穿其中，不断提高党的建设质量，把各级党组织锻造得更加坚强有力。

（一）抓好政治建设。党的十九大把党的政治建设纳入新时代党的建设总体布局，鲜明提出“以党的政治建设为统领”“把党的政治建设摆在首位”。要牢固树立“四个意识”，在政治立场、政治方向、政治原则、政治道路上同以习近平同志为核心的党中央保持高度一致，自觉维护以习近平同志为核心的党中央权威和集中统一领导。推进“两学一做”学习教育常态化制度化，按照中央统一部署，深入开展“不忘初心、牢记使命”主题教育，坚持用习近平新时代中国特色社会主义思想武装头脑，加强党性锻炼、坚定理想信念。要尊崇党章，严格执行新形势下党内政治生活若干准则，从严执行民主集中制各项制度，认真落实“三会一课”等制度，增强党内政治生活的政治性、时代性、原则性、战斗性。要严明党的政治纪律和政治规矩，牢记“五个必须”，杜绝“七个有之”。要大力弘扬忠诚老实、公道正派、实事求是、清正廉洁等价值观，发展积极健康的党内政治文化，营造风清气正的良好政治生态。要加强服务型政府建设，积极作为、主动服务，着力构建“亲”“清”新型政商关系。

（二）抓好干部队伍建设。武江要在新时代实现振兴发展，必须锻造一支高素质专业化干部队伍。要牢牢把握要政治过硬也要本领高强的要求，把好干部标准落到实处，坚持正确选人用人导向，匡正选人用人风气，突出政治标准，提拔重用牢固树立“四个意识”和“四个自信”、坚决维护党中央权威、全面贯彻执行党的理论和路线方针政策、忠诚干净担当的干部。要加强高素质专业化领导班子建设，坚持以事择人、以岗选才，统筹考虑个体与整体、专业与经验、经历与能力的关系，明确岗位对应的素质能力、基本要求和配备标准，使班子成员人岗相适、人尽其才，增强班子整体功能。要教育引导干部把讲规矩与改革创新统一起来，既牢记中央划定的“红线”不能碰、“底线”不能越，又要善于结合实际创造性开展工作。要坚持严管和厚爱结合、激励和约束并重，完善正向激励、负向约束、考核评价、容错纠错、预警监督等环节工作机制，让敢于担当、踏实做事、不谋私利者有舞台、能出彩、增底气，使好干部有用武之地、有成才之望、无后顾之忧。要加强干部教育培训和实践锻炼，增强学习本领、政治领导本领、改革创新本领、科学发展本领、依法执政本领、群众工作本领、狠抓落实本领、驾驭风险本领。

（三）抓好意识形态工作。党的十九大报告把意识形态工作作为推进社会主义文化繁荣兴盛的首要内容，旗帜鲜明地提出要“牢牢掌握意识形态工作领导权”。要落实党委意识形态工作责任制，加强党对意识形态工作的领导。要着重加强阵地建设和管理，不断完善意识形态分析研判和处置机制，全方位筑牢意识形态安全的“护城河”和“防火墙”。要加强网络建设和管理，提升网络综合治理能力，营造清朗的网络空间。要加强舆论引导，旗帜鲜明反对和抵制各种错误观点，最广泛地凝聚社会共识。党员领导干部要敢于发声、敢于亮剑，与意识形态领域的各种错误思想观点作坚决斗争，决不能当“开明绅士”，明哲保身。

（四）持之以恒正风肃纪反腐。党的十九大胜利召开后，中央就印发了贯彻落实中央八项规定实施细则，对持之以恒正风肃纪作出了新部署，释放了坚持不懈抓作风的坚强决心和坚定意志。我们要按照党中央的部署，始终坚持全面从严治党，强化管党治党政治责任，坚持领导带头、以上率下，坚持不懈纠“四风”、树新风，以钉钉子精神推动中央八项规定精神落地生根、成风化俗。充分运用监督执纪“四种形态”，把纪律挺在前面，建立抓早抓小长效机制。深入开展反腐败斗争，坚持无禁区、全覆盖、零容忍，坚持重遏制、强高压、长震慑，坚持受贿行贿一起查，重点查处“三类人”、重点领域和基层“微腐败”。充分发挥巡察利剑作用，建立巡察上下联动的监督机制。按照中央、省委和市委部署，扎实推进监察体制改革，实现对所有行使公权力的公职人员监察全覆盖。深化标本兼治，强化不敢腐的震慑，扎牢不能腐的笼子，增强不想腐的自觉，保证干部清正、政府清廉、政治清明。

同志们！新时代的宏伟蓝图已经绘就，新时代的伟大征程已经开启。让我们更加紧密地团结在以习近平同志为核心的党中央周围，高举中国特色社会主义伟大旗帜，深入学习贯彻习近平新时代中国特色社会主义思想，认真落实习近平总书记对广东工作的重要指示批示精神，不忘初心，牢记使命，紧紧依靠全区广大人民群众，团结凝聚社会各界力量，以永不懈怠的精神状态和一往无前的奋斗姿态，不断开创武江改革发展新局面，为武江在全市率先全面建成小康社会、争当韶关振兴发展排头兵作出应有贡献！

政府工作报告

——2018年1月10日在武江区第九届人民代表大会第三次会议上

代区长　郑伟平

各位代表：

我代表区人民政府向大会作工作报告，请予审议，并请政协委员和其他列席人员提出意见。

一、2017年工作回顾

2017年，在市委、市政府和区委的正确领导下，在区人大及其常委会和区政协的监督支持下，区政府认真学习贯彻中共十九大精神，紧紧围绕区第九次党代会决策部署以及区委九届二次、三次全会精神，团结依靠全区人民，及时采取经济稳增长的举措，克服下行压力，迎难而上、奋力而为，全力完成区九届人大二次会议确定的目标任务，经济社会总体保持平稳发展。

（一）经济发展稳中有进

2017年，预计地区生产总值（GDP）实现245.8亿元（经济数据为预计数，下同），同比（下同）增长5.5%。一二三产业比重调整为2.7：43.7：53.6，第三产业占比提高2.5个百分点。实现地方一般公共预算收入3.89亿元，增长10.4%。完成固定资产投资114.08亿元，增长2.5%。

工业经济持续好转。全年实现工业增加值92.1亿元，增长2.3%；规上工业增加值比去年增速高出3.5个百分点，全区新增“四上”入库工业企业4家，工业下滑势头得到有效遏制。烟草、玩具、制药、电力、机械等五大传统支柱产业发展平稳，完成工业增加值71.5亿元，增长0.8%。积极打造园区工业经济，工业园（科技园、甘棠园）实现增加值1.1亿元。甘棠园区已签约企业43家，其中建成12家、在建15家、投产6家；正邦科技、合众化工、都市丽人等企业增资扩产，累计增资7亿元。莞韶城土地征收加快推进，一期征地历史遗留问题得到妥善解决。

第三产业稳中向好。第三产业增加值完成131.8亿元，增长7.6%。大力支持商贸、商务及旅游行业发展，全区新增及下转上限上商贸企业22家。实现社会消费品零售总额118.86亿元，增长7.5%；汇展酒店、碧桂园太阳城酒店发展良好，集旅游、商业、居住于一体的奥园文化旅游综合体初具雏形，摩尔城商贸综合体项目建设顺利。全年完成房地产销售面积125.2万平方米，增长25%，房地产去库存成效显著，以碧桂园、保利、恒大为品牌的房地产精品产业继续保持良好发展势头。

农业经济稳步发展。实现农业增加值4.87亿元，增长4.0%。大力发展现代农业，全区专业合作社达63家，培育家庭农场36家。培育新型农业产业化龙头企业10家，其中国家级1家、省级1家、市级6家。促成重阳镇互联网农业小镇运营中心项目落地。

财政政策积极有效。加强税源培植，2017年区本级税收收入同比增长15.7%；优化支出结构，2017年11类民生支出占一般公共预算支出比重76.9%，全区纳入GDP核算财政八项支出9.7亿元、增长16.5%、拉动GDP增幅1.6个百分点。争取新增政府债券5000万元，并进一步加强政府债务管理，有效保障区各项公益事业的健康发展；深入推进政府预决算公开，盘活沉淀资金1942万元，有效提高了资金使用效率。

（二）城市提升进展顺利

项目用地保障提速。进一步理顺征收工作机制，成立区提升办、区征收办、“双十”百日攻坚指挥部等统筹协调机构，有力有序推动项目征收，有效保障项目用地需求。在芙蓉新城：全年累计完成清表交地4925亩，签订房屋拆迁协议774户，拆除房屋面积10.02万平方米。全面完成芙蓉新城客运枢纽项目、沐溪八路改扩建工程等9个重点项目的清表交地工作；重点保障了北江航道孟洲坝扩能升级、芙蓉大道南、城投房开（天玺湾）、保利、恒大等10多个项目的用地需求。在老城区：全年累计完成交付集体土地1528亩，征收房屋430户，拆除房屋4.66万平方米，完成11个项目征收前期工作，重点保障了江湾大桥、芙蓉隧道北出口、党校一期、韶关大道交通节点、西河二水厂扩建、御龙湾、奥园等项目用地需求。

项目建设步伐加快。一是市政基础设施进一步完善。芙蓉隧道南北出口贯通；南华路、滨江路、移山路全线贯通；芙蓉北路全面完成改扩建；江湾大桥、芙蓉新区路网建设进展顺利，路网框架基本形成；城区新增道路隔离带6.5公里；修缮公厕24座；更换各类垃圾桶2000个;采购各种环卫用车9辆，环卫管理服务水平得到有效提升。二是公共配置进一步完善。向阳综合、嘉晖、红星等9个社会办农贸市场升级改造工程顺利完成，居民生活购物环境充分提升；田家炳沙湖绿洲小学建成投入使用，镇泰、东岗、华泰小学改扩建主体工程基本完工；村（社区）基层综合性文化服务中心建设全面推进，建成"风度书房"3个；龙归镇中心卫生院、新华街道社区卫生服务中心完成主体工程；新建停车场7个，提供公共停车位800个。三是城市面貌有效改观。韶关大道南、百旺路景观绿化升级改造工程基本完工；城区工业路、沿江路、工业中路转盘至芙蓉北路连接线等混凝土路面实施沥青改造18.5公里；新增街头绿地广场32个，面积3.7万平方米；以向阳小区为试点，积极开展城市微改造；深入开展市容市貌整治，拆除违法图斑15宗、清理拆除违章建筑3.3万平方米、整治户外违法广告4.1万平方米，城区景观和街道秩序得到有效改善。

（三）农村综合改革深入推进

农业发展不断加快。一是加大农田水利设施建设力度。建成重阳、龙归高标准农田3500亩，有效提高土地综合生产能力。启动5宗小水电增效扩容技改工程，完成新街水、龙归水（凤田段）中小河流治理工程。二是加快推进农村土地改革。农村土地确权登记颁证工作进展顺利，颁证率达95%以上，流转耕地面积达1.5万亩，为农业实现规模化经营奠定了基础。三是发展农村特色经济。西河5个村蔬菜、龙安淮山达到种植产值规模，成功报市列为2017年"一镇一品"项目。龙安淮山绿色生产基地、重阳果丰农场皇帝柑绿色基地全面建成，农业规模化品牌化绿色种植进一步推进。

农村基础不断夯实。新农村建设工作有序推进，全面完成7个省定贫困村示范村"4个100%"目标任务，重点完成了7个省定贫困村、1个市级连片示范创建村的规划方案以及40个自然村"三清三拆"工作，加快镇村生活垃圾和污水处理基础设施项目建设；完成村村通自来水一期工程；完成县乡公路安全隐患治理一期工程45.1公里；率先在全市完成通200人以上自然村公路路面硬化。积极筹划龙归、江湾、重阳基础设施建设，着力改善乡镇发展基础。

生态建设不断增强。加强大气污染防治，做好扬尘治理工作，改善空气质量。做好森林培育和保护，完成森林抚育4.9万亩，植树造林7910亩，森林覆盖率达到72.3%，建设乡村绿化美化省级示范点2个，严厉打击非法占用林地行为，立案12宗，追究11人责任。落实河长制，实行一河一策，加强了流域环境综合治理。完成全区畜禽养殖禁养区、限养区、适养区划定工作和畜禽养殖禁养区清理关闭工作，农业面源污染防治及土壤污染管控和修复进一步增强。我区地质灾害防治高标准"十有县"建设工作成功通过省检查组的验收。节能减排工作有序推进，全区单位GDP能耗保持全市最低。

（四）社会民生事业协调发展

社会保障稳步提高。扎实推进精准扶贫工作，81户305名相对贫困人口实现精准脱贫。普惠金融"村村通"完成区级综合征信中心建设，实现金融服务站、助农取款点在51个行政村全覆盖。城乡居民基本医疗保险参保任务完成率达95%，基本养老保险参保任务完成率达100%，城镇登记失业率仅为2.5%，全年新增就业2284人，失业再就业2012人。落实被征地农民养老保障滞留分配金3572万元，清理拖欠征地社保资金1528万元。全年共发放低保金584万元，发放社会救济金120万元，底线民生得到有效保障。全面完成江湾镇3个农村幸福院建设，实施4个城区居家养老服务中心示范点建设。

社会事业进一步提升。科技工作有序推进，2017年获得国家级孵化器培育单位、省级科技进步一等奖各一项，获批复申请专利619件，筹建市级工程研发中心6家。教育综合实力明显增强，2017年获得"国家义务教育质量监测县级优秀组织单位"称号，率先在全市创建为"广东省推进教育现代化先进区"、省教育强镇（街）复评100%通过，中小学"平安校园"覆盖率达100%。文化工作扎实推进，大力开展文化"三下乡"活动。2个区级文物成功申报市级文物保护单位。广泛开展全民健身运动，2017年我区获得国家级群众体育先进单位称号。继续深化医药体制改革，基本药物实施零差率销售；全面落实两孩政策，区计生工作被省评为优秀等次。大力开展文明创建综合整治提升"七大行动"，进一步提高文明城市创建整体水平，区国税局获全国文明单位称号。

积极支持工会、共青团、妇联、儿童、老龄、红十字会工作，民族宗教、"双拥"、优抚安置、武装、人事、物价、档案、对台等工作均有了新的进步。2017年政府承诺的6件民生实事扎实推进。

社会综合治理进一步加强。积极贯彻新《安全生产法》，严格落实安全生产和消防工作"一岗双责"，全区全年未发生较大的安全生产和消防事故，安全生产和消防安全形势平稳。深入开展食品药品安全监管，查处食品药品违法案件57宗，实施辖区14家农贸市场农残快检全覆盖，全年未发生食品药品安全事故。积极开展创建“无传销区”活动，获得市好评。不断强化社会治安综合治理和“平安武江”建设，全区共排查矛盾纠纷740件，成功调解719件，调处率100%，调处成功率97%；深入开展“飓风2017”专项行动，各类违法犯罪活动得到有效遏制，辖区刑事警情同比下降33.2%；完善交通管理，新建“电子警察”点30个，在全市率先落实“礼让行人斑马线”工作，社会环境秩序进一步改善。

（五）政府自身建设得到加强

加快政府职能转变，努力建设人民满意政府。深入学习贯彻落实中共十九大精神，扎实推进“两学一做”学习教育常态化制度化，坚决维护中央权威。自觉接受人大法律监督和工作监督，主动接受政协民主监督、人民群众监督和新闻舆论监督，认真听取工商联、各民主党派、无党派人士和各人民团体的意见，全年办理区人大建议41件，办理区政协提案74件，答复率和满意率均为100%。“七五”普法活动扎实有效，依法行政水平不断提升。主动做好市下放各项职能承接工作，全年共承接公安、国土、住建、城管等部门27项下放职能，各项工作履职顺畅。深化商事登记制度改革，完善市场监管体系。区、镇（街）、村（居）三级公共服务平台初步建成，建立统一规范的公共服务体系。全面加强公务员队伍建设，机关效能不断提高，行政监察、审计监察、廉政建设等工作得到进一步加强。

各位代表，过去一年，我们克服了种种困难和挑战，顶住了经济下行压力，成绩来之不易！这些成绩是市委、市政府和区委正确领导的结果，是区人大、区政协和社会各界人士大力支持的结果，是全区人民奋力拼搏的结果。在此，我代表区人民政府向全区人民，向驻区部队官兵，向历届老领导老同志，向各民主党派、各人民团体和社会各界人士，表示衷心的感谢并致以崇高的敬意！

回顾一年的工作，我们也清醒地认识到，经济社会发展中还存在不少短板和问题，主要是发展不平衡不充分的一些突出问题尚未解决：一是经济持续快速增长的基础较为薄弱，经济发展还处于量的积累阶段，受宏观环境影响，工业性投入和经济增长速度有所放缓，支撑发展的大项目、好项目还不多。二是城乡发展不平衡，镇村发展乏力，主要体现在城乡基础设施建设发展不平衡、城乡居民收入不平衡、城乡公共服务资源不平衡等。三是城市建设和管理差距仍然较大，市政公用设施、生产生活配套设施等配置不高，城市景观和秩序有待提升，影响了城市功能的发挥。四是个别干部的综合能力还存在不适应形势发展的问题和现象，在发展理念、管理观念、谋划能力、执行能力、服务意识方面还有待加强。对此，我们一定高度重视，积极应对，认真加以解决。

二、2018年工作任务

2018年是深入贯彻中共十九大精神的开局之年，是决胜全面建成小康社会、实施“十三五”规划承上启下的关键之年，做好今年工作意义重大。全面贯彻中共十九大精神、中央经济工作会议和农村工作会议精神，坚持新发展理念，贯彻稳中求进工作总基调和高质量发展要求，紧抓“坚持以习近平新时代中国特色社会主义思想为指引，奋力推动武江在新时代干出新气象实现新作为”这一实践主题，紧盯“争当韶关振兴发展排头兵”这一奋斗目标，突出抓好“全面贯彻中共十九大精神、全面建成小康社会、全面巩固武江振兴发展良好政治生态”这三大核心任务，扎实谋划开展好争当韶关振兴发展排头兵六大行动，为推动武江在新时代实现更高质量发展积淀经济发展、社会进步、干部作风等新优势。

2018年经济社会发展主要预期目标是：全区生产总值增长6%左右，地方一般公共预算收入与经济增长基本同步，城乡居民收入增长基本与经济增长同步。

为实现上述目标，我们将着力抓好以下六方面工作：

（一）扎实推进产业结构调整，提升经济发展质量

围绕产业提质增效，强化产业共建，优化产业结构，以现有的五大主导产业为基础，加快武江科技工业园和甘棠产业园建设，发挥园区经济生力军作用，实施产业提档三年行动计划，做大武江经济总量，进一步壮大经济实力。

巩固传统产业，坚持创新驱动，培育发展新动能。一是加大传统产业的扶优去劣工作力度。重点服务烟厂、供电等中省企业，促其平稳增长；同时力争年内新增3家以上亿元企业，力争园区年内实现产值10亿元，稳定我区工业经济基本面；对创新能力不强、无发展前景的企业通过企业重组、兼并，坚决下狠心去产能。二是鼓励传统产业创新发展，转型升级。重点瞄准10家左右具有一定创新能力的成长型优质中小实体企业，实行三年倍增计划。重点支持利民制药厂袋装参芪扶正注射液、旭日玩具生产线等技改项目，重点扶持合众化工、莱雅等成

长性高的企业扩产增效，重点支持源昊住工、詹氏蜂蜜升级为省级工程研发中心。三是提升我区与珠三角地区产业共建水平。落实融珠战略，积极对接珠西先进装备制造业产业带，努力建设先进装备制造业共建基地，重点跟进宏大齿轮广汽乘用车零部件配套技改项目，培育扶持液压件厂、天恒液压等机械零部件制造企业转型升级。四是实施创新驱动，壮大民营经济。优化科技企业孵化育成体系，积极推动创亿谷申报国家级科技企业孵化器，星火创客申报省级科技企业孵化器，加快华科城莞韶双创中心建设。落实省级高新技术企业培育入库、市级财政奖补扶持政策，力争新增高新技术企业1–2家。落实好市发展民营经济政策措施，完善中小企业服务体系及区级扶持措施，围绕“个转企、小转规、规改股、股上市”，鼓励民营企业做大做强，加大研发投入，提高自主创新能力，力争年内新增“四上”企业15家。

突出招商引资，优化产业载体，培育新增长点。一是完善招商引资机制。落实招商引资工作联席会议制度，实行招商引资“一把手”工程。完善突显武江竞争优势的招商政策和项目落地保障机制，推动建立事权集中、高度统一的园区管理体制，营造稳定的园区发展环境，提振企业投资信心。二是打造招商平台。进一步完善武江科技园、甘棠工业园各项基础设施，增强园区承载力和吸引力；按照生态创新园的定位，年内重新对甘棠园东区进行规划设计，构建武江高新技术产业发展新空间；充分利用武江科技园空闲土地，力争年内引进3个产值亿元以上的优质企业。三是开展靶向招商。围绕先进装备制造、商贸物流、医药健康、精细化工、新型服务业等产业，组建专业的招商团队，实施靶向招商；同时拓宽招商渠道，开展“以商招商”“镇村招商”“乡贤招商”。

发展城市经济，构建新业态，注入新活力。一是大力培育楼宇经济。以枫合汇、湘商大厦为依托，加快我区楼宇经济发展步伐，重点引导金融保险、创投平台、管理咨询、信托投资企业和律师事务所、会计事务所等向楼宇集聚。二是合理规划布局，构建武江新“商圈”。以全力打造韶州公园为“绿心”，加强公园周边配套设施建设和环境整治，引导形成新的商业服务区和高端人才集聚区，形成新的业态；加快芙蓉山公园、林桥公园建设，推动摩尔城、富力新城等商住项目引导建立芙蓉山北新商贸中心片区；加快芙蓉新城、莞韶园公共基础设施建设，尽快形成宜居、宜业、宜游的环境，建立以芙蓉新城商务中心、莞韶创智城为中心的都市商务区。三是加快发展文化旅游产业。积极推进奥园文化旅游城、韶州公园文化景观项目及南岭诗歌小镇建设，积极谋划重阳温泉、江湾森林生态、田园综合体等旅游产业，构建武江文化旅游新业态。

盘活国有资产，强化运营管理，助推财税增长。加快推动区属国有企业市场化运营管理，使之成为可持续发展的经济实体和财政收入的重要来源。通过政府注资，扩大国企资产总规模，做大做强区属国有企业；坚持市场化运作，探索有效的运营模式，发挥国企资本配置功能；开展投资融资、产业培育、资本整合等，推动产业聚集和转型升级；赋予国有企业更多的经济资源要素，让行政资源和市场资源共同激发企业活力。

（二）立足城市建设，着力提升城市品位

随着市与市辖区职权下放改革的深入推进，我区将承担更多的城市建设功能，2018年，我区将在市的整体思路下，全面增强主动性，抓好芙蓉新城建设和老城区提质以及城市管理，力促城市功能和形象整体提升。

增强主动性，力促芙蓉新城建设。一是保障项目用地。进一步理顺征收工作机制，强力推进征收工作，力争完成芙蓉新城清表交地8000亩，重点保障北江航道孟洲坝扩能升级、芙蓉广场、滨江商务中心、韶州文化广场及新区路网等项目用地需求。二是主动参与芙蓉新区项目建设。积极助推芙蓉新区十大重点项目建设、10个产业项目招商入驻，力争全年完成投资70亿元以上的总体工作目标，加强新区城市型产业集聚。三是全力做好村民生产生活安置。完善村民安置政策和权益保障机制，加快新村建设和分配入住。解决征地留用地历史遗留问题，落实村集体经济发展用地，引导与市场相结合，因地制宜助力村集体经济发展，增加村集体和农民收入。

积极谋划实施，力推老城区升级改造。围绕片区提升的总体思路，主动谋划、加速实施老城区整体改造，高标准、高质量地提升城市交通、景观、公共服务等各项功能，增强城市发展的承载力。一是实施片区改造，力促城市生活品质提升。加快实施韶州公园一期工程，开展公园景观、功能设施建设，加快推进芙蓉大道北、环园路等市政道路建设，促进周边老旧企业和村庄改造，形成高端生活功能区；加快实施芙蓉山公园、林桥公园建设，增添公园文化、休闲功能，推进芙蓉北路周边的环境提升。二是完善老城区交通路网。重点推进教育西路、新兴路等主干道路，打通体育东路、福林路等次干道，畅通城市“主动脉”；着力整治韶关大道中、五里亭大桥西侧、芙蓉大道北立交桥、上饶桥等交通节点；实施10条重点小街巷的整治，疏通城区“毛细血管”。三是优化城市景观。重点谋划实施韶关大道北、工业中路、武江南北路、惠民南北路、新华南路等主干道的断面改造和两侧的景观提升。四是实施老城区配套服务设施建设。通过片区改造，进一步增强文化、教育、医疗、养老、社区服务等公共配置，提高公共服务能力；进一步升级改造市政环卫设施，增加公共停车、农贸市场等生活配套。五是推进城区“微改造”。以老旧小区改造试点为契机，围绕片区改造和群众的意愿，积极实施老旧小区的微改造，重点抓好新华街、惠民街“一路一区”亮点工程，力推沙洲路片区、光孝路片区和市级示范小区的改造提升。

完善建管机制，提升城市管理水平。一是积极推进城市管理体制改革。进一步理顺区、镇两级职能，推进执法、管理力量下沉，探索成立以镇（街）为主体的城市管理和执法队伍，完善镇（街）属地管理机制；调整优化区级部门职能和工作机构，实施项目建管分离，确保项目建好管好；健全和理顺芙蓉新区的城市管理体制。二是构建城市管理体系。积极学习、借鉴各地先进工作经验，加快推进实施分片区管理“路长”、“门前三包”责任制；全面推行社区网格化管理，有力发挥镇（街）网格员巡查作用；推进“数字政府”建设，整合应急、三防、食药监、公安等指挥网络平台，完善区智慧城市管理系统，构建精细化、数据化、网格化的城市管理体系。

（三）围绕美丽镇村建设，推进城乡融合

全面落实乡村振兴发展战略，着力强化镇村发展基础，扎实有力推进美丽镇村建设，努力打造韶城美丽后花园，实施改路、改水、改厕、改造危房和美化为主的“四改一美化”行动，建设“整洁、宜居、生态、惠民”的人居环境。

加快镇村产业发展。继续深入推进农村综合改革，在农村土地确权登记、新型经营主体培育、农村金融工作等方面下功夫，重点培育镇村产业。发挥镇域区位和生态优势，培育农业农村特色产业。近郊镇西河、西联依托城市区位优势，盘活村集体资产，做大做强村集体商贸产业；龙归镇对接工业园区，发展配套的生产性服务业。远郊镇发挥农村自然、文化资源优势，重阳镇依托交通优势重点发展果蔬农产品生产销售基地以及观光农业、休闲度假、家庭农庄等产业；江湾镇发挥生态林业资源优势发展石斛、食用菌等林下经济。

完善镇村基础设施。着力增强镇村民生和公共服务工程基础设施建设，进一步夯实农业农村发展基础。实施农田水利工程建设，建设高标准农田2800亩，全面完成村村通自来水二期工程项目，完成2018年度中小河流治理各项工作。加快实施镇、村道路工程建设，争取完成通自然村公路建设14.28公里、县乡公路安全生命防护工程170公里、未通客车行政村路面改造15公里。深入推进农村危房改造，全面完成省定贫困村危房改造。合理规划镇域街道农贸市场、市民文化活动场所等功能布局，提升江湾、重阳、龙归3个镇街区面貌。

推进美丽镇村建设。一是以7个省定贫困村建设社会主义新农村工作、1个市级连片示范创建村人居环境综合整治为契机，打造20%的美丽村，30%的宜居村，50%的整洁村，发挥示范带动作用，促进全区村容村貌、村民生活质量和乡村治理水平整体稳步提升。二是着力推进高铁沿线、高速公路沿线村容村貌整治，对武广高铁沿线10个行政村实施人居环境综合治理，构建广东“北大门”高铁沿线村庄整洁、有序、宜居的新风貌，打造成武江在新时代落实乡村振兴发展战略的展示窗口和路径。三是加快推进镇村垃圾污水处理项目建成并投入使用，完善集中供水、雨污分流、垃圾处理等基础设施，消除脏乱差现象，使农村卫生环境整体显著提升。四是实施乡村绿化美化战略，加大生态环境保护力度，全面落实碳汇造林工作任务，全面落实河长制，加强河流巡查监管及河流水环境防治，抓好规模化畜禽养殖治理，严格控制污染排放，全力打好土壤、水体、大气污染防治三大攻坚战，建设新时代美丽乡村。

打好精准扶贫攻坚战。围绕精准扶贫攻坚的总体要求，全面完成扶贫攻坚任务。构建党政、行业、社会“三位一体”大扶贫工作机制，落实区四套班子“挂镇包村”制度。继续巩固和帮扶2016年—2017年两年已脱贫的相对贫困人口，确保已脱贫的人员不返贫。进一步深入铺开就业扶贫“以奖代补”和教育文化、医疗、金融、保险扶贫政策，筑牢增收脱贫的基础。实行“互联网+贫困村”行动，推动7个省定贫困村电商平台全覆盖；实施“龙头企业+专业合作社+扶贫户”的产业帮扶模式，实现贫困户增收。

（四）强化保障补齐短板，全面发展社会民生事业

进一步强化民生保障。一是增加社会就业机会。继续扩大社会就业面，力争全年城镇新增就业人数2200人，城镇失业人员再就业人数2000人，就业困难人员实现就业人数380人，促进创业人数200人，城镇登记失业率控制在3.5%以内。二是扩大社

会保险覆盖面。推进机关事业单位养老保险制度改革，建立健全职业年金制度，基本解决失地农民养老保险预存资金分配问题。力争全年实现机关事业单位基本养老保险达到2770人、城乡居民基本养老保险达到3万人、城乡基本医疗保险达到14万人。三是完善社会救助体系。落实社会救助和保障资金3200万元，建立区流浪乞讨救助管理工作联席会议制度，调整城乡低保标准和补差水平及五保供养标准，推进重阳镇农村幸福院建设。

重点补齐“三个民生短板”

——补齐基础教育短板。进一步优化教育资源配置，促进城乡一体化发展。进一步完善校外托管机构和培训机构的管理机制，规范社会办学。以创建“文明校园”、“平安校园”为抓手，着力打造文明和谐、平安有序的校园环境，同时采取有效措施解决当前教育发展不平衡不充分的问题。一是增加义务教育学校学位供给。确保华泰小学和镇泰小学综合楼、恒大小学投入使用；力争金福园小学综合楼、车头小学异地重建开工建设，力争增加小学学位2000个。二是优化学前教育资源配置，推动学前教育持续健康发展。实施第三期学前教育行动计划，新建一批公办幼儿园，确保重阳中心幼儿园和龙归中心幼儿园开办招生，力争开工建设教育路惠民幼儿园，启动江湾中心幼儿园异地重建工作。三是全面实施“强师工程”。实施统一招聘、统筹调配，加大教师招聘力度，逐步缓解教师缺口较大的问题。推进中小学教师“县管校聘”改革，优化教师队伍结构，建设高素质专业化教师队伍。

——补齐医疗卫生短板。一是继续加大对乡镇卫生院及社区卫生服务中心的建设力度。做好龙归镇中心卫生院、西河镇卫生院、新华街道社区卫生服务中心、沙洲尾社区卫生服务中心、西联镇卫生院、芙蓉新区社区卫生服务中心建设工作。二是扎实推进村卫生站共建规范化建设，确保2018年完成11个村卫生站标准化建设任务。三是充实基层卫生力量，逐步落实市“千人计划”，缓解卫生院医技人员紧缺问题，以引进和培养全科医生为重点，有计划推进人才队伍建设，提高医疗卫生服务能力。四是深入推进“厕所革命”。升级改造21所城区厕所，积极推进农村厕所改造，从小处、实处着眼，改善居民卫生环境状况。

——补齐村（社区）公共服务短板。一是建设恒大、长城世家、碧桂园太阳城、工业西社区服务中心，加快筹建保利社区居委会，提升社区服务质量。二是进一步完善村级公共服务站建设，不断提升农村基层公共服务水平。优化镇、村两级公共服务体系，丰富进驻事项，提升窗口服务质量，重点解决群众出门办事最后“一公里”问题。三是实现村（社区）基层综合性文化服务中心100%全覆盖，构建现代公共文化服务体系。四是实现体育场地设施建设及器材投放覆盖到自然村70%以上，广泛开展全民健身活动。五是全面开展居家养老服务工作，力争今年启动西河镇、西联镇居家养老服务中心建设。

同时，认真抓好我区第四次全国经济普查工作、第二次全国地名普查工作。进一步做好红十字会、人防、物价、档案、史志、年鉴、民族宗教、外事侨务、对台等各项工作，确保各项事业全面进步。

今年着力办好8件民生实事：①城区道路优化提升工程；②城区垃圾中转站新建及改造工程；③开办龙归镇、重阳镇公办幼儿园；④实施农村敬老院综合改造；⑤实施区文化馆标准化建设；⑥实施城区4个老旧小区改造工程；⑦实施韶州公园（一期）及芙蓉山公园景观建设；⑧城区公厕升级改造。

（五）优化振兴发展环境，提升发展软实力

进一步转变政府职能和优化政府服务，营造优质高效、有序竞争、公平公正、和谐稳定的发展环境。

优化政务环境。一是强化服务意识。以打造全市最优发展环境为目标，学习借鉴珠三角的先进服务理念，树立更强的服务意识。营造“亲”“清”的新型政商关系，实施政府联系重点企业和项目常态化制度。二是提高行政效率。主动推进区级权责关系改革，深化“一门式一网式”政务服务模式和商事登记制度改革。深化“放管服”改革，真正把权限放给市场，把工作重心转到事中事后监管，提高服务标准化、规范化和透明化水平。三是落实政策服务。落实好国家“降税减证提标”措施和省、市支持实体经济的政策措施；进一步研究促进企业加快发展的激励办法；大力实施“扬帆计划”，落实职业技能晋升补贴政策，优化人才服务，建设武江人才公寓，使专业人才引进与发展需求接轨。

优化保障环境。一是营造安全稳定发展环境。不断推进公安“四项建设”，大力创建“平安武江”，依法防范和惩治违法犯罪活动。加强社区警务室建设，完善社区治安群防群治网络，加大司法调解力度，构建和谐社会关系。进一步完善安全生产和消防安全的监管体系，提升管控能力，强化公共安全应急管理，防范重特大事故发生。二是营造公平公正诚信环境。积极推进政务诚信、商务诚信和社会诚信建设有效模式，推动形成更加守信可靠的社会环境。强化社会信用体系和市场监管体系建设，加强食品药品、交通运输、建筑、公共资源交易等市场的监管，开展打假打非打传打私行动，建立诚信“红黑名单”制度，组织部门联合执法，对失信行为进行集中整治，以维护市场秩序，建立公平诚信的市场环境。

优化社会环境。培育和践行社会主义核心价值观，引导全区人民参与文明创建，不断提升“善美之城 魅力武江”核心内涵，增强吸引力。一是围绕“城市提升、价值引领、城乡联动”，开展创文攻坚专项行动及各行业文明创建活动，积极推进文明镇村、文明单位创建，激发文明创建的基层基础活力。二是加快全区各级文化场馆的建设，重点打造区、镇（街）两级文化场馆，加快推进村（社区）基层综合文化服务中心建设，发展社区文化。三是开展环境治理和文明引导。切实解决城市管理突出问题，坚决治理城市“六乱”和“顽疾”；深化文明交通和公共场所的文明引导，推动形成经济社会发展的良好风气。

（六）加强政府自身建设，构建法治清廉务实政府

加强依法行政。坚持“法无授权不可为、法定职责必须为”，自觉运用法治思维和法治方式，健全重大事项决策规则和程序，严格按照法定权限和程序行使权力。进一步完善“一村（社区）一法律顾问”制度，为基层群众提供法律保障。加强法制宣传，深入开展“七五”普法宣传活动，推动建立青少年学生法治教育基地。加强法制队伍建设，规范行政执法行为。自觉接受人大、政协和社会监督，广泛听取社会各界的意见建议。加强政务公开和政府信息公开，让权力在制度内运行，更加阳光、更加透明。

构建廉洁政府。认真落实中央“八项规定”精神，模范遵守廉洁自律准则，严防“四风”反弹。严格落实党风廉政建设主体责任，深入推进政府系统廉政建设，严肃财经纪律，加强政府行政监督、审计监督和执纪问责。政府系统所有公务人员都要严格要求自己，勤勉尽责、秉公用权，涵养正气、弘扬清风，树立为民务实清廉的政府形象。

提升干部队伍能力。进一步强化干部队伍作风建设，提高工作执行力，使市委、市政府和区委的决策部署不折不扣落实到实际工作中，为武江区经济社会发展营造良好的干事创业氛围。着力加强干部队伍能力建设，重点抓好干部破解难点和瓶颈问题的能力，为武江区加快产业发展、推动城市提升、全面发展各项社会事业作出积极的贡献。

各位代表，中共十九大已经胜利召开，我们站在新的起点上，踏上了“决胜全面建成小康社会”的新征程，让我们在市委、市政府和区委的坚强领导下，与时俱进，开拓进取，争当韶关振兴发展排头兵，全面建成小康社会，促进武江经济社会发展迈向新台阶。

中共韶关市武江区委关于印发《中国共产党韶关市武江区委员会工作制度》的通知

韶武委〔2017〕5号

各镇（街）党（工）委，区委各部门，区直各单位党组织，驻区各单位党组织：

现将《中国共产党韶关市武江区委员会工作制度》印发给你们，请认真遵照执行。

中共韶关市武江区委

2017年4月1日

中国共产党韶关市武江区委员会工作制度

为落实全面从严治党要求，加强和改进中国共产党韶关市武江区委员会（以下简称区委）工作，推进中共建设制度化、规范化、程序化，提高中共执政能力和领导水平，根据《中国共产党章程》《中国共产党地方委员会工作条例》《中国共产党广东省委员会工作规则》《中国共产党韶关市委员会工作制度》和党内有关规定，结合本区实际，制定本制度。

一、总体要求

（一）区委在全区发挥总揽全局、协调各方的领导核心作用，贯彻落实党中央治国理政新理念新思想新战略，按照协调推进“四个全面”战略布局，对全区经济建设、政治建设、文化建设、社会建设、生态文明建设实行全面领导，对全区中共建设全面负责。

（二）区委工作必须遵循以下原则：

1. 坚持高举中国特色社会主义伟大旗帜，坚决贯彻中共理论和路线方针政策。牢固树立政治意识、大局意识、核心意识、看齐意识，做到对党忠诚、为党分忧、为党担责、为党尽责。

2. 坚持以人民为中心的发展思想，立党为公、执政为民，认真践行中共宗旨和群众路线，把中共正确主张变为群众的自觉行动。

3. 坚持解放思想、实事求是、与时俱进、求真务实，积极探索，开拓创新，围绕“主动融入珠三角，在全市率先全面建成小康社会，加快武江振兴发展”的目标，结合实际创造性开展工作。

4. 坚持民主集中制，增强区委领导集体活力和中共团结统一，发挥全区各级党组织和广大党员的积极性主动性创造性。

5. 坚持党要管党、从严治党，始终保持中共先进性和纯洁性，不断增强自我净化、自我完善、自我革新、自我提高能力。

6. 坚持在宪法和法律范围内活动，依据党章和其他党内法规履职尽责，提高运用法治思维和法治方式深化改革、推动发展、化解矛盾、维护稳定的能力。

（三）区委主要实行政治、思想和组织领导，把方向、管大局、作决策、保落实：

1. 贯彻落实党中央、省委和市委决策部署，对全区重大问题作出决策。

2. 通过法定程序使区委的主张成为地方性法规、区政府规章或者其他政令。

3. 加强对全区宣传思想文化工作的领导，牢牢掌握意识形态工作领导权、话语权。

4. 按照干部管理权限任免和管理干部，向本级国家机关、政协组织、人民团体、国有企事业单位等推荐重要干部。

5. 支持和保证人大、政府、政协、法院、检察院、人民团体等依法依章程独立负责、协调一致地开展工作，发挥这些组织中党组的领导核心作用。

6. 加强对全区群团工作和统一战线工作的领导。

7. 动员、组织全区各级党组织和广大党员，团结带领群众实现中共目标任务。

二、组织和成员

（一）区委由区党代表大会选举产生，由委员、候补委员组成，每届任期5年。

区委常务委员会（以下简称常委会）由区委全体会议（以下简称全会）选举产生，由区委书记、副书记和常委会其他委员组成。

（二）区委委员、候补委员配备应当具有代表性，符合党龄、年龄、性别、专业等方面要求。人选应当包括书记、副书记和常委会其他委员，一般还应当包括区政府领导班子成员，区人大常委会、区政协、区法院、区检察院主要负责人，区委、区政府有关部门主要负责人，区总工会、团区委、区妇联主要负责人，乡镇（街道）党委、政府主要负责人，以及适当比例的基层党员。

区委任期内，委员出缺的由候补委员按照得票多少依次递补，递补后仍有空缺的可以召开区党代表大会或者党代表会议补选。

因调离本区、辞去公职、退休等原因不适宜继续担任区委委员、候补委员的，应当辞去或者由区委按程序免去其区委委员、候补委员职务。死亡、丧失国籍、被追究刑事责任、被停止党籍、受到留党察看以上党纪处分的，区委委员、候补委员职务自动终止。辞去、免去或者自动终止区委委员、候补委员职务的，应当报市委备案。

（三）常委会委员配备，遵从市委决定。常委会委员名额为9至11人。区委设书记1名、副书记2名。区委换届时，书记、副书记和常委会其他委员由全会选举产生，并报市委审批。新当选的书记、副书记和常委会其他委员一般应当任满一届。常委会委员分工按规定向市委报备。在区党代表大会闭会期间，区委书记、副书记和常委会其他委员的调动、任免，遵从市委决定。在下级党代表大会闭会期间，区委可以根据工作需要，调动、任免下级党委书记、副书记和党委其他委员，其数额在任期内一般不超过党委委员职数的二分之一。

三、职责

（一）区委在区党代表大会闭会期间，执行党中央、省委、市委的指示和区党代表大会的决议、决定，领导全区的工作。

区委通过召开全会的方式履行以下职责：

1. 制定贯彻执行党中央、省委、市委决策部署以及区党代表大会决议、决定的重大措施。

2. 讨论和决定全区经济社会发展战略、重大改革事项、重大民生保障等经济社会发展重大问题。

3. 讨论和决定全区中共建设方面的重大问题，审议通过重要党内规范性文件。

4. 决定召开区党代表大会或者党代表会议，并对提议事项先行审议、提出意见。

5. 听取和审议常委会工作报告或者专项工作报告。

6. 选举书记、副书记和常委会其他委员；通过区纪委全会选举产生的书记、副书记和常委会其他委员。

7. 决定递补区委委员；批准辞去或者决定免去区委委员、候补委员；决定改组或者解散下一级党组织；决定或者追认给予区委委员、候补委员撤销党内职务以上党纪处分。

8. 研究讨论本区行政区划调整以及有关党政群机构设立、变更和撤销方案。

9. 对常委会提请决定的事项或者应当由全会决定的其他重要事项作出决策。

（二）常委会在全会闭会期间行使区委职权，主持经常工作。其主要职责是：

1. 召集全会，向全会报告工作并接受监督；对拟提交全会讨论和决定的事项先行审议、提出意见。

2. 组织实施党中央、省委、市委决策部署和区委全会决议、决定，审议通过重要党内规范性文件，讨论决定立法涉及的重大体制和重大政策调整，讨论重要地方性法规、区政府规章草案或者草案中涉及的重大问题。

3. 向市委请示报告工作，讨论和决定下级党组织请示报告的重要事项。

4. 对全区经济社会发展和宣传思想文化工作、组织工作、纪律检查工作、群众工作、统一战线工作、政法工作等方面经常性工作中的重要问题作出决定。

5. 按照有关规定推荐、提名、任免干部，必要时对重要干部的任免可以征求区委委员意见；教育、管理、监督干部；研究决定党员干部纪律处分有关事项。

6. 对应当由常委会决定的其他重要事项作出决定。

（三）区委书记主持区委全面工作，组织常委会活动，协调常委会委员的工作，对区委工作负主要责任。

担任政府正职的区委副书记主持政府全面工作，组织政府党组活动。不担任政府职务的区委副书记主要协助书记抓中共建设工作，同时可以根据需要协调和负责其他方面工作。

常委会其他委员根据分工负责有关工作，履行分管领域从严治党责任。

（四）区委建立职责清单制度，明确常委会及其成员职责，并在一定范围内公开。

（五）区委履行全面从严治党主体责任，书记履行抓党建第一责任人职责。常委会应当定期研究党建工作，每年至少向市委和区委全会专题报告1次抓党建工作情况。充分发挥区委中共建设工作领导小组职能作用。加强基层党组织建设，实行乡镇（街道）党（工）委书记抓基层党建工作述职评议考核制度，完善党建工作考核综合评价体系，确保党建各项部署落到实处。

区委履行党风廉政建设主体责任，领导和支持纪律检查机关履行监督责任，坚持纪在法前、纪严于法，严格执行和维护中共纪律，坚持标本兼治、综合治理，加大教育、监督、惩处力度，推动形成不敢腐、不能腐、不想腐的廉洁从政环境。

（六）区委及其成员应当加强思想政治建设，坚持用马克思列宁主义、毛泽东思想、中国特色社会主义理论体系武装头脑，深入学习贯彻习近平总书记系列重要讲话精神，坚定理想信念，严守政治纪律和政治规矩。严肃党内政治生活，坚持中共政治路线、思想路线、组织路线、群众路线，坚决克服自由主义、分散主义、好人主义、个人主义，按照规定参加民主生活会和组织生活会，着力增强党内政治生活的政治性、时代性、原则性、战斗性。严格落实中央关于改进工作作风、密切联系群众的各项规定，坚决反对形式主义、官僚主义、享乐主义和奢靡之风。自觉践行“三严三实”要求，带头营造良好政治生态。严格遵守《中国共产党廉洁自律准则》《关于新形势下党内政治生活的若干准则》《中国共产党党内监督条例》等有关规定，切实做到为民、务实、清廉。

（七）区委应当加强对区人大、区政府、区政协等的领导，建立健全沟通协调机制，完善研究经济社会发展战略、定期分析经济形势、研究重大方针政策的工作机制，完善区委、区人大常委会、区政府、区政协主要领导同志定期研究工作机制，及时通报重要情况，研究重要工作。注重通过国家机关、政协组织、民主党派、人民团体、基层单位等渠道，就经济社会发展重大问题和涉及群众切身利益实际问题，广泛协商、广集民智、增进共识、增强合力。

四、组织原则

（一）区委必须始终在思想上政治上行动上同以习近平同志为核心的党中央保持高度一致，坚决贯彻执行党中央、省委和市委决策部署、决定，坚决维护党中央权威，任何工作部署都必须以贯彻党中央精神为前提。

区委应当每年向市委作1次全面工作情况报告，执行党中央、省委和市委某项重要决定的情况应当专题报告。遇有重大突发事件、重大问题应当及时请示报告。

（二）区委应当支持和保证下级党组织依法依规正常履职。凡属下级党组织职责范围内的事项，如无特殊情况，应当由下级党组织处理。区委作出同下级党组织有关的重要决定，一般应当事前征求下级党组织意见。需要区党代表大会代表、下级党组织和党员了解的重要情况和重大问题，应当及时通报。

（三）区委应当坚持民主集中制，实行集体领导和个人分工负责相结合的制度。凡属应当由全会或者常委会会议讨论和决定的事项，必须由集体研究决定，任何个人或者少数人无权擅自决定。在集体讨论和决定问题时，个人应当充分发表意见。个人对集体作出的决定必须坚决执行，有不同意见的可以保留，也可以向市委报告。

常委会委员应当根据分工和集体决定，勇于担当、敢于负责，切实履行职责；对不属于自己分管的工作，也应当从全局出发关心支持，加强研究，积极提出意见和建议。

（四）区委书记应当带头执行民主集中制，充分发扬党内民主，善于集中正确意见，支持常委会其他委员在职责范围内独立负责开展工作，自觉接受常委会其他委员监督，不得凌驾于组织之上、班子之上，不得搞独断专行。

常委会其他委员应当支持书记开展工作，自觉接受书记对其工作的督促检查。

常委会委员应当在党性原则基础上维护团结，互相信任、互相谅解、互相支持、互相监督。

（五）常委会委员代表区委的讲话和报告，署名发表或者出版同工作有关的文章、著作、言论，应当事先经过常委会审定或者区委书记批准。常委会委员在调查研究、检查指导工作或者参加其他公务活动时发表的个人意见，应当符合区委集体决定精神。

（六）区委及其常委会议事决策坚持集体领导、民主集中、个别酝酿、会议决定，实行科学决策、民主决策、依法决策。完善“三重一大”决策制度，凡属重大问题决策、重要干部任免、重大项目安排和大额资金使用，必须经集体讨论作出决定。

（七）健全决策咨询机制，重大决策一般应当在调查研究基础上提出方案，充分听取各方面意见，进行风险评估和合法合规性审查，经过全会或者常委会会议讨论和决定。

五、全会

（一）区委全会每年至少召开2次，遇有重要情况可以随时召开。全会由常委会召集并主持，议题一般由常委会征询区委委员、候补委员意见后确定，方案由常委会会议审定。

（二）全会应当有三分之二以上区委委员到会方可召开。区委委员、候补委员因故不能参加会议的应当在会前请假，其意见可用书面形式表达。根据工作需要，常委会可以确定有关人员列席全会。

（三）表决可以根据讨论和决定事项的不同，采用举手、无记名投票或者记名投票等方式进行。赞成票超过应到会区委委员半数为通过。未到会区委委员的意见不得计入票数。区委候补委员没有表决权。

（四）对区委委员、候补委员作出撤销党内职务以上党纪处分决定，必须由全会三分之二以上多数决定。在特殊情况下，可以先由常委会作出处理决定，待召开全会时予以追认。对区委委员、候补委员的上述处分，必须经市委批准。

（五）区委通过全会作出的决策，由常委会负责组织实施。决策执行过程中需作重大调整的，应当通过召开全会决定。

（六）全会决定的重大事项可以公开的，应当在党内进行通报或者通过新闻媒体公开发布。

（七）区委可以根据工作需要召开扩大会议，但不得代替全会作出决策。

六、常委会会议

（一）常委会会议一般每月召开2次，遇有重要情况可随时召开。常委会会议由书记召集并主持。书记不能参加会议的，可以委托副书记召集并主持。会议议题由书记提出，或者由常委会其他委员提出建议、书记综合考虑后确定。

（二）常委会会议应当有半数以上常委会委员到会方可召开。讨论和决定干部任免事项必须有三分之二以上常委会委员到会，与会常委会委员应当发表同意、不同意或者缓议等明确意见。常委会委员因故不能参加会议的应当在会前请假，其意见可以用书面形式表达。常委会会议讨论决定重大问题，常委会委员因故不能参加的，根据工作需要，会后及时向其通报情况。

（三）区人大常委会党组书记、区政协党组书记列席常委会会议。根据工作需要，会议召集人可以确定有关人员列席有关议题。

（四）提交常委会会议讨论和决定的事项，相关责任单位要在充分调查研究的基础上，形成书面汇报材料或文件，由单位主要负责同志审核并经分管区领导审签后送区委办公室汇总。拟提请区委制发的党内规范性文件，上会前应由区委办公室进行前置审核。

（五）表决可以根据讨论和决定事项的不同，采用口头、举手、无记名投票或记名投票等方式进行，赞成票超过应到会常委会委员半数为通过。未到会常委会委员的意见不得计入票数。会议讨论和决定多个事项，应当逐项表决。

常委会会议讨论和决定的干部任免等事项涉及常委会委员本人及其亲属的，本人应当回避。

（六）常委会会议由专门人员如实记录，决定事项应当编发会议纪要和决定事项通知。经常委会会议讨论通过，以区委名义上报或者下发的文件，由书记签发。

（七）遇重大突发事件、抢险救灾等紧急情况，不能及时召开常委会会议决策的，书记、副书记或者常委会其他委员可以临机处置，事后应当及时向常委会报告。

（八）常委会会议作出的决策，由常委会委员分工负责组织实施。决策执行过程中需作重大调整的，应当通过召开常委会会议决定。

（九）常委会可以根据工作需要召开扩大会议，但不得代替常委会会议作出决策。

七、书记专题会议

（一）书记专题会议根据工作需要召开，会议由书记召集并主持，副书记和其他有关常委会委员等参加，议题由书记确定。根据工作需要，书记可以确定有关人员列席会议。

（二）书记专题会议主要职责是酝酿重要事项、及时沟通情况、统一思想认识、明确工作原则。书记专题会议不得代替常委会会议作出决策。

（三）书记专题会议议事范围：

1. 提交常委会会议审议前需要酝酿的重要事项。

2. 区委重大问题研究、重点工作推进、重要举措落实以及重大突发事件处置等事项。

3. 涉及干部人事、纪律检查、巡查方面的事项。

4. 区政府需提请区委先确定工作原则再进行决策执行的重要事项。

5. 区人大常委会党组、区政协党组需要提请会议研究的重要事项。

6. 其他需要书记专题会议酝酿的事项。

（四）拟研究讨论的事项，相关责任单位要提出有针对性的意见建议，形成书面材料，由单位主要负责同志审核并经分管区领导审签后送区委办公室汇总。

（五）书记专题会议应当如实做好记录，讨论研究事项可以编发会议纪要。会议纪要由书记签发。

（六）常委会委员可以根据工作需要，在其职责范围内主持召开议事协调会议，研究解决有关问题，但不得超越权限作出决策。讨论研究事项可以编发会议纪要，其中，涉及分管工作领域以外的议事协调事项，纪要须征求相关分管区领导意见，由书记签发。

八、监督检查和追责

（一）区委向区党代表大会负责并报告工作，应当自觉接受市委领导和工作监督，并接受市纪委和区纪委监督，接受下级党组织和党员群众的监督，接受各民主党派和无党派人士的民主监督。

区委应当有计划地邀请区党代表大会代表列席全会或者常委会会议等重要会议，适当增加列席的人员数量和频次。定期组织代表进行专题调研，开展提案提议，充分听取意见建议。

（二）区委应当定期对乡镇（街道）党（工）委及其成员履行职责情况进行考核，加强对党（工）委书记贯彻执行民主集中制情况、专职党（工）委副书记抓中共建设工作情况的考核评价，建立健全奖惩机制。考核具体工作由区委组织部牵头，区纪委、区委有关部门参与。

（三）完善区委督促检查工作领导体制和机制，规范督促检查工作程序，建立健全听取督促检查工作汇报、督查调研、督促整改等督查评估反馈制度机制，确保中央、省委、市委和区委重大决策贯彻落实。

（四）违反本制度有关规定的，根据情节轻重，给予批评教育、责令作出检查、通报批评、诫勉或者调离岗位、责令辞职、免职、降职等处理；应当追究党纪政纪责任的，依照《中国共产党纪律处分条例》《中国共产党问责条例》《行政机关公务员处分条例》等有关规定给予相应处分；涉嫌违法犯罪的，按照国家有关法律规定处理。

九、其他

（一）本制度由区委负责解释，具体工作由区委办公室会同区委组织部承担。

（二）本制度自发布之日起施行。此前区委有关制度，凡与本制度不一致的，以本制度为准。

中共韶关市武江区人民政府党组关于印发区政府党组有关工作制度的通知

韶武府办明电〔2017〕26号

区政府党组各成员：

《中共韶关市武江区人民政府党组议程决策规则（试行）》《中共韶关市武江区人民政府党组民主生活会制度（试行）》《中共韶关市武江区人民政府党组请示报告制度（试行）》《中共韶关市武江区人民政府党组理论学习中心组学习制度（试行）》已经2017年4月19日区政府党组会议审议通过，现予印发，请认真按照执行。

韶关市武江区人民政府办公室
2017年4月28日

中共韶关市武江区人民政府党组议事决策规则（试行）

第一条 党组议事决策应坚持“集体领导、民主集中、个别酝酿、会议决定”的原则，重大决策应充分协商，实行科学决策、民主决策、依法决策。

第二条 党组作出重大决策，应当在调查研究基础上进行风险评估和合法合规性审查。

党组书记应带头贯彻执行民主集中制，主动接受其他党组成员监督，不得凌驾于组织之上，不搞个人说了算。

党组成员应认真执行党组集体决定，自觉维护党组团结，勇于担当，切实履行职责。

第三条 党组议事决策一般采用党组会议形式，议事内容实行目录清单管理（见附件）。每次召开党组会议确定议题前，党组书记严格对照议事内容目录清单进行审核把关。

第四条 党组会议一般每月召开1次，遇有重要情况可随时召开，具体会议时间由党组书记确定。

第五条 党组会议议题由党组书记确定，或者由其他党组成员提出建议，报请党组书记综合考虑后确定。党组会议按照事先确定的议题进行，原则上不搞临时动议。

列入会议的议题要在会前充分酝酿。涉及多个部门和单位的议题，应在会前充分征求意见和协商，必要时由区政府有关党组成员召开专题会议协调后，再提交党组会议审议。情况不明或存在较大分歧的，暂不提交党组会议审议。

第六条 党组会议由党组书记召集并主持，也可以由党组书记委托党组副书记召集并主持。根据工作需要，可召开党组（扩大）会议，可以邀请不是党组成员的区政府领导班子成员列席会议，也可以根据议题指定其他有关人员列席会议。

第七条 党组会议应当有半数以上党组成员到会方可召开，涉及讨论干部人事议题时，应有三分之二以上党组成员到会方可召开。党组成员因故不能参加会议的应当在会前请假，对会议议题的重要意见可以用书面形式表达。党组会议议题涉及本人或者其亲属以及存在其他需要回避情形的，有关党组成员应当回避。

第八条　党组决策提交表决，可以采用口头、举手、无记名投票或者记名投票等方式进行，超过应到会党组成员半数赞成为通过。未到会党组成员的书面意见不记入表决结果。表决实行主持人末位表态制。

如对重大问题有近半数的党组成员表示不同意见，除在紧急情况下必须按少数服从多数的原则执行外，一般应暂缓决定，待进一步调查研究、交换意见、统一认识后再做决定。

党组会议研究决定多个事项的，应当逐项进行表决。

第九条　党组决策一经作出，应当坚决执行，由党组成员按分工落实或组织实施。实施完毕应及时向党组报告实施情况；未能及时落实的，须向党组会议或党组书记说明原因。

党组成员对党组决策有不同意见的，可以保留或者向上级党组织反映，但在党组决策改变前应当坚决执行。

党组作出的决策，确需进行重大调整或者变更的，由党组集体讨论决定。

第十条　区政府办公室负责党组会议的会务工作，并负责会议决策事项办理情况的督促、检查和反馈。

第十一条　党组重大决策失误的，对参与决策的党组成员实行终身责任追究。

党组成员在讨论决定有关事项时，对重大失误决策明确持不赞成态度或者保留意见的，应当免除或者减轻责任。

第十二条　党组会议的通知、纪要、报告等文件，由党组书记签发，也可以由党组书记委托其他党组成员签发。

党组会议由区政府办公室指定专人如实记录，会议材料、纪要及原始记录，按规定留档备查。

第十三条　严格遵守会议纪律和保密条例，党组会议内容除经党组决定可在一定范围内传达或者公开外，与会人员不得对外泄露。否则，应按照党章和有关规定予以处理。

附件：议事内容目录清单

附件：

议事内容目录清单

一、传达学习事项

（一）传达学习党中央、国务院、省委、省政府、市委、市政府和区委的各项方针、政策、工作部署以及重要会议、文件精神，以及中央、省、市、区委领导重要讲话和批示精神，研究提出贯彻落实意见；

（二）学习有关法律法规；

（三）研究确定党组学习中心组每年学习计划及日程安排。

二、重大决策事项

（一）研究需要提请党组讨论决定的重大决策、重大项目等事项；

（二）研究推进廉洁政府、法治政府、服务型政府建设等方面的重要事项；

（三）研究制定加强科学管理的规范、办法等重要制度。

三、党建工作事项

（一）研究党组民主生活会有关事项；

（二）研究意识形态工作、思想政治工作和精神文明建设方面的有关重要事项。

四、廉政建设事项

（一）研究加强党风廉政建设和反腐败工作方面的有关重要事项；

（二）研究加强对行政权力的监督制约、推动行政权力规范运行并发挥示范带头作用方面的重要事项。

五、请示报告事项

（一）讨论和决定党组需向区委请示报告的重要事项；

（二）审议通过党组对市委、市政府和区委重要文件征求意见稿的意见或建议。

六、其他应当由党组讨论和决定的重要事项

中共韶关市武江区人民政府党组民主生活会制度（试行）

第一条　党组民主生活会原则上每年召开一次。根据党中央、省委、市委、区委的统一安排或实际需要，可随时召开专题民主生活会。通过民主生活会，加强区政府党组及其成员思想政治建设和作风建设，牢固树立政治意识、大局意识、核心意识、看齐意识，密切联系群众，自觉践行“三严三实”要求，切实增强自我净化、自我完善、自我革新、自我提升的能力。

第二条　民主生活会坚持自我教育为主的原则，紧密围绕议题，交流思想认识，总结经验教训。遵循团结—批评—团结的方针，贯彻整风精神，突出问题导向，坚持实事求是，充分发扬民主，开展积极健康的思想斗争，增强党内生活的政治性、原则性、战斗性，达到统一思想、增强团结、互相监督、改进工作、共同提高的目的。

第三条　民主生活会紧紧围绕党中央、省委、市委、区委确定或经区委同意的主题召开。党组成员就以下基本内容进行对照检查，开展批评和自我批评：

（一）学习贯彻中共理论路线方针政策和决议，遵守中共政治纪律、政治规矩和组织纪律，维护中央权威的情况。

（二）加强领导班子自身建设，坚持民主集中制，执行集体领导与个人分工负责相结合制度，维护班子团结的情况。

（三）正确行使权力，依法办事、履职尽责，敢于担当、积极作为的情况。

（四）对巡视、审计等发现问题的整改情况。

（五）执行中央加强作风建设有关规定，坚持群众路线，改进工作作风，遵守政治纪律、廉洁纪律的情况。

（六）落实全面从严治党主体责任的情况。

（七）回应党员、干部和群众以及领导班子其他成员、市各级各有关单位提出的意见。

（八）其他重要问题。

第四条　召开民主生活会应认真做好以下准备工作：

（一）制定会议方案。按要求制定民主生活会方案，包括会议主题、时间、议程、参加和列席人员、具体工作安排等内容，报区委审核。

（二）组织学习交流。党组成员采取个人自学、理论学习中心组学习、专题研讨等方式，认真学习党章、党内法规文件等材料，增强开好民主生活会的自觉性和针对性。

（三）征求意见建议。党组成员通过召开座谈会、走访调研、书面和网络征询等方式，深入基层广泛征求和听取党内外干部群众的意见，确定重点解决的问题。

（四）开展谈心谈话。党组成员之间应当面对面谈心，就党组及其成员存在的问题交换看法，提出建议，沟通思想，达成共识。党组成员还应当与分管部门主要负责人谈心，并积极回应党员、干部和群众提出的谈话要求。

（五）撰写对照检查材料和发言提纲。按照民主生活会主题和基本内容，突出党性党风党纪方面存在的主要问题，分别撰写区政府领导班子对照检查材料和个人发言提纲，从严从实查摆问题，对照正反典型进行党性分析，深入剖析根源，提出整改措施。党组成员的个人发言提纲，要报告上一次民主生活会整改落实情况，并按照规定说明个人有关事项。

（六）通报整改落实情况。对党组上一次民主生活会整改落实情况进行梳理总结，在一定范围内通报，接受党员群众评议，并报区委备案。

第五条　民主生活会由党组书记召集和主持，党组成员参加，可根据有关规定和会议内容由党组书记确定列席人员。列席人员可以发言，对党组及其成员提出批评和建议。

第六条　召开民主生活会，要按规定程序进行。主要包括：

（一）通报上一次民主生活会整改落实情况和本次民主生活会会前征求意见情况。

（二）党组书记代表党组作对照检查。

（三）党组成员逐一作自我批评，其他同志分别对其开展批评。

（四）党组书记总结会议情况，对党组及其成员整改工作提出要求。

第七条 民主生活会应突出重点，严肃认真开展批评和自我批评，集中解决党组和党组成员自身存在的主要问题。自我批评应当联系思想、工作、生活和作风实际，深刻检查和剖析自己，查摆问题见人见事，剖析根源触及灵魂。相互批评应当以高度负责的态度，直奔主题、开诚布公指出问题和不足，互相提醒、真心帮助。

第八条 党组成员既要参加民主生活会，又要参加所在党支部（党小组）组织生活会，自觉过好双重组织生活，无特殊原因不得缺席。党组成员、有关列席人员因故不能参加民主生活会的，应当在会前向党组书记请假。因故缺席的党组成员应当提交书面发言提纲和对其他党组成员的批评意见，批评意见在会上宣读并列入会议记录。会后，向缺席人员转告会议情况和对其批评意见。

第九条 针对民主生活会检查和反映出来的问题，党组及其成员分别形成整改清单，制定整改措施，明确责任人和完成时限。对群众反映强烈的突出问题应当进行专项整治。民主生活会上提出的重要问题，党组应当及时研究解决。

第十条 民主生活会后，及时按要求向区委或上级有关部门报送情况报告和会议记录。

中共韶关市武江区人民政府党组请示报告制度（试行）

第一条 党组严格履行向区委请示报告的职责，并规范请示报告工作。

第二条 请示报告工作遵循以下原则：

（一）坚持实事求是，严禁瞒报、谎报、迟报；

（二）坚持事前请示，严禁“先斩后奏”；

（三）坚持逐级请示报告，无特殊情况不得越级；

（四）坚持规范报送，请示原则上一事一请，报告中不得夹带请示事项。

第三条 党组每年至少向区委作一次全面报告，主要内容包括：

（一）学习、宣传、贯彻执行中共理论和路线方针政策的情况；

（二）贯彻执行党中央、国务院、省委、省政府、市委、市政府和区委重大决策部署的情况；

（三）党组自身建设、党风廉政建设、民主生活会等情况；

（四）党组工作中存在的不足、主要问题及原因分析，下一步工作思路等；

（五）其他需要全面报告的事项。

第四条 重大问题应当及时向区委请示报告，主要内容包括：

（一）涉及全区经济建设、政治建设、文化建设、社会建设、生态文明建设等方面的重要部署、重要动态、重要活动及所采取措施的情况，以及存在的突出问题和下一步工作计划；

（二）重大自然灾害及重大安全生产事故、影响社会和谐稳定的群体性事件、涉及民族宗教和国家安全等突发性重大事件或事故情况；

（三）关系国计民生全局性的重大事项，重大财政支出和重大建设项目等；

（四）党风廉政建设和作风建设的突出问题；

（五）其他需要请示报告的事项。

第五条 党组执行党中央、省委、市委、区委某项重要指示和决定的情况，应进行专题报告。主要内容包括：

（一）学习、领会和传达情况；

（二）贯彻执行情况，包括基本情况、实施方案及措施、有关成效及存在问题等；

（三）下一步工作计划及建议意见等；

（四）其他需要报告的事项。

第六条 党组的请示报告，以正式规范的文本印发。党组成员向党组书记的请示报告，可通过口头和书面两种形式。

第七条 以党组名义发布或者上报的文件、发表的文章，党组成员代表党组的讲话和报告，应当事先经党组集体讨论或者传批审定。党组成员署名发表的与工作有关的文章，应当事先经党组审定或者经党组书记批准。

党组成员在调查研究、检查指导工作或者参加其他活动时发表的个人意见，应当符合党组决定精神。

第八条 党组成员应严格执行上级党组织的指示及决定。工作中根据规定应请示报告的事项，须准确及时履行请示报告职责。严格贯彻执行中央“八项规定”精神及省委、市委有关要求，请假外出或出席各类剪彩、奠基活动和庆祝会、纪念会、表彰会、博览会、研讨会及各类论坛等情况，应符合有关规定要求并及时报备。

中共韶关市武江区人民政府党组理论学习中心组学习制度（试行）

第一条 党组理论学习中心组主要由党组成员参加，可根据学习需要适当吸收有关人员列席。

党组书记是理论学习中心组的召集人，审定学习计划，确定学习主题和研讨专题，提出学习要求，主持集体学习研讨，指导和检查学习中心组成员的学习。

第二条 党组理论学习中心组主要围绕以下内容进行学习：

（一）马克思主义基本原理。深入学习马克思列宁主义、毛泽东思想，研读经典著作，掌握马克思主义的立场、观点和方法，增强运用马克思主义中国化最新理论成果武装头脑、指导实践、推动工作的自觉性。

（二）中国特色社会主义理论体系。认真学习邓小平理论、“三个代表”重要思想和科学发展观，深刻领会中国特色社会主义的科学内涵，准确把握夺取中国特色社会主义新胜利的基本要求。

（三）习近平总书记系列讲话。把学习习近平总书记系列重要讲话、重要批示指示精神等作为首要政治任务，坚持学原文、悟原理，坚持全面学和专题学相结合，坚持及时学、跟进学，切实做到学而信、学而用、学而行。

（四）中共重大路线方针政策。及时学习传达贯彻党中央、国务院、省委、省政府、市委、市政府和区委的重要会议、文件精神和重大工作部署，及时学习党中央、国务院、省委、省政府、市委、市政府和区委领导同志的重要讲话、批示指示精神。深刻领会党中央治国理政的新理念、新思想、新战略。

（五）《中国共产党章程》和其他党内法规。扎实学习党中央关于全面从严治中共重大部署，突出学习践行中共群众路线、“三严三实”、“两学一做”等有关作风建设内容。学习领会党中央、国务院、省委、省政府、市委、市政府和区委关于加强党风廉政建设的重要精神。深入学习党史知识，强化对中共执政规律的认识。

（六）重要法律法规。牢固树立法治观念，维护国家宪法法律权威，加强法律知识学习，突出学习宪法、行政诉讼法、行政复议法、行政处罚法、行政许可法、行政强制法、国家赔偿法、法治政府建设实施纲要（2015—2020年）等法律法规和政策文件，切实增强依法行政意识和能力。

（七）与履职相关的其他知识。

第三条 党组理论学习中心组采用以下学习形式：

（一）强化个人自学。党组成员根据工作需要和本人情况，年初制定自学计划，明确学习重点和书目，认真研读经典著作，抓好个人自学。运用好传统媒体和互联网、手机等新兴媒体学习平台，增强学习效果。按照中央和省、市委有关规定和要求，积极参加各种教育培训，遵守学习纪律，保证学习时间和效果。

（二）集中学习研讨。结合本职工作，突出时代主题，在加强个人自学的基础上，将集体研讨、专家辅导与学习交流更为紧密地结合起来，着眼于把握形势任务的新变化、新特点，着眼于研究解决工作中遇到的新情况、新问题，积极开展交流式、研讨式、共享式学习。党组理论学习中心组原则上每季度组织一次集中学习，学习活动可结合上级和市委统一部署安排进行，党组会议上要及时组织传达、学习中共重大路线方针政策等有关内容。根据工作安排，每年举办1—2次区政府党组理论学习（扩大）会议，每次围绕一个专题，邀请有关领导干部或专家学者进行辅导讲座或理论宣讲，党组成员开展讨论。

（三）专题调查研究。理论学习中心组成员要把理论学习与专题调研结合进来，深入基层，深入群众，扎实开展调查研究。每年在农村、企业等基层一线单位建立一个工作联系点，适时到联系点开展调查研究，撰写调查研究报告，并在党组会议上进行研讨交流。

第四条 加强理论学习中心组学习管理，建立健全以下制度：

（一）学习计划制度。根据党中央、国务院、省委、省政府、市委、市政府和区委部署要求，结合实际，及时制订学习计划，明确学习内容和要求。根据需要，适时对学习计划进行补充和调整。

（二）学习考勤制度。理论学习中心组集中学习要进行考勤记录。理论学习中心组成员应按时参加学习，确因特殊情况不能参加的，必须事先请假，并于事后补学。

（三）学习通报制度。通过内部情况通报或新闻报道等方式，及时向广大党员、干部和群众通报党组理论学习中心组学习的情况和成果。

第五条 加强理论学习中心组学习秘书队伍建设。充分发挥学习秘书在党组理论学习中的参谋助手作用，不断提高服务党组理论学习中心组的质量。党组理论学习中心组学习秘书由区政府办公室有关负责同志组成。

中共韶关市武江区委关于坚持以习近平新时代中国特色社会主义思想为指引奋力推动武江在新时代干出新气象实现新作为的决定

韶武委〔2017〕15号

（2017年12月7日中国共产党韶关市武江区第九届委员会第三次全体会议通过）

中共十九大是在全面建成小康社会决胜阶段、中国特色社会主义进入新时代的关键时期召开的一次具有划时代、里程碑意义的大会。中共十九大在政治上、理论上、实践上、制度上取得了一系列重大成果，就新时代坚持和发展中国特色社会主义的一系列重大理论和实践问题阐明了大政方针，就推进党和国家各方面工作作出了战略部署，是我们党在新时代开启新征程、续写新篇章的政治宣言和行动纲领。习近平新时代中国特色社会主义思想是中共十九大精神的主线和灵魂。中共十九大报告和十九大修改的党章把习近平新时代中国特色社会主义思想确立为我们党必须长期坚持的指导思想。学习宣传贯彻中共十九大精神，最核心最根本的是要深入学习宣传贯彻习近平新时代中国特色社会主义思想。

学习宣传贯彻中共十九大精神，是全党当前和今后一段时期的首要政治任务。省委十二届二次全会就全省持续深入学习宣传贯彻中共十九大精神进行了动员和部署，并审议通过了《中共广东省委关于持续深入学习宣传贯彻中共十九大精神推动习近平新时代中国特色社会主义思想在南粤大地落地生根结出丰硕成果的决定》，市委十二届五次全会就全市持续深入学习宣传贯彻中共十九大精神进行了再动员、再部署，并审议通过了《中共韶关市委关于坚持以习近平新时代中国特色社会主义思想为指引加快韶关改革发展的决定》，省、市强调必须更加聚焦到学习宣传贯彻习近平新时代中国特色社会主义思想上来。在前一段兴起热潮、良好开局的基础上，组织开展“大学习、深调研、真落实”活动，继续围绕学懂弄通做实，往深里走、往实里抓，把学习宣传贯彻中共十九大精神持续引向深入。

为贯彻落实省委、市委的决定，动员全区各级党组织和全体党员深入学习宣传贯彻十九大精神，不忘初心，牢记使命，扎实推动中共十九大精神在武江落地生根、结出硕果，推动武江在新时代干出新气象、实现新作为，在全市率先全面建成小康社会、争当韶关振兴发展排头兵，开启全面建设社会主义现代化国家新征程，作出如下决定。

一、坚持把习近平新时代中国特色社会主义思想作为根本指导思想

（一）深刻领会习近平新时代中国特色社会主义思想的历史地位和丰富内涵。中共十九大最重要的理论成果，是把习近平新时代中国特色社会主义思想确立为我们党必须长期坚持的指导思想。习近平新时代中国特色社会主义思想是马克思主义中国化的最新成果，是党和人民实践经验和集体智慧的结晶，是中国特色社会主义理论体系的重要组成部分，是全党全国人民为实现中华民族伟大复兴而奋斗的行动指南。习近平新时代中国特色社会主义思想，开辟了马克思主义中国化新境界、中国特色社会主义新境界、治国理政新境界、管党治党新境界，具有重大的政治意义、理论意义和实践意义。全区各级党组织和全体党员必须提高政治站位，深刻认识习近平新时代中国特色社会主义思想的重要历史地位，紧紧围绕学懂弄通做实这一要求，整体把握、辩证思考、系统认识，注重理论和实践、历史和现实、当前和未来、中国和世界相结合，全面准确把握“8个明确”和“14个坚持”的思想内涵，切实增强政治认同、思想认同、情感认同，坚持在习近平新时代中国特色社会主义思想指引下，奋力进行伟大斗争、建设伟大工程、推进伟大事业、实现伟大梦想。

（二）坚持用习近平新时代中国特色社会主义思想武装头脑、指导实践、推动工作。全区各级党组织和全体党员必须把习近平新时代中国特色社会主义思想作为根本指导思想。要学思践悟、融会贯通，将习近平新时代中国特色社会主义思想刻在骨子里、融入血液中，切实做到理论上清醒、政治上坚定、思想上统一，增强中国特色社会主义道路自信、理论自信、制度自信、文化自信。要真学真懂真信真用，全面准确掌握这一思想的科学体系、精神实质和实践要求，掌握贯穿其中的立场、观点、方法，把习近平新时代中国特色社会主义思想作为解决武江一切问题的“金钥匙”。要坚持知行合一、学以致用，坚定不移地用习近平新时代中国特色社会主义思想指导武江改革发展实践，研究谋划关系武江振兴发展的重大问题，形成具体工作举措。要锲而不舍、长期坚持，推动习近平新时代中国特色社会主义思想贯彻到基层、落实到一线，用武江的生动实践和发展成果彰显这一思想的科学性和真理性。

（三）坚决维护习近平总书记的核心地位和以习近平同志为核心的党中央权威和集中统一领导。中共十九大最重要的政治成果，是选举产生了以习近平同志为核心的新一届中央领导集体。习近平总书记作为党中央的核心、全中共核心，是在领导全党全军全国人民进行具有许多新的历史特点的伟大斗争中形成的，是实践的选择、历史的选择、人民的选择，当之无愧、众望所归。中共十八大以来，党和国家事业之所以能取得历史性成就、发生历史性变革，根本是靠习近平总书记的坚强正确领导；面向未来夺取新时代中国特色社会主义伟大胜利，根本要靠习近平新时代中国特色社会主义思想的科学指引。习近平总书记为全党全军全国人民举旗定向，是新时代的领路人。全区各级党组织和全体党员一定要切实增强政治意识、大局意识、核心意识、看齐意识，把维护习近平总书记的核心地位作为第一位的政治要求，作为最主要的政治纪律和政治规矩，任何时候任何情况都要忠诚核心、拥戴核心、维护核心、捍卫核心，坚决维护习近平总书记的权威。要坚决做到“四个服从”，特别是严格遵守全党服从中央的纪律要求，坚决维护以习近平同志为核心的党中央权威和集中统一领导，始终在思想上政治上行动上同以习近平同志为核心的党中央保持高度一致，做到党中央提倡的坚决响应、党中央决定的坚决执行、党中央禁止的坚决不做。要旗帜鲜明反对“七个有之”，坚决防止和反对个人主义、分散主义、自由主义、本位主义、好人主义，坚决防止和反对宗派主义、圈子文化、码头文化，坚决反对搞两面派、做两面人。要把武江的事、武江的发展放在党和国家大局中来思考、谋划和推动，坚决听从习近平总书记和党中央指挥，坚决完成好习近平总书记和党中央交给的任务，不折不扣地把党中央、省委和市委决策部署贯彻落实到位，确保中央、省委和市委各项政令在武江畅通无阻，落地生根。

二、坚持以习近平新时代中国特色社会主义思想总揽武江工作全局

（四）全面贯彻中共基本理论、基本路线、基本方略。要牢牢把握新时代对武江工作的新要求，自觉坚持以马克思列宁主义、毛泽东思想、邓小平理论、“三个代表”重要思想、科学发展观、习近平新时代中国特色社会主义思想为指导，坚持以习近平新时代中国特色社会主义思想总揽武江工作全局。要牢牢把握我国仍处于并将长期处于社会主义初级阶段的基本国情，牢牢把握新时代我国社会主要矛盾是人民日益增长的美好生活需要和不平衡不充分的发展之间的矛盾，坚持以人民为中心的发展思想，坚持中共基本路线不动摇。要自觉贯彻新时代坚持和发展中国特色社会主义的基本方略，用以指导武江工作，确保习近平新时代中国特色社会主义思想在武江得到全面准确贯彻落实。要坚决贯彻习近平总书记对广东工作重要指示批示精神，使之成为全区干部群众的共同意志、共同目标、共同行动。

（五）全面贯彻落实党中央重大战略部署。按照党中央的部署要求，统筹推进“五位一体”总体布局和协调推进“四个全面”战略布局，树立新发展理念，深入贯彻中共十九大关于经济建设、政治建设、文化建设、社会建设、生态文明建设和中共建设等方面的重大部署。大力实施科教兴国战略、人才强国战略、创新驱动发展战略、乡村振兴战略、区域协调发展战略、可持续发展战略、军民融合发展战略，推动武江实现更高质量、更高效益、更加公平、更可持续的发展。

（六）牢牢把握新时代武江发展的奋斗目标。紧紧围绕中共十九大关于决胜全面建成小康社会和建设社会主义现代化强国的战略安排，坚决贯彻落实省委和市委的决策部署，坚持稳中求进，进一步明确和充实武江“在全市率先全面建成小康社会、争当韶关振兴发展排头兵”的奋斗目标。紧扣我国社会主要矛盾变化，突出抓重点、补短板、强弱项，坚决打赢防范化解重大风险、精准脱贫、污染防治的攻坚战，牢牢扭住基础设施建设、产业园区扩能增效、城区扩容提质“三大抓手”，狠抓产业共建、城市提升、县域发展“三大主题”工作，着力补齐我区城乡协调发展、经济发展、社会事业等方面短板，确保在全市率先全面建成小康社会，开启全面建设社会主义现代化新征程。

三、坚持以习近平新时代中国特色社会主义思想指导谋划武江改革发展的思路举措

（七）着力研究解决发展不平衡不充分的问题。城乡发展不协调，是武江发展不平衡不充分的突出表现。坚决贯彻落实新发展理念，按照显著缩小城乡区域发展差距的目标要求，深入研究建立城乡统筹协调发展体制机制，构建中心城区和小城镇协调发展的城镇格局，有序推进农业转移人口市民化；推动城乡基本公共服务均等化，围绕决胜全面小康补齐民生社会事业短板，解决文化、教育、卫生等突出问题，找准工作抓手，加快实现城乡一体化发展。要围绕农村发展不充分这一最大短板，深入实施乡村振兴发展战略，深化农村改革，制定农业产业发展规划，坚持走“一镇一业”“一村一品”特色发展之路，扎实推进美丽镇村行动，大力开展农村人居环境综合整治工作，加快社会主义新农村建设。坚决打赢脱贫攻坚战，确保全面完成脱贫任务。

（八）着力研究推进全面深化改革。改革是推动武江振兴发展的强大动力。必须进一步激发改革的热情，在落实好中央、省委和市委部署的各项改革任务的基础上，深入研究深化供给侧结构性改革，切实提高供给体系质量，着力发展实体经济；推动产权制度和要素市场改革，发挥市场在资源配置中的决定性作用；深入推进“放管服”改革，进一步转变政府职能和优化政府服务。积极落实市与市辖区权责关系改革，主动推进区级行政改革和权责下放，充分释放经济社会发展活力。创造有利于深化改革的环境，扎实推动改革取得更大成效，为武江加快发展注入新的体制机制动力。

（九）着力研究提升宜居城区建设水平。提升宜居城区建设水平，是推进城市创新发展的重要抓手，也是增进百姓福祉的具体举措。充分把握芙蓉新城建设重大发展机遇，深入研究芙蓉新城与老城区联动推进、融合发展政策机制，加快建设步伐，提升建设水平。要突出芙蓉新城在城区建设发展中的引领作用，围绕建设成为现代、生态、宜居、繁荣的粤北明珠的目标定位，高标准建设路网、管网、水系等市政基础设施，高水平配置学校、医院、公园等公共服务产品，高起点发展信息科技、商贸服务、文化旅游等都市型产业，努力把芙蓉新城建设成为代表韶关发展未来和市民追求向往的宜居新城。要加快老城区改造提升步伐，以群众满意为标准，着力抓好城市提升重大项目和微改造项目建设，不断增强优质公共服务资源供给，让老城区在城市更新中增添更多生活美好。坚持以人民为中心的城市建设方向，让市民积极参与到城市规划、建设和管理的全过程，让土地房屋被征收村（居）民有更好的居所安置、失地农民有更长远的生计保障，共享城市发展成果。

（十）着力研究深化与珠三角产业共建协同创新。必须紧紧把握主动融入珠三角战略机遇，深入研究近年来省委省政府出台的促进粤东西北地区振兴发展各项决策部署在武江的落实情况和具体成效，以更加解放的思想和举措深化与珠三角全方位合作。必须全面对接珠三角，在加快与珠三角一体化进程中推动武江振兴发展。要充分发挥武江资源优势和产业基础，主动对接珠三角产业扩张和配套需求，深化莞韶产业共建，加快形成与珠三角地区同一水平、优势互补的区域产业分工格局，努力把武江打造成为韶关先进装备制造业共建基地、韶关信息科技创新中心、韶关商贸旅游集散中心。要围绕提高科技创新水平，加大科技投入力度，引导优势传统产业和新兴产业加强自主创新及核心技术攻关，强化与珠三角创新对接，促进协同创新；围绕创新人才政策，优化人才发展环境，吸引行业领军型、创新型人才为我所用等重大问题，完善配套措施，提供政策支撑，补齐全面建成小康社会科技创新指标体系短板，不断增强武江经济创新力和竞争力。

（十一）着力研究推进生态文明建设。要按照生态文明建设的要求，扎实推进生态文明制度改革，争取政策支持，加快生态文明进程。落实绿水青山就是金山银山的理念，深入研究如何把生态保护与城乡振兴、旅游文化发展结合起来，加快芙蓉山公园、韶州公园高标准规划建设，让市民拥有提升生活品质的城市绿洲和城央公园；加大龙归、江湾、重阳自然生态资源保护力度，大力发展生态农业、生态旅游产业，建设韶城美丽后花园。强化资源全面节约和循环利用，构建绿色发展的空间格局、产业结构、生产方式和生活方式，积极推进绿色发展。坚持和完善生态环境管理制度，建立健全生态环境保护责任追究制度，坚决制止和惩处破坏生态环境行为。打好水、大气、土壤污染防治三大战役，深入落实河长制，加强流域环境综合治理；实施蓝天保卫行动，推动城市空气质量优良天数持续稳步提高；加强土壤污染管控和修复，加强农业面源污染防治，推行城乡生活垃圾分类化减量化资源化无害化处理，切实改善提升环境质量。

（十二）着力研究法治武江和平安武江建设。全面推进依法治区是全面建成小康社会的重要保障。要按照中央、省委和市委的部署，深入推进依法行政，加快建设法治政府，严格规范公正文明执法；扎实推进司法体制改革，提升司法效能和公信力，推进全民普法，使法治观念深入人心；加强人民当家作主制度保障，支持和保证人大依法履职；提升社会治理水平，健全依法维权和矛盾纠纷化解机制，积极推进区镇村三级综治中心建设和城乡社区“中心+网格化+信息化”工作，完善公共安全体系，严格落实安全生产责任制，坚决遏制重特大安全事故，依法打击违法犯罪，确保社会平安和谐稳定，为我区改革发展提供强有力的法治和安全保障。

（十三）着力研究优化振兴发展环境。要围绕实现“更强的服务意识、更高的行政效率、更低的营商成本”，深入研究推进政务服务模式改革，完善“一门式一网式”政务服务信息系统，创新行政服务机制体制，大力推进机关效能建设，着力打造透明、开放、清廉、高效的服务型政府。以创建全国文明城市为抓手，推进社会信用体系建设，开展诚信教育实践活动，培育和践行社会主义核心价值观，推进社会公德、职业道德、家庭美德、个人品德建设，积极开展文明社会行动，把武江建设成为文明、和谐、平等、公正、诚信、友善的善美之城。坚持弘扬传承中华优秀传统文化，发展社区文化，培育特色文化，打响武江文化品牌，引导人们树立正确的历史观、民族观、国家观、文化观，激励人们向上向善、孝老爱亲、忠于祖国、忠于人民，不断提升武江振兴发展的文化软实力和竞争力。

（十四）着力研究构建激励和约束并重的干部管理机制。武江在新时代要干出新气象，实现新作为，关键靠人，重点靠干部。必须坚持党管干部原则，坚持激励和约束并重，深入研究如何更加有效实施干部政绩档案管理制度，建立完善以实干、实战、实绩为核心评判的绩效考评体系，精准定位政绩内容，认真甄别工作表现，真正体现用结果说话、凭实绩用人的正确导向；深入研究实施干部考验性管理制度，针对干部一些慢作为、不作为、乱作为等影响武江发展的问题，加快完善重点工作督查、督办与机关作风效能问责有机结合的机制，加大考验性管理的力度，真正实现干部“能上能下”“无为无位”；建立容错纠错机制，正确区分为公与为私、敢为与乱为、失职与失误、负责与懈怠的不同情形，旗帜鲜明地为敢于担当的干部担当，对敢于负责的干部负责，引导干部干净干事、担当作为，进一步提升广大干部干事创业的精气神。

（十五）着力研究加强中共基层组织建设。中共基层组织是确保中共路线方针政策和决策部署贯彻落实的基础。当前，基层社会正经历着深刻变革，加强基层组织建设至关重要。要按照中央、省委和市委关于基层组织建设的要求，深入研究增强基层党组织的组织力，更好突出政治功能；发挥基层党组织在基层治理中的领导作用，有效推动社会治理；扎实推进固本强基工程，突出解决农村基层党组织党员队伍和社区基层党组织阵地建设问题。推进基层党组织设置和活动方式创新，扩大基层党组织覆盖面；结合实际落实好基层组织基本制度，增强党员教育管理针对性和有效性；压实镇级党委抓基层党建的直接责任，推动镇（街）工作重心下移到村（社区），把党建工作责任和压力有效传导到基层，在新形势下更加有力地夯实中共执政基础。

四、坚持以习近平新时代中国特色社会主义思想指引推进中共建设新的伟大工程

（十六）坚持把政治建设摆在首位。始终把政治建设作为中共根本性建设，引领中共建设新的伟大工程。全区各级党组织要旗帜鲜明讲政治，坚定执行中共政治路线，严格遵守政治纪律和政治规矩，在政治立场、政治方向、政治原则、政治道路上同以习近平同志为核心的党中央保持高度一致。要坚持党对一切工作的领导，充分发挥党总揽全局、协调各方的领导核心作用。要把学习贯彻党章作为政治建设的重要内容，切实做到自觉学习党章、严格遵守党章、模范贯彻党章、坚决维护党章。严格执行新形势下党内政治生活若干准则，增强党内政治生活的政治性、时代性、原则性、战斗性。加强各级党委（党组）以民主集中制为核心的制度体系建设，健全各级党委（党组）工作规则、议事规则和决策机制。发展积极健康的党内政治文化，弘扬忠诚老实、公道正派、实事求是、清正廉洁等价值观，营造风清气正的良好政治生态。推进“两学一做”学习教育常态化制度化，按照中央统一部署，深入开展“不忘初心、牢记使命”主题教育，推动党员干部加强党性锤炼、坚定理想信念。各级党员干部要不断提高政治觉悟和政治能力，把对党忠诚、为党分忧、为党尽职、为民造福作为根本政治担当，永葆共产党人政治本色。

（十七）建设高素质专业化干部队伍。牢牢把握要政治过硬也要本领高强的要求，把好干部标准落到实处。坚持正确选人用人导向，匡正选人用人风气，突出政治标准，提拔重用牢固树立“四个意识”和“四个自信”、坚决维护党中央权威、全面贯彻执行中共理论和路线方针政策、忠诚干净担当的干部，选优配强各级领导班子。深入实施干部培训工程，注重培养专业能力、专业精神，着力拓宽领域、区分层次、立足一线培训锻炼干部，全面增强干部学习本领、政治领导本领、改革创新本领、科学发展本领、依法执政本领、群众工作本领、狠抓落实本领、驾驭风险本领。坚持严管和厚爱结合、激励和约束并重，完善正向激励、负向约束、考核评价、容错纠错、预警监督等环节工作，让敢于担当、踏实做事、不牟私利者有舞台、能出彩、增底气，使好干部有用武之地、有成才之望、无后顾之忧。积极落实年轻干部成长计划，注重在基层一线和困难艰苦的地方培养锻炼年轻干部。坚持党管人才原则，实行更加积极、更加开放、更加有效的人才政策，抓好政治引领、政治吸纳，深入实施人才工程，统筹推进各领域人才队伍建设，让更多人才在武江贡献智慧、成就梦想。

（十八）始终抓严抓实基层党组织建设。坚持以提升组织力为重点，突出政治功能，把基层党组织建设成为宣传中共主张、贯彻中共决定、领导基层治理、团结动员群众、推动改革发展的坚强战斗堡垒。树立中共一切工作到支部的鲜明导向，推动党支部担负好直接教育、管理、监督党员和组织、宣传、凝聚、服务群众的职责，着力解决一些基层党组织弱化、虚化、边缘化问题。认真落实“三会一课”制度，增强党性锻炼。推动基层党建与基层治理工作更加紧密结合，把事关群众的小事当成党员干部的心头大事，进一步密切党与群众的血肉联系。深化镇（街）领导干部驻点普遍直接联系群众制度，推动驻点联系群众工作常态化科学化。推进基层党组织设置和活动方式创新，建设“三型”（堡垒型、服务型、规范型）农村基层党组织。加大抓党建促脱贫攻坚力度，深入开展扶贫村“双示范”（把全区省定贫困村打造成基层党组织建设示范村、社会主义新农村示范村）创建工作。抓好“三化”（标准化、专业化、智慧化）城市基层党建工作，健全以城市基层党组织为核心的社区治理体系。大力实施村级班子“青苗”培养工程，选优配强基层党组织带头人，加强基层党建工作力量，强化基层党建工作保障。严格党员标准，优化党员队伍结构，稳妥有序开展不合格党员组织处置工作。

（十九）牢牢掌握意识形态工作领导权。要推动习近平新时代中国特色社会主义思想深入人心，在全社会筑牢共产主义远大理想和中国特色社会主义共同理想，巩固马克思主义在意识形态领域的指导地位，巩固全党全国人民团结奋斗的共同思想政治基础。坚持正确舆论导向，加强传播手段建设和创新，提高新闻舆论传播力、引导力、影响力、公信力。加强互联网内容建设和管理，营造清朗的网络空间。加强中小学思想政治工作，坚持正确的政治方向，强化思想引领。集中治理宗教领域突出问题，防范和抵御宗教领域渗透破坏活动。落实党委（党组）意识形态工作责任制，加强阵地建设和管理，确保意识形态安全。增强政治定力，旗帜鲜明反对和抵制各种错误观点，大是大非面前敢于亮剑，决不能爱惜羽毛、当“开明绅士”。

（二十）持之以恒正风肃纪反腐。始终坚持全面从严治党，强化管党治党责任。坚决贯彻执行中央八项规定精神及其实施细则，制定我区贯彻落实措施。坚持领导带头、以上率下，坚持不懈纠“四风”、树新风，推动中央八项规定精神成风化俗。充分运用监督执纪“四种形态”，把纪律挺在前面，建立抓早抓小长效机制。深入开展反腐败斗争，坚持无禁区、全覆盖、零容忍，坚持重遏制、强高压、长震慑，坚持受贿行贿一起查，重点查处“三类人”、重点领域和基层“微腐败”。充分发挥巡察利剑作用，建立巡察上下联动的监督机制。扎实推进监察体制改革，实现对所有行使公权力的公职人员监察全覆盖。深化标本兼治，强化不敢腐的震慑，扎牢不能腐的笼子，增强不想腐的自觉，保证干部清正、政府清廉、政治清明。

五、以强有力的组织领导推动学习宣传贯彻工作取得实效

（二十一）坚持领导干部带头。区委班子要带头学、带头讲、带头干，以上率下，作出示范。区领导同志要带头到所在支部讲党课、过组织生活，到联系的镇（街）或单位作中共十九大精神专题报告，带头开展专题调研和督学指导。镇（街）领导要对标区委要求，作出相应安排，发挥带头作用。各部门主要负责同志要落实主体责任，把学习宣传贯彻工作作为首要政治任务抓紧抓实。要抓好《习近平谈治国理政》第二卷的学习宣传贯彻，与学习宣传贯彻中共十九大精神紧密结合起来，更加全面准确地贯彻落实习近平新时代中国特色社会主义思想。

（二十二）推动学习宣传贯彻全覆盖。开展多形式分层次宣传宣讲，推动中共十九大精神和习近平新时代中国特色社会主义思想进企业、进农村、进机关、进校园、进社区、进网络。聚焦重要思想、重要观点、重大论断、重大举措深入开展研究阐释，引导广大党员干部学深学透中共十九大精神和习近平新时代中国特色社会主义思想。把集中教育与日常教育紧密结合起来，推进“两学一做”学习教育常态化制度化。扎实开展专题学习培训，坚持把学习贯彻中共十九大精神作为干部教育培训必修课，全区要对科级以上干部集中轮训一遍，分层次抓好其他各级干部的专题培训，各镇（街）要对所管理的党员干部包括镇（街）和村（社区）干部进行集中轮训，各级党组织要对所管理的全体党员进行集中轮训，实现学习培训全覆盖。

（二十三）久久为功确保取得扎实成效。认真落实省委、市委的部署要求，在全区开展“全面学习贯彻中共十九大精神，认真落实习近平总书记关于广东工作的重要指示，推动习近平新时代中国特色社会主义思想在武江落地生根，奋力在新时代干出新气象、实现新作为”大学习、深调研、真落实活动，以此作为全区深入学习贯彻中共十九大精神的重要抓手，以此作为以习近平新时代中国特色社会主义思想为指导进一步深入认识和把握区情的重要工作。要在推进“大学习、深调研、真落实”活动中，研究提出新时代我区工作的目标任务，形成具体的思路举措和可落实的行动计划。按照近期、中期、长期的要求，列出任务清单，明确时间表、路线图，一个节点一个节点往前推进。把雷厉风行与久久为功结合起来，保持战略定力，看准了的工作、认定了的目标，就咬定青山不放松，不达目的不罢休，以钉钉子精神全面抓好贯彻落实，强化督查考核，确保取得实实在在的成果。

全区各级党组织和广大共产党员，要更加紧密地团结在以习近平同志为核心的党中央周围，不忘初心，牢记使命，永远奋斗，加快武江改革发展，奋力推动武江在新时代干出新气象、实现新作为，为确保在全市率先全面建成小康社会、争当韶关振兴发展排头兵、开启全面建设社会主义现代化新征程而努力奋斗！

中共韶关市武江区委关于武江区2017年工作总结及2018年工作计划的报告

韶武委〔2017〕18号

颜　亮

中共韶关市委：

2017年，在市委、市政府的正确领导下，武江区委团结带领全区干部群众，深入贯彻落实中共十九大精神、习近平总书记对广东工作的重要批示精神和省委十二届二次全会、市委十二届五次全会精神，按照市委关于武江争当韶关振兴发展排头兵的新定位、新要求，积极践行新发展理念，补齐社会民生短板，加强全面从严治党，全区呈现经济稳步发展、各项事业全面进步、社会大局和谐稳定的良好局面。

一、2017年工作总结

2017年，区委常委会团结和带领全区人民，围绕将武江建设成为韶关城市经济发展先行区和韶关都市发展核心区，狠抓“产业共建、城市提升、县城发展”三大主题工作，加速城乡一体化进程，实现了经济社会持续平稳发展。

（一）扭住发展第一要务，经济发展有新进步。2017年，围绕调结构、稳增长来提升经济发展质量，确保经济保持平稳健康发展，我区积极应对经济下行压力，及时出台了《2017年武江区稳增长及促进工商贸企业加快发展的激励办法》和《武江区促进限额以上住宿和餐饮业发展方案》等一系列刺激经济增长的政策措施，有力促进了经济增长。预计全年完成生产总值245亿元，同比增长5%左右；完成固定资产投资114.08亿元，同比增长2.5%；完成一般公共预算收入3.77亿元，同比增长7.12%。一是工业发展质量改善。预计全年规上工业实现正增长，与上年同期的-1.7%相比，提高两个百分点左右。突出抓好烟草、机械、制药等支柱工业稳增长工作，韶关烟厂实现正增长，源昊住工、利民制药等行业代表企业实现高增长。突出抓好甘棠园区企业投产工作，累计10家企业投产或试投产。突出抓好招商引资工作，合众化工和正邦集团等优质项目落户甘棠园区。全年新增规上企业2家。二是第三产业不断繁荣。预计2017年全区第三产业增加值占全区GDP的53.4%，比上年提高2.3个百分点左右。重点抓好商贸企业上限工作，力促20家商贸企业上限，可拉动销售额增长3.3亿元。重点抓好外贸进出口工作，2017年1—10月全区外贸进出口总额同比增长40.9%。重点抓好商贸新业态培育工作，依托黄沙坪创新园全力打造“互联网+”经济，广东马可波罗等优质企业已经进驻。三是农业发展稳步增长。预计2017年农业生产总值增长4.0%。大力实施“一镇一业”“一村一品”产业培育工程，累计培育农业产业化龙头企业10家，其中国家级1家、省级1家、市级6家。发展农民专业合作经济组织66个，家庭农场36家。促成重阳镇互联网农业小镇运营中心项目落地。大力抓好农村土地确权登记颁证工作，颁证率达95%以上，耕地流转总面积达1.5万亩，为农业实现规模化经营奠定了基础。

（二）大力推进城市扩容提质，城乡面貌有新变化。全面落实《韶关市城市提升三年行动计划（2016—2018年）》和《芙蓉新城“三年基本成城”行动方案（2015—2018年）》，进一步树立城市建设主体意识和市重点项目征拆安置实施主体意识，主动作为、奋力攻坚，统筹推进芙蓉新城建设和老城区提质取得明显成效。一是全力推进芙蓉新城建设。以“双十”项目征拆交地攻坚行动为突破口，建立健全征拆攻坚激励机制和工作机制，重点推进了北江航道孟洲坝扩能升级、芙蓉大道南等项目征收，预计全年可完成交地5000亩，年度征收任务全面完成。村民安置工作取得重大进展，西联、芙蓉两村安置工作基本完成，车头新村首批安置顺利启动。新城项目建设加快推进，新城水系、北江文化广场、新城地下综合管廊等关键性项目取得新进展，2017年1—11月芙蓉新城完成投资增长26.9%。太阳城、恒大城、保利大都会三大居住片区日渐成熟，百旺路扩建项目、新城支线道路建设、妇幼保健院建设、景观花园建设等基础设施工程取得新突破。二是主动谋划老城区提质。今年我区旧城区已明确征收红线的项目共17个，涉及征收面积约762.4亩，征收房屋约1723户。截至10月底，完成403户国有土地房屋征收，拆除房屋27793.48平方米。结合文明创建工作，以完善道路基础设施、建设“五小”项目和推进社区“微改造”等为城市更新的主要抓手，深入推进老城区提质工作。启动韶州公园、芙蓉山公园高标准规划建设，让韶关市民拥有提升生活品质的城市绿洲和城央公园。围绕改善交通网络整体布局，重点完成了芙蓉隧道南北出口征收工作，积极谋划了新兴路、体育东路等断头路打通工作，大力推进了上饶路、教育西路征收工作。向阳小区等一批小街小巷整治和“五小”项目建设成效显著。向阳、芙蓉和红星等农贸市场改造完成。学校、社区卫生服务中心、垃圾中转站等公共基础配套设施进一步合理布局。三是深入推进新农村建设。以农村人居环境综合整治为着力点，扎实推进社会主义新农村建设。大力推进镇村一体化以及村庄规划编制工作，重点完成了7个省定贫困村、1个市级连片示范创建村的规划方案。完成了全区畜禽养殖禁养区、限养区、适养区划定工作和畜禽养殖禁养区清理关闭工作。加快农村基础设施建设，大力推进村村通自来水、中小河流治理以及镇村生活垃圾和污水处理等基础设施建设，在全市率先完成通200人以上自然村农村公路路面硬化。全年植树造林7910亩，建设乡村绿化美化省级示范点2个，森林覆盖率达到72.3%。全面落实河长制和节能减排任务。

（三）坚持以人民为中心，社会事业发展有新成绩。始终把人民对美好生活的向往作为奋斗目标，大力发展社会民生事业，人民群众幸福感日益增强。一是扎实推进精准扶贫工作。创新扶贫思路，充分发挥“党建+”平台作用，引导“两新”组织与村级党组织开展互联共建，合力推动扶贫工作。在2016年的工作基础上，2017年又有81户305相对贫困人口实现精准脱贫。大力推进示范村建设，全面完成7个省定贫困村示范村“4个100%”目标任务。二是协调发展社会民生事业。社会保障体系日益健全，弱势群体实现应保尽保，社保参保人数大幅增加，城镇登记失业率控制在3%以内。在全市率先成功创建“广东省推进教育现代化先进区”，田家炳沙湖绿洲小学建成开学，努力办人民满意的教育。西河、西联空白镇卫生院建设扎实推进，医疗卫生服务体系进一步健全。计划生育优质服务水平不断提高，继续保持在省、市先进行列。科技工作进一步推进，获得国家级孵化器培育单位1个，省级科技进步一等奖1项。群众性精神文明创建活动扎实开展，公共文化服务水平不断提高，建成村（社区）基层综合文化服务中心51个、“风度书房”3个，前往香港、东莞等地开展文化艺术交流活动。大力开展文明创建综合整治提升“七大行动”，推行城市精细化管理，不断提升文明创建工作水平。工青妇、史志和体育等工作进一步推进。三是不断健全社会治理体系。积极创新社会管理体制，深入推进村（居）网格化管理服务工作。建立健全社会矛盾纠纷化解机制，积极构建“大调解”工作体系，今年共排查各类矛盾纠纷258宗，化解238宗，化解率92.2%；严格落实领导接访制度和领导包案制度，今年以来区四套班子领导共接待来访群众83批157人次，镇（街）主要领导共接待来访群众252批547人次；有效化解了社会矛盾。深入开展“平安武江”系列专项行动，加强社会治安综合治理和应急管理，全区打、防、控、管一体机制不断完善，完成了中共十九大等重点敏感时期安保任务，公共安全持续向好。深入开展“七五”普法工作，进一步完善法律服务体系，扎实落实“一村（社区）一法律顾问”制度，切实加强法律援助和社区矫正工作，依法治区工作得到新提升。统筹抓好安全生产、消防安全和食品药品安全等工作，确保了社会大局和谐稳定。

（四）坚持全面从严治党，进一步加强中共建设。以加强中共长期执政能力、先进性和纯洁性建设为主线，切实加强中共思想政治建设、基层组织建设和党风廉政建设。一是基层组织建设扎实推进。认真开展领导干部驻点普遍直接联系群众工作，收集群众意见建议1036条，解决实际问题978条。全面完成村（社区）“两委”换届任务，“两委”交叉任职率达83.1%，“一肩挑”比率为85.7%。认真组织实施基层党建“书记项目”10个，全面完成了5个软弱涣散村党组织整顿工作。深入开展“两服务三推动”活动，“两新”党建覆盖率显著提高。切实提高基层经费保障，村干部补贴标准提高到人均每月2400元，村级办公经费提高到每村每年7万元，有效提高了村干部干事创业的积极性。三是干部队伍建设明显加强。健全干部选拔任用机制，选派年轻优秀干部到基层参与重点项目征拆工作；落实干部选拔任用工作全程记实制度，加强对选人用人的全过程监督；落实干部政绩档案管理和考验性管理制度，加强干部日常考察管理。四是反腐倡廉政建设引向深入。深入推进纪检监察体制改革，建立健全区委巡察工作机制，开展了第一轮巡察工作；扎实开展“用身边事教育身边人”主题宣传教育和纪律教育学习月活动，筑牢领导干部拒腐防变防线；强化扶贫领域监督执纪问责和对区委区政府中心工作的监督检查，排查扶贫领域问题线索24条，立案查处7件7人，批评教育3件4人，办结6件，正在核查8件，排查换届纪律问题线索共9条。坚持抓早抓小，制定《关于切实加强谈话提醒工作的意见》，针对党员干部存在的苗头性、倾向性问题进行早谈话、早提醒、早纠正，在全市率先出台《关于加强对受处分党员干部教育管理监督的实施意见（试行）》，做好受处分党员干部的教育、管理和监督工作。保持惩处高压态势，进一步巩固不敢腐的氛围。今年以来，区纪检监察机关共受理群众信访举报102件，查处违纪违法案件41件，运用监督执纪“四种形态”处理72人次，在全区保持了惩治腐败的高压态势。

（五）深入学习宣传贯彻中共十九大精神。一是加强组织领导，周密部署安排。10月18日上午，区委组织区四套班子领导、各级各部门及全区各界干部群众收听收看了大会开幕的盛况，认真聆听了习近平同志代表第十八届中央委员会向大会所作的报告。中共十九大胜利闭幕后，10月27日上午，区委迅速召开区委常委会议，专题传达学习贯彻十九大精神，与会同志认真畅谈学习中共十九大精神的心得体会，研究讨论我区的学习宣传贯彻意见。10月28日上午，全区各级各部门收听收看全省学习贯彻中共十九大精神电视电话会议，并参加了全市电视电话会议。11月2日，区委印发了《中共韶关市武江区委关于认真学习宣传贯彻中共十九大精神的通知》，制定了《学习宣传贯彻中共十九大精神的工作方案》，对学习宣传贯彻工作提出明确要求、作出具体部署。各镇（街）、各部门也迅速召开专题会议，认真组织传达学习中共十九大精神，并结合实际提出了贯彻落实的具体措施。二是坚持以上率下，带动全面学习。区四套班子领导干部从自身做起，带头全面深入系统学习中共十九大精神，并分别到所在党支部、分管部门和挂钩联系的镇（街）、企业、贫困村开展学习宣讲活动。11月13日，区委组织区委常委和区人大、区政协主要负责同志，集体瞻仰中共粤北省委五里亭旧址，一起回顾我们中共革命光辉历程，重温入党誓词，接受中共革命传统教育，随后召开了区委常委会会议，传达学习习近平总书记在中央政治局常委集体瞻仰中共一大会址和南湖红船时的重要讲话精神，省委书记李希同志在集体瞻仰中共三大会址纪念馆后召开省委常委会会议上的讲话精神，以及市委常委集体瞻仰中共粤北省委旧址后召开市委常委会会议上的讲话精神，在区领导班子成员的示范带动下，各单位迅速掀起了学习贯彻中共十九大精神的热潮。目前，全区372个各级党组织、10036名党员全部组织开展了对中共十九大精神的学习，实现了学习中共十九大精神第一轮全覆盖。三是创新学习方式，提升学习效果。11月25日，我区召开区委中心组（扩大）会议，围绕聚焦全面建成小康社会，在学懂弄通做实上下功夫这一主题，组织开展中共十九大精神专题学习研讨活动，参加活动人员先后瞻仰了省委机关旧址始兴红围、地下交通站八一小学，追忆峥嵘岁月，缅怀革命先辈，接受红色熏陶；区政府党组成员及政府部门主要负责同志中的党员重温了入党誓词。随后，召开了区委中心组学习研讨会议，就如何以中共十九大精神为统领，聚焦第一个百年目标如期全面建成小康社会，争当韶关振兴发展排头兵进行专题学习讨论和交流研讨。紧紧围绕争当韶关县域经济发展排头兵、在全市率先全面建成小康社会、构建干事创业良好生态等三个重点任务、十五个发展不平衡不充分短板问题组织开展学习讨论。与会人员结合学习贯彻中共十九大精神，以问题为导向，运用中共十九大新思想、新论断、新举措，就武江在全市率先全面建成小康社会，如何抓重点、补短板、强弱项进行热烈的学习交流、建言献策。四是集中宣传报道，营造浓厚氛围。区委宣传部认真策划主题宣传，各级各部门微信转载新华社、人民日报稿件300多条，推出武江新闻200多条，及时准确、深入浅出地解读十九大文件。坚持移动优先，构建了“广播+电视+报纸+网站+微信+客户端”的融媒体传播矩阵，在“韶关发布”“善美韶关”等新媒体平台推出相关报道30多条次，同时，在武江政府信息网、武江在线等平台刊播中共十九大主题信息、广告500多条次，组织机关、社区、企业在重要路段和场所广泛张贴小型公益广告和海报，广泛开展社会宣传，在全区上下营造学习贯彻中共十九大精神的浓厚社会氛围。五是精心筹划准备，做好集中宣讲。结合省委宣讲团来韶宣讲，在11月21—22日组织举办全区科级主要领导干部学习贯彻中共十九大精神专题研讨班。同时，在市和区抽调14名理论骨干和2个艺术团，组成学习贯彻中共十九大精神区委宣讲团、百姓宣讲团和文艺宣讲团等三个宣讲队伍，确保宣讲活动扎实有效。各镇（街）也参照区的做法，邀请市、区宣讲团开展面向基层的宣讲，开展“家门口党课”“读书会”宣讲活动。注重发挥中共十九大基层代表的作用，我区邀请了十九大基层党代表冯金英同志和市委宣讲团到我区宣讲中共十九大精神，带动基层干部群众对中共十九大精神的学习理解。六是对标目标任务，加快振兴发展。12月7日召开区委九届三次全会，全会的主题是坚持以习近平新时代中国特色社会主义思想为指引，奋力推动武江在新时代干出新气象实现新作为，全会紧紧围绕中共十九大关于决胜全面建成小康社会和建设社会主义现代化强国的战略安排，深入学习贯彻省委十二届二次全会和市委十二届五次全会精神，围绕着力补齐我区城乡协调发展、经济发展、社会事业等方面短板，进一步完善发展思路、细化工作举措、压实工作责任，确保中共十九大精神在武江落地生根、开花结果，确保我区在全市率先全面建成小康社会、开启全面建设社会主义现代化新征程。

二、存在的主要问题和困难

今年以来，经过全区上下的共同努力，经济社会持续平稳发展，取得了一定的成绩，但仍然存在不少问题，主要表现为：一是发展不平衡不充分问题突出。当前最大的发展不平衡是城乡发展不平衡，最大的不充分是农业农村发展不充分。二是经济结构问题还没从根本上得到解决，产业水平依然不高，新经济业态发展较慢，新的增长点形成不快。三是作为全市发展重心所在，城市快速发展带来的新矛盾和历史遗留问题相互交织、日益突出。教育、卫生等优质公共服务资源供给不足，以及城中村问题，给城市管理带来巨大压力。四是中共建设存在薄弱环节，一些基层党组织在阵地建设和后备干部队伍培养上问题突出，少数党员干部违纪违法现象时有发生。针对上述问题，在下步的工作中将采取切实有力的措施，认真加以解决。

三、2018年工作计划

2018年是进入新时代、全面贯彻中共十九大精神的开局之年，我区将以中共十九大精神和习近平新时代中国特色社会主义思想为引领，统筹推进“五位一体”总体布局、协调推进“四个全面”战略布局，牢固树立和贯彻落实新发展理念，按照省委和市委的决策部署，紧紧围绕武江争当韶关振兴发展排头兵的政治责任和历史使命，着重在学贯中共十九大精神、在全市率先全面建成小康社会和构建振兴发展良好政治生态三大任务上，奋力推动武江在新时代干出新气象实现新作为。对标中共十九大精神，结合区“十三五”规划，2018年重点抓好九个方面的工作：

（一）深入学习宣传贯彻中共十九大精神。

把深入学习贯彻中共十九大精神作为当前和今后一个时期的首要政治任务。要求全区上下深刻理解和精准把握中共十九大精神，结合实际扎扎实实贯彻中共十九大决策部署，紧扣中国特色社会主义新时代的新要求，推动武江各项事业不断迈上新台阶。一是深入开展中共十九大精神大学习活动。围绕深刻学习领会中共十九大的主题、中共十八大以来党和国家事业取得的历史性成就发生的历史性变革、中国特色社会主义进入新时代的新论断、我国社会主要矛盾发生变化的新特点、习近平新时代中国特色社会主义思想的精神实质和丰富内涵、分两步走全面建设社会主义现代化国家的新目标、新时代中共建设总要求、党章修正案的内容和意义等八个学习方向，面向全体党员干部开展多形式、分层次、全覆盖的学习培训，切实把全区干部群众的思想统一到中共十九大精神上来，把力量凝聚到中共十九大确定的各项任务上来。二是持续推动中共十九大精神大宣传活动。注重宣传各级各部门学习贯彻的具体举措和实际行动，注重反映基层干部群众学习贯彻的典型事迹和良好风貌，充分利用各种宣传形式和手段，采取人民群众喜闻乐见的形式，做好中共十九大精神宣传教育工作和学习培训工作，推动中共十九大精神进企业、进农村、进机关、进校园、进社区，营造浓厚的学习宣传氛围。三是扎实开展中共十九大精神深调研真落实活动。认真贯彻省委十二届二次全会、市委十二届五次全会精神，对标中共十九大提出的新使命、新任务，进一步厘清和完善武江振兴发展思路，抓重点、补短板、强弱项，在2018年6月完成区委九届三次全会提出的发展不平衡不充分、推进全面深化改革、提升宜居城区建设水平、深化与珠三角产业共建协同创新、推进生态文明建设、法治武江和平安武江建设、优化振兴发展环境、构建激励和约束并重的干部管理机制、加强中共基层组织建设等九个问题的解决方案，制定三年行动计划，为武江在全市率先全面建成小康社会和争当韶关振兴发展排头兵提供科学路径，把学习贯彻习近平新时代中国特色社会主义思想的过程，变成为群众办实事、解难事、谋幸福的过程。

（二）全力掀起城市提升建设高潮。认真落实中共十九大关于城乡融合发展要求，突出做好城市建设这篇大文章，将芙蓉新城建设和老城区提质作为武江城市提升的主攻方向，大力促进新老城区融合发展，不断提升宜居武江建设水平。一是更加用力助推芙蓉新城建设。围绕继续实施“双十”项目征拆交地攻坚，抓好10大重点项目建设，集中精力推动10个产业项目招商，力争全年完成投资70亿元以上的总体工作目标：坚决打好征拆交地“攻坚战”。力争2018基本完成芙蓉新区起步区约36万平方米房屋拆迁、约8000亩清表交地工作任务。全力做好村民安置工作。加快安置新村建设，2018年完成下胡安置新村主体建设；加快村民安置步伐，西联、芙蓉安置新村房屋分配要全面完成，车头安置新村房屋分配要完成50%以上。基本完成赤水、西联、芙蓉和车头旧村整村拆除工作。加强芙蓉新城建设和管理工作。重点抓好滨江商务中心、北江文化广场、保利商业综合体等重点项目建设，大力促进商务中心、高档酒店、大型商贸流通企业等行业的招商发展，加快新城学校、医院、市场等公建服务项目的规划建设，启动新城垃圾中转站、公厕、公交站场等一批市政公用设施建设，完善城市功能、提高城市承载力。同时，在碧桂园、恒大居住区成立社区居委会的基础上，加快筹建保利社区居委会，大力提升社区服务水平。二是更高标准推进老城区升级改造。围绕建设“宜居武江”的总体要求，科学制定《武江区三年城市提升工作实施方案（2018—2020年）》，综合提高老城区承载力。大力推进高品质生活居住区建设，为建设“宜居武江”提供重要的居所支撑。2018年重点促进摩尔城、欧浦御龙湾、碧桂园·凯旋华府、汇展华城和瑜丰·沙湖绿洲等规模地产项目加快建设，推动武江城市更新上新水平。重点围绕城市交通、城市景观和城市功能三大提升目标，加快改善老城区公共基础设施步伐，在城市更新中向市民增添更多美好生活元素。2018年重点推进沿江路、新华南路、惠民南路等一批主干道路升级改造，突出抓好25条小街小巷整治、沙洲尾片区市容市貌提升和光孝路社区“微改造”等一批综合环境整治项目，大力实施武江区文化中心、“一门式一网式”办事大厅、社区服务中心、垃圾分类处理站和沿江步行慢道等一批公共基础设施项目。打造老城区提质亮点，2018年着力抓好新华街和惠民街“一路一区”亮点打造工程，高标准完成两条示范路和两个示范小区的改造提升。三是更加坚决推动城市建管机制体制改革。全面落实以人民为中心的城市提升理念，充分发挥和调动各方积极性，合力推进城市提升工作。创新征拆工作机制，总结推广芙蓉新城“双十”项目征拆交地攻坚经验，特别是组团会战的成功做法，构建各级协调及时到位、各项保障及时到位和各方监督及时到位的工作机制，确保依法征拆、廉洁征拆、和谐征拆。抓好城市管理体制改革，理顺城市“建设”与“管理”职权的划分，积极探索将市政建设、管养、维护等建设职能集中到住建部门，将爱卫、街道秩序等监督执法管理职能集中到城管部门，逐步将卫生保洁、垃圾清运等环节以购买社会服务的方式推向市场化管理，加快形成城市管理目标量化、标准细化、职责明晰化的管理模式。抓好城市管理责任落实，全面推行“路长制”和“楼长制”，压实城市管理责任，建立健全城市管理的长效机制。

（三）积极推动产业共建上新水平。深入落实供给侧结构性改革要求，围绕构建与珠三角地区同一水平、优势互补的区域产业分工体系的总体要求，努力把武江打造成为韶关先进装备制造业共建基地、韶关信息科技创新中心、韶关商贸旅游集散中心，促进武江产业转型升级。一是着力推动产业园区提质增效。积极推进传统产业转型升级，深化与珠三角产业共建，引导烟草、电力、机械、玩具和制药等武江传统产业与珠三角先进生产力对接，通过兼并、重组等途径，做强做大传统产业，实现传统产业凤凰涅槃。着力培育园区经济，重点推进甘棠园区建设，围绕入驻企业建成一批和投产一批的工作目标，加快培育武江工业经济的新增长点。2018年力促27家企业投产，推动8家企业上规，努力完成工业产值8亿元目标任务。二是加快新型业态培育发展。大力培育楼宇经济，要充分发挥枫合汇、湘商大厦等品牌效应，进一步集聚要素，引导发展总部经济。推动商贸业转型升级，加快建设摩尔城综合体、保利综合体、万通城综合体和新天地广场等商贸载体项目，继续推进黄沙坪创新园和佰旺电子商务城建设，繁荣“西河商圈”。积极发展文化旅游产业。依托芙蓉新城和高铁韶关站，加快建设奥园文化旅游城和南岭国际诗歌小镇，形成区域联动，发展文化旅游新业态。建立健全加快新型业态发展扶持机制，制定三年培育行动计划，出台支持和鼓励新型业态发展的政策措施。四是提升招商选资质量水平。近几年武江经济增长乏力，究其原因，就是武江缺乏重大项目支撑。接下来，我们将着重开展招商选资活动，引进一批优质项目，为武江振兴发展提供支撑。完善招商工作机制，围绕武江生态优势和产业基础优势，深入研究具有武江特色的招商方向和项目落地保障机制。实行精准招商，围绕把武江打造成为韶关先进装备制造业共建基地、韶关信息科技创新中心和韶关商贸旅游集散中心的产业发展目标，加强学习研究产业趋势，研究珠三角产业外溢空间，主动对接珠三角产业扩张和配套需求。加强招商的组织领导，要求一把手带头招商，按照武江招商总体要求，结合产业发展实际，每季度开展有针对性的招商活动，确保取得突破。

（四）全面开启美丽镇村建设新征程。全面落实乡村振兴战略，围绕“产业兴旺、生态宜居、乡风文明、治理有效、生活富裕”的新农村建设总要求，努力把龙归、重阳、江湾镇建成韶关美丽后花园。一是高起点启动武江美丽镇村建设。围绕省定的“3年见成效，5年大提升，用10年左右时间根本改变农村落后面貌”新农村建设目标，力争5年内全面完成武江区社会主义新农村建设任务。2018年全面启动武江美丽镇村建设。实施镇村联动，以镇为纽带，以城带乡，以乡促城，通过推进城乡基础设施建设和基本公共服务均等化，实现城乡人、地、资本等资源的高度融合和双向流动。树好示范点，全面完成7个省定贫困村、1个市级连片示范创建村人居环境综合整治，通过示范村的整治和创建，带动全区村居环境品质提升、乡村治理水平加强、乡村文明程度提高。布好精品线，着重围绕高速公路、高铁和国省县道，统筹推进沿线美丽镇村建设，打造成为武江在新时代落实乡村振兴战略的展示窗口和路径。重点谋划实施龙归片区建设，龙归镇连接芙蓉新区起步区和莞韶园、莞韶城，打造成为韶关美丽后花园有基础优势。要充分发挥龙归生态优势，进一步转化为乡村振兴的发展优势，重点实施镇中心区提升和各村人居环境综合整治，全力建设美丽龙归，发展美丽经济，全面提升龙归经济社会发展水平。二是高质量完成精准扶贫任务。围绕“两不愁、三保障、一相当”精准扶贫精准脱贫工作目标，继续巩固和提高2016年—2017年两年已脱贫的相对贫困人口，2018年再完成9户39人脱贫任务。全面完成7个省定贫困村示范村建成任务，基本完成村道硬化、集中供水、雨污分流、垃圾处理等基础设施建设，消除脏乱差现象，健全长效保洁管护机制，实现村庄干净整洁有序宜居。

（五）狠抓振兴发展环境优化。发展环境不好，振兴发展就没有保障。武江要争当韶关振兴发展排头兵，必须以打造全市最优发展环境为目标，着力解决影响全区发展的软环境问题，努力营造优质高效、有序竞争、公平公正、和谐稳定的发展环境。一是加强营商环境建设。学习借鉴珠三角的先进服务理念，以实现“更强的服务意识、更高的行政效率、更低的营商成本”为目标，深入推进我区政务服务模式改革，完善“一门式一网式”政务服务信息系统，深入推进“放管服”工作，创新行政服务机制体制，着力打造高效的服务型政府。同时，进一步完善和落实招商引资优惠政策和激励机制，科学制定人才引进办法，加快完善园区基础设施配套建设，重点加强对装备制造等优质企业的服务，想方设法推动成长型企业加快发展壮大，营造“重商、亲商、富商”的氛围，吸引更多客商来武江投资。二是加大文明创建力度。2018年是“善美

之城 魅力武江”品牌推广年，要通过开展创文攻坚专项行动及各行业的文明创建活动，合力将“善美之城”打造成为武江振兴发展软环境的核心品牌。开展城市管理突出问题综合整治攻坚行动，坚决治理城市“六乱”和“顽疾”。突出价值引领，深入开展社会主义核心价值观宣传活动，广泛开展各类志愿服务活动，加强对未成年人思想道德建设。坚持弘扬传承中华优秀传统文化，发展社区文化，培育特色文化，打响武江文化品牌，不断优化武江振兴发展的文化软实力和竞争力。三是扎实推进基层社会治理。加强社区体系建设，推动社会治理重心向基层下移，发挥社会组织作用，最大限度增加和谐因素，牢牢守住公共安全这条底线。完善社会矛盾纠纷调处机制，健全群体性事件预警应急处置机制和重大决策社会稳定风险评估机制，有效预防和妥善处理人民内部矛盾。建立健全隐患排查治理体系和安全预防控制体系，及时化解风险隐患，坚决遏制重特大安全事故。扎实推进“平安武江”建设，依法防范和惩治违法犯罪活动，2018年要探索建立出租屋精细化管理，从源头上加强对社会流动人口的服务与管理，不断提升群众安全感。

（六）加快补齐民生事业发展的短板。坚持以人民为中心，始终坚持民生优先，持续用力抓好“一均两提”三项重点民生建设，切实保障和改善民生，不断增强人民群众的幸福感。一是促进教育事业均衡发展。巩固省推进教育现代化先进区创建成果，优化教育优质资源配置，促进城乡一体化发展；加大基础教育投入，抓好车头小学异地重建工程和恒大城小学2018年开学工作，争取开工建设沙洲小学（暂名）、御龙湾小学和惠民幼儿园；加强教师队伍建设，加大招聘力度，逐步缓解教师缺口较大的问题。二是提升基层医疗卫生服务水平。以创建卫生强区为目标，加强疾病预防和控制，提高基层医疗卫生服务能力，启用新华街卫生中心、龙归卫生院新建业务大楼，完成龙归、西联卫生院标准化建设；充实基层卫生力量，有计划推进全科医生培养；引入目标绩效奖惩机制，促进国家基本公共卫生服务和家庭医生签约指标提升；大力推进“厕所革命”工作，制定实施方案，年内完成27座公共厕所升级改造，切实提高卫生健康保障水平。三是提升村（社区）公共服务水平。以提升辖区老年人的生活质量和幸福指数为目标，全面开展居家养老服务工作，认真总结惠民街社区居家养老服务管理经验，力争2018年启动西河镇、西联镇、新华街居家养老服务中心建设。大力发展社工服务，加大政府购买服务力度，积极扶持海邻社工等专业组织，更多参与社会治理，弥补政府公共服务的不足。建立农村“党员工作室”，打造成为党员服务群众的阵地品牌。加大村级公共服务站建设，不断提升农村基层公共服务水平。四是统筹推进社会各项事业。实施更加积极的就业政策，鼓励更多群众就业创业。完善统筹城乡的社会保障体系，提高城乡居民养老保险、医疗保险覆盖面和保障水平，健全社会救助体系和福利制度。加强计划生育工作，努力提高出生人口素质。扎实开展科普宣传和科技培训，提高全民科技素质。广泛开展全民健身活动。全面落实食品安全战略。积极开展双拥优抚工作。全力抓好第二次全国地名普查工作。

（七）切实加强民主法制建设。按照中共十九大“健全人民当家作主制度体系，发展社会主义民主政治”的总体要求，全面加强武江民主法制建设，为争当韶关振兴发展排头兵凝聚各方力量。一是坚持依法执政。全面落实《中国共产党地方委员会工作条例》和《中国共产党党组工作条例（试行）》，加强和改进党委（党组）工作。建立健全区委重大事项向民主党派、工商联通报制度。加强区委法律顾问工作，设立区委法律顾问室，聘请法律顾问。邀请基层党代表列席区委常委会会议。坚持中共领导、人民当家作主、依法治区有机统一，把中共领导贯彻到依法治区全过程。各级党组织必须坚持在宪法和法律范围内活动。领导干部要带头依法办事，带头遵守法律。进一步抓好党务政务信息公开工作，自觉接受社会各界监督。二是支持人大政协工作。坚持和完善人民代表大会制度，支持区人大及其常委会依法履行职能，保障人大代表依法行使职权，加强区镇（街）人大工作和建设。坚持和完善中国共产党领导的多党合作和政治协商制度，支持区政协围绕区委中心工作开展专题调研、建言献策，履行好政治协商、民主监督和参政议政职能。三是加强人民团体建设和统战等工作。按照中央、省、市要求积极稳妥推进工青妇等群团组织改革，切实增强工青妇作为党和政府联系人民群众的桥梁和纽带作用。巩固和发展爱国统一战线，积极为各民主党派、工商联、无党派人士发挥作用搭建平台，认真做好民族、宗教、侨务工作，充分发挥他们在推动武江争当韶关振兴发展排头兵中的重要作用。加强党管武装，加强国防教育、国防动员和后备力量建设。

（八）深入抓好中共组织队伍建设。推动武江在新时代干出新气象实现新作为，基层组织是堡垒，党员干部是关键。对标中共十九大精神，2018年要突出抓好基层组织强基工程和干部能力建设工程，着力提升基层组织组织力和党员干部执行力，为争当韶关振兴发展排头兵提供强有力的组织和队伍支撑。一是抓好基层组织强基工程，夯实基层、基础。围绕提升基层组织组织力，着力开展“四强”基层党组织创建工作。强政治。严格落实“三会一课”制度，重点强化村（社区）“两委”班子和党员的政治学习，不断增强政治敏锐性和政治鉴别力。强服务。为提高村（社区）党组织服务经济发展和群众生产生活需求的能力，加强各类服务平台搭建和载体创新工作，打造具有武江特色的基层服务品牌。按照与经济发展和城镇居民可支配收入增长基本同步的原则，建立完善村（社区）干部补贴待遇定期增长机制，2018年解决好社区干部财政补贴待遇与村干部“两相当”问题。同时，按省市要求逐步提高村（社区）办公经费保障水平。强队伍。加强村（社区）“两委”后备干部队伍建设，落实村级班子青苗培养工程，推进“镇选村培”党员发展模式，优化农村党员队伍结构。强阵地。按照“整合资源、一室多用、共建共享”的原则，注重规范化建设，用三年时间完成30个村（社区）办公场所和广播、电教设施改造，解决基层组织阵地建设问题。二是实施干部能力建设工程，抓好班子、队伍。在全面增强八种执政本领的基础上，突出四项能力提升，着力打造高素质执政骨干队伍，为争当韶关振兴发展排头兵提供坚强组织保障。提升政治能力。把中共政治建设摆在首位，严格遵守政治纪律和政治规矩，在政治立场、政治方向、政治原则、政治道路上同党中央保持高度一致。提升学悟能力。重点是提升学习借鉴和吸收创新的能力。各级各部门要主动走出去，学习外地的先进经验和成功做法，结合本单位本部门的实际，打造具有武江特色的工作亮点。提升实操能力。注重在工作一线锻炼培养干部，特别是要在精准扶贫、征拆攻坚和产业共建等急难险重工作中让干部磨砺品质、增长才干，不断提高履职能力。提升服务能力。强化党员干部的群众观念，着力增强服务群众本领，创新服务群众方法。坚持乡镇（街道）领导干部驻点普遍直接联系群众制度，深入开展在职党员到社区报到为群众服务活动，进一步推动党员联系服务群众工作常态化科学化。

（九）坚定不移推进全面从严治党。习近平总书记强调，全面从严治党永远在路上，不能有任何喘口气、歇歇脚的念头。要坚持不懈推进全面从严治党向纵深发展，大力营造风清气正的政治生态。一是持之以恒正风肃纪。加强作风建设，凡是群众反映强烈的问题都要严肃认真对待，凡是损害群众利益的行为都要坚决纠正。坚持以上率下，巩固拓展落实中央八项规定精神成果，认真执行《广东省贯彻落实中央八项规定精神实施办法》，着力在解决会议质量、办文质效、调研实效、检查评比针对性决策部署实操性等方面下功夫。坚决整治基层侵害群众利益的不正之风，专项整治扶贫领域突出问题。加强纪律教育，重点强化政治纪律和组织纪律，坚持开展批评和自我批评，坚持惩前毖后、治病救人，运用监督执纪“四种形态”，坚持抓早抓小、防微杜渐。强化纪律执行，严格执纪问责，真正把工作往深里抓实里做，发现违规违纪问题一查到底、严惩不贷，加大曝光力度，真正形成震慑，让党员、干部知敬畏、存戒惧、守底线，习惯在受监督和约束的环境中工作生活。二是深入推进反腐斗争。坚持无禁区、全覆盖、零容忍，用最坚决的态度、最果断的措施，减少腐败存量、遏制腐败增量。重点查处不收敛不收手，问题线索反映集中、群众反映强烈，现在重要岗位而且可能还要提拔使用的领导干部，三种情况同时具备并且政治腐败和经济腐败相互交织的是重中之重。加大区委巡察力度，全年安排5至6轮常规巡察，结合年度重点工作和区委工作部署适时安排专项巡察，重点突出政治巡察，把发现问题，形成震慑作为巡察工作的主要任务，不断筑牢拒腐防变的防线。深化监察体制改革，按照确定的时间表、路线图，实现对所有行使公权力的公职人员的监察全覆盖，构建不敢腐、不能腐、不想腐的有效机制。

中共韶关市武江区委

2017年12月26日

关于印发《武江区学习宣传贯彻中共十九大精神宣传工作方案》的通知

韶武委办〔2017〕18号

各镇（街）、区直各单位及驻区各单位：

经区委同意，现将《武江区学习宣传贯彻中共十九大精神宣传工作方案》印发给你们，请结合工作实际，认真贯彻执行。

中共韶关市武江区委办公室

2017年11月18日

武江区学习宣传贯彻中共十九大精神宣传工作方案

为深入宣传中共十九大精神，按照《中共韶关市武江区委关于认真学习宣传贯彻中共十九大精神的通知》及《中共韶关市武江区委办公室关于印发〈学习宣传贯彻中共十九大精神工作方案〉的通知》部署要求，现提出近期宣传方案。各单位要把学习宣传中共十九大精神作为当前和今后一个时期的首要政治任务，认真学习宣传，并贯彻到具体工作中，迅速掀起学习宣传贯彻中共十九大精神的热潮。

一、指导思想

要学懂弄通做实中共十九大精神，切实用习近平新时代中国特色社会主义思想统一思想、武装头脑、指导实践、推动工作。要注重采取理论和实践、历史和现实、当前和未来、中国和世界相结合的方法，学懂中共十九大精神，牢牢掌握报告的精髓要义，深刻领会报告重要思想的历史脉络和文化源流，全面把握报告的战略安排，深刻认识中国特色社会主义的世界意义。要注重整体把握、辩证思考、系统认识，弄通中共十九大精神，抓住贯穿十九大报告全篇的主题主线和逻辑结构上的“四梁八柱”，把握“变”与“不变”的辩证关系，用联系的方法把新思想、新观点、新论断融会贯通起来。要拿出实实在在的举措，做实中共十九大精神，整体贯彻落实十九大精神和习近平总书记对广东工作的重要指示批示精神，把十九大决策部署转化为推动武江改革发展的具体工作举措，一个时间节点一个时间节点往前推进，推动十九大精神在武江落地生根、开花结果。

二、工作任务

（一）主题新闻报道（2017年11月起）

充分利用各种宣传形式和手段，积极协调省、市级党报、党刊、电台、电视台等传统新闻媒体进行主题新闻报道。各单位要配合宣传部门做好本单位的宣传工作，及时上报学习动态、活动开展情况。（牵头单位：区委宣传部，各地各单位参与）

1.第一阶段（十九大结束至2017年11月底）：围绕市、区的各种学习宣传贯彻动态活动开展相关报道，对镇（街）党（工）委“一把手”进行采访报道。

宣传重点：

（1）各类动态传达学习活动（各级党组织、各行各业传达学习会议，心得体会）。

（2）各类宣传贯彻活动（市、区级宣讲和区党政班子领导宣讲活动，社会宣传，各行各业主题活动）。

（3）对镇（街）党（工）委“一把手”进行访谈，并及时在市电视台《县市区连线·演武聚焦》新闻专栏播放。访谈主要内容为如何结合实际，落实好“六个方面见行动”工作部署和工作亮点。

2.第二阶段（2017年12月至2018年2月底）：宣传报道全区各部门、各行各业结合实际工作，学习贯彻十九大精神，落实区“六个方面见行动”的具体行动、工作措施。

宣传重点：

（1）各部门、各行各业学习宣传贯彻落实十九大精神的生动实践。

（2）基层干部、群众学习贯彻的典型事迹和良好风貌。

（3）围绕我区中心工作和重点工作，策划开展区属部门一把手访谈，并在市电视台《县市区连线·演武聚焦》新闻专栏陆续播放。具体采访内容及安排如下：

采访内容	采访安排	时　间
城市提升： 全力推进城市提升，重点是加快推进88个城市提升项目。 一是新城开发建设。 ①各攻坚组落实“双十”攻坚行动的具体行动、工作纪实、成效和经验总结等。 ②区直单位、西联镇如何着力解决村民安置和失地农民生计保障等关键问题，进一步促进、完善相关公共配套设施。 二是大力实施老城区“五大提升工程”，实现老城区提质优化。①交通部门采取有力措施整治交通节点，缓解旧城交通拥堵和大力倡导文明交通。 ②如何结合新要求，加强整治市容市貌，进一步提升城市环境。 ③大力推进重点道路征拆工作，加快旧城路网建设。	一是新城开发建设。 ①采访对象:攻坚组各负责人，表态性发言和总结经验；采访成员，谈工作体会；采访村民，谈对新城开发建设的认识和支持。 ②采访单位：西联镇和各攻坚组谈安置，采访区人社局、区民政局、区环卫所等谈保障、完善城市管理，采访村民谈住新村感受和市民获得感。 二是大力实施老城区“五大提升工程”。 ①采访单位：市公安局武江分局交警大队。 ②采访单位：区创文办、区城管执法、区市政等部门谈环境优化提升工作成效。 ③采访单位：新华街道、惠民街道、区征拆办和重点项目组谈房屋和土地征收。	2017年12月1日至31日
产业提档： 突出我区发挥区位优势，主动融入珠三角，通过调结构、高质量招商，精心服务，着力培育新兴经济，力争5年内发展至少1个产值超100亿元的特色支柱产业集群。	采访单位：区经信局。	2018年1月1日至7日
镇村提振： ①把脱贫攻坚作为全局性重点工作扎实推进，坚决打赢脱贫攻坚战，确保今年完成脱贫任务。 ②加快新农村建设，今年要率先实现“四个100%”（即100%编制农村人居环境综合整治规划、100%开展“三清三拆”、100%完成垃圾清运处理和保洁体系建设县域全覆盖、100%成立村民理事会）。 ③抓好农村基础设施，大力发展优质特色高效农业和农村电商，实现农产品与市场的有效对接，增加农民收入。	采访单位：区委农办、区农业局、区经信局、区住建局、区扶贫办、各镇、各扶贫驻村工作队。	2018年1月8日至21日

采访内容	采访安排	时　间
民生提质： ①切实保障和改善民生，着力提升人民群众的获得感、幸福感和安全感。主要围绕市“三大重点民生工程”（教育创先、卫生创强、精准扶贫）来做报道。 ②创新社会治理，培育社会组织共建共享社会治理新格局，增加人民群众对武江的认同感和幸福感。 ③加强文化体育建设，促进武江文化体育繁荣发展。	①采访单位：区教育局、区卫计局、区扶贫办。 ②采访单位：区政法委、区公安分局、区总工会、区妇联、团区委。 ③采访单位：区文新局、区体育局。	2018年1月22日至2月15日
环境提优： ①加大改革力度，创新机制政策，全面优化营商环境。 ②如何创新城市网络精细化管理，提升文明创建水平。	①采访单位：区编办、区改革办、区行政服务中心。 ②采访单位：区创文办。	2018年2月16日至23日
作风提改： ①如何构建完善选人用人工作机制，加强基层党组织建设和干部队伍建设。 ②武江区突出紧缺适用人才培养导向，加大人才引进力度，为武江振兴发展集聚人才。 ③新时代下如何做好监督执纪问责，为武江振兴发展保驾护航。	①采访单位：区委组织部。 ②采访单位：区委组织部。 ③采访单位：区纪委。	2018年2月24日至28日

3.第三阶段（2018年3月至2018年4月底）结合我市的三大主题工作、三大重点民生工程和我区中心工作，选取学习宣传贯彻中的先进典型，进行深入报道，做到见行动见成效。同时，按照区委主要领导要求，区委宣传部将对全区其他党组织主要负责同志就如何学习贯彻中共十九大精神，落实好我区“六个方面见行动”工作部署进行相关采访。

4.第四阶段（2018年4月起）围绕我区中心工作选取学习贯彻中的先进典型以及有特色有亮点的做法进行深入宣传报道，让中共十九大精神在武江落地生根、开花结果，在新的历史起点上开创武江振兴发展新局面。

5.相关要求：各地各单位要高度重视相应采访报道工作，接受采访时，切忌泛泛而谈，要结合各单位工作实际，主要谈谈如何学习贯彻中共十九大精神，落实好我区“六个方面见行动”的工作部署。要认真做好接受采访准备工作，提前准备相关学习贯彻材料和访谈材料（要求至少1500字左右）。

同时，在政府信息平台开设学习在线专栏，对离退休干部、两新党组织、基层党员、农村干部等各层级人员学习动态进行宣传，每天推出一篇文字报道、每两天推出一个视频报道。各镇（街）每周上报一篇、区直各单位每2周上报一篇学习宣传文字或视频报道材料至区信息中心。[牵头单位：区委办、区政府办（区信息中心），各地各部门参与]

（二）理论中心组学习

各级党委（党组）中心组注重采取理论和实践、历史和现实、当前和未来、中国和世界相结合的方法，学懂中共十九大精神，牢牢掌握报告的精髓要义，深刻领会报告重要思想的历史脉络和文化源流，全面把握报告的战略安排，深刻认识中国特色社会主义的世界意义。

1. 区委中心组学习。采取集中学习和个人学习相结合的方式开展学习活动。集中学习通过召开专题学习会、务虚研讨会、集中调研等多种方式开展；个人学习通过开展抄录读书笔记、分享心得体会、撰写调研报告等方式开展。（牵头单位：区委宣传部，各区委中心组成员参与）

时　间	学习内容（主题）安排	学习形式
2017年11月	参加各级宣讲报告会	专题学习
2017年11月	以习近平新时代中国特色社会主义新思想推动武江争当县域排头兵	学习研讨
2018年12月	以习近平新时代中国特色社会主义新战略推动武江实施六大行动	学习研讨
2018年1月	以习近平新时代中国特色社会主义新要求推动武江率先实现小康	学习研讨

2.各级中心组学习。结合单位工作实际自行开展“四个一”活动进行学习，即召开一次专题组织生活会、分享一篇心得体会、进行一次专题研讨、形成一篇调研报告。并坚持做到“十个有”，即单位学习有方案，个人自学有计划，每次学习有签到，集中学习有专人记录、有讨论、有体会交流，个人有笔记，每个专题有检查、有讲评、有考核，确保时间、内容有效落实，确保全覆盖、无死角、无盲区，切实把中共十九大精神贯彻落实到全区每个党组织、每个党员。（牵头单位：各级理论学习中心组）

（三）各级宣讲

1. 参加中央、省、市级集中宣讲，组织区级宣讲（2017年11月上旬）

通过参加中央、省、市宣讲团及本区组织的中共十九大精神宣讲报告会，学懂弄通做实中共十九大精神，切实用习近平新时代中国特色社会主义思想统一思想、武装头脑、指导实践、推动工作。（牵头单位：区委办、区委宣传部，各地各部门参与）

2. 领导讲学（2017年11月下旬至12月）

区委常委带头宣讲，区党政领导班子成员要认真开展“1＋1”宣讲活动，即要到一个基层党（工）委（党组）和一个党支部宣讲，引导全区广大干部深入学习领会和准确把握中共十九大精神实质。各镇（街）党（工）委书记也要带头宣讲，党政班子成员要到基层村（社区）党支部开展宣讲。宣讲要紧紧围绕习近平新时代中国特色社会主义思想这个主线，讲清楚中共十九大的鲜明主题，讲清楚习近平新时代中国特色社会主义思想的丰富内涵，讲清楚中共十八大以来党和国家事业发生的历史性变革，讲清楚中国特色社会主义进入新时代的重大意义，讲清楚我国社会主要矛盾变化的深远影响，讲清楚“两个一百年”奋斗目标，讲清楚坚定不移全面从严治中共重大部署，把广大干部群众的思想和行动统一到中共十九大精神上来。（牵头单位：区委办、区委组织部、区委宣传部，各相关部门参与）

3. 基层互动式宣讲（2017年11月中旬至2018年6月）

在企业、农村、机关、校园、社区等各范围选配政治觉悟高、理论知识通、宣传能力强的宣讲干部成立区级宣讲团，与基层党代表共同深入基层开展互动式“中共十九大精神进基层”百姓宣讲活动，每镇（街）一场大型宣讲、每村（居）一场小型宣讲，做到把中共十九大精神讲清楚、讲明白，让老百姓听得懂、能领会、可落实。（牵头单位：区委宣传部，各相关部门参与。）

（四）专题调研

1. 三大课题、15个子课题调研（2017年12月）

区四套班子成员要结合区委10月份下发的《深入学习贯彻落实习近平总书记重要批示精神专题调研工作方案》，要围绕加快实现武江建设成韶关城市经济发展先行区、都市发展核心区，争当韶关县（市、区）发展排头兵，率先全面建成小康社会的目标。做好三大课题和十五个子课题的调查研究，用十九大精神来指导调查研究，深化调查研究的初步成果。（牵头单位：区委办，各相关部门参与。）

2. 单位调研（2017年12月至2018年3月）

各单位主要负责同志要结合本单位中心工作，围绕区委六大行动，自行确定1个以上课题结合实际深入调查研究，聚焦落实中共十九大提出的新目标、新要求、新思路、新举措，制定贯彻落实的思路举措、行动计划，让十九大精神在武江结出更加丰硕的成果。（牵头单位：区委办，各地各部门参与。）

3. 行业调研（2018年3月至2018年6月）

组织和发动各战线各行业协会、两新党组织等围绕中共十九大开展专题研究，围绕习近平新时代中国特色社会主义思想和中共十九大报告提出的一系列新思想新观点新论断开展研究，推出一批高质量研究成果。（牵头单位：区委办，各地各部门参与。）

（五）社会宣传

1. 公众宣传。（2017年11月起）

通过辖区内电子显示屏、广告栏等形式和载体，在农村、企业、社区、学校等城乡基层、城市主干道、广场、公共文体场馆各区域和场所积极播发省、市级统一编制的宣传画、宣传片和标语，广泛派送宣讲材料和通俗读物，在全区营造浓厚的学习宣传氛围。（牵头单位：区委宣传部，各地各部门参与。）

2. 网络宣传。（2017年11月起）

充分运用“两微一端”新媒体平台集纳转载、推送主流新闻媒体的重点稿件，努力增强学习宣传贯彻中共十九大精神的影响力和实效性；在“南方+”等省内合作移动客户端武江首页开辟专栏，推出我区各级领导干部及普通党员干部有代表性有针对性的理论文章；通过在各单位建立的微信、QQ等网络工作群开设微课堂，随时随地分享十九大精品解读文章，引导全区广大干部群众深刻领会报告的精髓要义和精神实质；积极引导网上舆论，组织参与推出系列网评文章，有效回应网民关切，形成网上舆论强势。（牵头单位：区委宣传部，各地各部门参与。）

3. 开设专栏。（2017年11月至2018年3月）

充分利用政府信息平台开设学习交流专栏，广泛宣传我区各战线各行业党员领导干部学习贯彻十九大精神的心得体会和工作思路。[牵头单位：区委宣传部、区政府办（区信息中心），各地各部门参与。]

（六）一月一主题宣传（2017年11月起）

采取人民群众喜闻乐见、参与度高的文艺、比赛等多种形式，结合重大时节、创建文明城市、群众文化、道德讲堂等契机，每月开展一主题宣传活动，推动中共十九大精神进企业、进农村、进机关、进校园、进社区，形成学习贯彻的强大合力。

时间安排	主题内容	牵头单位	备　注
2017年11月—2018年5月	“不忘初心跟党走”文艺演出 （进农村、进社区、进企业、进校园）	区委宣传部 区文新局 区教育局 各镇（街）	元旦 春节 元宵
2017年12月	“不忘初心争先锋”知识竞赛	区委组织部 区总工会	
2018年1月	“不忘初心颂党恩”故事/征文征集	区委组织部 团区委	
2018年2月	“不忘初心树党风”书画展览	区文新局	
2018年3月	“不忘初心讲党情”演讲比赛	区妇联 团区委	
2018年6月	“不忘初心跟党走”革命歌曲会演	区委组织部 区委宣传部	

（七）十九大精神大家谈活动（2017年11月至2018年）

1. 活动目的：通过嘉宾、现场观众共同学习、探讨十九大精神，让十九大精神深入人心。

2. 活动内容：开展互动对话活动，邀请嘉宾与现场观众一起就学习宣传贯彻十九大精神谈心得、交流学习体会。各牵头单位可以邀请挂点领导、联系工作的区直机关单位共同参与。

3.活动安排：

时间安排	嘉　宾	牵头单位	举办地点
2017年12月	区委书记兼芙蓉新区管委会党组书记颜亮	区委宣传部	金叶广场
2017年12月	区委副书记、区长	新华街	向阳小区东侧广场
2018年1月	由牵头单位自行拟定	西河镇	威尼广场
2018年1月	由牵头单位自行拟定	龙归镇	龙归镇运动广场
2018年2月	由牵头单位自行拟定	惠民街	教育路体育广场
2018年2月	由牵头单位自行拟定	江湾镇	江湾镇文体活动广场
2018年3月	由牵头单位自行拟定	重阳镇	重阳镇政府大院广场
2018年3月	由牵头单位自行拟定	西联镇	西联上庙背小广场

三、工作要求

（一）加强领导

各级党组织切实肩负起领导责任和政治责任，各级各单位主要负责同志要亲自抓、负总责，党员领导干部要带头学、带头讲、带头干，作出专题安排，加大指导、督促、检查力度，确保宣传工作落到实处、取得实效。

（二）把握导向

坚持唱响主旋律、汇聚正能量，着力用中共十九大精神统一思想、凝聚力量。积极引导社会舆论，营造出整体推进、密集报道的宣传声势。落实意识形态工作责任制，加强阵地建设和管理，旗帜鲜明地反对和抵制各种错误观点。

（三）创新方式

要创新宣传方式，探索学习方法，在拓展广度深度上下功夫，使学习宣传贯彻工作更接地气、富有成效。各单位要在每月25日交将学习宣传贯彻中共十九大精神情况报告区委办公室。区委办、区委宣传部定期将各单位学习情况通报全区。

（四）信息交流

各单位要做好本单位的宣传工作，及时将学习宣传动态、活动开展、学习贯彻成果以邮件方式（sgwjxcb@163.com）报送到区委宣传部。为便于开展相关工作，区委宣传部建立了“武江宣传”微信工作群，请各单位分管宣传工作的副职领导、宣传工作具体负责人于11月27日前通过扫描下面微信群二维码加入工作群。

关于印发《武江区7个省定贫困村创建社会主义新农村示范村实施方案》的通知

韶武委办发电〔2017〕48号

各镇、区直各单位：

《武江区7个省定贫困村创建社会主义新农村示范村实施方案》已经区委、区政府同意，现印发给你们，请认真组织实施。实施过程中遇到的问题，径向区委农办反映，联系电话0751-8776359。

中共韶关市武江区委办公室

韶关市武江区人民政府办公室

2017年8月28日

抄送：市委农办。

武江区7个省定贫困村创建社会主义新农村示范村实施方案

为推进7个省定贫困村建成社会主义新农村示范村，切实改善贫困村生产生活生态条件，促进农民脱贫奔康致富，制定本实施方案。

一、指导思想、目标任务和基本原则

（一）指导思想。深入贯彻习近平总书记系列重要讲话精神和治国理政新理念新思想新战略，以“四个坚持、三个支撑、两个走在前列”为统领，按照社会主义新农村建设总体要求，加大改革创新和投入力度，突出生产、生活、生态，全面整治村庄环境脏乱差，补齐基础设施建设短板，提高基本公共服务和乡风文明水平，把7个省定贫困村打造成为党组织领导有力、基础设施配套、基本公共服务完善、生态环境良好、农民持续增收、社会和谐稳定、岭南特色鲜明的社会主义新农村示范村，为实现高水平稳定脱贫奠定坚实基础。

（二）目标任务。围绕“三年攻坚、两年巩固，到2020年如期完成脱贫攻坚”的总体目标，以行政村为基础，以20户以上自然村为基本单元，先整治、后提升，按照基础整治期、创建提升期两个阶段分步推进，3年见成效，5年大提升，把7个省定贫困村建设成为中等以上水平社会主义新农村示范村，实现贫困村由后队变前队。再用5年时间，进一步提升示范村创建水平，彻底解决贫困村发展滞后问题。

基础整治期（2018年前）。2017年，全面整治脏乱差及垃圾、污水、畜禽污染，环境卫生明显改善。到2018年，基本完成村道硬化、集中供水、雨污分流、垃圾处理等基础设施建设，消除脏乱差现象，健全长效保洁管护机制，实现村庄干净整洁有序宜居。

巩固提升期（2019—2025年）。到2019年，基础设施进一步完善，村民环保意识、村容村貌进一步提升，所有自然村达到整治标准。鼓励有条件的自然村同步巩固提升示范村。到2020年，确保60%以上自然村达到示范标准。到2025年，7个省定贫困村全部达到示范标准，鼓励有条件的示范村全面提升创建水平。

（三）基本原则

因地制宜、规划引领。从实际出发编制示范村整治创建规划，纳入村规民约。注重保持自然生态环境、乡土气息、田园风光、优秀传统文化，不搞“面子工程”，不搞一刀切，防止千村一面。

突出重点、分步推进。集中力量，优先解决群众反映最普遍、最迫切的道路、饮水、垃圾和污水处理等问题，依据村庄资源条件，区分轻重缓急、量力而行，分阶段分步骤创建提升。

分类指导、突出特色。立足村庄实际，分类施策，打造宜居宜业宜游典型示范，以点带面。

农民主体、共建共享。尊重农民意愿，保护农民权益，发挥农民主体作用，充分调动广大农民的积极性主动性，实现共谋共建共管共享。

整合资源、多方投入。明确区镇政府、村委会、帮扶单位、社会和村民的责任，拓宽投融资渠道，鼓励农民、企业和其他社会力量筹资投劳。

长效管护、持续发展。着眼长远，建立公共财政扶持、社会支持、村集体筹措、群众缴费及投工投劳的多元化管护投入机制，明确属地管护责任，构建长效维护管理制度，确保新农村建设可持续发展。

二、创建内容

（一）整治提升村容村貌。以20户以上自然村为基本单元，组织发动群众整治环境脏乱差。开展“三清理”，即清理村巷道及生产工具、建筑材料乱堆乱放，清理房前屋后和村巷道杂草杂物、积存垃圾，清理沟渠池塘溪河淤泥、漂浮物和障碍物；开展“三拆除”，即拆除危旧房、废弃猪牛栏及露天厕所茅房，拆除乱搭乱建、违章建筑，拆除非法违规商业广告、招牌等；开展“三整治”，即整治生活垃圾、生活污水、水体污染。鼓励村民开展村道、庭院及房前屋后绿化美化，实行清旧补绿、拆旧建绿，改善村容村貌，打造美丽田园。2017年年底前，制定工作方案、编制示范村整治创建规划，广泛发动群众，所有自然村开展“三清理、三拆除”，实现垃圾清运和保洁体系基本全覆盖，环境卫生明显改善。2018年年底前，所有自然村完成“三整治”任务，扭转脏乱差局面。2019年年底前，消除村庄黑臭水体，基本完成村庄绿化美化，建立稳定的保洁队伍和长效管护机制，实现干净整洁有序。

（二）推进村道硬化。围绕改善群众出行条件，全面推进自然村村内道路硬化。加快道路基础设施改造，推进村委会通自然村村道路面硬化，加强农村交通安全建设，改造不符合安全通车条件的镇通行政村公路和公路危桥，支持具备条件、满足农产品运输和乡村旅游发展需要的村道拓宽、优化提级。建立健全农村公路管理养护体制机制，落实以区为主的农村公路养护主体责任。2018年年底前，20户以上自然村基本完成村内道路硬化，通200人以上自然村完成村道路面硬化，镇通行政村公路达到安全通客车条件。2020年年底前，通20户以上自然村完成村道路面硬化，农村公路列养率达到100%。

（三）推进生活垃圾处理全覆盖。健全村级环卫管理体系，所有自然村每50户配置1个以上垃圾收集点、1个以上保洁员。2017年年底前，基本完成村庄垃圾收集点和保洁员配置。2018年年底前，完成村庄标准垃圾屋配置，完善农村垃圾处理各级投入机制，建立健全农村卫生保洁长效运营机制。2020年年底前，健全村庄保洁机制和垃圾处理长效机制，村庄保洁覆盖面达到100%。

（四）推进生活污水处理全覆盖。全面整治村庄生活污水，推进厕所污水和粪便有效处理或资源化利用，实行雨污分流、污水排放管道收集或暗渠化。按照高效耐用、稳定达标、简便适用原则，对城镇周边村庄污水纳入城镇污水处理系统统一处理，对边远村庄污水采用化粪池加生物厌氧装置、人工湿地等小型分散式污水处理方式。完善农村污水处理各级投入机制，建立健全农村污水处理长效运营机制。加强畜禽养殖废弃物污染治理及资源化利用，实现人畜分离、家禽集中圈养。2018年年底前，20户以上自然村基本实现雨污分流、污水排放管道收集或暗渠化和畜禽集中圈养，按实际需求配套建设1个以上标准化公厕。2020年年底前，自然村基本建有生活污水处理设施，实现畜禽禁养区零养殖、限养区零增长目标，村庄生活污水、畜禽养殖废弃物有效处理或资源化利用全覆盖。

（五）推进集中供水全覆盖。改善生活饮用水条件，提高集中供水覆盖率。加快推进村村通自来水工程，有条件的自然村采取升级改造、管网延伸等方式，实行集中连片供水。2018年年底前，完成村村通自来水工程建设任务。对不具备扩网条件的自然村，因地制宜实施小型集中供水工程建设，改造供水管网，提升供水保障能力。2020年年底前，

20户以上自然村实现集中供水全覆盖。

（六）提升农民住房水平。加快贫困村危房改造，优先解决贫困村中贫困户的安全住房需求。依托创建示范村，打造中心村，改造“空心村”，撤并部分边远小型村，吸引农村分散人口相对集中居住。强化农村住房规划管理，规范农民建房程序，对新建住房实行风貌管控、合理布局、规范建设。引导有条件的村庄和农民依据村庄规划，对现有农房进行除险加固、外立面整治，对整村推进的适当予以奖补。2018年年底前，全面完成贫困村危房改造任务。2020年年底前，完成农村旧房整治，农村住房基本实现外观整洁、建设有序、管理规范。2025年年底前，完成住房风貌整治，建成安全、舒适、各具特色的示范村。

（七）提升基本公共服务水平。强化企业社会责任，加快实施农村电网改造升级工程、光纤网络覆盖自然村、“快递下乡”工程覆盖所有行政村。按农民需求配套建设村内公共服务中心（站）、卫生站、幼儿园、养老设施，统筹建设综合性文化服务设施、路灯、公厕等公益设施。2018年年底前，所有贫困村完成卫生站、综合性文化服务中心建设，完善公共服务中心（站）。2020年年底前，基本完成农村电网改造升级，依托村公共服务中心（站），提升行政服务、金融保险、卫生、供销、农技推广、电商网点服务水平，物流快递、光纤信息网络向自然村延伸。

（八）提升乡风文明水平。培育与社会主义核心价值观相契合、文明公约与村规民约相融合的乡风民风，抵制陈规陋习。加强农村普法教育，增强农民法治观念，引导农民群众依法理性表达利益诉求、维护合法权益。深入开展文明村、文明户创建活动，积极推进基层文明创建“十百千”示范工程，广泛开展发现道德模范、身边好人、五好家庭等活动，培育优良家风、文明乡风和新乡贤文化。2018年年底前，50%以上行政村基本达到文明村创建标准，80%以上行政村基本达到民主法治村创建标准。2020年年底前，所有行政村基本达到文明村、民主法治村创建标准，历史文化名村、传统村落得到有效保护修复。

三、强化政策保障

（一）推进村庄规划编制。区为责任主体，以镇为实施主体，在区域乡村建设规划引领下，按照整治型、行动式、群众参与及简便管用、宜居宜业生态原则，2017年年底前编制覆盖7个省定贫困村内所有自然村的示范村整治创建规划，明确整治项目名称、整治内容、整治主体、资金筹措、整治时序，同步开展整治项目工程设计。按照城郊型、生态型、纯农业型、历史文化名村及小型偏远空心村等不同村庄类型，突出创建重点，加强风貌管控，体现岭南文化特色。鼓励和支持贫困村连片创建示范村。结合农村危房（泥砖房）改造、空心村整治、旧建筑翻新，加强村容村貌修复。严格落实“一户一宅”制度，新建房必须纳入规划管理，实行申报审批、风貌管控、合理布局、规范建设。组织村民参与制定和实施村庄规划，纳入村规民约。区住建局在区政府及上级业务部门的领导和指导下，积极与市相关职能部门做好相关乡村规划技术服务的工作。2017年年底前，制定公布贫困村可开发文物建筑资源目录及旅游开发资源目录，加强历史文化名村、传统村落、历史建筑、南粤古驿道、革命遗址的修复保护和活化利用。

（二）构建多元投入机制。加大资金筹措力度，实行区出一点，帮扶单位支持一点，社会、村集体及群众筹措一点的办法，健全多元化投入机制。政府重点投入村庄道路、集中供水、垃圾和污水处理等村内公益性设施建设。村庄环境综合整治包括“三清理、三拆除、三整治”、村内小型公益性项目，由群众投工投劳和社会帮助解决。加大各级财政投入，区按照示范村整治标准、示范标准进行考评奖补。区级财政新增安排奖补资金2000万元。奖补资金视进度、质量采取退档递减方法进行奖补，对整治创建进度快、质量好的镇多奖补，进度慢的镇少奖补（具体奖补政策另行制定）。奖补资金由区统筹资金用于贫困村村道硬化、垃圾处理设施、集中供水、污水处理及雨污分流设施、长效管护、部分教育文化卫生等基本公共服务建设。住建、农业等部门专项资金优先投向新农村示范村建设。加大涉农资金整合力度，区在完成工作任务的前提下，按照渠道不乱、用途不变原则，优化整合用于农村基础设施建设和农村“一事一议”等的财政资金，出台省定贫困村创建社会主义新农村示范村的财政政策措施。鼓励工商企业、先富群体、外出乡贤支持参与新农村建设。引导“6·30”广东扶贫济困日、“10·17”国家扶贫日等活动筹集资金优先支持省定贫困村新农村建设。省、市财政安排的创建示范村工作的奖补资金，由区政府统筹安排给相关镇村使用。

（三）建立健全新农村建设用地保障机制。结合土地利用总体规划调整，优先保障贫困村新农村建设用地指标。在空心村、边远小型村探索宅基地自愿有偿退出机制。开展农村土地整理，用好“三旧”改造政策和城乡建设用地增减挂钩试点政策，推进村庄空闲地、闲置地和废弃土地盘活利用。在农村土地集体所有的基础上，坚持农民自愿和一户一宅的原则，引导农户拆旧建新，拆旧的土地可以适当方式保留原住户的土地使用权，用于生产种植、绿化休闲等，不得重新建住房。拆旧后节省的建设用地指标由区统筹使用。鼓励贫困村参与土地整治垦造水田，按照有关规定共享利益。允许村庄整治、宅基地整理等节约的建设用地，在保护农户权益的前提下，通过入股、联营等方式，支持新农村建设、乡村休闲旅游养老等产业和农村三产融合发展。严格集约节约用地，严禁违法违规开发房地产或建设私人庄园会所。2017年年底前，出台保障贫困村新农村建设用地改革创新有关政策。

（四）建立健全农村基础设施长效管护制度。按照分级负责、以区为主和“谁受益、谁所有、谁管理”原则，将农村基础设施养护纳入常态管护，采取政府补一点、社会筹一点、村集体出一点，建立健全基础设管护资金筹集管理机制。整区推进垃圾、污水处理设施建设，实行统一规划、统一建设、统一运行、统一管理，推动农村垃圾分类和资源化利用。加快建立农村饮水、垃圾和污水处理市场化、产业化运行机制，通过财政拨款、特许或委托经营等渠道筹措资金。探索建立财政补贴与农户缴费合理分担机制，引导村民承担一定日常保洁和维护义务。支持群众发挥管护主体作用，通过村规民约建立村民参与的村庄基础公共设施管护制度。鼓励村级组织和农民工匠带头人依法承接陂头、村内环境整治、小型农田水利、巷道建设、民居农房建设等小型涉农工程项目。对集中供水的设施及管网，以及电网、电信、信息网络等市场化运营设施管护，由产权所有者建立管护制度，落实管护责任。2017年年底前，制定支持村级组织、农民工匠承接农村小型涉农工程项目的有关办法。2018年年底前，建立健全农村基础设施长效管护制度。

（五）加强建设项目管理和资金监管。依法依规简化乡村建设工程审批管理程序、建设项目招投标程序，凡涉及区级及以下收费项目，按权限尽量减免。严格项目管理，依法完善招投标制度，确保项目建设质量。严格资金监管，按照有关规定管好用好新农村建设资金，严禁挤占挪用、层层截留、虚报冒领、挥霍浪费。2017年年底前，出台农村项目建设管理办法。

（六）构建促进农民持续增收的长效机制。培育壮大贫困村集体经济，增加贫困村集体经济收入，推进土地经营权确权入股，村民、贫困户依法自愿流转土地经营权，以土地等资产作价入股企业或项目，按股分享经营收益。积极推进农村资源变资产、资金股金、农民变股东改革，在不改变用途情况下，财政专项扶贫资金和其他涉农资金投入设施农业、林业、养殖、光伏、水电、乡村旅游等项目形成的资产，具备条件的可折股量化给贫困村和贫困户。探索农村集体组织以出租、合作等方式盘活利用空闲农房及宅基地，增加农民财产性收入。引导农民依托新农村建设、发展新产业新业态，实现就地就近就业创业。有条件的乡镇结合推进全域旅游，打造美丽田园综合体、精品乡村旅游线路，发展休闲农业、乡村旅游。推进实施普惠金融村村通工程，开展信用村信用户评定，发展扶贫小额信贷，助推贫困户脱贫增收。2017年年底前，制定促进贫困村农民脱贫增收的具体措施。

四、强化组织保障

（一）加强组织领导。建立区为主体、乡镇实施、村级创建的分级负责机制。区成立社会主义新农村建设领导小组，由区委主要领导同志任组长，区政府主要领导同志任常务副组长，区委、区政府有关领导同志任副组长，相关职能部门参加，统筹协调全区新农村建设各项工作。区领导挂点联系指导贫困村（见附件1）区直有关单位按照职责分工，制定政策，督查指导，推进落实。区政府与贫困村所在的龙归、重阳、江湾3个镇政府签订新农村示范村创建责任书，明确目标任务和责任要求。3个镇参照区做法，成立领导小组，由党委主要负责同志担任组长，把新农村建设的责任传导村委会，确保每个贫困村有区镇领导挂钩负责。履行主体责任，制定具体工作方案，负责示范村整治创建规划的制定实施、资金筹措和统筹使用、项目实施、进度安排等。乡镇负责组织实施，具体组织实施新农村示范村建设各项工作，激发各村参与新农村建设的积极性。村党组织、村民委员会、村民小组、村集体经济组织和村民理事会等农村基层组织负责具体创建，组织发动村民投身整治创建工作。帮扶单位及驻村工作队负指导推进责任，将贫困村示范村工作纳入帮扶规划，加大人力财力投入。驻村工作队指导村“两委”做好调查摸底、宣传发动、推动规划编制、组织申报、落实项目和具体实施。对于社会、企业捐赠资金，区、镇、村负属地管理责任，做好对接协调服务工作，按捐赠者意愿安排落实到具体项目。

（二）强化基层组织建设。促进农村基层党组织引领新农村建设，提升村党组织领导发动村民开展新农村建设的能力和水平，充分发挥党组织在新农村建设中的领导核心作用，切实加强示范村党风廉政建设。开展示范村党组织规范化建设，以选优配强党组织书记为重点加强村党员干部队伍建设，以落实村党组织“四项权利”为重点完善村级组织运作，以完善村公共服务平台为重点巩固党在农村的执政阵地，以发挥党组织战斗堡垒和党员先锋模范作用为重点促精准扶贫脱贫。完善党务村务政务财务公开、民主议事决策制度等自治制度，推动村民自治与制定实施村庄规划有机结合。支持农民自主筹资投劳开展村内各项建设，引导村民全程参与项目规划、建设、管理。村内各项公共设施建设必须经村民代表会议或村民会议讨论通过，接受群众和社会监督。

（三）强化农民主体作用。坚持群众路线，引导农民积极投身新农村建设。在村“两委”领导下，充分发挥村民理事会、外出乡贤及其他社会力量作用，开展村庄环境整治、公益事业建设和日常维护管理。鼓励群众民主协商，倡导村内环境整治和村庄公益建设，该由农民自行负担的拆旧、青苗、误工等费用由农民自行筹资解决。实行新农村建设申报制度，规定由政府补助的项目，由村委会或村民理事会（村民小组、村集体经济组织）通过村委会依规向镇、区申报，做到先申报后补助、不申报不补助。村委会应负责政府补助资金依规使用。

（四）强化督促检查。坚持用结果检验工作成效，镇、村级每年按照目标要求向上一级申报计划，层层签订责任书，统一考核验收。考核结果纳入扶贫开发及干部考核，作为干部选拔任用的重要衡量标准，作为下级党委主要负责人向上级党委汇报基层党建工作的重要内容，作为拨付该项工作以奖代补资金的主要依据。加大督查问责力度，区委农办、区扶贫办牵头组织开展专项检查，“季度通报、半年督查、年度考核”定期评估督查各镇各部门创建进度和资金落实等情况。加大农村建设资金使用监管力度，审计部门将相关事项纳入精准扶贫精准脱贫跟踪审计工作内容。对工作不力或审计查出重大问题的，通报并约谈主要负责人，对违纪违法的，依法依规严肃处理。

（五）营造良好创建氛围。充分利用各种媒体，开展形式多样、生动活泼的宣传教育活动，全方位、多角度大力宣传成功经验。引导社会各界关心、支持和参与新农村建设。建立争先创优评比机制，推广先进经验典型，曝光落后现象，定期开展观摩交流，推动形成镇、村、户争先创优的良好氛围。

附件：1.武江区省定贫困村创建社会主义新农村示范村工作任务分配表

2.省定贫困村创建新农村示范村整治标准

3.省定贫困村创建新农村示范村示范标准

4.省定贫困村创建新农村示范村重点工作分工方案

附件1

武江区贫困村创建社会主义新农村示范村工作任务分配表

表13

挂点区领导	区直机关单位	贫困村			
		名　称	自然村总数	20户以上自然村数	20户以上自然村名
颜　亮	区委办、区政府办	江湾镇梁屋村	10	6	武洞村、红山村、下洞村、梁屋村、湾仔村、河背村
黄建华	区农业局	龙归镇山前村	5	3	何屋村、晏屋村、老屋村
孙理鸣	区工商局	重阳镇九联村	4	4	陀村、枧头村、大沙州上村、大沙州下村
陈坤明	区教育局	重阳镇黄岸村	2	2	黄土坛村、南岸村
周小明	区食药监局	龙归镇方田村	16	10	墩头村、罗屋村、车合村、大村老屋村、旱田子村、谢屋村、大人村、板湾村、乌石湾村、上坝村
郑伟平	区经信局	重阳镇万侯村	8	8	侯屋村、徐屋村、冲口坪村、大塘村、中方村、三角园村、水心村、芹村
黄燕斌	区卫计局	江湾镇湖洋村	8	7	黄九村、高围村、江屋村、湖洋村、倒流水村、莱队村、黄陂坛村
合计			53	40	

附件2

省定贫困村创建新农村示范村整治标准

表14

创建类别	创建指标	创建内容
村庄规划	编制整治创建规划	突出环境整治，明确整治项目名称、整治内容、整治主体资金筹措、整治时序等，纳入村规民约
整治村容村貌	“三清理”	1.完成村巷道及生产工具、建筑材料乱堆乱放清理 2.完成房前屋后和村巷道杂草杂物、积存垃圾清理 3.完成沟渠池塘溪河淤泥、漂浮物和障碍物清理
	“三拆除”	1.完成危旧房、废弃猪牛栏及露天厕所茅房拆除工作 2.完成乱搭乱建、违章建筑拆除工作 3.完成非法违规商业广告、招牌等拆除工作
	“三整治”	完成生活垃圾、生活污水、水体污染整治
补齐基础设施短板	村道硬化	20户以上自然村基本完成村内道路硬化，通200人以上自然村完成村道路面硬化，乡镇（街道）通行政村公路达到安全通客车条件
	垃圾处理	基本完成村庄标准垃圾屋、收集点和保洁员配置，所有自然村每50户配置1个以上垃圾收集点、1个以上保洁员，生活垃圾得到有效处理。
	污水处理	20户以上自然村基本实现雨污分流、污水排放管道收集或暗渠化和畜禽集中圈养，按实际需求配套建设1个以上标准化公厕
	集中供水	20户以上自然村实现集中供水全覆盖
	住房建设	完成贫困村危房改造任务和农村旧房整治，农村住房基本实现外观整洁、建设有序、管理规范
	公共服务　设施	全面完成卫生站、综合性文化服务中心建设和完善公共服务中心（站）自然村基本通安全优质电、通广播电视、通物流快递、通光纤信息网，行政村通客运车辆
推进基层治理	乡风文明	50%上行政村基本达到文明村创建标准，80%以上行政村基本达到民主法治村创建标准
	基层组织　建设	提升基层组织领导和发动村民开展新农村建设能力和水平。在村“两委”领导下，充分发挥村民理事会、外出乡贤及其他社会力量作用，组织村民开展村庄环境整治、公益事业建设和日常维护管理

附件3

省定贫困村创建新农村示范村示范标准

表15

创建类别	创建指标	创建内容
村庄规划	编制整治创建规划	按照城郊型、生态型、纯农业型、历史文化名村及小型偏远空心村等不同村庄类型，突出创建重点，制定公布贫困村可开发文物建筑资源及旅游开发资源目录
提升村容村貌	绿化美化	1.开展村道、庭院及房前屋后绿化，实行清旧补绿、拆旧建绿 2.出台宅基地管理规定和农房建设管理指导意见，建立规范农房建设机制，落实“一户一宅”制度 3.打造美丽田园

续表15

创建类别	创建指标	创建内容
完善基础设施	村道硬化	通20户以上自然村完成村道路面硬化，农村公路列养率达到100%
	垃圾处理	健全村庄保洁机制和垃圾处理长效机制，村庄保洁覆盖面达到100%，实现村庄垃圾无乱堆乱放、农户定点投放
	污水处理	自然村基本建有生活污水处理设施，实现畜禽禁养区零养殖、限养区零增长目标，村庄生活污水、畜禽养殖废弃物有效处理或资源化利用全覆盖
	集中供水	集中供水100%覆盖率持续稳定
	住房建设	完成住房风貌整治，实现安全、舒适、各具特色
	公共服务设施	提升行政服务、金融保险、卫生、供销、农技推广、电商网点服务以及医疗、教育、社会保障等社会事业发展水平，实现城乡基本公共服务均等化
	长效管护机制	建有稳定的保洁队伍，探索建立财政补贴与农户缴费合理分担机制，落实村民共建共管卫生保洁、自来水管网管护、农村公路管护等长效机制
健全脱贫机制	促进农民增收	1.发展“一村一品”特色产业 2.稳定农民就业 3.建有农民合作社，增加资产收益 4.活化利用历史资源、特色资源，发展休闲农业、乡村旅游
完善基层治理机制	乡风文明	所有行政村基本达到文明村、民主法治村创建要求，历史文化名村、传统村落得到有效保护修复
	基层组织建设	村党组织领导有力，村规民约健全，民主公开制度完善，矛盾纠纷不出村，村民主动参与村内各项建设和管护

附件4

省定贫困村创建新农村示范村重点工作分工方案

表16

序　号	创建任务	创建主要内容	创建目标	责任主体	参与单位
1	整治提升村容村貌	开展“三清理”“三拆除”“三整治”。开展村道、庭院及房前屋后绿化美化	2017年年底前，制定工作方案、编制示范村整治创建规划，广泛发动群众，所有自然村开展“三清理”“三拆除”“三整治”，环境卫生明显改善。 2018年年底前，所有自然村基本完成环境整治任务。 2019年年底前，消除村庄黑臭水体，建立稳定的保洁队伍和长效管护机制，实现干净整洁有序	各镇、村“两委”	区住建局、区林业局

续表16

序　号	创建任务	创建主要内容	创建目标	责任主体	参与单位
2	推进村道硬化	全面推进自然村村内道路硬化，推进村委会通自然村村道路面硬化，加强农村交通安全建设，改造不符合安全通车条件的乡镇（街道）通行政村公路和公路危桥，支持具备条件、满足农产品运输和乡村旅游发展需要的村道拓宽、优化提级，建立健全农村公路管理养护体制机制，落实以区为主的农村公路养护主体责任	2018年年底前，20户以上自然村基本完成村内道路硬化，通200人以上自然村完成村道路面硬化，乡镇通行政村公路达到安全通客车条件 2020年年底前，通20户以上自然村完成村道路面硬化，农村公路列养率达到100%	各镇、村“两委”、区公路站、区住建局	
3	推进生活垃圾处理全覆盖	健全村级环卫管理体系。所有自然村每50户配置1个以上垃圾收集点、1个以上保洁员。建立健全农村卫生保洁长效运营机制	2018年年底前，基本完成村庄标准垃圾屋、收集点和保洁员配置。 2020年年底前，健全村庄保洁机制和垃圾处理长效机制，村庄保洁覆盖面达到100%	各镇、村“两委”、区住建局	
4	推进生活污水处理全覆盖	全面整治村庄生活污水，推进厕所污水和粪便有效处理或资源化利用，实行雨污分流、污水排放管道收集或暗渠化。建立健全农村污水处理长效运营机制。加强畜禽养殖废弃物污染治理及资源化利用，实现人畜分离、家禽集中圈养	2018年年底前，20户以上自然村基本实现雨污分流、污水排放管道收集或暗渠化和畜禽集中圈养，按实际需求配套建设1个以上标准化公厕。 2020年年底前，自然村基本建有生活污水处理设施，实现畜禽禁养区零养殖、限养区零增长目标，村庄生活污水、畜禽养殖废弃物有效处理或资源化利用全覆盖	各镇、村“两委”、区住建局、区农业局	区卫计局
5	推进集中供水全覆盖	加快推进村村通自来水工程，有条件的自然村采取升级改造、管网延伸等方式，实行集中连片供水。对不具备扩网条件的自然村，因地制宜实施小型集中供水工程建设，改造供水管网，提升供水保障能力	2018年年底前，完成村村通自来水工程建设任务。 2020年年底前，20户以上自然村实现集中供水全覆盖	各镇、村“两委”、区农业局	区发改局、区财政局、区卫计局、区住建局
6	提升农民住房水平	加快贫困村危房改造。强化农村住房规划管理，规范农民建房程序，对新建住房实行风貌管控、合理布局、规范建设。对现有农房进行除险加固、外立面整治	2018年年底前，全面完成贫困村危房改造任务。 2020年年底前，完成农村旧房整治，农村住房基本实现外观整洁、建设有序、管理规范。 2025年年底前，完成住房风貌整治，建成安全、舒适、各具特色的示范村	各镇、村“两委”、区住建局	区国土分局

续表16

序　号	创建任务	创建主要内容	创建目标	责任主体	参与单位
7	提升基本公共服务水平	加快实施农村电网改造升级工程、光纤网络覆盖自然村、“快递下乡”工程覆盖所有行政村。按农民需求配套建设村内公共服务中心（站）、卫生站、幼儿园、养老设施，统筹建设综合性文化服务设施、路灯、公厕等公益设施	2018年年底前，所有贫困村完成卫生站、综合性文化服务中心建设，完善公共服务中心（站）。2020年年底前，基本完成农村电网改造升级，依托村公共服务中心（站），提升行政服务、金融保险、卫生、供销、农技推广、电商网点服务水平，物流快递、光纤信息网络向自然村延伸	各镇、区卫计局、区经信局，区文广新局	区教育局、区民政局、区住建局、区文广新局、区体育局按职责分别负责。
8	提升乡风文明水平	培育与社会主义核心价值观相契合、文明公约与村规民约相融合的乡风民风，抵制陈规陋习。加强农村普法教育，引导农民群众依法理性表达利益诉求、维护合法权益。深入开展文明村、文明户创建活动，积极推进基层文明创建“十百千”示范工程，广泛开展发现道德模范、身边好人、五好家庭等活动，培育优良家风、文明乡风和新乡贤文化	2018年年底前，50%以上行政村基本达到文明村创建标准，80%以上行政村基本达到民主法治村创建标准。 2020年年底前，所有行政村基本达到文明村、民主法治村创建标准，历史文化名村、传统村落得到有效保护修复	各镇、村“两委”	区文明办、区司法局、区文广新局
9	推进村庄规划编制	以区为责任主体，以乡镇为实施主体，编制覆盖278个省定贫困村内所有自然村的示范村整治创建规划。针对城郊型、生态型、纯农业型、历史文化名村及小型偏远空心村等不同村庄类型，突出创建重点，加强风貌管控。加强历史文化名村、传统村落、历史建筑、南粤古驿道、革命遗址的修复保护和活化利用	2017年年底前，编制示范村整治创建规划，出台宅基地管理规定，制定公布贫困村可开发文物建筑资源目录及旅游开发资源目录。2018年年底前，出台农房建设管理指导意见	各镇、村“两委”、区住建局、区国土分局、区文广新局	区发改局、区财政局
10	构建多元投入机制	实行区出一点，帮扶单位支持一点，社会、村集体及群众筹措一点的办法。政府重点投入村庄道路、集中供水、垃圾和污水处理等公益性设施建设。区按照示范村整治标准、示范标准进行考评奖补。引导“6·30”广东扶贫济困日、“10·17”国家扶贫日等活动筹集资金优先支持省定贫困村新农村建设	与《实施方案》同步出台省定贫困村创建社会主义新农村示范村的财政政策和措施	各镇、区财政局、区民政局、区扶贫办	区委农办、区住建局、区公路站、区农业局

续表16

序　号	创建任务	创建主要内容	创建目标	责任主体	参与单位
11	建立健全新农村建设用地保障机制	优先保障贫困村新农村建设用地指标。开展农村土地整理，用好“三旧”改造政策和城乡建设用地增减挂钩试点政策，推进村庄空闲地、闲置地和废弃土地盘活利用。在农村土地集体所有的基础上，坚持农民自愿和一户一宅的原则，引导农户拆旧建新，拆旧的土地可以适当方式保留原住户的土地使用权，用于生产种植、绿化休闲等，不得重新建住房。拆旧后节约的建设用地指标由区统筹使用。鼓励贫困村参与土地整治垦造水田，按照有关规定共享利益	2017年年底前，出台保障贫困村新农村建设用地改革创新有关政策	各镇、区国土分局、区住建局	区委农办、区发改局、区农业局、区财政局、区征拆办
12	建立健全农村基础设施长效管护制度	按照分组负责、以区为主和谁受益、谁所有、谁管理原则，将农村基础设施养护纳入常态管护，采取政府补一点、社会筹一点、村集体出一点，建立健全基础设施管护资金筹集管理机制	2017年年底前，制定支持村级组织、农民工匠承接农村小型涉农工程项目的有关办法。2018年年底前，以区为主体，建立健全农村基础设施长效管护制度	各镇、村“两委”，区发改局、区财政局	区住建局、区公路站、区农业局、区经信局
13	加强建设项目管理和资金监管	依法依规简化乡村建设工程审批管理程序、建设项目招投标程序，凡涉及区级以下收费项目，按权限尽量减免。严格项目管理、资金监管	2017年年底前，出台农村项目建设管理办法	各镇、区发改局、区住建局	区财政局、区国土分局、区农业局、区审计局、区地税局
14	构建促进农民持续增收的长效机	培育壮大贫困村集体经济，增加贫困村集体收入。推进土地经营权确权入股，积极推进农村资源变资产、资金变股金、农民变股东改革。探索农村集体组织以出租、合作等方式盘活利用空闲农房及宅基地。引导依托新农村建设、发展新产业新业态，实现就地就近就业创业。推进实施普惠金融村村通工程	2017年年底前，制定促进贫困村农民脱贫增收的具体措施	各镇	区委农办、区扶贫办、区财政局、区人社局、区国土分局、区农业局、区林业局、区文广新局、区金融办

注：1.区直相关部门主要履行标准制定、技术指导和督促检查责任，重点是负责牵头统筹协调，制定道路路面硬化、垃圾处理、污水处理、集中供水指等建设标准，做好相关技术指导服务，加强资金使用、建设进度、建设质量等方面的督促检查，组织好验收工作，协调解决各镇相关任务落实过程中的政策机制问题。参与单位协助责任主体单位推动工作落实。

3. 区委农办、区扶贫办牵头组织开展专项督查，及时掌握各镇各部门工作进展、资金使用、项目实施情况。积极协调解决《实施方案》落实过程中遇到的重大问题，重要情况及时报告区委、区政府。

中共韶关市武江区委办公室　韶关市武江区人民政府办公室关于印发《武江区全面推行河长制工作方案》的通知

韶武办发〔2017〕18号

各镇（街道）党（工）委、人民政府（办事处），区直及驻区有关单位：

《武江区全面推行河长制工作方案》已经区委、区政府同意，现印发给你们，请结合实际认真贯彻落实。

中共韶关市武江区委办公室
韶关市武江区人民政府办公室
2017年8月7日

武江区全面推行河长制工作方案

为进一步推进我区生态文明建设，有效维护河湖健康生命，完善水治理机制和水治理体系建设，着力全面推行河长制，按照贯彻落实《中共中央办公厅国务院办公厅〈关于全面推行河长制的意见〉的通知》（以下简称《意见》）和水利部、环境保护部《贯彻落实〈关于全面推行河长制的意见〉实施方案》（以下简称《实施方案》）、《广东省水利厅广东省环境保护厅贯彻落实〈关于全面推行河长制的意见〉加快推进我省河长制工作意见的函》及《韶关市全面推行河长制工作方案（送审稿）》的要求，结合我区山区性河流湖泊的实际情况，制定本工作方案。

一、指导思想

全面贯彻中共十八大和十八届三中、四中、五中、六中全会精神，落实习近平总书记系列重要讲话精神和治国理政新理念新思想新战略，按照习近平总书记对广东重要批示精神的“四个坚持、三个支撑、两个走在前列”总体要求，紧密结合我省“三个定位、两个率先”的目标要求，结合我市“五位一体”总体布局、“四个全面”战略布局的目标要求，牢固树立新发展理念，坚持绿色发展理念，坚守生态红线，坚持节水优先、空间均衡、系统治理、两手发力，努力把生态优势转变为发展优势。以“保护水资源、防治水污染、改善水环境、修复水生态、管理保护水域岸线、强化执法监管”为主要任务，在我区江河湖库全面推行河长制，实现组织体系全覆盖，保护管理全域化，履职尽责全周期，做到有专人负责，有检测设施，有考核办法，有长效机制，建立健全责任明确、协调有序、监管严格、保护有力的江河湖库管理保护机制，全面打造具有粤北山区特色的平安生态水系，为维护江河湖库健康生命、实现江河湖库功能永续利用提供制度保障。

二、基本原则

（一）坚持生态优先、绿色发展

把尊重自然、顺应自然、保护自然的理念贯穿到河湖管理保护与开发利用全过程，强化规划约束，正确处理好河流保护管理与开发利用的人水自然和谐关系，确保经济社会发展与水资源、水生态、水环境承载能力相协调，促进河湖休养生息，发挥河湖生态效益。

（二）坚持流域统筹、系统治理

牢牢把握“山水林田湖”是一个生命共同体的理念，统筹经济社会发展和生态环境保护要求，统筹流域和行政区域，统筹上下游、左右岸和干支流，统筹城区和乡村、水域和陆地，系统推进河湖治理与保护，构建安全生态、蓄泄兼筹、循环通畅、多源互补的江河湖库水系，建立健全长效管护机制。

（三）坚持党政主导、部门联动

全面构建以党政领导负责制为核心的责任体系，明确各级河长责任，打破部门、区域、层级的壁垒，明确管理职责，强化工作措施，实行联防联控，层层抓落实，形成“党政齐抓、上下共管”和“横向到边、纵向到底”的工作格局。

（四）坚持问题导向、因地制宜

结合我区粤北山区河流的特点和发展定位，按照“打造平安生态水系”模式推进河长制。实行一河一策、一湖一策，做到因地制宜、属地管理、突出重点、精准施策，科学解决好我区水灾害频发、水资源短缺、水生态损害、水环境污染等复杂水问题。

（五）坚持强化监督、严格考核

依法治水、科学管水，建立健全河湖管理保护监督考核和责任追究制度，加强监督检查，严格考核评价，狠抓责任落实，强化激励问责，以“互联网+河长制”为重要抓手，利用信息化手段提升治水管水能力，拓宽社会监督渠道，密切加强与群众互动，充分发挥河长制作用，营造全社会关注和保护河湖的良好氛围。

三、总体目标

（一）到2017年年底，全区境内江河湖库全面建立河长制，构建区、镇（街道）、村三级河长制组织体系。从2017年起，根据我省“三个定位、两个率先”的发展要求，按照“只能更好、不能变坏”的原则，我区逐年科学制定水资源保护、水安全保障、水环境治理、水污染防治、水生态修复工作目标。

（二）到2018年底，城乡水利防灾减灾、水资源保障和农村水利保障基础设施短板得到补齐，水生态文明建设和水利信息建设取得较大进展，水安全保障体系与我区全面建成小康社会相适应；全区水环境质量持续改善，全部江河水库水功能区水质达标率达到85%以上，全面达到小康社会环境类指标目标，城区集中式饮用水水源水质达标率达到100%，全面防止出现黑臭水体，城镇生活污水集中处理率达到80%以上。

（三）到2020年底，基本建成人水自然和谐的水利保障体系，有效遏制乱占乱建、乱围乱堵、乱采乱挖、乱倒乱排等现象，维护河湖生态安全，基本建成河湖健康保障体系和管理机制，基本实现河畅、水清、堤固、岸绿、景美的总目标。

四、组织体系

（一）成立组织协调机构

区成立河长制工作领导小组，由区委、区政府主要负责同志担任组长，区委、区政府负责同志担任常务副组长，其他相关区级负责同志担任副组长，区相关部门主要负责人担任成员。

领导小组下设区河长制办公室，作为区委、区政府关于河长制议事协调的办事机构，设在区农业局，根据省、市相关文件及要求明确工作职责和落实工作人员，办公室主任由区农业局主要负责同志担任。市国土资源局武江分局、区住建局、区林业局等有关单位按照职责分工，协同推进各项工作。各乡镇（街道）参照区的做法成立相应的河长制工作领导小组及办公室，负责组织推进本行政区域内河长制实施工作。

（二）构建三级河长体系

建立区域与流域相结合的县、镇、村三级河长体系。区设立第一总河长，由区委主要负责同志担任；设立总河长，由区政府主要负责同志担任。各镇设立本级第一总河长和总河长，分别由同级党委和政府主要负责同志担任，即实行双总河长制。流经各区域内主要河湖，分别由区、镇党委或政府负责同志和村（居）负责同志担任本级河长、村（居）委设河湖专管员、保洁员。

我区境内北江、武江、南水、龙归水、新街水五条主要河流分别由区委、区政府负责同志担任区级河长；五条主要河流（流域）所经镇（街道）及所在村（居）的委主要负责同志担任镇级、村级河长。其他河流根据河湖自然属性、跨行政区域情况，以及对经济社会发展、社会环境影响重要性等，由各镇（街道）、村（居委）分级分段设立河长。

区级总河长及区级负责河流（流域）河长名单见附件。

（三）明确工作职责

1.区河长制工作领导小组职责。负责全区河长制工作的组织领导和统筹协调，研究解决推行河长制过程中有关重大问题。

区直各成员单位职责如下：

区委组织部负责指导对镇（街）和区直职能部门责任人的考核。

区委宣传部负责组织河湖管理保护的宣传教育和舆论引导。

区发展和改革局负责协调相关规划，推进河湖管理保护、治理和开发利用有关重点项目建设，研究制订河湖保护产业布局和重大政策，统筹推进水资源消耗总量和强度双控行动。

区经济和信息化局负责推进工业企业污染控制和工业节水，协调新型工业化与河湖管理保护有关问题，指导“互联网+河长制”等信息化工作。同时负责组织开展节约用水、水资源保护、河湖环境治理、水生态修复等科学研究和技术示范。

区教育局负责指导和组织开展学生河湖管理保护教育活动。

市公安局武江分局负责依法打击破坏河湖环境、危害社会公共安全和社会公共秩序的违法犯罪行为。

区监察局负责河湖管理保护相关执法监察、行政问责以及综合治理工作。

区财政局负责落实区级河长制专项经费，建立河湖管理保护长效稳定投入机制，协调落实河湖管理保护、治理所需资金，并监督资金使用，及时组织绩效评价。

区人力资源和社会保障局负责拟订河湖管理保护有关人力资源和社会保障政策、规划，指导实施人事制度改革、人才管理和开发、继续教育等工作，拟订区荣誉制度和政府奖励制度。

市国土资源局武江分局负责协调河湖治理项目用地保障，协助划定河湖管理保护范围，监督指导矿产资源开发利用中环境保护工作。

区住房和城乡建设局负责指导城乡污水、黑臭水体、垃圾处理等设施建设与运行监管，指导河湖违建整治和河湖保洁工作。（同时负责水污染防治的统一监督指导，组织实施水污染防治行动计划。）

区农业局负责农业面源污染防治工作，做好畜禽养殖废弃物综合利用指导和服务，推进农业废弃物综合利用；并负责渔业水域生态环境保护、水生生物资源保护和水产养殖污染防治。（同时负责督导农村综合环境整治，推进美丽乡村建设。开展水资源管理保护、河湖水质水量监测，推进节水型社会和水生态文明建设，组织涉河湖建设项目管理、水域岸线登记及保护、河湖划界确权、河道采砂管理、水土流失治理、堤防工程管理与养护、河湖水工程建设等。）

区林业局负责推进水源涵养林建设，推进河湖沿岸绿化、湿地保护体系建设和湿地生态修复工作。

区卫生和计划生育局负责指导生活饮用水卫生监测，推动农村卫生改厕。

区审计局负责水流、岸线、滩涂等自然资源资产离任审计。

区法制局负责组织河湖管理保护和开发利用有关法规规章编制和修订。

区直有关部门各司其职，各负其责，协同配合，保障河长制顺利实施。

2.河长职责。

各级第一总河长是本行政区域推行河长制的第一责任人，负责辖区内河长制的组织领导、决策部署、考核监督，协调解决河长制推行过程中的重大问题；总河长协助第一总河长统筹协调河长制的推行落实。

各级河湖河长是所辖河湖管理保护的直接责任人，负责组织领导相应河湖的管理和保护工作，包括水资源保护、水安全保障、水污染防治、水环境治理、水生态修复、水域岸线管理等，牵头组织对侵占河道、围垦湖泊、超标排污、非法采砂、破坏航道等突出问题；依法进行清理整治监督协调本级相关部门和下级河长履职，对目标任务完成情况进行考核奖励问责。

3.河长制办公室职责。

对本级河长制工作领导小组和第一总河长、总河长、河长负责，承担河长制组织实施具体工作。负责拟订河湖管理和保护制度、机制和标准及考核办法，组织、协调、监督、指导河长制各项工作任务的落实，并组织实施考核、督察、验收、信息共享等工作。按照一河一策、一湖一策原则，负责制定实施本行政区域内主要河湖河长制实施方案。

五、主要任务

（一）强化“三条红线管理”，严格保护水资源

全面实施最严格水资源管理制度，实行水资源消耗总量和强度双控心动，强化落实“用水总量控制、用水效率控制、水功能区限制纳污和水资源管理责任与考核”四项制度和严守“水资源开发利用控制、用水效率控制和水功能区限制纳污控制”三条红线，健全控制指标体系，加强监督考核。进

一步落实规划管理、水资源论证、取水许可、水资源调度和有偿使用制度，积极稳妥推进水权交易工作。加快水资源管理系统和检测系统建设，建立水资源承载能力检测预警机制。全面推进节水型社会建设，加强工业、城镇、农业节水，加快推进非常规水源开发利用。

（二）狠抓防洪减灾，保障水安全

抓好我区北江、武江、南水河、龙归河等大江大河防洪体系建设，全力加强中小河流防洪综合整治工作，防灾减灾工作重点从大江大河转向中小河流，积极推进全区中小河流防洪专项整治、小流域综合治理工程、水系连通、主要江河防洪体系建设、病险水库除险加固、防洪河堤、水土保持和山洪沟治理等工作，使中小河流行洪通畅，继续推进区区河堤续建和旧堤加固工程建设，完善城区排水防涝、重点易涝区治理、重点蓄滞洪区等设施建设；建立健全洪水风险响应和管理机制，提高洪水预报预警水平，加快制定与实施流域防洪联合调度方案，提高水安全综合保障能力，基本实现城乡防洪安全，建成比较完善的水利防灾减灾体系。

（三）严控纳污总量，全面防治水污染

贯彻国家、省、市有关水污染防治相关规定和行动计划。深入实施《南粤水更清行动计划》《广东省水污染防治行动计划》《武江区水污染防治行动计划实施方案》，做好水陆统筹，强化源头控制，突出上下游、支流连片区域水污染联防联治，分流域、分区域、分阶段系统推进流域水污染防治。加强工矿企业污染、城镇生活污染、畜禽养殖污染、水产养殖污染、农业面源污染、船舶港口污染的防治，强化土壤污染防治和涉重金属行业环境治理，落实部门职责，分头系统推进防治措施解决水体污染问题。按照水功能区纳污总量控制要求，实行严格的水污染排放标准，落实考核制度，优化入河湖排污口布局，加快实施入河湖排污口整治，切实保障饮用水水源安全。加强水源地、排污口等重要地区水质监测，提高突发性水污染事件的应急监测和处置能力。

（四）强化分类治理，切实改善水环境

强化水环境质量目标管理，按照水功能区确定各类水体的水质保护目标。切实保障饮用水水源安全，加强农水饮水安全保障，开展饮用水水源规范化建设，对重要水源地实行达标建设，依法清理饮用水水源保护区内违法建筑和排污口。结合城区总体规划，因地制宜建设亲水生态岸线，统筹海绵城区、防洪排涝、生态水网建设，持续推进城区建成区黑臭水体隐患排查工作，以生活污水处理、生活垃圾处理为重点，推进城镇垃圾无害化处理，综合整治农村水环境，推进美丽乡村建设。

（五）维护河湖健康，修复水生态

加强河湖、湿地生态修复和保护，做好河流生态基流保障的水量调度工作，维护河湖生态系统完整。稳步实施退田还湖还湿、退渔还湖，恢复河湖水系的自然连通，加强水生生物资源养护，提高水生生物多样性，开展河湖沿岸绿化造林，改善河湖生态环境，推进河湖生态修复和保护。加强水土流失监督和综合整治，积极推进建立生态保护补偿制度，开展流域生态保护规划。探索建立与生态文明建设相适应的河湖健康评价指标体系，开展河湖健康监测与评估。建立河湖生态补水长效机制。

（六）严格河湖空间管控，强化管理和保护水域岸线

依法划定河湖管理范围，加快推进河湖管理范围和水利工程管理与保护范围划界确权工作。编制河道水域岸线管理利用保护规划，科学划分岸线功能区，严格分区管理和用途管制，强化岸线保护和节约集约利用。严禁以各种名义侵占河道、围垦湖泊，对岸线乱占滥用、多占少用、占而不用等突出问题开展清理整治，恢复河湖水域岸线生态功能。全面完成河湖管护体制机制创新试点工作。开展主要江河河道地形测量和险工险段监测。以保障河湖健康、河势稳定、防洪安全为重点，强化河道采砂管理。

（七）完善细化涉河法律法规，合力强化执法监管

加强河湖监管法规制度体系建设，适时修订细化河道管理、采砂管理等地方性法规。建立政府牵头，多部门参与协作机制，加强部门协调，定期会商，实施联合监测、联合执法、应急联动、信息共享。加强行政执法与刑事司法衔接，完善案件移送、受理、立案、通报等工作机制，严厉打击涉水违法犯罪行为。加强河湖执法基础设施建设，下沉执法力量，实现执法重心前移。组建区流域综合行政执法机构，在区主要河道相对集中涉水行政处罚、行政强制职能，加大执法力度，严厉打击涉河湖违法行为，清理整治非法排污、设障、捕捞、养殖、采砂、采矿、围垦、侵占水域岸线等活动。统筹加强涉水工程、重点污染源和水质恶化河道、河湖沿岸排污动态监管。建立健全基层部门河湖日常巡查监管机制，强化河湖日常巡查监管。

六、保障措施

（一）加强组织领导

镇（街）党委、政府必须统一思想、提高认识，要把全面推行河长制作为推进生态文明建设的重要举措和政治任务，切实加强组织领导，狠抓责任落

实，强化河湖管理保护工作，落实属地化责任，建全长效机制，抓紧制定出台本地区工作方案，细化实化工作任务，明确工作进度安排，积极采取有效措施，扎实推进各项工作，确保在2017年年底前全面建立河长制，确保各项目标任务如期实现。

（二）健全工作机制

建立党政领导下的部门联动机制，合力、高效推进河长制各项工作；建立河长会议制度，协调解决江河库渠保护管理重点难点问题；建立信息共享、工作督察和考核问责制度，对河长制实施和河长履职情况实行定期跟踪、通报、督察和考核，加强日常工作沟通与协调，定期发布河长制工作信息；建立问题督办制度，对江河库湖保护管理事项进行督办；建立河湖管护长效机制，落实管护主体、责任、人员和经费；建立信息化技术保障机制，利用互联网的力量建立信息平台，整合各部门技术和信息资源，全方位加强河湖动态监管，提升治河管河能力。各级河长制办公室应加强组织协调，督促相关部门和单位按照职责分工，落实责任，密切配合，协调联动，共同推进治理保护工作。

（三）强化考核问责

建立河长制考核体系和问责机制，结合不同河湖管理保护要求，实行差异化绩效评价考核。将河长制落实情况纳入地方党委政府全面深化改革、年度绩效考核、最严格水资源管理制度、水污染防治行动计划实施情况等考核内容，结合领导干部自然资源资产离任审计和整改等情况进行评价考核，考核结果作为地方党政领导干部综合考核评价的重要依据。对成绩突出的予以表彰奖励，对失职失责的实行严肃追责；实行生态环境损害责任终身追究制，对造成生态环境损害的，严格按照有关规定追究责任。

（四）加强社会监督

充分发动群众和依靠群众，鼓励和引导群众积极参与河长制工作，利用互联网力量建立交流平台、开发微信公众号等发布河长信息，为群众参与河长制工作提供便利，拓宽公众参与河长制工作的渠道；各地要通过主流媒体和新媒体向社会公告河长名单，及时发布河湖管理保护相关信息，在主要河道、湖泊显著位置设立河长公示牌，公示河长职责、管理范围、河湖概况、管护目标、监督电话等内容，主动接受社会监督；聘请社会中介机构、社会监督员、志愿者，定期对河湖管理保护效果进行监督和评价，以群众满意程度作为社会监督的重要考核指标。

（五）统筹落实资金

河湖治理是一项长期而又艰巨的系统工程，做好治理工作需要投入一定的专项资金，区、镇（街）务必把河长制专项经费金纳入年度财政预算，切实保障河长制工作顺利实施。同时要拓宽资金渠道、广泛吸引社会资本参与河湖治理工作。

（六）加强宣传引导

各地要加大全面推行河长制工作的宣传力度，广泛开展生态文明和河湖健康教育，树立河湖管理保护先进典型，曝光涉水违法行为，增强社会各界保护河湖生态环境的忧患意识、责任意识，引导全社会形成关心、支持、参与、监督河湖管理保护的良好氛围。

各镇（街）党委和政府要在每年12月底前，将本年度贯彻落实情况报区河长制办公室。

附件：区级总河长及区级负责河流（流域）河长名单

附件：

区、镇级总河长名单

一、区级总河长名单

第一总河长：区委书记
总　河　长：区　长
副 总 河 长：区委专职副书记
副区长（分管农水）
副区长（分管住建）

二、镇级总河长名单

重阳镇第一总河长：镇委书记　　总河长：镇长
西联镇第一总河长：镇委书记　　总河长：镇长
西河镇第一总河长：镇委书记　　总河长：镇长
龙归镇第一总河长：镇委书记　　总河长：镇长
江湾镇第一总河长：镇委书记　　总河长：镇长
惠民街第一总河长：街道办书记
总河长：街道办主任
新华街第一总河长：街道办书记
总河长：街道办主任

附 录

2017年中共韶关市武江区委及办公室文件（明电）目录一览表

表17

序 号	文件名称	文 号	发文单位	发文时间
1	关于酝酿提名广东省出席中共十九大代表候选人推荐人选的情况报告	韶武委〔2017〕1号	区委	2017年1月5日
2	中共韶关市武江区委关于印发《中国共产党韶关市武江区委员会工作制度》的通知	韶武委〔2017〕5号	区委	2017年4月1日
3	关于张伟俊同志任职审议结果的报告	韶武委〔2017〕6号	区委	2017年5月3日
4	关于成立区委巡察工作领导小组的通知	韶武委〔2017〕7号	区委	2017年5月27日
5	武江区贯彻落实市委十二届四次全会精神的情况报告	韶武委〔2017〕8号	区委	2017年7月10日
6	关于全面开展巡察工作的实施意见	韶武委〔2017〕9号	区委	2017年7月21日
7	关于印发《韶关市武江区委巡察工作五年规划（2017–2021年）》的通知	韶武委〔2017〕10号	区委	2017年7月21日
8	中共韶关市武江区委关于认真学习宣传贯彻中共十九大精神的通知	韶武委〔2017〕12号	区委	2017年11月3日
9	中国共产党韶关市武江区第九届委员会第三次全体会议决议	韶武委〔2017〕14号	区委	2017年12月18日
10	中共韶关市武江区委办公室印发《中共韶关市武江区纪委、中共韶关市武江区委组织部关于进一步加强和改进全区各级干部出国（境）管理工作的意见》的通知	韶武委办〔2017〕2号	区委办	2017年3月21日
11	中共韶关市武江区委办公室关于印发《2016年度区委常委班子民主生活会整改落实方案》的通知	韶武委办〔2017〕3号	区委办	2017年4月1日

续表17

序　号	文件名称	文　号	发文单位	发文时间
12	中共韶关市武江区委办公室关于建立区委党内法规工作联席会议制度的通知	韶武委办〔2017〕5号	区委办	2017年5月22日
13	中共韶关市武江区委办公室关于印发《关于学习宣传贯彻习近平总书记重要批示精神的实施方案》的通知	韶武委办〔2017〕6号	区委办	2017年5月22日
14	中共韶关市武江区委办公室印发《关于2017年推进“两学一做”学习教育常态化制度化的实施方案》的通知	韶武委办〔2017〕7号	区委办	2017年5月26日
15	中共韶关市武江区委办公室关于印发《武江区2017年纪律教育学习月活动实施方案》的通知	韶武委办〔2017〕12号	区委办	2017年8月21日
16	中共韶关市武江区委办公室关于印发《武江区创文迎检督导工作方案》的通知	韶武委办〔2017〕13号	区委办	2017年8月29日
17	中共韶关市武江区委办公室关于印发《武江区创文专项整治提升行动工作方案》的通知	韶武委办〔2017〕14号	区委办	2017年8月29日
18	中共韶关市武江区委办公室关于印发《深入学习贯彻落实习近平总书记重要批示精神专题调研工作方案》的通知	韶武委办〔2017〕16号	区委办	2017年10月10日
19	中共韶关市武江区委办公室关于印发《学习宣传贯彻中共十九大精神工作方案》的通知	韶武委办〔2017〕17号	区委办	2017年11月6日
20	关于印发《武江区学习宣传贯彻中共十九大精神宣传工作方案》的通知	韶武委办〔2017〕18号	区委办	2017年11月20日
21	中共韶关市武江区委办公室关于印发《区领导同志开展“深调研”工作方案》的通知	韶武委办〔2017〕21号	区委办	2017年12月28日
22	关于调整武江区绩效考评工作领导小组成员的通知	韶武办发〔2017〕1号	区委办 区政府办	2017年1月13日
23	关于调整区委办、区政府办班子成员分工的通知	韶武办发〔2017〕2号	区委办 区政府办	2017年1月16日
24	关于调整区民族宗教工作领导小组成员的通知	韶武办发〔2017〕3号	区委办 区政府办	2017年1月25日
25	关于调整武江区退役士兵安置工作领导小组的通知	韶武办发〔2017〕4号	区委办 区政府办	2017年2月17日
26	关于印发《〈武江年鉴（2017）〉编纂方案》的通知	韶武办发〔2017〕5号	区委办 区政府办	2017年3月7日

续表17

序　号	文件名称	文　号	发文单位	发文时间
27	关于调整武江区芙蓉新城征地拆迁安置工作领导小组成员的通知	韶武办发〔2017〕6号	区委办 区政府办	2017年3月9日
28	关于进一步完善镇（街）土地和房屋征收工作机制的通知	韶武办发〔2017〕7号	区委办 区政府办	2017年3月10日
29	中共韶关市武江区委办公室 韶关市武江区人民政府办公室关于成立韶关市武江区审计制度改革工作领导小组的通知	韶武办发〔2017〕8号	区委办 区政府办	2017年3月17日
30	关于调整区四套班子领导及区直机关联系基层工作的通知	韶武办发〔2017〕9号	区委办 区政府办	2017年4月6日
31	关于成立武江区村（社区）“两委”换届选举工作领导小组及办公室的通知	韶武办发〔2017〕10号	区委办 区政府办	2017年4月6日
32	关于成立武江区农村人居环境综合整治试点示范工作领导小组的通知	韶武办发〔2017〕11号	区委办 区政府办	2017年5月12日
33	关于调整武江区精神文明建设委员会成员的通知	韶武办发〔2017〕13号	区委办 区政府办	2017年5月22日
34	关于调整武江区土地、山林权属纠纷调处工作领导小组及其办公室成员的通知	韶武办发〔2017〕15号	区委办 区政府办	2017年6月15日
35	关于成立武江区文化市场“扫黄打非”工作领导小组的通知	韶武办发〔2017〕16号	区委办 区政府办	2017年6月22日
36	关于调整武江区社区居委会管理工作领导小组的通知	韶武办发〔2017〕17号	区委办 区政府办	2017年7月21日
37	关于印发《武江区全面推行河长制工作方案》的通知	韶武办发〔2017〕18号	区委办 区政府办	2017年8月8日
38	关于成立武江区社会主义新农村建设和农村人居生态环境综合整治领导小组的通知	韶武办发〔2017〕19号	区委办 区政府办	2017年8月23日
39	关于成立武江区全面推行河长制工作领导小组的通知	韶武办发〔2017〕20号	区委办 区政府办	2017年9月12日
40	关于印发《武江区领导挂点联系重点项目制度》的通知	韶武办发〔2017〕21号	区委办 区政府办	2017年9月16日
41	关于印发《2017年武江区稳增长及促进工商贸企业加快发展的激励办法》的通知	韶武办发〔2017〕22号	区委办 区政府办	2017年9月16日
42	关于印发《武江区促进限额以上住宿和餐饮业发展方案》的通知	韶武办发〔2017〕23号	区委办 区政府办	2017年9月16日
43	关于武江区2016年度镇、街及区直机关考评结果的通报	韶武办发〔2017〕24号	区委办 区政府办	2017年11月3日

续表17

序　号	文件名称	文　号	发文单位	发文时间
44	关于调整武江区禁毒委员会成员的通知	韶武办发〔2017〕25号	区委办 区政府办	2017年12月1日
45	关于印发《2017年末经济冲刺“五个十”重点项目行动实施方案》的通知	韶武办发〔2017〕26号	区委办 区政府办	2017年12月1日
46	关于召开区委九届二次全体（扩大）会议的通知	韶武委办发电〔2017〕1号	区委办	2017年1月3日
47	关于做好2018年元旦春节期间拥军优属工作的通知	韶武委办发电〔2017〕2号	区委办 区政府办	2017年1月5日
48	关于印发《武江区2017年春节慰问及安全生产、消防、食品药品及娱乐场所安全检查活动方案》的通知	韶武委办发电〔2017〕3号	区委办 区政府办	2017年1月13日
49	关于召开各基层党（工）委书记抓基层党建工作述职评议会的通知	韶武委办发电〔2017〕4号	区委办	2017年1月17日
50	关于印发《武江区2015年经济社会科学发展考核奖励方案》的通知	韶武委办发电〔2017〕5号	区委办 区政府办	2017年1月19日
51	关于召开党委中心组学习（扩大）会的通知	韶武委办发电〔2017〕6号	区委办	2017年2月23日
52	关于召开武江区2017年党风廉政建设和反腐败工作会议通知	韶武委办发电〔2017〕7号	区委办	2017年2月28日
53	关于召开芙蓉新区建设动员会议的通知	韶武委办发电〔2017〕8号	区委办	2017年3月1日
54	关于成立韶关市武江区城市经济发展战略课题研究领导小组的通知	韶武委办发电〔2017〕9号	区委办 区政府办	2017年3月1日
55	关于印发武江区2017年重点项目责任分工表的通知	韶武委办发电〔2017〕10号	区委办 区政府办	2017年3月3日
56	关于开展义务植树活动的通知	韶武委办发电〔2017〕11号	区委办 区政府办	2017年3月7日
57	关于召开武江区新农村建设暨精准扶贫工作专题座谈会的通知	韶武委办发电〔2017〕12号	区委办	2017年3月9日
58	关于报送需提交区委常委会讨论工作议题的通知	韶武委办发电〔2017〕13号	区委办	2017年3月21日
59	关于参加全市农村工作暨扶贫开发工作电视、电话会议的通知	韶武委办发电〔2017〕14号	区委办 区政府办	2017年3月27日
60	关于印发《2016年武江镇（街）工作绩效考评实施方案》和《2016年武江机关绩效考评实施方案》的通知	韶武委办发电〔2017〕15号	区委办 区政府办	2017年4月1日

续表17

序　号	文件名称	文　号	发文单位	发文时间
61	关于召开全区2017年村（社区）“两委”换届选举工作会议的通知	韶武委办发电〔2017〕16号	区委办 区政府办	2017年4月6日
62	关于参加全区村（社区）“两委”换届“身边事教育身边人”警示教育系列活动启动仪式的通知	韶武委办发电〔2017〕17号	区委办	2017年4月7日
63	关于调整武江区公务用车制度改革工作领导小组的通知	韶武委办发电〔2017〕18号	区委办 区政府办	2017年4月10日
64	关于召开全区农村工作暨扶贫开发工作会议的通知	韶武委办发电〔2017〕19号	区委办 区政府办	2017年4月11日
65	关于做好2016年度考评工作的通知	韶武委办发电〔2017〕20号	区委办	2017年4月10日
66	关于区四套班子成员及区直单位挂钩联系村（社区）“两委”换届选举工作的通知	韶武委办发电〔2017〕21号	区委办 区政府办	2017年4月11日
67	关于参加“韶关好警察”武江站巡演活动的通知	韶武委办发电〔2017〕22号	区委办	2017年4月14日
68	关于派出村（社区）“两委”换届选举观察员的通知	韶武委办发电〔2017〕23号	区委办 区政府办	2017年4月17日
69	关于开展学习贯彻习近平总书记重要批示精神集中培训的通知	韶武委办发电〔2017〕24号	区委办	2017年4月24日
70	关于召开党委中心组学习（扩大）会议暨第二期韶关学习论坛的通知	韶武委办发电〔2017〕25号	区委办	2017年5月3日
71	关于召开区委中心组学习（扩大）会及全区宣传思想文化暨创文工作会议的通知	韶武委办发电〔2017〕26号	区委办	2017年5月4日
72	关于区委办、区府办关于成立加快推进市民文化活动中心项目建设工作领导小组的通知	韶武委办发电〔2017〕27号	区委办 区政府办	2017年5月4日
73	关于进驻镇（街）村（居）开展换届选举工作的紧急通知	韶武委办发电〔2017〕28号	区委办 区政府办	2017年5月8日
74	关于召开武江区推进“两学一做”学习教育常态化制度化工作会议的通知	韶武委办发电〔2017〕31号	区委办	2017年5月25日
75	关于举办庆“七一”朗诵比赛的通知	韶武委办发电〔2017〕32号	区委办	2017年5月31日
76	印发《关于学习宣传贯彻省第十二次党代会精神的工作方案》的通知	韶武委办发电〔2017〕33号	区委办	2017年6月12日
77	关于报送2017年上半年工作总结和下半年工作计划的通知	韶武委办发电〔2017〕34号	区委办	2017年6月14日

续表17

序　号	文件名称	文　号	发文单位	发文时间
78	关于韶关市学习贯彻省第十二次党代会精神专题报告会的通知	韶武委办发电〔2017〕35号	区委办	2017年6月20日
79	关于召开区委中心组学习（扩大）会的通知	韶武委办发电〔2017〕36号	区委办	2017年6月22日
80	关于召开全区保密工作会议的通知	韶武委办发电〔2017〕37号	区委办	2017年6月22日
81	武江区关于开展纪念建党96周年暨庆“七一”系列活动的通知	韶武委办发电〔2017〕38号	区委办	2017年6月23日
82	关于印发武江区2017年广东扶贫济困日活动工作方案的通知	韶武委办发电〔2017〕39号	区委办 区政府办	2017年6月26日
83	关于召开区委工作会议的通知	韶武委办发电〔2017〕40号	区委办	2017年6月29日
84	关于举办庆“七一”音乐诗歌朗诵比赛的通知	韶武委办发电〔2017〕41号	区委办	2017年6月29日
85	关于召开市委理论学习中心组学习（扩大）会议暨第三期韶关学习论坛的通知	韶武委办发电〔2017〕42号	区委办	2017年7月14日
86	开展庆祝建军90周年和拥军优属活动的通知	韶武委办发电〔2017〕43号	区委办 区政府办	2017年7月19日
87	关于召开全区维护稳定工作会议的通知	韶武委办发电〔2017〕44号	区委办	2017年7月24日
88	关于对镇、街道2016年度工作绩效考评情况进行核验的通知	韶武委办发电〔2017〕45号	区委办	2017年7月25日
89	关于做好2016年度区直机关绩效考评社会评价工作的通知	韶武委办发电〔2017〕46号	区委办	2017年7月27日
90	关于召开区委中心组深入学习贯彻习近平总书记重要批示精神专题研讨会的预通知	韶武委办发电〔2017〕47号	区委办 区政府办	2017年8月26日
91	关于印发《武江区7个贫困村创建社会主义新农村示范村实施方案》的通知	韶武委办发电〔2017〕48号	区委办 区政府办	2017年8月28日
92	关于召开扶贫领域暨新村示范村建设警示教育现场会的通知	韶武委办发电〔2017〕49号	区委办	2017年9月5日
93	关于关于填写改革事项安排的通知	韶武委办发电〔2017〕50号	区委办	2017年9月11日
94	关于召开武江区精神文明建设暨查违、打违市容市貌专项整治工作会议的通知	韶武委办发电〔2017〕51号	区委办 区政府办	2017年9月11日

续表17

序　号	文件名称	文　号	发文单位	发文时间
95	关于对镇、街道、区直单位2017年绩效考核实施方案征求意见的通知	韶武委办发电〔2017〕52号	区委办	2017年9月12日
96	中共韶关市武江区委办、区政府办印发《关于进一步加强扶贫领域监督执纪问责工作方案》的通知	韶武委办发电〔2017〕53号	区委办 区政府办	2017年9月14日
97	通知	韶武委办发电〔2017〕54号	区委办	2017年9月20日
98	关于召开武江区信访维稳工作会议的通知	韶武委办发电〔2017〕55号	区委办	2017年9月25日
99	关于举办全市定密责任人培训班的通知	韶武委办发电〔2017〕56号	区委办	2017年9月25日
100	关于组织机关干部参加韶关市“9·30”烈士公祭活动暨向烈士纪念碑敬献花篮仪式的通知	韶武委办发电〔2017〕57号	区委办 区政府办	2017年9月27日
101	关于召开武江区中心组集中学习研讨（扩大）会议通知	韶武委办发电〔2017〕58号	区委办	2017年9月28日
102	关于征求《武江区落实市第十二届四次全会重点工作责任清单工作方案（草稿）》意见的通知	韶武委办发电〔2017〕59号	区委办	2017年9月29日
103	关于做好2017年中秋、国庆期间有关工作的通知	韶武委办发电〔2017〕60号	区委办 区政府办	2017年9月30日
104	关于印发《武江区领导干部外出报备制度》的通知	韶武委办发电〔2017〕61号	区委办	2017年9月30日
105	关于参加“百名法学百场报告会”暨“南粤法治（韶关）报告会”的通知	韶武委办发电〔2017〕62号	区委办	2017年10月10日
106	关于召开芙蓉新城“双十”项目征拆攻坚动员会议的通知	韶武委办发电〔2017〕63号	区委办	2017年10月11日
107	关于印发《武江区落实市委十二届四次全会重点工作责任清单工作方案》的通知	韶武委办发电〔2017〕64号	区委办	2017年10月12日
108	关于关于召开武江区社会主义新农村建设和农村人居生态环境综合整治领导小组工作会议的通知	韶武委办发电〔2017〕65号	区委办 区政府办	2017年10月16日
109	关于认真组织收听收看习近平总书记在中国共产党第十九次全国代表大会上的报告的通知	韶武委办发电〔2017〕66号	区委办	2017年10月17日
110	关于成立武江区市容市貌整治提升工作领导小组的通知	韶武委办发电〔2017〕67号	区委办 区政府办	2017年10月20日

续表17

序　号	文件名称	文　号	发文单位	发文时间
111	关于认真做好2018年度《中办通讯》和《秘书工作》征订和学用工作的通知	韶武委办发电〔2017〕68号	区委办	2017年10月24日
112	关于参加全省传达贯彻党十九大精神大会和召开全市传达贯彻中共十九大精神会议的通知	韶武委办发电〔2017〕69号	区委办	2017年10月27日
113	关于召开武江区学习宣传贯彻中共十九大精神动员部署大会的通知	韶武委办发电〔2017〕70号	区委办	2017年10月31日
114	关于成立武江区创建社会主义新农村建设和农村人居生态环境综合整治工作专责小组的通知	韶武委办发电〔2017〕71号	区委办 区政府办	2017年10月31日
115	关于关于参加中央宣讲团中共十九大精神报告会的通知	韶武委办发电〔2017〕72号	区委办	2017年11月3日
116	关于武江成立省定贫困村创建社会主义新农村示范村和农村人居环境综合整治工作督查组的通知	韶武委办发电〔2017〕73号	区委办 区政府办	2017年11月3日
117	关于印发《2017年武江区镇（街）工作绩效考评实施方案》的通知	韶武委办发电〔2017〕74号	区委办 区政府办	2017年11月8日
118	关于报送2017年全面深化改革工作总结和2018年改革工作计划的通知	韶武委办发电〔2017〕75号	区委办	2017年11月9日
119	关于参加韶关市领导干部学习贯彻中共十九大精神专题研讨班或暨省委宣讲团中共十九大精神报告会的通知	韶武委办发电〔2017〕76号	区委办	2017年11月15日
120	关于召开区委中心组专题研讨会的通知	韶武委办发电〔2017〕77号	区委办	2017年11月17日
121	关于举办武江区“不忘初心牢记使命”学习贯彻中共十九大精神专题研讨班的通知	韶武委办发电〔2017〕78号	区委办	2017年11月17日
122	关于做好2017年工作总结和2018年工作谋划的通知	韶武委办发电〔2017〕79号	区委办	2017年11月21日
123	关于开展武江区委中心组学习贯彻中共十九大精神专题研讨（扩大）活动的补充通知	韶武委办发电〔2017〕80号	区委办	2017年11月21日
124	关于做好党委工作条例、党组工作条例（试行）督查准备工作的通知	韶武委办发电〔2017〕81号	区委办	2017年11月22日
125	区关于报送2018年全市性和全区性会议及重要政务活动计划安排的通知	韶武委办发电〔2017〕82号	区委办	2017年11月24日
126	中共韶关市武江区委办公室印发《关于在全区党员干部中深入开展中共十九大精神大学习大培训的实施方案》的通知	韶武委办发电〔2017〕83号	区委办	2017年11月24日

续表17

序 号	文件名称	文 号	发文单位	发文时间
127	中共韶关市武江区委办公室印发《区领导同志赴基层单位调研督导学习贯彻中共十九大精神工作方案》的通知	韶武委办发电〔2017〕84号	区委办	2017年11月24日
128	关于武江区委中心组学习贯彻中共十九大精神专题研讨（扩大）活动有关事项的通知	韶武委办发电〔2017〕85号	区委办	2017年11月24日
129	关于印发《2016年武江区机关单位绩效考核奖励金发放方案》的通知	韶武委办发电〔2017〕86号	区委办	2017年11月27日
130	关于印发《2016年武江区事业单位绩效考核奖励金发放方案》的通知	韶武委办发电〔2017〕87号	区委办	2017年11月27日
131	关于报送《深入学习贯彻落实习近平总书记重要批示精神专题调研工作方案》十五个课题调研报告意见的通知	韶武委办发电〔2017〕88号	区委办	2017年11月29日
132	关于做好区委九届四次全会报告专题调研和起草工作的通知	韶武委办发电〔2017〕91号	区委办	2017年12月4日
133	关于召开中国共产党韶关市武江区第九届委员会第三次全体会议的通知	韶武委办发电〔2017〕92号	区委办	2017年12月5日
134	关于对加强武江区值班应急工作的实施意见征求意见的通知	韶武委办发电〔2017〕93号	区委办	2017年12月5日
135	关于印发《武江区新农村建设“三清三拆”工作奖补激励办法（暂行）》的通知	韶武委办发电〔2017〕94号	区委办 区政府办	2017年12月6日
136	关于印发《韶关市武江区老城区提升项目征地拆迁攻坚行动方案》的通知	韶武委办发电〔2017〕95号	区委办 区政府办	2017年12月8日
137	关于召开区委常委（扩大）会议的通知	韶武委办发电〔2017〕96号	区委办	2017年12月11日
138	关于做好2018年度重点党报党刊发行工作的通知	韶武委办发电〔2017〕97号	区委办	2017年12月11日
139	关于做好2018年保密工作学刊用刊工作的通知	韶武委办发电〔2017〕98号	区委办	2017年12月13日
140	关于召开2017年武江区“两新”组织与城乡基层党组织互联共建活动座谈会的通知	韶武委办发电〔2017〕99号	区委办	2017年12月20日
141	通知（报送荣誉）	韶武委办发电〔2017〕100号	区委办	2017年12月25日

续表17

序　号	文件名称	文　号	发文单位	发文时间
142	武江区委办、武江区政府办关于做好2018年元旦春节期间有关工作的通知	韶武委办发电〔2017〕101号	区委办 区政府办	2017年12月26日
143	关于《武江区正科以上领导干部外出报备制度》的补充通知	韶武委办发电〔2017〕102号	区委办	2017年12月27日
144	关于召开武江区精准扶贫和新农村示范村创建工作推进会的通知	韶武委办发电〔2017〕103号	区委办	2017年12月27日
145	关于征求《中共韶关市武江区委关于深入推进全面从严治中共实施方案（征求意见稿）》的通知	韶武委办发电〔2017〕104号	区委办	2017年12月27日
146	关于召开区委九届四次全会的通知	韶武委办发电〔2017〕105号	区委办	2017年12月28日
147	印发《关于加强区直机关党建工作保障的实施方案》的通知	韶武委办发电〔2017〕106号	区委办	2017年12月28日

2017年韶关市武江区人民政府及办公室文件（明电）目录一览表

表18

序　号	文件名称	文　号	发文单位	发文时间
1	关于第一批清理规范15项区政府部门行政审批中介服务事项的决定	韶武府〔2017〕1号	区政府	2017年1月20日
2	土地权属纠纷处理决定书（重阳镇水口）	韶武府〔2017〕2号	区政府	2017年1月26日
3	行政复议决定书（西联镇赤水村）	韶武府〔2017〕3号	区政府	2017年2月24日
4	关于设置韶关市武江区龙归镇社主村砖瓦用砂岩矿采矿权的决定	韶武府〔2017〕4号	区政府	2017年5月5日
5	山林权属纠纷处理决定书	韶武府〔2017〕5号	区政府	2017年5月27日
6	行政复议决定书（西联镇阳山村）	韶武府〔2017〕6号	区政府	2017年6月15日
7	行政复议决定书（龙归镇寺前村、曲江区马坝镇）	韶武府〔2017〕7号	区政府	2017年7月10日
8	山林权属纠纷处理决定书（重阳妙联村委 刘明其–刘明柱）	韶武府〔2017〕8号	区政府	2017年7月13日

续表18

序　号	文件名称	文　号	发文单位	发文时间
9	关于印发韶关市武江区盐业体制改革实施方案的通知	韶武府〔2017〕9号	区政府	2017年8月4日
10	行政复议决定书（西联镇赤水村）	韶武府〔2017〕10号	区政府	2017年9月7日
11	关于第二批清理规范24项区政府部门行政审批中介服务事项的决定	韶武府〔2017〕11号	区政府	2017年9月8日
12	关于印发韶关市武江区区级行政许可调整事项目录（2017年版）的通知	韶武府〔2017〕12号	区政府	2017年11月2日
13	关于印发韶关市武江区区级行政许可事项目录（2017年版）的通知	韶武府〔2017〕13号	区政府	2017年11月2日
14	关于印发《韶关市武江区公共服务事项目录（第一批2017年版）》的通知	韶武府〔2017〕14号	区政府	2017年11月28日
15	关于印发《武江区落实〈韶关市振兴发展2017重点工作任务〉的工作方案》的通知	韶武府〔2017〕15号	区政府	2017年11月28日
16	土地权属纠纷处理决定书（西联村委）	韶武府〔2017〕16号	区政府	2017年12月8日
17	关于2017年度计划生育考核结果的通知	韶武府〔2017〕17号	区政府	2017年1月3日
18	关于2016年度全区计划生育目标管理责任制考评情况的通知	韶武府〔2017〕18号	区政府	2017年1月9日
19	关于印发《韶关市武江区机关事业单位工作人员养老保险制度改革贯彻意见》的通知	韶武府办〔2017〕1号	区政府办	2017年1月24日
20	关于2017年全区经济增长指标及任务分解的通知	韶武府办〔2017〕2号	区政府办	2017年3月1日
21	关于印发2017年武江区政府承诺为民办实事项目责任分工方案的通知	韶武府办〔2017〕3号	区政府办	2017年3月3日
22	关于印发《武江区中小学购买教育服务解决小学科教师结果性缺编问题的实施方案》的通知	韶武府办〔2017〕4号	区政府办	2017年3月13日
23	关于印发《韶关市武江区消防工作“十三五”规划》的通知	韶武府办〔2017〕5号	区政府办	2017年3月20日
24	关于印发《武江区2017年地质灾害防治方案》的通知	韶武府办〔2017〕6号	区政府办	2017年3月24日
25	关于印发韶关市武江区病险山塘除险加固实施方案的通知	韶武府办〔2017〕7号	区政府办	2017年3月30日

续表18

序　号	文件名称	文　号	发文单位	发文时间
26	关于调整武江区实施基层农技推广体系改革与建设补助项目领导小组成员的通知	韶武府办〔2017〕8号	区政府办	2017年4月1日
27	关于印发韶关市武江区人民政府组成部门和有关单位2017年工作要点汇编的通知	韶武府办〔2017〕9号	区政府办	2017年4月18日
28	关于建立武江区解决拖欠异地务工人员工资问题联席会议制度的通知	韶武府办〔2017〕10号	区政府办	2017年4月24日
29	关于转发《韶关市人民政府办公室关于印发韶关市小额建设工程交易管理办法的通知》的通知	韶武府办〔2017〕11号	区政府办	2017年5月9日
30	关于印发《韶关市武江区农村普惠金融“村村通”建设实施方案》的通知	韶武府办〔2017〕12号	区政府办	2017年5月10日
31	关于建立困难群众基本生活保障工作协调机制的通知	韶武府办〔2017〕13号	区政府办	2017年5月22日
32	关于拨给2016年市级“广东扶贫济困日”第四批定向捐赠资金的通知	韶武府办〔2017〕14号	区政府办	2017年5月22日
33	关于印发武江区危险化学品安全综合治理实施方案的通知	韶武府办〔2017〕17号	区政府办	2017年6月1日
34	关于印发武江区山洪灾害应急预案的通知	韶武府办〔2017〕18号	区政府办	2017年6月12日
35	关于转发《韶关市工程建设项目招标、投标管理规定》的通知	韶武府办〔2017〕19号	区政府办	2017年6月14日
36	关于调整住区央企“三供一业”分离移交工作领导小组的通知	韶武府办〔2017〕20号	区政府办	2017年6月20日
37	关于调整武江区高标准基本农田建设工作领导小组的通知	韶武府办〔2017〕22号	区政府办	2017年7月14日
38	印发武江区地质灾害应急防治工作制度的通知	韶武府办〔2017〕23号	区政府办	2017年8月8日
39	关于成立韶关市武江区全民科学素质领导小组成员的通知	韶武府办〔2017〕24号	区政府办	2017年8月22日
40	关于调整防震抗震救灾工作领导小组的通知	韶武府办〔2017〕25号	区政府办	2017年8月22日
41	关于成立武江区土地矿产资源管理工作领导小组的通知	韶武府办〔2017〕26号	区政府办	2017年8月30日
42	关于印发韶关市武江区地震应急预案的通知	韶武府办〔2017〕27号	区政府办	2017年8月31日

续表18

序　号	文件名称	文　号	发文单位	发文时间
43	关于印发武江区土壤防治工作方案的通知	韶武府办〔2017〕28号	区政府办	2017年9月5日
44	关于印发韶关市武江区保留的区政府部门行政审批中介服务事项清单的通知	韶武府办〔2017〕29号	区政府办	2017年9月8日
45	关于转发《韶关市困难群众医疗救助暂行办法》的通知	韶武府办〔2017〕30号	区政府办	2017年9月11日
46	关于印发《韶关市武江区畜禽养殖禁养区限养区和适养区划定方案》的通知	韶武府办〔2017〕31号	区政府办	2017年9月20日
47	关于印发《韶关市武江区畜禽养殖污染清理整治工作方案》的通知	韶武府办〔2017〕32号	区政府办	2017年11月6日
48	关于印发《韶关市武江区全民科学素质行动计划纲要实施方案（2016—2020）》的通知	韶武府办〔2017〕34号	区政府办	2017年11月10日
49	关于调整武江区劳动人事争议调解仲裁委员会成员的通知	韶武府办〔2017〕35号	区政府办	2017年11月23日
50	关于印发《武江区城区重要节点路段废品回收站整治搬迁实施方案》	韶武府办〔2017〕36号	区政府办	2017年11月23日
51	关于调整武江区农村土地承包纠纷仲裁委员会的通知	韶武府办〔2017〕37号	区政府办	2017年12月18日
52	关于印发武江区开展区、镇（街）三防系统标准化建设实施方案的通知	韶武府办〔2017〕38号	区政府办	2017年12月19日
53	关于印发韶关市武江区校外托管机构管理工作意见的通知	韶武府办〔2017〕39号	区政府办	2017年12月19日
54	关于成立武江区整治非法占用林地工作领导小组的通知	韶武府办〔2017〕40号	区政府办	2017年12月25日
55	关于成立“1·3”事故调查组的通知	韶武府办明电〔2017〕1号	区政府办	2017年1月10日
56	关于成立武江区金融精准扶贫工作领导小组的通知	韶武府办明电〔2017〕2号	区政府办	2017年1月19日
57	关于印发韶关市武江区2017年大气污染防治工作方案的通知	韶武府办明电〔2017〕3号	区政府办	2017年1月22日
58	关于成立武江区南水水库供水工程工作领导小组的通知	韶武府办明电〔2017〕4号	区政府办	2017年2月14日
59	关于做好2016年度依法行政考评相关工作的通知	韶武府办明电〔2017〕5号	区政府办	2017年2月16日

续表18

序 号	文件名称	文 号	发文单位	发文时间
60	关于下达耕地保有量和基本农田保护指标的通知	韶武府办明电〔2017〕6号	区政府办	2017年2月23日
61	关于印发《韶关市武江区2017年农村危房核查方案》的通知	韶武府办明电〔2017〕7号	区政府办	2017年2月24日
62	关于做好2016年政府信息公开工作年度报告编制和公布工作的通知	韶武府办明电〔2017〕8号	区政府办	2017年2月24日
63	关于成立武江区质量强区工作领导小组的通知	韶武府办明电〔2017〕9号	区政府办	2017年2月28日
64	关于拨给2016年市级“广东扶贫济困日”第三批定向捐赠资金的通知	韶武府办明电〔2017〕10号	区政府办	2017年2月28日
65	关于开展2016年武江区小额贷款公司监管履职评价工作的通知	韶武府办明电〔2017〕11号	区政府办	2017年3月2日
66	关于印发《武江区2016年度土地矿产卫片执法监督专项整治工作方案》的通知	韶武府办明电〔2017〕12号	区政府办	2017年3月3日
67	关于印发政府部门涉企信息同意归集公示工作实施方案的通知	韶武府办明电〔2017〕13号	区政府办	2017年3月3日
68	关于全区安全生产和消防安全暨重点地区消防整治工作会议到会情况的通报	韶武府办明电〔2017〕14号	区政府办	2017年3月9日
69	关于上报落实市、区重要工作会议精神情况的通报	韶武府办明电〔2017〕15号	区政府办	2017年3月14日
70	关于调整武江区第二次全国地名普查领导小组的通知	韶武府办明电〔2017〕16号	区政府办	2017年3月14日
71	关于成立“3·8”生产安全事故调查组的通知	韶武府办明电〔2017〕17号	区政府办	2017年3月20日
72	关于成立武江区新型职业农民培育工作领导小组的通知	韶武府办明电〔2017〕18号	区政府办	2017年3月24日
73	关于成立筹建武江区农村商业银行工作领导小组的通知	韶武府办明电〔2017〕19号	区政府办	2017年3月29日
74	关于成立莞韶园周边道路改扩建工程征地拆迁工作领导小组的通知	韶武府办明电〔2017〕20号	区政府办	2017年4月6日
75	关于成立武江区村镇生活垃圾和污水处理基础设施建设PPP项目领导小组的通知	韶武府办明电〔2017〕21号	区政府办	2017年4月12日
76	关于调整武江区打击传销工作联席会议成员单位的通知	韶武府办明电〔2017〕22号	区政府办	2017年4月12日

续表18

序　号	文件名称	文　号	发文单位	发文时间
77	关于调整武江区打假工作领导小组成员的通知	韶武府办明电〔2017〕23号	区政府办	2017年4月12日
78	关于调整武江区人民政府打击走私综合治理工作领导小组成员的通知	韶武府办明电〔2017〕24号	区政府办	2017年4月12日
79	关于调整武江区地质灾害防治工作领导小组的通知	韶武府办明电〔2017〕25号	区政府办	2017年4月25日
80	中共韶关市武江区人民政府党组关于印发区政府党组有关工作制度的通知	韶武府办明电〔2017〕26号	区政府办	2017年4月28日
81	关于成立武江区校外托管机构管理工作领导小组的通知	韶武府办明电〔2017〕27号	区政府办	2017年5月2日
82	关于成立武江区第二批社会办农贸市场升级改造领导小组的通知	韶武府办明电〔2017〕28号	区政府办	2017年5月3日
83	关于成立武江区旅游发展工作领导小组的通知	韶武府办明电〔2017〕29号	区政府办	2017年5月3日
84	关于印发武江区2016年新型职业农民培育工程项目实施方案的通知	韶武府办明电〔2017〕30号	区政府办	2017年5月3日
85	关于近期创文工作执行情况的通报	韶武府办明电〔2017〕31号	区政府办	2017年5月5日
86	关于成立韶关市武江区农村普惠金融工作领导小组的通知	韶武府办明电〔2017〕32号	区政府办	2017年5月10日
87	关于转发《关于印发〈韶关市小额建设工程交易建设单位申请指南〉的通知》的通知	韶武府办明电〔2017〕33号	区政府办	2017年5月15日
88	关于转发《广东省人民政府办公厅关于组织参与2017年政府工作报告在线学习答题活动的通知》的通知	韶武府办明电〔2017〕34号	区政府办	2017年5月15日
89	关于印发韶关市武江区人民政府文件清理工作实施方案的通知	韶武府办明电〔2017〕35号	区政府办	2017年5月15日
90	关于印发武江区2017年国民体质测定工作方案的通知	韶武府办明电〔2017〕36号	区政府办	2017年5月15日
91	关于印发《武江区征地及留用地台账建立工作实施方案》的通知	韶武府办明电〔2017〕37号	区政府办	2017年5月16日
92	关于成立武江区主城区全面实施家禽“集中屠宰、冷链配送、生鲜上市”工作领导小组的通知	韶武府办明电〔2017〕38号	区政府办	2017年5月22日
93	关于印发武江区主城区全面实施家禽“集中屠宰、冷链配送、生鲜上市”工作方案的通知	韶武府办明电〔2017〕39号	区政府办	2017年5月22日

续表18

序　号	文件名称	文　号	发文单位	发文时间
94	关于印发武江区推进涉烟打假打私专项整合方案的通知	韶武府办明电〔2017〕40号	区政府办	2017年5月26日
95	关于成立韶关市武江区特色小镇规划建设工作领导小组的通知	韶武府办明电〔2017〕41号	区政府办	2017年5月27日
96	关于成立“5·29”事故调查组的通知	韶武府办明电〔2017〕42号	区政府办	2017年6月1日
97	关于成立“5·19”事故调查组的通知	韶武府办明电〔2017〕43号	区政府办	2017年6月6日
98	关于印发成立武江区生态与环境工作委员会的通知	韶武府办明电〔2017〕44号	区政府办	2017年6月16日
99	关于成立武江区物业管理工作领导小组的通知	韶武府办明电〔2017〕45号	区政府办	2017年6月16日
100	关于在全区开展农村生活垃圾综合治理督导检查工作的通知	韶武府办明电〔2017〕46号	区政府办	2017年6月16日
101	关于成立武江区网吧专项整治工作领导小组的通知	韶武府办明电〔2017〕47号	区政府办	2017年6月19日
102	关于印发武江区国有企业职工家属区“三供一业”分离移交工作方案的通知	韶武府办明电〔2017〕48号	区政府办	2017年6月20日
103	关于做好迎接广东省推进教育现代化先进区督导验收暨教育强区复评工作的通知	韶武府办明电〔2017〕49号	区政府办	2017年6月21日
104	关于召开武江区重点行业企业用地土壤污染状况详查第一阶段定性调查工作会议的通知	韶武府办明电〔2017〕50号	区政府办	2017年7月3日
105	关于调整武江区农村土地承包经营权确权登记颁证工作领导小组的通知	韶武府办明电〔2017〕51号	区政府办	2017年7月5日
106	关于开展全区汛期灾害防范和安全生产隐患大排查工作的紧急通知	韶武府办明电〔2017〕52号	区政府办	2017年7月6日
107	关于转发区国卫办关于《武江区城区公厕专项整治实施方案》、《武江区落实“门前三包”责任制工作方案》和《武江区垃圾清理专项行动工作方案》的通知	韶武府办明电〔2017〕53号	区政府办	2017年7月6日
108	关于开展“放管服”改革涉及规范性文件专项清理工作的通知	韶武府办明电〔2017〕55号	区政府办	2017年7月7日
109	关于成立甘肃第四建设集团有限公司“7·10”物体打击事故调查组的通知	韶武府办明电〔2017〕56号	区政府办	2017年7月11日

续表18

序　号	文件名称	文　号	发文单位	发文时间
110	关于开展韶关市武江区2017涉嫌非法集资风险专项检查活动的通知	韶武府办明电〔2017〕57号	区政府办	2017年7月14日
111	关于印发《韶关市武江区农村普惠金融“村村通”跟踪督办工作方案》的通知	韶武府办明电〔2017〕58号	区政府办	2017年7月14日
112	关于成立武江区政府性债务管理工作领导小组的通知	韶武府办明电〔2017〕59号	区政府办	2017年7月17日
113	关于进一步完善武江区普惠金融“村村通”相关信息的通知	韶武府办明电〔2017〕60号	区政府办	2017年7月21日
114	关于召开武江区征收及留用地台账建立工作督导会议的通知	韶武府办明电〔2017〕61号	区政府办	2017年7月24日
115	关于调整武江区质量强区工作领导小组的通知	韶武府办明电〔2017〕62号	区政府办	2017年7月24日
116	关于印发武江区再生资源回收网点清理整治工作方案的通知	韶武府办明电〔2017〕63号	区政府办	2017年7月25日
117	关于开展推行一门式一网式相关业务培训的通知	韶武府办明电〔2017〕64号	区政府办	2017年8月1日
118	关于成立韶关市超卓冷气工程有限公司“7.23”事故调查组的通知	韶武府办明电〔2017〕65号	区政府办	2017年8月3日
119	关于建立武江区农贸市场管理工作联席会议制度的通知	韶武府办明电〔2017〕66号	区政府办	2017年8月9日
120	关于开展韶关市武江区2017年涉嫌非法集资广告资讯信息排查清理活动的通知	韶武府办明电〔2017〕67号	区政府办	2017年8月16日
121	关于印发武江区地方志资料年报（2017）工作实施方案的通知	韶武府办明电〔2017〕68号	区政府办	2017年8月22日
122	关于深入推进打击非法开采矿产资源工作的通知	韶武府办明电〔2017〕69号	区政府办	2017年8月23日
123	关于开展“一门式一网式”政务服务信息系统事项调研表填报工作的通知	韶武府办明电〔2017〕70号	区政府办	2017年8月30日
124	关于开展“一门式一网式”政府服务信息系统平台操作人员业务培训的通知	韶武府办明电〔2017〕71号	区政府办	2017年9月5日
125	关于印发《武江区2017年度社会保险扩面征缴工作实施方案》的通知	韶武府办明电〔2017〕72号	区政府办	2017年9月6日
126	关于印发《关于筹建武江区行政服务中心综合服务窗口的工作方案》的通知	韶武府办明电〔2017〕73号	区政府办	2017年9月13日

续表18

序　号	文件名称	文　号	发文单位	发文时间
127	关于进一步加快财政支出进度的通知	韶武府办明电〔2017〕74号	区政府办	2017年9月13日
128	关于印发武江区市容市貌提升工作方案的通知	韶武府办明电〔2017〕75号	区政府办	2017年9月13日
129	关于印发武江区拆违控违工作方案的通知	韶武府办明电〔2017〕76号	区政府办	2017年9月13日
130	关于成立“9·5”事故调查组的通知	韶武府办明电〔2017〕77号	区政府办	2017年9月15日
131	关于调整区森林防火指挥部领导小组成员的通知	韶武府办明电〔2017〕78号	区政府办	2017年9月15日
132	关于印发《武江区未通客车行政村窄路基路面拓宽改造和公路安全生命防护工程的实施方案》的通知	韶武府办明电〔2017〕79号	区政府办	2017年9月19日
133	关于做好区“一门式一网式”政府服务信息系统上线试运行的通知	韶武府办明电〔2017〕80号	区政府办	2017年9月20日
134	关于重新梳理规范公共服务事项的通知	韶武府办明电〔2017〕81号	区政府办	2017年9月21日
135	关于召开武江区2017年镇村统筹规划设计工作座谈会的通知	韶武府办明电〔2017〕82号	区政府办	2017年9月25日
136	关于印发武江区关于开展小散乱污企业专项整治工作实施方案的通知	韶武府办明电〔2017〕83号	区政府办	2017年9月25日
137	关于印发2017年韶关市武江区食品安全重点工作安排的通知	韶武府办明电〔2017〕84号	区政府办	2017年9月25日
1138	印发《关于加快推进全区机关事业单位养老保险制度改革工作方案》的通知	韶武府办明电〔2017〕85号	区政府办	2017年9月28日
139	关于调整《武江年鉴》审稿组及分工的通知	韶武府办明电〔2017〕86号	区政府办	2017年10月11日
140	关于转发《韶关市2017年中华健康快车工作方案》的通知	韶武府办明电〔2017〕87号	区政府办	2017年10月13日
141	关于印发《武江区居住类租赁房屋火灾防范专项治理行动方案》的通知	韶武府办明电〔2017〕88号	区政府办	2017年10月13日
142	关于成立韶关市武江区社会保险法专项执法检查工作领导小组的通知	韶武府办明电〔2017〕89号	区政府办	2017年10月17日
143	关于开展2017年社会保险专项执法检查的通知	韶武府办明电〔2017〕90号	区政府办	2017年10月17日

续表18

序 号	文件名称	文 号	发文单位	发文时间
144	关于加强行政机关负责人出庭应诉工作的通知	韶武府办明电〔2017〕91号	区政府办	2017年10月17日
145	关于成立档案馆改造项目领导小组的通知	韶武府办明电〔2017〕92号	区政府办	2017年10月19日
146	关于印发武江区贯彻落实中央第四环境保护督察组反馈意见县级以上饮用水源保护区违法项目整改方案的通知	韶武府办明电〔2017〕93号	区政府办	2017年10月19日
147	关于召开芙蓉山寺2017年重阳节期间安全防范工作会议的通知	韶武府办明电〔2017〕94号	区政府办	2017年10月23日
148	关于成立韶关市武江区龙归镇垦造水田工作领导小组的通知	韶武府办明电〔2017〕95号	区政府办	2017年10月24日
149	关于按时上报机关事业单位养老保险参保登记材料的紧急通知	韶武府办明电〔2017〕96号	区政府办	2017年10月25日
150	关于开展出租屋、电动车消防安全治理及建筑消防安全基础信息采集督导检查方案	韶武府办明电〔2017〕97号	区政府办	2017年10月26日
151	关于定期报送公共服务办事大厅工作台账和进展情况的通知	韶武府办明电〔2017〕98号	区政府办	2017年10月30日
152	关于成立韶关东南轴承有限公司“10.26”车辆伤害事故调查组的通知	韶武府办明电〔2017〕99号	区政府办	2017年10月31日
153	关于成立我区“一门式一网式”和三级政务服务体系建设领导小组的通知	韶武府办明电〔2017〕100号	区政府办	2017年11月6日
154	关于做好2017年“善美之城”韶关半程马拉松赛相关保障工作的通知	韶武府办明电〔2017〕101号	区政府办	2017年11月8日
155	关于成立武江区车头小学异地重建工作领导小组的通知	韶武府办明电〔2017〕102号	区政府办	2017年11月8日
156	关于对公共服务中心办事大厅工作情况进行检查的通知	韶武府办明电〔2017〕103号	区政府办	2017年11月15日
157	关于召开全区固定资产投资项目统计业务培训会议的通知	韶武府办明电〔2017〕104号	区政府办	2017年11月21日
158	关于印发武江区开展各类扶贫专项资金自查自纠工作实施方案的通知	韶武府办明电〔2017〕106号	区政府办	2017年11月29日
159	关于成立武江区各类扶贫专项资金自查自纠工作领导的通知	韶武府办明电〔2017〕107号	区政府办	2017年11月29日
160	关于建立韶关市武江区农村留守儿童关爱保护工作联席会议制度的通知	韶武府办明电〔2017〕108号	区政府办	2017年11月30日

续表18

序　号	文件名称	文　号	发文单位	发文时间
161	关于建立韶关市武江区流浪乞讨人员救助管理工作联席会议制度的通知	韶武府办明电〔2017〕109号	区政府办	2017年11月30日
162	关于将区公共服务事项切换使用省事项目录管理系统的通知	韶武府办明电〔2017〕110号	区政府办	2017年12月1日
163	关于成立武江区废品回收站清理整治工作领导小组的通知	韶武府办明电〔2017〕111号	区政府办	2017年12月4日
164	关于成立区第九届人大三次会议《政府工作报告》起草工作小组的通知	韶武府办明电〔2017〕112号	区政府办	2017年12月5日
165	关于成立“11・20”事故调查组的通知	韶武府办明电〔2017〕113号	区政府办	2017年12月5日
166	关于开展《武江年鉴（2017）》清样稿核稿工作的通知	韶武府办明电〔2017〕114号	区政府办	2017年12月6日
167	关于印发武江区碧湖山庄周边大气污染防治工作方案的通知	韶武府办明电〔2017〕115号	区政府办	2017年12月7日
168	关于召开打假工作联席会议的通知	韶武府办明电〔2017〕116号	区政府办	2017年12月8日
169	关于召开武江区质量强区工作联席会议的通知	韶武府办明电〔2017〕117号	区政府办	2017年12月8日
170	关于做好2017年度市对我区粮食安全责任考核工作的通知	韶武府办明电〔2017〕118号	区政府办	2017年12月12日
171	关于拨给2017年区级“广东扶贫济困日”捐赠资金的通知	韶武府办明电〔2017〕119号	区政府办	2017年12月13日
172	关于拨给2017年市级“广东扶贫济困日”第一批定向捐赠资金的通知	韶武府办明电〔2017〕120号	区政府办	2017年12月13日
173	关于武江区网上政务服务事项信息抽查情况的通报	韶武府办明电〔2017〕121号	区政府办	2017年12月19日
174	韶关市武江区人民政府办公室关于确保完成大气污染防治工作任务的通知	韶武府办明电〔2017〕122号	区政府办	2017年12月21日
175	关于做好广东省依法行政考评迎评工作的通知	韶武府办明电〔2017〕123号	区政府办	2017年12月25日
176	关于成立武江区老旧小区改造试点工作领导小组的通知	韶武府办明电〔2017〕124号	区政府办	2017年12月26日
177	关于建立政府欠薪应急周转金制度的通知	韶武府办明电〔2017〕125号	区政府办	2017年12月29日

索　　引

主题索引

说　　明

1. 本索引按照主题词首字汉语拼音字母顺序排列。
2. 索引款目后的数字表示内容所在的页码，数字后的英文字母（a、b、c）表示栏别（即版面的1、2、3栏）。
3. 本索引对《2017年武江区大事记》《先进单位·个人》《统计资料》《文件辑录》《附录》等类目不作内容主题分析。

D

H

J

K

N

P

Q

R

S

T

Y

Z

彩版索引

表格索引